2013

Beijingshirenkouhejihuashengyunianjian

北京市人口和计划生育年鉴

中国人口出版社
China Population Publishing House
全国百佳出版单位

《北京市人口和计划生育年鉴》编辑委员会

《北京市人口和计划生育年鉴》编辑部

10月18日，中共北京市委书记郭金龙（右三）、市长王安顺（右二）会见国家人口计生委党组书记、主任王侠（左三）一行。

11月23日，国家人口计生委和北京市人口计生委共同举办健身长走活动。国家人口计生委主任王侠（左四），副主任王培安（右三）、崔丽（左三）、陈立（右二），纪检组长李五四（左二），直属机关党委专职副书记张旭光（右一），北京市人口计生委主任刘志（左一）等领导参加活动。

11月29日，中国计生协常务副会长杨玉学（右二）、联合国人口基金驻华副代表慕杰女士（右一）及北京市人口计生委党组书记、主任刘志（左二）、副主任彭彧华（左一）等领导参加防治艾滋病活动。

10月29日，北京市政府副秘书长侯玉兰出席北京人口文化节闭幕暨幸福家庭表彰大会并讲话。

北京市人口计生委党组书记、主任刘志在“7·11”世界人口日纪念活动上致辞。

北京市人口计生委召开创先争优活动总结交流大会，市人口计生委领导刘志（中）、徐捷（右三）、王晓光（左三）、耿玉田（右二）、李彦梅（左二）、刘晓军（右一）、高小俊（左一）及全体干部职工参加会议。

11月28日，北京市人口计生委召开深入学习宣传贯彻落实党的十八大精神动员会。

7月27日，北京市在门头沟区召开国家免费孕前优生健康检查项目全覆盖启动大会。

10月29日，北京家庭人口文化节闭幕暨幸福家庭表彰大会召开。

6月15日，北京市计生协与中国人寿保险北京分公司联合举行关爱计划生育特殊困难家庭的“暖心计划”合作启动仪式。

10月31日，北京市人口计生委召开工作务虚会。

8月10日，北京市人口计生委开展第一届“悦好书共享精品”演讲活动。

12月4日，北京市人口计生委对口支援新疆和田和农十四师第二期人口计生干部培训班在京开班。

5月14日，北京市人口计生委综合业务培训周开班仪式现场。

北京市人口计生委开展的幸福家庭六大工程之一的“健康生育–为育龄妇女免费体检”活动现场。

北京市人口计生委开展0～3岁早期教育研讨会现场。

11月29日，北京市人口计生委、市计生协举办防治艾滋病纪念活动。首都高校大学生积极参加。

新东城区举行首届人口发展论坛，探讨历史文化名城保护与中心城区人口疏解。

“家和社区早教指导中心”在17个街道建成，为全区婴幼儿家庭早期教育提供优质的服务。

推进阳光计生，打造诚信计生。

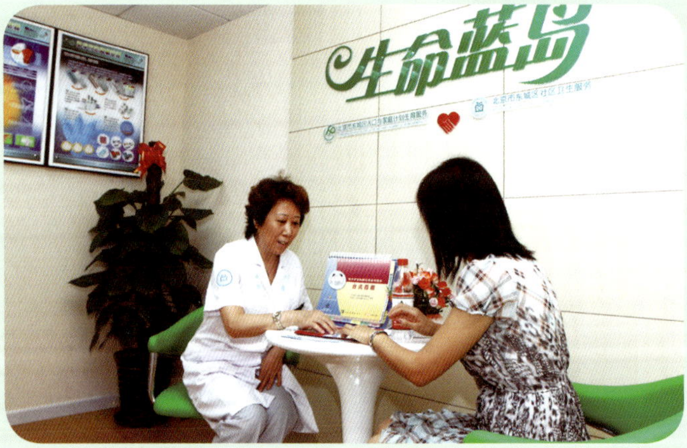

人口和家庭健康服务中心内景。

10月18日，国家人口计生委主任王侠（右五）到北京市西城区长安幸福家园调研。

国家人口计生委机关党校有关领导在市人口计生委领导的陪同下调研西城区人口计生工作。

西城区大栅栏街道人口和家庭服务中心揭牌。

西城区首届家庭人口文化节开幕仪式现场。

2月27日，朝阳区政府召开朝阳区人口和计划生育领导小组会。

6月4日，朝阳区人口计生委召开全区婚育新风进万家领导小组会。

4月26日，朝阳区在双井街道办事处全面启动了创建幸福家庭生育关怀安康计划保障项目。

5月8日，朝阳区人口计生委举办街乡计生专干培训班。

海淀区2012年人口和计划生育工作领导小组会现场。

海淀区2012年加强人口和计划生育工作统筹解决人口问题工作会现场。

海淀区流动人口计划生育区域协作工作交流会现场。

海淀区家庭人口文化宣传周活动现场。

丰台区2012年人口与计划生育领导小组会现场。

国家免费孕前优生健康检查项目督查组来丰台调研。

丰台区人口计生委学雷锋志愿服务者到赵公口长途汽车站开展活动。

丰台区幸福家庭宣讲团深入基层进行宣讲。

幸福家庭之星表彰大会。

石景山区召开人口与计划生育领导小组扩大会。

石景山区人口计生委举办《生命全周期公共服务办事指南》发布会。

石景山区人口计生委推出前台办公系统。

石景山区首届家庭人口文化节闭幕式上，有关领导与受表彰的和谐家庭代表合影。

北京市免费孕前优生健康检查全覆盖启动会在门头沟区举行。

门头沟区举办第三届京西人口与发展论坛。

门头沟区人口计生委举办第七届京西人口文化节暨“歌华杯”门头沟2012幸福家庭摄影大赛。

升级改造后的门头沟区人口文化园一览。

房山区2012年人口和计划生育工作会现场。

房山区首届家庭人口文化节开幕式现场。

房山区人口计生委举办2012年新任镇村计生干部培训班。

房山区人口计生委举办贯彻落实国家、北京市人口计生委关于简化办证程序精神培训会。

通州区人口计生委举办“和谐人口 幸福家庭”纪念“7·11”世界人口日家庭才艺展示活动。

通州区“亲情关怀，打造幸福”生育关怀基金启动仪式现场。

通州区人口计生委开展通州区首届“幸福宝贝”亲子活动。

通州区“暖心计划”工作推广会现场。

10月18日，国家人口计生委主任王侠（右三）、北京市副市长丁向阳（左二）等领导到顺义视察人口服务管理工作。区委书记张延昆（右五）、区人口计生委主任秦士友（右二）介绍工作情况。

2月15日，顺义区召开2012年人口工作大会。

5月30日，顺义区北务镇计生办为奖励扶助对象送去奖扶存折。

12月4日，举办2012年顺义区“计生家庭劳动力全员就业”专场招聘会。

1月6日，2012年北京市人口计生系统文化科技卫生“三下乡”活动启动仪式在昌平区沙河镇举办。

5月4日，昌平区新增的南口医院、华一医院两家免费孕前优生健康检查定点医院正式挂牌。

12月19日，昌平区“人口计生杯”大学生青春健康辩论赛在中国政法大学举行。

昌平区延寿镇花果山村人口文化长廊。

5月22日，2012年大兴区人口计生工作推进会召开。

大兴区人口计生委机关干部素质提升培训班现场。

大兴区计生协与京安公益基金会签订协议，启动京安公益基金救助独生子女特困家庭。

为新疆和田进修班学员进行业务指导

平谷区人口计生委举办创建幸福家庭报告会。

平谷区每年开展为计生干部体检活动。

平谷区人口计生委利用桃花节举办纪念世界人口日活动。

平谷区召开综合治理出生人口性别比工作大会。

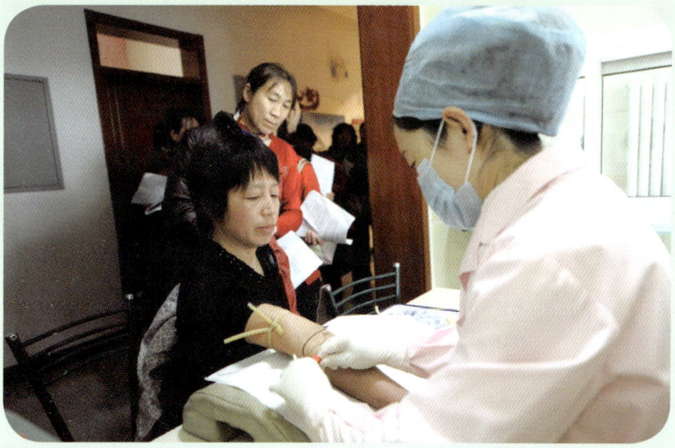

3月21日，怀柔区人口计生委为已婚育龄妇女免费体检。

4月6日，怀柔区人口计生委举办“春风送暖与法同行”流动人口宣传服务活动。

7月10日，怀柔区人口计生委青少年健康教育讲师团走进怀柔一中。

9月14日，怀柔区人口计生委开展读讲一本书报告会。

3月19日，密云县2012年人口和计划生育工作会召开。县委副书记、县长王海臣，县委常委、常务副县长王稳东出席会议并讲话。

12月13日，召开密云县人口计生系统落实工作激励机制表彰大会。

密云县人口计生委分16批次，对2290名镇街、村居计生专干、宣传员、县直专兼职计生干部进行政策法规、药具管理、生殖健康等知识培训。

密云县人口计生委为社区卫生服务站安装免费避孕药具自助发放机。

3月6日，延庆县召开2012年人口和计划生育工作会。

北京市生态涵养发展区人口计生系统效能建设与监察座谈会在延庆县召开。

井庄镇举办纪念"7·11"世界人口日文艺演出活动。

9月20日，香水园街道在居民文化节上表彰幸福家庭。

北京市人口计生委领导班子成员合影：党组书记、主任刘志（右四），党组副书记、副主任徐捷（左四），正局级委员王晓光（右三），党组成员、副主任耿玉田（左三），副主任彭彧华（右二），党组成员、副主任李彦梅（左二），党组成员、纪检组长刘晓军（右一），副巡视员高小俊（左一）。

北京市人口计生委领导班子成员及各处处长与各区县人口计生委主任、党组书记合影。

编辑说明

2012年，在我国城镇化快速发展中，北京市人口发展进入一个新的历史发展阶段。人口资源环境协同均衡发展，成为当前人口计生工作的任务和目标。多年来，全市人口和计划生育系统坚持以邓小平理论、“三个代表”重要思想和科学发展观为指导，开拓创新，把握机遇、奋发有为、扎实工作，“依法管理、村（居）民自治、优质服务、政策推动、综合治理”的长效工作机制不断推进。不断推进“和谐人口·幸福家庭”工作，低生育水平长期稳定，统筹解决首都人口问题的格局初步建立，积极为构建社会主义和谐社会首善之区创造良好的人口环境。

为全面、真实地记录全市人口和计划生育工作的历史发展进程，市人口计生委决定，自2007年始，每年编辑《北京市人口和计划生育年鉴》（以下简称《年鉴》）并公开出版发行。《年鉴》由市人口计生委主办，由委员会各处室和各区县人口计生委共同参与编撰。《年鉴》作为全市人口和计划生育系统的资料性工具书和重要的历史文献，旨在通过真实地记录历史，进一步总结工作经验、增进交流、推动工作，从而达到“存史、资政、教化”的作用。

2013卷《年鉴》是全市人口和计划生育系统的第七部年鉴。本《年鉴》共12篇，约60万字，力求全面、系统、准确地记载2012年度全市人口和计划生育工作的重大事件、法规文件、领导讲话、重要研究成果等。第一篇为工作综述篇，包括全市人口计生工作综述和人口形势分析报告；第二篇为人口和计划生育大事记，简单记录了市级发生的人口计生重大事件；第三篇为领导讲话篇，主要收录了国家人口计生委、北京市委、市政府及市人口计生委有关领导的重要讲话；第四篇为法规与重要文件篇，主要收录了本市年度内产生的重要法规及文件；第五篇为整体工作篇，主要收录了市级人口计生重要工作及各项业务工作进展情况；第六篇为社会团体和研究机构介绍，介绍了市计划生育协会和本市具有代表性的人口研究机构；第七篇为论述篇，选录了有关专家学者关于人口计生问题的研究成果；第八篇为区县工作篇，是管窥各区县工作成绩的一个窗口；第九篇为北京市国民经济和社会发展相关统计资料篇，选编了与人口相关的重要统计资料；第十篇为荣誉篇，主要收录了获得市级以上重要荣誉称号的先进集体和个人；第十一篇为人口计生组织机构和名录篇，介绍了市、区两级的人口计生机构；第十二篇为附录，选编了一些区县出台的特色文件。另外，《年鉴》还配有 22 页彩色图片，生动再现了各级领导参加全市人口和计划生育活动以及各级、各部门开展的各项特色工作情况。

2013 卷《年鉴》由市、区人口计生委有关干部共同编撰，由市人口计生委综合处负责编审，内容、资料和数据力求全面、真实、准确、客观。但因编辑部人力、水平和时间有限，编校工作中的疏漏和差错在所难免，恳请读者理解和支持并提出宝贵意见。

《北京市人口和计划生育年鉴》编辑部

二〇一三年十月

目　录

四、法规与重要文件篇

五、整体工作篇

六、北京市人口计生社会团体和研究机构介绍

七、论述篇

八、区县工作篇

九、北京市2012年国民经济、社会、人口发展统计公报（节选）

十、荣誉篇

十一、北京市人口和计划生育组织机构和名录篇

十二、附录

一、工作综述篇

2012年全市人口和计划生育工作综述

2012年是极不平凡的一年，党的十八大和北京市委第十一次党代会胜利召开。全市人口计生系统紧紧围绕学习宣传贯彻十八大、市第十一次党代会精神，全面贯彻落实科学发展观，牢牢把握“稳中求进”总基调，大力践行“北京精神”，按照“打基础、转职能、抓宏观、重实效”工作要求，牢固树立“大人口”观和“幸福家庭、和谐人口”理念，一手抓加强人口服务管理，一手抓创建幸福家庭活动，开拓创新，务实进取，北京市人口计生工作转型发展迈出坚实步伐。

扎实做好迎接、学习宣传贯彻党的十八大各项工作。将迎接、学习宣传贯彻党的十八大作为全年工作的重中之重。中共北京市人口计生委党组及时组织学习宣传贯彻党的十八大精神，制定印发《北京市人口计生委党组学习宣传贯彻党的十八大精神的意见》及实施文件，通过多种形式，引导广大党员干部深刻学习领会十八大精神及对人口计生工作提出的新要求。

在统筹人口宏观调控、推进人口计生综合改革、加强人口服务管理上有新进展。人口服务管理作为专项工作纳入市政府对区县政府绩效管理考核评价体系，市人口计生委作为市政府绩效管理领导小组成员单位，负责对区县政府开展人口服务管理工作及推进人口与资源、环境、经济社会协调发展情况进行考评。对2012年人口和计划生育目标管理责任书进行调整，全市生育管理标准实现城乡统一，流动人口计划生育经费逐步实现与户籍人口统筹，各项指标已全面完成。研究制定《北京市区县人口和计划生育工作考核评估方案》，以强化管理、优化服务、激发创新、鼓励先进为原则，建立起“四加一”的三级考核评估指标体系。配合国家人口计生委开展人口发展重大战略课题——“特大城市人口规模调控（以北京为例）”研究工作，形成了课题总报告《北京市人口规模调控问题与对策》以及相应子课题报告。中共北京市委、市政府将“建立重大规划、重大政策、重大项目的人口评估机制”列为全市2012年重点改革任务，市人口计生委牵头，首都综治办等8个职能部门和16个区县政府共同参与落实，形成初步成果《建立北京市重大规划、重大政策、重大项目人口评估机制研究》和《人口评估指标体系框架（草案)》，明确了人口评估机制的定位、性质、范围、内容、流程、保障机制。在实有人口专项组框架下，与公安部门建立人口信息共享和人口统计信息协商制度，实施全员人口数据库与公安基础人口数据库的全库比对工作，推动部门、区县人口数据共享整合。积极开展人口信息综合和形势分析，为市委、市政府决策提供依据。完善《北京市全员人口信息管理规范》及配套文件。完成外网网站升级改造，开设人口计生政务微博，探索面向公众的人口信息服务新模式。

在推进创建幸福家庭活动、让首都人民生活更加幸福安康上有新成效。结合北京市实际，提出了创建幸福家庭的“836”工作思路，即以“幸福家庭、和谐人口”八个字作为新时期人口计生工作主线，构建以建设家庭人口文化为引领，以关注家庭成员和谐健康发展为基础，以关注民生为目的，以“六大惠民工程”为平台的公共服务体系。坚持政府主导、坚持立足基层、坚持服务群众、坚持改革创新，出台以“暖心计划”为核心的覆盖全市“计划生育特殊家庭”的关怀政策，实施计划生育家庭生育保险全覆盖，打造“家庭人口文化节”品牌，开展百千万幸福家庭创建活动，提高家庭发展能力和群众幸福指数。

在服务民生、不断增强人口服务能力上有新推进。多种途径了解群众诉求，对现行规范性文件执行情况进行认真梳理。在全国率先出台《贯彻落实〈国家人口计生委关于方便群众办证的通知〉的实施办法》，推出八项便民措施方便群众办理计划生育事项。修订《生育服务证管理办法实施细则》，简化《生育服务证》办理流程。开展在京流动人口生存状况与未来预期调查和流动人口动态监测调查，了解流动人口生存发展状况、利益诉求，提出对北京市流动人口服务管理的相关政策建议。全面实施“国家免费孕前优生健康检查项目”，实现16区县全覆盖，提前一年完成国家任务，全年共为10 030对计划怀孕群众进行免费孕前优生健康检查。将农村长效节育已婚育龄群众免费健康体检项目人均体检费用由2011年的105元提高至135元，全年共投入2025万元为15万人提供服务。稳步推进药具进社区卫生站，新增500台网络版药具自助发放机。创新信访工作体制机制，新建“北京市非紧急救助服务中心市人口计生委分中心”。建立信访维稳责任制，在坚持基本国策不动摇、现行政策不变前提下，认真解决群众合理诉求，确保了全系统安全稳定。主动做好“四个服务”工作。组织医务专家进军营，为广大官兵传授医疗知识并进行体检。接待国（境）外政府、非政府组织、新闻媒体来京考察、交流、采访50多批350多人次。充分发挥智力、人才等综合优势，扎实推进对口支援新疆和田、贵州毕节等地工作。

在干部队伍建设和机关党的建设上有

新进展。中共北京市委、市政府高度重视和关心市人口计生委领导班子建设，为市人口计生委新配备2名局级干部，委领导班子得到进一步加强。2012年6~8月，市委第二巡视组对市人口计生委进行巡视，对全委各项工作起到了很好的推动作用。严格落实党风廉政责任制，扎实推进惩治和预防腐败体系建设，积极开展行政监察工作，以“阳光计生行动”为平台，强化社会监督力度，扎实推进系统政风行风建设。修订完善《北京市人口计生委党组议事规则》，提高领导班子依法、民主、科学决策能力和水平。研究制定“1+5”干部选拔任用工作制度。通过内部竞争上岗提拔任用处长2名、副处长5名、副调研员2名，拿出北京市计划生育协会副秘书长职位参加北京市面向“80后”公开选拔，从基层遴选14名年轻公务员到市计划生育协会工作。在全委机关组织“悦读好书 共享精品”读书活动。深化“三进两促”活动，形成长效机制。推进机关党组织与农村基层党组织的结对帮扶工作。

2012年10月18日，国家人口计生委主任王侠来京调研，视察了顺义区、朝阳区和西城区人口计生工作，重点调研了流动人口服务管理、基层计划生育服务、人口信息化建设和创建幸福家庭活动。王侠主任指出，北京市委、市政府始终高度重视人口计生工作，各项工作都走在全国前列，人口计生工作综合指标名列全国第一。郭金龙书记、王安顺代市长、丁向阳副市长等市领导也给予了充分肯定，并希望国家人口计生委在首都人口规划、人口调控、人口服务管理等方面与北京加强战略合作。

2012年全市人口和计划生育工作形势

2012年，北京市人口工作按照认真贯彻科学发展观，坚持统筹解决人口问题、促进人的全面发展的总体思路，不断加大人口规模和布局调控力度，不断健全人口服务管理机制，切实保障人口发展需求，有力促进了首都人口均衡和谐发展。

常住人口总量持续增长，其中常住外来人口增长是主要因素。2012年，全市常住人口达到2 069.3万人，比上年年末增长了50.7万人，仍然保持较大幅度增长。从近年来人口增长趋势看，2001~2010年北京人口总体保持较大幅度、加速增长态势，2010~2012年北京人口增幅和增速均呈明显下降态势，但是由于人口基数较大，年均人口增长幅度仍然较大。全市常住人口中，常住外来人口为773.8万人，占常住人口的比重为37.4%。与2000年人口普查相比，外来人口增加了517.7万人，平均每年增加43.1万人，年均增长率为9.7%，远远高于常住人口3.5%的年均增速。12年增加的常住人口中，外来人口占73.4%。外来人口在常住人口中的比重也由2000年的

18.9%提高到2012年的37.4%。由此可见，北京市常住人口的增长主要是由于常住外来人口的大量增加造成的。

人口出生处于高位且持续上扬，低生育水平保持稳定。2012年，北京市常住人口出生19.3万人，创2000年以来的“新高”，其中户籍人口12.6万人，来京流动人口6.7万人。从人口出生趋势看，“十一五”以来，北京进入了出生小高峰，全市出生人口总量处于高位且持续上扬趋势，2006~2012年出生人口平均增速为11.1%，近两年全市出生人口增速均保持在12%以上。出生人口规模快速增长的原因主要有以下几个方面：一是20世纪80年代本市出生高峰出生的户籍人口，从“十一五”开始陆续进入婚育期；二是受“双独”家庭婚育高峰的影响，按照现行生育政策，可以生育二孩的“双独”家庭逐渐增加；三是随着本市公安部门“新生婴儿常住户口登记”和“随父子女户口迁移”等户籍政策的实行，本市外地婚嫁媳妇日趋增多，其子女随父落户数量明显增加；四是受属相偏好的影响，北京迎来龙年产子高峰；五是外省市来京常住人口持续增长，在京生育数量日趋增加。

人口老龄化近年呈加剧趋势。2012年，北京市常住人口中65岁及以上老年人口为190.4万人，占9.2%，与2010年人口普查相比增长了0.5个百分点。从近年发展趋势看，全市65岁及以上人口比重自2003年进入10%以上，连续七年一直处于较高水平，进入2010年人口老龄化有减缓趋势，但是近三年又呈上扬态势。另外，常住人口中15~64岁劳动年龄人口为1 684.4万人，占总人口的81.4%，低于2010年同类指标0.7个百分点。可见，近三年来北京市人口老龄化进程呈加剧趋势。

人口分布向发展新区集聚。2012年，城市功能核心区（简称核心区），城市功能拓展区（简称拓展区），城市发展新区（简称发展新区），城市生态涵养区（简称涵养区）的人口分别为219.5万人、1 008.2万人、653.0万人、188.6万人，占全市常住人口的比重分别为10.61%、48.72%、31.56%、9.11%，居住在城区（核心区+拓展区）的人口占59.33%，居住在郊区（发展新区+涵养区）的人口占40.67%。从各功能区人口比重变化总体趋势看，核心区和涵养区的人口比重趋于缓慢减少，拓展区的人口比重稳定在49%左右，发展新区的人口比重明显上升，从1/4左右上升到2012年的近1/3。从四个功能区人口增速看，发展新区人口增长最快，与2005年相比，常住人口增长了31.25%；拓展区、涵养区、核心区分别增长了31.25%、8.14%、4.78%，而发展新区增长了53.04%。

老年群体服务进一步完善。贯彻落实“九养”政策和老年人优待办法。落实创建敬老文明号要求，开展2012年万名“孝星”和千家为老服务示范单位命名活动；向40余万老年人发放4.9亿元养老（助残）券；为2 238人次高龄老年人补助医疗费用650万元；为符合条件的老年人配备使用“小帮手”电子服务器20万台；深入社区、家庭、机构，为老年人提供了10万小时的精神关怀服务；为2.91万名90岁以上高龄老年人发放高龄津贴3 356.41万元；全年共办理老年人优待卡18万张，办理老年人优待证近10万张。加快建设养老服务设施。重点支持市第一社会福利院改扩建、市南城养老院等市级养老服务设施及朝阳、怀柔、大兴、门头沟、延庆、顺义等区县养老服务机构建设，满足群众对公办养老机构的需求。同时，支持北京市嘉祥敬老院等6家社会办养老服务机构建设。

流动人口的服务保障进一步强化。北京市围绕流动人口最关心、最直接、最现实的民生需求，拓展流动人口在京享受公共服务和社会保障范畴，加大了流动人口合法权益保障力度。采取多种渠道为来京人员提供全方位就业服务，召开专场招聘会、职业指导讲座等活动1 181场，提供免费服务43万人次，帮助近4.1万人成功就业。年末在京流动人口参加北京基本养老保险、基本医疗保险、失业保险、工伤保险、生育保险的人数分别达到501.23万人、502.8万人、465.1万人、444.1万人和360.45万人。年末北京市30人以下小企业劳动合同签订率为94.3%、中央在京企业99.78%、地方企业94.43%。随迁子女在公办学校就读人数为36.6万人，占总数的74.7%。非本市户籍儿童享有与本市户籍儿童相同的免疫接种权利，对免疫规划疫苗接种程序内的12种疫苗为非本市户籍儿童免费接种。建立了全国首家面向农民工的法律援助专门机构——“外地施工人员法律援助工作站”，成立了“北京致诚农民工法律援助与研究中心”、“农民工法律援助律师团”，加大流动人口维权力度。

（赵艳侠　崔　佳）

二、人口和计划生育工作大事记

1月4日，北京市人口计生委召开2012年机关处室工作务虚会。深入研讨2012年重点工作。

2月16日，驻市人口计生委纪检组、监察处召开全市人口计生系统反腐倡廉建设座谈会。

3月29日，市人口计生委召开2012年北京市流动人口动态监测调研动员启动会。

4月10日，市人口计生委召开全市人口计生系统反腐倡廉建设工作会议。驻委纪检组组长刘晓军代表市人口计生委党风廉政建设和纠风工作领导小组作2011年反腐倡廉建设工作报告，回顾总结2011年的工作，并对2012年反腐倡廉任务作了全面部署。市人口计生委党组书记、主任刘志作重要讲话。

4月13日，2012年“北京家庭人口文化节”启动会召开，市人口计生委彭彧华副主任出席会议并讲话。

4月13日，市人口计生委举办第二期国家免费孕前优生健康检查项目培训班，对2011年全市项目开展情况进行总结并提出2012年工作要求。

4月16日，市人口计生委彭彧华副主任主持召开政务微博工作会，总结近期“北京人口计生”政务微博运转情况，部署下一阶段工作。

4月17日，北京市2012年区县人口计生委主任工作会召开。市人口计生委党组书记、主任刘志作了题为《创新体制机制 深化服务管理 不断开创首都人口计生新局面》的工作报告。

4月19日，市人口计生委党组书记、主任刘志主持召开对口援助新疆生产建设兵团农十四师工作座谈会，市对口支援办和农十四师相关领导参加会议。双方签署了对口支援协作框架协议。

4月20日，市人口计生委召开全市人口与计划生育依法行政工作会，传达了国家人口计生委“关于近期发生违法行政有关问题的通报”，安排部署2012年全市人口与计划生育依法行政工作。

4月23日，国家人口计生委、北京市人口计生委与通州区人口计生委在通州区张家湾镇万生药业建筑工地联合开展以“弘扬雷锋精神、关爱农民工”为主题的关怀、关爱流动人口宣传活动。

4月24日，“五级联创共建”推进会在怀柔区召开。

4月26～27日，市人口计生委开展“生殖健康伴你行”走进通州区活动。

5月3日，市人大常委会副秘书长张清

率队就人口规模调控工作到市人口计生委专题调研，听取市人口计生委主任刘志所作的工作汇报并给予积极肯定。

5月3日，在国家人口计生委、德国联邦经济合作与发展部共同举办的“人口挑战与社会融合”国际研讨会上，市人口计生委党组书记、主任刘志作了题为《统筹人口发展　促进社会融合》的主题发言。

5月8日，市人口计生委党组书记、主任刘志赴中共北京市委党校、市人口研究所调研。市委党校常务副校长王民忠，市委党校副校长、人口研究所所长姚光业参加调研座谈会。

5月11~12日，市人口计生委党组书记、主任刘志率市人口计生委相关处室及朝阳、顺义区人口计生委负责人赴对口支援地——贵州省毕节试验区的黔西、大方两县考察。与贵州省人口计生委签订了《北京市人口计生委对口支援贵州毕节试验区人口计生工作协议书》，朝阳区、顺义区人口计生委分别与黔西、大方县人口计生局签订了《对口支援人口计生工作协议书》。

5月14~17日，市人口计生委举办“综合业务培训周”，约500余人次参加培训。培训内容涉及机关工作运行、公文写作与公文处理、会务接待、政务信息、新闻宣传、政务微博等。

5月21日，市人口计生委、市卫生局、市药监局三部门召开“出生人口性别比立法调研研讨会”。

5月22日，市人口计生委召开北京市诚信计生工作经验交流会。西城区等2011年实现诚信计生的6个区县介绍了相关经验。

5月23日，市计生协召开中老年性健康教育调研项目启动会。此次调研项目将在东城区等8个区县开展，以45~70岁的中老年群体为研究对象。

5月30日，“纪念北京市计划生育协会成立三十周年暨首都青少年性健康教育基地挂牌仪式”在海淀区科技中心举行。

5月31日，市人口计生委组织召开全系统纠风工作会议，传达全国人口计生系统纠风工作座谈会暨阳光计生行动经验交流会会议精神并为荣获第二批全国阳光计生行动示范单位的海淀、顺义、平谷区人口计生委授牌。

6月5日，“北京市人口计生委2012年重点研究课题专家咨询会”召开，就重点课题研究方向、思路和方法进行深入探讨。

6月15日，北京市计生协与中国人寿北京分公司联合举行关爱独生子女死亡家庭的“暖心计划”合作启动仪式。

6月21~25日，市人口计生委牵头召开环渤海地区区域协作“一盘棋”工作会议。环渤海地区各省、市、区人口计生委参加会议，湖南、湖北、云南、广西人口计生委领导作为特邀代表列席会议。

6月25日，市委第二巡视组赴市人口计生委开展巡视工作动员会召开。

6月28日，市人口计生委举办纪念陈实同志参加革命工作七十周年座谈会，邀请离休老干部、老党员陈实同志讲述自己70年革命经历。

6月，《2011北京市人口和计划生育年鉴》在2012年北京市年鉴编校工作评选中荣获二等奖。

7月4日上午，市人口计生委组织全体党员干部召开“庆祝建党91周年暨传达市十一次党代会精神报告会”。

7月11日，国家人口计生委与市人口计生委在京联合举办2012年“世界人口日”纪念活动暨“幸福家庭　和谐人口”主题报告会。国家人口计生委副主任崔丽讲话，北京市副市长刘敬民致辞，联合国人口基金驻华代表处官员及中非人口与发展论坛研修班代表出席活动。

7月25日，2012年北京人口和计划生育半年工作会议召开。市人口计生委党组书记、主任刘志作题为《坚持深化改革　加快转型创新　推动首都人口计生工作健康发展》的半年工作报告。

7月27日，北京市“国家免费孕前优生健康检查项目全覆盖”启动仪式在门头沟区举行。

9月21日，召开国家免费孕前优生健康检查项目工作督导会。

10月10日，市人口计生委党组书记、主任刘志做客“中国人口网”嘉宾访谈栏目，成为接受专访的首期嘉宾。

10月12日，北京、天津、上海、重庆四直辖市人口计生委主任联席会议在北京召开，四市人口计生委主任一致同意建立定期例会、信息交流、研究会商和学习交流机制。

10月18日，国家人口计生委党组书记、主任王侠一行来京调研考察人口计生工作。

10月29日，市人口计生委举办首届家庭人口文化节闭幕暨幸福家庭表彰大会。

10月30日，市人口计生委召开工作务虚会，听取了各处室负责人关于2012年工作总结和2013年工作思路的汇报。

11月1日，市人口计生委召开全系统信访维稳工作会议。

11月2日，北京市人口计生委召开创先争优活动总结交流大会，市人口计生委领导刘志、徐捷、王晓光、耿玉田、李彦梅、刘晓军、高小俊及全体干部职工参加会议。

11月22日，国家人口计生委直属机关党校常务副校长王维国一行到北京市进行“幸福家庭　和谐人口”专题调研，并参观了西城区展览路街道“新希望家园”和西长安街街道“长安幸福家园”。

12月24日，市人口计生委召开全市人口计生系统阳光计生行动规范化建设检查总结推进会。国家人口计生委党组成员、中纪委驻国家人口计生委纪检组组长李五四出席会议并讲话。

12月25日，市人口计生委召开幸福家庭六大惠民工程暨人口文化建设座谈会。

三、领导讲话篇

北京市人口计生委党组书记、主任刘志在2012年北京市区县人口计生委主任工作会议上的讲话

（2012年4月17日）

今天会议的主要任务是，贯彻全国人口和计划生育工作座谈会会议精神，落实中共中央、国务院及中共北京市委、市政府关于人口计生工作的决策部署，总结2011年全市人口和计划生育工作，部署2012年的重点任务。

一、2011年工作成绩与特点

2011年是实施“十二五”规划的开局之年，也是大事多、喜事多的一年。在中共北京市委、市政府的正确领导下，在国家人口计生委的指导下，全市人口计生系统按照“打基础、转职能、抓宏观、重实效”的工作要求，奋发进取、努力拼搏，首都人口工作有了新气象、新面貌、新成效。为此，我们专门拍摄了一部专题片，全面系统地展现和回顾2011年的工作情况。回顾2011年的工作，可概括为四个较大突破：

一是在统筹协调人口工作方面取得较大突破。市人口计生委牵头组织市编办、市流管办、市发展改革委等部门开展了创新首都人口管理体制调研，提出了市人口计生委新“三定”方案并得到市编办批复。新方案得到国家人口计生委的高度认可，在各省市中反响很大。按照新的职能定位，市人口计生委不断加强横向沟通和纵向联系，积极主动开展工作。联合国家人口计生委开展“特大城市人口规模调控”课题研究，牵头编制“十二五”时期人口发展和调控规划，整合市有关部门人口数据建成全市覆盖人口最广的数据库——全员人口数据库，开展了重大规划、重大政策和重大项目人口影响评价调研。过去一年，在统筹全市人口政策方面迈出了坚实的步伐，能力和水平显著提高，有力地提升了人口计生委的地位。

二是在促进家庭发展方面取得较大突破。为适应人口计生工作转型需要和新职能的要求，市人口计生委积极拓展家庭方面的职能，整合原有业务工作，将创建幸

福家庭工作作为全市人口计生工作的一条主线，按照“幸福家庭　和谐人口”理念，相应打造文明倡导、宝贝计划、青春健康、健康生育、生育关怀、心灵家园六大惠民工程。这项工作在全国创建幸福家庭活动试点工作（漳州）座谈会上做了经验介绍，得到国家人口计生委、中国人口福利基金会和中国计划生育协会领导的充分肯定，今年要全面推进。

三是在推进干部人事制度改革方面取得较大突破。通过处长轮岗、交流引进、公开选拔、挂职锻炼等多种方式，引进年轻处级干部5名、科级干部2名，接收军转干部2名；向外单位输送局级干部1名、交流处级干部2名；完成了委机关副处长竞争上岗和科级干部内部交流轮岗工作，事业单位人事制度改革稳步推进。这一系列举措，初步形成了干部流动的正常机制，增强了干部队伍的活力、动力和干劲，团队的核心凝聚力进一步增强。

四是在通过重大活动促进内外交流合作方面取得较大突破。举办纪念建党90周年暨市人口计生委成立30周年大会，何鲁丽同志以及见证北京人口计生委成长发展壮大的老同志出席。与市政府外办联合举办北京市纪念世界人口日暨城市与人口主题报告会，邀请了联合国人口司司长汉娜女士和美国、日本及国内知名专家学者发表主题演讲。承办全国计划生育药具免费发放公共服务全覆盖推进会。积极开展与新疆和田、四川什邡、西藏拉萨等地对口帮扶工作。热情接待和参加国际人口和计划生育领域的多边和双边活动，积极开展国际项目合作，树立了北京市人口计生工作的良好形象。

2011年，市人口计生委的“北京市免费避孕药具发放综合平台”、“北京市全员人口个案信息管理系统开发建设和全市成功应用”和“北京市人口计生系统阳光计生行动规范化建设”3个项目被市政府绩效管理办公室评为2011年优秀创新项目，优秀创新项目数量和质量在市属各委办局中均名列前茅。以上这些成绩的取得是全市人口计生系统共同努力奋斗的结果。在此，对大家的辛勤努力表示衷心感谢！

二、当前首都人口和计划生育工作面临的形势

根据最新的统计数据，2011年年末北京市常住人口突破2 000万人，达到2018.6万人，呈现出如下特点：

1. 常住人口总量持续增长，但增速明显下降。2011年比2010年增加56.7万人，增长2.9%，增速比“十一五”时期年均增速下降2.1个百分点。常住人口中外省市来京人员为742.2万人，比2011年增长5.3%，增速比前十年年均增速下降5.3个百分点。外来人口在常住人口中的比重由2010年的35.9%提高到2011年的36.8%。

2. 常住人口向城市功能拓展区和发展新区扩散。城市功能拓展区常住人口最多，为986.4万人，比2011年增长3.2%，占全市常住人口的48.9%；发展新区常住人口 629.9 万人，比 2011 年增长 4.4%，占全市的 31.2%。首都功能核心区 215 万人，比 2011 年减少 0.6%，占全市的 10.6%；生态涵养区为 187.3 万人，比 2011 年增长 0.5%，占全市的 9.3%。

3. 常住人口性别年龄结构略有变化。常住人口中，男性 1 040.7 万人，占 51.6%；女性 977.9 万人，占 48.4%，性别比为 106.4。0～14 岁人口 183.7 万人，占 9.1%；15～64 岁人口 1 653.2 万人，占 81.9%；65 岁及以上人口 181.7 万人，占 9%，比 2011 年比重上升 0.3 个百分点。

4. 常住人口自然增长率稳中有升。2011 年全市常住人口出生 16.5 万人，出生率 8.29‰，比上年出生人口增加 2.6 万人，出生率上升 0.81 个千分点。全市自然增加 8 万人，自然增长率 4.02‰，比上年上升 0.95 个千分点。

总体看来，北京人口规模过快增长压力仍长期存在，人口布局不合理加剧城市运行压力，中心城人口过度聚集的状况没有根本改变。下一阶段，要适应首都功能定位和发展目标的要求，防止和避免人口无限过快增长，使人口发展与首都性质、功能相协调，与首都资源、环境承载力相适应。

三、2012 年工作思路和重点任务

2012 年，是实施“十二五”规划承上启下的关键之年，全市人口计生工作要以邓小平理论和“三个代表”重要思想为指导，深入贯彻落实科学发展观，大力践行“北京精神”，牢牢把握“稳中求进”的总基调，围绕中共北京市委、市政府中心工作，以创新人口服务管理体制机制为动力，以建立健全人口发展调控机制和人口服务管理体系为抓手，以合理调控人口规模为重点，以“幸福家庭工程”建设为平台，加强人口政策研究，加强新型人口文化建设，加强面向家庭的人口和计划生育公共服务体系建设，稳定适度低生育水平，统筹全市人口政策，协调推动人口与经济、社会、资源、环境协调可持续发展，逐步形成规模适度、结构优化、多元和谐、分布合理、服务有效、管理严格、与城市可持续发展和城市功能相适应的人口发展格局，为实施“人文北京、科技北京、绿色北京”战略和建设中国特色世界城市营造良好的人口环境。

（一）紧紧围绕学习、宣传和贯彻党的十八大精神和北京市第十一次党代会精神，着力维护首都社会安全稳定

2012 年是迎接党的“十八大”胜利召开之年，也是市委的换届之年。全市人口计生系统要深刻认识党的十八大胜利召开的重大意义，切实做好迎接、学习、宣传、贯彻工作。结合纪念计划生育基本国策确立 30 周年、《中华人民共和国人口与计划生育法》（以下简称《人口与计划生育法》）实施 10 周年和弘扬践行“北京精神”，深入宣传人口计生工作的伟大实践和突出业绩。完善舆情监测和处置机制，积极主动回应社会舆论热点问题，营造良好

的舆论氛围。逐步完善人口与计划生育法律法规体系。坚持依法行政和文明执法，切实维护群众计划生育合法权益。创新信访工作机制，充分利用全员人口信息系统，着重预防化解信访突出问题。与市信访办合作，新建“北京市非紧急救助服务中心”的市人口计生委分中心（“12356阳光计生热线”咨询平台）。

（二）坚持计划生育基本国策不动摇，切实稳定低生育水平

坚持计划生育基本国策不动摇，保持政策的稳定性和连续性，确保低生育水平持续稳定。坚持党政一把手亲自抓、负总责不动摇，严格实行“一票否决”。在完善国策上位和利益导向政策体系方面取得较大突破，鼓励基层提高奖扶标准，扩大受益人群。2012年度人口和计划生育目标管理考核实现三个转变：一是将郊区县的计划生育政策符合率由95%提高到与城区相同的97%，实现生育管理由城乡“二元”向城乡统一标准的转变；二是明确人口计生财政投入增长幅度要高于经常性财政收入增长的幅度，确保人口计生财政投入逐年稳定增长，与市财政局联合印发《北京市人口计生系统经费投入保障机制实施意见》，实现财政投入由户（户籍人口）外（流动人口）“二元”结构向整体统筹、稳步增长方式的转变；三是人口计生目标管理考核工作按北京市人口计生委将要出台的新的考核办法执行，基本的工作指标肯定不能突破，要鼓励基层创新，切实减轻基层负担。按照国家人口计生委关于综合治理出生人口性别比的整体部署，建立市级专项工作组，加大部门和地区协同联动力度，逐步促进出生人口性别比趋向合理范围。

（三）全面加强人口服务管理，努力构建与首都可持续发展和首都功能相适应的人口发展格局

一是创新人口服务管理体制机制。落实中共北京市委、市政府加强人口调控的指示精神，研究完善人口考核评估体系。探索建立重大规划、重大政策、重大项目的人口评估机制，会同市有关部门开展人口评估体系专项研究。充分发挥市人口和计划生育领导小组及其成员单位的作用，协调落实人口服务管理的任务。以综合改革示范区创建活动为契机，抓好示范点经验总结和推广。

二是深化人口政策战略研究。组织开展人口综合协调管理机制、中心城区人口疏解与人口合理布局、居住证制度对人口流动迁移的影响、北京老龄化趋势及应对等课题研究。重点做好“特大城市人口规模调控”课题的优化、结题和成果梳理等工作，形成合理调控首都人口规模的政策建议。

三是加强人口信息化和信息工作。推进全员人口信息系统全面应用，研究制定信息化建设管理规范。推动部门信息统筹共享，建立全员人口信息采集新机制。加强人口信息综合和分析，召开全市人口形

势分析会。在国家“金人工程”总体框架下，启动北京市全员人口统筹管理信息系统建设工作。推进政务信息公开，办好内部信息刊物、政务微博和外网网站。做好《北京市人口和计划生育年鉴》、《北京志·人口志》编撰工作。

四是加强流动人口服务管理。牵头做好环渤海区域“一盘棋”工作，组织召开联席会议。与河北省人口计生委联合开展环首都经济圈流动人口生存状况调研。召开流动人口基本公共服务均等化服务研讨会。开展在京流动人口生存状况与未来预期调查，了解流动人口的相关需求，提供有效到位的服务。加强流动人口基础信息监测，做好年度动态监测点工作。落实国家规定的流动人口的奖励优惠政策。推动流动人口计生协会建设。

五是提高人口和家庭公共服务水平。全面开展创建幸福家庭工作，继续实施“文明倡导、宝贝计划、青春健康、健康生育、生育关怀、心灵家园”六大惠民工程。各区县要结合本部门工作特点，积极推进创建工作。扎实推进“市人口和家庭公共服务中心”、“市生殖健康技术指导中心”筹建工作。建立健全以市生殖技术健康指导中心为龙头、区县人口计生服务中心为骨干、社区计划生育服务站为基础的人口计生公共服务体系。

六是加强人口文化建设。开展幸福家庭宣传推广活动，打造“人口文化一日游”等宣传品牌。全面推进婚育新风进万家活动和“关爱女孩行动”，深入实施新农村、新家庭计划。继续开展“科技、文化、卫生”三下乡活动。办好“生育生命生活”、“今夜私语时”等电视广播栏目和生殖健康大讲堂。

七是继续落实民生惠民项目。全面开展国家免费孕前优生健康检查项目，2012年所有区县实现全覆盖，提前一年完成目标。广泛开展生殖健康伴你行、育龄群众免费健康体检、婚育健康服务大礼包免费发放等优质服务。继续做好争创“全国计划生育优质服务示范站”和“全国计划生育优质服务先进单位”“回头看”验收等工作。重新核定计划生育“四术”报销标准。巩固完善以“北京市免费药具发放综合服务平台”为载体的城市药具现代化发放新模式。在首批未纳入试点的10个区县安装200台网络版药具自助发放机。推动药具服务进社区卫生站。

八是积极开展对口支援扶贫和对外交流合作工作。充分发挥在人才、资源和资金等方面的优势，加强和西藏拉萨、新疆和田、青海玉树、内蒙古乌兰察布、四川什邡、贵州毕节等重点对口支援扶贫地区的联系，加大工作力度。不断扩大对外交往，继续深化国际合作项目。完善服务中央在京单位和军队措施，做好军地共建工作。

（四）大力加强领导班子和干部队伍建设，为全面推进人口计生工作转型提供坚实的组织保障和人才支撑大力加强领导班子建设，形成更加合理的领导班子结构。分类推进事业单位清理规范，加强市计生协会、药具站和连心服务中心建设，推进市级人口研究机构筹建工作。继续推进机关与事业单位处级领导干部公开选拔、处级干部竞争上岗、干部双向选择轮岗交流、民主推荐选拔任用干部工作。建立后备干部库，加强处级后备干部培养。做好离退休干部工作，落实好老干部生活待遇政策。加强人口计生系统教育培训工作，重点抓好领导班子成员、区县主任、机关处级领导干部的培训。组织好出国（境）培训和考察工作。制定《北京市人口和计划生育干部队伍职业化建设的指导意见》。推广生殖健康咨询师职业培训。加强基层计生队伍建设，关心基层专干工作和生活。

（五）深化创先争优和“三进两促”活动，加强党风廉政建设，建设学习型、服务型机关

结合创先争优活动，扎实推进领导干部“领航工程”、基层党组织“聚力工程”和共产党员“先锋工程”。建立机关干部直接联系服务群众制度。深入开展学雷锋活动。关心困难干部生活，建立困难党员帮扶机制。将“三进两促”活动项目落实到位，形成长效机制。

制定完善推动廉政风险防范管理的实施细则并抓好落实。适时启动“廉政档案”等廉政风险防范管理信息化建设工作。以人事、财务、项目招标、公务用车、因公出国（境）管理五个方面为重点，全面推进“阳光计生”行动规范化建设。抓好对全员人口信息管理系统的效能监察工作。健全财务制度，规范财务管理，推进预算决算公开。开展“读书、荐书、评书”活动。关心党员干部工作学习生活，稳妥推进事业楼改造，积极改善办公条件。

四、对区县工作的几点建议

一要建立大人口观念。建立统筹推进和综合协调的大人口的工作思路。要主动争取部门支持和配合，协同有关部门共同做好人口服务管理工作。

二要围绕今年工作思路和重点，多层次、多方面、多视角地开展工作。一定要结合自身特点开展丰富多彩的活动，不要千篇一律、生搬硬套。

三要大力加强干部队伍建设。我们的干部队伍素质与当前的人口计生工作任务相比还有不少不相适应的地方。希望各区县进一步注重干部队伍建设，采取引进、培训、招聘等多种方式，努力提高各级干部队伍的综合素质。

四是千方百计做好当前的维护稳定工作。党的十八大将于2012年下半年在北京召开，各区县要进一步加强对信访工作的领导，畅通信访渠道，对辖区内的重点人、重点事多加关注，做好矛盾调解等工作，切实维护辖区内的安全稳定，保证本系统内一定不要出现任何纰漏。

做好2012年的工作，任务艰巨、使命光荣。面对新的形势和要求，我们要不断

更新知识，转变思路，改进方法，用发展的思路、改革的办法，妥善解决发展过程中遇到的难题。让我们在中共北京市委、市政府的领导下，在国家人口计生委的指导下，以更加强烈的责任意识、更加扎实的工作作风，在新的起点上取得新的更大成绩，以优异成绩迎接党的十八大和北京市十一次党代会的胜利召开！

北京市人口计生委党组书记、主任刘志在全市人口计生系统反腐倡廉建设视频会议上的讲话

（2012 年 4 月 10 日）

刘晓军同志代表市人口计生委党风廉政建设和纠风工作领导小组作了工作报告，我完全同意。海淀等四个区的发言很有代表性，值得各区县学习借鉴。下面，我就做好今年全系统党风廉政建设和反腐败工作讲三点意见。

一、提高认识，认真贯彻胡锦涛重要讲话和市纪委八次全会精神

胡锦涛同志在中央纪委十七届七次全会上的讲话，全面总结了党风廉政建设和反腐败斗争取得的新成效、新经验，科学分析了当前反腐倡廉形势，深刻阐述了保持党的纯洁性的极端重要性、紧迫性以及总体要求和工作重点，对于指导当前和今后一个时期党风廉政建设和反腐败斗争、保持党的先进性和纯洁性，具有重大而深远的意义。市纪委十届八次全会暨全市党风廉政建设和反腐败工作会议精神为学习贯彻胡锦涛同志重要讲话和中央纪委七次全会精神，保持党的纯洁性，大力弘扬和践行“北京精神”，推进首都反腐倡廉各项工作具有重要指导作用。全市人口计生系统党员干部一定要认真学习领会，坚决贯彻落实。

一是要深刻认识中央提出的在新形势下保持党的纯洁性的重大意义。要清醒地认识影响党的纯洁性的五个方面的突出问题，围绕保持党的纯洁性，着力解决好“四个相结合”，不断增强各级党的组织自我净化、自我完善、自我革新、自我提高能力，使各级党组织始终保持思想纯洁、队伍纯洁、作风纯洁和清正廉洁，永葆共产党人政治本色。

二是要清醒地认识到保持党的先进性和纯洁性是开创人口计生工作新局面的根本保障。2012 年是迎接党的十八大胜利召开之年，是全面落实胡锦涛“4·26”重要讲话精神和中共北京市委、市政府“十二五”规划之年，也是人口计生委职能转型、机构调整、推进事业发展的重要一年。责任大、任务重，全委要以迎接党的十八大胜利召开和学习贯彻党的十八大精神为主线，

以创新人口服务管理体制机制为动力，深入推进惩治和预防腐败体系建设，严明党的纪律，加强党的作风建设，扎实抓好党风廉政建设和反腐败斗争各项长期性、基础性工作，为实施“人文北京、科技北京、绿色北京”战略和建设中国特色世界城市营造良好的人口环境奠定坚实的基础。

三是围绕加强党的纯洁性建设，扎实推进党风廉政建设和反腐败斗争的各项任务。当前，要着力加强对中央和中共北京市委、市政府重大决策部署贯彻落实情况的监督检查，严格执行组织人事工作纪律，加强党员干部的作风建设，落实好建立健全惩治和预防腐败体系建设各项任务，解决好人民群众反映强烈的突出问题，认真总结党风廉政建设和反腐败工作的经验，为党的十八大胜利召开营造良好人口环境。

四是在反腐倡廉建设中大力践行“北京精神”。践行“北京精神”是加强社会主义核心价值体系建设的要求。在党风廉政建设和反腐败斗争中也要大力践行“北京精神”。一要按照“北京精神”的要求，以更高标准推动系统反腐倡廉建设。要以更加奋发有为的激情和实事求是的态度，高标准落实好中央和市委关于加强党风廉政建设和反腐败斗争的各项决策部署，为人口计生事业科学发展提供坚强保障。二要按照“北京精神”的要求，努力提高反腐倡廉建设科学化水平。要大力发扬敢于担当、敢于碰硬、敢于创新的精神，主动适应转型期反腐倡廉建设的新特点，及时研究新情况、解决新问题，创新权力运行的体制机制，创新廉政风险防控的方法手段，不断提高反腐倡廉建设科学化水平。三要按照“北京精神”的要求，不断丰富廉政文化建设的内涵。要吸收借鉴人类社会一切优秀文明成果，不断增强廉政文化生机活力，使清正廉洁成为每个党员干部特别是各级领导干部的自觉行为，在全系统形成以廉为荣、以贪为耻的良好风尚，形成积极向上的精神追求和健康文明的生活方式，为人口和计生事业发展创造良好政治环境。四要按照“北京精神”的要求，不断加强领导干部作风建设。要以践行“北京精神”为契机，加强领导干部作风建设，增强法治观念，加强道德修养，坚定理想信念，解决好世界观、权力观、事业观的问题。

二、明确任务，深入推进党风廉政建设和反腐败工作

今年反腐倡廉建设的各项任务，刘晓军同志已在报告中作了部署，各级、各部门要认真按照“围绕中心、服务大局、突出重点、创新方法、加大宣传、务求实效”的思路抓好落实。这里我着重强调几项任务。

一是要抓好委党组制定的《北京市人口计生委2012年党风廉政建设和反腐败工作要点》和责任分解的落实。《要点》明确了七大项任务，责任分解了53项具体工作，并确定了牵头单位和协办单位，在这里我重点强调的是要强化责任、精心组织，拿出举措、抓好落实。机关党委要发挥作用，承担起全委总牵头责任，各处室和单位还要将各自的任务具体化，每项任务处室和单位主要领导就是第一责任人，还要明确具体承办人和落实时限，监察处要负责督办，确保任务有人抓、有人做、有人督并按期完成。处室之间、单位之间要相互协调、密切配合，齐抓共管，共同努力确保各项任务的落实，使责任制真正落到实处。

二是要扎实推进惩治和预防腐败体系建设。认真贯彻落实2011年制定下发的《北京市人口计生委关于落实“三重一大”决策制度的实施办法》《北京市人口计生委关于党务公开的实施办法》以及《阳光计生行动规范》《基层阳光计生行动示范单位标准》和《阳光计生行动检查评估办法》等规范性文件。健全和完善党内监督制度，提高各级领导班子依法、规范、民主、科学决策能力和水平。各区县也要在健全决策基本制度上下功夫、做文章，努力提高科学决策水平，扎实推动全系统反腐倡廉制度建设。今年是落实惩防体系2008～2012年工作规划实施意见的最后一年，各级人口计生部门要认真梳理检查规划任务落实情况，确保计划任务的落实，并着手拟定落实2013～2017年工作规划的实施办法调查研究等准备工作。

三是要进一步加强廉政风险防控管理。要深入贯彻《北京市关于进一步加强廉政风险防控管理的意见》，抓好《北京市人口计生系统惩治和预防腐败体系建设2008—2012年实施意见》的落实，扎实推进委机关及系统廉政风险防控工作。全系统要针对权力运行的“关节点”、内部管理的“薄弱点”、问题易发的“风险点”，制定并落实防控措施。要完善廉政风险防控运行机制，提高防控效能；找准廉政风险防控重点，加强对廉政风险防控的监督；贯彻落实廉政风险防范承诺制和项目防控制；修订《北京市人口计生系统廉政风险防控考核办法》，完善考核指标体系，进一步规范全系统的风险防控考评工作。

四是要全面推进全系统阳光计生行动规范化建设。阳光计生行动规范化建设是政风行风建设的重要平台和有力抓手，我们开展的阳光计生行动规范化建设，2011年在市政府绩效考评中获得了优秀创新创优项目，2012年要在巩固成果、创新机制、宣传典型上继续加大工作力度，进一步推进阳光计生行动规范化建设。各级人口计生部门要认真落实2011年10月召开的全市人口计生系统阳光计生行动规范化建设现场会精神，结合2012年工作形势和本地区的实际，结合“创建幸福家庭”工作，抓好阳光计生行动示范单位创建工作。进一步完善行风热线、行风监督员、实名举报、舆论监督和层级监督五项监督维权制度，使计划生育审批、收费、服务、维权等项工作在阳光下运行，有效防治腐败和不正之风。2012年要进一步扩大阳光计生行动的外延，用阳光计生的理念加强市人口计生委内部规范性管理。以人事、财务、项目招标、公务用车、因公出国（境）等五个主要方面为重点，在委内开展“五大阳光”建设工程，有效构建预防腐败长效机制。另外，还要认真抓好对全员人口信息管理系统的效能监察工作。全员人口信息管理系统建设投入大、要求高，是全系统一项重要工作，要通过监察，检验系统运行情况和使用效果，进一步推进信息管理工作。2012 年将在全系统开展阳光计生行动“双百”（100 个阳光计生行动示范单位和 100 名阳光计生行动工作标兵）创建评选活动，要树典型，推经验，推动全系统政风行风建设。

三、加强组织领导，切实抓好反腐倡廉建设各项工作的落实

加强反腐倡廉建设是建设法治政府、服务型政府的重要保障，是在新形势下加强党的纯洁性建设的必然要求。全市人口计生系统各级党委（党组）是反腐倡廉建设的责任主体，要切实担负起全面领导反腐倡廉建设的责任，切实把反腐倡廉建设各项任务落到实处。

一是要在落实党风廉政建设责任制上下功夫。要认真落实以党风廉政建设领导负责制为核心的各项责任。进一步明确全系统各级领导班子和领导干部在党风廉政建设各项工作中的责任，切实抓好“一岗双责”的落实。各级人口计生部门主要领导是党风廉政建设“第一责任人”，要做到亲自抓、带头做、负总责，管好班子、带好队伍、用好人民群众赋予的权力。对重点工作要亲自协调，重点信访要亲自过问，重点案件要亲自督办。要切实加强对纠风工作的领导，亲自协调解决群众反映强烈的问题，及时督办严重侵害群众合法权益的违法违纪案件。班子其他成员也要强化责任意识，切实抓好自己职责范围内的工作。要充分发挥党风廉政建设领导小组的作用，加强反腐倡廉建设的组织协调，各处（科）室、各单位要按照分工，积极承担反腐倡廉专项工作的主抓和协办责任，真正做到与人口和计划生育业务工作同部署、同落实、同检查、同考核，对反腐倡廉工作失职行为要认真落实责任追究。

二是要强化领导干部在廉洁从政上做表率。全系统的领导干部要认真执行《中国共产党党员领导干部廉洁从政若干准则》，模范遵守党纪国法，清清白白做人，兢兢业业工作，干干净净办事。要以班子勤政廉政的表率带好队伍，树立威信，用整个系统的风清气正赢得群众的拥护和信赖。要常修为政之德、常思贪欲之害、常怀律己之心，自觉接受组织监督、群众监督、社会监督，做到立身不忘做人之本、为政不移公仆之心、用权不谋一己之私，始终坚守共产党人的精神家园，永葆共产党人的纯洁性。

三是要在改进机关作风和推进行风建设上求实效。各级人口计生部门要以服务大局、服务基层、服务群众为宗旨，以人民满意为标准，积极开展机关行政效能建设和服务型机关建设，认真履行和兑现人口和计划生育便民维权服务承诺，依法维护群众合法权益，特别要用先进性和纯洁性的作风带好基层，用良好的作风赢得民心。完善人口计生系统政风行风建设长效机制，加强检查考核，以良好的政风行风促进勤政廉政建设。

四是要在加强检查监督工作上抓落实。要把反腐倡廉建设作为对领导班子和领导干部考核的重要内容，督促党员领导干部认真执行民主生活会、述职述廉、廉政谈话、报告个人有关事项等制度。委党组成员和各级领导干部要积极支持驻委纪检组监察处开展工作，充分发挥纪检监察部门的职能作用，自觉接受监督。要建立健全宣传教育、财务监督、干部监督、纪检监察等联席会议制度，沟通信息，听取派驻机构的意见建议，进一步改进工作。

2012年是全面落实《建立健全惩治和预防腐败体系2008—2012年工作规划》的最后一年，做好今年的党风廉政建设和反腐败工作任务繁重，责任重大。我们要切实增强责任感、紧迫感，进一步统一思想认识，坚定信心，狠抓落实，不断取得党风廉政建设和反腐败工作新成效，为首都人口和计生事业提供良好环境，以优异成绩迎接十八大胜利召开。

北京市人口计生委党组书记、主任刘志在2012年北京市人口和计划生育半年工作会议上的讲话

（2012年7月25日）

今天会议的主要任务是，贯彻北京市第十一次党代会精神、全国人口和计划生育半年工作会议精神及全国、国家人口计生委及北京市维护社会稳定工作会议精神，落实国家人口计生委和中共北京市委、市政府关于人口计生工作的决策部署，总结上半年工作，布置下半年重点任务。会议的主题是“坚持深化改革、加快转型创新，推动首都人口计生工作健康发展”。刚才，徐捷同志传达了全国人口计生信访维稳工作会议精神，耿玉田同志传达了国家人口计生委党组书记、主任王侠的重要讲话精神，朝阳区、密云县作了很好的发言。朝阳区通过“五个更加注重”，不断深化“五个转变”完善“大人口”工作格局；密云县通过“三抓三强化”提升计划生育服务管理水平。各区县之间要相互学习借鉴、共同提高工作水平。

下面，我简单讲两点意见。

一、充分肯定上半年工作成绩，进一步坚定做好下半年工作的信心

上半年，人口计生系统深入贯彻落实科学发展观，牢牢把握“稳中求进”总基调，大力践行“北京精神”，紧紧围绕迎接

党的十八大和北京市第十一次党代会胜利召开，按照“打基础、转职能、抓宏观、重实效”工作要求，一手抓加强人口服务管理，一手抓创建幸福家庭活动，人口计生工作转型发展迈出坚实步伐。

（一）统筹人口宏观调控与服务管理取得新成效

一是加强战略研究，稳步推进特大城市人口规模调控课题研究，预计8月全部结题。二是创新服务管理机制，明确了建立人口评估机制的整体思路和评估重点，提出了建立人口评估机制的目标、定位和要素。三是加强人口信息化建设，提高人口形势分析能力。推动部门、区县人口数据共享整合。加强人口信息和数据的开发利用，为中共北京市委、市政府科学决策和各部门工作提供权威数据支撑。四是改革目标管理考核，调整目标管理责任书。将郊区县的计划生育政策符合率由95%提高到与城区相同的97%，实现全市生育管理标准的城乡统一；流动人口计划生育经费不再单列，纳入到区县人口与计划生育年度财政总预算，逐步实现与户籍人口的统筹。五是流动人口服务管理工作力度不断加大。制定印发《流动人口计划生育“一盘棋”工作方案实施意见》。在丰台区开展流动人口计划生育基本公共服务均等化试点。

（二）计划生育工作迈上新台阶

一是创建幸福家庭实现新突破。“生育关怀工程”重点突破，启动关爱独生子女死亡家庭的“暖心计划”，全额出资为独生子女死亡家庭的父母购买涵盖养老、医疗、意外保险在内的综合性保险。二是着手进一步完善计划生育政策有关办法。针对《北京市人口与计划生育条例》执行情况，梳理出9大类43项问题并提出初步解决方案。三是计划生育优质服务提质提速。全面实施“国家免费孕前优生健康检查项目”，上半年共为3 569位计划怀孕群众进行免费孕前优生健康检查。将农村长效节育已婚育龄群众免费健康体检项目人均体检费用由去年的105元提高至135元。不断完善系统网络发放为主、社会化发放为补充、线上与线下相结合的社会化药具发放服务体系。四是统筹推进出生人口性别比综合治理。成立全市综合治理工作领导小组，出台《综合治理出生人口性别比工作实施方案》。

（三）领导班子和干部队伍建设取得新进展

市委高度重视和关心市人口计生委领导班子建设，今年上半年为我委新配备两名局级干部。特别是市委巡视组进驻我委，对我委领导班子和干部队伍建设将起到积极的促进作用。研究制定《机关与事业单位处级和科级干部选拔任用实施办法（试行)》，形成“1+5”干部选拔任用工作制度体系。开展机关副处级干部竞争上岗，对机关处以下干部进行轮岗交流。从基层遴选10名年轻公务员到市计划生育协会工作。积极推动事业单位改革，将更多联系基层、服务群众的职能转交市计划生育协会。创新培训形式，举办首届综合业务培训周；拓宽培训渠道，培训各级各类干部600余人次。

（四）宣传展示人口计生工作打开新局面

利用各种重大活动，加大对上级部门和中外友人等各种层面的宣传展示。成功接待德国等外国机构参观考察。出台加强信息工作的意见，人口计生信息发布进一步规范，市人口计生委网站成功改版，政务微博和市计生协网站上线运行良好，政务信息刊物办刊水平有较大提升。

（五）机关党的建设展现新面貌

在全委机关组织“悦读好书　共享精品”读书活动。深化“三进两促”活动，形成长效机制。推进机关党组织与农村基层党组织的结对帮扶工作。引导党员领导干部、基层党组织和党员在各项工作中创先争优。深入开展学雷锋活动，构建文明和谐机关。深化“送温暖”工作，关心党员干部工作学习生活。

二、抓紧抓好各项重点工作，以优异成绩向党的十八大献礼

（一）紧紧围绕学习、宣传和贯彻党的十八大精神，着力维护首都社会安全稳定

党的十八大即将在北京胜利召开，全市人口计生系统要切实做好迎接、学习、宣传、贯彻工作。要从首都工作特殊重要的政治高度，深刻认识维护首都稳定的极端重要性。一是要按照“属地管理、分级负责”、“谁主管、谁负责”的原则，狠抓领导责任制的落实，狠抓责任体系建设，狠抓维稳责任细化分解，确保各项工作有人抓、有人管、有人负责，不留死角，不出漏洞。北京市要做到“大事不能出，小事不能出”，按照国家人口计生委王侠主任的要求，各地绝不能再出现“安康事件”，要“严防死守、看死盯牢”。要进一步提高应对突发事件的能力，确保出现问题及时反应、处置。二是要全力化解各类矛盾，高度重视和解决好民生问题，推动包容性发展，使发展成果更好地惠及广大群众；认真落实社会稳定风险评估机制，努力从源头预防化解矛盾；进一步组织好领导干部接访下访工作，加大矛盾排查化解力度；梳理确定一批影响稳定的重点矛盾，建立台账，明确责任，挂账督办，力争在9月底前全部化解。要牢牢把握舆论引导主动权，加大正面宣传力度，围绕学习贯彻市第十一次党代会精神和国家人口计生委关于在全国人口计生系统开展向姚明河同志学习活动的决定，精心策划主题，深度宣传报道。三是要大力加强基层基础工作，通过深入推进“平安北京”建设，建立起早发现、早报告、早处置的工作机制，努力把各类矛盾问题化解在基层、解决在萌芽状态；充分整合基层维稳力量，打好维护首都安全稳定的人民战争。这里，我再强调一下，各区县是属地管理的第一责任人，要切实做到守土有责、守土尽责，加强排查整治，对重点人和信访积案要滚动排查，

做到严防死守、看死盯牢。市人口计生委将进一步完善人口计生法律法规体系，坚持依法行政和文明执法，不断完善信访工作新机制；加强和创新社会服务管理，进一步提高流动人口服务管理工作规范化、信息化水平；进一步加大督促指导力度，市人口计生委每位领导负责两个区县的督导，委领导和相关处室要按照维护社会稳定责任台账的分工，帮助所联系的区县协调处理有关问题。信访维稳，要把握“以人为本、解决问题”的原则，首先要从政策规定上进行调整，从根本上解决引起信访的诱因；其次要帮助群众，切实解决问题，解决其合法合理的诉求；再次，要对重点人、重点事逐个排查，认真解决，市和区县要保持联动。总之，全市人口计生系统要时刻绷紧维护稳定这根弦，坚持下先手棋、打主动仗，周密部署，精心组织，本系统内坚决防止影响稳定的各类事件发生，为党的十八大召开营造安全稳定的社会环境。

（二）深入贯彻落实市第十一次党代会精神，着力破解首都人口发展难题

深入学习贯彻党代会精神是当前和今后一段时期最重要的政治任务，要采取多种形式，把党员干部的思想和行动统一到市第十一次党代会和北京市 2012 年上半年经济形势分析会精神上来。做人口计生工作，要切实提高对首都工作特殊重要性的认识，想问题要把握首都的城市性质功能和历史方位，作决策要考虑到发挥首都的影响和示范作用，抓工作要坚持首善标准，奋力开创首都人口计生工作的新局面。要紧紧围绕“加快建设中国特色世界城市，让首都人民生活更加幸福安康”这一主题，统一思想、提高认识、找出差距，牢固树立大局意识、服务意识、首善意识，找准人口计生工作的定位，查清与世界城市对人口计生工作的要求的差距，要善于抓住机遇，敢于迎接挑战，进一步解放思想、激发创新活力，坚持走群众路线，坚持服务民生，推动工作思路、工作举措、工作载体和工作方法的创新，积极发挥统筹全市人口政策的职能和作用，在加强人口服务管理和提高家庭幸福指数方面下功夫。

（三）奋发进取，埋头苦干，推动首都人口计生工作健康持续发展

一是全面完成年度目标，高质量完成市政府折子工程。2012 年市政府折子工程中，市人口计生委有两项是主责单位。第一项是加强人口和计划生育工作，稳定低生育水平。上半年，我们已调整目标考核责任书，特别是把郊区县的计划生育政策符合率由 95% 提高到与城区相同的 97%，调整的目的和出发点就是为了继续稳定低生育水平。王侠主任明确指出，要始终坚持计划生育基本国策这个根本不动摇，切实把稳定低生育水平这一首要任务抓紧抓好，各区县要严格按照此标准，抓好稳定低生育水平工作。要坚持和完善目标管理责任制，完善考核内容，科学设置考核指标和目标体系；改进考核方式，减少考核

次数，减轻基层负担，鼓励基层创新；强化结果应用，建立考核结果应用体系，奖励先进。第二项是加强流动人口服务管理。要积极推动全员流动人口管理信息系统建设，完善信息引导服务和信息共享机制。坚持计生融入民生，多办几件实事，推进流动人口计划生育基本公共服务均等化试点项目工作，促进流动人口社会融入。深入开展“关怀关爱”系列活动，为流动人口提供免费孕前优生健康检查，帮扶、救助流动人口计划生育困难家庭。切实做好“一盘棋”工作，推动省际之间统筹管理、服务均等、信息共享、区域协作、双向考核工作的开展。

二是深化人口发展战略研究和人口信息化建设。切实加强调查研究，建立健全相关工作制度，提升决策民主化、科学化水平。积极发挥首都人口发展政策咨询专家顾问团在人口研究中的智囊作用。做好“特大城市人口规模调控”课题结题和成果梳理等工作，形成合理调控人口规模、引导人口有序迁移、促进人口有序管理的政策建议报告，为市委、市政府决策服务。组织开展北京老龄化趋势及应对、中心城区人口疏解与人口合理布局等课题研究。抓紧会同有关部门开展人口评估体系的功能定位、框架设计和内容细化等研究认证，制定重大规划、重大政策、重大项目的人口评估工作意见。人口信息化建设是统筹解决人口问题的突破口和重要抓手，要推进全员人口信息系统全面应用，不断提高数据的完整性、时效性和可靠性，推动部门信息统筹共享，加强人口信息综合和分析，进行全市人口形势分析。

三是不断完善计划生育政策法规体系。首先，要充分肯定《北京市人口与计划生育条例》实施10年来取得的成绩，为稳定北京低生育水平、提高出生人口素质发挥了重要作用。目前，人口形势发生了重大变化，建设世界城市对加强人口服务管理提出了更高、更新的要求，因此，我们必须根据新形势要求，在稳定现行生育政策的前提下，以注重民生、方便简洁、解决问题、突破难点为原则，修订完善我委自身的有关具体办法。主要包括六个方面内容：①2004年出台的“12号文”即《关于审批生育第二个子女的规定》；②规范涉侨、涉外、留学人员生育政策；③三孩审批（《特殊情况再生育一个子女的规定》）；④办理《独生子女父母光荣证》的规定；⑤做好《北京市社会抚养费征收管理办法》规范；⑥完善利益导向机制，建立动态增长机制。此项工作是下半年全系统的重点工作，分四步进行：第一步，市人口计生委委内形成修订完善的意见，目前，我们正在抓紧进行梳理；第二步，征求各区县意见，吸收好的建议、意见完善充实；第三步，形成建议稿，报市政府审定；第四步，根据轻重缓急，逐步实施。当前只限于内部操作，不宜对外宣传，以免引起误导。

四是以幸福家庭六大惠民工程为载体

推进人口计生公共服务体系建设。按照《国家基本公共服务体系“十二五”规划》要求，以计划生育服务和计划生育利益导向为重点，完善人口和计划生育服务体系，保障城乡育龄人群身心健康，促进人口长期均衡发展。继续实施创建幸福家庭六大惠民工程，出台《北京市创建幸福家庭工作实施意见》，并以此为载体，实施一批保障工程，改善基础设施条件，健全服务网络，建成标准化、规范化的人口计生公共服务设施。市里负责统筹，出台政策，区县负责落实，要覆盖到千家万户。下一步，要抓好四项重点工作：一是以东城区人口和家庭健康服务中心揭牌为标志，推进人口计生基本公共服务均等化；二是以门头沟区“国家免费孕前优生检查项目”启动仪式为起点，全面推进 16 个区县全覆盖，提前一年完成国家任务；三是关爱“计划生育特殊家庭”的“暖心计划”要全面落实，做到不遗漏；四是健全宣传教育、计生服务、优生指导、药具发放、信息咨询、随访服务、生殖保健、人员培训等八项功能，提升服务质量，使人口计生公共服务机构成为群众满意的优质资源。

五是大力加强领导班子和干部队伍建设。继续加强领导班子建设，形成更加合理的领导班子结构。深化干部人事制度改革，建立健全干部选拔任用制度，用好的制度选人用人；实施干部交流轮岗等制度，实现人岗相适；加大竞争性选拔力度，让人才脱颖而出。积极推进事业单位改革。加强人口计生干部队伍网络建设和职业培训，解决人员队伍与形势要求不适应的问题。各区县也要注重干部队伍建设，确保基层工作机构和队伍的稳定，提升队伍的整体能力，强化人才培养和激励，加强行业作风建设，建设一支政治可靠、多岗历练、结构合理、创新实干、作风正派的干部队伍，为全面做好人口工作提供组织支撑。各区县要重视解决基层工作人员的报酬和待遇问题，推动落实基层专干的报酬待遇和养老保障，妥善解决离岗计生专干的遗留问题。

六是加强党风廉政建设。一要继续深入推进廉政风险防控工作。下半年，市人口计生委将围绕权力结构科学化配置、权力运行规范化监督和廉政风险信息化防控三个体系建设，出台《关于落实进一步加强廉政风险防控管理实施意见的实施细则》和一些专项工作管理制度。二要严格落实党风廉政建设责任制。要按照年初制定的《2012 年反腐倡廉建设重点工作及责任分解》抓好落实。各级人口计生部门要认真落实“三重一大”决策制度实施办法和《北京市人口计生委党务公开工作实施办法》。三要继续深化全系统阳光计生行动规范化建设。要结合实际创新方法，扩大阳光计生行动规范化建设的实际效果和影响力。办好“12356”阳光计生热线和政风行风热线。四要重视效能监察工作。要加强经常性工作的监督检查，确保重大项目的规范安全运行，重点抓好“北京市全员人口统筹管理信息系统”项目效能监察工作。

此外，我再强调四方面的工作：一是加强沟通。要加强市区两级之间的沟通，多向市里反映区县所做的工作及存在的问题，以便我们改进各项工作。二是加强宣传。全系统要积极向姚明河同志学习，同时也要充分挖掘我们基层先进人物和先进事迹，加大宣传，树立自己的典型。三是加强调研。市人口计生委领导班子成员和各处室要积极到区县开展调研，帮助基层解决实际问题。四是慰问基层抗灾工作。本市刚刚遭遇“7·21”特大自然灾害，我们要做好慰问基层、救助灾区的工作，特别是房山区人口计生委，要深入基层，关心和帮助受灾地区的基层计生专干以及受灾的独生子女家庭，帮助他们顺利渡过难关。

再过几个月，党的十八大就要在北京胜利召开，在这段关键时期，我们务必保持高度的政治敏感性，牢固树立政治意识、责任意识，弘扬“特别能吃苦、特别能奉献、特别能战斗、善于做群众工作”的人口计生精神，深化改革、转型创新，扎扎实实地做好自身工作，多谋民生之利，多解民生之忧，为建设中国特色世界城市营造良好的人口环境，以优异成绩迎接党的十八大胜利召开。

北京市人口计生委党组书记、主任刘志在2012年全国县级人口计生委主任培训班上的报告

（2012年5月15日）

很荣幸有机会与参加全国县级人口计生委主任培训班的各位人口计生战线的同仁们一起交流和探讨。周末，我刚从贵州毕节大方县、黔西县考察对口支援工作回来，亲身感受到基层工作的艰难、艰苦和艰巨。在座的各位主任从事着号称天下第一难的千辛万苦的基层人口计生工作，真心地向你们学习和致敬！

在国家人口计生委的指导下，在全国各级人口计生部门的支持协作下，北京市人口计生工作取得了一些不成熟的成绩和经验。下面，我从北京市的整体工作情况、经验和不足、面临的形势以及下一步的工作打算四个方面和大家交流探讨。

一、北京市人口和计划生育整体工作情况

近年来，在国家人口计生委的大力指导下，在中共北京市委、市政府的正确领导下，全市人口计生系统抓住机遇，改革创新，锐意进取，扎实工作，低生育水平持续稳定，统筹解决人口问题迈出重要步伐，在人口规模调控研究、流动人口服务

管理、利益导向措施、提高干部队伍素质以及提高出生人口素质等方面，均取得了新的进展和成效。2010 年 12 月 2 日，国家人口计生委主任李斌率国家“十一五”人口发展规划终期督评组，对北京市人口发展“十一五”规划执行情况进行终期督评，北京市委刘淇书记和郭金龙市长等市委、市政府领导会见了督评组一行，李斌主任对北京市“十一五”工作给予了高度评价，她指出：“北京市人口发展‘十一五’规划执行情况良好，首都人口计生工作走在了全国前列，创造了许多好的经验，值得在全国学习推广。”

（一）低生育水平持续稳定

北京市的人口计生工作始终坚持党政一把手亲自抓、负总责，坚持把人口计生工作纳入经济社会总体规划。不断完善目标管理责任制，市长每年与区县长签订人口计生目标管理责任书，实行计划生育“一票否决”制度。不断完善人口和计划生育法制体系，依法行政水平进一步提高。人口计生事业发展目标顺利实现，总和生育率保持在 1.0 左右的水平，常住人口计划生育率持续稳定在 95% 以上的较高水平，人口自然增长率低于全国平均水平。

（二）关注民生，计划生育利益导向政策体系不断完善

近年来，北京市坚持以计划生育家庭尤其独生子女家庭利益为核心，关注民生，围绕广大群众生产、生育、生活，探索并不断完善多形式、多层次、广覆盖的计划生育利益导向机制和体系，逐步形成了“经济奖励、优质服务、优先优惠、养老保障、生产扶持、帮扶救助”六位一体的计划生育利益导向政策体系。

一是不断提高国家规定的三项扶助制度的标准。全面落实农村部分计划生育家庭奖励扶助制度，率先实行奖励扶助增长机制，2008 年增加到每人每年 1 200 元，截至 2011 年，北京市奖励扶助对象达到 1.74 万人。落实独生子女死亡或伤残的困难家庭扶助制度，提高补助标准，这两项制度均比国家标准高出一倍。

二是积极开展财政贴息贷款扶持贫困计划生育家庭发展生产致富项目。为扶持贫困计划生育家庭发展生产，2002 年，市计生委联合市财政局等部门下发《关于扶持农村计划生育低收入户增收致富的意见》。文件规定，由市财政局每年按贷款额 7% 的比例提供贷款的贴息资金。贷款使用期限为一年，每户贷款数额原则上不超过 1 万元。贷款总额从 2002 年的 2 000 万增加到 2003 年的 3 000 万元，2004 年达到 6 000 万元，2005 年达到 1 亿元，2008 年增加到 2 亿元。从项目开展到 2010 年，全市利用贷款 10.1 亿元，扶持 5 万户次的计划生育家庭发展种植业、养殖业、旅游业等，户均增收 3 000 ~ 5 000 元。

三是指导各区县积极探索推进有利于计划生育家庭的各项优惠政策和帮扶措施。各区县结合实际，探索实行了计划生育家庭意外伤害保险、四级养老保障制度、农

村产权和林权制度改革中设立独生子女家庭奖励股等多种帮扶形式。在北京的顺义区，开展社会养老保险的村，市、区、乡、村四级联动的计划生育家庭养老金每人每月最高能达到2 000元。对独生子女家庭的一系列政策倾斜，使他们在政治上有地位、经济上有实惠、生活上有保障，使计划生育工作深得农民的支持和拥护。

（三）优质服务不断深化，率先实现“国优”全覆盖

全面贯彻落实国家人口计生委提出的计划生育优质服务提质提速工作方针，落实北京市“十一五”时期人口和计划生育服务体系建设规划，拓展服务范围，增强服务能力，形成了“政府主导、社区参与、计卫联手、共建共享、需求易得、融合拓展”，具有首都特点的计划生育优质服务模式，2009年，率先在全国实现了计划生育“国优”先进单位全覆盖目标。积极开展争创“全国计划生育优质服务示范站”活动。扎实推进“健康生育计划”和“免费孕前优生健康检查”项目试点，向全市已婚待孕和怀孕3个月内的准妈妈免费发放叶酸。“生殖健康伴你行”活动深入开展，计卫联手，深入基层，为育龄群众提供免费健康体检和生殖健康服务，并将农村长效节育户籍已婚育龄群众免费健康体检纳入基本公共卫生服务项目和北京市医改方案的新增项目。

（四）宣传教育工作的新格局初步形成，新型婚育文明更加深入人心

以“倡导婚育文明，构建和谐家庭”为核心，着眼人的生命全周期，围绕媒体体系、环境体系、文艺体系和资源体系建设，创新宣教理念，拓宽宣教工作领域，努力增强宣教工作的广泛性、针对性和实效性，宣传教育工作的新格局初步形成，新型婚育文明更加深入人心。婚育新风进万家活动和关爱女孩行动深入推进，出生人口性别比偏高势头得到遏制。积极关注青少年身心健康，扎实推进“青春健康”项目，完成了大学生和高、初中生的《生殖健康教育读本》的编写工作。积极探索开展0～3岁早期教育的有效形式和科学方法。指导区县结合区域经济、社会、人口文化发展特点，推进人口文化园建设，各区县的风格各异的人口文化园成为首都一道亮丽的风景线。创新媒体宣传，拓展宣传渠道，利用遍布全市的公交车、北广传媒等平台不断加大宣传教育力度。

（五）稳定机构，健全队伍，人口计生公共服务网络不断优化

拓展培训渠道，采取与首都知名高校、国家人口管理学院联合举办综合素质培训班等形式，加大对各级干部的培训力度。促进村级计生专干的职业化建设，联合市农委制定下发《关于加强北京市村级计划生育队伍职业化的意见》，统一规范了村级专干的任职资格、选聘标准、工作职责、退出机制。着眼筑牢基层网底，出台《北京市计划生育宣传员管理办法》。2004～2008年连续五年开展创建人口计生示范社

区、示范村活动，每年评选100个示范社区和100个示范村，并分批分期对示范社区、示范村的专职干部进行脱产培训。计划生育协会工作卓有成效。积极开展党风廉政建设，扎实推进政务公开、阳光计生行动等工作。目前，全市从市、区（县）到街（乡镇）、居（村）各级人口计生机构稳定，队伍健全，覆盖全市的人口计生公共服务网络基本建立。

（六）注重均等化服务，流动人口服务管理工作稳步推进

北京市各区县人口计生部门相继成立了流动人口服务管理机构，乡镇、街道充实了专兼职人员，基层社区流动人口协管员队伍逐步加强。强化系统内部协调和外部协作，流动人口和人户分离人员计划生育工作“一盘棋”机制建设初见成效。探索建立了环渤海区域“七省一区两市”流动人口服务管理区域协作机制。指导区县探索建立跨地区合作机制和工作流程，并积极配合流出地省市开展异地联合执法，取得成功经验。与流管办、卫生、劳动等部门加强协作，开展流动人口在京出生监测等工作，综合治理流动人口违法生育难题。开展关怀关爱流动人口活动，推进在流动人口集聚地建立协会和图书角工作。

（七）综合改革扎实推进，新机制建设进一步健全

起草《关于全面深化“两个转变”，建立和完善人口与计划生育工作新机制体系实施纲要》，成立了由委主要领导为组长、各分管主任为副组长、相关处室为成员的市人口计生综合改革领导小组。努力探索建立统筹解决人口问题的宏观调控机制体系、运转有序的工作运行机制体系、坚实有力的支持保障机制体系，推进人口计生工作的科学发展。按照“试点先行、注重特色、逐步推广”的原则，推动示范区试点工作深入发展，以破解难题为导向，以机制建设为重点，充分发挥群众的创造性和各级干部的能动性，涌现出计划生育家庭“四级联保”、幸福家庭工程等典型，推动了人口计生工作不断实现新跨越。

（八）坚持体制机制创新，统筹解决人口工作不断推进

近年来，根据国家人口计生委的工作部署和新形势下统筹解决首都人口问题的需要，我们积极探索，不断推进“大人口”方面的工作。调整并充实市、区人口计生领导小组职责和成员单位，相应增加了统筹解决人口问题的职能，领导小组定期研究决定有关人口发展重大问题。着眼为各级党委政府的科学决策提供服务的人口战略研究模式初步建立。围绕不同主题，每年举办“首都人口与发展”论坛。牵头组织了国家京津冀地区人口发展战略研究课题，推动区域协调发展。

2011年，市人口计生委牵头组织市编办、市流管办、市发展改革委等部门开展了创新首都人口管理体制调研，提出了市人口计生委新“三定”方案并得到市编办批复。新方案得到国家人口计生委的高度

认可，在各省市中反响很大。按照新的职能定位，市人口计生委不断加强横向沟通和纵向联系，积极主动开展工作。联合国家人口计生委开展“特大城市人口规模调控”课题研究，牵头编制“十二五”时期人口发展和调控规划，整合市有关部门人口数据建成全市覆盖人口最广的数据库——全员人口数据库，开展了重大规划、重大政策和重大项目人口影响评价调研。人口计生工作逐步转向统筹解决人口问题的新阶段。

二、北京市人口和计划生育工作的经验和不足

近年来，在国家人口计生委的指导下，在市委、市政府的领导下，全市上下振奋精神，紧抓机遇，应对挑战，人口发展和计划生育工作不断迈上新台阶，为推动科学发展作出了应有的贡献。主要经验有：

1. 尊重规律，实事求是是前提。多年来，全市人口计生系统坚持实事求是、求真务实的工作作风，注意发现和把握工作中的规律，用以指导全市的工作。这些规律有人口自身规律，人口、资源、环境相互关系的规律等。我们自觉地用这些规律指导我们的工作，在实践中检验、提高我们的认识，再用以指导、提升我们的实践，促进工作水平的提高。

2. 扎实推进，稳中求进是基础。人口的特有规律决定了人口计生工作具有相对稳定性。同时，人口计生的重心和重点是基层基础工作。因此，多年来，我们始终注意保持人口计生工作思路的总体稳定，坚持了一个核心——稳定低生育水平，统筹解决人口问题；两大服务——生殖健康优质服务和对计划生育家庭利益导向的服务；坚持“小人口”不放松，“大人口”探索推进。实践证明，这些做法符合形势的发展方向、工作规律和人民群众的内在需求，也收到了很好的效果。同时，市和区县注重不断创新，研究新情况，解决新问题，形成了全市均衡发展、区县各有特色的良好局面。

3. 抓住机遇，开拓进取是动力。2003年，市计生委更名为市人口计生委，增加了人口发展战略研究等职能并相应增设了研究室等部门和编制。近年来，市人口计生委的“三定”方案中新增和拓展了“加强人口问题的战略性、前瞻性研究，协调推动统筹解决人口问题目标和任务的实施，负责人口和计划生育工作的综合协调和综合治理”等三项职能并新增加了相应的处室——规划协调处。这些都为我们提供了拓展职能、开辟工作新局面的良好机遇。机遇面前，我们趁势借力，人口战略研究开花结果，统筹解决人口问题不断探索推进，成效显著。同时，近年来，我委紧紧抓住承担国家人口计生委的“特大城市人口规模调控”课题研究、市委“首都城市人口承载规模的分析研究”等重大任务，积极推进统筹协调人口工作，收到很好成效。这些“大人口”方面的工作，不仅扩大了人口计生部门的影响，提升了我们的地位，更是推动了市、区县级党委和政府对人口问题的重视力度。

4. 领导重视，各方配合是保证。人口发展领域的工作涉及部门多，而且与群众的切身利益息息相关，非常需要领导的重视。多年来，我们积极争取领导支持和重视，有效利用市、区县两级领导小组的平台，充分发挥参谋助手作用，建立部门协调机制。充分发挥群众团体、自治组织的作用，强化村（居）、企业的人口服务管理责任，形成齐抓共管、综合治理的社会氛围，构建起政府主导、部门协同、社会参与的工作格局。

在看到成绩的同时，我们也要清醒地认识到工作中存在的不足：一是人口服务管理体制机制与经济社会发展要求不适应。相关部门各管一段，存在着管理与服务缺位和错位等问题，突出表现在人口治理不综合、人口政策不协调、管理和服务手段滞后等方面；二是队伍素质与新形势新任务的要求不适应。大部分同志是计划生育工作的行家里手，但对推动“大人口”工作在知识储备、工作思路、工作方式、创新能力上都有待加强；三是服务水平距离群众需求还有差距。随着经济社会的发展，群众需求日趋多元化，对计划生育、生殖健康的服务水平要求更高，而目前我们的服务手段、技术、质量等还不能满足群众不断增长的需求和期望；四是稳定低生育水平面临新的难题。流动人口、人户分离人员增加，以户籍管理和行政制约为主的管理手段逐渐弱化，特殊人群违法生育时有存在，新时期稳定低生育水平工作难度加大。这些问题需要我们在今后的工作中认真研究和解决。

三、当前首都人口和计划生育工作面临的形势

根据最新的统计数据，2011 年年末北京市常住人口突破2 000 万人，达到2 018.6 万人，呈现出如下特点：

1. 常住人口总量持续增长，但增速明显下降。2011 年比 2010 年增加 56.7 万人，增长 2.9%，增速比“十一五”时期年均增速下降 2.1 个百分点。常住人口中外省市来京人员为 742.2 万人，比 2011 年增长 5.3%，增速比前十年年均增速下降 5.3 个百分点。外来人口在常住人口中的比重由 2010 年的 35.9% 提高到 2011 年的 36.8%。

2. 常住人口向城市功能拓展区和发展新区扩散。城市功能拓展区常住人口最多，为 986.4 万人，比 2011 年增长 3.2%，占全市常住人口的 48.9%；发展新区常住人口 629.9 万人，比 2011 年增长 4.4%，占全市的 31.2%。首都功能核心区 215 万人，比 2011 年减少 0.6%，占全市的 10.6%；生态涵养区为 187.3 万人，比 2011 年增长 0.5%，占全市的 9.3%。

3. 常住人口性别年龄结构略有变化。常住人口中，男性 1 040.7 万人，占 51.6%；女性 977.9 万人，占 48.4%，性别比为 106.4。0～14 岁人口 183.7 万人，占 9.1%；15～64 岁人口 1 653.2 万人，占

81.9%；65岁及以上人口181.7万人，占9%，比2011年比重上升0.3个百分点。

4. 常住人口自然增长率稳中有升。2011年全市常住人口出生16.5万人，出生率8.29‰，比上年出生人口增加2.6万人，出生率上升0.81‰。全市自然增加8万人，自然增长率4.02‰，比上年上升0.95个千分点。

总体看来，北京人口规模过快增长压力仍长期存在，人口布局不合理加剧城市运行压力，中心城人口过度聚集的状况没有根本改变。下一阶段，要适应首都功能定位和发展目标的要求，防止和避免人口无限过快增长，使人口发展与首都性质、功能相协调，与首都资源、环境承载力相适应。

四、下一步工作思路和重点任务

下一阶段，全市人口计生工作要以邓小平理论和“三个代表”重要思想为指导，深入贯彻落实科学发展观，大力践行“北京精神”，牢牢把握“稳中求进”的总基调，围绕市委、市政府中心工作，以创新人口服务管理体制机制为动力，以建立健全人口发展调控机制和人口服务管理体系为抓手，以合理调控人口规模为重点，以“幸福家庭工程”建设为平台，加强人口政策研究，加强新型人口文化建设，加强面向家庭的人口和计划生育公共服务体系建设，稳定适度低生育水平，统筹全市人口政策，协调推动人口与经济、社会、资源、环境协调可持续发展，逐步形成规模适度、结构优化、多元和谐、分布合理、服务有效、管理严格、与城市可持续发展和城市功能相适应的人口发展格局，为实施“人文北京、科技北京、绿色北京”战略和建设中国特色世界城市营造良好的人口环境。

（一）紧紧围绕学习、宣传和贯彻党的十八大精神和市第十一次党代会精神，着力维护首都社会安全稳定

2012年是迎接党的十八大胜利召开之年，也是市委的换届之年。我们要求全市人口计生系统深刻认识党的十八大胜利召开的重大意义，切实做好迎接、学习、宣传、贯彻工作。结合纪念计划生育基本国策确立30周年、《人口与计划生育法》实施10周年和弘扬践行“北京精神”，深入宣传人口计生工作的伟大实践和突出业绩。完善舆情监测和处置机制，积极主动回应社会舆论热点问题，营造良好的舆论氛围。逐步完善人口与计划生育法律法规体系。坚持依法行政和文明执法，切实维护群众计划生育合法权益。创新信访工作机制，充分利用全员人口信息系统，着重预防化解信访突出问题。与市信访办合作，新建“北京市非紧急救助服务中心”的市人口计生委分中心（“12356阳光计生热线”咨询平台）。

（二）坚持计划生育基本国策不动摇，切实稳定低生育水平

坚持计划生育基本国策不动摇，保持政策的稳定性和连续性，确保低生育水平

持续稳定。坚持党政一把手亲自抓、负总责不动摇，严格实行“一票否决”。在完善国策上位和利益导向政策体系方面取得较大突破，鼓励基层提高奖扶标准，扩大受益人群。2012年度人口和计划生育目标管理考核将实现三个转变：一是将郊区县的计划生育政策符合率由95%提高到与城区相同的97%，实现生育管理由城乡“二元”向城乡统一标准的转变；二是明确人口计生财政投入增长幅度要高于经常性财政收入增长的幅度，确保人口计生财政投入逐年稳定增长，与市财政局联合印发《北京市人口计生系统经费投入保障机制实施意见》，实现财政投入由户（户籍人口）外（流动人口）“二元”结构向整体统筹、稳步增长方式的转变。三是人口计生目标管理考核工作按北京市人口计生委将要出台的新的考核办法执行，基本的工作指标肯定不能突破，要鼓励基层创新，切实减轻基层负担。按照国家人口计生委关于综合治理出生人口性别比的整体部署，建立市级专项工作组，加大部门和地区协同联动力度，逐步促进出生人口性别比趋向合理范围。

（三）全面加强人口服务管理，努力构建与首都可持续发展和首都功能相适应的人口发展格局

一是创新人口服务管理体制机制。落实市委、市政府加强人口调控的指示精神，研究完善人口考核评估体系。探索建立重大规划、重大政策、重大项目的人口评估机制，会同市有关部门开展人口评估体系专项研究。充分发挥市人口和计划生育领导小组及其成员单位的作用，协调落实人口服务管理的任务。以综合改革示范区创建活动为契机，抓好示范点经验总结和推广。

二是深化人口政策战略研究。组织开展人口综合协调管理机制、中心城区人口疏解与人口合理布局、居住证制度对人口流动迁移的影响、北京老龄化趋势及应对等课题研究。重点做好“特大城市人口规模调控”课题的优化、结题和成果梳理等工作，形成合理调控首都人口规模的政策建议。

三是加强人口信息化和信息工作。推进全员人口信息系统全面应用，研究制定信息化建设管理规范。推动部门信息统筹共享，建立全员人口信息采集新机制。加强人口信息综合和分析，召开全市人口形势分析会。在国家“金人工程”总体框架下，启动北京市全员人口统筹管理信息系统建设工作。推进政务信息公开，办好内部信息刊物、政务微博和外网网站。

四是加强流动人口服务管理。牵头做好环渤海区域“一盘棋”工作，组织召开联席会议。与河北省人口计生委联合开展环首都经济圈流动人口生存状况调研。召开流动人口基本公共服务均等化服务研讨会。开展在京流动人口生存状况与未来预期调查，了解流动人口的相关需求，提供有效到位的服务。加强流动人口基础信息

监测，做好年度动态监测点工作。落实国家规定的流动人口的奖励优惠政策。推动流动人口计生协会建设。

五是提高人口和家庭公共服务水平。全面开展创建幸福家庭工作，继续实施“文明倡导、宝贝计划、青春健康、健康生育、生育关怀、心灵家园”六大惠民工程。指导各区县结合本部门工作特点，积极推进创建工作。扎实推进“市人口和家庭公共服务中心”、“市生殖健康技术指导中心”筹建工作。建立健全以市生殖技术健康指导中心为龙头、区县人口计生服务中心为骨干、社区计划生育服务站为基础的人口计生公共服务体系。

六是加强人口文化建设。开展幸福家庭宣传推广活动，打造“人口文化一日游”等宣传品牌。全面推进“婚育新风进万家活动”和“关爱女孩行动”，深入实施新农村、新家庭计划。继续开展“科技、文化、卫生”三下乡活动。办好“生育生命生活”、“今夜私语时”等电视广播栏目和生殖健康大讲堂。

七是继续落实民生惠民项目。全面开展国家免费孕前优生健康检查项目，今年所有区县实现全覆盖，提前一年完成国家人口计生委制定的目标和任务。广泛开展生殖健康伴你行、育龄群众免费健康体检、婚育健康服务大礼包免费发放等优质服务。继续做好争创“全国计划生育优质服务示范站”活动和“全国计划生育优质服务先进单位”的“回头看”验收等工作。重新核定计划生育“四术”报销标准。巩固完善以“北京市免费药具发放综合服务平台”为载体的城市药具现代化发放新模式。在首批未纳入试点的10个区县安装200台网络版药具自助发放机。积极推动药具服务进社区卫生站。

八是积极开展对口支援扶贫和对外交流合作工作。充分发挥北京在人才、资源和资金等方面的优势，加强和西藏拉萨、新疆和田、青海玉树、内蒙古乌兰察布、四川什邡、贵州毕节等重点对口支援扶贫地区的联系，加大工作力度。不断扩大对外交往，继续深化国际合作项目。完善服务中央在京单位和军队措施，做好军地共建工作。

（四）大力加强领导班子和干部队伍建设，为全面推进人口计生工作转型提供坚实的组织保障和人才支撑

大力加强领导班子建设，形成更加合理的领导班子结构。分类推进事业单位清理规范，加强市计生协会、药具站和连心服务中心建设，推进市级人口研究机构筹建工作。继续推进机关与事业单位处级领导干部公开选拔、处级干部竞争上岗、干部双向选择轮岗交流、民主推荐选拔任用干部工作。建立后备干部库，加强处级后备干部培养。加强人口计生系统教育培训工作，重点抓好领导班子成员、区县主任、机关处级领导干部的培训。组织好出国（境）培训和考察工作。制定《北京市人口和计划生育干部队伍职业化建设的指导意

见》。推广生殖健康咨询师职业培训。加强基层计生队伍建设，关心基层专干工作和生活。

（五）深化创先争优和“三进两促”活动，加强党风廉政建设，建设学习型、服务型机关

结合创先争优活动，扎实推进领导干部“领航工程”、基层党组织“聚力工程”和共产党员“先锋工程”。建立机关干部直接联系服务群众制度。深入开展学雷锋活动。关心困难干部生活，建立困难党员帮扶机制。将“三进两促”活动项目落实到位，形成长效机制。

制定、完善推动廉政风险防范管理的实施细则并抓好落实。启动“廉政档案”等廉政风险防范管理信息化建设工作。以人事、财务、项目招标、公务用车、因公出国（境）管理5方面为重点，全面推进“阳光计生”行动规范化建设。抓好对全员人口信息管理系统的效能监察工作。健全财务制度，规范财务管理，推进预算决算公开。开展“读书、荐书、评书”活动。

北京市人口计生委党组书记、主任刘志在创先争优活动总结会议上的讲话

（2012年8月24日）

创先争优活动开展以来，市人口计生委机关党委认真贯彻落实胡锦涛同志在深入开展创先争优活动中突出强调的“要坚持以推动科学发展、促进社会和谐、服务人民群众为主题，深入一线，深入实际，开展创先争优”的重要指示精神，按照市委、市政府、市直机关工委及委党组部署安排，以建设中国特色世界城市、深化改革发展为动力，以“三进两促”、“五级联创”为载体，创新思路，纵深推进，创先争优活动取得了扎实成效，在服务首都经济社会发展、服务人民群众方面发挥了较好作用，有力推动了人口计生事业改革发展，有效提升了党组织的凝聚力、战斗力和党员干部的素质能力、工作水平。

一、强化责任，为创先争优活动提供强有力的思想组织保证

按照市委《关于在窗口单位和服务行业深入开展“为民服务创先争优”活动指导意见》，机关党委成立了由委党组书记、主任刘志同志任组长，副书记、副主任徐捷同志任副组长的领导小组，制定印发了《市人口计生委深入开展创先争优活动实施意见》，明确了活动的指导思想、奋斗目标、工作任务、工作要求，增强了活动的针对性、指导性和可操作性。委领导班子成员主动担负起创先争优活动的领导和指导责任，结合各自分工建立联系点，深入

基层、开展点评、指导工作，努力把联系点办成创先争优示范点。党委、支部坚持把创先争优活动作为一项重要的经常性工作，与业务工作同安排、同部署、同落实、同考核验收，加强督促检查和工作指导，及时总结和交流工作经验，表彰先进支部和先进个人，使创先争优活动始终有计划、有步骤地向前推进。各级积极动员广大党员干部牢固树立大局意识、服务意识、责任意识、效率意识和创新意识，在实践中比干劲、比贡献，创先进、争优秀，共有6个支部，24名党员受到国家、市、区级表彰；各支部采取试点示范与整体推进方式，周密制定方案，深入开展思想发动，较好地集中了群众智慧、凝聚了群众力量、夯实了群众基础。为了使创先争优活动贴近基层，贴近群众，委领导、机关党委委员带队，多次深入街道、社区、企业、农村、部队和院校，以寻访慰问、召开座谈会等形式，深入实际开展调研，积极征求各层面群众意见建议；定期召开阶段形势分析会，梳理存在的问题，及时调整方案内容，保持了创先争优活动的鲜活力。各级高度重视，领导率先垂范，支部周密筹划，党员积极带头，群众广泛参与，为创先争优活动开展提供了强有力的思想、组织和制度保障。两年来，共有496人次深入到镇、乡、村开展帮扶、调研和为民服务活动，帮助各级解决避孕药具发放、育龄夫妻体检、特困计生家庭扶助金发放、流动人口图书室建设等22个实际问题。

二、提高素质，为创先争优活动提供人才技术支持

实践中，机关党委始终把提高素质能力作为创先争优活动的重要途径和内容，不断提高服务首都经济社会建设发展需要、服务基层和广大群众水平。一是加强党性教育。党委坚持从加强党性教育入手，不断提高党员干部思想认识，让创先争优成为广大党员干部的内在要求和价值取向，始终保持扎根事业、情系群众、甘愿奉献、拼搏向上的精神追求。我们每季度安排一次突出活动主题的党课宣讲，每年组织党员干部到西柏坡、延安等革命圣地参观学习，引导广大党员干部深入思考创先争优的背景和深刻意义，教育大家如何联系实际，破解人民群众最关心、最直接、最现实的民生利益问题；如何做到思想上尊重群众、感情上贴近群众、行动上深入群众、工作上依靠群众，积极回应群众的期盼与需求，满腔热情地为群众排忧解难，真正做到为民、务实、清廉。二是加强业务培训。以加快政府职能转变、提升公共服务水平为着力点，加大业务知识学习、培训和研究力度，促进党员干部掌握职业技能、增强服务本领、提升职业操守、维护职业形象，努力建设一支业务精、技能强、服务优的党员队伍，以党员队伍业务素质能力的提高，带动人口计生服务水平的整体提升。近年来，我们充分利用首都教育科研资源优势，加强技术和科研合作，借势借力培养人才，每年对系统内科级以上干部普遍轮训一次。采取与高校及科研院所合作办班、选送上学、联合立项调研等形式，不断加大培训力度。同时，我们每年还拿出1/3空缺编制岗位，从社会选调、招录和聘用部分优秀专业人才，较好地改善了党员干部队伍知识结构，提升了服务标准和质量。三是学用国外先进技术经验。我们积极适应市委提出的建设中国特色世界城市目标，加强与世界各国、各地区技术交流合作，先后与德国、英国、法国、瑞典、中国香港、中国台湾地区等40多个国家或地区建立联系，以参观学习、举办论坛，参加研讨等形式，学习国外管理服务经验、引进先进服务技术，不断改进服务机制，以国际化服务标准，拓展服务职能，提升服务品质。四是组织参与综合性调研。积极组织力量参与市委、市政府有关人口发展、服务管理等重大课题研究，先后完成了《首都人口承载能力和调控人口规模调研报告》《促进首都人口与资源环境协调发展的调研报告》《特大城市人口规模调控（以北京为例）》等课题调研，以大人口视角，从国家和市级层面分别提出缓解人口与资源环境矛盾的相关政策措施，为国家及市委、市政府实施重大决策提供了充分的参考依据，拓展了大城市人口发展及服务管理视野。五是开展群众性读书学习活动。委机关定期举行读书报告会，集中展示读书成果，交流学习收获，推动读书成果共享转化。“阅读好书　共享精品”活动的广泛开展，在全委营造了一种全员读书学习、善于读书学习的良好风气和浓厚氛围，搭建了党员干部学习交流的载体，培养了党员干部自觉读书、综合思维、写作表达以及欣赏判断的能力。六是加强技能比武。按照基层组织“五个好”、优秀党员“五个带头”基本要求，开展了“三亮、三比、三评”活动（亮标准、亮身份、亮承诺，比技能、比作风、比业绩，群众评议、党员互评、领导点评），组织系统内开展“岗位竞赛”、“技能比武”等活动，评选“服务标兵”、“服务模范”，以文明、诚信、廉洁、优质为体现，形成了比学赶超、创先争优的生动局面，共有16名同志被评为岗位服务标兵。

三、创新机制，为创先争优活动注入持久动力

有好的机制，创先争优活动才有持久的鲜活力。随着城市化快速发展，首都人口发展面临着严峻形势，流动人口连年呈高速增长态势，人口、资源、环境的关系矛盾日益凸显，中共中央、国务院及北京市委、市政府高度关切，并对特大城市人口服务管理作出重要指示，提出明确要求。我们认真贯彻中央关于大城市要加强人口服务管理要求，不断加强和创新社会服务管理机制，坚持把以人为本、服务为先、包容厚德的理念作为加强和创新社会服务管理的重要原则，提出了“以创建幸福家庭为突破口、建设首都和谐人口环境”工作目标。

我们把创建幸福家庭作为为民服务创

先争优的主体实践工程，得到市委、市政府高度重视和支持，北京市将创建幸福家庭活动工作正式列入《北京市“十二五”时期人口发展和调控规划》，拟订了总体创建方案，逐渐确立了以“幸福家庭　和谐人口”这八个字作为新时期人口计生工作的主线，创建幸福家庭工作分为“六大惠民工程”，包括“文明倡导工程”“‘宝贝计划’工程”“青春健康工程”“健康生育工程”“生育关怀工程”和“‘心灵家园’工程”。这六大惠民工程涵盖人的婴幼儿期、青春期、育龄期、更年期、老年期，针对不同群体各有侧重，形成完整的人口与家庭公共服务体系。同时，我们加大对孤儿监护人家庭、老年人家庭、残疾人家庭、留守人口家庭、流动人口家庭、受灾家庭以及其他特殊困难家庭的关怀扶助力度，增加了养老、育婴、护孕、助残等服务项目和内容，形成具有首都特点流动人口计划生育基本公共服务均等化的政策措施框架，为构建幸福家庭奠定坚实的基础。

为了拓展服务范围和服务项目，我们开展了“生殖健康伴你行”、“生殖健康大课堂”活动，先后深入乡村、机关、社区、军营、流动人口聚集地，为30多万人次提供了生殖健康免费服务，并组织首都生殖健康专家到河北省涿州，内蒙古呼和浩特市、乌兰察布市和锡林郭勒盟等地开展活动，有力地促进了环首都区域计生工作的联动，成为深得城镇居民、乡村群众、流动人口欢迎的计划生育优质服务活动的一个亮点品牌。在落实国家“免费孕前优生健康检查项目”方面，克服多方困难，主动将常住流动人口和城镇居民纳入免费服务范围，拓展了服务人群，提前实现了全民覆盖，取得了良好的社会效应。同时，我们认真落实民生项目，将党和政府的关怀落实到计生家庭和人民群众。自2011年开始对本市“半边户”农村计划生育家庭实施同等的奖励扶助制度以来，全市享受奖扶人数1.73万人，发放金额2 081.64万元。投入近1 000万余元，为大学、中学、小学高年级学生编写了《青春期性健康》书籍读本，免费发放140多万册，实现我委青春健康项目对在校大中小学生的全覆盖。

为了适应新形势、新任务需要，委党组研究制定了《市人口计生委关于进一步深化综合改革创新体制机制的实施意见》，提出了“以提高社会管理和公共服务能力为目标，以满足‘两个需求’和解决实际问题为导向，加快工作重心转移”的总体思路和目标任务。2011年年底，按照市编办批复市人口计生委新“三定”方案的规定，调整了委内处室设置，成立了综合处、规划协调处、信息处等负责人口综合管理的处室，进一步拓展了服务职能，为人口计生工作转型提供了组织保障。同时，我们积极联合国家、市、区（县）、乡（镇）、村五级党组织联合开展创先争优，形成了“五级联创”新机制，创新了党建工作新思路，拓展了创先争优活动的渠道、形式和内容，不仅使基层组织直接得到上级的帮带和指导，也使上级组织能面对面接触基层群众并了解一线工作情况。通过联学、联创，提升了机关和基层干部队伍素质、增强了党员队伍活力，增进了各级机关干部与基层群众之间的感情，联创单位怀柔区人口计生委在全区年终3项工作考核中，独此一家获得了全部奖项，即“区五好标兵党组”、区政治文明考核先进单位和区绩效考评优秀单位，历史上第一次赢得了一个“大满贯”。2012年上半年，经多方协商，我们申请财政专项经费，对“12356”阳光计生服务热线进行了升级改造并网，与北京市“12345”非紧急救助服务热线双线捆绑，更加方便、快捷地受理群众诉求，扩大服务范围，提高了服务效率。体制机制的创新，促进了服务和管理的科学化、制度化、规范化。

四、改进作风，为创先争优活动营造风清气正的良好氛围

机关党委紧紧抓住作风建设不放松，把提高群众满意度作为开展创先争优活动标尺。各级紧密结合阳光计生、诚信计生的推进，组织开展了“整顿机关作风，提高工作效率”主题教育活动，以实施阳光计生行动为平台，积极探索活动载体和长效机制，不断加强政风行风建设，着力解决突出问题。一是与机关作风建设相结合。以“治庸提能力、治懒增效率、治散正风气”为重点，积极推行阳光服务、微笑服务、规范服务、廉洁服务，强化全员目标责任和绩效考评制度，着力改进政风行风。党委联合驻委纪检监察处，先后制定下发了10余个规范性文件，包括阳光计生行动一系列制度、廉政风险防控管理一系列制度和民主评议政风行风工作制度等，形成指导、规范全市人口计生系统政风行风建设较为健全的配套制度，为加强和推进政风行风建设创造了良好的基础。二是与服务品牌建设相结合。我们努力把服务窗口办成优化发展环境的示范窗口、服务人民群众的便民窗口。各级利用人口计生行业和岗位特点，广泛开展党员公开承诺和挂牌上岗活动，争创群众满意窗口、优质服务品牌，提高群众满意度；提出与群众切身利益相关的服务承诺，用制度保证履行承诺，邀请群众监督和评议承诺的兑现情况，提升了服务质量和水平。我们创建并实施的《城市药具社会化发放》《北京市全员人口信息系统的建设与应用》《“阳光计生”规范化建设》3个项目，获得了“2011年北京市政府创新创优项目奖”。结合庆祝建党90周年和市人口计生委成立30周年，深入开展创先争优活动，表彰了50个先进集体、150名先进工作者、24名“新时期最可爱的人”，在系统内营造了学先进、比先进、争先进的良好氛围。三是与长效机制建设相结合。以开展阳光计生为主线，大力推行信息公开制度，及时将办理的各类审批、核准、审核等事项情况向社会公布。不断完善举报反馈、追究问责制度，明确问责范围，规范问责程序，加大责任追究查处力度。阳光计生行动开展以来，各级坚持以政务公开带动阳光管理，以民主评议推动阳光服务，以社会监督保障阳光维权，让权力在阳光下运行，使人民群众的知情权、参与权、表达权、监督权得到充分尊重和保障，增强了人口和计划生育基本国策的执行力和公信力，系统行风建设取得了明显成效，群众满意度达到95%以上，在北京市纠风办对全市17个政府部门和10个公共服务单位基层站所（服务窗口）的政风行风建设综合评议中，市人口计生系统获得排名第三的好成绩，其中社情民意调查排名第一，并且连续三年获得北京市精神文明建设标兵单位称号。

创先争优活动的深入扎实开展，有力地推动了首都人口计生事业的改革和发展，促进了机关服务意识、作风、效能与能力的“四个明显变化”。实践中我们深刻认识和体会到，创先争优是我们党执政为民、密切联系群众的重要举措，是促进人口和计划生育事业实现科学发展的重要载体，是加速提升服务能力与水平的现实需要。今后，我们将以全面贯彻落实好胡锦涛同志“7·23”重要讲话精神和市第十一次党代会确定的奋斗目标和工作任务为动力，以敢于担当、敢于碰硬、敢于创新的勇气，进一步创新实践载体，加大推进力度，健全长效机制，为实施“人文北京、科技北京、绿色北京”战略和建设中国特色世界城市营造良好的人口环境。以更为优异的成绩，迎接党的十八大胜利召开。

北京市人口计生委党组书记、主任刘志在全国创建幸福家庭活动经验交流会上的发言

（2012年9月24日）

北京市按照国家人口计生委和中国人口福利基金会的工作思路，不断健全和完善基本公共服务体系，努力提升家庭发展能力，积极推进创建幸福家庭活动。主要做法是：

一、科学谋划，着力探索创建幸福家庭工作理念

围绕“文明、健康、优生、致富、奉献”的目标，北京市人口计生部门在不断思考和探索中，逐渐确立了“836”的工作思路：就是以“幸福家庭　和谐人口”这八个字作为新时期人口计生工作的主线；以建设家庭人口文化为中心，以关注家庭成员和谐健康为基础，以关注民生为目的；以“六大惠民工程”为平台的公共服务体系，不断建立健全家庭发展政策，创建积极健康的家庭人口文化，为建设中国特色世界城市营造良好的人口环境。

二、积极探索，着力凸显北京人口计生工作特点

（一）政府主导

中共北京市委、市政府将创建幸福家庭活动列入《北京市“十二五”时期人口发展和调控规划》，作为强化政府公共服务职能的重要内容，纳入公共服务体系建设整体推进，从全局的高度谋划，找准促进人的全面发展和创建幸福家庭的结合点，不断丰富创建幸福家庭的内涵，实施了文明倡导、“宝贝计划”、青春健康、健康生育、生育关怀和“心灵家园”六大惠民工程，形成了较为完整的人口与家庭公共服务体系。

（二）立足基层

创建幸福家庭工作，区县人口计生部门是服务家庭的主力军。北京市成立了以主管市长为组长，以发改委、财政局、教委、卫生局、民政局、人口计生委等单位联合组成的创建幸福家庭活动领导小组，人口计生委领导创建幸福家庭活动，计生协会负责指导和管理，多部门联动，为基层工作搭建工作平台，横向加强与相关部门沟通联络，纵向加强对区、镇、村人口计生网络以及北京地区高校计划生育协会联合会的支持指导，进一步形成资源共享、资金整合、力量集聚的整体合力。

（三）服务群众

以不断满足家庭需求为导向，创新体制机制，提高家庭发展质量。面向不同类型的家庭，提供人性化的服务项目，探索改进服务提供方式，动员社会组织、企业和公众，承接政府购买人口与家庭发展公共服务项目，营造全社会共同支持参与创建幸福家庭的浓厚氛围，立足社区发展，打造“一刻钟服务圈”，使群众在最基本的生活单位内，享受到均等化的人口计生公共服务。

（四）解决困难

进一步加大对独生子女特殊家庭、困难家庭和特殊老年人家庭的帮扶力度和倾斜力度，完善四级惠民利民的利益导向体系，实现计划生育家庭帮扶“市区（县）有政策、乡镇有规定、村居有承诺”，建立专项补助基金，加大家庭的保障力度，为他们解决生活困难，不断提高人口计生公共服务水平和质量。

三、努力实践，着力改善民生，提升家庭发展能力

（一）帮扶机制助力幸福，提高家庭幸福指数

政策帮扶，在奖励扶助政策稳步推进的基础上，我们将触角延伸至社会广泛关注的计划生育特殊困难家庭，实行每人每月200元长效扶助政策，统筹资源为其提供精神抚慰、医学咨询指导等服务，帮助有意愿的家庭实现再生育；经济帮扶，以“安康计划”、“暖心计划”和“服务计划”为主，不断加大对独生子女特殊家庭和困难家庭的帮扶力度，为特殊困难计生家庭量身打造“暖心计划”，由财政出资2 160万元，为计划生育特殊困难家庭的父母购买

养老和医疗保险，2012年投保7 746人，实现这些家庭“老有所养，病有所医”，“暖心计划”的实施，得到了中央、北京市各级媒体的关注，也得到了北京市委、市政府领导的肯定；精神帮扶，从2006年开始，我们在全市范围开展了生育关怀亲情牵手活动，鼓励大学生、部队官兵等青年群体，与独生子女死亡和伤残家庭结为国策亲戚，为他们提供精神慰藉和亲情抚慰，全市共有3 600多位志愿者与特殊困难计划生育家庭亲情牵手。

（二）基地建设助力幸福，提升家庭服务品质

2011年以来，我们指导筹建的“市级青少年健康教育中心”、“0～3岁市级早教示范基地”、“心灵家园”陆续挂牌，标志着青少年健康教育、0～3岁早教和计生特殊家庭三大公共服务基地在探索中相继建成。“十二五”期间，全市将陆续投入资金1 600万元指导16个区县分别建成100平方米以上的早教基地、心灵家园和500平方米以上的青春健康教育基地。

（三）文明倡导助力幸福，倡导和谐家庭文化

充分发挥市、区、镇（街）三级人口文化体系的网络优势，打造“人口文化游”宣传品牌，进一步增强人口计生宣教工作的广泛性、针对性和实效性。利用《北京日报》《人民政协报》、北京电视台、北京电台等分别宣传报道创建幸福家庭工作。指导区县层层部署创建幸福家庭工作，形成了横到底、纵到边的宣传服务网络。一批以“幸福家庭”建设为主题的宣传精品脱颖而出。如平谷区的“幸福家庭发展计划”，怀柔区的“幸福怀柔人”评选等活动，深入村居，“幸福、和谐、文明”的家庭人口文化理念深入人心。

随着创建幸福家庭工作的深入开展，北京市还将建成更多的示范基地、推出更多的惠民项目，为广大家庭提供更为便捷的公共服务，创造更和谐发展的环境，为建设家庭和谐幸福的首善之区不断努力！

北京市人口计生委副主任徐捷在第二期援疆培训班结业式上的讲话

（2012年12月12日）

党的十八大刚刚闭幕，为认真学习宣传贯彻落实党的十八大精神，北京市人口计生委举办了对口援助新疆和田地区、农十四师第二期人口计生干部培训班。开班仪式上，国家人口计生委人事司金小桃司长、财务司樊挚敏副司长，北京市人口计生委党组书记、主任刘志亲自出席并讲话，充分体现了国家人口计生委和北京市人口

计生委对此次培训班的高度重视。

在新疆和田地区、农十四师领导的重视下，在培训班全体学员和工作人员的共同努力下，为期10天的培训班在今天这个吉祥的日子圆满落下了帷幕。

首先，我代表北京市人口计生委祝贺所有学员顺利完成这次培训班的全部课程，拿到结业证书。本期培训本着结合工作实际，高水平、高质量的原则，聘请了由政府领导、业内专家、知名学者教授等组成的师资队伍。教学内容科学合理，共分为6大教学模块13门专题课程。10天来，培训班围绕学习宣传贯彻落实党的十八大精神、结合新疆和田地区人口计生工作实际，从培训内容和培训方式上进行了精心设计，既有党的十八精神、科学发展观、当前人口形势等理论内容，也有人口计生依法行政、利益导向等业务知识，还有针对领导干部的心理健康和科学减压等领导艺术的课程；同时，培训班注重理论联系实际，组织学员实地参观考察、对口交流，取得了良好的培训效果。刚才，和田地区人口计生委顾书记、农十四师人口计生委黄主任代表全体学员谈了学习收获，充分表明此次培训班很成功，相信这些知识和经验对大家今后的工作会有大的帮助。

培训班的成功还应该感谢中央广播电视大学培训中心工作组人员和新疆驻京办为我们提供热情周到的服务，也要感谢我们在座的各位学员。这次培训班共有来自新疆和田地区、农十四师的人口计生干部共计45人，学员参训率100%。大家在学习期间学习热情很高，学习态度认真，学习风气浓厚，课堂秩序井然有序。正是由于大家的积极配合和表现出的良好精神风貌，这次培训班才能举办得如此成功。

在本期培训班结业之际，我想向参加培训的全体学员提两点希望：

一是要学以致用，努力提高工作水平。学习培训的目的是要提高工作水平。要把学习所得转化为增强责任心、事业心、进取心的源泉，转化为增强奉献精神、创新精神、大局意识的源泉，转化为推动工作的强大动力。大家平时要自觉加强学习各项理论和业务知识，注重将学习与工作实际相结合，养成长期学习的良好习惯，时时处处积极参与学习，将学习内化为自觉意识，不断提高领导水平和工作方法。

二是要继续加强沟通和交流，增进友谊。大家在北京培训的这段日子里，我们北京市人口计生委跟和田地区、农十四师人口计生委在座的各位学员建立了深厚的友谊，我们不会忘记彼此之间的深情厚谊，祝愿我们友谊长存，也欢迎各位有机会再到北京来。预祝大家通过不断的学习和实践，为和田地区和农十四师的经济社会发展和人口计生事业做出自己的更大贡献。

今后，我们将按照党的十八大报告提出的“采取对口支援等多种形式，加大对革命老区、民族地区、边疆地区、贫困地区扶持力度”的要求，认真落实援疆规划，积极促进双方交流，推进项目落实，加大智力援疆力度，进一步提升对口支援工作水平。

最后，衷心祝愿大家工作顺利！

北京市人口计生委委员王晓光在顺义区纪念“9·25”《公开信》发表32周年暨“幸福家庭”表彰活动中的讲话

（2012年9月21日）

今天很高兴参加顺义区举行的纪念表彰活动。多年来，顺义区人口计生多项工作均走在全市前列，发挥了很好的表率和引领作用，为全市人口计生工作的健康可持续发展创造了不少有益的经验。借此机会，我代表市人口计生委，向获奖的幸福家庭代表表示热烈的祝贺！向区领导和相关职能部门、向全区人口计生工作者表示衷心的感谢和崇高的敬意！

2012年是《中共中央关于控制我国人口增长问题致全体共产党员、共青团员的公开信》（以下简称《公开信》）发表32周年，是计划生育基本国策写进我国《宪法》30周年，也是《人口与计划生育法》正式实施10周年。当前人口计生工作正处于转型发展的新时期，稳定低生育水平、统筹解决人口问题、促进家庭幸福和人的全面发展应该成为新阶段的新任务。家庭是社会的细胞，家庭幸福是社会和谐的基础。近年来，为适应北京市人口计生工作转型需要和新职能的要求，市人口计生委积极拓展家庭方面的职能，整合原有业务工作，将创建幸福家庭工作作为全市人口计生工作的一条主线，按照“幸福家庭　和谐人口”理念，相应打造文明倡导、宝贝计划、青春健康、健康生育、生育关怀、心灵家园六大惠民工程。这六大惠民工程涵盖人的婴幼儿期、青春期、育龄期、更年期、老年期，针对不同群体各有侧重，形成完整的人口和家庭公共服务体系。创建幸福家庭工作正式列入了《北京市“十二五”时期人口发展和调控规划》。

多年来，顺义区在关注民生、促进家庭幸福方面做了大量工作。“六大惠民工程”深入开展，特色鲜明。利益导向工作的投入力度不断加大，构建起全市唯一的市区镇村四级养老保障体系。2011年，顺义区人口计生委和人力社保局联合启动了计划生育家庭劳动力全员就业工程，各镇、街采取多种措施，积极帮助计生家庭劳动力就业。这项独创性的民生工程也得到上级部门和全区上下的支持和好评。

下一步，希望顺义区紧紧围绕贯彻落实即将召开的党的十八大精神和市十一次党代会提出的“推动首都科学发展，加快建设中国特色世界城市，让首都人民生活更加幸福安康”这一主题，全面推进创建幸福家庭和人口计生各项工作。要在创新服务理念，拓展服务领域，提升服务能力，着力促进家庭幸福上多下功夫；要在部门联动，集思广益，发动各方力量，提供全方位优质服务上多下功夫；要在学习借鉴其他地区先进经验，着力解决群众关注的民生问题，努力满足群众需求上多下功夫。通过坚持不懈的创建幸福家庭工作，进一步促进低生育水平的长期稳定和人口问题的统筹解决，促进人口长期均衡发展，为建设“人文北京、绿色北京、科技北京”做出新的贡献，以优异成绩迎接党的十八大胜利召开。

北京市人口计生委副主任耿玉田在全国计划生育优质服务创建工作经验交流会上的讲话

（2012 年 6 月 7 日）

北京市自 2009 年实现“全国计划生育优质服务先进单位”全覆盖目标以来，在国家人口计生委的指导下，我们围绕市委、市政府中心工作任务，积极适应首都经济社会快速发展的要求，以“幸福家庭　和谐人口”为理念，将提高人口素质与增进人民群众生殖健康、家庭幸福协调统一，全力构建以关注民生为目的的公共服务体系。

一、融入首都科学发展，构建完善高效的公共服务体系

进入新时期以来，首都经济社会各项事业发展驶入快车道。在建设世界城市过程中，市委、市政府高度重视人口服务管理工作在首都经济社会发展中的基础性作用，着力构建完善高效的公共服务体系。

机构建设快速发展。制定了《北京市“十一五”时期人口和计划生育服务体系建设规划》，按照“功能完备、布局合理、特色突出、科学规范、优质高效”的标准，积极探索了推动计划生育服务机构标准化、规范化、制度化途径，全面加强了人口和计划生育服务体系建设。投入 3.6 亿元新建、改建和扩建了怀柔、顺义、平谷、密云、大兴、丰台、海淀等7 个区县计划生殖健康服务中心。以怀柔区等为代表的计划生育生殖健康技术服务中心，集生殖健康技术服务、健康体检服务、青春健康服务、家庭指导服务为一体，深化了优质服务内容，拓宽了优质服务领域、提升了优质服务品牌、提高了队伍业务能力。

在“十一五”体系建设的基础上，北京市“十二五”规划纲要将“北京市人口和家庭健康服务中心”建设，列入重点发展项目，进一步强化了建设以市级计划生育生殖健康指导中心为龙头，以区县人口和计划生育服务中心为骨干，以社区计划生育综合服务站为基础的公共服务体系。

利益导向初步形成。我们主动适应首都城乡一体化建设要求，注重运用公共政策破解人口难题，切实维护实行计划生育的城乡群众合法权益。努力拓宽奖励范围和力度，指导、支持区县政府通过建立特困家庭基金、计生家庭意外伤害保险等方式，探索对城市计划生育家庭的奖励和资助。政府各相关部门出台经济社会建设发展政策文件时，主动征求、采纳人口计生委的意见和方案。顺义、昌平、平谷、延庆等区县建立了计划生育奖励股。西城区建立独生子女家庭生活困难100万元补助基金。海淀区为年满65周岁的独生子女死亡、伤残家庭父母增发养老补贴金（65～74周岁每人每年2 000元，75周岁及以上每人每年5 000元）。

二、探索首都公共服务模式，构建关注民生的服务体系

为使计划生育家庭优先享受到更多的改革发展成果，我们从首都北京经济社会发展实际出发，大胆探索建立了关注民生的公共服务工作模式。

开展免费长效体检。自2008年开始，北京市在全市开展农村长效育龄群众免费健康体检。项目连续多年列入市委、市政府当年为民办实事内容，2010又纳入到市医改工作之中。到2012年市财政累计投入资金6 000万元，受益群众高达56.3万人（次）。今年，又将人均投入经费从过去人均105元提高到人均155元。

免费发放婚育健康服务包。将免费婚检、孕前保健、孕前优生健康检查、计划生育咨询指导等整合进“婚育健康服务包”中，前置到民政婚姻登记处实施“一条龙”服务。从2010年开始共生产35.8万个婚育健康服务包，财政投入1 739.5万元。服务包由人口计生委制作，民政部门在新婚夫妇登记结婚时派送。到2012年1月，已发放27万个婚育健康服务包。

开展生殖健康伴你行活动。近年来，通过开展集宣传教育、技术服务、药具发放和咨询培训“四位一体”的生殖健康伴你行活动，依托首都生殖健康和医学专家资源，运用政府购买服务的办法，定期组织专家以区县计划生育技术服务中心或社区卫生服务站为平台，免费为育龄群众进行免费生殖健康检查。几年来免费为7 268人次育龄妇女开展妇科、B超、乳透等项目的检查，对有疑难病症的128名育龄群众实行“绿色通道”就医服务。生殖健康专家还为3.2万多名群众举办了“生殖健康大课堂”讲座。

开展免费孕前优生健康检查。去年，全市投入443万元，在国家免费孕前优生健康检查项目3个试点区县（丰台区、昌平区、平谷区）基础上，鼓励其他区县按照国家要求，选择部分街乡（镇）开展试点工作。2012年全市将有11区县试点，由市财政投入573万多元对涉农区县（包括流动人口）1.26万对夫妇实施免费孕前优生健康检查。在抓好国家试点规定项目的基础上，我们重点探索超大城市全员免费孕前优生健康检查工作，全年有7个区县的6 883名城镇夫妇享受免费孕前优生健康检查，其中试点区5 892名、非试点区县991名。

开展城市药具社会化发放。探索建立城市药具社会化发放模式，初步建立了系统发放为主、社会化发放为补充、线上与线下结合的社会药具发放服务体系。仅去年网络和手机发放药具3 000多单。在海淀区探索建立了以药具服务为基础的人工流产预防体系。事前预防以8 436个电子药具发放网点为平台提供药具，事后补救由15家药店24小时提供紧急避孕药为抓手，着重解决避孕失败难题。同时在昌平区的大学校园和顺义区的工厂，开展了“未婚青少年非意愿妊娠综合干预模式的研究”。

建立部门联手工作模式。针对北京市医疗体系发达但没有乡镇（街道）级计划生育服务站的实际，我们与市卫生局携手在全市建立起“六位一体”的社区卫生（计生）服务站制度。去年又以北京市卫生局北京市人口计生委联合文件形式（京卫基层字〔2011〕27号），从政府的层面要求全市社区卫生服务站，必须履行计划生育技术咨询指导，开展避孕方法知情选择、出生缺陷干预的科普宣传和咨询；计划生育药具发放；建立生殖健康档案和随访服务职能。市人力资源和社会保障局已经将开展“四术”服务的13个服务中心确定为全市生育保险定点机构。

协调市信息办将人口计生委开办的“避孕·生育·健康”生殖健康网站链接到首都之窗，市民通过网络就可享受到人口和计划生育政策咨询、申报承办、生殖保健、优生优育、性健康教育以及预防艾滋病等服务。

三、突出首都示范功能，构建均等化的公共服务体系

2011年，全市常住人口2 018.6万人，比上年年末增加56.7万人。其中，流动人口742.2万，比上年年末增加37.5万人。面对庞大的流动人口群体，从体现社会公平的高度，突出首都示范辐射功能，在努力提高户籍人口计划生育服务管理质量的同时，最大限度地满足了流动人口日益增长的计划生育、优生优育、生殖健康等需求，探索了逐步建立和完善有利于促进基本公共服务均等化的流动人口计划生育统一管理、优质服务体系。

北京市“十二五”规划纲要指出，适应特大城市科学发展要求，以完善人口管理制度为主要抓手，着力改进人口管理基础管理，加强流动人口属地化管理、市民化服务，逐步实施居住证制度，建立人口服务管理责任制度。我们对北京市流动人口计划生育管理规定和工作规范、制度等进行了全面的梳理，结合全国流动人口计划生育服务管理的要求，规范了流动人口服务管理工作。自2004年将流动人口计划生育管理经费纳入市长与区县长签订的人口和计划生育目标责任书以来，流动人口经费继续保持平稳较快地增长。从2009年开始，对当年在京生育，并采取长效节育措施的已婚育龄妇女一次性奖励200元。近三年来，全市流动人口计划生育工作经费累计投入13 100万元，其中区县投入10 926万元，市级投入2 174万元。

目前，北京市流入已婚育龄妇女查证建档率90%，流动人口已婚育龄妇女孕检率84%，免费技术服务覆盖率为87%，免费避孕药具获得率和可及率为91%，全员流动人口入库率为90%，流动人口PADIS系统的应用率为100%。

我们在总结经验的时候，也清醒地认识到计划生育优质服务当前面临的挑战：一是采取长效避孕措施率逐年下降，人工流产率则在不断上升；二是流动人口服务管理工作还存在不少问题。

北京市人口计生委副主任李彦梅在本市人口计生信息管理和信息化工作会上的讲话

（2012年6月28日）

为加强全市人口信息管理和信息化工作，我们在此召开全市人口计生信息管理与信息化工作会。这次会议通报了2012年上半年工作情况和下半年工作安排，部分区县人口计生委汇报了本区县开展信息化工作的情况，并就做好人口计生系统信息管理及信息化工作提出了意见和建议。我完全同意。人口信息管理和信息化是一项重要的战略性、政策性工作。希望大家高度重视，充分认识人口信息管理和信息化建设的重要意义，并积极推进人口信息管理和信息化工作。下面，就今后全市人口信息管理和信息化工作，我讲两个方面的意见。

一、充分认识人口信息管理和信息化建设的重要意义

（一）加强人口信息管理和信息化建设是国家人口计生委的总体要求

2008年，国家人口计生委《关于加快推进人口和计划生育信息化建设的指导意见》（国人口发〔2008〕68号）提出，要“按照国家电子政务建设的总体部署，统筹兼顾各级政府部门和社会公众需求，以建设开发高质量的全员人口信息资源为核心，实现信息化与主要业务工作的一体化，促进人口与经济社会资源环境协调发展和可持续发展”。构建北京市全员人口信息管理系统是组成国家人口计生信息化

体系重要部分。“十二五”时期，我国经济社会处于快速发展和转型过程中，人口发展呈现许多新的特征，将对经济社会发展产生重大影响。在复杂的环境下，要依托全员人口信息化建设，进一步加强人口发展战略研究，深入研究各种人口现象和问题，将人口发展纳入经济社会发展的大局，创新体制机制，统筹解决人口问题，为全面建设小康社会创造良好的人口环境。

（二）加强人口信息管理和信息化建设是首都经济社会科学发展的必然要求

人口问题是制约首都全面协调可持续发展的重大问题，是影响经济社会发展的关键因素。实现首都经济社会又好又快发展所面临的重大问题，无不与人口数量、素质、结构、分布密切相关。首都人口问题一直存在着底数不清的情况，总体发展规划预定的常住人口规模多次提前突破。2010 年北京市常住人口又提前 10 年突破了 1 800 万人总体规模。为深入研究首都人口数量、素质、结构、分布、老龄化、家庭、健康、人口公共服务等重大战略问题，为促进首都人口长期均衡发展和可持续发展提供科学准确的决策依据，加强人口信息管理和信息化建设，涵盖与提升现有 WIS 系统的各项功能，是今后开展专项业务应用的基础平台，为北京市人口发展和宏观管理决策提供信息支撑，已经势在必行。

（三）加强人口信息管理和信息化建设是我市人口计生工作职能转型的重要手段，同时也是北京市人口计生系统发展的重要基础

全员人口信息系统总体布局以市人口计生委为中心节点，覆盖了全市各级人口计生工作部门和其他相关部门的全员人口信息管理系统，保障了市、区县、街乡镇、社区村不同层级的使用。促进区县收集和整合了部门的相关人口信息，丰富和完善了北京市电子政务信息化基础资源，为政府决策、综合管理和公共服务，提供了强有力的信息支持和科学依据。通过全员人口信息的规范管理，促进各级人口计生部门的转型和健康发展。通过系统在基层政府部门和基层人口计生部门的应用，充分发挥信息引导人口生命全周期服务和计划生育利益导向服务的作用，服务广大群众，增强家庭发展能力，为建立人口计生公共服务体系提供重要信息保证，同时也为人口和计划生育工作的创新和发展，为首都稳定适度低生育水平，提供了重要信息保证和管理基础。

二、认真贯彻落实会议精神，扎实推进工作

一要高度重视，加强领导。各区县参会人员会后将会议情况向区县人口计生委主要领导汇报。对照市里的重点工作，分解任务，责任到人。要召开基层的例会，将会议要求布置下去，并做到督促检查。要加强信息化队伍建设，注意保持人员的

相对稳定性。要加强人口的培训，关注基层机构变动。要保障人口信息管理和信息化经费。

二要积极推进全员人口信息系统应用。加强信息采集，拓宽信息渠道，改变信息管理模式。市人口计生委要不断完善全员人口信息系统功能，方便基层使用。要充分利用人口信息开展分析，做好综合研判，为各级领导的决策提供依据。区县要注重系统的应用，积极推进系统在村（社区）的应用。

三要加强基础工作，努力提高信息质量。加强人口信息的部门共享，要采取多种方式核实数据，提高信息的准确性和及时性。年底全市还将开展全员人口信息库的质量评测工作。加强人口信息安全管理，对于库中公民的敏感信息，要做到保密。要加强平时信息的规范化建设，做好全员人口信息库及应用的规范化管理，基层也要做好系统使用和信息查询的制度化建设。

四要加强机制建设。区县要继续坚持一贯好的做法，将人口信息机制建设列入政府文件。要探索建立市、区县、街乡镇三级政府部门的人口信息联席会议制，明确相关部门职责，定期研究问题。通过人口信息的部门联席会议的做法，创新信息共享模式，逐步推进人口信息共享问题的解决。

总之，要按照国家人口计生委提出的工作要求和我市建立全国首善之区的标准，做好全市人口计生信息管理和信息化工作。

北京市人口计生委副主任彭彧华在2012年微博工作总结培训会上的讲话（摘录）

（2012年4月16日）

一、互联网在新闻传播中已经成为主流媒体和舆论中心

截至2012年6月，中国网民数量5.38亿，微博用户数量近3亿。北京互联网普及率70.3%，高于全国32个百分点，互联网产业多项指标名列全国第一，北京聚集了包括门户、新闻、搜索、视频、论坛、社交、电商、网络文学、游戏等门类齐全的网站，互联网产业对GDP的贡献越来越大，北京市政府在中关村成立中关村科技管理处，由市政府直接管理，对地区产业贡献大。各区县也在大力发展互联网产业。截至2011年年底，运营总部设在北京的上市互联网公司已经达到29家；也就是说，互联网这一新兴媒体，已经跻身首都交流媒体并发挥了重大作用。这句话还是针对过去的电台、电视台、报纸、杂志等传统媒体而言的。

例如，2008年奥运会，2009年新中国成立60周年，2010年上海世博会，2011年辛亥革命百年纪念会、广州亚运会以及每年全国两会以及北京市党代会、北京市两会等这些重大活动报道已经证明了互联网的传播实力和传播魅力。尤其2008年汶川大地震中及之后历次重大灾害中，大家看到了，能够及时准确地给大家图文并茂信息的就是互联网。网络发展的迅猛，给我们的生产、生活带来了很大的便捷，同时也带来了很多挑战，之前我做过这方面的讲座，18个区县应该全部都参加了讲座，经宣教中心完善，已经制作成光盘。网络媒体更是在公众传播中发挥了独特的作用，从而大大提升了媒体的公信力。

二、微博发展给中国新闻发布和舆论引导工作带来更大的挑战

（一）微博发展现状

2009年8月，新浪网推出的“新浪微博”内测版，成为门户网站中第一家提供微博服务的网站，新浪开通了微博服务后微博在中国呈现爆炸式增长态势，之后，新华网、人民网，许多主流媒体也相继开微博。2010年以来，以微博为代表的社会交流沟通网络成为发展最快的互联网应用平台。

2012年1月16日，中国互联网信息中心发布显示：截至2011年12月底，我国微博用户3.2亿，网络使用率65%。2012年5月15日，新浪微博事业部副总经理芦义宣称：仅新浪微博注册用户超3亿，活跃用户中有60%通过移动终端登录，互联网已经进入微博时代。

各省政府、地级市、企业、事业、人民团体以及传统的主流媒体都开了政务微博。

北京市16个区县和市政府委办局70多个单位也都开通了政府微博，市人口计生微博于2012年3月1日上线运营，排在第18名，发挥了非常好的宣传效果。

（二）网民为什么会如此喜欢微博

1. 什么是微博？

微博即微型博客，也就是即时博客，是博客的变体，是一个基于用户关系的信息分享、信息传播、信息共用平台。用户可以通过手机、即时通信工具QQ、MSN、E－mail、Web等方式向个人微博发布短消息，文本内容限制在140个字之内，其实就是一个公开的短信，但可以评论，可以转发，可以加关注，可以浏览用户个人详细信息，可以配发照片，文图并茂，传播效果快，覆盖面广，宣传力度大，是传统媒体远远不能达到的效果。

2. 网民为什么喜欢微博？

（1）微博是一个网民可以自由发表意见的平台，它可以进行快捷的现场互动和即时传播消息，容易迅速形成舆论风暴，还可以有较大的社会动员能力，很快涌现“意见领袖”，意见领袖可以引导网民产生巨大的社会调查能力可能比美国情报局震撼！

（2）微博最重要的特点就是快，随时随地将发生的事情传播出去。作为接收者，又可以随时随地接收、转发、评论。

（3）微博的传播率、互动性、影响力要比博客论坛影响力大。由于微博有传播速度快，覆盖面大，便捷性强，互动性强，新颖性强等优势，所以，微博呈现大爆发式蓬勃发展，微博成为网络舆论中最具影响力的传媒方式，其杀伤力之大，通过微博产生的公共事件已经证明。

（4）微博写作不需要严谨结构、严密逻辑、华丽的文字，也不需要任何门槛和任何包装，只需要你会用计算机，会用手机发信息，任何人都可以在这个平台上发表喜怒哀乐，有时发一个照片也是一个微博。

（5）微博很容易给网民提供一个自我实现、自我满足的平台。

（三）微博迅猛发展给社会带来了什么样的变化

（1）微博发展改变了中国传统媒体的格局。

可以说，微博诞生后，颠覆了传统的大众传媒或专业报道机构垄断新闻源的局面，微博让每个人都成为了记者，人人都是媒体的新时代，每个人都是一个通讯社。

	微博产生前	微博产生后
网民	信息接收者	信息接收者 信息发布者 舆论制造者
传统媒介 （集体或集团）	舆论的产生者 舆论的控制者 舆论的传播者	舆论的生产者 舆论的控制者 舆论的传播者 个体间互动交流

微博的产生标志着话语权的重心逐步由政府和精英向公众转移，这在十年前都是不可想象的事情。2003年“非典”发生以后，涉及公共卫生安全，公共事件才成为公众关注和尊重的核心。

（2）微博发展AAA“意识领袖”，有意无意成为了控制舆论的推手。所以，微博已经成为新闻监控和跟踪AAA突发事件的重要新闻来源和新闻集散平台；微博已经成为新闻发布和新闻传播的新渠道，微博以短小、快速、便捷、新颖、互动等突出的特点已经成为传统媒体的最大挑战者。

三、如何对待政务微博

（一）一批深受网民欢迎的政务微博起到了舆论舆情引导的作用

国家行政学院电子政务研究中心2012年2月8日发布《2011年中国政务微博评估报告》显示：截至2011年年底，政务微博总数5.06万个，比2011年增长776.8%，覆盖31个省市行政区以及政府机构各个领域，仅新浪就有两万个认证的政务微博，“微博问政”已形成发展趋势。一批深受网友欢迎的政务微博起到了舆论舆情引导作用。成都发布、上海发布、南京发布，微博云南、北京发布、天津发布、银川发布、青岛发布等，都走在了北京的前面。后来北京发布也不错，做得最好的是平安北京，24 小时值班。

（二）政务微博应具备哪些功能

政务微博应具备三大功能。第一是政务新闻发布的平台，特别是危机新闻发布的重要平台。“十一五”时期我们提出了“11046”，“1”代表的就是一条主线，倡导婚育文明，构建和谐家庭；“10”代表的就是十大主题宣教活动；“4”代表的是四大宣教体系，即媒体体系、环境体系、资源体系、文艺体系；“6”代表的是六项保障措施。“十一五”时期搞了几个品牌：一是留下来一个成果，即“7·11”心系国策、共建和谐品牌，全国都叫得响的品牌；二是 18 个区县建了 18 个人口文化园，把环境建设和雕塑美结合起来，来融入人口文化；三是留下来一个理念，2008 年开始，在健康北京人的理念之下搞了首都市民生命全周期健康行动计划行动纲要，构成了我们后来“十二五”时期的“836”工作思路，是“十一五”时期工作的继承、创新、发展；四是留下来的是北京人口文化一日游。

第二是舆情监测与危机预防的平台。这一平台了解真实的社情、民情、民意。及时解决和回应民众的诉求。比如办生育服务证问题，计划生育特殊困难家庭保障问题，微博是舆情监测与危机预防的平台，这些诉求我们可以通过微博告诉咨询人来方便解决。当危机事件或突发事件发生后，过去传统媒体喜欢用“黄金 24 小时”之说，或者说在第一时间迅速做出处理，后来又说“黄金 6 小时”、“黄金 4 小时”，但是我个人认为，现在是微博时代，不是以小时计算，而是以秒为单位计算，而且是以秒为倒计时计算。

所以，有的专家是这么说的：微博时代处理公共危机事件，第一时间应该是一个小时即“黄金一小时”，在一小时内迅速作出反应，及时回复民意和诉求或及时道歉，启动应急机制，化解或消除危机。

第三是服务民生的新渠道。我们现在正在学习党的十八大精神，我认为，民生是十八大精神的主基调之一，北京市人口计生系统最大的民生是什么，就是幸福家庭、六大惠民工程。我们学习党的十八大精神要与工作实际紧密结合，就是“836”工作思路和六大惠民工程建设，这是符合十八大精神的。我觉得我们 16 个区县和市人口计生微博对这方面报道不够，下一步要加强。

（三）目前人口计生委系统微博存在的问题

1. 信息发布时效性不强。

2. 与网民、粉丝互动交流不够。

3. 系统整体重视不够，有的区县微博存在空壳现象。

粉丝量排在前十位的区县：西城、朝阳、密云、东城、顺义、海淀、怀柔、房山、昌平、石景山。

4. 信息来源不丰富，呈现不均衡状态。

5. 区县没有把微博发布看成重要的新闻传播手段。

（四）如何加强和改善人口计生系统微博工作

宣教处把微博信息分类，一类是知识型的，比如天气、交通、人口计生知识，可以由具体负责微博的同志及时发布。第二类，活动报道类的，比如处室搞的活动、培训、日常性的工作开展类，处室负责人签字后，负责微博的同志及时发布。第三类，重大活动报道或公共危机事件报道。按照新闻发布或微博管理程序发布。各个处室、区县的信息源应加大信息报送力度。16个区县的微博管理和宣教处的微博管理人，要发挥各个处室信息源的作用，加强互动和交流。

加强系统的微博群建设，形成系统的微博矩阵，发挥群体微博效应。

最后，提出三点结论：

1. 中国在以微博为代表的新媒体环境下，公平行使知情权、参与权、表达权、监督权的欲望越来越强烈，微博已经成为网民表达各种诉求的平台，也是多元思想、多元信息碰撞的平台，更是公众政治参与的大舞台。

2. 微博的发展促使政治媒体化，政府任何决策的出台，都应与公众信息沟通形成互动的交流平台，公众在“人人都是通讯社”，“人人都是记者”，“人人都有麦克风”的新媒体环境下，网络舆论的不可控行性，因网络传播而导致公共事件频频发生，说明对各级政府的危机处理能力和对公众的服务意识、服务能力提出了巨大的挑战。

3. 微博发展已经形成由谈个人风花雪月、美景胜地、历史思考变成“微博问政”。所以，一切与公共权力相关的事物、个人都会成为舆论的焦点。所以，公务员更要培养新媒体素养，这是提高执政能力水平的需要。

北京市纪委驻市人口计生委纪检组组长刘晓军在全市人口计生系统阳光计生行动规范化建设检查情况总结推进会上的总结报告

（2012年12月24日）

为加强首都人口计生系统政风行风建设，扎实有效地推进阳光计生行动规范化建设，根据年度工作计划部署，按照《北京市人口计生系统阳光计生行动检查评估办法》要求，从8月下旬到11月中旬市联合检查组对全市人口计生系统开展阳光计生行动规范化建设情况进行了全面检查。

一、检查的基本情况

这次检查，全程贯穿四个原则：一是深入实地的原则，走到一线，现场查看；二是坚持群众评判的原则，走近群众，征集意见；三是坚持实事求是的原则，突出重点，客观评价；四是坚持宣传激励的原则，树立典型，总结经验，推动工作。围绕重点，检验实效，主要围绕阳光计生行动的“组织领导”、“三项公开”、“四项评议”、“五项监督”四个方面内容，按照细化的47项具体工作，采取“一看、二访、三听、四查、五评、六馈”的方法进行。通过查阅有关文件、资料，走访服务对象、组织问卷调查，听取工作汇报和基层单位及群众的反应，实地查看相关工作落实情况，对全系统阳光计生行动规范化建设情况有了深入的了解。会后，我们将根据“看、访、听、查”的情况，结合各区县自查情况，按照评估指标对每个区县阳光计生行动开展情况进行定量和定性的分析，做出评估结果，反馈到各个单位。

二、开展阳光计生行动取得的主要成绩

一是以“三公开”推动了政风建设。政务、办事和村（居）务三项公开是维护群众知情权，加强政风建设的基础性工作。各级人口计生部门能够以人口计划生育政策执行情况为重点，区分层次，全面推进基层人口和计划生育政务公开，实现“阳光管理”。在这次检查中，我们注重倾听基层干部群众及流动人口的意见建议，制作了调查问卷表和民主测评表，在每个区县至少找45名干部群众进行座谈、测评，征求对人口计生部门的建议。通过对近800名群众的座谈、问卷，90%的群众了解人口计生政策、知道人口计生部门的办事程序、收费标准、服务承诺、维权途径等相关事宜。

二是以“四评议”推动了干部队伍作风建设。各级人口计生部门始终坚持以群众高兴不高兴、满意不满意作为评价工作人员职业道德的标准，通过开展“四评议”活动，针对群众反映的突出问题制定改进措施。认真落实《首问负责制》、《服务承诺制》、《限时办结制》，为服务对象提供预约服务、上门服务，并加强岗位监督。积极推进以“和谐人口　阳光计生”为主题的政务服务品牌创建活动，健全规章制度、规范办事行为、简化办事程序、提高办事效率、改进服务态度、提高服务质量，做到依法行政不侵权、优质服务不失信、廉洁爱民不谋私。

三是以“五监督”推动了部门依法行政。在全市开通了“12356”阳光计生热线，从2012年8月开始，将“12356”阳光计生热线嵌入北京市非紧急救助服务中心平台，建立了市人口计生委分中心，由市政府“12345”统一管理、统一受理、重点办理，确保阳光计生热线社会效益和便民利民的作用。各个区县都建立健全了信访限时办结、举报奖励和特邀监督员监督、社会舆论监督制度。通过各项监督制度维护群众权益，保证了人口计生工作在阳光下运行，促进了群众维权的规范化。从这次检查的统计显示，95% 以上的群众对人口计生工作表示满意。

三、突出的做法和工作特点

（一）领导重视、组织得力，为活动开展提供有力保障

各级人口计生部门能够认真落实北京市人口计生系统《阳光计生行动实施办法》和《阳光计生行动规范》，按照《阳光计生行动示范单位标准》认真开展阳光计生行动规范化建设。一是组织健全、分工明确。所有区县人口计生委都成立了以主要领导为组长、分管领导为副组长的阳光计生行动领导小组，并把任务分解到科室，落实到责任人，形成了层层有责任、层层抓落实的责任制网络。抽查到的各个乡镇、街道、村（居），也同样成立了相应的组织，确保了规范化建设的顺利实施。石景山区人口计生委把阳光计生行动规范化建设在年初与其他业务工作一样以项目责任书的形式，明确落实的内容、标准、时限等下发到各个街道，提高了落实效果。二是方案完备、操作性强。各个区县在市里下发的文件基础上，都能结合本地区实际制定相应的《实施细则》或《落实方案》，并把阳光计生行动列入年底考核的重要内容，与业务工作同研究、同部署、同检查、同考核。三是制度完善、台账清楚。绝大多数区县都按要求建立了相应的制度，开会有记录、活动有记载，档案材料齐全。西城区、丰台区、昌平区人口计生委制度健全、资料管理正规。

（二）“三项公开”内容全面、形式多样，保证了公开的实效性

一是公开内容全面。各级人口计生部门能够按照北京市人口计生系统《阳光计生行动实施办法》和《阳光计生行动规范》的要求，把政务、办事、村务公开内容，按政策类、程序类、服务类、维权类全部实施公开。能够做到公开时间与公开内容相适应，政策类的内容长期公开，经常性工作定期公开，阶段性工作逐段公开，重大事项随时公开，增强了工作的透明度。二是公开形式多样。区（县）、乡镇（街道）、村（居）能够结合自身工作特点，通过电视台、网络、触摸屏、报纸杂纸、宣传折页、文化园、宣传栏等形式，宣传人口计划生育政策法规，公开办事、服务程序，保障人民群众和社会对人口和计划生育工作的知情权、参与权和监督权。东城、朝阳、丰台、平谷等区县人口计生委在区电视台都有人口计生工作固定栏目，及时公开人口计生政策法规、公开办事程序、服务内容和服务承诺。大兴区人口计生委创办的《大兴人》、昌平区人口计生委的《昌平人口》、怀柔区人口计生委的《人口和计划生育专讯》、延庆县人口计生委的《延庆人口报》各具特色，效果良好。海淀区青龙桥街道的“阳光计生网”、曙光街道的“曙光和谐号”，石景山区鲁谷社区的政

务公开墙，朝阳区双井街道的信息公开机，密云县东邵渠镇的廉政文化院等都能结合本地区工作实际从实际效果出发创新了公开模式。

（三）“四项评议”落实认真，扎实推进服务水平进一步提升

全市人口计生系统认真组织落实“村（居）民评计生”、“流动人口评计生”、“系统内下评上”，积极“参加当地政府组织的政风行风评议”活动，有效促进了各级人口计生部门的服务工作。

一是服务机制更加健全。在办事程序公开的基础上，多数区县人口计生委建立健全了“首问负责制”、“服务承诺制”、“限时办结制”、“一次性告知制”等工作制度，加强了对工作人员的管理和考核，努力做到用制度管人、用制度管事、用制度管权、用制度引导工作人员保持良好的工作作风。有的乡镇（街道）还建立了“一站式”便民服务大厅、有的还建立了全程代办便民服务机制，提高办事效率和服务水平。比如东城的鼓楼街道、门头沟的大峪街道、房山的拱辰街道、通州的潞城街道、大兴的西红门街道等都建立了一站式便民服务窗口。二是人口计生利益导向机制更加完善。各区县人口计生委结合地区自身条件，努力为计生家庭谋福祉。如石景山区人口计生委积极协调卫生、教育、民政等部门，建立独生子女家庭生命全周期服务机制；房山、大兴、昌平、平谷等区县人口计生委在农村产权、林权制度改革中，针对独生子女家庭吃亏的情况，建立公共政策统筹协调机制，设立独生子女父母奖励股，使他们得到了实惠；顺义等区县人口计生委在落实人口计生家庭奖励扶助政策时，协调区财政加大困难家庭的帮扶力度，协调民政、人保等部门帮助计生家庭劳动力就业，建立独生子女家庭市、区、镇、村四级养老保障模式等；结合“幸福家庭　和谐人口”工程，平谷等区县人口计生委建立了0～3岁儿童教育基地，西城区人口计生委为失独老人建立了新希望家园，等等。三是为育龄群众技术服务更加周到。各区县人口计生委积极开展育龄妇女疾病防治工作，免费为育龄妇女进行“两癌”筛查，为采取长效节育措施的农村育龄妇女进行免费体检，并根据体检结果，建立育龄妇女健康档案，实行跟踪服务；对新婚、育儿、避孕、术后妇女等进行随访；为新婚夫妇发放“婚育健康服务包”；畅通药具发放渠道，提高群众免费避孕药具的易得性，在城区打造避孕药具“15分钟服务圈”，在农村由计生专干送药具上门等，受到群众好评。四是对现居住地流动人口服务逐步规范。认真落实国家人口计生委“流动人口一盘棋”工作要求，对流动人口实行属地化管理，实现基本公共服务与户籍人口均等化。在这次检查中，100多名流动人口代表参加了座谈测评，普遍反映对流动人口的服务感到满意。最近，按照《国家人口计生委关于方便群众办证的通知》精神，在全国率先制定了《北京

市人口计生委贯彻落实〈国家人口计生委关于方便群众办证的通知〉的实施办法》，出台了八项便民服务新举措，缩短办事时限，推行即时办理；简化证明材料，提高办事效率；实行流动人口一孩生育服务登记制度，进一步推进人口计生服务均等化。

（四）社会监督制度逐步完善，群众维权渠道畅通

各区县人口计生委普遍建立了“五项监督维权制度”，确保群众维权渠道畅通。从今年8月开始，市人口计生委把“12356”阳光服务热线与市非紧急事务呼叫中心“12345”热线合并，进一步方便了群众对人口计生工作的政策咨询、信访举报。据不完全统计，市、区（县）两级人口计生部门共聘请行风监督员290多名，定期召开座谈会、情况通报会，广泛听取和收集群众意见，及时反馈情况，充分发挥行风监督员的信息员、联络员、宣传员、监督员作用。很多区县人口计生委建立了领导信访接待日制度、信访事项办理制度、信访通报制度、信访事项督办制度和信访工作定期排查制度。同时开通了信访电话和举报邮箱，方便群众咨询、投诉和反映意见，充分调动群众民主参与和民主监督人口计生工作的积极性。切实维护了群众的知情权、参与权和监督权。

四、检查中发现的问题

通过这次检查，我们感到从2008年北京市开展阳光计生行动以来，人口计生部门做了大量的工作，取得了一定的成绩、阳光计生行动规范化建设水平有了一定的提高。但也应该清醒地知道，我们的工作与国家人口计生委的要求，与人民群众的期望还有相当大的距离。一些不容忽视的问题还需要引起我们足够的重视。一是在一些区县行风监督员作用的发挥还不够明显；二是少数区县还没有建立实名举报奖励制度；三是对流动人口的服务还需进一步加强；四是个别地区群众办证难的问题还没有得到有效解决。

五、下一步工作打算

认真贯彻落实党的十八大提出的“建设职能科学、结构优化、廉洁高效、人民满意的服务型政府”和“创新行政管理方式，提高政府公信力和执行力”要求。本着多谋民生之利，多解民生之忧的原则，重点解决好人民群众最关心最直接最现实的利益问题。把一切工作的出发点和落脚点放在切实维护人民群众的根本利益上，把一切工作标准放在人民群众满意不满意上。一要结合开展阳光计生行动，认真贯彻落实《北京市人口计生委贯彻落实〈国家人口计生委关于方便群众办证的通知〉的实施办法》；二要结合人口计生工作的新要求，进一步完善和落实阳光计生行动规范化建设相关制度；三要采取不同形式的有效方法，学习推广示范单位和工作标兵的经验，把阳光计生行动规范化建设引向深入。在国家人口计生委和北京市纪委的指导下，在全市各级人口计生部门的共同努力下，力争市人口计生系统的政风行风

建设水平再上新台阶!

北京市人口计生委副巡视员高小俊在“悦读好书　共享精品”演讲会上的讲话

（2012 年 8 月 10 日）

今天我们在这里举办读书演讲会，这是委党组落实建设学习型党组织的重要举措，是推动群众读书学习、提高层次、共享精品的实际行动，同时也是演讲者展示自我、展现才华的最好平台。首先，向今天六位同志顺利演讲表示祝贺，向积极参与此项活动今天未能安排演讲的其他同志表示感谢。刚才听了几名同志精彩的演讲，我深受启发，演讲者从不同视角对所读书籍、文章进行了评介与推荐，特别是围绕主题主线，结合人口计生事业和各自的工作，谈了自己的认识、体会与感悟，也是一次难得的相互学习交流的机会，可以说这六位同志为我们首届读书活动起到了很好的示范作用。借今天的读书演讲会，我也想和大家就“为什么要读书”和“怎样读好书”谈谈我个人的体会。

一、为什么要读书

第一，开展读书活动，是提升民族素质的重要途径。读书可以励志、养性、立德，是对人生的磨炼和意志的考验；读书不能改变命运，但可以学到知识，提高素质，增强能力，知识素质能力可以改变命运。同时，读书也是传承文明历史、提高民族素质的基本途径。一个人阅读能力的大小，直接影响到他的成长经历、职业能力和对社会的贡献；一个国家国民阅读率的高低，国民阅读力的大小，则直接关系到国家软实力和综合国力的强弱，影响到全社会的总体文明程度和创造能力。世界发达国家都把全民阅读作为软实力建设的重要措施。在以色列，国民酷爱读书，平均每人每年要读 64 本书。因此，在流离失所中诞生了马克思、爱因斯坦等无数杰出的思想家、科学家和艺术家，使犹太人在亡国两千年后又能重新复国。有这样一句话，全世界最富的国家是美国，但美国人的钱却装在犹太人的脑袋里。日本通过国家行政措施推行“读书立国”，每人年均读书 40 本，正是这种良好的习惯，为日本民族发展、国家振兴、长期保持世界经济强国地位打下了坚实基础。中华民族有五千年的文明史，传承文明离不开学习，况且读书修身齐家治国平天下是中国人的美好追求。新形势下，从中央到地方突出强调开展读书活动，就是要发扬中华民族读书学习的优良传统，激励当代人更好地去读书，把读书作为实现中华民族振兴的一个重要途径。

第二，开展读书活动，是富有时代精神的战略要求。以胡锦涛为总书记的党中央明确提出了建设学习型政党和学习型社会的重大任务，将全党全民族的读书学习摆在了更加突出的位置上，作为关系党和国家兴旺发达的战略任务来抓。当前，世界正处在大发展大变革大调整时期，知识创造、知识更新速度大大加快，建设学习型组织、学习型社会，已经成为一股世界潮流。我国已进入新的发展阶段，经济社会发展呈现出一系列阶段性特征，我们在推进改革开放和现代化建设中肩负的任务、面临的矛盾前所未有，这都要求我们每一位党员干部要不断适应新形势、不断加强学习、不断增长知识和经验，进一步提高领导水平和服务群众的本领。学以确立理想信念，学以巩固宗旨信仰，学以提高综合素质，学以增强识别能力，学以升华人品人格。作为市级政府机关工作的同志，更要树立终身学习的观念，切实把学习抓紧抓好抓实。

第三，开展读书活动，是创建学习型机关的有效手段。党员干部只有坚持读书，才能用中国特色社会主义理论武装头脑，才能用先进的知识技术指导实践；不加强读书学习，就难以科学把握面临的新形势，就难以理解党的路线、方针、政策，就难以承担起繁重复杂的工作任务。广泛开展读书活动，是全面贯彻落实科学发展观，建设高素质干部队伍的迫切需要，是机关精神文明建设的必然要求，是创建学习型机关的有效手段，是加强党员干部理论学习的有效载体。因此，我们要把读书学习当作一种生活、一种责任、一种时尚、一项工作，把读书活动当作工作的立职之本，切实增强读书学习的自觉性，努力做到学会学习、善于学习、勤奋学习、终身学习，以学习指导实践，以学习促进工作。

第四，开展读书活动，是提高自身素质和工作能力的现实需要。书籍是思想和知识的载体，读书是人类进步的阶梯，是通向世界的窗口，是获取信息、增长才智和培养品德的重要途径。进入新时代，党和国家领导人都强调要在党员干部中积极倡导“勤奋学习、学以致用”的良好风气，不断提高贯彻落实科学发展观的能力。当前，现代社会信息高度发达，科学技术日新月异，思想理论不断创新，我国发展站在了新的历史起点上，落实科学发展观，建设社会主义和谐社会，有许多问题需要学习、探索，特别是我们人口计生事业发展中遇到的种种新问题，如新的发展阶段，对人口政策有哪些新的思考？如何提高精细化服务能力？如何更好地推进“幸福家庭”建设等，都需要我们加强学习，认真读书，加以研究。因此，我们必须牢固树立刻苦学习、终身学习的观念，真正做到读万卷书，行万里路。

二、怎样来读好书

一是读书要有恒心。现代社会信息高度发达，科学技术日新月异，理论不断创新，我们必须活到老学到老，牢固树立终身学习的观念。我们处于社会主义市场经济初级阶段，利益格局的调整，物质利益的诱惑，丰富多彩的世界，弥漫在社会上的浮躁市侩之风，你是闻风起舞，随波逐流，还是能耐得住寂寞，静下心来好好读一本书，这些，都是对我们领导干部和职工很现实的考验。读书需要有一个平常之心，淡泊名利，才有读书的乐趣。读书月活动不能寄希望于毕其功于一役，只有长期坚持才能见成效。学习无止境，读书贵有恒久之心。

二是读书要勤奋。读书学习历来是要吃苦的，抓而不紧或学而不勤，等于没有抓读书学习。勤奋是通向成功的必由之路，读书学习也是如此。要勤于动手，勤于动脑。特别是我们机关的同志，工作任务比较繁重，需要我们正确处理好工作与学习的矛盾，发扬雷锋同志“钉子”精神，挤时间学习。我们观察，同样的环境，站在同一个起跑线的人，若干年后，有的成为工作的骨干，有的却碌碌无为，其结果的差异，很重要的原因就在于业余时间的利用不同。有的用这一时间读书学习思考，有的用于潇洒走一回。成功往往青睐于勤奋者。读书学习要力戒有计划无行动、虎头蛇尾、半途而废。勤能补拙，勤奋读书将给你带来丰硕的成果。

三是读书要有选择。一本好书，往往闪耀着思想的光辉，它给人以知识，给人以智慧，给人以启迪。但人生在世，时间有限，我们不可能也没必要阅读所有的书籍，要结合自己的工作、生活、兴趣和个人发展进行选择，多读精品名著，特别是作为党员干部，要认真研读中国特色社会主义理论，切实弄清举什么旗、走什么路，同时还要读点人文历史、科学管理、专业知识和当今前沿科技知识之类的书籍。

四是读书要结合工作。读书重在应用。要把读书学习的成果转化为工作的实际能力。机关干部要博学善参，要着力拓宽学习的视野，对党的创新理论、新的科学技术的学习常抓不懈，不断增强思想的敏锐性，把握工作的主动权，提高理性思维能力；努力学习钻研本职业务，熟知情况，精通政策，积极参与工作实践，在实践中探索，在实践中创新，在实践中丰富书本的知识和内容。真正做到让读书为我们点亮一盏灯，指明一条路。

7月23日，胡锦涛同志在省部级主要领导干部专题研讨班上发表了重要讲话。讲话站在历史和战略的高度，是一篇坚持中国特色社会主义的政治宣言、适应时代要求和人民愿望的行动纲领，是我们党立足世情国情党情新变化提出的当前和今后一个时期党和国家工作的总要求。这个总要求鲜明地回答了举什么旗、走什么路、以什么样的精神状态、奔向什么样的目标这些事关党和国家发展全局的重大问题。按照中央的要求，切实把我们的思想和行动统一到胡锦涛同志“7·23”重要讲话精神上来，是当前和今后一个时期全党的一项重要政治任务。北京市人口计生委党组按中共北京市委的部署，已先后组织了两次集中学习，学习胡锦涛同志的重要讲话精神和对首都工作的四条重要指示，目的就是要进一步统一思想认识，准确理解中央决策，切实做好人口工作。特别是当前人口计生事业处在重大转型发展时期，需要我们以更大的勇气和自觉，不断加强学习研究，增强责任意识，多解民生之忧，多谋民生之利，为首都人口计生事业多做工作，为建设中国特色世界城市多做贡献，扎扎实实做好安全稳定等各方面工作，以优异成绩迎接党的十八大胜利召开！

（赵艳侠）

四、法规与重要文件篇

关于印发《北京市人口计生委关于建立新闻宣传和发布制度的若干意见》的通知

（京人口发〔2012〕1号）

各区县人口计生委、市人口计生委机关各处室、事业单位、市计划生育协会：

《北京市人口计生委关于建立新闻宣传和发布制度的若干意见》已经北京市人口计生委2012年第1次主任办公会研究通过。现发给你们，请各单位按照文件要求抓好贯彻落实。

联系人：郄凯莉　赵力；联系电话：010－83970780

二〇一二年二月二十七日

北京市人口计生委关于建立新闻宣传和新闻发布制度的若干意见

（试行）

为进一步加强新闻宣传工作，促进新闻宣传和新闻发布工作的制度化、程序化和规范化，根据市委、市政府有关工作要求，现就建立新闻宣传和新闻发布制度提出如下意见。

一、指导思想和基本原则

（一）指导思想

新闻宣传和发布工作必须高举中国特色社会主义伟大旗帜，以邓小平理论、“三个代表”重要思想为指导，认真贯彻落实科学发展观，坚持党的领导，坚持“高举旗帜、围绕大局、服务人民、改革创新”的方针，以制度建设为重点，以形成统一高效的新闻宣传和发布机制为目标，加强舆论引导，加强服务管理，加强队伍建设，增强新闻宣传和发布工作的权威性、准确性、及时性，为人口和计划生育事业发展营造良好的社会环境和舆论环境。

（二）基本原则

统一口径。一般新闻宣传材料，由各

处室、事业单位、计生协会拟定，各处室、事业单位、计生协会负责人审定，报综合处把关。重要新闻宣传材料，由综合处拟定，报主要领导审定。

统一出口。宣传教育处承担新闻宣传和新闻发布的组织、协调、管理职责，负责新闻宣传和对外发布工作。

统一发布。宣传材料的发布形式和发布渠道由宣教处报请领导批准决定。未经主要领导和主管新闻领导批示，任何处室不得擅自邀请新闻媒体和记者进行新闻宣传和信息发布活动。

二、工作内容

新闻宣传和发布工作的主要内容是：宣传市委、市政府有关人口和计划生育工作重要决定、重大决策部署及执行情况，宣传市人口计生委和区县人口计生委重大政策、重要事项、重大活动、重点工作进展情况；对涉及全局的重大人口问题和社会关注的重大热点问题，阐明党和政府部门的主张；对人口和计划生育突发公共事件，及时、准确、客观地介绍政府举措、公众防范措施及事件进展情况；针对外界对人口和计划生育工作所产生的误解、疑虑以及某些歪曲报道和谣言，及时发布权威信息，澄清事实，正确引导舆情，消除不利影响；发布政务公开信息和服务类信息，维护公众的知情权、参与权和监督权。

三、工作机构及职责

（一）新闻发言人

新闻发言人由分管宣传教育的委领导担任。其职责：一是代表委员会向新闻媒体和社会公众发布政务新闻和信息，为人口计生工作营造一个良好的舆论环境；二是通过新闻发布会实现委员会与新闻媒体及社会公众之间顺畅高效的沟通；三是审阅、送审重大新闻和重大突发事件新闻报道稿；四是与新闻媒体保持密切联系，安排委员会主要领导的专访；五是组织协调市、区人口计生部门重大宣传报道的实施。

（二）宣传教育处

负责新闻宣传和发布的组织、协调、管理工作。其职责：一是根据新闻发布的要求，组织并完成新闻发布的具体事宜；二是负责请示确定新闻宣传和发布的主要内容，准备新闻发布文字材料；三是及时搜集、整理、反馈委员会新闻发布后的社会反应；四是围绕委员会重大决策和中心工作，组织宣传报道和新闻发布工作，为人口计生工作开展营造良好环境；五是根据市委、市政府重大决策部署实时组织媒体采访行动；六是制订突发新闻媒体事件应急预案，实施应急处理、快速反应和处置机制；七是建立新闻宣传管理制度，加强对新闻宣传和新闻发布的管理。

四、新闻发布方式

新闻发布采用以下方式：一是新闻发布会或新闻通气会，实行定期和不定期两种方式，定期新闻发布会原则上每季度一次，不定期新闻发布会根据委员会临时重大工作部署和领导安排及时组织召开；二是接受记者专访、答记者问，一般由新闻发言人接受记者专访，特殊情况经主要领导批准后其他人员可接受记者专访；三是组织记者采访，散发新闻稿；四是通过网络发布；五是向新闻媒体发表谈话；六是邀请新闻单位参加委员会有关工作会议。

五、工作制度

（一）新闻发布审批制度

重要新闻发布由新闻发言人根据形势发展和领导的要求，提出新闻发布计划，报主要领导批准后，报市政府新闻发言人办公室审定后进行发布。一般新闻发布由各处室、直属事业单位、计生协会根据本部门工作需要提出新闻发布申请（原则上应提前7天以书面形式提出，特殊情况除外），由宣教处报新闻发言人和主要领导批准，统一对外发布。

（二）分级管理制度

一般宣传报道和信息发布由各处室、直属事业单位、计生协会负责人拟定，报综合处审定，送宣教处进入发布程序。重要宣传报道和信息发布由各处室、直属事业单位、计生协会负责人拟定，报综合处审定，报主管领导和主要领导批准后，送宣教处进入发布程序。

（三）健全宣传网络

各处室、直属事业单位、计生协会要确定一名宣传员，及时向宣传教育处报本单位新闻宣传和发布的内容和计划，反映有关情况、问题和建议。区县人口计生委宣传科（站）长兼任市人口计生委宣传员。

（四）舆情监测制度

宣传员、微博监看员、网络评论员等要充分利用各种信息渠道和信息手段，对新闻媒体上与本市人口计生工作有关的信息和舆情进行监测，并及时研判，提出处置建议。对可能引发不良社会影响的舆情，要及时报告，进入应急处置程序。

（五）例会制度

原则上每月召开宣传员例会，总结工作、分析并解决问题，明确工作任务，以加强对宣传教育工作的组织协调。

（六）评估制度

每月对各处室、直属事业单位、计生协会和各区县宣传报道、信息发布、舆情监测等情况进行统计、分析、评估，提出应对和改进工作的措施，并作为评比的依据。

（七）培训制度

定期对宣传员、网络评论员、微博监看员进行业务培训，提升业务能力和工作水平。

（八）应急机制

突发事件参照京人口发〔2011〕20号文件《北京市人口计生系统新闻公共突发事件管理预案》执行。

六、工作要求

（一）明确责任

各处室、直属事业单位、计生协会负责人要主动承担新闻宣传和发布工作第一责任人的职责。

（二）严格纪律

严肃新闻宣传和发布纪律，对未经批准备案的各类新闻发布会，一律不得举行。

对擅自对外发布信息、造成严重后果的，依法追究有关人员的责任。

（三）形成合力

各处室、直属事业单位、计生协会要严格落实新闻发布制度，履行好新闻宣传和发布中职责，完成新闻宣传和发布的各项工作任务。

关于印发《北京市人口和计划生育委员会关于开通政务微博的实施方案》的通知

（京人口发〔2012〕2号）

各区县人口计生委、市人口计生委机关各处室、事业单位、市计划生育协会：

《北京市人口和计划生育委员会关于开通政务微博的实施方案》已经北京市人口计生委2012年第1次主任办公会研究通过。现发给你们，请各单位按照文件要求抓好贯彻落实。

联系人：郄凯莉　赵力；联系电话：010－83970780

二〇一二年二月二十七日

北京市人口和计划生育委员会关于开通政务微博的实施方案

为深入贯彻中共北京市委宣传部关于加强政务微博建设和管理的有关要求，切实加强北京市人口计生委舆论引导和政务公开工作，结合实际，特制定本方案。

一、指导思想

认真贯彻落实市委常委会关于“利用新媒体加大舆论引导力度”的指示精神，紧紧围绕市人口计生委中心工作，掌握网络新闻宣传主动权，坚持正面宣传为主的方针，利用互联网微博这一对外宣传新渠道，正确、有效引导舆论，为加快实施“人文北京、科技北京、绿色北京”发展战略，推进中国特色世界城市建设营造良好的人口计生网络舆论环境。

二、工作团队

北京市人口计生委政务微博工作团队由委新闻发言人领导，由微博监看员、微博评论员、微博联络员构成。

（一）微博监看员

1. 组成：各处室、事业单位、计生协会、各区县人口计生委分别选派1人。

2. 职责：舆情监督管理、信息采集分析。

3. 要求：每天上午九点至九点半监看

微博动态。涉及敏感、热点问题及时报告主管领导。特殊时期要进行24小时监看。

（二）微博评论员

1. 组成：各处处长、事业单位负责人、市计生协秘书长、各区县人口计生委主管领导。

2. 职责：对网民的回帖即时回复。

3. 要求：回复不超过24小时。

（三）微博联络员

1. 组成：宣教处1人。

2. 职责：负责内外工作联络。

3. 要求：保持信息渠道通畅。

三、工作任务

（一）发布信息

发布信息、更新内容是运作政务微博的核心任务。

市人口计生委政务微博的内容包括：市人口计生委发布的最新政策法规、全市人口计生系统最新的工作进展情况、全市人口计生系统各类服务信息、回应热点和社会关切的问题。

（二）回复评论

回复评论是增加微博活力、保持点击率的关键。

对于网民发表的一般性评论，网评员可给予礼貌性的回复；对于网民发表的建设性意见和建议，网评员可给予鼓励，进行探讨交流；对于网民发表的恶意言论，网评员可以不予理睬，甚至删除。

回复语言要善于运用新媒体语言，与网民平等交流、不发表与官方身份不符的言论。回复要及时，提高时效性。

（三）征集民意

充分利用微博信息平台，以民众喜闻乐见的机会和形式，围绕人口计生中心工作向网民征询意见，掌握民情民意，促进科学执政，提高施政水平。

（四）解决问题

分析群众诉求，主动回应诉求，努力解决问题，是政务微博的权威所在。应认真查看网民的回复和私信，分析群众的诉求。对于一些群众集中反映强烈的问题，努力在实际工作中加以解决，然后再到政务微博中发布，不断提高社会公众对政府部门的满意度。

四、工作程序

（一）信息准备

在网络发布信息或做出的回应，要准备好基础稿件、图片或视频文件，内容由各处室、直属事业单位、计生协会负责人审定后报综合处。对可能引起公众关注度的热点问题，要提前准备发布口径。（综合处负责）

（二）信息发布

政务信息每周三发布一次；新闻发布信息即时发布；服务类信息即时更新。对敏感、热点问题及时公布事态进展情况。（宣教处负责）

（三）舆情监看

各处室、事业单位、计生协会、各区县人口计生委配备网络监看员，坚持每日监看微博动态，重点关注网络热点、敏感

问题，做到早发现、早报告、早处置。（各处室、事业单位、计生协会、各区县人口计生委分别负责）

（四）微博回帖

根据网民回帖，即时、有针对性地进行回复，开展舆论引导工作，最大限度地放大客观、正面的声音，消除不实和负面信息的影响。（各处室、事业单位、计生协会、各区县人口计生委分别负责）

（五）分析汇总

根据发布的信息和微博回帖，及时研究有关网络舆情信息，进行分析汇总，每月形成市人口计生委政务微博评估报告。（宣教处负责）

（六）信息上报

根据政务微博评估报告，根据微博回帖的轻重缓急，做好上报或通报工作。做好与市委宣传部、市外宣办、市网管办的日常联络。（宣教处负责）

五、工作制度

（一）信息发布机制

各处室、事业单位、计生协会每周一将上周工作信息报送综合处，综合处周二汇总后经主管领导审批交宣教处，由宣教处周三上午统一发布。

各区县人口计生委每周一将上周工作信息报送综合处，综合处周二汇总后由宣教处周三上午统一发布。

面对敏感、热点问题，由综合处拟定对外宣传口径，由宣教处即时发布。

网民的回帖中涉及业务内容由各处室、事业单位、计生协会的网评员分别予以回复。

（二）回帖信息分级管理机制

微博回帖信息按照内容敏感度，由高到低分为四个级别。

一级，非常敏感。引起网民集中关注和热议，容易造成极大负面影响，影响社会稳定的信息。微博工作团队的监看员应立即报告各处室、事业单位、计生协会、各区县人口计生委负责人，逐级上报主管领导和主要领导，宣教处上报国家人口计生委和市委宣传部、外宣办、网管办，经批准后网评员在第一时间做出公开回应，及时、准确、客观、全面地介绍事件进展情况和采取的有效措施，开展舆论引导调控。

二级，较为敏感。引起众多网民关注和讨论，开始产生较大负面影响的信息。微博工作团队的监看员应立即报告主管领导，网评员在第一时间内对事件进行解释说明，就事件进展跟进诠释，开展舆论引导工作。

三级，形成热点。引起较多网民关注，一定范围内形成影响的信息。网评员应即时发布信息，对事件进行回应、解释、分析、引导。

四级，一般性问题。未引起网民关注的信息。网评员进行一般性回复即可。

（三）汇总评估机制

新浪网按市政府新闻办和市网管办的要求提供技术支持：

1. 微博数据日统计：微博的总访问量、日均访问量、网民评论总量、日均评论量、粉丝数量、粉丝日均增加量、博主登录次数、微博发送总量及日均量、网络舆情热点信息量等。

2. 网络舆情月分析：每月分析研判微博影响力、粉丝人员构成及影响、网友评论导向。

宣教处根据新浪网提供的数据，负责撰写每月微博舆情分析报告并有针对性地提出工作建议，对各个处室、事业单位、计生协、各区县进行反馈，以便于更好地开展政务微博工作。

（四）突发事件应对机制

参照京人口发〔2011〕20 号文件《北京市人口计生系统新闻公共突发事件管理预案》。

（五）培训机制

配合市政府新闻办、市外宣办、市网管办的相关培训工作。加强工作团队的内部培训力度。宣教处负责培训活动的统筹、规划和具体实施。定期邀请市委宣传部、市外宣办、市网管办有关领导、网络专家举办培训和讲座，不断提高网评员、监看员和联络员的网络传播和舆论引导能力。

（六）例会机制

建立政务微博例会制度。宣教处每月组织网评员、监看员、联络员召开经验交流会，及时掌握各项工作开展情况，发现、反馈存在问题，不断改进工作方法。

六、工作要求

（一）提高认识，抓好落实

“北京微博发布厅”是贯彻落实北京市委常委会关于“利用新媒体加大舆论引导力度”的指示精神的重要举措，要从树立和传播北京世界城市形象的高度，充分认识利用新媒体开展外宣工作的重要意义。各处室、事业单位、计生协会、各区县人口计生委应及时有效地做好网络舆情的监测、研判、应对和引导工作。

（二）把握口径，注重实效

工作团队要严格把握宣传口径，坚持正面宣传，认真研究网络宣传规律和传播特点，加强策划，要掌握话语权、把握主导权，做到信息内容准确，表达通俗易懂，符合网络语言特点。

（三）统筹安排，明确责任

宣教处负责日常联络，负责主动信息发布及总体监看；综合处负责信息内容；各网评员、监看员负责本部门相关信息反馈，并即时回帖。各处室、事业单位、计生协会、各区县人口计生委要明确主要负责人，网评员、监看员要落实到人。

（四）加强培训，完善机制

各处室、事业单位、计生协会、各区县人口计生委要加强联系和沟通，通过定期召开政务微博工作团队经验交流会、工作培训、讲座，交流经验、研究问题、解决问题，以利于更好地开展工作，不断提升网络宣传和舆论引导工作水平。

北京市人口计生委关于印发《市人口计生委规范公务用车配备使用管理的有关规定》的通知

（京人口发〔2012〕3号）

市人口计生委机关各处室、直属事业单位，市计生协会：

《市人口计生委规范公务用车配备使用管理的有关规定》已经2012年2月20日第一次主任办公会议审批，现予以印发。

二〇一二年二月二十七日

市人口计生委规范公务用车配备使用管理的有关规定

为加强和规范市人口计生委公务用车配备使用管理，推动节能减排，降低行政成本，促进党风廉政建设，依据《中共中央办公厅、国务院办公厅关于印发〈党政机关公务用车配备使用管理办法〉的通知》（中办发〔2011〕2号）《中共中央办公厅、国务院办公厅印发〈关于开展党政机关公务用车问题专项治理工作的实施意见〉的通知》（厅字〔2011〕6号）《财政部关于印发〈党政机关公务用车预算决算管理办法〉的通知》（财行〔2011〕9号）《中共北京市委办公厅、北京市人民政府办公厅关于印发〈北京市加强和规范党政机关公务用车配备使用管理的规定〉的通知》（京办发〔2011〕30号），以及北京市公务用车问题专项治理工作领导小组有关公务用车管理规定，结合市人口计生委实际，制定本办法。

一、车辆使用管理原则

严格遵守有关规定原则。根据北京市公务用车问题专项治理工作领导小组有关公务用车管理规定，严格公务用车编制和配备标准，做到数量不超、标准不超、支出不超。委行政机关和执行行政单位财务和会计制度的事业单位纳入统一核编（即行政处室和老干部管理站、信息中心），实行公务车辆统一管理。

严格使用管理原则。保证公务活动和领导用车，保证紧急情况用车，保证机要取款用车。禁止公车私用，执行公车回单位，假日封存的有关规定，定期公示车辆使用情况。行政事业分开，单独核算的事业单位公务用车按相关规定核定车辆，使用和管理参照本规定执行。

严格遵守安全行驶法规原则。完善公车管理和司机教育各项有关制度；保证车辆安全行驶，保证乘车人员安全，保证公务活动时间，禁止司机违章行驶。

二、核定公务车辆安排

按照规定，委行政机关和执行行政单位财务和会计制度的事业单位纳入统一核编（即行政处室和老干部管理站、信息中心），核定公务用车16辆，具体安排是：

1. 委领导8人用车8辆

2. 机要取款用车1辆

3. 其他公务用车7辆（含委领导车辆限行日用车）

4. 委领导安排专职司机，其他公务车辆缺少司机时，根据有关规定外聘，并签订相关合同。

三、车辆管理规定

继续完善全委车辆购置审批、经费预算管理、日常使用管理等制度，进一步落实公务用车定点保险、定点加油、定点维修、使用登记和公示、回单位存放和节假日封存等制度，通过科学管理，提高效率，保证正常工作的需要。

（一）办公室为公务用车管理机构，确定具体管理人员，建立公务用车使用管理责任制。加强公务用车集中管理，统一调度，严禁分散管理使用，减少空驶，提高使用效率，避免浪费。

（二）严格执行公务用车使用登记和公示制度，严格登记和公示用车时间、事由、地点、里程、油耗、费用等信息。严格执行公务用车节假日回单位停放制度，节假日期间如因特殊工作需要使用公务用车，应当经本单位公务用车管理部门批准同意。

（三）机关工作人员不得使用公车进行婚丧嫁娶、探亲访友、度假休闲、接送家属、学习驾驶等非公务活动。

（四）实行公务用车保险、维修、加油政府集中采购和定点保险、定点维修、定点加油、定点租赁制度，健全公务用车油耗、运行费用单车核算和节奖超罚制度，降低运行成本。

（五）严禁为公务用车增加高档配置和豪华内饰，不得在车辆维修等费用中虚列名目或者夹带其他费用。严禁报销各种罚款，严禁利用公务用车以任何方式变相牟取私利。

（六）机关工作人员到外地办理公务，原则上不使用公务用车长途行驶。

（七）禁止以营利为目的对外出租出借公务用车，确因工作需要临时外借车辆，必须经过委分管领导批准同意。

（八）机关应当严格执行公务用车配备使用管理各项规定，把公务用车的配备使用管理工作纳入领导干部党风廉政建设责任制和节能减排检查考核内容，按照谁主管、谁负责的原则，明确责任分工，加强公务用车配备使用管理工作。

（九）驻委纪检监察部门应当加强对公务用车配备使用管理规定执行情况的监督检查。

四、公务活动用车安排

（一）纳入核编车辆的处室不再单独配

备车辆，公务车辆管理使用统一由办公室负责安排，办公室一人牵头、司机班安排正副班长各一人，全面负责公务车辆管理使用具体工作。

（二）保证委领导公务用车。每位领导配备1辆相对固定车和1名专职司机，车辆限行日或其他故障维修期间替换车辆由司机班长安排。

（三）保证处室公务活动用车。处室公务活动用车统一安排，优先保证紧急情况用车、优先保证重要会议和活动用车，优先保证参加远郊区县公务活动用车。

（四）机关集体活动或大型活动用车由牵头处室提出需求，办公室统一安排车辆，参加人员较多时可租用大型轿车。

（五）设机要、取款等专用车辆，相对固定司机，由办公室或财务处提出需求，司机班长派车。

（六）在不能满足派车参加公务活动时，允许乘坐出租车。出租车费按核定预算指标管理，财务处按处室实有人数（不含司机、临时工、返聘人员）和定额标准核定处室出租车费指标，按月报销出租车费，财务处按核定指标数办理报销手续。

（七）紧急情况用车由办公室统一安排调度，确保不误事和处理紧急情况用车。

（八）每天安排值班车1辆，保证特殊情况用车。

五、此规定自发布之日起执行

附件：北京市人口计生委公务车辆和驾驶员日常工作管理规定

附件：

北京市人口计生委
公务车辆和驾驶员日常工作管理规定

为使公务车辆和驾驶员管理工作更加科学化、规范化、制度化，增强安全行车意识和责任心，调动驾驶员的积极性及最大程度地发挥其主观能动性，提升整体形象，提高服务质量，确保安全用车，圆满完成各项工作任务，根据“市人口计生委规范公务用车配备使用管理的有关规定”，特制定如下日常管理规定：

第一章　车辆管理和使用规定

一、车辆停放

按照公务车辆要“回单位存放和节假日封存”有关规定，委员会所有车辆原则上一律停放在机关指定的停车场过夜，不得随意停放在其他处。由于工作的需要，特殊情况不能停放在指定地点过夜的车辆，须经办公室领导审核批准，方可停放在其他处，停放场所必须保证安全可靠。

各类车辆按指定位置停放，不得乱放乱停。车辆在完成出车任务后应立即回委机关，停放在指定位置。专车在领导出差离京期间，车辆回单位存放，并由司机班统一调度安排公务活动。

各类假日期间，由司机班将公务车辆封存，未经批准，禁止停放机关外和使用车辆。

二、车辆保养与维修

所有车辆应做到车容整洁。执行完任务后，应及时清理车厢内外，头套、座套定期清洁，确保头套一月清洗一次，座套一年清洗二次，做好保养工作。

设专人负责清洁、保养不常使用的车辆，使车辆处于良好的技术状态。

车辆如发生故障需要到修理厂检修时，必须经主管车辆领导和司机班审核同意后，由司机班填报维修单后在指定地点进行检修。驾驶员未经批准不得在其他汽车修理厂进行车辆维修，长途或紧急情况除外。

驾驶员应爱护自己驾驶的车辆。车辆的损耗应在正常范围之内。如因驾驶员操作不当等人为因素，造成车辆损坏的，经认定后，驾驶员负主要责任并承担维修费用。

三、建立车辆技术档案

为所有车辆建立技术档案，详细记录车辆基本状况，维修保养情况等，并定期公开公示。

四、车辆随车用品的保管

车辆的行驶证、购置附加费、保险单据、牌照及随车工具，都应妥善保管，不得丢失或转借他人。

五、车辆外借管理

临时外借车辆必须经过委分管领导批准，方可外借。

任何人未经领导批准将车辆交给他人驾驶，将对此人进行批评教育，一旦造成事故的，除承担责任外，还应赔偿一切经济损失。

六、使用车辆规定

除委领导用车外，委机关各部门因公务需要使用车辆的，在 OA 系统上提出申请，批准后由司机班统一安排。申请用车只限于提前 2 天。

参加同一地点、同一时间公务活动人员，集中安排车辆。

参加公务活动路途较近且时间较长，车辆原则上送到不等候；

陪同委领导参加公务活动，可与领导乘坐同一车辆；

安排机要和取送支票（现金）公务车辆一台，由司机班负责安排派车，要求司机保持通信畅通，随叫随到；

遇应急事件、紧急公务可动用值班或机要车辆，并同时报办公室车辆管理负责人和司机班，以便安排其他车辆及人员接替任务。

机关大型活动人员较多需用车辆时，办公室统一租用大型轿车；

公务活动无法调配车辆时，可乘坐出租车辆。

未经委领导或办公室批准，驾驶员不得私自出车。

公务活动原则上不安排出京远途用车，必要的出京车辆必须报委分管领导审批，经批准后司机班方可安排用车。

第二章 岗位责任

一、办公室主管车辆人员岗位职责

负责公务车辆和驾驶员各项管理制度及办法的拟定及执行。完成好领导布置的各项工作任务。

负责车辆日常管理工作，统筹安排出车任务。拟定委领导专车和其他车辆司机的选用工作。

负责组织驾驶员的学习教育工作，使每位驾驶员时刻牢记安全，增强他们的安全意识、责任感和责任心，根据情况按规定实施奖惩。

负责车辆日常维护保养的监督工作。

规划、管理、监督好车辆各项经费的使用。严格各种费用支出及审核报销工作，节约经费开支，减少费用支出，当好管家。

负责沟通协调好上下之间的关系，科学拟定工作方案，供领导参考。

负责采用应急措施处理工作中遇到的突发情况。

二、司机班职责

负责机关车辆的合理使用与调度，保障委领导工作用车及委机关公务活动用车，完成好机要取送文件、取款及紧急情况处置用车任务，为委机关一切大型活动安排好车辆。

负责机关车辆维修管理，负责建立机关车辆技术档案。

负责机关交通安全的管理工作，负责对驾驶员职业道德、交通安全的教育及技术提高工作。

参与制定大型活动用车的预案和费用预算。

负责车辆的配件购置与保管，负责燃料的购置与保管。

负责制定司机班服务、安全等制度。

负责安排司机值班用车。

三、司机班长岗位职责

协助办公室主管人员做好公务活动用车的登记工作。

负责车辆的调派和司机安全工作。

负责资料的收集、整理、统计、归档。

负责驾驶员出车记录和驾驶员的出勤加班、油耗、维修等统计工作。

协助办公室主管人员做好各种车辆的维修保养记录和车辆、驾驶员的登记备案工作。

负责车辆的定期检验和驾驶员的审验工作。

协助领导与地区安委会的协调工作。

完成好委领导交办的其他工作。

四、驾驶员岗位职责

（一）委领导公务车驾驶员岗位职责

自觉遵守司机班的各项规章制度，积极参加司机班的一切活动，服从管理，干好本职工作，不断提高业务水平及自身素质。

自觉遵守交通安全法规，确保领导交通安全。

领导出差离京期间，车辆统一安排使用。

具有高度的责任心及吃苦耐劳的敬业精神，为领导用车提供优质服务，保证随叫随到。

保证车容整洁，为领导提供良好的乘车环境。维护好车辆，做好车辆保养检查工作，不带故障出车，对车辆负有保管、保养、维修责任。

严格遵守劳动纪律，严防泄密。

完成领导指派的临时性工作。

（二）其他公务车驾驶员岗位职责

自觉遵守司机班的各项规章制度，积极参加全委和司机班的一切活动，服从统一调度。

自觉遵守交通安全法规，确保行车安全。

树立良好的服务意识，真诚、热情、主动、耐心地为用车部门提供优质的服务。

维护好车辆，做好车辆保养检查工作，不带故障出车，对车辆负有保管、保养、维修责任，保证车容整洁，为乘车人提供良好的乘车环境。

不随便改变行驶路线，认真填写出车单，如实填写行驶里程并作好记录。

作好出车前的准备工作，接到任务后，提前10分钟到达指定地点待命。

无出车任务时，不得擅自离岗。驾驶员如有事外出，按规定提前请假。

停驶日到司机班领取备用钥匙，负责取送文件任务。

第三章　其他管理制度

一、车辆节油管理措施

树立节约能源的意识，以节约为荣，以浪费为耻。

由委办公室统一购买油料并作好每月的油耗统计工作。

严格按规定实行“一车一卡”，到指定的加油站加油。

严格按规定核定耗油标准。

二、值班制度

每天和节假日期间，安排值班司机24小时在司机班待命。

驾驶员要坚守岗位，尽职尽责。

听从委机关值班室的调派，保障节假日期间急文急件的取送。

遇有突发事件及紧急情况，立即向委机关值班室或委领导报告，及时妥善处理。

三、停车费管理报销制度

按照公务用车管理有关规定，本着节约开支，公开透明杜绝浪费，单车核算的原则。

停车费是指是人口计生委公务车辆因公务活动外出所需要交纳的停车费用，并有正规的票据；专车在外定点停车时定期交纳的固定停车费用，并有正规票据。

停车费由司机本人每月报销一次，按照出车时间、地点、任务等填写报销统计表。由司机班长统一交办公室主管领导审批后报销。

所有公务车辆驾驶员，遇车辆停驶日使用备用车辆所产生的停车费，停车发票由司机本人保管，月底报销填写报销统计表，并注明所用车辆的车号、时间和任务，以便车辆单车核算费用。

车辆停车费用使用情况由司机班长负责统计报销，由办公室主管领导审核后每月对外公布。

四、司机班休息室管理办法

每天坚持打扫休息室卫生，保持室内清洁、各种物品摆放有序。

在休息室内不得大声喧哗、吵闹。

休息室内不得随地乱扔杂物，不得随地吐痰。

看电视时，不得音量过大，以免影响他人休息。

下班晚的同志，离开休息室前一定关好电视、拔掉电源、关灯、锁好房门。

第四章　奖惩规定

为了进一步调动全体驾驶员工作积极性，提高服务质量，根据日常管理办法中的相关规定，每月对驾驶员的工作进行考核并通报。

定期对所有驾驶员进行工作讲评并公示讲评结果。每年年终考核时，在驾驶员中评选优秀人员。

对有以下违规现象的驾驶员，取消全年评选先进资格，并依据情节轻重给予停车检查或建议委领导予以调离该岗位或辞退。

违反国家法律、法规的；

发生交通事故责任者，造成损失的；

酒后驾车并造成恶劣影响的；

在执行任务过程中，发生误时、误事的；服务态度恶劣、故意刁难乘车人，向服务对象提出无理要求的；车容不整洁的；

未经许可私自出车或将车辆私自交由他人驾驶的；

违反劳动纪律，不服从工作分配及管理，无故旷工的；

因工作责任心不强和操作不当造成机件损坏的。

本规定自发布之日起执行。

北京市人口计生委关于印发《北京市人口计生委机关干部双向选择轮岗交流实施方案》的通知

（京人口发〔2012〕4号）

机关各处室、各事业单位，市计生协：

经第2次委主任办公会议研究决定，现将《北京市人口计生委机关干部双向选择轮岗交流实施方案》印发你们，望结合实际，认真贯彻落实。

二〇一二年三月五日

北京市人口计生委机关干部双向选择轮岗交流实施方案

为进一步深化干部人事制度改革，依据《中华人民共和国公务员法》、《北京市市级行政机关国家公务员处级及以下非领导职务设置办法》、市编办《关于同意调整市人口计生委内设机构和人员编制的函》，结合处室职责划分，根据机关11个处室岗位设置和职数配备情况，对处室干部实行双向选择，有序开展轮岗交流，形成富有生机与活力的用人机制、激励机制和保障机制，形成人尽其才、才尽其用、用当其时、人岗相宜的干部人事工作局面，实现干部资源的合理配置，提高工作效能，为推进人口计生工作创新发展提供坚实的组织保证。

一、轮岗交流的范围和对象

本次轮岗交流的范围和对象是机关11个处室除正副处长外具有客观需要和主观意愿的公务员29人、事业单位在机关锻炼人员6人，可选择职位数共35个。

二、轮岗交流原则

1. 坚持有利于保持工作稳定性和连续性原则；

2. 坚持有利于精简高效、强化处室职责的原则；

3. 坚持最大限度地调动干部积极性和发挥主动性原则；

4. 坚持公开、公平、公正双向选择的原则；

5. 坚持依法办事原则。

三、轮岗交流工作程序和步骤

1. 成立北京市人口计生委机关干部轮岗交流工作领导小组，研究制定实施方案，加强对轮岗交流工作的领导。(3月5日)

2. 机关各处室召开动员会，公布轮岗交流实施方案，各处室负责人提出要求。(3月5日)

3. 报名。各处室除正副处长以外的所有人员都要参加双向选择，根据各处室职位设置情况和个人意愿，经与所报处室领导沟通后，填写《择岗志愿申请表》，1人最多可填报2个志愿，填表时应注明是否服从组织调剂。(3月5~7日)

4. 审核整理。人事处根据各处室职位设置情况和报名申请情况进行审核，对无人报名申请或超出职位设置数额申请的，经与本人和处室负责人沟通酝酿后，进行初步调剂。(3月8日)

5. 决定任用。召开领导小组会议，研究决定任用，并对任用结果进行公布。(3月9日)

6. 集体谈话与个别谈心。由委领导对跨处室轮岗交流的人员集体谈话，消除各种思想顾虑，对工作交接、履职尽责、执行制度等提出要求，鼓舞人心，提振士气。对有思想负担的同志进行个别谈心，放下包袱，轻装上阵。

7. 交接到岗。轮岗交流人员认真梳理工作，办理工作交接，到岗履职。（3 月 12 日前）

四、提高认识，正确引导，确保轮岗交流工作顺利进行

轮岗交流工作是全委人事制度改革的重要组成部分，旨在理顺处室职责，理顺人岗关系，实现干部资源的合理配置，进一步激发机关干部的积极性和创造性，增强机关整体凝聚力和战斗力，全面推进人口计生工作职能转变和创新驱动。全委同志务必深化认识，高度重视，严肃对待，把思想和行动统一到委党组的决策精神上来。

各处室要树立全局意识和政治意识，从全委整体工作需要出发，正确对待处室职位设置、正确对待同志，处以公心，做到公平，体现公正，杜绝不正之风，切实把合适的同志放到合适的岗位。

人事部门要精心组织，周密安排，搞好协调衔接工作。要尊重处室意见，尊重干部群众的意愿，倾听大家的心声，消除各种思想顾虑，及时发现苗头，及时化解矛盾。发挥驻委纪检监察部门的作用，严肃轮岗交流纪律，加强全程监督，对发现违反组织纪律的行为严肃处理。通过深入细致地工作，切实将轮岗交流的过程变成理顺关系的过程、增进合力的过程、打造和谐处室的过程、建设效能机关的过程。

北京市人口和计划生育委员会关于印发机关各处室工作职责的通知

（京人口发〔2012〕5 号）

各区县人口计生委，委机关各处室、直属事业单位，市计划生育协会：

根据《北京市人民政府办公厅关于印发北京市人口和计划生育委员会主要职责内设机构和人员编制规定的通知》（京政办发〔2009〕63 号）和北京市机构编制委员会办公室《关于同意调整市人口计生委职责内设机构和人员编制的函》（京编办行〔2011〕208 号），为进一步明确职责，细化分工，加强协调，推动工作，经 2012 年第 1 次委主任办公会研究，确定机关各处室工作职责。

各处室要严格落实各项职责，强化责任意识、服务意识和全局意识，加强学习，加强综合协调，加强改革创新，形成工作合力，提高科学发展能力，共同完成好北京市人口和计划生育委员会各项任务，为全面做好首都人口工作，提升人口服务与管理水平履职尽责。

二〇一二年三月五日

北京市人口和计划生育委员会机关各处室工作职责

根据《北京市人民政府办公厅关于印发北京市人口和计划生育委员会主要职责内设机构和人员编制规定的通知》（京政办发〔2009〕63 号）和北京市机构编制委员会办公室《关于同意调整市人口计生委职责内设机构和人员编制的函》（京编办行〔2011〕208 号），经委党组研究，确定机关各处室工作职责。

一、办公室

负责机关政务和行政工作；负责文电、机要、安全保密、档案和信访接待处理等工作；负责重点工作会议和有关活动的筹备与组织；负责全委基本建设、车辆、房屋、办公设备等固定资产的管理；承担全委后勤保障、行政事务性服务和安全保卫工作；负责服务中央、驻京部队工作和接待工作。

二、政策法规处

负责机关推进依法行政综合工作；起草本市人口和计划生育方面的地方性法规草案、政府规章草案；承担机关行政规范性文件的合法性审核和有关备案工作；协调、指导、监督、检查本市人口和计划生育行政执法工作；承担本市计划生育执法人员资格认证和培训；承担人口和计划生育行政复议、行政赔偿和行政诉讼案件的具体工作；组织行政处罚听证；推动完善计划生育利益导向机制。

三、综合处

负责业务工作综合；负责重要文稿的起草工作，承担《北京市人口和计划生育年鉴》和其他有关刊物编辑工作；负责有关工作信息的汇总、分析和报送；负责人口和计划生育综合改革；负责政府绩效考核；负责市委、市政府及有关单位折子工程和实事办理；负责市人大代表政协委员建议提案的办理；负责本委对口支援相关工作；指导市属局总公司人口和计划生育工作。

四、规划协调处

负责拟订本市人口中长期发展战略和规划草案，提出统筹解决人口问题的目标和任务，并督促实施；推进人口评估体系建设，开展目标管理考评；研究人口发展重大问题，提出人口与经济、社会、资源、环境协调可持续发展以及促进人口有序流动、合理分布的政策建议；负责人口政策统筹以及人口和计划生育工作的综合协调、综合治理，协调推动有关部门、群众团体履行人口和计划生育相关职责，促进人口和计划生育方针政策在教育、卫生、文化、就业和社会保障等工作中的衔接配合；协调出生人口性别比治理工作；协助开展幸福家庭创建工作；协调落实人口老龄化相关工作；承担市人口和计划生育领导小组办公室日常工作。

五、信息处

负责本市人口和计划生育的信息综合和计划生育统计工作，分析人口发展动态，提出发布人口和计划生育安全预警预报的建议；负责政务公开（政府信息公开）有关工作；负责北京市全员人口统筹管理信息系统建设，参与北京市人口基础信息数据库建设；负责人口和计划生育系统信息化建设和管理工作；承担市人口计生委外网网站的建设和管理工作。

六、流动人口服务管理处

拟订本市流动人口计划生育服务管理办法和政策措施；制定流动人口计划生育服务管理工作制度，提出加强流动人口服务管理和权益保护的政策建议；制定流动人口计划生育服务管理工作规划；与有关部门协调建立并完善流动人口计划生育综合治理的服务管理机制；与相关省市协调推动流动人口区域“一盘棋”工作；加强流动人口数据库的数据分析与应用，指导区县建立流动人口计划生育信息共享和公共服务机制。

七、宣传教育处

拟订本市人口和计划生育人口文化宣传教育工作规划和年度计划，并组织实施；指导区县落实人口和计划生育宣传教育工作和宣传网络建设；开展对外舆论宣传教育工作；开展人口文化主题宣传教育活动，组织、联系部分新闻单位做好有关人口和计划生育宣传报道，承担新闻发布的组织协调和管理工作；负责推动家庭人口文化建设和生命全周期健康教育工作，协调开展新农村、新家庭人口文化宣传教育。

八、科技服务管理处

拟订本市计划生育技术服务发展规划，并监督实施；组织实施计划生育科学研究，负责公布有关计划生育科学研究、技术服务重要信息；指导避孕节育的技术推广和科学普及；依法承担管理计划生育技术服务工作，监督、管理计划生育药具的发放；推动实施计划生育生殖健康促进计划，协同有关部门降低出生缺陷人口数量，协调开展出生缺陷一级预防工作。

九、财务处

负责统筹安排和调度委员会资金和部门预决算工作，承担机关及所属单位财务管理、政府采购、内部审计和公务用车编制工作，指导和监督中央和市级拨付区县人口和计划生育专项经费管理和使用。

十、人事处（离退休干部处）

拟订本市人口和计划生育系统干部队伍建设规划及教育培训规划，并组织实施；指导人口和计划生育公共服务网络体系建设；负责机关及所属单位机构编制和干部的调配、考核、任免、奖惩、培养、交流、工资福利、辞（退）职、监督、退休审批和档案管理等工作；负责因公出国（境）培训考察，离退休干部服务与管理工作；承办市委组织部交办的干部组织工作。

机关党委（工会）

负责机关及所属单位的党群工作；负责起草党建计划；拟订并协调实施年度工

作计划；承办机关党委的组织、宣传、统战、群工工作和机关纪委工作；负责机关党委重要决议的督办工作；协助委党组开好民主生活会；配合干部人事部门对机关行政领导干部进行考核和民主评议；对机关行政干部的任免、调动和奖惩提出意见和建议。

纪检、监察机构按有关规定派驻。

关于2012年诚信计生工作安排的通知

（京人口发〔2012〕6号）

各区县人口计生委：

根据国家人口计生委《关于2011年诚信计生工作进展情况的通报》指示精神，全面推进诚信计生工作，现将诚信计生工作安排如下：

一、指导思想

以科学发展观为指导，贯彻落实国家人口计生委诚信计生工作指示，将稳定低生育水平与帮助群众解决实际困难结合起来，将人口计生工作与群众自我管理、社会诚信建设结合起来，作为社会建设方面的探索和社会管理的创新继续推进。

二、工作安排

今年的重点工作是完成10个区县的达标验收，在10月底前做好迎接国家人口计生委抽查验收的准备工作。

（一）5月中旬，召开北京市诚信计生工作现场交流会。（通知另发）

（二）9月上旬，开始对10个区县进行达标验收。（见附件）

（三）11～12月，迎接国家人口计生委抽查。

三、要求

为确保我市今年全面通过达标验收，提前一年完成国家任务。特提出如下要求：

（一）切实提高认识

诚信计生工作是社会诚信建设的一项重要内容，是人口计生部门加强和创新社会管理、推进依法行政的重要举措，是基层人口计生服务管理机制的重大改革。各区县人口计生委要提高对诚信计生工作的认识，坚决执行国家和市人口计生委的决策部署，进一步完善推进诚信计生工作的实施方案，确定时间表、突出年度重点，扎实做好各项工作。已经通过达标验收的区县要继续查缺补漏、巩固提高。

（二）进一步改革创新人口计生服务管理机制

要着力推动实现行政管理和基层群众自治的有效衔接和良性互动，将推行诚信计生和阳光计生行动、“万村（居）示范”活动有机结合起来，简化办事程序、缩减办事时间、公开办事制度，实行首问责任制，提高服务水平；充分相信和依靠广大群众，努力将群众组织起来，建立诚信计生小组，通过诚信承诺，实行自我服务、自我管理、自我教育和自我监督。要将落实以长效节育措施为主的避孕方法知情选择和减少孕环情检查次数作为突破口，顺应和满足大多数群众的需求。

（三）完善配套工作措施

要按照诚信计生的要求，制定和完善配套的制度和措施。进一步指导基层修订村民自治章程、村规民约和诚信计生协议，做到合法合规和权利义务对等，改进完善考核指标体系，取消强制性绝育措施以及孕环情检查的工作指标，杜绝收取各种押金、保证金等。将推进诚信计生与帮助解决群众的实际困难和问题结合起来，推广实施诚信计生长效节育措施奖励政策，协调各相关惠民政策对诚信计生家庭予以优先优待，因地制宜地建立完善诚信计生激励机制。加强宣传教育，增强群众对诚信计生工作的认同感和参与意识。总结推广各乡镇、街道的好经验、好做法，真正起到典型示范的作用。

（四）组织做好基本实现诚信计生地区的评估验收工作

要进一步完善各级基本实现诚信计生的评估指标体系，突出重点，精简指标。对避孕方法知情选择等主要指标不达标的，要实行“一票否决”。要将评估验收与指导工作结合起来，针对普遍性问题和薄弱环节，制定整改措施，逐步建立长效工作机制。

二〇一二年三月二十一日

北京市人口计生委关于印发《北京市生育服务证管理办法实施细则》的通知

（京人口发〔2012〕7号）

各区县人口计生委：

近年来，随着城市建设、人才引进的快速发展，涉外婚姻家庭、海外留学及工作归国人员、跨省婚嫁人员等特殊人群要求在京办理《生育服务证》的数量日益增加，2006年市政府修订了《北京市生育服务证管理办法》，增加了申请随男方在京办理《生育服务证》的有关规定。为进一步规范本市《生育服务证》的办理工作，切实维护广大育龄群众的合法权益，北京市人口计生委对2003年8月27日开始实施的《北京市生育服务证管理办法实施细则》进行了相应修改，经2011年第17次委主任办公会研究通过，现印发给你们，请认真贯彻执行。

二〇一二年三月二十三日

北京市生育服务证管理办法实施细则

第一条　根据《北京市人口与计划生育条例》（以下简称《条例》）和《北京市生育服务证管理办法》（以下简称《办法》），制定本实施细则。

第二条　本市《生育服务证》分为“第一个子女”和“再生育子女”两种。

夫妻一方或者双方为本市常住户口的中国公民，可以申请办理本市《生育服务证》。

第三条　办理第一个子女《生育服务证》的夫妻，到女方存档单位（无档案人员到其户籍所在地居、村委会，下同）领取《生育服务证》，双方存档单位在《生育服务证》第3页注明双方申请人婚姻、生育情况并盖章后，由女方户口所在地街道、乡（镇）计生部门进行核准办证。

夫妻一方为本市常住户口、另一方为外省市户口，申请在本市办理第一个子女《生育服务证》的，到本市一方存档单位领取《生育服务证》。外省市一方申请人应提交户口所在地居（村）委会和街道、乡（镇）计生部门出具的婚姻、生育情况证明。

第四条　按照《条例》第十七条规定申请办理再生育子女《生育服务证》的夫妻，应当到女方户口所在地街道、乡（镇）计生部门领取《再生育一个子女申请审批表》（或从市或区县人口计生委网站下载），填写个人情况及申请理由后，由双方存档单位分别在《再生育一个子女申请审批表》上注明申请人婚姻、生育情况并盖章，提交女方户口所在地街道、乡（镇）计生部门、区县人口计生委分别进行审批。

夫妻一方为本市常住户口、另一方为外省市户口，申请在本市办理再生育子女《生育服务证》的，按前款规定填报《再生育一个子女申请审批表》。外省市一方申请人应提交户口所在地居（村）委会、街道（乡镇）和县级人口计生部门出具的婚姻、生育情况证明。

第五条　申请办理本市《生育服务证》的夫妻，应当向本市人口计生行政部门提交夫妻双方身份证、户口本、结婚证及历次离婚证明材料；申请办理再生育子女《生育服务证》的夫妻，还应当提交符合《关于审批生育第二个子女的规定》（京人口发〔2004〕12号）相关内容的证明材料。

因第一个子女属于非遗传性病残而申请办理再生育子女《生育服务证》的夫妻，应当提交《北京市区（县）病残儿医学鉴定结论通知书》。

申请办理《生育服务证》的夫妻，已怀孕或其子女已出生的，申请人应当向负责核准或审批的本市人口计生行政部门提交包括《出生医学证明》在内的相关材料。人口计生行政部门审查合格后，为符合本市生育政策的夫妻办理《生育服务证》。

第六条　人事档案关系存放在其工作单位的当事人，由工作单位计划生育部门或人事部门负责出具其婚姻、生育情况证明。人事档案关系存放在街道、乡镇社会保障事务所的本市失业人员，由街道、乡镇社会保障事务所负责出具相关证明。申请人的人事档案关系存放在市或区县人才交流中心、职业介绍中心，由存档部门为其出具生育子女情况证明。无人事档案的本市人员，由其户籍所在地居、村委会为其出具证明。

婚姻、生育情况证明自出具之日起6个月内有效。

第七条　夫妻一方为本市户口、另一方为港、澳、台同胞或外国人，申请办理本市《生育服务证》，按照本细则规定执行。港、澳、台同胞或外国人一方需提供具有法律效力的婚姻、生育子女情况的证明。如其子女在境外出生或定居，申请人应当提交定居证明、护照、国外或境外医疗机构出具的出生证明原件、复印件（经公安部门指定的翻译机构翻译）。

第八条　夫妻一方或双方为华侨，境外生育的子女均不在境内定居，申请在本市再生育子女的，按照《国家人口计生委　公安部　国务院侨办关于涉侨计划生育政策的若干意见》（国人口发〔2009〕103号），由本市一方户口所在地人口计生行政部门办理再生育子女《生育服务证》。申请人除按照本细则规定提交相关证明材料外，还应当提交由侨务部门办理的华侨身份证明。

第九条　申请人提交的各项证明材料，除个人证件原件外，不退回申请人。认定申请人不符合办理《生育服务证》条件的，人口计生行政部门应当答复申请人。

第十条　双方户口均在本市，应当在女方户口所在地办理《生育服务证》。新生儿拟随男方入户的，应在新生儿出生后持《生育服务证》到女方户口所在地的街道、乡（镇）计生部门办理变更手续。

第十一条　本细则自2012年5月1日起施行。2003年8月27日颁布的《北京市生育服务证管理办法实施细则》于本细则实施之日起废止。

北京市人口计生委关于印发进一步加强信息工作办法（试行）的通知

（京人口发〔2012〕8号）

各区县人口计生委，市人口计生委机关各处室、直属事业单位，市计划生育协会：

为进一步加强全市人口和计划生育系统信息工作，提高信息工作水平，现将《北京市人口计生委关于进一步加强信息工作的办法（试行）》印发给你们，请遵照执行，并将确定的信息人员名单于4月17日前报市人口计生委综合处。

联系人：周宏宇（综合处）；联系电话：010－83970770

二〇一二年四月五日

关于印发《北京市2012年流动人口计划生育“一盘棋”工作实施意见》的通知

（京人口发〔2012〕15号）

各区县人口计生委：

为贯彻落实国家人口计生委《2012年全国流动人口计划生育“一盘棋”工作方案》的通知精神，推动2012年流动人口计划生育“一盘棋”工作再上新台阶，现将《北京市2012年流动人口计划生育“一盘棋”工作实施意见》印发你们，请根据工作实际，制定措施，推动各项任务落实。

二〇一二年五月九日

北京市2012年流动人口计划生育“一盘棋”工作实施意见

经过全市人口计生系统和相关部门三年来的不懈努力，全市范围和环渤海区域内已基本建立起流动人口计划生育“统筹管理、服务均等、信息共享、区域协作、双向考核”的工作机制。为贯彻落实国家人口计生委《2012年全国流动人口计划生育“一盘棋”工作方案》的通知精神，推动2012年流动人口计划生育“一盘棋”工作再上新台阶，提出以下实施意见。

一、总体目标

流动人口计划生育服务管理法规制度进一步健全，层级监管机制逐步建立；基本实现国家和省级流动人口计划生育服务管理信息系统的对接，信息准确率明显提高，重点对象协查信息反馈率、及时率、信息通报率、接收率、流动人口计划生育免费服务落实率明显提高，流动人口合法权益得到较好维护。

二、考评项目和标准

年度流动人口计划生育“一盘棋”考核项目和评估标准，以国家人口计生委明确的统筹管理、服务均等、信息共享、区域协作和双向考核等5大项、10个子项及评估标准组织实施，不另增项目，不提高标准。

三、重点任务

2012年，在流动人口“一盘棋”工作

方面，要坚持“民生为本、服务为先、融合为要”的工作理念，按照“以信息支撑服务、以实事促进服务、以制度保障服务”的工作思路，完善有利于流动人口渐进融入的服务保障制度，重点推进以下工作。

（一）完善法规制度，规范基层服务管理

1. 强化统筹管理，推进流动人口计划生育综合治理，做好相关政策的衔接协调。落实“一把手”负责制，加强流动人口计划生育工作领导保障机制建设。

2. 按照《全国流动人口计划生育服务管理工作规范》的要求，研究制定本市流动人口一孩生育服务登记管理办法。认真贯彻落实《条例》及相关法规制度，落实各方服务管理责任。

3. 优化完善基层流动人口计划生育服务管理网络，健全适应流动人口计划生育基本公共服务需求的机构设置和人员配备，建立逐年增长的经费投入保障机制。

（二）提高统计调查质量，增强网络化协作的及时性、有效性

1. 在做好与相关部门信息共享、实现多元数据整合、提升个案数据质量的基础上，提高流动人口服务管理子系统的使用效率，为网络化协作和全国“一盘棋”工作提供精准化服务。建立流动人口数据定期清理、核查、评估制度，增强数据完整性和准确性。强化统计监测数据分析应用，组织开展统计监测分析报告评比。

2. 扎实推进两级系统对接工作，规范市级系统数据统计、上报标准；优化 PADIS 流动人口子系统，完善层级监管功能，定期对市级系统市内应用和数据交换情况进行检查。

3. 深化网络化协作，将提高协查信息反馈及时率和通报信息接收及时率作为工作重点，提高信息互通效率。依托国家、市级系统，探索流动人口婚育证明的电子化改革。

（三）推进服务均等，基本实现计划生育基本公共服务全覆盖

1. 深化流动人口计划生育基本公共服务均等化试点，做好评估，总结经验。按照国家人口计生委的部署和要求，把免费孕前优生健康体检，作为今年为流动人口办实事的重点项目，着力提高流动人口的参与率，扩大流动人口优生优育、优先优惠、奖励优待、关怀照顾等服务和政策的覆盖面。

2. 以计划生育技术服务机构和社区服务中心为依托，扩大流动人口计划生育服务网点，增强各项服务的易得性和可及性。以流动育龄人口为基础因素，建立健全计划生育药具经费动态调拨机制，努力实现流动人口免费计划生育药具全覆盖。

3. 畅通维权渠道，严肃查处侵害流动人口权益的行为，及时办理和反馈信访案件，严格依法行政，维护流动人口合法权益。加强流动人口计划生育协会工作，推进流动人口诚信计生服务管理。

4. 加强与相关部门的政策衔接，使实行计划生育的流动人口家庭优先享受流入地各项基本公共服务。深入开展“关怀关爱”系列活动，帮扶、救助流动人口计划生育困难家庭。

（四）健全层级监管制度，落实双向服务管理职责

1. 加强省际间政策协调，建立逐级监管投诉、协调制度。健全流动人口计划生育双向考核评估指标体系和分类考核评估制度，组织开展流动人口计划生育服务管理工作专项检查。

2. 加强环渤海地区协作区的沟通交流和协作机制建设，加强研究解决区域内流动人口政策外生育管理、社会抚养费征收和出生人口性别比综合治理等难题。

3. 加强市内流动人口服务管理层级监管制度建设和市内区域协调，指导基层认真落实流动人口服务管理职责，将流动人口计划生育工作纳入政府目标管理责任制考核。通过修订人口和计划生育目标管理考评办法，推进流动人口财政投入科学化、服务管理责任化。

四、组织实施

研究部署（2012 年 5 月）。5 月上旬，市人口计生委研究制定贯彻落实全国“一盘棋”实施意见，部署全年工作。5 月底前，各区县人口计生委研究制定具体落实方案和措施，上报工作计划。

检查督导（2012 年 6 ~ 11 月）。市人口计生委通过专题调研、专项抽查和召开会议的形式，对各区县“一盘棋”工作进展情况进行督导。

自评总结（2012 年 12 月）。12 月上旬，各区县人口计生委完成落实“一盘棋”情况自查和自评工作，上报自评报告。12 月中下旬，市人口计生委采取区县互查和重点抽查的方式，对全市“一盘棋”工作进行集中检查评估，认真总结“三年三步走”工作情况，完成评估报告，并做好迎接检查考评的各项准备工作。

五、工作要求

一是要加强组织领导。进一步加强对“一盘棋”工作的组织领导和服务保障，统筹推进各项工作的落实，确保按时按质按量完成年度各项任务。

二是要搞好分工协作。根据区县工作实际，分解任务，落实责任，扎实推进。

三是要认真组织评估。认真仔细地做好日常信息和数据的收集整理，确保自查评估、省际互评和区域协作等数据的准确性和情况的真实性。

二〇一二年五月九日

北京市人口计生委关于印发绩效管理工作制度（试行）的通知

（京人口发〔2012〕17号）

委机关各处室、直属事业单位，市计生协会：

现将《北京市人口计生委绩效管理工作制度（试行）》印发给你们，请结合实际，认真贯彻落实。

二〇一二年六月五日

北京市人口计生委绩效管理工作制度

（试行）

为进一步加强我委绩效管理工作，规范工作流程，提高工作效率，推动工作落实，根据《北京市人民政府关于印发北京市市级国家行政机关绩效管理暂行办法的通知》（京政发〔2009〕23号）和《北京市人民政府关于做好政府绩效管理试点工作的意见》（京政发〔2011〕53号）精神，特制定我委绩效管理工作制度。

一、工作机构及机制

委绩效管理工作按照“主要领导负总责、分管领导亲自抓、绩效办成员处室牵头负责，委机关各处室、直属事业单位、市计生协会根据职责落实相关任务，综合处负责督查督办”的工作机制开展工作。

成立委绩效管理工作领导小组（以下简称“领导小组”），领导小组是我委绩效管理工作的议事组织，组长由市人口计生委党组书记、主任担任，副组长由副主任、委员、驻委纪检组长担任，成员由委机关各处室、直属事业单位负责人，市计生协会秘书长组成。

领导小组下设绩效管理工作办公室（以下简称“委绩效办”），负责协调、督促、检查机关各处室、直属事业单位、市计生协会的绩效管理工作情况。委绩效办设在综合处，委绩效办主任由主管主任担任，对委绩效管理整体工作负领导责任；副主任由综合处处长担任，具体负责绩效办日常工作；成员由办公室、政法处、综合处、人事处、财务处、机关党委负责人组成。委绩效办成员处室具体分工如下：

办公室：牵头负责“服务中央在京单位和驻京部队”专项考评具体工作及“行政问责”专项考评中“安全责任事故”、“造成重大社会负面影响等失职行为”等具体工作；

政法处：牵头负责“规范行政行为”、“审批制度改革”专项考评具体工作；

综合处：承担委绩效管理领导小组日常工作，牵头负责“市政府重点工作任务”、“领导考评”、“行政效能建设”、“服务基层”、“公众评价”、“创新创优”专项考评具体工作；

人事处：牵头负责“主要职责履行情况”、“公务员队伍建设”专项考评具体工作；

财务处：牵头负责“行政问责”专项考评中“审计结果”、“预算支出绩效”具体工作；

机关党委：牵头负责“廉政风险防控管理”专项考评具体工作及“行政问责”专项考评中“重大廉政问题”具体工作。

委绩效办成员处室根据“三定”职责和年度绩效任务的任务分解，牵头完成好相应任务和工作，密切联系市绩效联席会议专项考评单位，并落实以其名义布置的相关工作，定期督促、检查牵头工作和本职工作完成情况。

二、工作步骤

（一）制定落实预案。年初，委绩效办制定绩效管理工作计划，并依据“三定”职责，将市政府下达的年度绩效任务分解到各牵头处室，牵头处室按考评细则将专项考评内容细化分解，制定落实预案，明确工作措施、工作要求、配合处室、落实时限。

（二）督查工作进展。按照“月底自查、季度抽查、半年检查、年终考评”的方式，加强日常绩效管理。各配合处室每月、每季度对承办任务进行自查，每季度最后一个月填写《季度自查表》、《服务基层、服务中央驻京部队、服务公众季度登记表》报送牵头处室汇总后交综合处。半年做好迎接市绩效办检查的准备，年底提交总结报告并接受市政府绩效办统一组织的考评。

（三）规范工作程序。委绩效办成员处室向上级对口单位反馈绩效管理情况时，经主管主任审批后，由综合处统一通过绩效管理平台报送（明确单独报送的除外）。

（四）落实整改措施。委绩效办定期向领导小组或主任办公会通报绩效考评结果，并组织各单位针对反映出的问题，制定并督促落实整改措施。

三、工作制度

（一）定期会议制度。领导小组每年召开一次会议，听取全委绩效管理工作落实情况，讨论下一年度绩效管理工作计划。委绩效办每季度召开一次例会，成员处室汇报牵头任务落实情况，研究下一步工作。

（二）随机抽查制度。委绩效办除组织对全委各单位的定期自查外，还可以根据实际情况，安排随机抽查。

（三）定期报告制度。委绩效办每年至少要向领导小组或委主任办公会报告一次全委绩效管理工作落实情况和下一步工作计划。

委绩效办将根据委“三定”职责和内设机构调整变化，及时提请领导小组或主任办公会调整委绩效办成员处室和职责分工。

附件：1. 北京市市级国家行政机关绩效管理考评指标体系

2. 年度绩效任务落实预案（略）

3. 年度绩效任务季度进展表（略）

4. 服务基层、中央及驻京部队、公众情况登记表（略）

5. 创新创优项目申报表（略）

附件1

北京市市级国家行政机关绩效管理考评指标体系

考评体系	一级指标	二级指标	考评内容	考评主体
履职效率35分	职责任务15分	△主要职责履行效率(10分)	对市级国家行政机关履行“三定”主要职责的情况进行考评	市编办
		△重点任务完成效率(5分)	对市级国家行政机关承担的市政府重点工作任务完成情况进行考评	市政府督查室
	领导考评20分	△领导考评(20分)	市领导(含市政府副秘书长)划票评价市级国家行政机关工作完成情况	市领导
管理效能20分	依法行政9分	△规范行政行为情况(5分)	对市级国家行政机关在制度建设、行政执法、行政复议、行政诉讼等方面的情况进行考评	市政府法制办
		△依法审批及审批制度改革情况(4分)	对市级国家行政机关依法审批及推进行政审批制度改革情况进行考评	市监察局
	能力建设11分	△行政效能建设(4分)	对市级国家行政机关履行法定职责、加强机关效能建设、实施行政管理工作的效率和效果以及在绩效管理考评中公众评价和行政问责等方面存在的问题整改情况进行考评	市监察局
		△廉政风险防控管理(2分)	对市级国家行政机关开展廉政风险防控管理的情况进行考评	市预防腐败局
		△公务员队伍建设(5分)	对市级国家行政机关贯彻落实《中华人民共和国公务员法》，加强公务员队伍的思想、作风、能力建设进行考评	市人力社保局

续表

考评体系	一级指标	二级指标	考评内容	考评主体
服务效果 40 分	服务中央 10 分	△服务中央在京单位与驻京部队工作效果(10 分)	对市级国家行政机关承担服务中央和驻京部队专项任务完成情况、主动服务中央单位和驻京部队等情况进行考评	市政府外联服务办
	服务基层 10 分	△各单位服务基层效果(10 分)	通过开展基层单位服务评价,对市级国家行政机关服务基层情况进行考评	区县政府
	公众评价 20 分	△服务对象满意度(20 分)	通过对服务对象、居民、企事业单位等开展定期调查,了解公众对市级国家行政机关服务的要求和预期,测评公众对各单位工作的感知和满意度情况并进行考评	第三方调查机构
创新创优 5 分	创新创优 5 分	△重大工作创新措施及成果(5 分)	对市级国家行政机关年度重大工作创新措施及成果进行考评	市政府绩效办 市人力社保局

另设置“行政问责”倒扣分项目，对市级国家行政机关廉洁行政、安全生产、绩效审计、预算绩效等方面进行刚性约束，各项累计扣分不超过 20 分。

北京市人口计生委关于落实 2012 年市级国家行政机关绩效任务的通知

（京人口发〔2012〕18 号）

委机关各处室、直属事业单位，市计生协会：

为进一步做好我委市级国家行政机关绩效管理工作，依据《北京市人民政府绩效管理联席会议关于印发〈2012 年北京市政府绩效管理任务书〉》（京绩发〔2012〕3 号）、《北京市人民政府绩效管理联席会议关于印发新修订的〈北京市市级国家行政机关绩效管理指标体系〉的通知》（京绩发〔2012〕4 号）和《北京市人民政府绩效管理联席会议关于印发〈2012 年度北京市市级国家行政机关绩效管理专项考评实施细则〉的通知》（京绩发〔2012〕5 号），我委对 2012 年度绩效任务进行了分解，明确了牵头处室和配合处室，请结合实际，积极推进落实。

为更好地完成本年度绩效任务，现提出具体要求如下：

一、提高认识，加强领导

实施政府绩效管理制度是推动首都科学发展、加快转变经济发展方式的有效途径，是全面加强政府自身建设，推动市委、市政府重大决策部署高效落实的重要手段。2012 年市级国家行政机关绩效管理工作在保持“三效一创”（履职效率、管理效能、服务效果和创新创优）指标体系不变的基础上，增设了“廉政风险防控管理”指标，具体分为 8 个一级指标和 12 个二级指标，另设置“行政问责”倒扣分项目。绩效管理采取定性考评和定量考核相结合的方式，年终考评结果按分排序，只有完成绩效管理任务的单位，才能发放年度绩效奖金；凡被行政问责或未完成市政府重大绩效管理任务的，年度绩效奖金经审定后将减发 5%。

各处室（单位）要以科学发展观为指导，从我委工作大局出发，依据“三定”职责，结合实际工作，认真完成绩效任务；要把绩效管理融入日常工作，把绩效考评纳入督查考核，实现绩效管理工作常态化、制度化，不断提升绩效管理工作水平。

二、统筹协调，加强配合

全委要在委绩效管理工作领导小组（以下简称“领导小组”）的统一领导下，形成上下联动、协调配合、整体推进的工作态势。定性考核内容（50 分）由全委协调配合考评部门落实，定量考评内容（50 分）由委绩效管理领导小组办公室（以下简称“委绩效办”）成员处室牵头落实。

综合处要做好领导小组日常工作，并负责协调、督查牵头处室绩效任务的落实。办公室、政法处、综合处、人事处、财务处、机关党委作为委绩效办成员处室和各项绩效任务的牵头处室，要充分发挥统筹协调作用，一方面要加强与市对口考评部门的沟通联系，争取工作指导和支持；另一方面要加强对任务配合处室的督促检查，协助解决工作中的难点和问题。配合处室要根据自己的任务分工，认真履职履责，高标准高质量地完成各项任务。

三、注意时效，抓好落实

各部门要注意工作的时效性，做好任务落实和情况反馈。

（一）逐项制定工作预案

按照市政府绩效办要求，年度绩效任务下达后，请各配合处室按照任务分解表逐项制定落实预案（两个以上处室为配合处室的，分别制定落实预案），经主管领导同意后，送牵头处室汇总，于规定时限前报综合处整理汇总，经委主要领导同意后报市政府绩效办。各专项考评部门另有要求的，由牵头处室按实际要求完成。

（二）定期开展总结检查

配合处室每季度对承办任务进行总结自查，并于每季度最后一个月 28 日前填写《季度自查表》和《服务基层、服务中央驻京部队、服务公众季度登记表》报送牵头处室汇总后交综合处。配合处室要在半年、全年规定时限前向牵头处室报送任务进展情况和总结材料，经牵头处室汇总后交综合处。必要时，委绩效办将对各项任务的落实情况组织检查和抽查，并向领导小组通报。

（三）研究推荐创新项目

各处室（单位）根据日常工作情况，年内可随时选取具有代表性的创新创优项目进行申报。10 月委绩效办组织进行年终申报。各牵头处室结合实际，可从日常申报项目中选取 1 项或另行申报 1 项作为创新创优工作，经主管领导同意后送综合处汇总，经领导小组讨论确定 1 项作为我委年度创新创优项目报市政府绩效办。

（四）切实加强整改提高

2012 年，市政府绩效工作强化了针对上一年度绩效反馈报告中反映出的问题进行整改的要求，各项绩效任务的考评实施细则都专门拿出 0.5 分作为部门落实整改措施的考评分值。

各处室（单位）要围绕绩效反馈报告中的问题和建议，逐项分析，查找工作不足和薄弱点，制定有针对性的整改措施，明确整改的具体内容、责任处室和完成时限；综合处对整改措施进行汇总整理并报请主要领导审定后报市政府绩效办，最终确定我委年度整改方案。各处室（单位）要加强日常整改，及时、详细记录整改情况，结合年度绩效任务自查自评，全面反映绩效整改工作情况；综合处要对绩效整改情况进行督促落实，跟踪问效，并及时向领导小组汇报。

附件：1. 北京市市级国家行政机关绩效管理指标体系（略）

2. 市人口计生委 2012 年绩效任务分解表（略）

3. 2012 年度北京市市级国家行政机关绩效管理专项考评实施细则（略）

二〇一二年六月五日

北京市人口计生委关于进一步加强调查研究工作的意见

（京人口发〔2012〕19 号）

各区县人口计生委，市人口计生委机关各处室、直属事业单位，市计划生育协会：

为深入贯彻落实科学发展观，积极适应我市人口计生工作转型发展需要，全面提高调查研究工作的质量和水平，推进决策的民主化、科学化，促进各项工作又好又快发展，按照市委、市政府要求，现就全委进一步加强调查研究工作提出如下意见：

一、充分认识新形势下调查研究工作的重要性

重视调查研究，是我们党在革命、建设、改革各个历史时期做好领导工作的重要传家宝，党中央历来把调查研究作为一项基本的工作方法和领导制度。“没有调查就没有发言权、没有调查更没有决策权”，调查研究是谋事之基，成事之道，也是新形势下转变工作作风、推进决策民主化、科学化的基础和前提，对于提高工作水平、改进领导方式、密切联系群众、转变工作作风具有十分重要的意义。

二、建立健全调查研究工作制度

（一）建立健全先调研后决策的重要决策调研论证制度

为防止和克服决策中的随意性及其造成的失误，提高决策的科学化水平，必须把调查研究贯穿于决策的全过程，真正成为决策的必经程序。凡涉及全市人口计生系统科学发展和人民群众切身利益的重大政策、重大项目，作出决策前都要进行深入细致的调查研究，最大限度地提高决策的科学化、民主化水平，降低决策风险。

（二）建立健全领导干部调查研究工作制度

领导干部要带头调查研究，深入基层，主持课题调研，撰写调研报告。每位委领导班子成员要在年初制订调研计划，选定1项调研课题，明确责任处室并督促落实。按照中央有关规定，局级领导干部每年到基层调研不少于60天，每年撰写1～2篇调研报告。

（三）建立健全领导干部调研联系点制度

建立领导干部联系点，长期、经常地与基层单位、基层群众保持密切联系，了解基层情况，听取群众意见，发现和解决问题，密切党群干群关系。

（四）建立健全机关处室调查研究工作制度

机关各处室、直属事业单位和市计划生育协会要高度重视调查研究工作，每年年初制定调研计划，选定1项或1项以上调研课题，确定1个基层联系点，每年撰写调研报告。

（五）建立健全调研课题管理制度

制订《北京市人口计生委调研课题管理办法》，严格课题申报立项、加强课题实施过程管理、规范课题评审和奖励，加大课题成果交流和转化力度，切实提高课题研究和管理水平。

三、进一步加强对调查研究工作的组织领导

全委要把调查研究工作摆在更加重要的位置，进一步加强对调查研究工作的领导，形成注重调查研究的良好氛围、工作作风和长效机制。委领导班子成员要亲自抓调研，按计划组织推动调研课题开展，加强检查、督促和指导；机关各处室、直属事业单位和市计划生育协会负责人要根据调研进度，分解细化任务，落实到人，确保调研高质量完成。设立调查研究专项经费，为开展调研工作提供必要的支持和保障，对有突出贡献的优秀调研成果和人员进行适当奖励。

二〇一二年六月五日

北京市人口计生委关于2012年实施“农村长效节育户籍已婚育龄群众免费健康体检项目”的通知

（京人口发〔2012〕21号）

朝阳区、海淀区、丰台区、大兴区、通州区、顺义区、门头沟区、房山区、昌平区、怀柔区、密云县、平谷区、延庆县人口计生委：

根据《北京市2012年深化医药卫生体制改革实施方案》和《北京市财政局关于下达2012年农村长效节育给群众免费健康体检项目经费预算的通知》（京财文指〔2012〕603号）的要求，人口计生部门承担2012年为本市农村采用长效避孕措施的育龄公民提供免费健康检查技术指导。请各区县按要求实施体检工作，现将有关事项通知如下：

一、经费标准。每人体检费用由105元提高至135元。经费不足部分由区县财政保障。

二、体检标准。宫颈细胞学检查巴氏染色法被液基薄层细胞检测（TCT）替代，由2012年开始实行。

三、时间要求。在10月底前完成体检项目的各项工作。

四、资金管理。为保证工作的顺利完成，市财政下拨部分区县专项经费补助，资金的使用要求按照京人口发〔2010〕46号文件要求执行。各区县接此通知后，请积极与区县财政协调沟通，保证资金落实到位，专款专用，并按规定做好资金的管理和核算工作。

附件：北京市2012年“农村长效节育户籍已婚育龄群众免费健康体检项目”拨付区县补助经费表（略）

联系人：行财处　李君念；联系电话：010－83970791

联系人：科技处　冯　雷；联系电话：010－83970786

二〇一二年六月二十七日

关于印发《北京市2012年综合治理出生人口性别比工作实施方案》的通知

（京人口发〔2012〕24号）

各区县人口计生委、公安局、卫生局、统计局、药监局、妇联：

根据国家人口计生委、公安部、卫生部、国家食品药品监督管理局、总后勤部卫生部、中华全国妇女联合会《关于将2012年确定为“出生人口性别比重点治理年”的通知》（人口宣教〔2012〕24号）精神，北京市人口计生委、公安局、卫生局、统计局、药监局、妇联联合制定了《北京市2012年综合治理出生人口性别比工作实施方案》。现印发给你们，请认真抓好贯彻落实。

附件：1. 北京市2012年综合治理出生人口性别比工作实施方案

2. 北京市综合治理出生人口性别比工作领导小组名单

北京市人口和计划生育委员会

北京市公安局

北京市卫生局

北京市统计局

北京市药品监督管理局

北京市妇女联合会

二〇一二年七月十日

（联系人：赵　力；联系电话：010－83978471）

附件1：

北京市2012年综合治理出生人口性别比工作实施方案

为迎接党的十八大胜利召开，全面做好人口工作，统筹解决出生人口性别比偏高问题，国家人口计生委、公安部、卫生部、国家食品药品监管局、总后勤部卫生部、全国妇联将2012年确定为“出生人口性别比重点治理年”。为贯彻落实中央工作部署，进一步做好北京市出生人口性别比综合治理工作，现制定实施方案如下。

一、工作思路

为深入贯彻《国家“十二五”规划纲要》、《中国儿童发展纲要（2011－2020年）》关于综合治理出生人口性别比的要求，认真落实六部委《关于将2012年确定为“出生人口性别比重点治理年”的通知》精神，北京市将以流动人口为重点、以强化机制为保障、以完善服务为目标，通过强化部门协作机制、深入开展宣传倡导、严格查处“两非”（非医学需要的胎儿性别鉴定和选择性别的人工终止妊娠行为）案件、完善服务体系建设等举措，进一步加大出生人口性别比综合治理工作力度，确保全市出生人口性别比稳中有降。

二、重点工作

（一）强化部门协作机制

成立由市人口计生委、市公安局、市卫生局、市统计局、市药监局、市妇联等部门组成的北京市综合治理出生人口性别比工作领导小组，建立部门协作的长效机制，加强对综合治理工作的组织领导和“出生人口性别比重点治理年”的工作推进；进一步健全统筹协调机制，建立联席会议制度，明确部门职责，加强分工协作；整合部门资源，加强工作研究，创新工作举措，形成工作合力，确保综合治理工作取得实效。

（二）深入开展宣传倡导

认真做好“出生人口性别比重点治理年”的宣传倡导工作。开展高层倡导，加强对各级党政领导干部的人口理论教育；开展社会动员，组织各种形式的社会宣传，深入推进“关爱女孩行动”，做好重点人群的宣传倡导；开展媒体宣传，充分利用报刊、广播、电视、互联网等媒体深入宣传综合治理出生人口性别比工作的重大意义，宣传“生男生女顺其自然”的婚育观念，营造社会积极支持、群众乐于参与的综合治理出生人口性别比工作的良好氛围。

（三）严格查处“两非”案件

严厉打击非法行医行为，依法严格查处“两非”案件。对利用B超技术和其他技术手段进行“非医学需要的胎儿性别鉴定和人工终止妊娠行为”的，对未取得《医疗机构执业许可证》开展“两非”活动等的，依法从重给予行政处罚；构成犯罪的，依法追究其刑事责任。同时，不断完善医疗保健机构、人口计生服务机构及有关单位的管理制度，健全管理体系。

（四）完善综合服务体系建设

针对已婚育龄妇女，开展以人口计生部门牵头的婚育咨询、优生指导和卫生部门牵头的孕期保健、产后随访等为主的全程综合服务，提高母婴健康水平，防止女婴非正常死亡；进一步完善针对计划生育家庭的奖励扶助政策和长效机制，积极推动各部门和各地区制定综合治理出生人口性别比、促进社会性别平等的社会经济政策措施；开展创建幸福家庭工程，以家庭为服务对象，探索建立全口径、全周期、全方位的综合服务体系。

三、组织领导和职责分工

（一）领导小组职责

根据《关于将2012年确定为“出生人口性别比重点治理年”的通知》要求，成立北京市综合治理出生人口性别比工作领导小组。主要职责是负责领导全市出生人口性别比的治理工作；负责制定全市综合治理工作方案；负责组织和协调全市出生人口性别比综合治理工作；负责督查各区县、各部门各项政策措施的落实情况。

（二）部门职责分工

市人口计生委：

1. 牵头全市出生人口性别比综合治理工作，负责市领导小组办公室日常工作。

2. 负责起草相关综合性文件，会同有关部门开展专题调研；定期召集联席会议，研究和安排相关工作；向本级政府和上级主管部门报告工作进展情况。

3. 负责在全市范围内开展综合治理出生人口性别比宣传教育活动和探索建立利益导向机制，开展人口计生综合服务项目。

4. 负责加强对人口计生服务机构的服务和管理；负责加强区域协作，联合周边地区，开展针对流动人口的综合治理工作。

市公安局：

按照部门职责，严厉打击非法行医，防止“两非”违法行为的发生；依法打击溺弃女婴等违法犯罪行为。

市卫生局：

1. 负责加强对行业内各级各类医疗保健机构的管理，建立健全相关制度，严打非法行医，严查“两非”案件；依法追究发生“两非”行为的医疗保健机构及有关责任人的责任，并进行严肃处理；

2. 负责定期向领导小组办公室提供产科活产相关数据；

3. 负责在医疗保健机构相关场所设置禁止非医学需要的胎儿性别鉴定和选择性别的人工终止妊娠的醒目标志。

市统计局：

按照部门职责，负责汇总、整理和提供人口结构统计数据并开展相关分析研究工作。

市药监局：

按照部门职责，加强对终止妊娠药品生产、经营企业的监管，对违法违规行为依法严肃查处。

市妇联：

负责发挥群团组织优势，开展广泛宣传和动员；组织广大妇女参与出生人口性别比综合治理工作；依法保护妇女合法权益。

（三）区县职责

各区县人口计生、公安、卫生、统计、药监、妇联等部门按照总体方案部署，制定相应的实施方案，在辖区内积极开展综合治理工作并及时向市领导小组汇报工作进展。

四、工作安排

（一）部署阶段（2012 年 6 ~ 7 月）

人口计生、公安、卫生、统计、药监、妇联等部门联合下发《北京市 2012 年综合治理出生人口性别比工作实施方案》；各部门、各区县依据工作职责和总体安排，结合本部门和本地区的工作实际，建立工作制度、制定具体方案；召开全市联席会议，研究部署工作。

（二）实施阶段（2012 年 7～11 月）

各部门、各区县按照工作方案的具体安排，部署并实施出生人口性别比综合治理任务；及时向市领导小组报告工作进展情况。对出生人口性别比偏高问题突出地区和流动人口规模较大地区的综合治理工作进行督导。

（三）评估总结阶段（2012 年 12 月～2013 年 3 月）

各部门、各区县对出生人口性别比综合治理重点年的工作进行自评并提交年度工作报告，市领导小组对各部门各区县的工作进行评估，并汇总报市委、市政府和有关上级部门。

五、保障措施

（一）加强组织领导

各部门、各区县要把做好出生人口性别比综合治理各项工作作为全面做好人口工作、促进人口长期均衡发展的重要内容，作为改进社会管理、服务民生发展、维护社会稳定的重要工作，纳入重要议事日程，切实加强组织领导，抓好工作落实，务求取得实效。

（二）落实职责分工

人口计生、公安、卫生、药监、统计、妇联等部门要按照部门职责，细化具体方案，要有专门处室牵头负责各部门职责分工的落实；要加强部门间协调联动，促进信息共享，开展联合督查，形成整体合力，共同推进工作开展。

（三）强化工作融入

要把“出生人口性别比重点治理年”与各项重点工作密切结合，在社会治安综合治理、人口计生服务和医疗保健机构监督管理、医疗器械专项检查、妇女儿童合法权益保护等重点工作中，融入综合治理出生人口性别比相关工作内容，推动“出生人口性别比重点治理年”取得扎实成效。

（四）加强信息沟通

各部门要注重对外宣传和信息报送工作，及时将本系统方案、阶段性工作成果和重点行动开展情况等汇总到领导小组办公室；各区县人口计生、公安、卫生、统计、药监、妇联等部门要建立信息共享机制，加强沟通协调，及时向领导小组汇报工作进展情况。

（五）坚持督查考核

要加强对出生人口性别比偏高问题突出地区和流动人口规模较大地区的工作指导，集中力量解决工作中的难题；要加强统计监测和数据比对分析工作；强化工作督查和定期考核，通过督查考核促进工作机制的完善、工作水平的提高。

关于在全市人口计生系统深入开展向姚明河同志学习活动的意见

（京人口发〔2012〕26号）

各区县人口计生委、委机关各处室、直属事业单位、市计生协会：

根据国家人口计生委的有关要求，为大力弘扬姚明河同志的崇高精神和优秀品质，推动创先争优活动向纵深发展，团结动员干部职工为全面做好首都人口工作贡献力量，北京市人口计生委决定在全市人口计生系统深入开展向姚明河同志学习的系列活动。

一、深入学习姚明河同志的先进事迹

姚明河，男，汉族，1958年1月出生，中共党员，2006年10月任河北省邯郸市磁县人口计生局党组书记、局长，2011年10月任邯郸市人口计生委副调研员兼磁县人口计生局党组书记、局长。因在人口计生事业中做出的突出贡献，先后被磁县县委、县政府授予“发展功勋奖”银奖、金奖；被邯郸市委、市政府记二等功，评为市级劳模；2009年被省委、省政府授予第五届河北省“人民满意的公务员”荣誉称号。2012年2月26日姚明河因病去世，年仅54岁。

姚明河同志忠于党忠于国家，始终牢记宗旨，全心全意为人民服务，积极救助计生困难家庭，关注困难群众疾苦，满腔热忱为群众办实事、做好事、解难事。他坚持科学发展、以人为本，创新育龄妇女健康检查等服务理念和服务方式，成为党和政府联系人民群众的桥梁和纽带。他不断开拓创新、破解难题，探索创新人口计生基层群众自治工作方法和流动人口服务管理新机制，协调出台30多项计生惠民政策，带出一支优秀的团队。他率先垂范、无私奉献，在明知自己身患癌症、胃部大面积切除的情况下，仍然以超乎常人的毅力忘我工作，用生命诠释了对党和人民群众的无限忠诚。

姚明河同志具有强烈的公仆意识、敬业意识和奉献精神，是心系群众的好干部，是真情服务群众的好典型，是广大干部学习的好榜样。

各单位要认真学习传达姚明河同志的先进事迹。要结合理论学习中心组、党支部、党小组等形式组织专题学习，确保将姚明河同志先进事迹传达到每一名人口计生工作者，使全市人口计生战线的广大干部职工耳熟能详姚明河同志先进事迹，深刻领会姚明河同志先进事迹的本质和精髓。要结合“强基提质”工程，将姚明河同志先进事迹纳入职业素养和领导艺术培训范畴，将姚明河同志的先进事迹转化为人口计生系统干部职工的行为规范。通过广泛深入的学习活动，激励全市人口计生系统基层党组织和广大党员以饱满的政治热情、高昂的进取精神和扎实的工作业绩为首都人口计生事业科学发展做出新的贡献。

二、深入开展“姚明河精神”大讨论

在深入学习姚明河同志先进事迹的基础上，各级党组织要组织广大党员干部开展内容丰富、形式多样的大讨论活动。要紧紧围绕习近平同志提出的在对待是与非、公与私、真与假、实与虚四个方面存在的问题，做到讨论与剖析相结合。引导广大党员干部对姚明河同志的忠诚精神、公仆意识、创新理念、敬业态度和奉献精神进行全方位、多角度的充分讨论。在讨论中促使广大干部职工自觉深入姚明河同志的精神世界，自觉领会姚明河同志的可贵精神，自觉对照姚明河精神内化为自身的综合素质和实际行动。

三、深入开展姚明河同志先进事迹社会宣传活动

姚明河同志不仅是人口计生战线的先进代表，更是社会管理创新的杰出人物。各级党组织要紧密结合“爱国、创新、包容、厚德”的北京精神，充分利用报刊、广播电视和网络等各种媒体组织丰富多彩、形式各异的宣传教育活动，通过开展学习姚明河同志先进事迹征文比赛、制作宣传橱窗板报、举办演讲报告会等形式，向社会公众大力宣传姚明河同志的光荣事迹。要广泛开展姚明河同志先进事迹“进机关、进社区、进农村、进学校”等阵地化宣传，引导社会各层面对人口计生国策有更深度了解，引导广大民众对人口计生工作者奉献精神有更深度理解，努力营造全社会自觉遵守人口计生政策、全力支持人口计生工作的良好氛围。

四、深入开展“发现典型·树立典型·学习典型”的活动

长期以来，首都人口计生战线涌现了大批先进工作者，在我们身边还有不少像姚明河同志一样的典型人物和感人事迹，他们的优秀品质同样值得我们去发现和学习。全市人口计生系统要以学习姚明河同志先进事迹为契机，发动干部群众从身边发现典型，挖掘典型人物身上的闪光点，推出一批姚明河式的人物，树立一批品德优秀、业绩突出、群众认可的先进典型，用身边的事教育身边的人，感同身受，使广大干部职工感受到他们的道德力量和精神品质，形成向先进人物学习的浓厚氛围，全面提升全市人口计生系统精神文明创建水平。

五、深入开展“关怀·关心·关爱”活动

全市人口计生系统各级党组织要适应首都人口计生工作职能转变的新形势，牢固树立以人为本的理念，实现好、维护好、发展好群众最关心、最直接、最现实的利益。要创新精细化社会服务管理模式，广泛动员，形成党组织关怀、政府关心、社会关爱的帮扶格局。要健全完善长效机制，从提供服务帮助解决实际困难入手，千方百计为困难群众排忧解难，通过勤排查、送服务、送政策、送温暖等多种措施，关心关爱特殊独生子女家庭和贫困家庭，关心关爱身边的困难党员和困难职工，关心关爱青年党员干部的成长进步，关心关爱离退休干部的学习生活，进一步增强人口计生事业的感召力、向心力和凝聚力，激发广大人口计生工作者立足本职、开拓进取、锐意改革、自觉奉献的工作热情，以人口计生工作的优异成绩迎接党的十八大胜利召开。

附件：国家人口计生委关于在全国人口计生系统开展向姚明河同志学习活动的决定（略）

二〇一二年七月二十六日

北京市人口计生委　北京市财政局
关于全面开展国家免费孕前优生
健康检查项目工作的通知

（京人口发〔2012〕27号）

各区县人口计生委、财政局：

按照国家人口计生委要求，2011年3月，北京市组织实施国家免费孕前优生健康检查项目第二批试点工作。一年来，试点工作进展顺利，取得明显成效，为提高群众优生知识水平，增强群众优生意识，减少影响优生的危险因素，提高首都出生人口素质起到了积极作用。

温家宝同志在2012年政府工作报告指出，将免费孕前优生健康检查的试点范围扩大到60%的县。市人口计生委报请市政府批准，决定在全市开展国家免费孕前优生健康检查项目，在全国率先实现免费孕前优生健康检查试点范围全覆盖。北京市人口计生委、北京市财政局共同组织实施国家免费孕前优生健康检查项目工作。现将项目工作通知如下：

一、国家免费孕前优生健康检查项目基本要求

（一）项目区县

在国家第二批试点丰台区、昌平区、平谷区基础上，综合考虑各申报试点区县的实际情况，确定门头沟区、房山区、通州区、顺义区、怀柔区5个区，为国家免费孕前优生健康检查项目第三批试点区。

东城区、西城区、朝阳区、海淀区、石景山区、大兴区、密云县、延庆县为国家免费孕前优生健康检查项目北京市项目区县。

（二）工作目标

通过开展国家免费孕前优生健康检查

项目工作，使我市出生缺陷发生风险逐步降低，出生人口素质逐步提高。农村计划怀孕夫妇优生科学知识知晓率达到80%以上；农村计划怀孕夫妇参加免费孕前优生健康检查的主动性和自觉性不断增强，目标人群覆盖率逐步达到80%以上。

（三）服务对象

1. 基本服务对象

（1）符合生育政策并准备怀孕的农村夫妇；

（2）夫妇一方为农业人口；

（3）夫妇一方为本地户籍或夫妇双方非本地户籍但在本地居住半年以上。

2. 鼓励有条件的区县，将符合生育政策并准备怀孕的城镇户籍人口列为服务对象。

（四）服务原则

1. 为各区县符合免费孕前优生健康检查项目条件的夫妇每孩次提供一次免费孕前优生健康检查。

2. 如果符合免费孕前优生健康检查项目条件的夫妇在接受检查后未按计划生育怀孕，或怀孕后出现流产、死胎、死产再次准备怀孕时，应根据需要在医生的指导下自费接受孕前优生健康检查。

3. 免费孕前优生健康检查应遵循科学规范和知情自愿的原则。

（五）服务内容

为计划怀孕夫妇提供优生健康教育、体格检查、临床实验室检查、影像学检查、风险评估、咨询指导等孕前优生健康检查服务。

各区县要严格按照《国家免费孕前优生健康检查项目试点工作技术服务规范（试行）》（国人口发〔2010〕31号）和孕前优生健康检查——健康教育指南、体格检查指南、临床检验操作指南、妇科超声检查指南、优生咨询指南［详见《国家人口计生委办公厅关于印发孕前优生健康检查系列服务五本指南的通知》（人口办科技〔2010〕66号）］等各项要求，认真组织实施优生项目工作。要科学普及优生知识，规范开展优生检查，正确进行咨询指导，充分发挥专家作用，加强技术指导和监督。各地要认真做好对计划怀孕夫妇的宣传倡导工作，提高群众参与优生检查的自觉性，帮助群众做到知情自愿，对个人信息严格保密，切实维护群众合法权益。

二、国家免费孕前优生健康检查项目工作部门职责分工

（一）人口计生部门

1. 市人口计生委

（1）负责牵头组织和协调相关部门，保证项目的顺利实施及各项工作的落实。

（2）负责对区县进行宣传、培训、管理、监督指导及评估。

（3）负责建立项目月报告制度和信息协调员制度。

（4）负责对各区县检验项目进行质量监测，确保项目数据的科学质量。

2. 各区县人口计生委

（1）结合实际制定本区国家免费孕前

优生健康检查项目组织实施方案。

（2）广泛开展社会宣传和组织发动工作，提高孕前优生健康检查的人群覆盖率。

（3）负责确定本区承担国家免费孕前优生健康检查的定点服务机构，该机构（人员）应具备《医疗机构执业许可证》。督促定点服务机构每月报送检查人数和检查项目等情况。

（4）负责建立孕前优生健康检查的咨询服务制度，确保孕情监测和妊娠结局随访的全覆盖。

（5）负责孕前优生健康检查的风险评估，确保风险评估的科学和规范。

（6）负责服务对象资格确认工作，建立区县项目信息协调员制度。指导本地区承担免费孕前优生健康检查的服务机构做好服务信息管理工作，督促辖区内服务机构将孕前优生健康检查的个案信息，包括服务对象的基础信息以及健康检查、风险评估、咨询指导、早孕及妊娠结局随访信息及时准确地录入“国家免费孕前优生健康检查服务信息管理系统”。

（7）负责建立孕前优生健康检查资料档案，定期向市人口计生委汇报项目进展情况。

（二）财政部门

1. 市财政局

（1）会同市人口计生部门，制定下发国家免费孕前优生健康检查项目工作通知，保证项目的顺利实施及各项工作的落实。

（2）会同市人口计生部门，制定区县国家免费孕前优生健康检查项目经费结算标准。负责落实区县市级预算补助结算标准内专项资金转移支付工作。

（3）会同市人口计生部门建立项目专项资金的监督检查机制，督促区县财政部门及时落实结算经费，加强对区县财政指导协调工作。

2. 各区县财政局

（1）负责落实区县补助经费预算决算工作，及时拨付专项转移支付资金及宣传教育、健康体检、风险评估、咨询指导、跟踪随访等各项服务组织管理等工作经费，确保项目按时保质完成。

（2）加强区县专项资金的监督管理，落实各项资金支出责任，充分发挥资金使用效益。

三、国家免费孕前优生健康检查项目工作流程及经费结算

（一）工作流程

村级计划生育专干收集辖区内符合条件的计划怀孕夫妇（含流动人口）信息，提出名单，报街、乡镇计生办。各区县符合条件的夫妇在街道、乡镇计生办领取《国家免费孕前优生健康检查服务卡》（以下简称《免费服务卡》）（附件1）（略），夫妇双方凭身份证和《免费服务卡》到区县计划生育生殖健康服务中心或指定医院接受19项国家免费孕前优生健康检查（附件2）。计划生育生殖健康服务中心或指定医院将孕前优生健康检查的个案信息及时准确地录入“国家免费孕前优生健康检查服务信息管理系统”，并进行孕情监测和妊娠结局随访。具体流程见（附件3）。

（二）服务机构及服务方式

各区县承担孕前优生健康检查的定点服务机构，由区县人口计生部门从具有相应资质的医疗保健机构中选定，双方通过合同方式明确服务内容、服务流程和管理要求等。

各区县符合条件的目标人群，自愿申请参加国家免费孕前优生健康检查，村、乡计划生育专职干部进行资格初审，区县人口计生部门审核后，发放免费孕前优生健康检查服务卡，同时建立相关档案信息。

定点服务机构依据免费孕前优生健康检查服务卡核实服务对象身份，按照检查人数和规定提供免费孕前优生健康检查服务项等情况，建立专账、留存所有原始材料和单据，经区级人口计生部门审核后，依据免费孕前优生健康检查经费清单拨付资金。

（三）专项经费及结算标准

参照市物价部门核准的服务价格计算出的检查收费价格，考虑到实际成本等因素，扣除人力成本费用，确定我市每对夫妇免费孕前优生健康检查经费结算标准为500元。

其中，北京市列入国家免费孕前优生健康项目第二批（丰台区、昌平区、平谷区）和第三批试点区（门头沟、房山、通州、顺义、怀柔）资金由中央、市、区财政共同予以保障，以市级依法投入为主。在结算标准内，每对夫妇中央负担48元，市级负担452元。区级负担宣传教育、咨询指导、风险评估、随访服务等相关经费。

东城区、西城区、朝阳区、海淀区、石景山区、大兴区、密云县、延庆县开展免费孕前优生健康检查项目资金由市、区财政共同予以保障，以市级依法投入为主。每对夫妇市级负担500元，区级负担宣传教育、咨询指导、风险评估、随访服务等相关经费。

在保证基本服务对象基本服务内容的基础上，健康检查资金结算标准超出500元部分和超出基本服务对象范围部分由区县财政负担。

各区县免费孕前优生健康检查资金按照“当年全额预拨、次年考核结算、差额多退少补”原则下达，区县免费孕前优生健康检查专项资金要分别纳入当年市、区两级财政预算。

四、切实做好国家免费孕前优生健康检查项目工作

（一）切实加强组织领导

各区县人口计生委要积极争取党委政府的支持，将免费孕前优生健康检查纳入政府办实事项目。区县党委和政府要统一领导、组织协调，积极落实各项保障措施，研究解决工作中出现的问题，确保国家免费孕前优生健康检查项目工作顺利开展。

（二）认真履行部门职责

各区县人口计生、卫生行政部门、财政部门要在党委和政府统一领导下，探索建立政府主导、部门合作、专家支撑、群众参与的出生缺陷预防工作模式，共同做好项目组织实施工作。

（三）广泛开展社会宣传

充分发挥报刊、广播、电视、网络等媒体的作用，加大社会宣传力度，创造良好的社会环境和舆论氛围，提高孕前优生健康检查的人群覆盖率。

（四）认真做好质量控制

各区县人口计生部门要指导监督从事孕前优生健康检查的服务机构建立健全各项质量管理制度，制定岗位职责，加强质量控制，提高健康教育、病史询问、医学检查、风险评估和咨询指导准确性；临床检验室应建立检验前质量保证措施，临床检验项目应按规范的检验方法进行，使用的仪器、试剂和耗材等均应经过食品药品监督管理部门的批准，认真开展室内质量控制，定期参加室间质量评价，重视实验室生物安全管理。

（五）加强项目监督管理

各区县要结合本地实际，制定实施细则和相关配套政策，规范工作流程，建立资格确认、免费服务、按例结算、监督检查的工作制度，构建免费孕前优生健康检查正常稳定、可持续实施的管理运行体系和技术服务体系。加强项目监督管理，保障专项资金专款专用。区县要加强调查研究，及时总结经验，不断完善免费孕前优生健康检查的工作制度和配套措施。

国家免费孕前优生健康检查项目将列入市人口计生委目标管理考核和优质服务回头看考核重要内容。市人口计生委将不定期组织监察、审计等部门对项目组织实施、资金使用等情况进行监督评估。

附件：1. 国家免费孕前优生健康检查项目服务卡

2. 国家免费孕前优生健康检查项目基本服务内容

3. 国家免费孕前优生健康检查项目流程图

4. 北京市市级、区“国家免费孕前优生健康检查项目”领导机构

二〇一二年五月二十二日

附件1：

国家免费孕前优生健康检查项目服务卡

存根　　编号

男方：__________

女方：__________

男/女方户口所在：

____

联系电话：

经办人：

年　　月　　日

（在街道计生办留存）

加盖骑缝章

国家免费孕前优生健康检查项目服务卡

编号

______________（孕检机构名称）：

兹有男方________、女方________知情自愿申请免费孕前优生健康检查，请按规定给予免费孕前优生健康检查服务。

________街道计生办（盖章）

年　　月　　日

丈夫签字：______；妻子签字：______

孕检地址：______________联系电话：__________

（交孕检者，孕检后留存在孕检机构）

附件2：

国家免费孕前优生健康检查项目基本服务内容

<table>
<tr><th>序号</th><th colspan="2">项　目</th><th>女性</th><th>男性</th><th>目　的</th><th>意　义</th></tr>
<tr><td>1＊</td><td colspan="2">优生健康教育</td><td>√</td><td>√</td><td>建立健康生活方式，提高风险防范意识和参与自觉性</td><td>规避风险因素</td></tr>
<tr><td>2＊</td><td colspan="2">病史询问（了解孕育史、疾病史、家族史、用药情况、生活习惯、饮食营养、环境危险因素等）</td><td>√</td><td>√</td><td>评估是否存在相关风险</td><td>降低不良生育结局风险</td></tr>
<tr><td rowspan="3">3＊</td><td rowspan="3">体格检查</td><td>常规检查（包括身高、体重、血压、心率、甲状腺触诊、心肺听诊、肝脏脾脏触诊、四肢脊柱检查等）</td><td>√</td><td>√</td><td>评估健康状况，发现影响优生的相关因素</td><td rowspan="3">减少影响受孕及导致不良妊娠结局的发生风险</td></tr>
<tr><td>女性生殖系统检查</td><td>√</td><td></td><td rowspan="2">检查双方有无生殖系统疾病</td></tr>
<tr><td>男性生殖系统检查</td><td></td><td>√</td></tr>
</table>

续表

序号	项目			女性	男性	目的	意义
4	实验室检查9项	阴道分泌物	白带常规检查	√		筛查有无阴道炎症	减少宫内感染
			淋球菌检测	√		筛查有无感染	减少流产、早产、死胎、胎儿宫内发育迟缓等
			沙眼衣原体检测	√			
5		血液常规检验（血红蛋白、红细胞、白细胞及分类、血小板）		√		筛查贫血、血小板减少等	减少因重症贫血造成的胎儿宫内发育迟缓；减少因血小板减少造成的新生儿出血性疾病
6		尿液常规检验		√	√	筛查泌尿系统及代谢性疾患	减少生殖道感染、宫内感染、胎儿死亡和胎儿宫内发育迟缓
7		血型（包括ABO血型和Rh阳/阴性）		√	√	预防血型不合溶血	减少胎儿溶血导致的流产、死胎死产、新生儿黄疸等
8		血清葡萄糖测定		√		糖尿病筛查	减少流产、早产、胎儿畸形等风险
9		肝功能检测（谷丙转氨酶）		√	√	评估是否感染及肝脏损伤情况	指导生育时机选择；减少母婴传播
10		乙型肝炎血清学五项检测		√	√		
11		肾功能检测（肌酐）		√	√	评价肾脏功能	指导生育时机选择；减少胎儿宫内发育迟缓
12		甲状腺功能检测（促甲状腺激素）		√		评价甲状腺功能	指导生育时机选择；减少流产、早产、胎儿宫内发育迟缓、死胎死产、子代内分泌及神经系统发育不全、智力低下等
13	病毒筛查4项	梅毒螺旋体筛查		√	√	筛查有无梅毒感染	减少流产、死胎死产、母婴传播
14		风疹病毒IgG抗体测定		√		发现风疹病毒易感个体	减少子代先天性风疹综合征：先天性心脏病、耳聋、白内障、先天性脑积水等
15		巨细胞病毒IgM抗体和IgG抗体测定		√		筛查巨细胞病毒感染状况	减少新生儿耳聋、智力低下、视力损害、小头畸形等
16		弓形体IgM和IgG抗体测定		√		筛查弓形体感染状况	减少流产、死胎、胎儿宫内发育迟缓等
17	影像1项	妇科超声常规检查		√		筛查子宫、卵巢异常	减少不孕、流产及早产等不良妊娠结局

续表

序号	项　目	女性	男性	目　的	意　义
18＊	风险评估和咨询指导	√	√	评估风险因素,健康促进,指导落实预防措施,降低风险	减少出生缺陷发生,提高出生人口素质
19＊	早孕和妊娠结局追踪随访	√		了解早孕及妊娠结局相关信息,做好相关指导和服务	降低出生缺陷发生风险

附件3:

国家免费孕前优生健康检查项目流程图

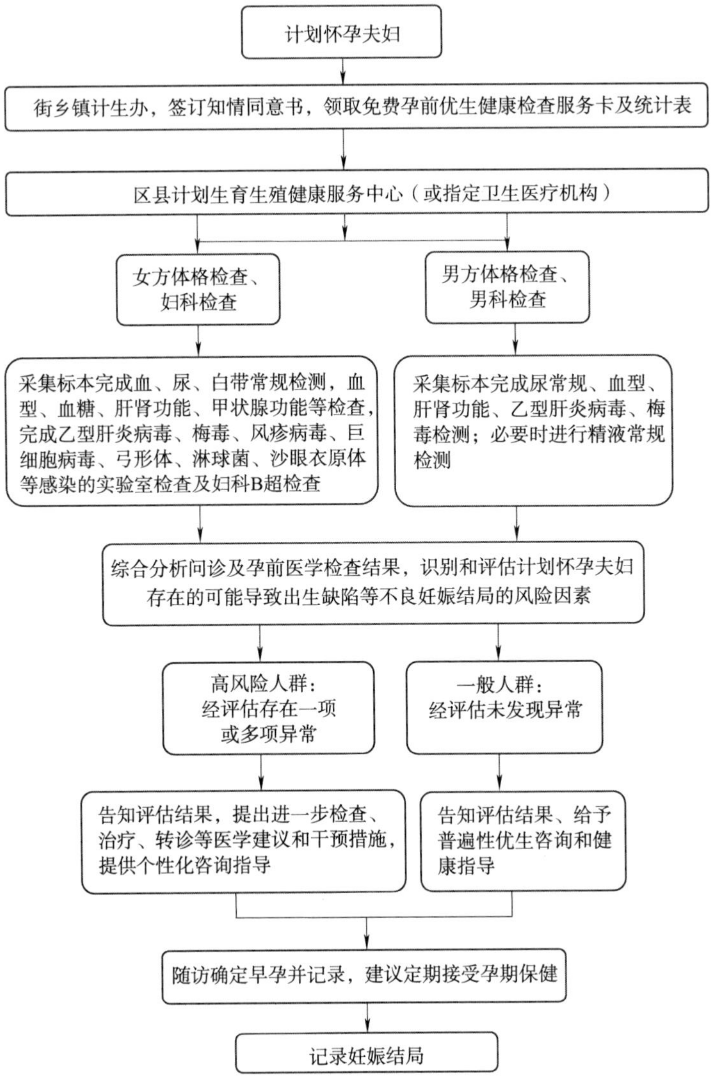

附件4：

北京市市级、区“国家免费孕前优生健康检查项目”领导机构

一、市级领导机构

为加强组织领导，成立北京市“免费孕前优生健康检查项目”领导机构，分设领导小组和专家指导小组。

（一）领导小组

组　长：刘　志　市人口计生委主任

副组长：耿玉田　市人口计生委副主任

　　　　吴素芳　市财政局副局长

成　员：周新茹　市人口计生委科技处处长

　　　　于爱晶　市财政局教科文处处长

　　　　刘凤婷　市人口计生委流管处处长

　　　　潘银苗　市人口计生委宣教处处长

　　　　王雪阳　市人口计生委行财处处长

　　　　刘学文　市人口计生委监察处处长

领导小组职能：负责全市“国家免费孕前优生健康检查项目”的领导工作。领导小组下设办公室，设在北京市人口计生委科技处，主要负责方案制定、组织协调、市级宣传等。

（二）专家指导小组

马　旭　国家人口计生委科研所所长、首席研究员

黄尚志　中国协和医学院遗传中心教授

符绍莲　北京大学公共卫生学院妇幼系教授

张　曼　首都医科大学附属北京世纪坛医院临床检验中心主任医师

李　坚　首都医科大学附属北京妇产医院副院长、教授、主任医师

张季媛　首都医科大学附属北京同仁医院妇产科主任医师

专家小组职能：负责“国家免费孕前优生健康检查项目”技术指导、质量控制、人员培训。

二、区级领导机构

各区县人口计生委应按要求成立“国家免费孕前优生健康检查项目”领导小组及办公室，负责落实具体工作。加强宣传，协调相关部门，规范各部门职责，做好登记、统计分析、汇总、上报等工作，确保“国家免费孕前优生健康检查项目”的质量与进度。

关于印发《北京市人口计生委公务卡管理办法》的通知

（京人口发〔2012〕31 号）

委机关各处室、直属事业单位，市计生协会，驻委监察处：

根据《北京市财政局关于全面推进公务卡制度改革的通知》（京财国库〔2012〕1278 号）文件精神，为加强和规范我委财务管理，提高公务支出透明度，经委办公会讨论研究通过，今年我委全面推进和实施公务卡制度改革。现将《北京市人口计生委公务卡管理办法》印发给你们，请遵照执行。

附件：1. 北京市人口计生委公务卡管理办法

2. 北京市财政局关于全面推进公务卡制度改革的通知（略）

二〇一二年八月二十九日

北京市人口计生委公务卡管理办法

第一条　公务卡是由机关财务处统一办理的，用于临时性公务支出结算的银联信用卡。公务卡持有人（简称持卡人）是偿债主体。

第二条　委员会机关和所属事业单位工作人员均可申请办理公务卡。机关处室和所属事业单位持卡人数不得低于三人。

第三条　使用公务卡办理结算不改变委员会机关及所属事业单位经费审批程序和会计核算方式。

第四条　根据财务报销实施细则（京人口发〔2011〕35 号），在 1 000 元（含）以上的经费支出必须使用支票或汇款方式办理结算。凡不能及时借用支票办理结算和 1 000 元以下的使用现金的临时性公务支出，包括会议费、培训费、差旅费、招待费、办公费、租赁费、印刷费、工作餐费等可以使用公务卡办理结算。

第五条　公务卡信用额度由财务处和发卡行协商确定，原则上每张公务卡的信用额度为 3 万元。

第六条　持卡人应按经费管理的要求事前履行经费审批程序，办理借款手续；凡事前不能履行经费审批程序的，可通过短信方式与财务处长确认。持卡人应在财务处核定的支付限额内使用公务卡办理结算。

第七条　持卡人应在使用公务卡办理

结算后10个工作日内，凭持发票和刷卡消费凭证办理报销审批程序和结算手续。

第八条　持卡人应及时到财务处办理公务卡报销结算手续。因个人原因延迟办理报销结算手续而产生的罚息、滞纳金等相关费用，以及由此造成的信用问题，由持卡人个人承担。

第九条　对于经费审批程序齐全，内容清晰的支出事项，财务处应及时办理报销结算手续，并在规定时间内办理还款手续。

第十条　公务卡不受理现金提取业务，但可用于非公务事项刷卡消费，个人消费事项由持卡人自行向发卡银行办理还款手续。

第十一条　持卡人应妥善保管和使用公务卡。公务卡遗失损毁应及时到发卡银行申请挂失，并通过财务处按照相关规定办理补卡手续。由于卡片遗失及密码泄露以及其他个人原因造成的损失，由个人承担。

第十二条　因离职、退休、调出等原因离开所在单位的，持卡人应按照要求清理公务卡内债权债务，停止公务卡的使用。

第十三条　使用公务卡办理的经费支出接受财政和财务管理部门的监控管理。

第十四条　严禁持卡人违规使用公务卡、恶意透支、拖欠还款或将非公务支出用于公务报销。违反相关规定的，追究单位、处室负责人和直接责任人的行政责任，情节严重涉嫌犯罪的，移交司法机关，依法追究刑事责任。

第十五条　本规定自下发之日起执行。

北京市人口计生委关于落实中共北京市纪委等部门《关于进一步加强廉政风险防控管理的意见实施方案》的意见

（京人口发〔2012〕33号）

机关各处室、直属事业单位、驻委监察处、计生协会：

为贯彻落实中共北京市纪委、北京市监察局、北京市预防腐败局《〈关于进一步加强廉政风险防控管理的意见〉实施方案》（京纪发〔2012〕5号）精神，进一步规范和深化廉政风险防控管理工作，推进市人口计生委权力结构科学化配置体系、权力运行规范化监督体系、廉政风险信息化防控体系（以下简称“三个体系”）建设，经委党组研究，提出如下意见。

一、指导思想

坚持以邓小平理论和“三个代表”

重要思想为指导，深入贯彻落实科学发展观，全面落实中央纪委、监察部和市委、市政府、市纪委有关文件精神，按照“遵循内在规则，突出行业特点，积极探索创新，确保工作实效”的原则，针对权力结构和运行机制中存在的廉政风险，加强制约和监督机制建设，推行信息化防控，规范权力及其运行，不断提高预防腐败工作的规范化、科学化水平，增强廉政风险防控的有效性，推进反腐倡廉建设特别是预防腐败工作取得新的明显成效。

二、基本原则

（一）坚持全员参与，突出重点

党员干部是廉政风险防范管理工作的主体，在每名机关干部普遍厘清权利和查找风险点的基础上，突出委领导班子及成员、支部及处室负责人以及重要部门、关键岗位的工作人员。着力抓好重点部位、重点对象和重点环节的廉政风险防范管理工作。

（二）坚持依纪依法，严谨科学

以党纪党规和法律法规为依据，认真梳理各级各类权力、权限、职责，有效防止超越职权、职权交叉、党政不分、权责不清、权力过于集中等问题。在开展廉政风险防范管理工作时要注重预防、教育在先，教育与惩处并重，达到既教育干部群众，又突出防治的目的。

（三）坚持源头治理，查缺堵漏

通过查找职责权限、业务流程、制度机制和外部环境等方面可能出现腐败行为的风险点、缺陷及隐患，进一步完善制度措施，进行有效防控。

（四）坚持稳步实施，务求实效

结合委领导班子、各处室、各岗位的实际，采取由上级到下级、先组织后个人的方式，认真查找风险点，克服避重就轻，敷衍了事的思想认识，做到边查找边改进，切实把工作做扎实，务求取得实效。

三、工作目标

认真贯彻落实市委、市政府《关于进一步加强廉政风险防控管理实施意见》要求，采取确认涉权事项及科学配置权力、规范权力运行及建立监督体系、推进信息公开及建立防控系统分步实施的方法，通过推进市人口计生委“三个体系”建设，着力加强对重大事项、重点岗位和关键环节权力运行的制约、监督和管理，逐步建立以制度建设为核心、以流程规范为主线、以信息化管理为支撑、以岗位明责为基本、以监督制约为保证，纵向贯通，横向到位，有机衔接，相互制衡的防控机制。到2012年年底，初步形成委领导班子和各处室（直属事业单位）两级党组织、行政机构比较完善的、具有行业特色的廉政风险防控管理体系，为适应职能转变，全面推进人口计划生育事业持续、健康、有序、和谐发展提供坚实保障。

四、组织实施

（一）成立专门机构

加强对市人口计生委“三个体系”建

设的组织领导，成立以委党组书记为组长、党组副书记为副组长，委领导班子为成员的委员会加强廉政风险防控管理领导小组，负责审定相关文件和规定，抓好计划、执行、考核、修正各个环节的组织实施。

（二）制定工作方案

根据《市纪委、监察局、预防腐败局〈关于进一步加强廉政风险防控管理的意见〉实施方案》要求，结合本委实际，制定市人口计生委落实加强廉政风险防控管理实施意见的工作方案，做到时间、内容、任务、责任明确，力求“三个体系”建设工作扎实有效推进。

五、工作要求

（一）高度重视

加强廉政风险防控管理，建立内部控制工作，是一项基础性、系统性、长期性任务，各级领导必须高度重视，统一思想，加强组织领导，完善工作机制，层层落实责任，扎实稳妥地推动工作。

（二）精心组织

研究制定切实可行的工作方案，明确阶段性工作目标，扎实有序地推进各阶段工作落实。各级组织要结合自身实际，坚持边查风险，边分析产生原因，边研究制定防控措施。

（三）培训指导

邀请市纪委、监察局、市预防腐败局负责人对委员会人员进行专题培训，请市纪委、监察局驻委纪检组、监察处进行指导，使广大党员干部牢固树立廉政风险意识，全面掌握工作方法和要求。

（四）检查考核

将廉政风险防控管理工作及建立和完善内部控制机制纳入党风廉政建设责任制专项检查和政府绩效考核，完善检查考核办法，加强日常检查，运用考核结果推进工作。

（五）总结提高

在“三个体系”建设过程中探索和总结经验，创造性地开展工作，为深入开展加强廉政效能风险管理工作积累经验，推动全委工作上一个新台阶。

本细则适用于市人口计生委机关、直属事业单位、计生协会。区县人口计生委可参照本细则开展廉政风险防范管理工作。

二〇一二年九月二十日

关于启用《北京市人口和计划生育委员会统计报表制度（2012年）》的通知

（京人口发〔2012〕35号）

各区县人口计生委，市人口计生委机关各处室、直属事业单位，市计生协会：

根据统计局关于规范统计工作的相关要求，我委在2009年汇总了本部门的各类统计报表，建立北京市人口计生委统计报表制度，现《北京市人口和计划生育委员会统计报表制度》（以下简称《报表制度》）已使用三年，根据工作需要，2012年我委部分报表有所调整，同时我委28张报表也于2012年6月30日到期。现经北京市统计局“京统函〔2012〕148号”复函批准，我委《报表制度（2012年）》正式启用，现印发给你们，并将有关事宜通知如下：

一、新表启用

新报表是经市统计局审核、规范并批复的最终表，自本通知下发之日起开始使用，有效期至2014年6月30日止。新报表启用后，市人口计生委现用报表自行废止，报送统计数据一律使用新表号的报表。

此次重新批准的全委24张表，10张表有所调整。其中取消原京人计统6表、12表、13表、16表、19表五张表，原京人计统18表、20表、21表、22表四张表略有变动，其他19张表保持不变。新增一张表：“北京市人口和计划生育事务分类别支出表”。此次报表删减变动较大，报表表号北京市统计局对24张表的表号进行了重新排序。

二、分类管理

本次启用报表因涉及各区县人口计生委上报市人口计生委报表工作的衔接，各区县人口计生委上报市人口计生委的报表仍按原上报程序进行，即各区县人口计生委仍对口报送市人口计生委，市人口计生委机关各处室、直属事业单位及市计生协会向国家人口计生委、国家计生协及市委办局定期报送报表的职责不变。

三、数据报出

按照统计法规的规定，市人口计生委机关各处室、直属事业单位及市计生协会按照《报表制度（2012年）》规定的“报送时间”，定期对有关数据及时进行整理、汇总，完成全市汇总表，并在信息处统一备案。按照市统计局的要求，信息处负责在各期报表相应“报送时间”后5日内将备案表的相关内容以纸介质及电子版形式统一报送市统计局。

四、变更报表审批

《报表制度（2012 年）》启用后，市人口计生委机关各处室、直属事业单位及市计生协会如因工作需要新增、修改或删除报表，请于每年 5 月 1 日前将表样及指标解释整理好，由信息处统一纳入《报表制度（2012 年）》，报市统计局审批。

附件：北京市人口和计划生育委员会统计报表制度（2012 年）（略）

二〇一二年九月二十九日

（联系人：崔　佳；联系电话：010－83970775；电子邮箱：xinxichu@bjfc.gov.cn）

关于加强流动人口计划生育图书角建设的意见

（京人口发〔2012〕36 号）

各区县人口计生委：

流动人口的计划生育服务管理是新时期人口和计划生育工作的一项重要内容，对流动人口开展计划生育服务管理工作是北京市人口服务管理工作的难点和重点。进一步加强流动人口图书角建设，是坚持“以人为本”、维护和实现流动人口享有基本文化权益的具体体现，是传播新型健康人口文化的有效平台，对提升流动人口身心健康和整体素质、稳定低生育水平、促进人口计生事业和谐发展具有重要意义。为进一步加强图书角的建设工作，现提出如下意见：

一、认真总结已取得的工作成绩，巩固前期的建设成果

为满足流动人口的文化需求，解决流动人口“买书难、借书难、看书难”的问题，市人口计生委于 2008 年起在全市开展了创建“流动人口计划生育图书角”的工作。主要在全市部分社区、农贸市场建立图书角，配置一定数量的书籍期刊，涉及法律法规、生殖健康、养生保健、技能培训等多方面内容，向流动人口宣传人口和计划生育政策、法规，普及优生优育科学知识，传播职业技能、科技致富方面的知识。2008 年全市建成首批 100 个图书角，并以此作为龙头带动了各区县图书角的建设和发展。通过几年的努力，截至 2012 年全市各级人口计生部门共建图书角 400 多个。各区县人口计生部门积累了不少好的工作方法和工作经验：

1. 结合实际制定了图书借阅制度、图书管理制度、管理员制度，将开放时间、借阅规定、管理员等信息予以公开，做到规范管理。

2. 精心组织选址考察工作，对流动人口集中的市场、用工单位、居住社区先期调研，确保图书角能发挥作用，有效利用。

3. 以问卷调查、缺书登记等形式摸清

流动人口的文化需求，不断更新调配图书品种，与时俱进，满足不同时期不同层次的流动人口的精神文化需求。

4. 积极拓展书源渠道，将政府购书与社会捐助相结合，既丰富了图书角的藏书量，又加大了社会关注参与的力度。

5. 整合社会公共资源，因地制宜地适时开展各种读书宣传活动，发挥图书角的资源优势，增强了以点带面的宣传力和影响力。

二、进一步强化阵地建设，促进人口计生事业发展

市人口计生委高度重视流动人口计划生育图书角的建设工作，每年为图书角投入资金配备精品图书，不断扩大规模、改善设施，强化指导与不定期检查相结合。各区县要在全市的总体要求下，认真开展此项工作。图书角应选择在流动人口聚居区、集中务工区等流动人口较多的区域建立，居住一年以上的流动人口占全体居民20%以上的住宅区为流动人口聚居区。图书角有书架（柜）、阅览桌椅等基本设施，有一定数量的可借阅的图书和期刊。图书角应配备消防器材或简易消防设施。管理比较成熟、有条件的区县可以在图书角配备电脑、电视机、影碟机等设备，提供电子音像制品、电子图书。对于已经建有农家书屋、新农村新家庭文化书屋、人口文化活动室等文化活动场所的地区，可以利用现有场地和设施，将流动人口的图书角工作融入其中，做好图书的登记统计工作。今后，随着社会流动性和开放性的增强，条件成熟的地区可以发展建立图书角，并且随着社会经济水平和生活质量的提高，有能力的区县可以提高图书角的设施装备水平，进一步改善服务环境、丰富图书资源、拓展服务内容。

三、加强日常管理，进一步提升服务质量和服务效果

建立流动人口计划生育图书角是惠及广大流动人口的共享项目，要充分发挥图书角的作用，避免重建轻管、建而不管，在管理方面要上一个新台阶。图书角的管理要纳入人口计生部门的日常工作，实施常态化管理。人口计生部门要设专人负责落实，图书角要有专人（管理员）具体维护管理。进一步完善书刊保管、借还、阅览、清点盘查、剔旧更新等具体管理制度和管理员职责。图书要编目上架，建立书刊登记簿或管理台账，做好分类登记、借还登记、注销登记、存量统计等日常管理工作，各类登记资料建议保存2～3年。人口计生部门有责任及时了解书刊的借阅浏览情况，了解流动人口的文化需求，及时更新品种，提高书刊的借阅率、浏览量，为流动人口提供满意服务。区县人口计生委每年要统计图书角的图书存量，要对图书角的管理运作情况和利用效果进行分析总结，并上报市人口计生委。

四、积极开展活动，在人口公共服务中发挥窗口和平台作用

流动人口计划生育图书角是人口计生

部门面向流动人口开启的一扇“窗户”，利用这窗口优势，积极主动向流动人口提供政策法规宣传，免费发放避孕药具，免费提供咨询服务。图书角的建立，为流动人口搭建了融入社会的平台，流动人口有了一个与外界相互交流、相互学习的机会，有利于增强流动人口对居住地、对北京市的归属感和认同感。人口计生部门利用这个平台开展不同主题的公益活动，将图书角的工作与全市开展的幸福家庭建设、婚育新风、关爱女孩、人口文化节、母亲节、世界人口日等活动结合起来，倡导流动人口多读书、悦读书，促进流动人口的城市融入，帮助实现流动人口基本公共服务均等化的目标。

目前北京市人口计生委正在加快人口服务管理职能转变，通过加强主动服务和统筹协调形成社会多元协同治理的新格局。流动人口计划生育图书角工作要适应新形势新任务，总结过去几年形成的工作经验，认真查找工作中存有的不足，继往开来，务实工作，将图书角建设成一个为流动人口服务的温暖之家。

二〇一二年十月二十二日

关于对从事人口和计划生育工作满20年的村（居）计划生育专干给予一次性补贴的决定

（京人口发〔2012〕37号）

各区县人口计生委：

多年来，在市委、市政府的高度重视和正确领导下，在广大基层计划生育干部的辛勤努力下，全市人口和计划生育工作与时俱进，开拓创新，取得了显著成效。低生育水平多年保持稳定，统筹解决人口问题向前推进，人口和计生公共服务能力有新进步，为首都人口与经济、社会、资源协调发展创造了良好的人口环境。

人口和计划生育工作成绩的取得，饱含着广大计划生育工作人员的辛勤劳动和无私奉献，尤其是长期工作在计生战线的基层计生专干，这些同志默默地战斗在人口和计划生育一线，不为名、不为利，不计个人得失，为计划生育事业辛勤耕耘，为我市的人口与计划生育工作做出了重大贡献。

为进一步调动广大基层人口计生干部的工作积极性，全面推进北京市人口计生事业的发展，北京市人口和计划生育委员会决定，对截至2012年8月31日，全市村（居）从事人口和计划生育工作累计满20年的陈素梅等75名计划生育专干给予一次性补贴。希望受表彰奖励的同志，继续大力弘扬人口计生系统“特别能吃苦，特别能战斗，特别能奉献，善于做群众工作”的优良传统，牢固树立全心全意为人民服务的宗旨，坚持脚踏实地、求真务实的工作作风，为全面做好新时期首都人口工作做出更加积极的贡献。

附件：2012 年北京市从事人口和计划生育工作满 20 年村居计生专干名单

二〇一二年十一月二日

附件：

2012 年北京市从事人口和计划生育工作满 20 年村居计生专干名单（74 人）

朝阳区：(3)

陈素梅　南磨房地区百子湾西社区

闫秀兰　孙河乡北甸东村

李桂敏　双井街道垂东社区

海淀区：(3)

马玉英　上庄乡后章村

张爱红　西北旺镇东玉河村

许　莉　海淀镇树村

门头沟区：(4)

于克平　清水镇田寺村

刘永红　永定镇南区社区居委会

张廷娟　王平镇河北村

李正珍　清水镇上清水村

房山区：(13)

李学娟　琉璃河镇东南吕村

刘建春　琉璃河镇福兴村

韩淑敏　琉璃河镇鲍庄村

白淑玲　琉璃河镇肖场村

高秀珍　拱辰街道后店村

熊雪同　拱辰街道常庄村

果秀华　大石窝镇前石门村

穆甫莲　张坊镇瓦沟村

孙万华　佛子庄乡北窖村

武玉红　青龙湖镇漫水河村

高桂玲　城关街道田各庄村

张秀红　窦店镇七里店村

王会敏　韩村河镇崇义村

通州区：(8)

张秀荣　宋庄镇师姑庄村

陈艳芳　潞城镇夏店村

朱荣华　潞城镇小东村

张福翠　于家务乡神仙村

张亚伶　于家务乡果村

刘希霞　于家务乡小海字村

韩宝荣　永乐店镇孔庄村

张建红　张家湾镇立禅庵村

顺义区：(11)

杨春芳　张镇小曹庄村

孙淑平　张镇后王会村

薛淑耕　马坡镇衙门村

刘红霞　大孙各庄镇大田庄村

杨秀敏　大孙各庄镇小故现村

徐桂芹　大孙各庄镇小段村
许桂英　木林镇陈各庄村
李桂华　龙湾屯镇小北坞村
郝丽君　龙湾屯镇大北坞村
范俊华　南彩镇南彩村
吴宝玲　赵全营镇河庄村
大兴区：（2）
王书杰　北臧村镇西王庄村
姚学英　采育镇北辛店村
昌平区：（4）
王会芝　东小口镇店上村
闫玉霞　崔村镇西崔村
李小伶　马池口镇丈头村
彭秀莲　流村镇老峪沟村
平谷区：（2）
杜凤香　镇罗营镇清水湖村
张书敏　大兴庄镇唐庄子村
怀柔区：（12）
周德英　怀柔镇东关村
卢艳平　怀柔镇杨家园村
于淑兰　怀北镇新峰村
王凤平　琉璃庙镇后山铺村
朱永红　宝山镇西黄梁村
蒋玉霞　桥梓镇秦家东庄
戴淑欣　桥梓镇西茶坞村
季文芹　汤河口镇东黄梁村
刘文娥　宝山镇阳坡村
武占芹　宝山镇碾子村
彭淑珍　长哨营乡四道河村
郭海玲　长哨营乡杨树湾村
密云县：（6）
卜淑侠　北庄镇抗峪村
李晓平　西田各庄镇卸甲山村
马淑荣　西田各庄镇沿村
郭爱英　冯家峪镇西口外村
于凤英　河南寨镇南单家庄村
李连凤　新城子镇吉家营村
延庆县：（6）
王海霞　大庄科乡万庙村
李满珍　八达岭镇小浮坨村
吕静云　延庆镇中屯村
王所兰　延庆镇南辛堡村
唐瑞云　延庆镇蒋家堡村
郑玉敏　永宁镇和平街村

关于印发侯玉兰、莫丽霞、姚瑛在北京市家庭人口文化节闭幕暨幸福家庭表彰会上的讲话的通知

（京人口发〔2012〕38号）

各区县人口计生委，各局总公司组长单位计生（委）办、北京地区高校计生协会联合会，委机关各处室、直属事业单位、市计生协会：

2012年，为了落实市第十一次党代会精神和《国家人口计生委、中国计划生育协会关于创建幸福家庭的意见》精神，打造首都家庭人口文化的新品牌，北京市人口计生委会同市委宣传部等相关部门，在基层广泛开展了首届“家庭人口文化节”及幸福家庭创建活动。2012年10月29日，北京市人口计生委举办家庭人口文化节闭幕暨幸福家庭表彰会。北京市政府副秘书长侯玉兰、国家人口计生委宣教司副司长莫丽霞、中国计生协会秘书长姚瑛出席会议并发表重要讲话。

按照委领导指示精神，现把三位与会领导的讲话稿印发，请各单位认真学习、深入领会并抓好落实。

附件：1. 以家庭人口文化为引领推动创建幸福家庭和六大惠民工程的深入开展——北京市人民政府副秘书长　侯玉兰

2. 在北京市家庭人口文化节闭幕暨幸福家庭表彰会上的讲话——国家人口计生委宣教司副司长　莫丽霞

3. 在北京市首届家庭人口文化节开幕暨幸福家庭表彰大会上的讲话——中国计划生育协会秘书长　姚瑛

二〇一二年十一月二十八日

以家庭人口文化为引领
推动创建幸福家庭和六大惠民工程的深入开展

——在北京市家庭人口文化节闭幕
暨幸福家庭表彰会上的讲话

北京市人民政府副秘书长　侯玉兰

（2012 年 10 月 29 日）

一、统一思想，准确把握人口计生工作的新思路

“十二五”时期是社会结构深刻变动、人口结构深刻转变的重要时期。从全国情况看，表现为四大转折。一是育龄妇女总数达到峰值后趋于减少，人口年度净增加值持续下降；二是劳动年龄人口达到峰值，劳动力老化问题日益严重；三是人口抚养比触底回升，人口红利减弱；四是人口城镇化率超过 50%，人口聚集和产业聚集不相适应的矛盾日益凸显。北京正在向中国特色世界城市迈进，同样面临着人口与资源环境的矛盾，随着人口老龄化快速发展，流动人口比例逐年上升，迫切需要提高人口服务和管理水平，同时，提高人口素质的任务也十分繁重。

面对新的形势和新任务，人口计生工作必须创新思路，转型发展。当前，要以“836”作为人口计生改革的工作思路，即以“幸福家庭 和谐人口”这八个字作为新时期人口计生工作的主线；以建设家庭人口文化为理论引领，以关注家庭成员和谐健康发展为基础，以关注民生为目的的三项根本任务；以“六大惠民工程”为平台的公共服务体系，不断建立健全家庭发展政策，创建积极健康的家庭人口文化，推动解决首都计划生育家庭特别是计划生育特殊家庭和困难家庭在生产、生活、生育、养老等方面存在的问题，为建设中国特色世界城市营造良好的人口环境。

二、坚持原则，牢牢把握人口计生工作的新动向

以家庭人口文化为引领，创新幸福家庭，实施六大惠民工程必须坚持以下基本原则。

一是坚持政府主导。各区县、各部门要将家庭人口文化建设、创建幸福家庭作为落实中央决定的重大举措，作为强化政府公共服务职能的重要内容，纳入全市基本公共服务体系建设规划和年度工作计划，整体加以推进。要从全局的高度谋划，找准促进人的全面发展和人口文化建设、创建幸福家庭、实施惠民工程的结合点，通过完善服务管理体系，形成工作合力，提

升服务管理能力和水平。

二是坚持立足基层。加强人口文化建设、创建幸福家庭，区县政府是开展工作的枢纽，各社区、村委会等基层网络是主力军。市级人口计生部门充分发挥统筹协调作用，加强组织协调，为基层工作搭建工作平台，横向加强与相关部门沟通联络，纵向加强对区、镇、村人口计生网络以及北京地区高校计划生育协会联合会的支持指导，进一步形成资源共享、资金整合、力量集聚的整体合力。

三是坚持服务群众。加强人口文化建设、创建幸福家庭，要以满足家庭需求为导向，创新事业工作载体，提高人口文化建设的活力和家庭发展能力。要面向不同人群的多元化需求，努力实施文明倡导、宝贝计划、青春健康、健康生育、生育关怀、心灵家园六大惠民工程，提供人性化的服务项目，探索改进服务提供方式，营造全社会共同支持参与人口文化建设的浓厚氛围，提高群众的幸福感。

四是坚持改革创新。面对人口发展的新形势，广大市民的新需求以及发展过程中的新问题，人口计生系统在总结提炼继承“十一五”工作基础上，探索了836人口计生工作的新思路，创办了首都家庭人口文化节，开辟了北京市人口计生政务微博，打造了“北京人口文化一日游”宣传名片，与北京电视台合作创办了《大家说——幸福家庭》专栏节目，为市民提供新颖的文化产品，取得了较好效果。要总结好这些创新经验，加大创新力度，加快转型步伐，推动人口计生工作的科学发展。

三、凝心聚力，着力推进六大惠民工程

“十二五”时期是首都人口转变、社会转型的关键时期，也是推进人口文化大发展大繁荣的重要历史机遇期。各区县、各部门要按照市委、市政府的部署，创新体制机制，加快转型发展，重点做好以下几方面的工作。

一是加强人口文化理论研究，着力发挥人口文化的引领作用。理论决定思路，思路决定出路。面对人口计生事业转型发展的新形势，要加强人口文化调查研究，进一步完善人口文化建设的总体思路，明确目标任务，加快以“计划生育、优生优育、男女平等、生殖健康、家庭幸福”为主要内容的家庭人口文化建设，为人口计生事业的转型发展，促进人口均衡型社会建设，提供理论指导和精神动力。

二是加强人口计生公共服务体系建设，着力实施六大惠民工程。满足人民群众日益多元的人口文化需求，必须建立健全人口文化服务体系。“十二五”时期，从市、区（县）两个层面将建立婴幼儿早期教育基地和青春健康教育基地、“心灵家园”活动基地，培训育婴师、市级健康指导师、“心灵家园”志愿者10 000名；依托北京市人口与家庭公共服务中心，打造市、区（县）、街（乡镇）、村（居）公共服务体系，制定覆盖全市的计划生育特殊困难家庭关怀政策；实施计划生育家庭生育保险全覆盖，努力解决群众家庭发展，特别是计划生育家庭发展中困难，提高家庭发展能力和群众的幸福指数。

三是加强家庭人口文化建设，着力促进家庭幸福和谐。家庭幸福是社会和谐的基础，家庭人口文化是家庭幸福的源泉。“十二五”时期，要着力打造首都家庭人口文化节这一品牌，把首都家庭人口文化节办成发展家庭文化、满足群众需求、提升文明素质的平台，进一步丰富群众文化生活，促进家庭和谐；开展百千万幸福家庭创建活动，通过创建100个市级幸福家庭、1 000个区县级幸福家庭、10 000个乡镇幸福家庭，促进首都家庭幸福指数的提升。

四是加强媒体、环境、资源体系建设，着力提高人口文化渗透力和感染力。要充分发挥首都的媒体、资源、环境、文化四大体系和三级人口文化学校的网络优势，广泛开展宣传教育活动。继续实施“首都市民生命全周期性健康教育计划”，充分发挥人口文化学校作用，充分发挥网站、微博等新媒体的作用，深入开展宣传倡导创新实践活动，进一步增强人口文化工作的广泛性和实效性，构建纵向深入、横向突破、纵横交织的人口文化工作新格局。

在北京市家庭人口文化节闭幕暨幸福家庭表彰会上的讲话

国家人口计生委宣教司副司长　莫丽霞

（2012年10月29日）

一、北京人口文化建设工作成效显著

北京市委、市政府高度重视人口文化建设，始终坚持从战略和全局的高度，谋划人口文化宣传教育工作，把人口文化建设纳入政府规划和市政府为百姓办实事工程，有力推进了人口文化建设的迅速发展，促进了人口计生事业的转型发展，在全国起到了示范和引领作用。北京人口文化建设工作呈现以下特点。

（一）创新工作思路，体现了锐意进取的时代精神

“十一五”期间（2006～2010年）制定了《北京市人口计生委关于加强和改进宣传教育工作的意见》，以“倡导婚育文明，构建和谐家庭”为主线，形成了“11046”的人口文化宣教工作的新思路，推动了宣传教育工作的创新发展，形成人口文化宣传教育工作纵向深入、横向突破、纵横交织的新局面。“十二五”以来，面对中央全面做好人口工作的新形势，北京市在继承、总结、提炼“十一五”工作上，探索出836工作思路，即以“幸福家庭 和谐人口”这八个字为核心理念；以建设家庭人口文化为引领，以关注家庭成员和谐

健康发展为基础，以关注民生为目的，构建以“六大惠民工程”为平台的公共服务管理体系，创新社会服务管理，助推家庭和谐幸福。这一思路，从构建公共服务管理体系的角度，把人口文化建设与民生改善、社会和谐紧密相连，体现了推动科学发展，构建社会和谐的本质要求。

（二）打造人口文化品牌，树立了事业发展的精品意识

“十一五”以来，北京三项人口文化工作在全国形成了示范作用。一是人口文化环境建设。投资 1 800 万元建设 18 个人口文化公园，把人口文化的理念与雕塑文化有机结合，用雕塑美来展现人口文化的内涵美，把人口文化的内涵美与园林文化的自然美高度结合，打造了北京城市文化一道亮丽的风景线。二是人口文化资源建设。2008 年奥运会结束后，在市委、市政府“健康北京”的理念下，适时提出“首都市民生命全周期性健康教育行动计划”，编辑出版了《爱的透视窗》、《最美的花季》、《成长的烦恼》、《爱的启蒙教育》等系列健康教育书籍，为青少年形成积极、健康、向上的人生观、价值观奠定了很好的基础。三是人口计生宣传与文化、旅游结合，形成“北京人口文化一日游”的宣传名片。“北京人口文化一日游”把人口文化的媒体体系、环境体系、资源体系、文化体系的宣传整合起来，把平面宣传与整体宣传相结合，把传统宣传手段与现代化网络宣传融合在一起，集中打造“北京人口文化一日游”的宣传景观。

（三）突出家庭特色，适应了人口计生工作转型发展的新要求

“十一五”以来，开展了“心系国策，共建和谐”的系列宣传活动。该活动每次持续半年，以“7・11”为高潮日，一年一个主题，形成了声势浩大、影响深远的“一盘棋”的宣传模式。在此基础上，今年又创立了“家庭人口文化节”这一新的品牌。以家庭人口文化节为载体，突出家庭特色，把人口文化建设打造成服务群众的平台、合作交流的平台、群众参与的平台。在文化节期间，除了文化活动丰富多彩，文艺汇演高潮迭起之外，还开展了“百、千、万”幸福家庭创建活动，强化了家庭成员的家庭责任感和社会奉献意识，在树立良好家庭道德标准、建立和谐家庭人口文化方面起到了表率作用。

二、对北京加强人口文化建设的要求

2011 年，党的十七届六中全会作出了《推动社会主义文化大发展大繁荣若干重大问题的决定》，为当前和今后一个时期的人口文化建设指明了方向。北京作为一个向中国特色世界城市迈进的特大城市，经济社会发展在全国处于领先地位，为人口文化发展奠定了坚实的基础。

新时期北京人口文化工作的指导思想是：深入贯彻落实科学发展观，坚持社会主义先进文化前进方向，紧紧围绕经济社会发展和人口工作大局，以科学发展为主题，以建设社会主义核心价值体系为根本

任务，以满足人民精神文化需求为出发点和落脚点，以改革创新为动力，大力发展民族的科学的大众的人口文化，培养高度的人口文化自觉和人口文化自信，提高全社会文化素养和文明素质，为实现人口均衡发展和人的全面发展提供坚强思想保证、强大精神动力、有力舆论支持和良好文化条件。重点抓好以下几方面的工作。

一是着力推动新型家庭人口文化建设。家庭是构成社会的基本细胞，是人口生产的基本单位，是新形势下全面做好人口工作的出发点和落脚点。积极拓展北京家庭人口文化节等实践活动，大力弘扬“计划生育、优生优育、男女平等、敬老养老、生殖健康、家庭幸福”等为主要内容的新型家庭人口文化，为提高家庭生活质量、提升家庭发展能力、促进家庭和谐幸福创造良好条件。

二是增强人口文化传播能力。要加强人口新闻舆论工作。牢牢把握正确舆论导向，充分利用人口计生系统新闻媒体和各级各类主流新闻媒体，充分利用互联网、手机等新兴媒体开展人口新闻宣传，形成网络正面舆论强势。要完善新闻发布制度，建立健全人口舆情监测、预警和应对的长效工作机制，加强对突发事件的舆论引导，及时回应社会关切。要加强人口文化阵地建设。整合人口计生系统资源，动员社会各方面力量，进一步加强人口文化传播阵地建设，积极推进人口文化进机关、进学校、进军营、进企业、进社区、进村入户。拓展网上人口文化阵地，推动优秀人口文化作品的传播。

三是大力发展公益性人口文化事业和人口文化产业。继续推进人口文化基本公共服务体系建设。以公共财政为支撑，以全人口为服务对象，以四大体系为载体，开展人口文化公益服务，促进人口文化基本公共服务均等化。加快发展人口文化产业。发展人口文化产业是社会主义市场经济条件下满足人的全面发展需求的重要途径。针对全人口不同生命周期特点，提供针对性强的人口文化产品和服务，增加人口文化消费总量。引导社会力量和文化企业投资兴建更多适合群众需求的人口文化设施，鼓励创作生产满足群众需求、适应群众购买能力的人口文化产品。

目标已经确定，任务已经明确。希望北京人口文化工作在北京市委、市政府的坚强领导下，继续开拓创新，锐意进取，形成新品牌，创造新经验，为人口计生事业的转型发展和人口均衡型社会建设创造良好的舆论环境和强大的精神动力。

在北京市首届家庭人口文化节开幕暨幸福家庭表彰大会上的讲话

中国计划生育协会秘书长　姚　瑛

（2012年10月29日）

在即将迎来党的十八大胜利召开的时刻，北京市隆重举行首届家庭人口文化节闭幕暨幸福家庭表彰大会，在此，我谨代表中国计生协党组，向北京市家庭人口文化节的成功举办表示热烈的祝贺，向获得幸福家庭表彰荣誉的家庭致以诚挚的祝福。

近年来，北京市坚持以“幸福家庭　和谐人口”为核心理念，构建以建设家庭人口文化为中心，以关注家庭成员和谐健康为基础，以关注民生为目的，以“六大惠民工程”为平台的公共管理服务体系，在推动解决首都计划生育家庭特别是计划生育特殊家庭和困难家庭在生产、生活、生育、养老等方面存在的问题上，取得令人瞩目的成绩。特别是在创建人口文化和创建幸福家庭工作中，充分发挥首都资源优势，积极探索人口计生工作新路子，促进人口长期均衡发展和社会和谐进步，不仅为实施“人文北京、科技北京、绿色北京”战略和建设中国特色世界城市营造了良好的人口环境，也为其他省市提供了很好的经验。

在新的历史时期，人们的家庭伦理观念及家庭结构都在发生着深刻变化，如何推进人口文化大发展大繁荣，让人民群众生活得更幸福安康，是各级计生协会所致力关注的重要课题。中国计生协杨玉学常务副会长在今年9月南宁会议上强调，各地协会要注意培养建立一支宣传员队伍，充分利用报纸、刊物、电视、网络和人口文化平台，介绍协会工作，扩大协会影响。宣传要注重实际效果，要联系实际，要有文化内涵，为群众所喜闻乐见。今年我们依托各地的特色传统文化优势，成立了中国计生协书画社、摄影社、剪纸社，激发了广大会员、志愿者的业余爱好和艺术兴趣，大家联系人口计生工作业务，创作了大量的精美的艺术作品，在各地展出时受到广大会员和群众的喜爱。今年是国际计生联成立60周年，作为会员国，我们在全国组织巡展基础上，还将拿到今年11月国际计生联在南非召开的庆祝大会上展出。这一方面用文化形式宣传了我们的人口计生政策和我们协会的工作，增强了协会吸引力、凝聚力，同时也增进了各地、各级协会和广大会员、志愿者之间的文化、业务、情感交流，有助于形成全国协会“一个大局、一家人、一家亲”的团队精神。

我们期盼着北京市的家庭人口文化和

幸福家庭创建工作，在十八大春风的鼓舞下，在北京市市委、市政府的领导下，在多部门齐心协力下，取得更加辉煌更加灿烂的成就！

北京市人口计生委关于印发《贯彻落实〈国家人口计生委关于方便群众办证的通知〉的实施办法》的通知

（京人口发〔2012〕41号）

各区县人口计生委：

2012年11月30日，国家人口计生委印发了《关于方便群众办证的通知》（人口政法〔2012〕67号），提出了“全面公开服务事项”、“切实简化办证流程”、“解决流动人口等人群办证难问题”、“加强服务窗口建设”和“强化责任落实和监督”五项要求。为落实国家人口计生委工作要求，进一步规范本市《生育服务证》和《独生子女父母光荣证》的办理工作，创新行政管理和服务机制，改进工作作风，提高服务水平，切实维护广大育龄群众的合法权益，北京市人口计生委制定了《贯彻落实〈国家人口计生委关于方便群众办证的通知〉的实施办法》，经委领导批准，现印发给你们，请认真贯彻执行。

附件：国家人口计生委关于方便群众办证的通知（人口政法〔2012〕67号）

北京市人口和计划生育委员会

2012年12月6日

北京市人口计生委贯彻落实《国家人口计生委关于方便群众办证的通知》的实施办法

为贯彻落实党的十八大报告提出的“建设职能科学、结构优化、廉洁高效、人民满意的服务型政府”和“创新行政管理方式，提高政府公信力和执行力”要求，按照国家人口计生委《关于方便群众办证的通知》（人口政法〔2012〕67号）精神，本着以人为本、依法合规、方便群众、简化办事程序的原则，以群众满意为目标，切实改进工作作风，提高服务水平，结合本市实际，现制定具体实施办法。

一、统一办证流程、公开办事程序

制定全市统一规范的办事流程，采取多种形式加大宣传和政务公开力度。各级人口计生行政部门和居、村委会及单位

（指存档单位，下同）要切实履行法定职责，做好计划生育相关事项的办理工作。

夫妻双方为本市户籍申请办理第一个子女《生育服务证》和《独生子女父母光荣证》的，在单位（无档案人员到其户籍所在地居、村委会，下同）领取《生育服务证》或《独生子女父母光荣证》申请表，居、村委会或单位签署意见并盖章，由女方户籍地乡镇人民政府、街道办事处审核批准。

申请再生育子女的，在女方户籍地街道（乡镇）人口计生行政部门领取或在市、区县人口计生委官方网站下载《再生育一个子女申请审批表》，经女方户籍地乡镇人民政府、街道办事处审核后报区县人口计生行政部门审批。

夫妻一方为外省市户籍符合条件申请在本市办理第一个子女《生育服务证》的，由本市一方户籍所在地乡镇人民政府或街道办事处审核批准。申请再生育子女的，经本市一方户籍所在地乡镇人民政府、街道办事处审核后报区县人口计生行政部门审批。

二、一站式全程服务，一次性书面告知

推行一站式全程服务制度。充分发挥乡镇人民政府、街道办事处及社区（村居）政务大厅便民服务窗口作用，将各项计划生育事项整合办理，实行一个窗口接待、全程办理、一站式服务，切实做到方便群众办证。

探索社区（村居）干部全程办事代理制度。帮助群众代办第一个子女《生育服务证》、《独生子女父母光荣证》及再生育审批申请。

实行一次性书面告知制度。各级人口计生行政部门收到当事人提交的申请材料后，材料齐全且符合法定格式的，必须即时受理；材料不齐全或不符合法定格式的，必须一次性书面告知当事人需补齐的全部材料及法定格式。

三、缩短办事时限，推行即时办结

第一个子女《生育服务证》、《独生子女父母光荣证》、流动人口婚育证明以及计划生育婚育情况证明的出具，符合办理条件且材料齐全、真实有效的必须即时办结。

简化再生育审批的流程，变定期集中审批为即来即审，材料齐全且真实有效的在法定时限内优先办理。

四、简化证明材料，提高办事效率

第一个子女《生育服务证》、《独生子女父母光荣证》申请书、《再生育一个子女申请审批表》，居、村委会或单位已经签署意见并盖章的不需再另行出具纸质证明材料。

减少跨省婚姻夫妻婚育证明材料。一方为外省市户籍的夫妻办理第一个子女《生育服务证》的，由外省市一方户籍地街道（乡镇）人口计生行政部门出具当事人婚育情况证明；办理再生育子女《生育服务证》的，由外省市一方户籍地区县人口计生行政部门出具当事人婚育情况证明；有外省市一方户籍所在地出具的婚育情况证明的，《生育服务证》或《再生育一个子女申请审批表》不需要外省市户籍地居、村委会再签署意见或盖章。

五、实行流动人口一孩生育服务登记制度，推进人口计生服务均等化

认真贯彻《流动人口计划生育工作条例》（国务院令第555号），落实户籍地和现居住地人民政府共同管理职责。对长期在本市居住工作的流动育龄夫妻，实行一孩生育服务登记制度。

实行首接责任制。符合条件申请在本市办理一孩生育服务登记的，现居住地街道（乡镇）人口计生行政部门应当为其办理，并及时做好与户籍所在地的联系和信息反馈工作。

推进人口计生服务均等化。流动育龄夫妻凭本市《生育服务联系单》，享有与本市户籍人口同等的生育保险、围生期保健及免费的孕前优生健康检查、避孕药具、计划生育基本项目的技术服务。

推行特殊情况承诺制。对流动育龄夫妻因长期或多次、多地流动无法证明婚育状况、信息核实确实存在困难等特殊情况，受理的现居住地街道（乡镇）人口计生行政部门可依据当事人的承诺，为其办理一孩生育服务登记。

六、积极解决集体户和人户分离人员办证问题

存档单位应当积极落实人口与计划生育法律法规相关规定，配合做好集体户人员《生育服务证》的发放和单位意见的签署盖章或婚育证明的出具工作，材料齐全并真实有效的，户籍所在地人口计生行政部门必须为其办理《生育服务证》。

户籍所在地要落实源头管理责任，为流出人口办理婚育证明或出具婚育情况证明材料。对本市因人户分离或者长期离开户籍所在地，无法掌握婚育情况或者掌握不全面的当事人，户籍所在地要主动管理、主动服务，通过全员人口管理信息系统或与现居住地进行沟通协作，调查核实当事人情况。

现居住地要积极配合做好对人户分离人员的管理和服务。对本市或外省市户籍所在地出具婚育证明时，因当事人长期离开，户籍所在地无法了解情况要求本市现居住地配合的，现居住地应积极配合进行了解和调查并如实出具相关证明。

七、进一步改进工作作风，维护群众合法权益

加强对基层人口计生干部的培训和管理。进一步改进工作作风，切实提高办事人员的服务意识和能力。真正做到从群众角度出发想问题、办事情，做到服务热情、行为规范，使服务更贴心、更便民。

保护群众个人隐私。对需要核实事项涉及个人隐私的，应通过查阅相关合法证明材料、主动走访知情人及相关单位，避免简单采取公示和多次走访的方式。

建立服务评价和反馈机制。多途径了解群众对计划生育便民服务的满意度。主动接受媒体和群众的监督，通过“12356”

阳光计生服务热线等渠道，受理群众投诉，及时解决群众反映的问题。

建立健全监督检查机制。加强对计划生育证件办理工作的监督检查，对推诿、拖延或无正当理由拒不办理的，要严肃处理，追究有关单位和工作人员的责任。

附件

国家人口计生委关于方便群众办证的通知

人口政法〔2012〕67号

各省、自治区、直辖市人口计生委，计划单列市、新疆生产建设兵团人口计生委：

针对当前群众反映突出的计划生育证件办理难问题，为进一步强化宗旨意识，转变工作作风，简化办证程序，提高办事效率，现提出如下要求。

一、全面公开服务事项

各地要加大主动公开力度，将与群众密切相关的计划生育证件的办理依据、条件、程序、时限、需要提交的全部证明材料的目录、申请表式样、是否收费、服务承诺等信息在网站、办事场所等进行公开，使群众了解服务内容和流程。群众对公开内容有疑问的，要及时解释说明，并提供准确信息。

二、切实简化办证流程

第一，进一步精简群众办理计划生育相关证件时所需材料。第二，实行一次性告知。收到当事人提交的申请材料后，对符合办理条件且材料齐全的，及时办理；对材料不齐全的，要一次性书面告知当事人需补齐的全部材料；对不符合办理条件的，要说明不予办理的理由，并做好解释工作。第三，限时办结。对于办理第一个子女生育服务证（登记）、独生子女父母光荣证、流动人口婚育证明或者出具婚育情况证明等，符合办理条件且材料齐全的，即时办理。户籍所在地在为群众办理再生育服务证时，要遵守法定要求和时限，简化程序、方便群众。因特殊情况在法定时限内确实无法办结的，要及时将理由告知申请人。第四，特事特办。申请人无法亲自办理计划生育相关证件的，可以委托他人代办。对有特殊困难的群众，要主动上门办理。要发挥社区、村（居）民委员会的作用，探索实行全程办事代理服务制。在办理相关证件过程中，要注意保护当事人的隐私。

三、解决流动人口等人群办证难问题

流动育龄夫妻双方户籍所在地、现居住地乡（镇）、街道均有责任为其办理第一个子女生育服务证（登记），并实行首接责任制。户籍所在地要落实源头管理责任，为流出人口办理婚育证明或出具婚育情况证明材料。对于流动育龄夫妻因长期或多次、多地流动无法证明婚育状况、信息核实确实存在困难等特殊情况，受理地可依据当事人的承诺，为其办理生育服务证（登记）。户籍所在地和现居住地要加强协调沟通，履行信息核查责任，不得相互推诿。要切实解决同一城市内人户分离、集体户口等人群的办证难问题。

四、加强服务窗口建设

要在县、乡镇（街道）政务大厅设立计划生育便民服务窗口，实行集中办证。没有政务大厅的，人口计生部门要设立便民服务窗口，方便群众办证。要积极创造条件，开展网上申请办证。要加强窗口工作人员培训和管理，做到服务热情、行为规范。

五、强化责任落实和监督

要明确办证单位和人员责任，建立服务评价和反馈机制。要主动接受媒体和群众的监督，通过“12356”阳光计生服务热线等渠道，受理群众投诉，及时处理群众反映的问题。要加强对计划生育证件办理工作的监督检查，对推诿、拖延或拒不办理的，要严肃处理，追究有关领导和工作人员的责任。

各地要根据本《通知》精神，结合本地实际，进一步研究完善方便群众办证的具体措施。

北京市人口计生委关于印发《北京市人口和计划生育委员会外网网站管理办法（暂行）》的通知

（京人口发〔2012〕43号）

各区县人口计生委，市人口计生委机关各处室、直属事业单位，市计划生育协会：

为规范市人口计生委外网网站管理，更好地实现政务信息公开，服务广大公众，市人口计生委2012年第14次主任办公会研究通过了《北京市人口和计划生育委员会外网网站管理办法（暂行）》。现印发给你们，请认真贯彻执行。

北京市人口和计划生育委员会

2012年12月12日

（联系人：吴娅（信息处）；联系电话：010－83970778）

北京市人口和计划生育委员会外网网站管理办法（暂行）

第一章 总 则

第一条 北京市人口和计划生育委员会（以下简称“市人口计生委”）网站（www. bjfc. gov. cn）是市人口计生委唯一官方网站，是首都之窗门户网站的重要组成部分。为规范管理，明确职责分工，促进网站健康有序发展，结合全市人口计生工作实际，制定本办法。

第二条 市人口计生委网站宗旨是“宣传人口政策、推行信息公开、服务社会百姓、展示工作风采”。

第二章 职责分工

第三条 市人口计生委机关各处室、直属事业单位、市计划生育协会及各区县人口计生委在市人口计生委网站工作中的职责分工如下：

（一）信息处是市人口计生委网站的主管部门，负责组织、协调市人口计生委外网网站建设、管理和信息发布工作。

（二）综合处负责市人口计生委外网网站政务信息和工作信息的审核工作。

（三）信息中心承担市人口计生委网站总体技术支持、运维和安全管理。

（四）驻委纪检组监察处负责网站信息化建设、实施、管理与维护的监督工作。

（五）各区县人口计生委、机关各处室、直属事业单位、市计划生育协会负责报送本区县人口计划生育工作动态或本处室主管业务动态、图片新闻等相关信息；维护本部门相关栏目，并提出相关栏目设置和修改需求。

各部门主要负责栏目如下：

办公室（筹建办、装修办）负责市人口计生委网站咨询举报栏目内容的更新维护。

政策法规处负责市人口计生委网站法规文件的发布和更新维护工作，具体负责政策法规栏目以及办事大厅、便民服务、计划生育场景式等栏目中关于政策法规宣传解答内容的更新维护。

综合处负责市人口计生委网站人口年鉴栏目内容的更新维护。

规划协调处负责市人口计生委网站人口战略、理论研究、人口杂志等栏目内容的更新维护。

信息处负责市人口计生委网站人口数据、信息工程、网上调查、政府信息公开、人口新闻、生活百科等栏目内容的更新维护。

流动人口服务管理处负责市人口计生委网站流动人口、办事大厅（涉及流管处的办事事项）等栏目内容的更新维护。

宣传教育处负责市人口计生委网站人口文化栏目内容的更新维护。

科技服务管理处负责市人口计生委网站计划生育技术服务等栏目内容的更新

维护。

财务处负责人口计生委网站财务信息栏目内容的更新维护。

人事处（离退休干部处）负责市人口计生委网站机构职能、人事信息等栏目内容的更新维护。

机关党委（工会）负责市人口计生委网站党群工作等栏目内容的更新维护。

驻市人口计生委纪检组监察处负责市人口计生委网站廉政建设等栏目内容的更新维护。

宣传教育中心负责市人口计生委网站人口文化、影音在线等栏目内容的更新维护。

药具管理站负责市人口计生委网站药具服务、便民服务栏目中涉及药具方面内容的更新维护。

计划生育协会负责市人口计生委网站协会六大工程栏目内容的更新维护。

信息中心负责市人口计生委网站相关链接、网站地图、网站搜索等内容的更新维护。

各处室栏目责任分工须遵循《市人口计生委网站栏目维护责任分解表》（详见附件1）。

第三章　信息发布

第四条　信息报送与发布

（一）市人口计生委网站信息统一汇总审核、统一出口发布（见附件2《网站信息报送发布流程图》）。

（二）网页内容以政务信息为主，信息选择须有利于政务公开、接受社会监督和开展网上办公。

（三）转载新闻信息须依据国家和本市的有关规定执行。

（四）信息发布的格式标准须遵循《网站信息发布标准与规范》（见附件3）的有关规定和要求。

第五条　委机关各处室、直属事业单位和市计划生育协会需要对网站进行增加、修改时，先填写网站《栏目变更申请单》（见附件4），经信息处审核，分管领导审定同意后，再进行网站栏目的增加、修改。

第六条　信息员管理制度

（一）各区县人口计生委、委机关各处室、直属事业单位和市计划生育协会必须明确1名信息员负责外网网站信息具体工作。

（二）信息员承担与信息处的日常联络，相关栏目的更新维护等工作。

（三）信息员实行备案制，因换岗、调动等原因调整时，要在5个工作日内确定新的信息员并报信息处备案。

第四章　网络和信息安全

第七条　网站发布信息须严格执行国家有关保密的法律、法规、规章和有关规定，限定上网信息内容。凡涉及国家秘密、商业秘密和危及社会稳定内容的相关资料及文件、内部办公信息或暂不宜向社会公开的事项不得上网发布。

第八条　网站管理工作中应当维护个人的隐私权，除法律、法规另有规定外，网站管理人员不得对外透露任何个人资料。

第九条　重要节日、重大活动、重要时段，为加强对网站内容的监管，本着“谁主管谁负责、谁运营谁负责、谁发布谁负责”的原则，安排专人每日检查页面内容是否正常，查看网站的访问情况。节假日期间的网站访问日志由技术主管部门至少保留六个月，以备核查。如遇特殊情况，报请相关领导同意后，可暂时关闭相关服务器。

第十条　发现信息安全事件，必须严格按照《市人口计生委网站重大信息安全事件报告制度》（见附件5）有关要求和流程上报。

第五章　附　则

第十一条　信息处逐步完善对信息报送工作的监督检查激励机制。信息处每个月发布一次《北京市人口计生委网站信息情况简报》，通报各处室、各区县信息报送及采用情况、网站最受关注信息、优秀信息等三个方面的内容，采取多种形式对优秀信息员给予奖励。

第十二条　本办法由信息处负责解释。本办法将根据网站运行情况实时调整。

第十三条　本办法自2012年12月10日起实施。

附件：1. 市人口计生委网站栏目维护责任分解表

2. 网站信息报送发布流程图

3. 市人口计生委网站信息发布标准与规范

4. 栏目变更申请单

5. 市人口计生委网站重大信息安全事件报告制度

附件1：

市人口计生委网站栏目维护责任分解表

处室（单位）	维护栏目		工作时限
各处室、直属事业单位、计生协会、各区县人口计生委	政务要闻	委领导活动及重大会议等	信息产生后24小时内更新
	图片新闻	全市人口计生系统热点新闻及图片	及时更新
	最新信息	关联最新的政务要闻、图片新闻、工作动态、通知公告等信息	及时更新
	通知公告	人口计生业务相关的通知、公告、公示等	信息产生后24小时内更新
	工作动态	委机关、直属事业单位、市计生协会、各区县人口计生委工作动态信息	及时更新

续表

处室(单位)	维护栏目		工作时限
各处室、直属事业单位、计生协会、各区县人口计生委	政府信息公开	信息公开规定,信息公开目录(按体裁、对象分类提供),各年度信息公开年报,依申请公开的办理流程、提交申请、申请查询等	及时更新
办公室(筹建办、装修办)	咨询举报	答复用户举报或咨询	5个工作日内答复
政策法规处	政策法规	人口计生相关的法律、法规、规章、地方法规及规范性文件,人口计生利益导向及计生家庭优先优惠信息和服务	内容变动时及时更新
	便民服务(涉及政法处的事项)	政策问答等	及时更新
	办事大厅(涉及政法处的办事事项)	办理生育服务证、再生育审批、独生子女父母光荣证等事项的依据、条件、办事材料清单、办事流程、办理期限、受理机构、受理人及联系方式等	内容变动时及时更新
	计划生育场景式服务大厅(政策宣传)	北京市人口计生相关的法规、规章的场景化	及时更新
综合处	人口年鉴	委员会每年编辑的年鉴	内容变动时及时更新
规划协调处	人口战略	与人口发展相关的规划、计划	及时更新
	理论研究	人口发展战略研究相关情况和研究报告、人口研究前沿信息	及时更新
	人口杂志	《北京人口》杂志电子版	内容变动时及时更新
信息处	人口数据	人口数量、现状、变动等统计数据	及时更新
	信息工程	委员会信息化进展情况	及时更新
	意见征集	征集公众对制定政策法规、重要决策、问题等的意见建议	及时汇总、处理
	人口新闻	与人口发展相关的国内、国际动态信息	及时更新
	生活百科	生活百科知识	及时更新
流管处	流动人口	流动人口的服务管理等情况	及时更新
	办事大厅(涉及流管处的办事事项)	办理流动人口生育服务登记等事项的依据、条件、办事材料清单、办事流程、办理期限、受理机构、受理人及联系方式等	内容变动时及时更新

续表

处室(单位)		维护栏目	工作时限
宣传教育处	人口文化	家庭人口文化建设等宣传教育情况,包括家庭人口文化、四大体系建设、主题宣教活动	及时更新
	北京人口计生微博(链接)	委员会微博的管理和更新	及时更新
科技处	技术服务	发布计划生育技术服务信息,如促进避孕节育、生殖健康、优生优育、预防出生缺陷等相关信息	及时更新
财务处	财务信息	对招投标、财务状况、三公等信息情况的公布	及时更新
人事处(离退休干部处)	机构职能	委员会及各处室、直属事业单位、计生协会职能介绍,领导班子成员名单及分工	内容变动时及时更新
	人事信息	干部任免信息	信息产生后24小时内更新
		公务员、直属事业单位人员招考公告、考试录用等信息	及时更新
		队伍建设	
机关党委(工会)	十八大专栏	学习、贯彻、落实党的“十八大”的相关信息	及时更新
	党建工会工作	委员会党建、机关纪检、工会共青团工作开展情况	及时更新
监察处	廉政建设	委员会政风、行风工作开展情况,包括廉政风险防控、阳光计生行动、监督检查、相关文件等	及时更新
信息中心	部门链接	链接国家人口计生委、省级人口计生委、市级相关委办局、各区县人口计生委网站	定期检查、维护
	站内搜索		定期检查、维护
	网站地图		内容变动时及时更新
宣传教育中心	人口文化	家庭人口文化建设等宣传教育情况,包括家庭人口文化、四大体系建设、主题宣教活动等	及时更新
	影音在线	人口计生相关视频、音频	及时更新
药具站	药具服务	药具发放、药具知识等	及时更新
	便民服务(涉及药具站的内容)	药具供应政策及知识问答	内容变动时及时更新
	北京市免费避孕药具发放综合服务平台(链接)	北京市免费避孕药具发放综合服务平台的管理和更新	及时更新

续表

处室(单位)		维护栏目	工作时限
药具站	避孕生育健康网站（链接）	“925”生殖健康网站的管理和更新	及时更新
市计生协会	文明倡导 宝贝计划 青春健康 健康生育 生育关怀 心灵家园	六大工程的主要内容、实施情况及经验总结，幸福家庭六大工程模拟场景服务	及时更新
	暖心计划	暖心计划相关内容	及时更新
	北京市计划生育协会网站(链接)	协会网站的管理和更新	及时更新

附件 2：

网站信息报送发布流程图

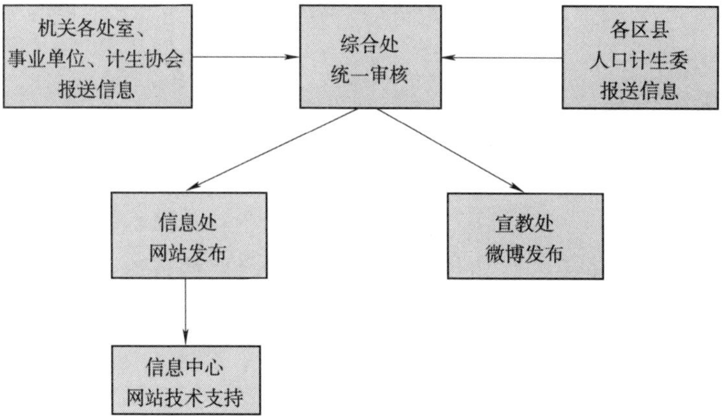

附件3：

市人口计生委网站信息发布标准与规范

第一部分　信息正文格式与规范

信息正文要求严格按照规范执行，正文与标题没有错别字，页面文字没有英文的错误拼写，不得出现英文单词间无空格。

一、标题

（一）杜绝错别字。

（二）标题要求简洁平实，文章标题应尽量交代事件主题，明确文章主旨，避免出现题文不符或哗众取宠的标题。

（三）标题通常必须句型完整，句意表达完整，不产生歧义。

（四）标题中不可出现“今日、昨日”字样，如须标明时间的，应注明具体日期。

（五）标题中出现领导姓名可不带职务，如须注明职务，原则上遵从来源媒体表述。

（六）标题中出现部门名称可使用简称，部门名称以市编办出版的规范简称为准。

（七）标题上尽量避免出现标点符号、空格，遇特殊情况，可使用冒号、破折号、引号、书名号、括号、顿号，均以全角格式显示。

（八）标题尽量避免折行（包括只有图片标识、时间显示或仅有一个字在折行处），尤其首页信息，力求做到页面整齐美观，避免同一栏目的标题字数相差太多。法规、通知文件标题可折行；重大政治新闻的标题如须折行，字数要达到一行半以上。

（九）文中如有小标题，小标题与上下文之间均应空一行。

（十）一般不得擅自改变文章标题（包括文中小标题）的颜色或字体大小（包括加粗），所有转载文章须统一格式，包括字体、字号、颜色以内容发布系统默认值为准。如特需改变，需知会部门负责人。

（十一）页面标题列表后可根据实际情况决定是否采用发布日期，如需采用，格式为“2012－08－02”。

（十二）文章后台粘贴采用TXT格式，每段首行无须缩进2格。文档内可以有图片，图片大小控制在50K以内，600×400（像素）。

二、正文与段落

（一）正文杜绝错别字。

（二）段落格式

1. 段与段之间需要“回车”实现空一行。

2. 正文中可插入表格，表格需与上下文空一行，通过“回车”实现，表格宽度须在正文页面范围之内。

（三）文字格式

1. 系统默认字体为宋体12px。

2. 所有转载文章正文文字确保字号、字体、颜色一致性，须在文本文档中过滤（过滤可通过专门的过滤软件或者直接通过CMS系统粘贴成没有格式的文本信息）。

3. 除特殊情况外，信息正文字体以内容发布系统默认值为准。

（四）日期表述

1. 文章中标明具体事件时间，应在第一次出现时注明年、月、日。

如，“2012年7月25日，北京人口和计划生育半年工作会议召开”，不应写成“25日，北京人口和计划生育半年工作会议召开”。

2. 文章中不可出现“今日”、“昨日”等日期表述不清、易造成歧义的字样。

（五）数字、英文字母、标点

1. 页面文字所有数字和英文一律采用半角格式。

2. 页面文字所有标点为中文标点，使用标点时要区分全角、半角：中文破折号、括号、冒号、顿号、引号、书名号、叹号、问号等全为全角；英文中的标点则全为半角。

3. 书面语中，年份一般不要简写。年月日之间，一般写作“2012年8月3日”。

如，“12年政府工作报告”；“昌平区'12年前三季度人口额”属于不当用法，应写全年份，“2012年北京市政府工作报告”；“昌平区2012年前三季度人口额”。

4. 文章出现序号时，“第一”、“其次”后面，用逗号。“一”、“二”后面，用顿号。“1”、“2”和“A”、“B”后面，用齐线墨点“.”。序号如加括号，后面不加逗号、顿号。

（六）作者、编辑

1. 转摘文章如有作者来源须注明，如无注明作者可置空。

2. 添加的作者名称在标题下与“日期”同一行显示。

（七）图片

1. 文中可插入多张图片，同一正文中多张图片的宽度需保持一致。

2. 图片需与周围的文字有一行的距离。

（八）附件

1. 提供下载的文件应采用常用格式，如DOC、PDF、WINZIP等。

2. 上载的文件命名尽量是英文单词或字母、数字、字符组合。

3. 确保附件链接地址正确。

4. 上传附件大小不超过1M。

三、文档摘要

（一）每篇文章可以有摘要。

（二）文章摘要是对文章标题的展开说明，要求必须切合主题，必须写明关键人物、事件、地点、时间等要素，段落开头空两格。

（三）每篇文章摘要不超过200个汉字。

四、文章来源

（一）文章来源不能为空。

（二）媒体来源按照规定书写；区县来源按照名称写书，比如“东城区”；自采

（编）稿件来源注明“市人口计生委”。

（三）来源不填写可默认为来自市人口计生委。

（四）可采用规定的外部网站信息，内容须经网站主管部门审核同意后方可上网；如使用非规定的外部网站信息，须报主管主任同意后方可采用，如因报道内容不实或未经审批上网信息出现问题由编辑承担责任。

第二部分　图片使用规范

（一）图片尺寸规范

1. 原则上，所有图片的宽度和高度比例为4∶3。

2. 部分不宜按照4∶3比例处理的特殊图片，例如领导的头像、华表等，可暂不作比例限制。

3. 图片的尺寸大小调整过程中，应注意保证原有图片不要扭曲变形，必要时可采取等比缩放或裁切的方式处理图片的尺寸大小。

（二）图片文件规范

1. 上传图片的标准格式为jpg或gif，请勿上传其他格式的图片。

2. 收集来的各类新闻图片，需压缩处理并存为标准格式后再上传。

第三部分　电子杂志

电子杂志范围如下：

1. Pdf文档。

2. Word文档：需提供杂志封面截图，大小控制在500 K以内。

3. 小图：153×94（像素）。

第四部分　视　频

视频范围如下：

1. Flv格式，需提供视频截图，截图大小控制在500 K以内，视频大小控制在20 M以内。

2. 视频截图：158×88（像素）。

第五部分　网站群链接及友情链接范围

（一）市人口计生委网站的网站群链接及友情链接范围如下：

1. 国家人口计生委及相关部门网站链接。

2. 省级人口计生委网站链接。

3. 区县人口计生委网站链接。

（二）友情链接增减由主管主任批准。

附件 4：

栏目变更申请单

<table>
<tr><td>网站分管
主任审批</td><td colspan="3"></td></tr>
<tr><td rowspan="4">变更内容</td><td>□增加新栏目</td><td>拟新增栏目名称</td><td></td></tr>
<tr><td>□删除现有栏目</td><td>拟删除栏目名称</td><td></td></tr>
<tr><td rowspan="2">□更改栏目名称</td><td>拟更改栏目名称</td><td></td></tr>
<tr><td>更改后栏目名称</td><td></td></tr>
<tr><td>变更理由</td><td colspan="3"></td></tr>
<tr><td>申请处室
意见</td><td colspan="3"></td></tr>
<tr><td>信息处意见</td><td colspan="3"></td></tr>
<tr><td>申请处室</td><td></td><td>联系人</td><td></td></tr>
<tr><td>联系电话</td><td></td><td>申请日期</td><td>年 月 日</td></tr>
</table>

附件5：

市人口计生委网站重大信息安全事件报告制度

第一条　为规范和加强市人口计生委网站重大信息安全事件的信息报告管理工作，协调组织相关力量进行事件的应急响应处理。降低重大信息安全事件带来的损失和影响，根据《北京市国家机关重大信息安全事件报告制度（试行）》，结合本委实际情况，制度本制度。

第二条　本制度适用于市人口计生委网站重大信息安全事件的报告。

第三条　本制度所称的重大信息安全事件是指由于自然灾害、设备软硬件故障、人为失误或破坏等原因严重影响到网站的正常运行，出现系统破坏、数据破坏或在社会稳定、公众利益等方面造成不良影响的事件。

第四条　市人口计生委网站重大信息安全事件的报告管理工作坚持“统一领导、归口负责”的原则。

第五条　信息处负责网站重大信息安全事件的报告工作。

信息中心是网站重大信息安全事件报告工作的技术支撑部门。

各处室、事业单位、计划生育协会有义务对网站重大信息安全事件进行报告。

第六条　发生重大信息安全事件后，首先以口头方式立即向信息处报告。信息处立即通知信息中心处理，同时向主管领导报告。

第七条　信息中心将处理情况反馈信息处。

第八条　信息处汇总事件原因及处理结果后报主管领导。

北京市人口计生委2012年依法行政工作总结

（京人口发〔2012〕44号）

市政府法制办：

2012年，在国家人口计生委和北京市委、市政府的正确领导下，我委以深入贯彻落实科学发展观为指导，按照市政府创建“中国特色世界城市”战略目标的要求，加紧立法调研，规范执法程序，加大执法力度，加强法制监督，开展了一系列行之有效的工作。

一、加强组织领导，提高依法行政意识和能力

成立依法行政领导小组。市人口计生委领导高度重视人口计生依法行政工作，成立依法行政领导小组，委主任刘志亲自担任领导小组组长。根据新修订的“三定方案”政法处作为全委依法行政工作主责处室，将依法行政工作纳入全委工作统筹考虑。2012 年委主任五次听取政法处关于依法行政工作的汇报，亲自抓依法行政的规范和改革，先后对再生育审批、特殊情况再生育审批以及涉外婚姻、留学人员、华侨、海外高层次人才等生育问题相关政策进行修订完善。丁向阳副市长亲自听取汇报，对本委依法行政工作规范化建设给予肯定。

高度重视领导学法用法。积极推动委中心组及基层领导干部学法用法，我委坚持将计划生育及相关法律法规纳入委领导中心组学习内容，集中学法、会前学法与日常学习有机结合，提高领导干部运用法治思维和法治方式深化改革、推动发展、化解矛盾、维护稳定的能力。对新出台的与人口和计划生育有关的法律法规或规范性文件，包括市政府法制办编印的《法制建设》等资料，本委法制机构都会及时向委领导提供，人手一份，作为法制学习的有效参考资料。2012 年本委将依法行政学习纳入人事部门制定的干部教育培训计划中，凡是与依法行政工作有关的培训内容都要求各级人口计生部门法制工作主管领导参加，会后向本单位一把手汇报培训情况。为进一步加强依法行政工作，我委聘请观韬律师事务所作为委法律顾问，提高对各项工作的规范性、合法性的指导和监督。2012 年 4 月 18 日，我委邀请北京市观韬律师事务所律师做专题法律讲座，律师从专业的角度讲解了律师服务的内容、方式及各种性质的法律风险，分析了签订合同的过程中法律注意事项，全委领导及副处级以上干部听取了讲座。年底我委还将举办一次法律讲座。

加大依法行政宣传力度。2012 年我委在对部门网站进行改版建设时，始终保证将各项人口计生政策法规通过网站向社会公开宣传，并随时更新各项规范性文件。北京市人口计生系统利用“12·4”法制宣传日，通过大型宣传活动、知识竞赛等形式积极开展“市民普法嘉年华”活动，掀起普及《宪法》、《人口与计划生育法》、《北京市人口与计划生育条例》等相关法律法规的热潮。为加大本市计划生育奖励扶助、特别扶助工作制度的宣传力度，我委统一印制了 120 万张宣传页，通过各区县人口计生委发放到全市所有社区、村（居）委会进行公示宣传，确保群众的知情权。

二、建立健全决策程序制度，完善决策评估机制

本委制定的各项规范性文件如《北京市生育服务证管理办法实施细则》，均经过委领导班子集体讨论通过，并由相关处室进行合法性审查。其中涉及公民、法人或其他组织合法权益的规范性文件，均按照《北京市人口计生委行政执法公示制度》的规定期限向社会公布。我委正在修改的《关于审批生育第二个子女的规定》、《关于办理〈独生子女父母光荣证〉的规定》等规范性文件，也均在委主任办公会上进行了专题汇报。

三、完善制度建设机制，提高制度建设质量

2012年我委根据实际工作情况不断改革完善以《北京市人口与计划生育条例》（以下简称《条例》）为主体的本市生育政策体系。

一是继续做好《条例》修改的论证及立法调研上报工作。在2011年《条例》修改小组两次开展修改草稿起草基础上，2012年委《条例》修改小组继续做好《条例》修改前期准备工作，与市政府法制办法制二处举行《条例》修改论证会，汇报了《条例》拟修改的基本框架，听取法制办就地方性法规修订工作的相关意见。起草了《北京市人口计生委申报地方性法规立法项目建议》并上报市政府法制办及市人大，争取将《条例》修改列入2013年立法调研项目。

二是对现行有效的规范性文件进行完善。为进一步规范本市《生育服务证》的办理工作，切实维护广大育龄群众的合法权益，市人口计生委对2003年8月27日开始实施的《北京市生育服务证管理办法实施细则》进行了相应修改。新文件增加了对申请随父办证、涉境外人员申请办证、在人才交流中心等部门存档人员申请办证等特殊情况的规定，进一步明确了办理《生育服务证》的程序、条件和所需材料。该文件的制定严格按照市政府规定履行了合法性审查、公示和备案程序。

四、认真履行执法职责，强化对行政执法行为的监督

《行政强制法》自2012年1月1日正式实施后，我委领导责成法制机构给有行政执法职责的处室发放了法律文件，并组织了学习。在2012年我委组织的3次法制培训会上，反复向各区县行政执法人员强调学习并严格执行《行政强制法》的各项规定。同时我委继续认真落实《行政执法责任制》，加强对全市行政执法工作的指导监督。

一是全面部署计划生育依法行政工作。2012年4月，市人口计生委政法处召开2012年区县法制工作部署会，下发依法行政工作要点，对2012年工作进行部署和动员。明确了今年依法行政工作的重点是维护社会和谐稳定，做好《条例》修改和利益导向政策调研；统筹协调利益导向机制，推进人口计生利益导向政策制度化、法制化；以“两个创建”为抓手，积极开展“基层执法规范年”活动。

二是诚信计生工作率先实现全覆盖。2012年5月22日，我委召开北京市诚信计生工作经验交流会，总结2011年诚信计生工作，6个已经实现诚信计生区县介绍了经验。重点对2012年全市实现诚信计生全覆盖工作并不断深化拓展诚信计生工作提出了具体的要求。2012年10月中下旬，我委利用两周时间，由耿玉田副主任带队，办公室、政法处、信息处和科技处组成验收小组，采取听取汇报、查阅文件、问卷调查和群众座谈等多种形式，对其他10个区县“诚信计生”工作进行了验收。至此，全市16个区县全部达到国家人口计生委提出的“诚信计生”标准，圆满完成了委领导提出的“较全国提前一年实现诚信计生全覆盖”的要求。

三是稳步推进奖扶特扶质量抽查。在相关处室配合下，2012年我委采取分年度走访的形式，重点对人员流动频繁、多年没有接受审计的6个区县进行了奖扶、特扶制度的质量抽查。按新增对象的20%对奖扶特扶的政策审核、程序流程、报表填写等情况进行了质量抽查，及时指出并解决了问题。目前各项奖励经费已经全额拨付到户。

四是严格行政执法人员资格管理。2009年我委制定了《北京市计划生育行政执法资格管理办法》（京人口发〔2009〕44号）并一直严格执行，目前各区县人口计生委、各街道（乡镇）计生办行政执法工作人员都做到了持证上岗。为确保基层新上岗人员及时通过考试取得执法资格，2012年我委将考核办证方式调整为市级统一出题、区县组织考试、合格者由市级办证，进一步规范了行政执法资格管理工作。

五、全面推进政务公开，加快服务型政府建设步伐

全面推行便民服务新要求。为贯彻落实党的十八大报告提出的“建设职能科学、结构优化、廉洁高效、人民满意的服务型政府”和“创新行政管理方式，提高政府公信力和执行力”要求，按照国家人口计生委《关于方便群众办证的通知》精神，以群众满意为目标，切实改进工作作风，提高服务水平。2012年12月6日，北京市人口计生委本着以人为本、依法合规、方便群众、简化办事程序的原则，结合本市实际出台了《贯彻落实国家人口计生委〈关于方便群众办证的通知〉的实施办法》，提出在办理计划生育事项中的“八项便民服务措施”，包括创新“三个制度”，即：“流动人口一孩生育服务登记制度”、“一站式全程服务制度”、“一次性书面告知制度”；落实“两个即时”，即：“第一个子女《生育服务证》《独生子女父母光荣证》即时办结”、“再生育审批即来即审”；建立“两个机制”，即：“完善服务评价和反馈机制”和“健全监督检查机制”。便民措施的出台对于转变基层工作作风，提高办事效率，提升服务水平起到积极的推动作用，受到国家人口计生委以及媒体和群众好评。

大力推进政务公开。结合本市“全员人口信息系统”的建设，2012年我委继续全面推动政务公开工作。对市级网站进行了全面改版，将各项法律法规和办事规定向社会公开并由法制机构负责及时更新内容。

强化执法监督。针对近年来违法生育行为逐年增加、社会抚养费征收金额增长迅速的情况，2012年，我委指导各区县人口计生委、街道（乡镇）人口计生行政执法人员，从社会抚养费征收主体、征收标准、征收程序、调查取证、票据管理等进行了全方位的规范。同时，针对社会上对社会抚养费用途去向的质疑，我委一方面指导各区县坚决执行“收支两条线”规定，另一方面先后配合国家审计署、财政部完成了对本市社会抚养费征收、管理工作的调查。2012 年 1～10 月，本市各区县人口计生委没有发生违法征收、私分挪用等严重违法违纪问题。

规范审批程序。我委承担的特殊情况照顾再生育一个子女行政审批事项，是根据《条例》第十七条第三款“有其他特殊情形要求再生育一个子女的，需经市计划生育行政部门批准”的规定，由市人大批准设立的。2012 年，结合《条例》修订调研工作的开展，我委对特殊情况照顾再生育一个子女行政审批事项也进行了相应完善。一是根据委领导班子调整情况，对负责此项行政审批工作的特批工作领导小组进行了调整，刘志主任、耿玉田副主任分别担任组长、副组长，成员处室在原有政法处、科技处的基础上，增加了办公室和监察处，大大加强了行政审批事项的工作力度；二是结合本市打造“中国特色世界城市”的要求和人口计生工作实际情况，对 2004 年制定的《关于特殊情况照顾再生育一个子女的规定》有关内容进行认真研究，最大限度地简化程序、规范条件、便民维权。

加强电子政务建设。2012 年我委利用本系统全员人口信息库中的信息资料，在公安部门的协助下，先后 4 次为市委统战部核实上百位拟做政治安排人选的生育情况，有力推动了电子政务建设，也为建立网上审批工作机制积累了经验。

六、推进社会矛盾防范化解工作，维护首都和谐稳定

做好信访梳理，化解社会矛盾。为维护首都和谐稳定的大局，确保十八大的顺利召开，2012 年我委加强社会矛盾防范化解工作，由委党组书记、主任刘志亲自领导，办公室、政法处、综合处、宣教处等多个部门共同负责。委领导每人分工包区，直接到案件当事人所在的街乡进行调查，能解决的就地解决。对带有普遍性的问题，由相关处室主动与公安、卫生、民政等部门沟通协调，力争形成法规修订、文件出台、个案解决等多个层次的工作机制，最大限度地化解社会矛盾。同时市人口计生委两次对区县人口计生委上报的信访问题进行梳理，对 130 例重点信访问题分成四类，分类提出指导性意见。

落实复议救济，维护群众合法权益。随着群众维权意识提高，人口计生行政部门被复议案件增多，2012 年市政府法制办受理群众复议我委案件 1 例，要求我委公开社会抚养费征收与使用的相关信息。我委依法进行了答复，并多次与法制办沟通、参加法制办举行的专家听证会，最后获得“维持原答复决定”的满意结果。截至 2012

年12月10日，我委受理行政复议申请8例，均为违法生育当事人对区县人口计生委做出的社会抚养费征收决定不满提出的复议。我委在多次与复议当事人沟通协调、多方面了解事实的基础上，目前已经办结5例，其中4例维持了区县人口计生委的行政决定，1例经调解当事人撤回了复议申请。

七、强化监督职责，提高对行政行为监督水平

推进阳光计生规范化建设。北京市人口计生系统以全面开展“争创阳光计生示范单位、争做阳光计生行动工作标兵”活动为契机，深入推进人口计生规范化建设。从2012年8月下旬开始，政法处参加驻委监察处组织的检查组，先后对16个区县阳光计生行动规范化建设情况进行了检查评估。

开展人口计生行政收费事项梳理。积极落实全国人口计生系统纠风工作座谈会精神，把乱收费、乱罚款专项治理作为年度纠风工作重点抓紧抓好。经过认真清理核查，全市16个区县不存在非法收费、罚款项目，不存在违反法定标准和程序征收社会抚养费，不存在以服务为名向群众乱收费和协助推销药品、保健品、商业保险等搭车收费的现象。

八、2013年工作重点

2013年是贯彻党的十八大精神的第一年，北京市人口计生依法行政工作将以党的十八大和市委十一次党代会精神为指引，以“坚持计划生育基本国策，提高出生人口素质，逐步完善政策，促进人口长期均衡发展”为目标，认真贯彻落实市委市政府工作部署，紧紧围绕全委中心工作，着力推进人口计生法制体系建设。以《北京市人口与计划生育条例》及相关规章的修订立法调研和论证为重点，逐步完善生育政策和奖励政策；着力健全利益导向政策体系，进一步推进奖励扶助、特别扶助工作，做好扶助金标准提高的论证工作，落实人口计生家庭奖励优惠措施；着力完善人口计生执法程序和监督体系，规范执法、文明执法，切实维护群众合法权益，为“法治计生、和谐人口、美丽北京”的构建创造良好法制环境。

北京市人口和计划生育委员会

2012年12月14日

北京市人口计生委关于印发《北京市人口计生系统宣传十八大精神工作计划》的通知

（京人口发〔2012〕45号）

各区、县人口计生委，委机关各处室，直属事业单位，市计生协会：

《北京市人口计生系统宣传十八大精神工作计划》已经第14次主任办公会审议通过，现印发你们，请各单位按照委党组宣传贯彻落实十八大的文件精神，并结合自身工作实际，抓好落实。

北京市人口和计划生育委员会

2012年12月14日

北京市人口计生系统宣传十八大精神工作计划

为贯彻落实市委和国家人口计生委关于学习宣传贯彻党的十八大精神的总体部署，迅速兴起学习宣传贯彻党的十八大精神热潮，根据《市人口计生委党组关于深入学习宣传贯彻党的十八大精神的通知》的要求，编制本工作计划。

一、提高认识

党的十八大是在我国进入全面建成小康社会决定性阶段召开的一次十分重要的会议。认真学习宣传贯彻党的十八大精神，关系党和国家工作全局，关系中国特色社会主义事业道路长远发展，对于动员全系统党员干部群众在以习近平同志为总书记的党中央领导下，高举中国特色社会主义伟大旗帜，满怀信心为全面建成小康社会、夺取中国特色社会主义新胜利而奋斗，具有重大现实意义和深远历史意义。

当前和今后一个时期的首要政治任务，就是认真学习宣传和全面贯彻落实党的十八大精神。全市人口计生系统各级党组织要以强烈的政治责任感、昂扬向上的精神状态和良好的作风，精心组织、周密安排，认真学习、深刻领会，联系实际、狠抓落实，切实抓好党的十八大精神的学习宣传工作，把党的十八大精神落实到推动科学发展、加快人口计生工作转型发展上来，落实到促进社会和谐、保障和改善民生、推动人口长期均衡发展上来，把广大党员干部群众的思想统一到党的十八大精神上来，把力量凝聚到实现党的十八大提出的各项战略任务上来，切实提高贯彻落实党的十八大精神的自觉性和坚定性。

二、宣传重点

按照中共北京市委和国家人口计生委

的统一部署，以党的十八大精神为指导，以学习宣传贯彻党的十八大精神为主题，以“幸福家庭　和谐人口”为主线，以解决实际问题的新成效和基层干部群众的生动事迹为重点，以重大节日为节点，以媒体、环境、资源、人口文化四大体系为载体，全面准确深入宣传党的十八大精神，把全系统党员干部群众的行动统一到党的十八大精神上来，把力量凝聚到实现党的十八大提出的各项战略任务上来，解放思想，振奋精神，凝心聚力，开拓创新，为推动人口计生事业转型发展和人口长期均衡发展提供良好的社会环境、舆论氛围和强大的精神动力。着力抓好以下五方面的宣传工作：

（一）宣传过去五年和党的十六大以来十年人口计生事业取得的辉煌成就。

（二）宣传人口计生系统以十八大精神为指导，解决工作难题以及群众生产生活当中问题的新成效。

（三）宣传基层广大党员干部群众贯彻落实十八大精神的鲜活实践。

（四）宣传十八大的历史意义、精神实质和战略部署。

（五）宣传科学发展观的历史地位、指导意义和十八大对人口计生工作的新要求。

三、工作安排

党的十八大报告思想深刻、论述精辟，内涵丰富、博大精深，提出了一系列新思想、新论断、新部署。各区县人口计生委、机关各处室、离退休老干部、各直属事业单位、市计生协会要牢牢把握主题主线，创新宣传形式，创新宣传载体，分阶段、有重点、不间断地开展系列学习宣传活动，以全面做好人口工作的新成效，不断促进十八大精神的贯彻落实。

（一）宣传人口计生工作谋篇布局的新成果

以人口文化四大体系为载体，宣传市区两级人口计生委，机关各处室、直属事业单位、市计生协会，以十八大精神为指导，谋划2013年工作的新特点和新举措；宣传人口计生系统学习宣传贯彻十八大精神的新形式和新措施。

责任人：区县人口计生委，机关各处室、直属事业单位、市计生协会

时间安排：2012年12月~2013年1月

（二）宣传十八大精神和对人口计生工作的新部署

以“三下乡”活动和“两节”期间走访慰问为契机，广泛宣传十八大的历史意义、精神实质和战略部署，广泛宣传十八大对人口计生工作的新要求。

责任人：区县人口计生委，机关各处室、直属事业单位、市计生协会

时间安排：2013年1月~2013年2月

（三）宣传人口计生工作新思路和转型发展新成效

以召开全市人口计生大会为契机，深入宣传人口计生系统以十八大精神为指导，贯彻落实十八大精神的新思路、新举措，深入宣传在创建幸福家庭、构建和谐人口

方面取得的新成效，深入宣传人口计生创新体制机制加快转型发展的新成果。

责任人：区县人口计生委，机关各处室、直属事业单位、市计生协会

时间安排：2013 年 3 月 ~2013 年 4 月

（四）宣传基层广大党员干部群众贯彻落实十八大精神的鲜活事迹

以“5·29”协会纪念日为重点，大力宣传基层党员干部群众，以十八大精神为指导，推动六大惠民工程的新进展。落实“走转改”，组织新闻媒体并依托网站和微博，大力宣传基层贯彻十八大的先进事迹，大力宣传人口计生系统以及各单位、各部门“调研年”和“三进两促”活动的阶段成果；组织巡回宣讲活动，通过基层群众讲述身边的事、身边的人，提升宣传工作的感召力。

责任人：区县人口计生委，机关各处室、直属事业单位、市计生协会

时间安排：2013 年 5 月 ~2013 年 6 月

（五）宣传解决工作难题以及群众生产生活当中问题的新成效

以“7·11”世界人口日、人口计生委成立纪念日和半年工作总结会为节点，以家庭人口文化节为载体，以群众喜闻乐见的方式，运用成果展、文艺演出、媒体宣传等方式，宣传十八大精神，宣传在贯彻落实十八大精神中解决工作难题以及群众生产生活当中问题的新成效，宣传人口计生系统及机关各处室、各直属事业单位、市计生协会工作的新亮点。

责任人：区县人口计生委，机关各处室、直属事业单位、市计生协会

时间安排：2013 年 7 月 ~2013 年 8 月

（六）宣传幸福家庭工作新成果

以“9·25”公开信发表纪念日和“10·28”男性健康日为重点，总结家庭人口文化节和创建幸福家庭成果，宣传幸福家庭工作和落实十八大精神改善民生、服务群众的新成效。

责任人：区县人口计生委，机关各处室、直属事业单位、市计生协会

时间安排：2013 年 9 月 ~2013 年 10 月

（七）宣传贯彻落实十八大精神的新成果

以年终总结为新起点，宣传广大党员干部群众，以十八大精神为指导，武装思想、指导实践、推进工作的新进展，宣传市、区两级人口计生部门谋划人口计生工作科学发展的新思路、新举措。

责任人：区县人口计生委，机关各处室、直属事业单位、市计生协会

时间安排：2013 年 11 月 ~ 2013 年 12 月

四、宣传形式

党的十八大明确提出“坚持计划生育基本国策，提高出生人口素质，逐步完善政策，促进人口长期均衡发展”，为人口计生事业的发展指明了方向。区县人口计生委，机关各处室、直属事业单位、市计生协会要把学习宣传贯彻党的十八大精神当作头等重要大事来抓，精心组织各地、各

单位的学习宣传活动，合力营造学习宣传贯彻党的十八大精神的浓厚氛围，迅速掀起学习宣传贯彻党的十八大精神的热潮，使党的十八大精神家喻户晓，深入人心。

（一）抓好学习培训

通过举办各种形式的培训班、研讨班、学习班，组织广大党员干部群众深入学习党的十八大精神。市、区人口计生委党组要把学习十八大精神作为中心内容，制订系统学习计划，列出专题进行研讨，带头贯彻落实十八大精神。市人口计生委将举办两期学习宣传贯彻党的十八大精神培训班，对全委干部群众进行轮训；各区县人口计生委加强对本级干部的学习培训；基层党组织要采取多种形式，组织好老干部、离退休人员、村居专干和宣传员的培训，实现系统学习培训全覆盖。

（二）抓好宣讲活动

区（县）、街（乡镇）人口文化学校，村居人口文化室要将学习十八大精神作为市民教育的重要内容，组织专家开展十八大精神宣讲活动；各级领导干部要带头宣讲，以实际行动带动广大群众的学习实践；以“悦读好书　共享精品”为平台，组织开展主题演讲活动；组织好巡回宣讲活动，扩大学习宣传的覆盖面，提高学习宣传的针对性。

（三）精心组织新闻宣传

充分依托人口文化宣传教育的媒体、资源、环境、人口文化四大体系，充分发挥报刊杂志、电台、电视台等媒体的重要作用，精心策划、集中报道，大力宣传党的十八大精神，动态宣传广大党员干部在学习贯彻党的十八大精神过程中解决实际问题的新成效。充分利用网站、微博等新媒体，积极开展网络宣传，调动网民参与积极性，积极引导网上舆论，有效回应网民关切，增强网络宣传的实效性和影响力。结合“走基层、转作风、改文风”和“调研年”活动，组织新闻工作者深入基层一线，推出一批来自群众、来自基层学习宣传贯彻十八大精神的生动鲜活报道。

（四）做好心得交流

学习宣传贯彻十八大精神关键在于指导实践推动工作。要立足岗位职责，紧密结合首都改革开放和中国特色世界城市建设的实际，紧密结合人口计生工作转型发展的实际，紧密结合本系统党员干部群众的思想实际，撰写心得体会。要抓好支部、人口计生委和全系统等不同层级的学习心得交流活动，做到学以致用、用以促学，真正做到以十八大精神指导实践、推动工作。

五、工作要求

（一）加强领导，精心组织

按照中央和市委的部署和要求，健全组织，制定方案，周密安排，切实做到领导组织有力、学习扎实有效，做到思想到位、措施到位、落实到位。各级党员领导干部要带头学习、带头研究、带头宣传、带头落实，以实际行动影响和带动广大党员干部群众的学习、贯彻。各党支部要正确认识学习宣传贯彻十八大精神的重大意义，提高认识，制定切实可行的工作方案，确保各项活动顺利开展。

（二）加强宣传，营造氛围

要坚持团结稳定鼓劲、正面宣传为主的方针，着力用党的十八大精神统一思想、凝聚力量。要及时了解干部群众的思想状况，密切关注社会舆情，有针对性地做好宣传工作。要加强对生育政策等敏感问题和群众关心热点问题的正面引导，最大限度凝聚社会共识。要加强对人口文化宣传阵地的管理，绝不给错误思想言论提供传播渠道。要坚持贴近实际、贴近生活、贴近群众，创新宣传形式和载体，探索新媒体宣传方法和手段，努力增强宣传十八大精神的吸引力、感染力和针对性、实效性。

（三）转变作风，狠抓落实

要紧密联系北京市人口计生工作实际，抓好十八大精神的贯彻落实。一要坚持科学发展，把科学发展观贯彻落实到人口服务管理的全过程，形成创新驱动的发展格局，努力在人口计生工作转型发展上不断有新的作为。二要注重改善民生，做到谋划发展思路向人民群众问计，查找发展中的问题听人民群众意见，改进发展措施向人民群众请教，落实发展任务靠人民群众努力，衡量发展成效由人民群众评判，发展成果由人民群众共享，切实解决关系群众切身利益的问题，让人民群众生活得更加幸福。三要坚持改革创新，以新的体制机制，以人口计生工作转型发展的新成效推动人口长期均衡发展。四要坚持转变工作作风，发扬“敢于担当、敢于碰硬、敢于创新”精神，讲实情、出实招、办实事、求实效，力戒空谈，力戒做表面文章，把工作的着力点真正放到研究解决人口计生工作面临的重大问题上，放到研究解决群众生产生活中的紧迫问题上，切实把党的十八大精神转化为各区县、各部门、各单位实实在在的工作举措，扎扎实实地推动首都人口计生工作不断取得新的进展。

关于开展北京市2012年度人口和计划生育目标管理考核总结表彰工作的通知

（京人口发〔2012〕46号）

各区县人口计生委、各有关单位：

2012年，首都人口计生工作在国家人口计生委大力指导和北京市委、市政府正确领导下，按照“打基础、转职能、抓宏观、重实效”的工作要求，牢固树立“大人口”观和“幸福家庭·和谐人口”理念，一手抓加强人口服务管理，一手抓创建幸福家庭活动，开拓创新，务实进取，人口计生工作转型发展迈出了坚实步伐。为总结经验，表彰先进，依据国家人口计生委《关于改革和完善人口和计划生育目标管理责任制的指导意见》（国人口发〔2008〕21号）和中共北京市委北京市人民政府《关于深入贯彻落实科学发展观统筹解决人口问题的决定》（京发〔2007〕20号）的文件精神，开展2012年人口和计划生育目标管理考核总结工作，评选表彰2012年北京市人口和计划生育工作红旗单位、先进集体、先进个人和优秀创新项目。现将相关工作通知如下：

一、指导思想

深入贯彻落实科学发展观，以坚持计划生育基本国策、统筹解决人口问题、促进人口长期均衡发展为导向，围绕“幸福家庭·和谐人口”的工作主线，开展人口和计划生育目标管理考核评估工作，挖掘和表彰人口计生战线上涌现出来的先进典型，在全系统树立激发创新、鼓励先进、争创一流的工作氛围，不断促进首都人口和计划生育事业深化发展，为推动首都科学发展、创造更加幸福美好生活和建设中国特色世界城市营造良好的人口环境。

二、参评范围

（一）北京市人口和计划生育工作红旗单位、先进集体以及先进个人所在单位参评范围

1. 中直管理局、国管局、全军、武警所属在京单位；

2. 北京各委、办、局、总公司、直属事业单位；

3. 各区县的乡镇政府、街道办事处、委办局、村委会、社区居委会及基层企事业单位等。

（二）北京市人口和计划生育工作优秀创新项目参选范围

2012年各区县、街乡（镇）人口部门及相关单位主持开展的各类项目。

具体表彰名额分配见附表。

三、评选条件

（一）北京市人口和计划生育工作先进集体评选条件

1. 坚决贯彻计划生育基本国策，认真开展新时期人口计生工作，完成目标管理任务要求并取得优异成绩。其中，乡镇、街道要求完成与区县政府签订的人口计生责任书指标；国家机关、企事业单位、部队、村（居）委会参加评选，需连续三年计划生育政策符合率达100%。

2. 领导高度重视、机构健全，协调联动机制不断完善，有效开展人口问题综合治理，为推进人口长期均衡发展做出积极贡献。

3. 没有发生群体性事件，未发生影响恶劣的投诉、上访事件。

（二）北京市人口和计划生育工作红旗单位评选条件

红旗单位除满足先进集体各项条件外，还应符合以下条件：工作富有特色，具有创新点，在全市或本地区或本系统走在前列。

（三）北京市人口和计划生育工作先进个人评选条件

1. 热爱人口计生工作，自觉遵守国家的法律法规，认真贯彻落实新时期人口计生育工作的各项方针政策。

2. 从事或主管人口计生工作成绩突出，本单位人口计生工作排名在本地区、本系统前列。

3. 重视人口计生工作，主动支持和配合人口计生部门开展各项工作，措施有力，效果明显。

（四）北京市人口和计划生育工作优秀创新项目评选条件

1. 围绕“幸福家庭·和谐人口”的工作主线开展；

2. 项目具有创新性，体现出工作的新思路、新方法或新机制；

3. 项目已经实施完成或者已取得阶段性成果，社会效益显著。

四、工作安排

（一）自评阶段（2012 年 12 月中旬至 2013 年 1 月上旬）：各单位、各区县进行 2012 年度目标管理考核自评，产生红旗单位、先进集体、先进个人、优秀创新项目推荐名单。于 2013 年 1 月 10 日前将登记表报送至市人口计生委相关处室。各单位申报奖项中局级以下（不含局级）的获奖者不少于总名额的 80%。

（二）审核阶段（2013 年 1 月中旬）：各处室对名单进行初步审核，确定所联系单位各类奖项的推荐名单，并于 2013 年 1 月 16 日前汇总至规划协调处。

（三）表彰阶段（2013 年 2 月底前）：经北京市人口计生委主任办公会审议确定红旗单位、先进集体、先进个人、优秀创新项目名单，并进行表彰。

五、工作要求

（一）加强组织领导，确保工作实效

严格落实目标管理责任制各项要求，挖掘先进典型，确保考核评估工作取得实效。严禁弄虚作假，一经发现，一律取消先进称号并在全市通报。

（二）坚持考评原则，确保评选质量

坚持公开、公平、公正的原则，参选的各类集体、个人和项目要有突出业绩，确保先进性、典型性和代表性。

（三）重点倾斜一线，激发基层动力

重点向基层单位和工作一线的同志倾斜，切实激发基层的工作动力。原则上国家机关正局级及以上领导，区县党委、政府正职领导，区县人口计生委党组书记、主任不作为先进个人推荐。

附件：1. 2012 年度全市表彰奖励名额分配表

2. 2012 年各区县表彰奖励名额分配表

北京市人口和计划生育委员会

2012 年 12 月 14 日

（联系人：赵力；联系电话：010－83978471）

附件1：

2012年度全市表彰奖励名额分配表

单　位	红旗单位	先进集体	先进个人	优秀创新项目	牵头处室
中直	5	10	15		办公室
国管局	13	25	40		
全军	10	20	30		
武警总部	3	6	10		
政法系统		4	8		政法处、流管处
统计信息系统		4	8		信息处、信息中心
新闻宣传系统		4	8		宣教处、宣教中心
科技技术系统		4	8		科技处、药具站
决策研究系统		2	4		规划处
发改财政系统		2	4		财务处
人事培训系统		2	4		人事处
党委系统		4	6		机关党委
纪检监察系统		4	6		监察处
群团系统		15	25		市计生协
局总公司	31	103	173	0	综合处
区县	76	310	620	32	规划处

备注：以上各类奖项中，局级（不含局级）以下获奖者不少于总数的80%。

附件2：

2012年区县表彰奖励名额分配表

区县	红旗单位	先进集体	先进个人	优秀创新项目
东城区	4	15	30	2
西城区	5	20	40	2
朝阳区	7	45	90	2
海淀区	7	40	80	2
丰台区	6	30	60	2

续表

区县	红旗单位	先进集体	先进个人	优秀创新项目
石景山区	4	15	30	2
门头沟区	4	10	20	2
房山区	4	15	30	2
大兴区	5	20	40	2
通州区	5	20	40	2
顺义区	4	15	30	2
昌平区	5	25	50	2
平谷区	4	10	20	2
怀柔区	4	10	20	2
密云县	4	10	20	2
延庆县	4	10	20	2
合计	76	310	620	32

五、整体工作篇

重点工作和重要会议

【举办2012年文化、科技、卫生“三下乡”活动启动仪式】1月6日，市人口计生委、昌平区政府联合举办2012年文化、科技、卫生“三下乡”活动启动仪式，赠送沙河镇政府30万元人口文化宣传教育设施。国家人口计生委宣教司副司长施春景，市人口计生委党组书记、主任刘志等领导出席活动，副主任彭彧华主持此次活动。

【全市人口计生系统反腐倡廉建设电视电话会召开】4月10日，市人口计生委召开全市人口计生系统反腐倡廉建设工作会议。驻委纪检组组长刘晓军代表市人口计生委党风廉政建设和纠风工作领导小组作2011年反腐倡廉建设工作报告，回顾总结2011年的工作，并对2012年反腐倡廉任务作了全面部署。市人口计生委党组书记、主任刘志作重要讲话，要求全市人口计生系统要按照“围绕中心、服务大局、突出重点、创新方法、加大宣传、务求实效”的思路，重点抓好以下五方面的工作：一是抓好2012年党风廉政建设和反腐败工作要点及责任分解的落实；二是扎实推进惩治和预防腐败体系建设；三是加强廉政风险防控管理工作；四是全面推进全系统阳光计生行动规范化建设；五是抓好对全员人口信息管理系统的效能监察工作。

【召开“北京家庭人口文化节”启动会】4月13日，2012年“北京家庭人口文化节”启动会召开，市人口计生委彭彧华副主任针对筹办工作提出三点要求：一要充分认识举办文化节的意义，统一思想，提高认识，按照下发文件的要求，做好各项筹备工作；二要认真总结人口计生工作经验，特别是总结好实施六大惠民工程的亮点，做好成果展示工作；三要加强组织协调，充分利用专家优势，调动群众积极性，群策群力，保质保量完成好各项任务。

【市人口计生委总结部署政务微博工作】4月16日，市人口计生委彭彧华副主任主持召开政务微博工作会，总结前期“北京人口计生”政务微博运转情况，部署下一阶段工作。“北京人口计生”政务微博工作开展以来取得了良好的效果：一是加强宣传力度，微博内容涉及全市人口计生系统最新工作进展情况和各类服务信息；二是拓宽了视野，通过关注了解各委办局、区县工作动态促进了部门之间的横向交流；三是提高了宣传效果，体现出新媒体的传播特点，弥补了传统媒体的不足；四是锻炼了队伍，各处室通力合作使宣传能力得到进一步提升。彭彧华副主任要求在今后政务微博工作中，要加强和相关部门、各区县的横向交流，及时回复百姓关注的热点问题，进一步加强信息报送和培训工作。

【采取五项措施加大对流动人口出生性别比的综合治理】市人口计生委联合有关部门按照“以完善机制为保障、以流动人口为重点、以观念转变为关键、以强化服务为目标”的思路，采取五方面措施：一是完善市级统筹机制，成立由市人口计生委牵头，公安、卫生、药监、妇联等部门组成的专项工作组；二是深入开展婚育理念宣传，倡导科学的生育观，消除性别歧视；三是严厉打击“非医学需要的胎儿性别鉴定和人工终止妊娠行为”，强化常态化工作机制；四是积极推进利益导向机制，制定落实综合治理出生人口性别比、促进社会性别平等的切实举措；五是开展孕期全程服务，提高母婴健康水平，重点防止女婴非正常死亡。

【2012 年区县人口计生委主任工作会召开】会议于 4 月 17 日召开，总结了北京市 2011 年人口和计划生育工作，并对 2012 年工作任务进行部署。市人口计生委党组书记、主任刘志作了题为《创新体制机制 深化服务管理 不断开创首都人口计生新局面》的工作报告。2011 年北京市人口计生工作取得四个较大突破：一是统筹协调人口工作方面取得较大突破；二是在促进家庭发展方面取得较大突破；三是在推进干部人事制度改革方面取得较大突破；四是在通过重大活动促进内外交流合作方面取得较大突破。2012 年北京市人口计生系统要牢牢把握“稳中求进”的总基调，重点做好五方面工作：一是紧紧围绕学习、宣传和贯彻党的十八大精神和市第十一次党代会精神，做好人口计生工作；二是坚持计划生育基本国策不动摇，切实稳定低生育水平；三是全面加强人口服务管理，努力构建与首都可持续发展和首都功能相适应的人口发展格局；四是大力加强领导班子和干部队伍建设；五是深化创先争优和“三进两促”活动，加强党风廉政建设，建设学习性、服务型机关。

【召开对口援助新疆生产建设兵团农十四师工作座谈会】4 月 19 日，市人口计生委党组书记、主任刘志同志主持召开对口援助新疆生产建设兵团农十四师工作座谈会，市对口支援办和农十四师相关领导参加会议。双方签署了对口支援协作框架协议，明确对口援助协作目的、原则和主要内容。根据协议，市人口计生委将从智力技术和项目等方面给予援助。双方成立了由市人口计生委党组书记、主任刘志为组长，农十四师党委常委、纪委书记张冬梅为副组长的对口援助工作协调小组，办公室设在市人口计生委综合处。

【“五级联创共建”推进会在怀柔区召开】 4月24日，“五级联创共建”推进会在怀柔区召开。国家人口计生委直属机关党委专职副书记张旭光、工会主席杨志媛，市人口计生委党组副书记、副主任徐捷，怀柔区委副书记萧有茂等出席。会议由怀柔区副区长王玉山主持，怀柔区人口计生委汇报了“五级联创共建”工作情况，杨宋镇花园村党支部代表共建村发言，国家、市、怀柔区人口计生委向共建村赠送了党支部建设项目资金和图书。结合“基层组织建设年”工作，推进会上确定2012年的联创共建活动主题为“帮带助进步，学用促发展”。

【北京市人大常委会副秘书长张清就本市人口规模调控工作来我委专题调研】 5月3日，市人大常委会副秘书长张清率队就人口规模调控工作到市人口计生委专题调研，听取市人口计生委工作汇报并给予积极肯定。①市委、市政府高度重视人口问题，有关部门统一思想、明确思路、综合施治、整体推进，首都人口规模调控初见成效；②探索建立人口评估机制等创新举措，为今后长期工作打下良好基础；③充分运用科技手段，完善人口发展信息服务平台，将为调控人口规模、推进人口科学发展提供有效决策支持；④进一步加强同人大代表的沟通联络，继续做好“合理调控首都人口规模”重点建议办理工作。

【对口支援贵州省毕节试验区】 5月11～12日，市人口计生委党组书记、主任刘志率市人口计生委相关处室及朝阳、顺义区人口计生委负责人赴对口支援地——贵州省毕节试验区的黔西、大方两县考察。与贵州省人口计生委签订了《北京市人口计生委对口支援贵州毕节试验区人口计生工作协议书》，朝阳、顺义区人口计生委分别与黔西、大方县人口计生局签订了《对口支援人口计生工作协议书》。

【对人口和计划生育目标管理责任书内容进行调整】 根据“稳”字为基、“进”中求统的总体思路，2012年北京市人口和计划生育目标管理责任书在内容上进行了调整：一是将远郊区县计划生育政策符合率指标由95%提高到与城区相同的97%，实现全市生育管理标准的城乡统一；二是流动人口计划生育经费不再单列，纳入区县人口与计划生育年度财政总预算，逐步实现与户籍人口的统筹；三是根据财政部和国家人口计生委相关文件精神，明确“人口和计划生育财政投入增长幅度要高于经常性财政收入增长的幅度，确保人口和计划生育财政投入逐年稳定增长”。

【市人口计生委举办“综合业务培训周”】 5月14～17日，北京市人口计生系统约500余人次参加了培训周。本次培训以适应人口计生工作转型发展、全面提高干部能力素质为目标，体现了“大人口”、“大培训”、“大转变”的工作思路，改变以往分头办班模式，整合培训项目、资源，大规模分层次培训干部。培训内容涉及机关工作运行、公文写作与公文处理、会务接待、政务信息、新闻宣传、政务微博等，授课老师均为相关业务领域有多年实际经验的一线工作者。市人口计生委党组书记、主任刘志做开班动员，并就如何做好信息工作等亲自授课。

【牵头召开环渤海地区区域协作“一盘棋”工作会议】6月21日，25日，市人口计生委牵头召开环渤海地区区域协作“一盘棋”工作会议，国家人口计生委流动人口服务管理司王谦司长，环渤海地区各省、市、区人口计生委主任、主管副主任、流管处长参加会议，湖南、湖北、云南、广西人口计生委领导作为特邀代表列席会议。市人口计生委副主任徐捷作为牵头单位代表作了《关于环渤海地区区域协作现状及发展情况的报告》。会议进一步落实国家人口计生委关于《2012年流动人口计划生育区域“一盘棋”工作方案》和《环渤海流动人口计划生育区域“一盘棋”工作实施方案》中区域协作相关工作，交流各省（区、市）流动人口服务管理工作经验，并就建立环渤海区域协作长效机制进行研讨。

【2012年北京人口和计划生育半年工作会议召开】会议于7月25日召开。市人口计生委党组书记、主任刘志作题为《坚持深化改革　加快转型创新　推动首都人口计生工作健康发展》的半年工作报告。市人口计生委党组副书记、副主任徐捷传达全国、国家人口计生委及北京市维护社会稳定工作会议精神，市人口计生委副主任耿玉田传达国家人口计生委党组书记、主任王侠在全国人口和计划生育半年工作会议上的重要讲话精神，朝阳区、密云县人口计生委分别就完善“大人口”工作格局、提升计划生育服务管理水平作大会交流发言。

【市人口计生系统积极行动援助“7·21”特大自然灾害受灾群众】市人口计生委组织机关全体干部募捐共计11 400元，委党组副书记、副主任徐捷代表市人口计生委赴房山区慰问受灾群众。房山区人口计生委开展“众志成城风雨同舟”抢险救灾捐款活动，共计捐款21 600元。丰台区人口计生委为受灾群众送去慰问品并开展捐款活动，做好农村独生子女家庭意外伤害保险的宣传和后续工作，根据受灾情况将开展更进一步的帮扶工作。

【北京市提前一年实现“国家免费孕前优生健康检查项目”全覆盖】在2011年3个区县试点工作基础上，按照国家统一部署，2012年本市全面开展“国家免费孕前优生健康检查项目”，为符合本市计划生育政策并准备怀孕的农村户籍人口和居住半年以上流动人口免费提供优生健康教育、体格检查、临床实验室检查、风险评估、咨询指导等19项孕前优生健康检查服务，提前一年完成国家提出的“2013年实现所有省（自治区、直辖市）全覆盖”的目标任务。项目资金由国家、市、区县三级财政承担。

【举行“国家免费孕前优生健康检查项目全覆盖”启动仪式】7月27日，北京市“国家免费孕前优生健康检查项目全覆盖”

启动仪式在门头沟区举行，国家人口计生委科技司副司长王巧梅、财务司副司长吴士勇，市人口计生委党组书记、主任刘志，副主任耿玉田，门头沟区委书记韩子荣等出席。刘志主任指出，本市试点实施免费孕前优生健康检查项目一年来进展顺利，取得明显成效。2012 年将全面实施，要做好五个统筹：一是统筹项目人群；二是统筹服务内容；三是统筹检查经费；四是统筹宣传发动；五是统筹考核督导。

【市人口计生委刘志主任做客“中国人口网”嘉宾访谈栏目接受专访】10 月 10 日，市人口计生委党组书记、主任刘志做客“中国人口网”嘉宾访谈栏目，与网友分享了近年来北京市人口计生委在创建幸福家庭、开展“六大惠民工程”过程中的故事与心情。该栏目是国家人口计生委为加强全国人口计生系统网络宣传工作力度，展示近年来各地人口计生工作取得的巨大成绩，展现基层人口计生领导干部的精神风貌而新开设的省市人口计生委领导访谈节目，刘志主任成为接受专访的首期嘉宾。

【四直辖市人口计生委主任联席会在京召开】10 月 12 日，北京、天津、上海、重庆四直辖市人口计生委主任联席会议在北京召开，北京市人口计生委主任刘志、天津市人口计生委主任张丽娟、上海市人口计生委主任黄红、重庆市人口计生委主任李世奎等同志出席会议。四市人口计生委主任就近期工作特点和工作思路进行了介绍，同时对共同关心的问题进行了探讨，一致同意建立定期例会、信息交流、研究会商和学习交流机制。会议期间，国家人口计生委副主任王培安到会与四直辖市就城市人口与计划生育工作进行了座谈。

【国家人口计生委王侠主任一行来京调研】10 月 18 日，国家人口计生委党组书记、主任王侠一行来京调研考察人口计生工作。王侠主任一行先后视察了顺义区南彩镇河北村、朝阳区建外街道 SOHO 商务楼宇服务站和西城区西长安街街道长安幸福家园，重点调研了流动人口服务管理、基层计划生育服务、人口信息化建设和创建幸福家庭活动等工作。市委书记郭金龙、代市长王安顺会见了王侠一行。北京市副市长丁向阳，北京市人口计生委党组书记、主任刘志全程陪同。

【首届家庭人口文化节闭幕暨幸福家庭表彰大会召开】10 月 29 日，市人口计生委隆重举办首届家庭人口文化节闭幕暨幸福家庭表彰大会。国家人口计生委宣教司副司长莫丽霞，中国人口宣教中心主任张汉湘，中国计生协会秘书长姚瑛，市政府副秘书长侯玉兰，市人口计生委党组书记、主任刘志以及市婚育新风进万家领导小组成员单位主管领导出席。刘志主任宣读了《北京市人口计生委关于表彰百家市级幸福家庭的决定》，海淀区、怀柔区的幸福家庭代表作了典型发言。

【市人口计生委召开创先争优总结交流大会】11 月 2 日，市人口计生委召开创先争优活动总结交流会，交流总结创先争优活动开展两年来取得的经验和成效，研究部署深化创先争优活动相关工作。市人口计生委高小俊副巡视员主持会议，委党组副书记、副主任徐捷代表机关党委对创先争优活动作总结汇报，办公室、人事处和宣教中心党支部作交流发言。委领导、机关各处室、直属事业单位、市计划生育协会党员干部及职工参加会议。市人口计生委党组书记、主任刘志指出，两年来，委党组按照中央及市委要求，通过开展创先争优活动，进一步加强了机关党组织建设，提高了党员干部队伍整体素质，有力推动了首都人口计生事业的改革发展。面对新的机遇和挑战，要按照创先争优活动总体要求，不断深化内涵，把有效做法和成功经验上升为制度规范，推动创先争优常态化、长效化。

【市人口计生委召开幸福家庭六大惠民工程暨人口文化建设座谈会】12 月 25 日，市人口计生委召开幸福家庭六大惠民工程暨人口文化建设座谈会。市人口计生委党组书记、主任刘志出席并讲话，彭彧华副主任主持，东城、西城、海淀、平谷、怀柔区人口计生委作典型发言。刘志主任传达国家人口计生委和市委相关会议精神，对明年工作提出要求：一是进一步明确工作思路和重点，将人口工作融入改革发展大局，着力建立健全人口发展机制、改善民生、深化改革，建设服务型政府；二是坚持“幸福家庭、和谐人口”这一工作主线，深入研究影响全局的重大问题和战略性问题，为市委、市政府决策提供支撑；三是认真贯彻落实市委、市政府改进工作作风、密切联系群众八项规定的实施意见，推进事业科学发展；四是加强调查研究，解决群众生活中的实际困难；五是落实好“解决群众办证难问题的八项措施”，在简化办事程序细则和网上审批上下功夫，转变作风，提高效率，方便群众。

【本市积极推进实施“暖心计划”】年内，北京市共投入 2 160 万元，为计划生育特殊困难家庭 7 746 人提供包含养老、医疗、意外伤害和女性重疾等保险责任在内的综合性保障，人均保费 2 789 元。目前北京市投保人中有 22 人出险，其中 12 例已完成理赔工作，最高赔付 32 900 元，理赔金额共计 92 568 元。

【东城区成立人口和家庭健康服务中心】7 月 26 日，东城区举行“人口和家庭健康服务中心”挂牌仪式，市人口计生委党组书记、主任刘志，东城区区委常委、常务副区长徐熙共同为“东城区人口和家庭健康服务中心”揭牌。刘志主任指出，东城区成立“人口和家庭健康服务中心”，是本市加快推进人口计生服务体系的重要举措。北京市人口计生系统要从五个方面继续做好优质服务工作：一是要加快落实计划生育服务体系建设规划；二是要加快社区卫生服务机构规范化建设；三是要加快人口计生科技服务信息化建设；四是要加快人员队伍能力素质建设；五是要加快实现国家免费优生健康检查项目全覆盖目标。

【西城区全面启动幸福家庭生命全周期公共服务体系建设】 7月3日，西城区人口计生委在西长安街街道举行长安幸福家园启动仪式，标志着西城区幸福家庭生命全周期公共服务体系建设工作全面启动。市人口计生委正局级委员王晓光，西城区区委常委、副区长梁昌新等出席启动仪式。梁昌新就增进家庭发展能力、构建覆盖家庭生命全周期公共服务体系提出要求：一是充分认识构建覆盖家庭生命全周期公共服务体系的重要意义；二是增进家庭发展能力，要体现以人为本、利民惠民；三是要科学谋划，坚持统筹协调，动员社会力量参与，扎实推进。

【顺义区推进实施计生家庭劳动力全员就业工程】 6月19日，顺义区人口计生委与区大方职业技能培训学校、北京多宝力劳务服务中心等单位联合举办区计生家庭劳动力全就业工程专场招聘会。招聘会上共提供1 000余个岗位，来自全区25个镇街的700余名计生家庭劳动力参加了现场招聘，达成初步就业意向295人。顺义区计生家庭劳动职业技能培训第一期培训班也在同期开班，开设中式面点师、中式烹调师、家庭餐制作和母婴护理四个技能培训项目。学员培训合格后将由培训单位派遣，帮助有就业意愿及劳动能力的计生家庭劳动力实现就业。

【昌平区“计生惠民助学行动”成效明显】 自1993年起在区、镇、村三级开展“计生惠民助学行动”以来，迄今已资助1.75万人，发放助学金2 517.37万元。全区303个村中已有229个村开展计生惠民行动，覆盖率达到75%。2012年，全区资助考上大中专院校独生子女共2 193人、发放助学金339.88万元，资助人数、发放助学金额均超过历年。

【平谷区举办“创建幸福家庭报告会”】 8月8日，平谷区举办“创建幸福家庭报告会”。中国人口福利基金会理事长赵炳礼、副理事长兼秘书长杨文庄，国家人口计生委宣教司司长张建，中国计生协副巡视员刘秀萍，国家人口计生委科研所副所长俞华，市人口计生委党组书记、主任刘志，平谷区委副书记、区长张吉福等领导出席。刘志主任肯定了平谷区创建幸福家庭工作，要求北京市人口计生系统紧紧围绕“加快建设中国特色世界城市，让首都人民生活更加幸福安康”这一主题全面推进创建幸福家庭工作。

（赵艳侠）

机关党的工作和精神文明建设

【概述】 2012年是落实“十二五”规划承上启下的重要一年。机关党委按照市直机关工委和委党组的部署和要求，以科学发展观为指导，按照围绕中心、服务大局、稳中求进的总思路，以迎接党的十八大胜利召开和学习贯彻党的十八大精神为主线，大力践行北京精神，在人口计生工作中深入开展创先争优活动，积极推进基层党组织建设，着力提高党员素质、着力转变机关作风、着力加强基层组织、着力服务党员干部，为委机关全面落实人口计生工作提供坚强的组织和思想保证。

【做好迎接和学习贯彻党的十八大和市十一次党代会各项工作】按照市直机关工委统一部署和要求，顺利完成了委员会出席党的十八大代表候选人和市十一次党代会代表候选人的推荐提名工作，做到党员和党组织参与率均达到100%。制发《北京市人口计生委学习贯彻市十一次党代会精神意见》，把学习贯彻党代会精神作为当前和今后一个时期重大的政治任务，制定了学习计划，把党员干部的思想和行动统一到会议精神上来，把力量凝聚到实现党代会确定的目标任务上来。提出了将学习贯彻会议精神与人口计生工作创新紧密结合、与创先争优活动紧密结合、与解决人口资源环境矛盾紧密结合、与服务群众、建设幸福家庭紧密结合的总体要求。印发了《关于迎接党的十八大胜利召开的通知》、制定印发了《中共北京市人口计生委党组学习宣传贯彻党的十八大精神意见》及实施文件，通过党组会议、中心组学习、处级干部培训班、专题报告会、专门网页、宣传栏等形式，教育引导广大党员干部深刻领会党的十八大主题、深刻领会科学发展观的历史地位和指导意义、深刻领会全面建成小康社会和全面深化改革开放的目标、深刻领会建设中国特色社会主义事业“五位一体”总体布局和任务、深刻领会全面提高党的建设科学化水平的新要求，努力使党员干部树立坚定不移走中国特色社会主义道路的坚强信心。

【推进学习型党组织建设】印发《北京市人口计生委党组关于进一步加强和改进中心组学习的实施意见》，按照专题分类、突出重点的要求，制定了年度学习计划和季度安排。全年安排中心组集中学习12次，每位委领导班子成员完成调研报告1篇以上。印发《北京市人口计生委2012年理论学习安排意见》，制定了党务干部、党支部书记、工会干部、入党积极分子培训计划。全年选派人员参加北京市机关基层党组织书记示范培训班、中纪委综合业务培训班、工会干部培训班共三批，有5人次参加市直机关工委的培训。为委领导和各支部订阅了《求是》、《大讲堂》、《中直党建》、《北京机关党建》、《支部生活》等期刊。制定了“悦读好书　共享精品”读书活动方案，成功举办了第一届“悦读好书　共享精品”读书演讲会。分四批组织委内87名党员职工赴内蒙古、山西、广东和贵州四省的对口援助地区、经济发达区、革命老区进行考察，接受红色教育，开展对口援助，学习先进经验，不断提高素质能力。

【深化“创先争优”活动】把“创先争优”和“三进两促”活动向广度和深度延伸。处室（支部）将“推动科学发展、建设和谐社会、服务人民群众、加强组织建设”思想贯穿于制定事业发展规划，进行信息化升级改造，落实特别扶助和奖励扶助制度，实施免费孕前优生检查项目等活动中。赵力、吴娅同志撰写的文章获得国家人口计生委政治思想研究论文“二等奖”，刘学文同志撰写的文章获得国家人口计生委政治思想研究论文“三等奖”。机关党委撰写的创先争优经验交流文章被市直机关工委专刊刊登并收录入材料汇编。委员会被顺义区委评为“创先争优荣誉单位”。由委机关党委与国家、怀柔区人口计生委及乡镇、村计生办五级党组织联合开展的“五级联创，共促发展”活动经验材料，被市委组织部、市直机关工委编印的《“走在党的基层组织建设的前头”——北京市机关基层党组织典型案例汇编》收录。召开了委员会创先争优活动总结会。

【拓展“三进两促”活动】着重推进“五级联创”和“一助一”共建活动的落实，进一步开展机关党组织与农村基层党组织的结对帮扶工作，拓展帮扶内容与方式。举办“五级联创”和“一助一”活动推进研讨会和启动仪式，与5个对口村召开交流指导座谈会，捐助项目帮扶资金25万元，为12户困难党员计生家庭送了慰问金1.2万元，组织青年同志近50人到对口村进行学雷锋志愿服务活动。

【推进“领航工程、聚力工程、先锋工程”】贯彻落实市委、市政府关于调控首都人口规模的政策措施，结合市人口计生委职能转变，引导党员干部深入实际调查研究，为社会和谐稳定、统筹解决首都人口问题做出应有的贡献。结合纪念中国共产党建党91周年，开展了“陈实同志参加革命工作70周年座谈会”、慰问委内及基层困难党员、刘志主任上党课等系列活动，还开展了七一党员爱心捐款活动和为“7·21”北京特大暴雨受灾区捐款等活动，分别捐款9 750元、1 140元。2012年七一建党91周年之际，人事处支部、办公室支部孙崇英同志分别被市直机关工委评为先进党支部、优秀党员，受到表彰。

【进一步加强机关基层党组织建设】一是调查摸底，分类定级。4月中旬，根据京直通〔2012〕13号文件中的标准要求，按照“基层党组织自评、党员群众测评、委机关党委评定”程序，对全委机关14个（含离退休两个）支部及直属事业单位4个支部，共18个党支部进行了分类定级工作，18个党支部均定为优秀等级。二是健全组织，配强干部。4月下旬，根据委员会机构改革、人员调整的进度，机关党委及时部署基层党支部改选工作，对新调整18个党支部的书记、支部委员进行了如何当好支部书记及加强机关文化建设等培训。三是强化意识，增强责任。认真开展学习贯彻《中国共产党党和国家机关基层组织工作条例》及其北京市的实施办法活动，通过对各党支部自评、测评、点评，强化党员党性意识，增强事业心、责任感。

【加强党风廉政教育】组织中心组学习胡锦涛同志在十七届中央纪委七次全会上的重要讲话精神，在全委开展“五个一”活动，即召开1次廉政风险防控动员部署会、组织党员职工观看1场警示教育展览、进行1次集体诫勉谈话、上1堂党风廉政党课、出1期党风廉政建设专栏，不断增强反腐倡廉意识。特别是围绕着刘志军案件，王立军事件、尼尔·伍德死亡案件和薄熙来同志严重违纪问题，认真学习有关文件和文章，把思想和行动统一到中央精神和市委部署上来，筑牢反腐倡廉的思想防线。

【推动廉政风险防范管理工作】重新修订了《党组议事规则》，印发了北京市人口计生委《关于进一步加强廉政风险防控管理实施意见》，明确了委内廉政风险防控重点、任务和目标，启动了委内廉政风险防控管理工作。注重发挥纪委职能作用，积极配合委员会干部人事工作、财务制度改革，预防各类违法违纪问题发生。督促委员会各级领导签订了党风廉政建设责任书。

【开展学雷锋活动】以社会主义核心价值体系和北京精神为统领，以提高干部职工思想文化素质为重点，全面推进机关文化建设。把“爱国”融入到思想上，把“创新”体现在工作上，把“包容”落实到队伍建设上，把“厚德”反映在文明建设上。以北京精神提升机关工作的文化底蕴和内涵，在加强文化建设中贯彻北京精神，组织到怀柔区花园村开展学雷锋志愿服务活动及向身边学雷锋典型学习活动，发出了“学习雷锋精神、做合格公务员”的倡议书，传承和弘扬雷锋精神，改进机关工作作风，构建文明和谐机关。表彰了15名身边的学雷锋先进典型，使大家感到榜样就在身边，从我做起、从小事做起，用实际行动传承雷锋精神。

【深化“送温暖”工作】注重人文关怀和心理疏导，关心党员干部工作学习生活，把解决思想问题与解决实际困难相结合，把节日慰问与日常关怀结合起来，把困难帮扶与普遍关爱结合起来，做职工的贴心人。组织了全委在职120名职工健康体检，为委员会62名女职工办理了大病互助保险。“元旦”、“春节”期间，共走访慰问101户，其中委机关困难职工7人、劳动模范2人、离退休人员60人、区县计划生育家庭和困难计生干部32人，发放慰问补助金11.1万元。在七一纪念建党91周年之际，由委领导带队，各支部代表参加，走访慰问困难党员21户，其中区县12户，委退休人员9户，发送慰问金2.2万元。

（邹建荣）

反腐倡廉建设

【概述】2012年，全市人口计生系统深入学习贯彻中央纪委十七届七次全会、北京市纪委十届八次全会暨全市党风廉政建设工作会议精神和全国人口计生系统反腐倡廉工作会议精神；委党组重视反腐倡廉制度建设，进一步完善惩治和预防腐败体系，全面加强新形势下人口计生系统反腐倡廉建设和作风建设；驻委纪检组监察处结合驻在部门工作实际，认真履行监督职能，配合委党组健全完善廉政风险防控管理制度，深入推进阳光计生行动规范化建设，积极开展立项效能监察工作，全系统反腐倡廉建设和行风建设取得了新成效。

【制定反腐倡廉建设工作要点】2月，制定下发了《北京市人口计生委2012年党风廉政建设和反腐败工作要点》（以下简称《要点》），围绕《要点》细化分解了7个方面53项具体任务，明确了每项任务的牵头部门和协办单位，强化各级领导干部在党风廉政建设中主体意识、责任意识，促进了党风廉政建设责任制的落实。

【调整委党风廉政建设责任制领导小组】3月14日，中共北京市人口计生委党组下发《关于调整北京市人口计生委党风廉政建设领导小组成员的通知》（京人口党发〔2012〕8号），调整了市人口计生委党风廉政建设责任制领导小组成员组成，进一步明确了委党风廉政建设领导小组、组长、副组长、小组成员及领导小组办公室的职责和任务。

【开展全市示范单位和工作标兵创建评选活动】为深入推进阳光计生行动规范化、全覆盖，进一步推动全市人口计生系统行风建设，不断总结经验，创新发展。根据《北京市人口计生系统阳光计生行动规范》、《北京市人口计生系统基层阳光计生行动示范单位标准》和《北京市人口计生系统阳光计生行动检查评估办法》有关要求，决定在全系统开展“双百”（100个阳光计生行动示范单位、100名阳光计生行动工作标兵）创建和评选活动。4月5日，北京市人口计生委下发《关于申报北京市阳光计生行动示范单位和工作标兵的通知》（京人口发〔2012〕10号），通知就申报范围、申报标准、申报方法、申报名额等有关事项进行了明确。

【召开2012年反腐倡廉建设工作会】4月10日，市人口计生系统召开2012年度反腐倡廉建设工作电视电话会议。市人口计生委领导和委机关、事业单位全体干部在北四环主会场参加了会议，各区县人口计生委领导和机关、事业单位全体干部在各区县分会场参加了会议。会议的主要任务是学习贯彻中央纪委十七届七次全会、国务院第五次廉政工作会议、北京市纪委十届八次全会暨全市党风廉政建设工作会议以及全国人口计生系统反腐倡廉工作会议精神，总结2011年全系统反腐倡廉工作，部署2012年全系统党风廉政建设和反腐败工作。会上，海淀区人口计生委主任刘彦、顺义区人口计生委主任秦士友、平谷区人口计生委纪检组组长张满仓、怀柔区人口计生委主任杨振富分别介绍了本地区开展阳光计生行动规范化建设经验。委党组成员、驻委纪检组长刘晓军代表市人口计生委党风廉政建设和纠风工作领导小组作工作报告，市人口计生委党组书记、主任刘志到会并讲话。

【完善惩治和预防腐败体系】 年内，为规范市人口计生委政府采购和监督工作，驻委纪检组监察处会同市人口计生委财务处、人事处先后赴市发改委、住建委等部门开展政府采购及监督工作专题调研，起草并下发了《北京市人口计生委政府采购监督管理办法（试行）》。协助委员会制定了《北京市人口计生委政府采购实施办法》。组织北京市人口计生系统党务公开专题调研，进一步完善科学规范的党组决策机制，修订完善了《北京市人口计生委党组议事规则》，加强了对委党组落实《北京市人口计生委关于落实“三重一大”决策制度的实施办法》和《北京市人口计生委关于党务公开的实施办法》的监督检查。

【推进阳光计生行动规范化建设】 市人口计生委在积极开展阳光计生行动的基础上，不断总结和创新经验。5月上旬，在全国人口计生系统纠风工作座谈会暨阳光计生行动经验交流会上，驻委纪检组组长刘晓军代表市人口计生委作了题为《科学构建阳光计生行动评估体系，扎实推进阳光计生行动规范化建设》的经验介绍，受到国家人口计生委领导和与会兄弟省市领导的广泛好评。会上，海淀、顺义、平谷三个区人口计生委继2011年怀柔区之后被国家人口计生委命名为第二批“全国阳光计生行动示范单位”。《北京日报》在8月9日、8月10日的第12版连续两天专版刊登了全系统开展阳光计生行动规范化建设的经验做法；《中国人口报》在8月20日的头版头条以《北京市深入开展阳光计生行动》为标题对北京市开展阳光计生行动情况进行宣传。为使活动持续深入开展，从8月到11月，驻委纪检组监察处牵头成立联合检查组，对16个区县阳光计生行动规范化建设情况进行了全面检查评估，12月24日召开了全市阳光计生行动规范化建设检查总结推进会，对全系统100个示范单位和100名工作标兵进行总结表扬和宣传。

【召开纠风工作会议】 5月31日，市人口计生委组织召开了市人口计生系统纠风工作会议，总结了2011年纠风工作取得的成效和经验，分析了全系统纠风工作形势，安排部署了2012年纠风工作任务。市人口计生委领导，机关各处室、直属事业单位主要负责人及各区县人口计生委负责纠风工作的领导共45人参加了会议。会上，向荣获第二批全国阳光计生行动示范单位的海淀、顺义、平谷区人口计生委颁发了奖牌；委党组成员、驻委纪检组组长刘晓军传达了全国人口计生系统纠风工作座谈会暨阳光计生行动经验交流会精神；市人口计生委党组书记、主任刘志到会并讲话。

【推进廉政风险防控管理】市人口计生委在认真落实《北京市人口计生系统廉政风险防范管理办法》和《北京市人口计生系统廉政风险防范管理考核办法（试行）》基础上，为贯彻落实市委、市政府《关于进一步加强廉政风险防控管理实施意见》及市纪委《〈关于进一步加强廉政风险防控管理的意见〉实施方案》精神，7月18日，驻委纪检组组长刘晓军带领机关党委和监察处人员到西城区纪委监察局调研廉政风险防控管理工作。指导和协助机关党委制定了北京市人口计生委《关于落实〈关于进一步加强廉政风险防控管理实施意见〉的实施细则》，对深化和规范廉政风险防控管理工作，建立和完善领导班子权力结构科学化配置体系、权力运行规范化监督体系、廉政风险信息化防控体系建设做出了工作安排。

【召开区县效能建设座谈会】为促进系统效能建设，驻委监察处注重对区县人口计生部门效能监察工作的指导。5～6月先后组织16个区县召开3个片会，围绕人口计生系统“效能建设与效能监察”进行了专题座谈，在总结交流工作经验、分析工作难点的基础上，就如何发挥效能监察的“倒逼”功能，推动各级人口计生部门效能建设的有效途径和办法进行研讨。

【加强立项效能监察和日常监督】3月8日，按照市监察局对派驻部门关于开展立项效能监察工作要求，决定对市人口计生系统“全员人口信息管理系统”建设情况实施立项效能监察，分别向信息处、信息中心下发了立项效能监察通知书。9～11月，驻委监察处会同市人口计生委政法处、信息处等单位组成联合检查组，采取全面检查与重点抽查相结合的方法，对全市人口计生系统“全员人口信息管理系统”建设情况进行了行政检查，对总体工作做出基本评价，对进一步规范和改进工作提出了建议。此外，先后对市人口计生委“外网网站升级改造”、“幸福家庭宣传品印刷”、“婚育服务包购置及宣传材料印刷”、“奖扶特扶宣传折页印刷”、“流动人口管理指南印刷”、“免费避孕药具自动发放机购置”、“免费药具物流配送试点项目运营”、“信息系统安全改造”等10个招标项目的开标、评标过程实施监督，确保了项目的规范化运行。

【加强行风监督员队伍建设】年内，驻委纪检组监察处进一步完善了行风监督员制度，充分地发挥监督员在行风建设中的作用。先后于8月、11月两次组织行风监督员工作会议，讲评工作、安排任务。同时采取以会代训的方法就如何建设一支活跃在人口计生系统积极、健康、有活力、有作为的行风监督员队伍进行培训。为充分发挥特约监督员的信息员、宣传员、联络员和监督员作用奠定坚实的组织基础和思想基础。在专项治理、阳光计生行动规范化建设检查评估等工作中，邀请特邀行风监督员全程参与检查，直接听取他们的意见，并通过他们更广泛地倾听群众呼声，了解百姓意见。

【编印下发《普洒阳光的人们》一书】 12月，驻委纪检组监察处组织编印并下发了《普洒阳光的人们》。全书汇集了全市人口计生系统33个阳光计生基层示范单位和51名工作标兵在深入推进“阳光计生行动”中的典型事迹，通过朴实无华的语言，向读者描述了人口计生工作者在各自的工作岗位中如何播撒阳光，从不同侧面展示了人口计生系统廉洁、务实、为民的工作作风，集中反映了全市在推进“阳光计生行动”中的好经验、好做法。

（邱建明）

依法行政和利益导向

【概述】 2012年政策法规和利益导向工作本着以人为本、服务基层的原则，以完善政策、简化程序、便民维权为目标，坚持从规范立法程序、完善政策体系、落实执法责任、提高依法行政综合工作水平等方面着手，人口与计划生育依法行政和利益导向工作得到一定提升。

【建立健全人口计生依法行政政策体系】 一是继续做好《条例》修改的论证及立法调研上报工作。在2011年《条例》修改小组两次开展修改草稿起草基础上，2012年委《条例》修改小组继续做好《条例》修改前期准备工作，与市政府法制办法制二处举行《条例》修改论证会，汇报了《条例》拟修改的基本框架，听取法制办就地方性法规修订工作的相关意见。起草了《北京市人口计生委申报地方性法规立法项目建议》并上报市政府法制办及市人大，争取将《条例》修改列入2013年立法调研项目。二是做好现有政策及问题的梳理。2012年政法处先后以区县调研、区县人口计生委信访部门上报及法制部门上报等形式三次对目前《条例》及规范性问题执行中遇到的问题进行了详细的个案梳理和分析，梳理出存在的9大类43项问题，找出对应的4大重点政策规定。根据梳理的问题，在刘志主任亲自带领下，政法处多次听取区县意见，先后起草了《关于审批生育第二个子女的规定》、《关于特殊情况照顾再生育一个子女的规定》、《关于涉外人员适用本市计划生育政策的实施办法》，对现有审批生育第二个子女的审批材料、再婚夫妻再生育子女的特批条件及涉外人员（包括涉外婚姻家庭、留学人员、华侨归侨等）生育问题等相关规定进行了修订和完善，并就相关问题向丁向阳副市长进行了汇报，听取领导建议和指导意见，得到市领导的肯定，也为完善政策、解决群众需求提供坚实政策基础。10 月底，政法处与市公安局人口管理大队召开协调会，就梳理的重点政策规定尤其涉及《条例》41 条相关问题进行了协商，形成初步指导意见，为解决目前基层诉讼强烈的重点问题提供了解决思路。三是通过书面答复的形式先期解决基层出现的亟待解决的重点问题。对政策解释不统一不明确而导致政策不落实并产生矛盾的重点问题，政法处通过个案答复的形式进行规范和统一，先后就海淀区关于夫妻办理《生育服务证》并怀孕后离异是否算合法生育、朝阳区关于夫妻一方为外籍是否可以享受双独生育政策等问题进行了函复，并抄送全市 16 个区县，将个案涉及的问题归类化，实现相关政策的书面统一。四是出台《生育服务证管理办法实施细则》，为进一步规范本市《生育服务证》的办理工作，切实维护广大育龄群众的合法权益，市人口计生委对 2003 年 8 月 27 日开始实施的《北京市生育服务证管理办法实施细则》进行了相应修改。新文件增加了对申请随父办证、涉境外人员申请办证、在人才交流中心等部门存档人员申请办证等特殊情况的规定，进一步明确了办理《生育服务证》的程序、条件和所需材料。修改后的《北京市生育服务证管理办法实施细则》于 2012 年 5 月日起施行。五是召开和参加相关部门政策协调会，完善特殊人群的计划生育政策。政法处先后参加市委组织部召开的海外高层次人才子女落户问题协调会，就“海聚工程”选拔的海外高层次人才不符合本市政策多生育子女落户问题进行了多次座谈，并对涉及的 5 例个案提出具体的解决方案。与市侨办就华侨回国再生育或不符合本市政策生育子女回国问题进行深入讨论，为进一步完善华侨生育问题相关政策打下基础。参加市民政局关于部分事实收养案件的协调会，为收养特殊案例等问题提供解决思路。

【不断提升人口计生行政执法工作规范化水平】一是全面部署计划生育依法行政工作。2012 年 4 月政法处召开 2012 年区县法制工作部署会，下发依法行政工作要点，对 2012 年工作进行部署和动员。明确了依法行政工作的重点是维护社会和谐稳定，做好《条例》修改和利益导向政策调研；统筹协调利益导向机制，推进人口计生利益导向政策制度化、法制化；以“两个创建”为抓手，积极开展“基层执法规范年”活动。二是诚信计生工作率先实现全覆盖。2012 年 5 月 22 日，市人口计生委召开北京市诚信计生工作经验交流会，总结 2011 年诚信计生工作，6 个已经实现诚信计生区县介绍了经验。重点对 2012 年全市实现诚信计生全覆盖工作并不断深化拓展诚信计生工作提出了具体的要求。2012 年 10 月中下旬，市人口计生委下发诚信计生验收工作的通知，由耿玉田副主任带队，办公室、政法处、信息处和科技处派员组成验收小组，采取听取汇报、查阅文件、问卷调查和群众座谈等多种形式对其他 10 个区县

“诚信计生”工作进行验收，全市16个全面实现“诚信计生”，较全国提前一年实现全覆盖。三是按时准确办理行政复议案件及人大政协提案建议。随着群众维权意识提高，人口计生行政部门被复议案件增多，2012年政法处依法答复市政府法制办被复议案2例，其中1例为群众要求社会抚养费信息公开，政法处起草了答复书并多次与法制办沟通、参加法制办举行的专家听证会，最后获得“维持”的满意结果。1例群众复议信访逾期答复案例当事人主动撤销。四是聘请法律顾问加强依法行政规范化建设。与著名观韬律师事务所签订合作协议。

【人口与计划生育导向机制不断完善】一是奖励扶助特别扶助工作顺利完成。2012年奖励扶助办公室对东城区、大兴区、门头沟区、昌平区、平谷区、怀柔区6个区县扶助对象资格确认及程序、表格填写等进行质量抽查。据统计，2012年新增奖励扶助对象6 270人，退出695人，受奖励扶助总人数增加到26 673人。截止到年底，奖扶特扶对象扶助金全部注入个人账户。二是探索加大独生子女家庭尤其计划生育特殊困难家庭的帮扶机制。根据国家人口计生委、财政部关于建立奖扶、特扶标准动态调整机制的文件精神，奖扶办起草了《关于调整农村部分计划生育奖励扶助和计划生育特别扶助标准所需经费的请示》，按照动态调整机制及增长幅度对奖扶、特扶标准进行了测算，拟积极争取市政府及市财政局同意，进一步提高对独生子女尤其计划生育特殊困难家庭扶助标准。三是配合国家人口计生委在北京市开展独生子女与非独生子女父母养老状况调查。此次调查涉及全市9个区县、10个街乡镇、20个村居，在组织国家人口计生委在本市开展预调研及座谈会基础上，政法处带领全市70名调查指导员、调查员参加了国家人口计生委举办的调研培训。全市共完成调查问卷500份，全部达到国家人口计生委的要求。为本市独生子女父母养老状况也提供了基础数据。

【修订出台《生育服务证管理办法实施细则》】为进一步规范本市《生育服务证》的办理工作，切实维护广大育龄群众的合法权益，市人口计生委对2003年8月27日开始实施的《北京市生育服务证管理办法实施细则》进行了相应修改。新文件增加了对申请随父办证、涉境外人员申请办证、在人才交流中心等部门存档人员申请办证等特殊情况的规定，进一步明确了办理《生育服务证》的程序、条件和所需材料。修改后的《北京市生育服务证管理办法实施细则》于2012年5月1日起施行。

【《关于印发〈贯彻落实〈国家人口计生委关于方便群众办证的通知〉的实施办法〉的通知》颁布实施】为贯彻落实国家人口计生委《关于方便群众办证的通知》提出的各项要求，进一步规范本市《生育服务证》和《独生子女父母光荣证》的办理工作，创新行政管理和服务机制，改进工作作风，提高服务水平，切实维护广大育龄群众的合法权益，12月6日，市人口计生委印发了《贯彻落实〈国家人口计生委关于方便群众办证的通知〉的实施办法》（京人口发〔2012〕41号），出台了八项便民措施，即：①统一办证流程、公开办事程序。②推行一站式全程服务。③实行一次性书面告知。④缩短办事时限，推行即时办结。⑤简化证明材料，提高办事效率。⑥实行流动人口一孩生育服务登记制度，推进人口计生服务均等化。⑦积极解决集体户和人户分离人员办证问题。⑧进一步改进工作作风，维护群众合法权益。《实施办法》突出依法合规、以人为本、注重民生、方便群众的原则。

【积极参加全国第四届人口和计划生育法制建设征文活动】为纪念《人口与计划生育法》颁布10周年，北京市人口计生委组织全市人口计生法制系统参加国家人口计生委组织的第四届人口和计划生育法制建设征文活动。北京市西城区人口计生委王麟撰写的《跨省市社会抚养费征收工作的建议》一文获得一等奖；海淀区学院路街道静淑苑社区李凤园撰写的《新形势下人口与计划生育普法宣传教育的内涵与目标》获得优秀奖。

【聘请观韬律师事务所为法律顾问】2012年3月，北京市人口计生委与观韬律师事务所签订合作协议。根据协议，该律师事务所将为市人口计生委提供法律咨询和法律论证、审查合同、规范业务流程等其他相关业务，并根据需要参与北京市人口计生委的行政诉讼、行政复议等。2012年法律专家就委员会涉及的法律问题进行了培训，并就合同法进行了深入讲解，先后审核相关处室业务合同109余份。

【召开全市人口与计划生育依法行政工作会】2012年4月20日，北京市人口计生委在北京会议中心召开全市人口与计划生育依法行政工作会。会议传达了国家人口计生委有关依法行政工作的文件，布置了2012年北京市人口与计划生育依法行政工作安排，结合实际交流了人口与计划生育依法行政工作的重点思路和疑点、难点问题。市人口计生委确定将2012年重点工作放在“逐步完善人口与计划生育法律法规体系”、“进一步推动人口与计划生育利益导向政策体系”、“规范基层执法工作”、“继续做好执法监督工作”等六个方面。

【本市11个乡镇（街道）获得第二批“全国人口和计划生育依法行政示范乡镇（街道）”称号】按照国家人口计生委要求，北京市继续开展人口和计划生育依法行政示范乡镇（街道）创建活动。在基层自荐基础上，经过认真筛选，并经国家人口计生委认可，西城区展览路街道办事处、朝阳区三里屯街道办事处、朝阳区双井街道办事处、海淀区学院路街道办事处、海淀区四季青镇人民政府、石景山区古城街道办事处、门头沟区永定镇人民政府、房山区拱辰街道办事处、通州区潞城镇人民政府、怀柔区怀北镇人民政府、密云县西田各庄镇人民政府等11个乡镇（街道）成为第二批“全国人口和计划生育依法行政示范乡镇（街道）”。

【“诚信计生”工作提前一年实现全覆盖】为扎实开展诚信计生工作，在2011年西城区等六个区县实现“诚信计生”达标基础上，2012年北京市人口计生委诚信计生工作领导小组按照《北京市诚信计生工作实施方案》（京人口发〔2011〕16号），由耿玉田副主任带队对东城区、朝阳区、海淀区、门头沟区、房山区、大兴区、通州区、顺义区、密云县、延庆县等10个身边“诚信计生”的区县进行检查验收，申报达标的10个区县均符合国家诚信计生的评估标准。至此，全市16个区县全部通过“诚信计生”达标验收，比国家人口计生委要求提前一年实现诚信计生全覆盖。

【市审计局对市人口计生委奖励扶助和特别扶助等工作进行绩效考核】2012年1～2月期间，北京市审计局先后到朝阳区、房山区、通州区、海淀区、密云县进行了绩效考评，对以独生子女家庭奖励扶助、特别扶助制度为主的利益导向工作和全员信息库使用情况绩效检查，听取各区县奖励扶助、特别扶助和全员信息库工作进展情况，查看了随机抽取的奖扶对象、特扶对象的档案资料，并到所抽取的乡镇与扶助对象进行了面对面的问卷调查，听取并记录了扶助对象的意见和建议。

【印发《关于对朝阳区人口计生委罗某再生育一个子女案件请示的复函》指导涉外婚姻生育审批工作】2012年5月，北京市人口计生委结合本市实际，对《朝阳区人口计生委关于再生育一个子女案件的请示》（朝人口文〔2012〕10号）进行函复，《关于对朝阳区人口计生委罗某再生育一个子女案件请示的复函》（京人口函〔2012〕23号）印发全市16个区县，用于指导区县涉外婚姻再生育审批工作。根据《复函》，一方为外国公民或中国港澳台居民、一方为本市户籍的夫妻，能够提供具有法律效力的婚育情况证明的，可以在本市一方按照《北京市人口与计划生育条例》“双方均为独生子女只有一个子女”规定申请生育第二个子女。

【印发《关于对海淀区人口计生委果某某案件请示的复函》指导区县行政执法工作】2012年4月，北京市人口计生委结合本市实际，对《海淀区人口计生委关于果某某案件的请示》（海人口报〔2012〕15号）进行函复，《关于对海淀区人口计生委果某某案件请示的复函》（京人口函〔2012〕25号）印发全市16个区县，用于指导区县行政执法工作。根据《复函》，夫妻双方合法办理《生育服务证》并怀孕后婚姻状况发生变化的，事实清楚的，原《生育服务证》有效。

（叶小敏　况海涛）

人口规划和发展战略研究工作

【概述】2012 年，人口规划和发展战略研究工作紧紧围绕完成“合理调控首都人口规模问题及对策”这一重要任务，建立完善重大规划、重大政策、重大项目的人口评估和人口计生目标管理考核这两大评估体系，协调推进幸福家庭、利老惠老和出生人口性别比治理这三项工作，坚持起步求稳，稳中求进，充分发挥统筹协调职能，集中多方力量，集中多维智慧，确保在重大问题研究中求得实招，在规划评估设计中体现创新，在协调推进工作中务求成效，在高质量完成工作的同时，使自身素质能力得以较大提升。

【完成特大城市人口规模调控课题研究】围绕北京市委、市政府“合理调控人口规模”的指示精神，在国家人口计生委的指导下，我委牵头开展“特大城市人口规模调控（以北京为例）”课题研究，取得新的进展。第一，规范课题管理。进一步完善课题管理办法，规范合同文本，细化项目内容，实现课题管理的规范化，保证课题研究的顺利实施，提高经费使用效率。第二，抓好统筹推进。子课题的研究由市发展改革委、市规划委、市流管办、市民防局等 12 个委办局和 9 个区县组成，21 个研究机构共同参与。我委牵头召开多次联合课题组会议，加强对课题的组织协调，统筹推进各子课题的研究，多次会同各子课题承担部门和区县课题负责人就课题内容进行调研切磋，加强对子课题的指导。第三，完善目标内容。根据课题研究需要，调整课题研究内容，在原有财政立项的 28 个课题基础上新增了 3 个子课题，将人口评估机制研究、人口老龄化趋势、人口性别结构研究等内容纳入课题框架之中，完善课题研究内容。第四，借助外脑资源。在课题推进的过程中，多次召开专家咨询会，邀请经济、社会、人口、资源环境、政策研究等方面的专家学者和人大代表、政协委员，征求意见和建议，借助外脑资源，破解首都人口调控难题。第五，撰写课题总报告。年底前已完成课题研究总报告初稿的撰写，明确了人口调控的思路、原则和目标，梳理出四方面 18 条措施建议。

【初步建立人口评估机制框架体系】建立重大规划、重大政策、重大项目的人口评估机制，是北京市 2012 年重点改革任务。第一，做好政策储备。前期全面收集梳理与人口评估有关的国家法律法规、北京市法规政策、相关行业规划与准入标准、重大规划和项目建设标准、重大项目审批相关文件、重大项目拟选地址基础材料等一系列资料。第二，征求各方意见。联合北京市经济与社会发展研究所，建立人口评估专家顾问组，走访市发改委、市规划委、市国土资源局、市民防局、市住房和城乡建设委、市工商局、市维稳办等7家单位，30余个业务处室，向规划、政策、项目设计的相关部门广泛征询意见，并形成书面报告。第三，推动研究论证。多次召开人口评估专家咨询会，启动人口评估机制建设的功能定位、框架设计和内容细化等研究论证工作，形成《关于建立北京市重大规划、重大政策、重大项目人口评估机制的方案》征求意见稿。

【完善目标管理改革方案】一是调整目标管理责任书内容。经市政府批准，征求各区县人民政府意见，完善“2012年度人口和计划生育目标管理责任书”，并对主要内容进行调整，实现全市生育管理标准的城乡统一、实现流动人口与户籍人口的经费统筹、确保人口计生经费与财政收入的同步增长。二是改革目标管理考核办法。以稳定低生育水平、统筹解决人口问题和推进人口长期均衡发展为目标，以建设与首都发展和城市功能相适应的人口发展格局为导向，以“和谐人口，幸福家庭”为主线，以强化管理、优化服务、激发创新、鼓励先进为原则，坚持目标管理责任制和“一票否决”制度，建立起“四加一”的三级考核评估指标体系。三是将人口计生目标管理考核内容纳入市政府绩效管理工作体系。

【推进出生人口性别比重点治理年工作】国家六部委将2012年确定为“出生人口性别比重点治理年”，我委加强协调联动和综合治理，形成了横向统筹、上下联动的良好态势。第一，建立市级统筹的长效机制。成立了由市人口计生委、公安局、卫生局、药监局、统计局、妇联组成的北京市综合治理出生人口性别比工作领导小组，并召开联席会议，出台《北京市2012年综合治理出生人口性别比工作实施方案》，建立市级统筹协调的长效机制。第二，健全上下联动的工作机制。六个委办局联合召开全市综合治理出生人口性别比工作部署会，分口制定方案，指导各区县开展综合治理工作。第三，形成属地主责、联合共推的良好态势。各区县人口计生、妇联等部门把宣传教育摆在先导位置，加大宣传力度，实施新型生育文化园建设工程，让“关爱女孩行动”宣传深入人心。推进计生家庭优先优惠政策多元化，为计生女孩家庭参加养老保险优惠，开展农村已婚育龄妇女生殖健康免费检查服务。各区县公安、卫生、药监等部门开展对城乡结合部的胎儿性别鉴定、人工终止妊娠手术、终止妊娠药品销售等窝点和小广告全面排摸、治理，开展民营医疗单位从业范围大排查，加强对相关医务技术人员职业道德教育，规范因医学需要的胎儿性别鉴定操作程序，使各项工作向常态化方向转变。

【深化合作机构共建机制】市人口计生委党组书记、主任刘志走访市委党校和首都经济贸易大学，探索建立合作共建机制。一是与市委党校加强对“北京市人口研究所”共建，共同加大政策倾斜、经费扶持和人才引进的力度，将其打造成专门研究和服务北京人口工作的研究机构；党校特别增加编制、提供办公地、拨付专门经费支持人口所全面参与全市人口计生工作。承办《北京人口》杂志编辑出版工作，成立新一届刊物编辑委员会，新改版杂志于10月与广大读者见面；承担《北京志·人口志》的编撰工作，建立编写工作组，完成资料收集整理和人员培训工作，框架体系已经搭建完成，年底前将完成初稿。二是与首经贸建立战略合作关系，共同加强课题研究、学术交流、学科建设、人才培养。签署框架协议，在我委建立“产学研联合培养研究生基地”，首经贸每年将选派优秀研究生到我委实习，共同推动人口学人才培养和科学研究；共同开展《北京市人口老龄化现状、变动及未来发展趋势》、《北京市人口性别结构变动》等课题研究。

【组建首都人口发展专家队伍】 为充分挖掘首都人才智力资源，切实服务北京市人口计生事业的科学谋划和战略研究。一是加强走访调研，拜访了中国人口与发展研究中心、中国人民大学、北京世界经济研究所等高等院校和研究机构。二是开展专家咨询，邀请国家行政学院、中国社会科学院、首都经济贸易大学、北京行政学院、北京社会科学院、北京国际城市发展研究院等机构的专家学者参与我委重点研究课题咨询工作，共计召开咨询座谈会议30次。三是充分发掘专家和专业机构，在充分考虑学术权威性和学科代表性的基础上，建立120人的首都人口发展政策咨询专家库。

【加强人口动态与信息跟踪】 为进一步做好政策统筹和综合治理工作，全面掌握我市人口服务管理工作最新情况，加强与相关委办局联系，及时关注和搜集各部门开展人口服务与管理工作动态，形成《关于合理调控首都人口规模工作情况的报告》、《关于北京市统筹解决人口问题 促进人口长期均衡发展的工作情况》等报告；同时，系统整理“十二五”规划中人口相关内容和目标管理、老龄化、人口评估、世界城市建设等方面的信息，以《北京人口》杂志为载体，建立工作动态与信息的搜集和发布机制。

（赵　力）

信息化工作

【概述】 2012年全市人口计生信息化工作，根据北京市“十二五”人口规划任务、“智慧北京”建设任务、国家人口计生委工作要点以及本委党组的重要部署，以服务政府决策、人口管理和社会公共服务为目标，结合处室职能转变，全力推进全员人口信息化的全面应用，建立全员人口信息采集机制，开展人口信息综合和决策支持，实施面向社会的公众信息服务，为全委2012年工作任务的全面完成做出了积极的努力。

【大力推进全员人口信息化建设，完成系统完善的新任务】针对行业信息化管理的新职责，在开展专题研究的基础上，起草了《北京市人口和计划生育信息化建设管理规范》（框架）。重新梳理相关职责和业务，完善了《北京市全员人口信息管理规范》及配套文件，初步规范了各级全员人口信息管理。以2012年全市效能监察为契机，完善全员人口信息管理系统建设，按计划组织推进了全员人口信息系统5个项目的升级改造；根据基层工作需要，年内对现有全员户籍人口系统实施了两次大规模改版。积极推进系统的全面应用，支持区县开展信息库的共享和应用，组织完成了市区两级全员人口信息系统的应用培训。加强全员人口信息质量监控，定期开展了系统信息质量评测工作（区县级评测市级进行，街乡及以下评测区县完成）。根据市财政局的统一要求，圆满完成了全员人口信息系统（2011～2012年度）财政绩效考评的自评工作。

【积极开展人口信息的部门共享，逐步建立全员人口信息采集新机制】根据“智慧北京”的任务及2012年本委电子政务的任务分工，在多方的沟通和研究下，8月14日达成全员人口信息库与北京市人口基础数据库全库补全比对核实的意向，并于10月18日具体实施了全员人口数据库与公安局基础人口数据库的全库比对工作。目前核心区数据比对已完成，比对数据正在分析中，力争年底完成全市整体比对。这是本市人口规模最大的信息库的比对，不仅推进了全市部门人口信息共享，也逐步建立了全员人口信息采集机制，促进了基层人口信息管理工作从育龄妇女到全员人口的逐步转变。年内组织建立了区县全员人口信息部门共享比对系统，促进了区县部门人口信息的共享交换和全员人口信息质量的提高。

【努力开展人口信息综合和形势分析，探索全市信息综合机制的新思路】结合新职能，努力探讨信息综合机制问题，厘清信息综合范畴，提出了以专家团队为依托，以调研为手段，以联席会议制为抓手，以部门统计数据综合和个案信息共享为突破，实现人口分析辅助决策的新思路，初步制定了人口信息综合和分析机制建设方案（框架），为2013年职能转变及机制的建立奠定了基础。综合委内数据信息，完善了“北京市人口和计划生育委员会报表制度2012”，推进报表归口管理；综合部门统计数据，编制了《北京人口数据手册2012》。定期开展人口形势分析，第一季度和第二季度人口出生分析分别被《昨日市情》和《北京信息》采纳；《2012年半年人口出生分析》为有关领导决策提供了依据；制定了人口形势分析会相关方案，筹备全市人口发展形势分析会。

【全力完成外网网站升级改造，探索面向公众的人口信息服务新模式】组织完成了市人口计生委外网网站（“首都之窗”——市人口计生委子网站）的升级改造工作。项目经历了招标、建设和验收三个阶段。系统4月10日上线，10月25日完成终验。10月26日第二次新版上线。在系统开发中，建立了委内网站信息发布机制和运行规范，开展了市区两级的应用培训，根据需求不断完成功能开发，达到了建设目标。网站对公众的服务，逐步向实用性、易用性和人性化转变。制定了《北京市人口和计划生育外网网站管理办法（暂行）》，实现了信息统一报送、统一审核、统一发布，需求推动升级，升级促进服务，服务提升水平的面向公众服务新模式。此外，结合职能转变，梳理业务，规范流程，按要求开展了市人口计生委政务信息公开工作，并完成了《2012年度北京市人口和计划生育委员会政务公开工作年度报告》。

【推进五个重点项目的招、投标及建设工作】5月，针对“全员人口管理信息系统流动人口系统升级改造项目”、“全员人口数据区县级部门信息核实比对系统项目”、“全员人口管理信息系统决策支持子系统升级改造项目”、“数据容灾备份改造项目”、“全员人口管理信息系统安全改造项目”五个项目的需求，进行认真调研、论证和梳理，严格招投标程序，招投标工作顺利完成。采取每周例会制，引进监理公司对5个项目工作全程监理，保障项目工作扎实有效开展。上述五个项目招标、建设的开展，为进一步完善人口和计划生育信息化核心业务系统——全员人口管理信息系统奠定基础。

【初步建成人口计生业务办公综合服务平台】7月，完成了本委公务员门户网站升级改造工作。在已有的工作基础上，对公务员内网门户总体框架进行重新设计，改版的政务办公门户网站完成开发进入到试运行阶段，9月全面上线运行。政务办公门户网站整合了本委办公自动化（OA）、信息报送发布、核心业务系统管理、短信平台、政务信息资源共享等多项应用，实现了办公业务的一站式服务，升级了财务支出审核报账子系统，调整了车辆管理子系统。推进无纸化办公，使政务办公门户网站成为本委综合性的办公业务平台，有力促进业务工作的高效进行。

【推动信息化与各项业务工作相结合】8月，信息中心配合、协助信息处，完成了全员人口管理信息系统相关调研等任务；协助流管处，开展了流动人口管理信息系统的调研工作，为下一步流动人口管理信息系统的完善打下基础；协助财务处，完成了财务报销子系统的开发、使用及培训工作；协助市计划生育协会，完成协会中英文网站的开发、迁移和上线等工作。此项工作是以服务需求为导向、利用信息技术所具有的功能，转变工作思路，努力推进信息化与业务工作相结合，促进业务工作有效开展。

【完成全员人口个案信息系统升级改造】9月，信息处、信息中心完成了全员人口个案信息系统中：流动人口服务管理子系统的升级改造工作；区县数据核实部分的升级改造工作；全员人口个案信息系统的安全加固工作；全员人口个案信息系统的异地容灾备份项目建设；全员人口系统决策支持子系统的升级改造工作。提升了全员人口个案信息系统对业务工作的支持能力和决策支持能力。

【推动全市人口计生信息化建设顶层设计】10月，结合国家人口计生委和本市信息化建设的有关精神，坚持顶层设计的思路，以智慧北京人口服务与管理专题为契机，配合市经济和信息化委员会相关工作要求，梳理业务事项、应用系统数据信息、基础资源，统一标准规范和统一信息平台。按照集约化的建设模式，研究整合已有的业务系统，初步建成人口计生信息化管理与技术顶层设计框架，对北京市人口计生服务与管理信息化建设进行了初期调研，通过强化本委信息化顶层设计，整合业务事项，能够实现全员人口信息库的衔接以及人口信息资源的融合，防止重复建设，有利于部门间信息资源共享，实现效益最大化。

【完善全委信息安全运维体系】11月，制定了信息安全的相关规范，建立了信息安全巡检制度，所有业务系统每季度巡检一次，全员人口管理系统和外网网站每月巡检、每周抽检、每日报告，及时、高效开展网络和系统维护，确保业务系统和网络在稳定安全的环境下运行，有效保障了人口计生各项信息化业务的正常运转。信息中心强化了对委视频会议系统的运维工作，保障了全年度国家人口计生系统视频会议及全市人口计生系统视频会议的顺利召开。

【实现各部门的人口数据对接】12月，根据全市政务信息资源中人口基础信息建设的要求，信息中心配合信息处等业务处室，联系市经信委、市公安局、市人保局、市民政局等部门，依托市政务信息资源共享交换平台，实现全员人口数据与市人口基础数据库的对接，并形成定期数据比对机制；实现与市民政社区服务系统对接，实现定期数据共享交换机制；通过与外部数据源的校核，全面提升全员人口数据质量，为本委各项业务工作开展及科学决策提供了支持。

（崔　佳　任向群）

宣传教育

【概述】2012年是深入贯彻落实党的十七届六中全会精神、迎接党的十八大胜利召开的重要一年，是发挥文化中心作用，加快建设中国特色先进文化之都的起步之年。人口文化宣传教育工作按照高举旗帜、围绕大局、服务群众、改革创新的总要求，以落实中央和市委关于推进社会主义文化大发展大繁荣决定为主线，以“幸福家庭和谐人口”为主题，紧紧围绕迎接宣传贯彻党的十八大，紧紧围绕首都人口宏观调控和幸福家庭创建活动两大重点工作，充分发挥宣传教育的先导作用，大力实施人口文化六大惠民工程，着力加强人口文化建设，取得了阶段性成果。

【召开人口计生宣教工作会】 2月22日，组织召开全市人口计生宣传教育工作会，由副主任彭彧华主持。区县分管宣传主任、宣传科站长，局总公司组长单位负责人等近百人参加了会议。会议明确了2012年的工作思路，要求不断创新手段、更新思维，打造良好的人口文化环境；整合资源，形成合力，更多推出北京市人口计生工作中涌现出的典型与成功经验，保持首都特色和领先地位。

【首届家庭人口文化节和幸福家庭创建工作】 自3月份以来，市人口计生委会同市委宣传部、首都文明办等部门，成立工作小组，编制工作方案，在基层广泛开展首届“家庭人口文化节”及幸福家庭创建活动。组织开展了人口文化建设成果展、首都人口文化建设论坛、优秀文艺作品汇演、“幸福家庭”表彰、人口文化建设成果展、“生殖健康知识”群众专题讲座和咨询服务等。紧紧围绕“幸福家庭 和谐人口”这一主线，以家庭为单位，开展了一系列形式多样的特色活动。半年时间，市、区、镇（乡）、街（村）层层开展，逐级选拔优秀节目进行汇演、组织幸福家庭表彰活动，共举办集中性宣传活动500余场，知识讲座及咨询服务2 000余场次，受益群众30万人（次），打造出一批富于区域特色的家庭人口文化品牌活动。按照“家庭和睦、身心健康、生育文明、安居乐业、乐于奉献”的标准，共评选出100家市级幸福家庭、1 000家区（县）级幸福家庭、10 000家街（乡镇）级幸福家庭。“百、千、万”幸福家庭创建活动，强化了家庭成员的家庭责任感和社会奉献意识，在树立良好家庭道德标准、建立和谐家庭人口文化方面起到了表率作用。

【强化媒体体系建设】 面对新人口形势，我委提出了以“幸福家庭·和谐人口”为主线的工作思路和实施六大惠民工程的重大举措。为了进一步宣传新思路和新成效，我委在《人民政协报》（3月19日）、《北京日报》（5月29日、7月11日、8月10日、8月11日、8月13日、9月25日、10月26日）、《新华每日电讯》（7月6日）举办专版，在《人口和计划生育》杂志发表“创建幸福家庭 构建社会和谐”的专题文章，宣传人口计生系统实施文明倡导、宝贝计划、青春健康、健康生育、生育关怀、心灵家园工程的成果，为中心工作的开展营造良好的社会环境。

将传统电视栏目成功升级改版，创新为《幸福家庭－大讲堂》栏目。在全国、全市积极创建幸福家庭活动的新形势下，宣教中心在市人口计生委副主任彭彧华同志的亲自指导和帮助下，积极和北京电视台领导、专业人员进行多次协调、调研和节目策划，以创新发展的思维，将传统电视栏目《生命 生育 生活》成功升级改版为

《幸福家庭－大讲堂》全新的电视栏目，2012年10月1日晚上9：00～9：30，在北京电视台科教频道首播，一年计划播出52期，每期30分钟。

和北京人民广播电台合作继续办好《人口直通车》和《今夜私语时－大学生版》广播栏目，全年按计划播出共104期；完成了《向幸福出发》专题片的选题、脚本写作、拍摄和发放工作，并在“7·11”世界人口日活动中播放。

完成《北京人口》杂志相关工作。全年共编辑杂志4期，制作完成2011年度《北京人口》合订本，顺利完成在新闻出版局的年检工作，完成了移交规划协调处管理的相关工作，与《北京日报》、《京郊日报》、《中国人口报》等新闻报刊媒体建立了业务联系，各项工作有序开展。

【强化人口文化体系建设】为促进北京家庭人口文化繁荣发展，为促进人口、资源、环境的可持续发展，在全市范围内打造“北京人口文化一日游”精品活动。该活动把计生宣传与文化、旅游相结合，形成“北京人口文化一日游”的宣传名片。

“北京人口文化一日游”是集人口、文化、旅游三位一体的综合式的宣传服务，是把人口文化的媒体体系、环境体系、资源体系、文化体系的宣传整合起来，把平面宣传与整体宣传相结合，把传统宣传手段与现代化网络宣传融合在一起，集中打造“北京人口文化一日游”的宣传景观。以六大惠民工程为依托，以各区县人口文化园、青少年健康教育中心、家庭保健中心、0～3岁早教基地等为主线，以人口文化大院、生育文化胡同、生育文化一条街、人口文化漫画墙、广告、橱窗等为辅助，创建一条条“北京人口文化一日游”新颖路线，满足广大老百姓学习人口文化的需求。

【强化环境体系建设】各区（县）以人口文化公园为龙头，以人口文化大院、生育文化胡同、生育文化一条街、人口文化漫画墙、广告、橱窗等为辅助，组成了一道亮丽的人口文化宣传风景线。

开展了人口和计划生育展览工作。利用中山公园西配殿展厅资源，围绕“六大惠民工程”举办了“宝贝计划”、“青春健康”、“健康生育”展览，配合协会举办了一期摄影展览；在中山公园《人口画廊》、北海公园户外宣传橱窗，完成了以“家庭人口文化”为内容的科普展览设计、制作及更换工作；首次和颐和园合作完成了一次“幸福家庭　和谐人口”庆祝六一儿童节专题宣传展览活动，与中山公园合作，举办主题为“幸福家庭和谐人口”宣传活动，公园管理中心领导出席支持活动的开展，效果较好。

【强化资源体系建设】一方面强化部门联手，加强与相关部门的横向沟通与协作，不断开辟新的宣教阵地，拓宽新的宣教领域，形成齐抓共管的新局面；另一方面充分运用首都智力资源优势，凝聚了一批人口文化建设、早期教育方面的专家为人口文化宣教工作提供支持。

【开展三下乡活动】1月6日，市人口计生委、昌平区政府联合举办2012年文化、科技、卫生“三下乡”活动启动仪式。国家人口计生委宣教司副司长施春景；市人口计生委党组书记、主任刘志等领导出席活动，副主任彭彧华主持了此次活动。

【创办首届家庭人口文化节】成立宣传部、文明办等12部门组成的领导小组，编制工作方案，加强人口文化活动组织和协调。在“7·11”世界人口日和“9·25”公开信发表纪念日期间，市区两级突出家庭特色，广泛开展了文艺演出、健康咨询、法制宣传、技术服务、优生优育、人口文化论坛等宣传活动，让市民在参与家庭人口节活动中提高素质、得到实惠，深受广大市民欢迎。10月29日，市人口计生委举办“北京市首届家庭人口文化节闭幕暨幸福家庭表彰大会”。副主任彭彧华主持会议。市政府副秘书长侯玉兰，中国计生协会秘书长姚瑛，国家人口计生委宣教司副司长莫丽霞，市人口计生委党组书记、主任刘志等出席并讲话。

【召开“世界人口日”纪念活动暨“幸福家庭 和谐人口”主题报告会】国家人口计生委副主任崔丽，北京市副市长刘敬民，委党组书记、主任刘志出席。联合国人口基金驻华代表处副代表慕杰女士，中非人口与发展论坛研修班学员，国家人口计生委各司局和直属事业单位负责人，市人口和计划生育领导小组和市婚育新风进万家领导小组成员单位主管领导，市人口计生委副处级以上干部，局、总公司组长单位计生办主任，区县人口计生委党政主要领导、主管宣传和协会的领导、宣传科（站）长、协会秘书长，北京地区高校计生协会联合会秘书长、副秘书长参加会议。纪念活动分别由北京市政府副秘书长侯玉兰和北京市人口计生委副主任彭彧华主持。崔丽同志发表重要讲话。

【创建北京市人口计生政务微博】按北京市新闻办会议要求，北京市人口计生委集合宣教工作实践，以统一口径、统一出口、统一发布为原则，建立各处室、直属事业单位、市计生协会和各区县宣传科（站）相关人员组成的宣传和信息发布网络，建立健全新闻发布审批制度、舆情监测机制和应急处理机制，建立新闻宣传例会制度、评估制度和培训制度，形成全系统办微博的工作格局。3月1日，副主任彭彧华召集各处室宣传信息员开会并启动微博。微博开通以来，共发布政务微博900余条，回复网友咨询近百次，截至年底拥有粉丝39万人，粉丝数量在70委办局及区县中排第20名，发挥了传递政府声音、提供服务咨询、倾听社情民意、回应社会关切的作用。

【指导全国婚育新风进万家示范区创建】彭彧华副主任带领宣教处、宣教中心，深入了解朝阳、海淀、怀柔的示范区创建工作，分析创建工作的形势，把“十二五”

时期婚育新风进万家示范区创建工作与创建幸福家庭和实施六大惠民工程紧密结合，赋予了新的内涵，使创建工作更加务实创新，推动了3个示范区的工作开展。

【召开青春健康教育现场会】在怀柔区召开青春健康教育现场会，总结“十一五”期间青春健康教育工作情况，推广怀柔区先进经验，委党组书记、主任刘志为北京市第一个青春健康教育中心挂牌。中国人口宣教中心、市教委、首都文明办相关领导出席会议。副主任彭彧华主持会议。

【编辑出版《女性一生平安》和《男性一生健康》系列丛书】为推进“首都市民生命全周期性健康发育系列丛书”宣传教育工作，组织国内知名专家编写生命全周期的健康知识丛书。《女性一生平安》已经出版，并免费发放到部分市民手中；《男性一生健康》即将出版发行，为群众健康保驾护航。

【深入调研逐步明确家庭人口文化建设的思路和任务】为落实市委《发挥文化中心作用加快建设中国文化先进之都》精神，副主任彭彧华亲自带领宣教处、宣教中心、市计生协会和专家开展“加快人口文化建设思路与措施”及“首都幸福家庭指数研究”的专项课题调研。加强人口文化理论研究，着力发挥人口文化的引领作用；加强人口文化服务体系建设，提高家庭发展能力；加强家庭人口文化建设，办好家庭人口文化节；加强媒体、环境、资源体系建设，着力提高人口文化渗透力和感染力。

【召开北京市人口文化建设理论建设培训班】2012年11月21～22日，北京市人口文化建设理论培训班在温都水城举办。北京大学人口所穆光宗教授以“首都人口文化内涵、工作思路及具体措施”为题对与会者进行培训。16区县人口计生委部分主要领导、主管领导、宣传和协会干部，市人口计生委宣教处、宣教中心、计生协会全体同志近100人参加了培训。

【举办2012世界艾滋病日首都高校大型宣传活动启动仪式暨北京市计划生育协会微博上线仪式】11月30日，为纪念第25个“世界艾滋病日”，北京市计划生育协会举行“珍视你我，化‘艾’为零——世界艾滋病日首都高校大型宣传活动启动仪式暨北京市计生协微博上线仪式”。中国计划生育协会党组书记、常务副会长杨玉学，联合国人口基金驻华副代表慕杰女士（Ms. Zeljka Mudrovcic），北京市人口计生委党组书记、主任、市计生协常务副会长刘志等领导出席活动并讲话，北京市人口计生委副主任、市计生协第一副会长彭彧华主持活动。各区县计生协会领导，高校师生代表300余人参加了活动。

【将传统电视栏目成功升级改版为《幸福家庭－大家谈》栏目】以创新发展的思维，将传统电视栏目《生命 生育 生活》成功升级改版为全新的《幸福家庭－大家谈》。该栏目通过知名专家学者与主持人访谈式的交流，通过节目外拍、资料等短片播放的方式，用故事作为知识的载体，将幸福家庭的理念、打造幸福家庭的方式方法展示给观众，传授给观众。节目根据新时期人口和计划生育工作的新形势、新要求，以“幸福家庭　和谐人口”为主题，传播科教知识，促进家庭幸福、和谐、健康、发展，达到服务群众的目的，同时，也是与北京市电视台再度深化合作，达到宣传内容与收视率双赢良好局面。

【开展人口和计划生育网络宣传，填补媒体宣传的空白】为拓宽宣传渠道，完善北京市人口计生全媒体宣教支撑体系，结合新形势和新任务，首度与国家人口计生委门户网——“中国人口网”和北京市政府门户网“首都之窗”建立了网络宣传合作机制。以两个全国知名网站为宣传平台，开设“幸福家庭”、“人口与家庭”主题宣传栏目，通过新媒体展示北京市人口计生工作。2012 年 10 月中旬，北京市人口计生委党组书记、主任刘志同志，接受“中国人口网”邀请，作为首位省级人口计生委主任座客“嘉宾访谈”栏目，与网友分享了近年来北京市人口计生委在开展“创建幸福家庭　开展六大惠民工程”过程中的故事与感受。

【完成《北京人口》杂志编辑及移交等相关工作】全年前期共编辑杂志 4 期，制作完成 2011 年度《北京人口》合订本，顺利完成在新闻出版局的年检工作，完成了移交规划协调处管理的相关工作。

（王淑娟）

优质服务与科技

【概述】按照北京市人口计生工作思路，结合市政府相关工作和国家人口计生委科技司工作要点，2012 年北京市计划生育优质服务和药具工作取得新的发展：一是全面推进实施“国家免费孕前优生健康检查项目”。北京市人口计生委贯彻国家福州会议精神，经市政府批准，2012 年在全市全面实现免费孕前优生健康检查全覆盖。其中门头沟、房山、通州、顺义、怀柔区为“免费孕前优生健康检查项目”2012 年新增国家试点区。按照《国家人口计生委财政部关于进一步扩大国家免费孕前优生健康检查项目试点范围的通知》精神，北京市人口计生委联合市财政局联合下发《关于全面开展国家免费孕前优生健康检查项目试点工作的通知》（京人口发〔2012〕27 号）。在全市 16 区县广泛开展孕前优生健康检查项目基础上，部分区县（东城区、西城区、石景山区、丰台区、门头沟区、大兴区、昌平区、平谷区、密云县）将目标人群由农村和流动人口扩大为全区（县）符合计划生育政策的计划怀孕夫妇，扩大项目受益人群。二是组织实施 2012 年“婚育健康服务包”招标采购和发放工作。三是全面开展农村长效节育已婚育龄群众免费健康体检项目。四是计划生育科技大练兵培训。五是进一步开展“健康人口幸福家庭——生殖健康伴你行活动”。六是做好病残儿和成人伤残的鉴定管理工作。

【重新核定计划生育四术报销标准】联合卫生局完成免费项目结算及收费标准的前期调研工作，起草《关于向实施计划生育的育龄夫妻免费提供避孕节育技术服务的通知》，在征求有关部门征求意见后报财政局批准实施。

【组织完成农村长效节育户籍已婚育龄群众免费健康体检项目】北京市“农村长效节育户籍已婚育龄群众免费健康体检项目”是一项北京市人口计生委在全市范围内对农村采取长效节育措施的户籍已婚育龄群众（包括男性、女性）进行的奖励性免费健康体检的民生工程。2012 年此项目被列入北京市深化医药卫生体制改革的任务。体检机构：北京市 13 家区（县）计划生育生殖健康技术服务中心或指定医疗机构。2012 年全市完成 15 万人的体检。市人口计生委下发了关于 2012 年实施“农村长效节育户籍已婚育龄群众免费健康体检项目”的通知。2012 年市财政共投入 2025 万元，将每人体检费用由 105 元提高至 135 元，经费不足部分由区县财政保障。项目实施过程中，市人口计生委要求各区县制定项目实施方案和应急预案。同时组织项目领导及专家组定期对项目进行督查。对于体检异常的群众，要求体检机构做好患病人群的导医和随访。2012 年，计划体检 15 万人，实际体检人数 15.09 万人，发现疾病人数 9.77 万人，均建立了健康档案。

【计划生育科技大练兵培训】根据国家人口计生委《关于继续深入开展全国计划生育科技大练兵活动的通知》（人口科技〔2011〕96 号）精神和北京市人口计生委《关于开展计划生育科技大练兵活动的通知》（京人口办发〔2011〕19 号），在 16 个区县的计划生育生殖健康技术服务（指导）中心全员自学自练、进修学习、集中培训、观摩辅导、自上而下层层练兵的基础上，结合孕前优生健康检查的新任务、新要求，针对存在的薄弱环节，为巩固基本理论、基本知识和基本技能，突出实际工作能力的培养，提高综合素质和服务能力，造就一支过硬的计划生育技术服务队伍，10 月在全市计划生育系统开展计划生育科技大练兵培训活动。参加人员为 16 个区县计划生育生殖健康技术服务（指导）中心技术服务人员。

【市人口计生委举办北京市社区计划生育（卫生）服务站医师培训班】培训班于 11 月 19 日举办。来自国家人口计生委优质服务项目办专家、国家生殖健康学科带头人、北京大学第四临床医院（积水潭医院）、协和医院和同仁医院的医学专家，先后就国家计划生育优质服务政策形成发展和未来趋势、提升社区青少年性与生殖健康咨询能力、孕前优生免费健康检查与预防出生缺陷、乳腺疾病、生殖道感染和艾滋病防治等内容，对全市16个区县200余名从事计划生育技术服务的医师、计划生育生殖健康技术服务（指导）中心技术人员、市区县两级民政和人力社会保障部门的同志进行了培训。

【开展“生殖健康伴你行”活动】组织北京积水潭医院、妇产医院、同仁医院的专家到区县开展“生殖健康伴你行”活动。为当地育龄妇女开展义诊，进行了妇科、B超、乳透等项目的义诊检查，并举办多场次“生殖健康大课堂”讲座；向参加活动的干部群众赠送生殖健康宣传品。

【“婚育健康服务包”项目顺利开展】2012年北京市“婚育健康服务包”项目继续顺利开展。截至12月底，全市约有8万对新婚夫妇自愿免费领取到婚育健康服务包。

【北京市举办第二期国家免费孕前优生健康检查项目培训班】2012年4月13~14日，北京市举办第二期国家免费孕前优生健康检查项目培训班。培训班上，北京市人口计生委对2011年全市项目开展情况进行总结并提出2012年工作要求。国家人口计生委科学技术研究所专家介绍了国家免费孕前优生健康检查项目概况及要求、讲解了《国家免费孕前优生健康检查项目管理信息系统》框架和功能。学员通过上机操作了解了管理信息系统的操作步骤和管理要点。16区县计划生育生殖健康服务（指导）中心主任、检验技术人员及区县项目实施指定医疗机构80余人参加了培训。

【北京国家免费孕前优生健康检查项目全覆盖启动仪式在门头沟区举行】启动仪式于7月27日举行。国家人口计生委科技司、财务司、门头沟区委区政府、市人口计生委、市财政局领导出席了启动仪式。国家免费孕前优生健康检查项目是经国务院批准，由国家人口计生委、财政部共同组织实施的一项重大民生工程，主要是为符合生育政策、计划怀孕的农村夫妇（包括流动人口计划怀孕夫妇）免费提供包括优生健康教育、咨询指导、体格检查、临床实验室检查等19项服务。通过此项服务的广泛开展，不仅能提高计划怀孕夫妇的优生科学知识水平，增强孕前风险防范意识，还可使计划怀孕夫妇健康状况得到改善，降低或消除导致出生缺陷等不良妊娠结局的风险因素，预防出生缺陷发生，提高出生人口素质。市人口计生委主任刘志指出，2011年北京市丰台区、昌平区、平谷区作为国家第二批试点，开始实施免费孕前优生健康检查项目。2012年北京市将全面实施国家免费孕前优生健康检查项目，在全国率先实现国家免费孕前优生健康检查项目工作全覆盖。各区县要严格按照国家统一部署，认真组织实施，加强经费监管，规范项目流程，认真做好这一“惠民工程”。启动仪式上，门头沟区介绍了本区实施国家免费孕前优生健康检查项目方案。领导现场给计划怀孕夫妇代表发放了免费孕前优生健康检查项目服务卡。

【北京市召开全面推进国家免费孕前优生健康检查项目工作推进会】5月28日，北京市人口计生委召开国家免费孕前优生项目专题工作推进会。会议介绍了北京市2012年开展国家免费孕前优生健康检查项目实施方案，传达了国家免费孕前优生健康检查项目全面推进工作会议精神。北京市国家第二批项目试点区县介绍了2011年项目开展经验和项目进展，第三批试点区县介绍了项目实施计划和进展情况。会议明确，2012年北京市将全面实施国家免费孕前优生项目，实现国家免费孕前优生健康检查项目试点范围全覆盖。全市16个区县符合计划生育政策并准备怀孕的农村户籍或居住半年以上的流动人口均可免费享受孕前优生健康检查。项目经费由国家、市级、区县三级承担。会议强调，各区县要加强组织领导，履行部门合作，广泛开展宣传，强化质量控制，加强监督管理，确保项目科学规范运行，为提高首都出生人口素质起到积极作用。各区县人口计生委主管主任、计划生育生殖健康服务（指导）中心主任参加了会议。市人口计生委耿玉田副主任到会并讲话。

【北京市人口计生委召开免费孕前优生健康检查项目工作督导会】9月21日，北京市人口计生委召开2012年国家免费孕前优生健康检查项目工作督导会。会议的主要目的是，落实国家人口计生委在重庆市召开的2012年第一次国家免费孕前优生项目工作督导会议精神，总结北京市免费孕前优生健康检查项目全覆盖工作进展情况，交流经验，研究问题，务求保质保量完成今年项目工作。北京市人口计生委主任刘志主任出席并讲话。会上，昌平区人口计生委、沙河镇人民政府介绍了他们开展免费孕前优生健康检查的经验。与会各区县分别汇报交流了项目工作进展、问题及其下一步工作计划，并就项目实施中的有关问题进行了讨论。各区县均表示要加大工作力度，保证完成2012年的项目任务。16区县人口计生委主管主任、技术服务（指导）中心主任（科长）参加了会议。海淀区、石景山区、昌平区人口计生委的主任也出席了会议。

【建立两个“中心”，保障规范实施】市人口计生委委托北京世纪坛医院临床检验中心为北京市计划生育技术服务检验质量监测指导中心，委托国家人口计生委科研所为北京市“孕前优生数据分中心”。

【北京市2012年病残儿医学鉴定工作汇报暨培训会成功召开】11月6日，北京市人口计生委组织召开了“北京市2012年病残儿医学鉴定工作汇报暨培训会”。会上各区县分别就2011～2012年度的病残儿医学鉴定及审批工作开展情况进行了汇报，市人口计生委对全市该项工作开展情况进行了总结。培训会上儿童医院神经内科方方主任做了“小儿神经系统常见疾病诊断与治疗”介绍，国家人口和计划生育委员会科研所全面系统详尽介绍了“病残儿医学鉴定信息管理与决策分析系统”，并就该系统的使用和操作进行了培训和答疑。16个区县主管领导、法制科长、专干、鉴定专家和市级9家医疗机构的负责人参加了会议。

【国家人口计生委科技司领导调研北京市病残儿医学鉴定工作】 7月27日，国家人口计生委科技司司长张世琨率队到门头沟区调研病残儿审批工作。调研会上，门头沟区人口计生委介绍了区县病残儿审批流程及工作中遇到的问题。北京市人口计生委总结了近年来全市病残儿医学鉴定工作，分析了目前病残儿鉴定工作存在的再发生育风险认定较难、鉴定诊断标准过于严格等问题，提出了希望适当放宽病残儿审批的条件、补充病残儿医学鉴定诊断标准的建议。国家人口计生委科技司领导对我市病残儿医学鉴定及审批工作给予了充分肯定，并强调：病残儿医学鉴定工作要体现关爱人民群众、关注人口素质；要与时俱进、与群众需求更贴近。国家人口计生委将通过调研加快修订《病残儿医学鉴定管理办法》。市人口计生委副主任耿玉田，科技处全体同志，门头沟区人口计生委相关领导、病残儿医学鉴定专家及部分镇街计生干部参加了座谈。

【调研工作】 开展《北京市农村采取长效避孕措施育龄群众健康管理研究》，作为前期课题的延续，将健康管理概念引入长效避孕方法管理。开展《提升社区青少年性与生殖健康咨询服务能力研究》。为避免未婚青少年非意愿妊娠的发生，研究如何向他们提供性与生殖健康方面的正确知识和有用信息。

【组织实施顶尖人才计划】 根据国家人口计生委通知要求，经过对符合条件的同志的筛选，推荐平谷区人口计生委计划生育生殖健康技术服务中心张容芳为北京市人口计生委拔尖人才计划研修人员。

【优化数字化药具服务平台】 主要完成了三项工作，一是进一步提高网络运行速度，合理设置服务栏目，更新宣传内容；二是举办平台应用培训班，由科研所专家介绍网络平台和主要功能；三是不断完善药具网点地理导航系统，在海淀药具网点上线后，陆续完成其他区（县）药具网点网络化工作。截至10月22日，该服务平台注册会员1.33万人，发放药具1.06万单。

【安装500台网络版自助机】 一是完成2011年度300台自助机安装收尾工作；二是完成2012年度新增200台自助机招标、安装调试工作；三是与物流公司合作，加强药具物流配送和自助机监管。500台网络版药具自助机安装完毕后，全市16个区县基本实现通过2代身份证领取免费药具，截至10月22日，全市600台网络版药具自助发放机共发放7.12万盒药具，其中流动人口领取药具占到69.29%。

（冯　雷　梅红光）

流动人口计划生育服务与管理

【概述】2012 年是实施“十二五”规划承上启下的重要一年，北京市流动人口计生服务管理以转型为契机，把压力变成动力，强化统筹协调，强化调查研究，强化区域协作，强化服务均等，顺利推进和实施了各项工作计划。开展了在京流动人口生存状况与未来预期调查等重大课题研究，建立“适时采集、动态监测、综合分析、科学决策”的全员流动人口统计监测体系。继续巩固流动人口服务管理“一盘棋”工作机制，加强环渤海地区协作交流，建立市级层面部门协作的统筹协调机制。进一步推进流动人口基本公共服务均等化，深入开展关怀关爱流动人口等系列活动。

【出台“一盘棋”工作实施意见】根据国家人口计生委《2012 年全国流动人口计划生育“一盘棋”工作方案》精神，以及北京市流动人口服务管理工作总体部署，市人口计生委出台了《北京市流动人口计划生育“一盘棋”工作实施意见》。《意见》提出了2012 年度流动人口“一盘棋”工作的重点任务：坚持“民生为本、服务为先、融合为要”的工作理念，按照“以信息支撑服务、以实事促进服务、以制度保障服务”的工作思路，重点要完善法规制度，规范基层服务管理，增强网络化协作的及时性、有效性，推进均等化服务，落实双向服务管理职责，基本实现计划生育基本公共服务全覆盖。《意见》还提出了考核项目和评估标准按照国家人口计生委规定的组织实施，共涉及统筹管理、服务均等、信息共享、区域协作、双向考核等5大项、10 个子项。

【召开环渤海地区推进会】12 月 19 ~ 20 日市人口计生委组织召开了北京、天津、河北、山东、辽宁、河南、山西、内蒙古、吉林、黑龙江 10 省（市、区）参加的环渤海地区流动人口“一盘棋”工作推进会。会上总结了 2012 年环渤海地区流动人口“一盘棋”工作情况，对当前流动人口服务管理中的难点热点问题进行了交流，并对2013 年“一盘棋”工作设想和方案进行了讨论。国家人口计生委流管司司长王谦充分肯定了北京市和黑龙江省作为牵头省、轮值省，在推进环渤海地区流动人口服务管理“一盘棋”工作中发挥的积极作用，并对加强环渤海区域协作机制提出三点希望和要求：一是要加快实现信息无障碍沟通；二是要在制度层面上实现新突破；三是要加强区域人口问题研究与交流。

【京冀联合跨省协查执法】4 月，群众举报反映河北省邢台市威县村王某夫妇政策外生育一事，北京市与河北省人口计生委开展了跨省协查和联合执法行动，对王某夫妇的政策外生育进行了认真调查与及时处理。北京、河北两省市在此次联合执法的基础上，讨论与完善了京冀跨省联合的工作机制，进一步推动了区域协作的开展。

【召开人口工作恳谈会】 8月9日，在市人口计生委主任刘志、副主任徐捷带领下，与市公安局副局长高煜、人口管理总队总队长刘涛及对应处室负责人召开了人口工作恳谈会。双方就加强人口服务管理工作进行了深入交流并达成共识，形成会议纪要。会议达成以下共识：一是在首都综治委实有人口专项组框架下，双方密切配合，共同做好实有人口服务管理工作；二是明确各自负责人口信息工作的牵头处室，畅通对接渠道，逐步实现人口信息资源共享、分析成果互用；三是联合对基层工作人员进行培训，对公安局基层工作人口普及人口计生知识和流管工作业务，筑牢工作网底；四是双方建立定期工作会商制度，多层级、全方位加强沟通，及时通报工作情况，推动工作进展。

【开展基础数据比对工作】 为了加强流动人口的基础数据管理，市人口计生委以房山区西潞街道和琉璃河镇为试点，组织开展全员人口库与流管部门的数据比对、分析和对接工作。具体操作步骤：先由技术人员通过外挂插件对流管办的数据进行有效性筛选，再由基层计生工作人员对没有与全员人口库比对上的流管办数据进行核实确认，最后将核实准确的流管办数据增加到全员人口库。经过核实比对房山区试点街道乡镇全员人口库增加有效数据300条，流管办数据比对准确率为9.5%。

【开展流动人口重大课题调研】“在京流动人口生存状况与未来预期调查”是市人口计生委“特大城市人口规模调控研究”重大课题中的一项子课题，目的在于了解北京市流动人口的基本状况，包括北京市流动人口的生活与工作状况、婚姻家庭状况、利益诉求与权益保护、流动人口未成年子女教育与期望以及对城市的心态与融入城市的期望，并据此提出对北京市流动人口的管理与服务的相关政策建议。调查对象为常住在朝阳、海淀、丰台、大兴4个区的成年流动人口和10～18岁的未成年流动人口，调查实施分层、多阶段随机抽样，初始设计成年人有效样本量4 000个，未成年人有效样本量1 000个。最终完成成年人有效调查问卷4 748份，未成年人有效调查问卷1 245份，形成了调查分析报告报送有关部门。

【完成流动人口动态监测调查】 根据国家人口计生委2012年流动人口动态监测工作的部署，市人口计生委组织各区县开展流动人口动态监测调查工作。采取多阶段与规模成比例抽样结合的方法，抽取116个乡镇、街道的300个行政村、社区，每个村、社区抽取20户流动人口家庭，最终获得6 000户流动人口家庭样本。此次监测采用北上广特大城市流动人口动态监测调查问卷，获取了在京流动人口的基本信息和相关数据，为国家人口计生委采集分析人口数据、制定政策提供了北京地区的基础信息。

【召开均等化工作经验交流会】10月24～26日，市人口计生委召开了流动人口基本公共服务均等化工作经验交流会。各区县人口计生委展示了本区的均等化服务工作成果，在开展流动人口维权服务、计划生育技术服务、运用数据信息促进服务等工作方面，提出了具体意见和建议。会议一致认为当前流动人口的工作需要加强工作机制建设，依托部门携手合作，依托社会组织广覆盖，依托项目实施运作。

【加强流动人口图书角建设】年内市人口计生委下发了《关于加强流动人口计划生育图书角建设的意见》，全年配备精品图书1.17万册，订阅杂志9 000多份，并以此作为龙头带动了各区县图书角的建设和发展。截至三季度，全市共建成图书角400多个。

【开展关怀关爱流动人口活动】五一劳动节前，市人口计生委与国家人口计生委流管司联合开展“弘扬雷锋精神、关爱农民工”为主题的宣传活动。在通州区张家湾镇万生药业建筑工地与农民工代表座谈，宣传流动人口政策法规，现场发放避孕药具、生活用品、《雷锋日记》等。

11月5日，市人口计生委副主任徐捷带队赴综治联系点海淀区朱房开展宣传慰问活动，向当地清河村委会赠送了液晶电视及1 000余册图书，支持当地开展流动人口宣传服务工作。

【完善来京人员生育保险政策】市人口计生委与市人力社保局联合出台政策，自9月1日起参加北京市生育保险的外地来京已婚男性，可以同已婚育龄妇女一样到本市居住地街道办事处、乡镇人民政府计划生育行政部门办理《北京市外地来京人员生育服务联系单》（享受生育保险待遇的凭证之一）。居住地不在本市的参保外埠职工，可以到本人单位在本市注册地的街道、乡镇计划生育行政部门办理生育服务联系单。

【举办流动人口干部培训班】6月27～28日，市人口计生委举办北京市流动人口计划生育管理干部培训班。16区县人口计生委流动人口工作主管领导及干部参加培训。培训班邀请国家行政学院教授及国家人口计生委流管司领导进行授课，并组织区县就流动人口服务管理工作进行探讨交流。

（刘颖）

财 务 工 作

【概述】2012年，北京市人口计生委财务工作在国家人口计生委的指导和委党组的领导下，以科学发展观为指导，紧紧围绕委员会工作大局，积极推进委内财务管理规范化建设，严格依法理财，强化科学管理，统筹兼顾，突出重点，完成各项经费保障工作。

【经费投入】市本级计划生育事业费投入3.7亿元，其中，市人口计生委2.45亿元，转移支付区县1.25亿。经费投入主要用于计划生育家庭奖励7 595万元，计划生育避孕药具经费2 156万元，计划生育免费基本技术服务1 478万元，计划生育生殖健康促进工程1 431万元，人口和计划生育宣传教育经费1 165万元，人口和计划生育信息系统建设753万元，流动人口计划生育管理和服务469万元，人口规划与发展战略研究347万元，人口和计划生育统计及抽样调查72万元，人口和计划生育目标责任制考核18万元。

【加强财务制度建设】严格预算约束，明确“谁分管、谁负责、谁审批、谁监管”的原则；印发《北京市人口计生委公务卡管理办法》，并在全委推广使用公务卡；建立经费支出审批系统，实现经费审批网上审批。

【确保利益导向工作的资金保障】继续贯彻落实农村计划生育家庭奖励扶助和独生子女家庭特别扶助制度。全市农村部分计划生育家庭奖励扶助对象34 464人，人均发放标准100元/人·月，发放4 135.68万元；全市独生子女伤残家庭特别扶助对象人均发放标准160元/人·月；全市独生子女夭亡家庭人均200元/人·月。

【完成13项政府采购】完成13个公开招标项目，采购金额1 874余万元。分别是：婚育健康服务包、流动人口管理单据印刷、外网网站升级改造、网络及终端监控管理改造、全员人口管理信息系统决策支持子系统升级改造、全员人口管理系统流动人口系统升级改造、全员人口数据区县级部门信息核实对比系统、全员人口管理信息系统安全改造项目（一期）、北京市人口计生委数据容灾备份改造项目、奖扶特扶宣传折页、幸福家庭建设宣传口、免费避孕药具自助发放机、免费避孕药具物流配送试点项目运维推广。

【绩效评价工作】“2011～2012年度全员人口信息系统建设项目”和“2012年度婚育健康服务包”项目被列入绩效评价财政考评项目，考评结果为优秀。

【接受审计监督】接受市审计局对本委2011年度预算执行情况审计，并完成审计整改。

（胡宗海）

干部教育和人事管理

【概述】2012年，在委党组领导下，北京市人口计生委组织人事工作着力提高服务意识、服务能力和协调能力，紧紧围绕市委、市政府全面做好人口工作的要求和委党组的工作部署，根据事业发展目标和人才发展需求，创新思路，扎实工作，协调推进，干部教育和人事管理水平得到稳步提升。

【干部人事制度改革】 制定了《北京市人口计生委机关和事业单位处科级干部选拔任用办法》和公开选拔、竞争上岗、民主推荐、轮岗交流、科级干部晋升等5个实施方案，形成了“1+5”的干部选拔任用工作制度体系，明确了干部选拔任用资格条件、方式和程序，公开政策，公开方式、公开程序、明确导向，使干部选拔任用工作进一步制度化、体系化、规范化和透明化。

【干部选任调配】 在机关和事业单位范围内组织开展了副处级干部竞争上岗工作，31名干部踊跃报名参加，最终通过委党组研究产生5名副处长、2名副处级调研员，一批年轻干部走上处级领导岗位。参加北京市公开选拔，通过网络报名、笔试、面试，选拔出1名同志任北京市计生协会副秘书长。为进一步加强科级干部队伍建设，在全委机关和事业单位组织开展了科级干部职务晋升工作，由各单位（处室）按照有关文件规定，严格履行程序，研提科级干部职务晋升意见报人事处资格审核后，进行了组织考察，报经委党组研究决定，对13名符合条件的同志晋升为科级干部。拿出北京市计划生育协会11个职位参加了面向全市基层的遴选，经请示人社局同意，委党组集体研究决定任用14人。按照市军转办的统一部署，招收了两名军转干部，充实到机关工作。

【干部培训】 围绕全面加强首都人口工作要求，加强了教育培训工作，并注意创新形式，注重实用，收到了明显效果。5月14～17日，在中央广播电视大学会议中心举办了综合业务培训周，各区县人口计生委分管主任、办公室主任、主管科长及相关人员以及市人口计生委各处室（单位）负责人及相关人员共500余人次参加了培训周。培训周一改过去各自为政、分头办班的老套路，以大幅度提高干部全面加强人口工作的能力素质为目标，紧贴实用，促进干部教育培训工作科学化、规范化，通过精心整合培训项目，整合培训资源，大规模分层次培训干部，集中时间、集中地点、集中力量，提高效率，节省时间，节省经费，减少了重复劳动，又具有很强的针对性，培训内容紧贴工作实际，在培训方法上创出了新的思路、新的方法。6月5～15日，分别在南京和上海举办了人口知识和“社会建设与管理”培训班。南京人口知识培训班以街道乡镇分管领导为主，大部分都是80后的分管乡镇长以及区县带队人员，共73人参加。邀请上海市、江苏省行政学院以及华东师范大学的著名专家教授，为学员们讲授了世界人口发展及我国人口形势、国际化大都化人口发展研究、人口计生工作公共服务以及领导干部创新思维与创新能力等丰富多彩的内容，使学员们进一步增强了对新形势下全面做好人口工作重要性的认识，提高了街乡镇新任分管领导人口计生工作能力和素质。在中国浦东干部学院举办的“社会建设与管理”高素质人才专题培训班，突出“社会建设与管理”特色，着重研究加强社会建设新形势下人口计生工作的地位和作用，强化人口计生工作为社会建设服务的职能和要求。委机关和事业单位干部以及区县部分副处级干部共44人参加。7月31日至8月3日，在北戴河举办市人口计生委新入系统干部人口知识培训班，采用领导宣讲、专家专题辅导、实地考察、分组讨论等形式，对新入系统人员进行了政务信息工作、机关财务工作规范、依法行政等基础业务知识进行了系统培训，使新入系统同志尽快熟悉工作、进入角色打入了坚实基础。12月3～14日，在新疆独山子石化驻京办事处举办了第二期援疆培训班。新疆和田地区、农14师人口和计划生育基层行政管理人员40人参加了培训班。培训班将课堂教学与考察调研相结合，着重对学员进行了十八大精神、人口形势与任务、人口理论与可持续发展、依法行政等内容的培训，带领学员考察了北京市经济社会发展成就展点和人口计生工作先进项目点，使新疆学员得到了理论和实践两方面的培训，帮助他们提高了领导能力和人口计生工作能力。

【市委巡视】协助配合市委巡视组完成在我委的巡视工作。制定了详细的工作方案，成立了协调工作领导小组，完成了巡视组在我委个别谈话、干部座谈、走访调研等各项协调工作，受到巡视组高度肯定。

【出国（境）考察】全年共协调17人次出国（境）考察工作，组织1批次赴中国台湾地区考察团，通过培训提升了干部的素质能力。

【老干部工作】在七一建党前夕，举办了纪念陈实同志参加革命70周年座谈会，下发了陈实同志的《我的生平小故事》，在全委干部中引起了良好反响。成立了老同志书画社，参加了全市老同志书画展，并为老同志组织了一次健康体检。

（干　婷）

市政府折子工程、人大代表建议和政协提案办理情况

一、市政府折子工程办理情况

2012年市人口计生委作为主责单位承办了市政府第153号、154号折子工程。

1. 第153项折子工程内容：深化“以业控人、以房管人、以证管人”模式，制定促进产业业态调整的专项行动计划，推广新居民互助服务站等经验，做好实行居住证制度的相关工作，推进实有人口服务管理全覆盖系统建设。

重点开展以下工作：

（1）积极推动全员流动人口管理信息系统建设，完善信息引导服务和信息共享机制。建立健全全市人口信息互通、管理互补、服务互动的部门协调机制。围绕

“统筹管理、服务均等、信息共享”的目标，整合政府各部门人口信息和资源。通过流动人口信息系统，实现人口计生系统内部的信息对接；通过与流管、卫生等部门的协作，实现部门间信息对接；通过国家流动人口管理信息平台，实现居住地与户籍地信息对接，达到信息引导服务、服务促进管理的双重功效。

（2）推进服务均等化，促进流动人口社会融入。将免费孕前优生健康检查作为今年为流动人口办实事的重点项目抓紧抓好。坚持计生融入民生，推进流动人口计划生育基本公共服务均等化试点项目工作。继续推进在流动人口集聚地建立协会和图书角工作。深入开展“关怀关爱”系列活动，帮扶、救助流动人口计划生育困难家庭。

（3）做好“一盘棋”工作，推动省际之间统筹管理、服务均等、信息共享、区域协作、双向考核工作的开展。制定《流动人口计划生育“一盘棋”工作方案实施意见》，发挥环渤海地区牵头省市的作用，加强与兄弟省市的流动人口服务管理工作的合作交流。开展京冀联合跨省协查执法，区域协作取得实效。指导各区县人口计生委推进多角度的跨省区域协作。

2. 第154号折子工程内容：加强人口和计划生育工作，稳定低生育水平。

重点开展以下工作：

（1）坚持基本国策不动摇，调整目标管理责任书。坚持党政一把手亲自抓、负总责不动摇，严格实行“一票否决”。市长与区县长签订了2012年度人口计生目标管理责任书，责任书实现了三个转变：一是将郊区县的计划生育政策符合率由95%提高到与城区相同的97%，实现全市生育管理标准的城乡统一；二是流动人口计划生育经费不再单列，逐步实现与户籍人口的统筹；三是明确人口和计划生育财政投入总量增长幅度要高于区县经常性财政收入增长幅度，确保人口和计划生育经费增长的整体同步。

（2）修订计划生育规范性文件，强化利益导向机制建设。扎实开展《北京市人口与计划生育条例》修订调研，通过完善政策体系、规范基层执法、简化办事程序，积极探索依法管理与优质服务有机结合。修订出台《生育服务证管理办法实施细则》，制定下发《北京市人口计生委贯彻落实〈国家人口计生委关于方便群众办证的通知〉的实施办法》，以群众满意为目标，切实改进工作作风，提高服务水平。稳步推进奖扶特扶工作。2012年奖励扶助总人数为26 673人，每人1 200元奖励扶助金已足额拨付到个人账户。全市伤残家庭特别扶助对象每人每年1 920元的伤残特扶金、每人每年2 400元的死亡特扶金也已于7月底全部注入个人账户。

二、人大代表建议、政协提案办理情况

2012年本委共承办建议提案20件，其中人大代表建议11件，政协委员提案9件，

内容涉及人口规划、独生子女父母奖励与社会保障、婚检孕检工作、流动人口服务与管理、早教等方面，基本体现了本市人口计生工作的重点热点和难点问题。

在建议、提案办理工作中，本委切实做到“四个”加强：

一是加强领导，提高认识。委领导提出要把办理建议提案作为了解社情民意、加强和改进全委工作的重要途径，以高度的政治责任感和历史使命感，认认真真、扎扎实实做好承办工作。

二是加强责任，确保落实。将承办任务分解落实到相关处室和个人，实行处长负责和专人承办制，确保建议提案件件有回音、事事有着落。

三是加强沟通，提高满意度。及时主动与代表委员联系，对于因客观条件所限难以解决的建议提案，耐心细致地向代表委员说明原因，取得理解。

四是加强管理，提高质量。由专门处室统筹协调办理程序、要求、进度和质量，全程跟踪督办，严格审核把关，成文报告做到精益求精、统一规范、无一差错。

在委领导的高度重视和承办处室的共同努力下，建议提案于5月10日全部提前办结，代表委员满意率达100%。

为进一步提高人大代表建议、政协提案办理工作质量，根据《北京市人民政府办理人民代表大会代表建议、批评、意见和人民政治协商会议委员提案办法》，本委于2012年11月开展了年度人大代表建议、政协提案优秀承办件评选工作，由委领导对19件成文报告从针对性、科学性、时效性、办理质量等4个方面逐一进行了打分评价，评出一等奖1件、二等奖6件、三等奖12件。根据评选结果，一等奖承办件（2026号建议）被推荐评为市级优秀承办件。

北京市十三届人大五次会议
第2026号建议的办理报告（A2）

孙玉芝代表：

您提出的关于“北京市人口必须合理调控”的建议收悉，现将办理情况报告如下：

人口问题是长期影响首都科学发展的首要的基本问题，是首都迈向现代化、建设世界城市不可回避的重大问题。市委、市政府多年来一直高度重视首都人口科学发展问题，“构建适应首都发展的人口格局”已纳入北京市“十二五”发展规划，特别是“十二五”开局之年，相继制定出台了有关产业、房屋、就业、户籍、社会管理等促进人口长期均衡发展的政策措施，人口规模调控工作正积极稳妥地推进。

一、市领导亲自挂帅，研究和督导人口规模调控工作

北京市委书记刘淇明确指出：“解决好人口无序增长问题，实现人口的有序管理，是对市委、市政府领导能力、执政能力的重要检验；要本着对党和人民高度负责的态度，按照科学发展观要求，综合施策，统筹治理。”2011 年 5 月，刘淇等市领导到市流管办调研流动人口服务管理工作，对加强和改进流管工作作出进一步明确指示。市长郭金龙在2011 年政府工作报告中也明确提出，要加强人口调控管理，认真落实中央关于“大中城市要加强和改进人口管理”的要求，抓紧研究制定人口有序管理的“一揽子”政策措施，并于 7 月初，主持召开了由副市长、市政府秘书长、副秘书长及有关部门主管领导参加的人口规模调控和有序管理专题研讨会，对全市人口规模调控和流动人口服务管理工作进行专题研究。2011 年 9 月，杜德印同志率有关部门负责同志到市人口计生委进行专题调研。此外，王安顺同志多次深入基层实地调研流管工作，对加强和创新流动人口服务管理工作提出明确要求。刘敬民同志亲自组织相关部门开展工作，落实“研究实施居住证制度”、“研究制定人口有序管理的一揽子政策措施”等市政府折子工程，领导开展《北京市房屋租赁管理若干规定》的修订出台工作。

二、转变经济发展方式，调控经济发展对劳动力需求

中央多次强调，实现人口资源环境协调发展，关键是调整优化产业结构，加快转变经济发展方式。对北京而言，当前尤其是处理好“舍”与“得”的关系，通过产业结构的优化和调整，进一步降低经济发展对劳动力和资源要素的依赖。

（一）稳步推进工业结构调整，产业功能实现转型

近年来，按照适应首都城市功能定位、服务首都城市运行的总目标，大力发展高端高效高辐射力制造业，持续调整退出落后产业。通过多年优化调整，在结构上，实现了从以石化、钢铁、建材等传统工业为主向以汽车、电子、装备、生物等新型工业为主的历史性转变；在功能上，实现了从经济功能为主，向以服务国家制造业战略、支撑国家创新中心建设、保障城市运行等功能为主的历史性转变。“十一五”时期，在工业规模突破万亿元大关的同时，工业结构调整成效显著，产业结构逐步优化，京东方 8.5 代线、北京奔驰、北京三一等重大项目先后开工建设，部分竣工投产，完成首钢搬迁，退出“三高”企业 180 多家，先进产能比重显著增加，电子、装备、汽车、医药等现代制造业占工业增加值比重接近 40%。产业集聚程度不断提高，开发区工业占全市工业的份额超过一半。万元工业增加值能耗、万元工业增加值水耗等指标，提前完成国家任务，工业能耗水耗水平居全国前列。

（二）工业从业人员总数基本稳定，结构有所优化

“十一五”时期，北京规模以上工业企

业从业人员基本稳定在120万人左右。据2010年对电子信息、基础与新材料、生物与医药、装备、汽车与交通设备、软件与信息服务等行业65家企业1.15万人的调查，管理人员、技术人员、技能人员和其他人员分别占26.8%、27.1%、30.3%和15.8%；高层次人才，包括高级管理人员、高级技术人员和高级技师，占4.5%；高技能人才，包括高级技师、技师和高级工，占7.2%。企业员工中具有硕士和博士学历人员占6.6%、本科占24.7%、大专占21.4%、高中或中专占30.6%、初中以下占16.8%，相比2008年的研究生学历占4.6%、大学本科占22.4%、大专占17.0%、高中占27.8%、初中及以下占28.2%，员工文化程度整体上有所提高，大专以上学历比重提高，高中以下员工比例降低较大。

“十二五”时期，北京工业将以加快转变发展方式为主线，以推进工业战略性、深层次结构调整为根本任务，坚持将大力发展战略性新兴产业作为主攻方向，在科技创新、高端发展、引进高端管理和高技能人才方面下大力气，确保战略性新兴产业增加值占GDP比重名列全国前列，现代制造业成为我市工业的主体。“十二五”时期，北京工业从业人员规模将稳定在“十一五”末期水平，为合理控制北京人口规模服务。

三、明确高校发展规模和办学定位，合理控制在校生规模

首都高校在校生是我市人口的重要组成部分，高校的发展规模和办学定位将关系和影响首都人口规模调控。截至2011年年底，北京市共有普通高校89所。其中，中央部委所属普通高校36所、占总数的40.4%，市属普通高校53所（其中民办高等学校15所）、占总数的59.6%。目前，普通高校全日制在校生78.71万人。自2007年以来，普通高校全日制在校生净增5.87万人。

（一）稳定高等教育发展规模

综合考虑在校生占城市人口比例、人民群众接受高等教育需求、适度提高高等教育毛入学率、在京中央高校服务全国需要、大学生就业、首都城市发展空间及资源条件等多种因素。“十二五”时期，首都高等学校坚持“内涵发展、人才强教、资源统筹、开放创新”的战略方针，以稳定首都高等教育发展规模为出发点，重点提高办学质量，控制学校设置数量，合理控制在校生规模；以适应首都经济产业结构调整为目标，突出办学特色，强化区域服务；进一步加强统筹规划，优化首都高等教育布局，推进高等教育全面协调可持续发展。

（二）明确市属高校办学定位

经过多年建设与发展，北京市属高校已形成了综合性大学、艺术类院校、应用型大学、高职院校等办学体系，为首都经济建设和发展提供了大量的不同层次的高质量人才。今后，按照“稳定规模、调整结构、创新体制、突出特色、提高质量、服务需求”的基本方针，逐步改善条件，调整专业结构，凝练办学方向，突出学校特色。按照首都经济社会发展对不同类型人才的需要，根据各高校学科基础、专业优势、办学特色，明确办学定位，进行分类指导。应该说，北京不存在一、二、三流大学之分，不同办学层次的普通高校都有其明确的办学定位及办学方向，向首都经济建设输送不同类型的人才。

四、优化产业布局，引导人口合理分布

以加快新城建设为依托，以规划建设首都经济圈为契机，从注重功能集聚为主向集聚、疏解和辐射并重转变，促进周边区域共同发展，减缓人口流入压力，缓解首都人口与资源环境矛盾。

（一）加快新城建设步伐

着力强化新城和远郊区县服务设施建设，通过公共服务资源布局调整，提升基层服务能力，优化人口布局。通过近年的努力，一批快速联络线相继通车，11个新城万亩滨河森林公园正陆续建成，新城集中供热已实现80%，每个新城都建有一个区域医疗中心、一所名校分校、一个高品质再生水厂，"业城均衡"的综合新城正成为缓解中心城人口压力的重要承接地。抓紧研究出台《加快重点镇建设的实施意见》，提升小城镇宜居宜业的水平，着力构建中心城、新城、重点镇协调发展的城市空间格局。

（二）推动环京周边产业协作圈建设

抓住国家打造首都经济圈的重大机遇，按照"优势互补、合作共赢"的原则，积极推动环京周边产业协作圈建设。重点鼓励北京经济技术开发区等有条件的园区在环京地区设立"合作投资区"，探索在周边地区合作打造"共建产业园"。推动制造业向发展新区和京津冀产业协作区转移，缓解中心城区人口压力。加强对本地工人转岗和再就业培训，引导企业吸纳特殊群体就业，提高户籍人口就业比例。加强对企业用工引导，寓管理于服务，及时掌握需求，主动提供服务。力争通过"控增量、调存量"，实现工业人口"零增长"，知识结构、空间分布、户籍人口就业占比等指标显著优化。

五、完善服务管理体制机制，协调推进人口调控有序落实

市委、市政府非常重视人口宏观管理体制建设，充分发挥市流管委和市人口和计划生育领导小组的综合统筹协调作用。2011年，按照人口有序管理的要求，进一步整合人口管理职能，在市人口计生委新增内设机构，强化了人口宏观统筹协调职能。完善区县属地管理责任制，鼓励区县结合自身实际，采取有针对性的人口调控措施，创新人口服务管理政策。

（一）完善城市管理相关制度

在经营场所管理上，加强对经营场所房屋的合法性审查，对房屋用途也加强审查，规范有形市场的发展，并对传统生活服务业强化准入审查，提高产业的规范化、组织化程度。在就业服务管理上，健全外来务工人员社会保障制度，全面实施劳动合同制度和社会保险，提高了最低工资标准，维护流动人口合法权益。在房屋管理上，有针对性地修订《北京市房屋租赁管理若干规定》、《北京市人民防空工程和普通地下室安全使用管理办法》，强化出租房屋和地下空间的安全监督管理。出台《北京市禁止违法建设若干规定》，坚决查处违法建设，坚决制止新增违法建设，依法拆除违法建筑，减少无照经营。在精细化管理方面，全面推进网格化社会管理，启动了实有人口服务管理全覆盖体系建设试点。同时，治理不符合安全生产、食品安全、公共安全、环境保护要求的违法违章行为，提升传统产业组织化和现代化程度。组织居住证制度立法。由市公安局牵头，各部门参与，按照国家统一部署，适时出台。

（二）建立流动人口有序管理责任制

首都综治委、市流管委积极发挥体制机制优势，将流动人口和出租房屋有序管理分别纳入各部门、各区县《首都社会治安综合治理责任书》，由市委书记刘淇、市长郭金龙分别与部门、区县主要领导签署。同时，要求逐级签订流动人口和出租房屋有序管理责任书，落实服务管理责任。《责任书》任务完成情况将纳入年底社会治安综合治理工作考核。以社会治安综合治理一票否决机制，推动各部门、区县落实流动人口和出租房屋有序管理工作。

（三）组织流动人口数据监测

依托北京市流动人口和出租房屋综合管理信息平台，建立起市、区县、街乡镇三级流动人口动态监测体系，动态掌控和监测各区县流动人口和出租房屋总量、新增、核销、更新和迁移情况，在全市范围内每月通报，有效指导区县积极开展相关工作。并为市委、市政府研究制定有关流动人口和出租房屋服务管理政策提供基础数据依据，为各部门研究开展流动人口服务管理工作提供数据信息支持。

（四）探索建立人口评估机制

“建立重大规划、重大政策、重大项目的人口评估机制，探索中心城区人口疏解模式”，已纳入北京市2012年推进重点改革任务之中。由市人口计生委牵头，首都综治办、公安局、流管办、工商局、住建委、规划委、国土局、发改委、民防局等8个职能部门和各区县政府共同参与落实。将围绕人口规模调控，引导人口合理分布，科学规划、精心设计，协调各方、协力推进，探索建立市级统筹协调、部门牵头评估、属地协同参与的人口评估及综合协调管理体制机制。

（五）加强人口调控重点问题研究

一是流动人口规模调控和有序管理问题研究。这一课题是全市调查研究重点课题，由王安顺同志牵头开展、市流管办具体承担，依据第六次全国人口普查数据北京市的相关数据，系统分析了北京流动人口新的变化特征，对加强流动人口规模调控和有序管理提出具体建议。二是首都经济圈产业分工合作问题研究。这一课题由市经信委牵头，会同市发改委、商务委、农委等单位参与完成，主要是探索与周边地区进行产业合作的主要思路和合作模式。三是特大城市人口规模调控问题研究。这一课题由市人口计生委牵头，市委、市政府有关部门及区县人口计生委共同参与，主要是围绕深化“以业控人、以房管人、以证管人”模式，提出加强人口调控、促进人口有序管理的政策建议。

在首都经济社会发展决策过程中，我们将不断完善人口服务与管理体制，加快转变经济发展方式，大力调整经济结构、区域结构、城乡结构、社会结构，加强人口数量、素质、结构、分布等方面的综合调控，采取多种有效措施，促进人口有序发展，使人口发展与首都功能定位相协调，与城市资源环境承载能力相适应。

二〇一二年五月三日

北京市十三届人大五次会议第0542号建议的办理报告（A1）

李军代表：

您提出的关于“进一步在北京市内推进免费婚前、孕前检查”的建议收悉，现将办理情况报告如下：

一、出生缺陷一级预防工作开展基本情况

（一）实施“健康生育计划”，提高出生人口素质

近年来，市人口计生委按照国家人口计生委《关于开展出生缺陷一级预防工作的指导意见》要求，从提高人口素质，以人为本高度，参与市卫生局、市民政局、市财政局等6部门制定了《关于进一步加强我市婚前保健工作的意见》，在全市开展了出生缺陷一级预防工作，启动了“健康生育计划”。广泛普及和预防出生缺陷知识，积极做好婚检、婚育保健知识的咨询、宣传，倡导健康文明生活方式，提高育龄群众优生优育的知识水平和行为能力。2008年，由市人口计生委向市财政局申请专项经费300万元，用于向全市户籍已婚待孕和怀孕三个月内的妇女免费发放叶酸增补剂。共发放叶酸增补剂28万瓶，约有5万个家庭受益。

2009年4月，北京市召开“健康生育计划经验交流会”。会上，市人口计生委对北京市开展健康生育计划工作的总体情况进行了全面总结，西城区、东城区、丰台区副区长分别对各自地区贯彻落实健康生育工作的情况进行了汇报。会上，北京市副市长丁向阳提出，政府要管百姓的健康，要做到普及健康知识、提供健康保障、参与健康行动、延长健康寿命，从而全面提高老百姓的幸福指数；在人口工作中必须

建立、健全一整套规范化、标准化、制度化的有效措施推动人口计生工作的社区化、信息化和家庭化建设。

2009年年底，市人口计生委与市卫生局、市财政局制定《北京市增补叶酸预防神经管缺陷项目实施方案（试行）》，协助卫生部门继续在全市免费发放叶酸增补剂。

（二）开展“婚育健康服务包项目”，加强优生知识宣传

为拓展“北京市健康生育计划”，从2009年起，市人口计生委与民政局、卫生局、财政局共同搭建了婚育健康服务平台，在婚姻登记处面向全市新婚夫妻发放免费婚前检查联系单、叶酸免费领取告知书、免费避孕药具及婚育健康科普读物等系列服务。2010年“婚育健康服务包”项目还被列为市政府为民办实事之一。2009年免费发放婚育健康服务包15万个，2010年免费发放婚育健康服务包12万个。

二、实施“国家免费孕前优生健康检查项目”，实现出生缺陷预防关口前移

2011年，按照《北京市人口计生委北京市财政局关于开展国家免费孕前优生健康检查项目试点工作的通知》要求，北京市确定丰台区、昌平区、平谷区为国家免费孕前优生健康检查项目第二批试点区。孕前优生健康检查项目服务包括免费提供宣传教育、健康体检、风险评估、咨询指导、孕情监测及跟踪随访等19项服务。

孕前优生健康检查项目一是实现了“孕前预防”的关口前移。孕前优生健康检查坚持预防为主，为计划怀孕夫妇提供孕前优生指导，把预防措施落实在怀孕之前，推动了出生缺陷预防关口前移，有利于从源头上降低出生缺陷的发生风险。二是突出了“群体预防”模式。以公共财政保障提供免费孕前服务，可以有效动员计划怀孕夫妇自觉接受孕前优生健康检查，极大地提高人群覆盖率。

试点区为实现公共服务均等化，将目标人群从国家要求的农村人口和流动人口扩增为符合计划生育政策的育龄夫妇（含城镇、农村户籍人口及流动人口）。

截止到2011年12月底，三个试点区共检查人数8 585人，完成总任务量的44%。其中丰台区4 411人，昌平区1 844人，平谷区2 330人。丰台区、昌平区、平谷区宣传覆盖率分别为85.6%、98%、98%；优生知识知晓率为85%、98%、90%；优生咨询指导率为100%、95%、100%；优生检查人群覆盖率为40%、31%、87%；早孕随访率分别达100%、100%、100%；妊娠结局随访率分别达为100%、100%、100%。

三、下一步工作计划

继续在北京市开展“健康生育计划”，继续在全市广泛开展了普及和预防出生缺陷知识，做好优生优育咨询和指导，倡导健康文明生活方式，提高育龄群众优生优育知识知晓率。

继续在全市开展婚育健康服务包项目，

2012年拟向全市新婚夫妇免费发放8.8万个婚育健康服务包。

2012年在政府工作报告上，温家宝总理指出，“加快实现计划生育优质服务全覆盖，将免费孕前优生健康检查试点范围扩大到60%的县（市、区）”。市人口计生委已向国家人口计生委申报怀柔区、石景山区、门头沟区、通州区、顺义区、延庆县、西城区、房山区等8个区县，为新增国家免费孕前优生健康检查试点区县。

北京市将通过加大项目宣传、增加定点服务机构、简化服务流程、提高服务质量等方式不断完善免费孕前优生健康检查项目，提高项目人群覆盖率。2013年该项目将在全市推广。

附件：国家免费孕前优生健康检查项目基本服务内容（略）

二〇一二年三月二十日

计划生育协会工作

2012年，市计生协围绕协会“三个服务”工作定位，以“836”工作思路为中心，着力加强各项基础工作，全面开展创建幸福家庭活动，各项工作深入推进，圆满完成了年度工作任务。

【创建幸福家庭工作深入推进】围绕创建幸福家庭“836”工作思路，积极推进“六大惠民工程”，完善帮扶机制，打造特色服务基地，探索创新服务模式，提升服务水平，切实为计生群众提供优质服务。一是基地建设全面推进。东城区、石景山区建成市级“宝贝计划”教育基地，西城、海淀、丰台、密云、怀柔等12个区建立了儿童早期综合发展服务中心，为下一步“宝贝计划”工程的开展奠定了坚实基础。继怀柔“市级青少年健康教育中心”之后，海淀又建成“首都青少年性健康教育基地”，“青春健康”基地影响不断增强。在西城区建成全市首家“心灵家园”基地的基础上，昌平、朝阳、海淀、门头沟、顺义、平谷等区县筹建的“心灵家园”基地也陆续向特定人群开放，心灵家园服务面进一步扩大。二是服务模式不断创新。将经济手段与服务民生相结合，为特殊困难计生家庭量身打造“暖心计划”保险项目，由财政出资2 160万元，为7 746位独生子女死亡的家长提供了包含养老、医疗、意外伤害和女性重疾等保险责任在内的综合保险，帮助实现这一特殊人群老有所养，病有所医。以怀柔区为试点，积极参与中国计生协特殊困难计划生育家庭帮扶模式探索项目，通过调查了解计划生育特殊家庭目前的养老现状及需求，探索计划生育协会在计划生育特殊家庭养老扶助中发挥作用的可行性及实现路径，加强能力建设，为制定有关政策提供依据，为完善特殊困难计生家庭帮扶工作奠定基础。三是帮扶机制更加完善。建立健全了政策帮扶、经济帮扶、精神帮扶三位一体的计生困难家庭帮扶救助模式。在奖励扶助特别扶助等政策帮扶稳步推进的基础上，以“安康计划”、“暖心计划”和“服务计划”三项计划为主，不断加大经济帮扶力度，同时在全市广泛开展生育关怀亲情牵手活动，全市3 600多位志愿者与户特殊困难计划生育家庭结为国策亲戚，为他们提供精神慰藉和亲情抚慰。四是宣传倡导活动丰富多彩。在《北京日报》、《人民政协报》、《现代教育报》等报刊以整版篇幅专版宣传创建幸福家庭活动；在北京电视台科教频道《大家谈——幸福家庭》和《健康北京》栏目以及北京电台《人口直通车》和《今夜私语时》广播栏目中分别宣传创建幸福家庭工作。举办以“五个一”为主题的纪念协会成立30周年系列活动，即：一个专版——在北京日报对开展“六大惠民工程”工作进行了专版宣传；一个挂牌——首都青少年性健康教育基地在海淀区科技中心挂牌；一个网站——北京市计生协官网正式上线；一个展览——在中山公园举办“纪念北京市计划生育协会成立三十周年书法、摄影、剪纸展”；一个专题片——制作完成北京市创建幸福家庭纪录片《向幸福出发》。“五个一”系列纪念活动把创建幸福家庭工作推向了高潮，“六大惠民工程”得到了群众的广泛认可。

【协会队伍发展壮大】2012年市计生协公开选拔协会副秘书长1名，面向北京市遴选公务员14名，总编制人数达到21人，内设部门达到4个，人员年龄结构更加优化，部门设置更加合理，干部队伍力量大大加强，为开展工作奠定了坚实基础，为推进协会事业发展提供了有力保障。

【高校计生协会工作力度加大】3月19日，北京市计生协在北京科技大学会议中心召开了北京地区高校计划生育协会联合会第二届代表大会，北京地区58所高校计划生育工作主管领导、计生干部200余人参加会议。会议总结了上一届理事会工作，修改了《高校联合会北京地区高校计划生育协会联合会章程》，选举产生了新一届理事会、常务理事会成员及秘书组成员，为推动首都高校人口计生工作健康发展奠定了坚实基础。7月19日，根据《北京地区高校计生协“示范会员之家”建设标准》，北京市计生协在高校会员单位中优选了清华大学等20所高校成为“示范会员之家”并举行了授牌仪式，同时为每个“示范会员之家”下拨5万元创建经费，有力提升了高校计生协工作力度。

【国际国内合作深入开展】指导海淀区、丰台区继续做好欧盟资助的流动人口社区母婴健康项目和英国救助儿童会资助的流动人口儿童早期发展项目，取得了良好的社会效益。2012年全年，北京市计生协共接待印度尼西亚家庭计划协会、中国台湾妇幼卫生协会等5批次国际交流和考察，接待甘肃、上海等17批次国内省市学习交流和考察。

【人口计生基层群众自治扎实推进】 通过自下而上层层筛选，全市共推荐50个村（居）为第三批全国人口计生基层群众自治示范村（居），国家级基层群众自治示范村（居）总数达到150个。10月27日，全国基层计生自治示范村（居）评估验收工作小组到北京进行了抽查、评估，对北京市基层群众计划生育自治工作给予了充分肯定。

【组织建设实现新突破】 积极推进在新型经济组织和流动人口聚集地建协会工作，推动协会组织形式创新，促进协会工作发展。西城区金融街举行了“金融街高端人才计划生育协会”首届会员代表大会。东城、西城、海淀、朝阳、丰台、顺义等区县通过创建流动人口协会组织，积极探索适应流动人口需求的服务方式。截至2012年年底，全市流动人口计生协达到了1 527个，会员近16万人。

（王　麟）

六、北京市人口计生社会团体和研究机构介绍

北京市计划生育协会

一、机构简介

北京市计划生育协会成立于1982年。作为北京市最大的非营利性群众团体，北京市计生协的组织遍布全市城乡基层、机关、学校、部队、企事业单位和流动人口集中的地方，活跃在政治、经济、文化、教育、卫生、社保、扶贫、妇女发展、生态等各个领域。三十年来，市计生协充分发挥非政府组织的优势和特点，已经成为政府联系计划生育群众的重要桥梁和纽带，成为有广泛影响的生力军，成为政府落实计划生育基本国策、统筹解决人口问题、促进人口发展的重要合作伙伴。

二、组织状况

经过三十年的发展建设，截至2012年年底，北京市计生协已拥有8 937个会员单位、7.16万个会员小组、112万名会员。其中流动人口计生协达到了1 527个，会员近16万人。北京市政协副主席赵文芝任会长，北京市人口计生委党组书记、主任刘志任常务副会长，北京市人口计生委副主任彭彧华任第一副会长。计生协的组织网络覆盖全市村居、社区、高校、非公有制企业以及外来流动人口集中地，是基层计划生育工作的生力军，也是全市最大的群众团体。

三、工作职能与工作特色

工作职能：广泛联系社会各界和群众中的积极分子，在《中国计划生育协会章程》的原则下，自愿组织起来，动员群众自我教育、自我管理、自我服务；积极协调社会各方面的力量，充分发挥理事和会员的带头作用，通过在基层传播信息，提供服务，推进社区经济发展，为广大群众谋取利益；对政府及其工作人员的行政行为进行民主参与和民主监督，维护广大群众的合法权益。

主要工作特色：以科学发展观为引领，深入贯彻落实胡锦涛同志在中央政治局第二十八次集体学习时要求“建立健全家庭发展政策，切实促进家庭和谐幸福”的讲话精神，按照国家人口和计划生育委员会、中国计划生育协会、中国人口福利基金会下发的《关于开展创建幸福家庭活动试点工作的指导意见》，对创建幸福家庭工作进行了探索和实践，确立了“836”工作思

路——“8个字，3句话，6大惠民工程”，即以“幸福家庭、和谐人口”为核心理念，构建以建设家庭人口文化为理论引领，以关注家庭成员和谐健康为基础，以关注民生为目的的公共管理服务体系，积极开展“文明倡导工程、宝贝计划工程、青春健康工程、健康生育工程、生育关怀工程、心灵家园工程”六大惠民工程。

四、主要工作

全面开展创建幸福家庭工作。按照北京市创建幸福家庭“836”工作思路，以“幸福家庭 和谐人口”为核心理念，构建以建设家庭人口文化为理论引领，以关注家庭成员和谐健康为基础，以关注民生为目的的公共管理服务体系，积极开展“文明倡导、宝贝计划、青春健康、健康生育、生育关怀、心灵家园”六大惠民工程。

具体包括：文明倡导工程——围绕创建幸福家庭活动中心任务，广泛开展宣传倡导活动，增强人口文化的感染力和渗透力，促进家庭和谐幸福；

宝贝计划工程——建立0~3岁婴幼儿早期发展教育基地，倡导优孕优生优育优教，探索0~3岁婴幼儿教育模式，完善学前教育公共服务体系；

青春健康工程——建立青春健康教育基地，重点开展青少年生殖健康和健康人格教育，培养青少年适应现代社会的良好修养与行为习惯；

健康生育工程——建立健全人口计生公共服务体系，为群众提供优质的避孕节育、优生优育、生殖健康服务；

生育关怀工程——以“安康计划”、“暖心计划”和“服务计划”为主，不断加大对独生子女特殊家庭和困难家庭的帮扶力度；

心灵家园工程——通过“心灵家园”基地建设、广泛开展“亲情牵手行动”等，为计划生育特殊家庭提供生活帮扶、亲情抚慰和精神慰藉。

开展幸福工程救助贫困母亲。在母亲节期间开展形式多样的宣传、服务和募捐活动，在本市11个区县和全国18个省市、自治区，26个区县建立幸福工程项目点，帮助贫困计生母亲脱贫致富。

开展预防艾滋病宣传教育活动。将艾滋病宣传教育纳入北京市创建幸福家庭“836”工作思路，发挥计生协会完善的组织网络优势，广泛开展宣传教育活动，使人们正确了解艾滋病知识，促进社会和谐幸福。

加强计划生育协会组织建设。重点加强企业、学校、流动人口等基层协会组织建设，在首都高校、大型企业中创建“示范会员之家”，在流动人口聚集的场所、新型经济组织中建立计划生育协会，提升协会工作力度。

推动人口计生基层群众自治。规范、引导人口计生基层群众自治工作，促进计划生育群众实现自我教育、自我管理、自我监督、自我服务。认真扎实开展“人口和计划生育基层群众自治万村（居）示范活动”，层层树立典型，推广成功经验，引导建立适合地区实际的人口计生基层群众自治机制。

开展国内国际交流与合作。承接国际合作项目，确保项目顺利实施，促进项目成果转化；广泛开展国际交流，加深国际社会对中国和北京市人口计生工作的了解和认识，争取国际社会的理解和支持；积极开展国内交流，吸收借鉴先进经验，促进工作提升。

（王　麟）

北京市人口研究所

一、机构简介

北京市人口研究所由北京市人口和计划生育委员会与北京市委党校共同组建，于1998年成立，机构设在北京市委党校。北京市人口研究所是一个以人口理论和人口政策研究为主，同时承担教学和咨询的科研机构。现有专职研究人员12人。其中正高职称4人，副高职称5人、讲师3人。

名誉所长：刘志、王民忠

所长：姚光业

常务副所长：嘎日达

副所长：张金霞、洪小良、马小红

二、主要职能

参与北京市人口发展战略规划研究；承担人口计生委定向课题及其他调研项目；为区县人口计生委提供调研、培训、咨询服务；参与人口计生委干部理论培训，并提供政策咨询和信息服务。

三、主要研究方向

以“立足北京、研究北京、服务北京”为科研原则，重点研究北京市人口规划及规模调控、迁移流动、老龄化，人口与经济社会协调发展，人口与资源环境可持续发展，人口与京津冀区域一体化发展等相关问题。

北京市人口学会

一、机构简介

北京市人口学会是由北京市社会科学研究所、北京经济学院、北京市计划生育办公室等单位自愿联合发起的非营利性社会团体，成立于1980年。学会设有：常务理事会、理事会、监事会。

二、学会第八届组织机构主要成员

会长：郭志刚

副会长：刘志、杜鹏、张车伟、段成荣、侯亚非、童玉芬

秘书长：陆杰华

副秘书长：张金霞、周彦杰、苑雅玲

监事长：黄荣清

名誉会长：翟振武

顾问：冯立天、田雪原、邬沧萍

三、工作领域

1. 组织、推动和指导会员研究人口理论和人口科学、学习和宣传党和国家的人口政策，调研现实社会人口问题；

2. 组织会员参与学会承担的科研项目或课题，为有关政府部门提供科研成果，推动科学决策；

3. 召开各种内容、形式和规模的学术讨论会和现实人口问题座谈会；

4. 组织与中国人口学会和各省市相关学术团体的学术交流活动，逐步组织对外学术交流活动；

5. 积极组织和开展人口科学的科普活动；

6. 组织或推荐优秀科研成果评选或参评活动；

7. 鼓励和组织会员与北京市的区、县有关部门加强联系，推动基层人口与计划生育工作的深入开展；

8. 适时成立学术专门组织，开展学术咨询，编辑专业出版物；

9. 承办有关团体和部门、业务主管单位委托的与本学会宗旨相关事宜。

（赵　力）

七、论 述 篇

深入贯彻落实十八大精神　促进首都人口长期均衡发展

北京市人口计生委党组书记、主任　刘　志

党的十八大是在我国进入全面建成小康社会决定性阶段召开的一次十分重要的大会，是一次高举旗帜、继往开来、团结奋进的大会，对凝聚党心军心民心、推动党和国家事业发展具有十分重大的意义。

认真学习宣传贯彻党的十八大精神，关系党和国家工作全局，关系中国特色社会主义事业长远发展，对动员全党全国各族人民在以习近平同志为总书记的党中央领导下，高举中国特色社会主义伟大旗帜，满怀信心为全面建成小康社会、夺取中国特色社会主义新胜利而奋斗，具有重大现实意义和深远历史意义。

一、深刻领会把握十八大对人口计生工作提出的新要求

学习宣传贯彻党的十八大精神，是首都人口计生系统当前和今后一个时期的首要政治任务。全系统要深刻学习领会党的十八大精神，始终在政治上、思想上、行动上与党中央保持高度一致，模范执行党的路线、方针、政策，继续解放思想，坚持变革创新，推动科学发展，促进社会和谐，为全面建成小康社会而努力奋斗。

党的十八大要求把保障和改善民生放在更加突出的位置，在改善民生和创新社会管理中加强社会建设，从维护广大人民根本利益的高度，加快健全基本公共服务体系，加强和创新社会管理，推动社会主义和谐社会建设。要求加快改革户籍制度，有序推进农业转移人口市民化，努力实现城镇基本公共服务常住人口全覆盖；积极应对人口老龄化，大力发展老龄服务事业和产业；完善和创新流动人口和特殊人群管理服务。

党的十八大提出“把生态文明建设放在突出地位”，将生态文明建设与经济建设、政治建设、文化建设、社会建设一起列入“五位一体”总体布局。经济建设是根本，政治建设是保障，文化建设是灵魂，社会建设是条件，生态文明建设是基础。建设生态文明，是关系人民福祉、关乎民族未来的长远大计，要加快建立生态文明

制度，健全国土空间开发、资源节约、生态环境保护的体制机制，推动形成人与自然和谐发展现代化建设新格局。要按照人口资源环境相均衡、经济社会生态效益相统一的原则，努力建设美丽中国，实现中华民族永续发展。

党的十八大对人口计生工作作出了新的部署、提出了新的更高的要求：坚持计划生育的基本国策，提高出生人口素质，逐步完善政策，促进人口长期均衡发展，为人口计生事业创新发展指明了前进方向。

坚持计划生育的基本国策。人口多底子薄的根本国情没有改变，计划生育作为基本国策不会动摇也不能动摇。三十年前的党的十二大将计划生育确立为基本国策，同年写入《宪法》，明确规定“国家推行计划生育，使人口的增长同经济和社会发展计划相适应”，为我国人口计生事业的持续健康发展奠定了基石。十年前，《中华人民共和国人口与计划生育法》正式实施，实现了计划生育基本国策的法律化、制度化，为我国人口计生工作的顺利开展提供了强有力的法律保障。今后相当长一个时期，人口多、人均资源相对较少的基本国情不会根本改变，经济社会发展和资源环境面临较大人口压力的局面不会根本改变，这就决定了我们必须坚持计划生育基本国策，坚定走中国特色统筹解决人口问题的道路。

提高出生人口素质。提高出生人口素质，关系千家万户幸福，关系国家和民族未来。人是社会经济活动的主体，人口素质特别是出生人口的素质直接决定了能否实现人口大国向人力资源强国转变。要继续实施国家免费孕前优生健康检查项目，全面加强优生优育和出生缺陷孕前预防，积极探索预防关口前移的新模式，继续保持出生缺陷发生风险降低趋势。同时，不断加大综合治理出生人口性别比偏高问题的工作力度，切实促进社会性别平等，逐步消除这一影响家庭和谐与社会稳定的重要隐患。

逐步完善政策。根据2010年第六次全国人口普查结果显示，中国人口发展状况呈现出一些不容忽视的问题，比如：超低生育率与出生人口缺陷率高、出生人口性别比高、老龄化程度高共存，人口结构不合理与养老难、就业难、婚配难叠加，特别是人口抚养比触底回升，多年来助推我国经济社会发展的“人口红利”逐渐减弱，必须采取有效措施促进人口结构均衡发展。完善人口政策核心是完善生育政策，完善生育政策事关经济社会发展全局，事关人民群众切身利益，必须着眼长远，科学论证，慎重决策，充分考虑人口变化对经济社会发展的长期性和基础性影响，准确把握人口变动趋势，积极稳妥逐步完善生育政策。

促进人口长期均衡发展。人口长期均衡发展对中国未来经济社会发展至关重要，中央在深刻分析人口发展的复杂形势和现阶段特征的基础上，明确了全面做好人口工作，坚定不移走中国特色统筹解决人口问题的道路，实现人口长期均衡发展和全面协调可持续发展的总体思路。人口长期均衡要求人口的发展与经济社会发展水平相协调、与资源环境承载能力相适应，人口数量适度、人口素质优良、人口结构优化、人口分布合理及人口系统内部各个要素之间协调平衡长期可持续发展。

二、自觉用十八大精神统领首都人口计生工作全局

人口计生工作空间广阔，大有作为，要深入研究经济社会发展的新要求，顺应人民群众对美好生活的向往，把人口计生工作放在加快经济发展方式转变的大背景下去谋划，放在加强政府保障和改善民生的大框架下去谋划，放在围绕推动首都科学发展、建设中国特色世界城市的大目标下去谋划，推动人口计生工作迈上新台阶，实现始终走在全国前列的目标。

（一）坚持人口发展在首都经济社会发展中的基础性地位

在推动首都经济建设、政治建设、文化建设、社会建设和生态文明建设“五位一体”总体布局伟大实践中，要按照人口资源环境相均衡、经济社会生态效益相统一的原则，注重人口规划与产业规划、空间规划、土地利用规划、环境建设规划以及基础设施规划的衔接。要充分认识人口与经济社会之间内在的双向互动关系，科学把握人口发展规律，建立健全重大规划、重大政策、重大项目的人口评估机制，把经济增长指标同人口、资源、环境、社会发展指标有机结合起来，实现人口有序管理的方法创新，促进人口与经济社会相协调、与资源环境相适应，努力建设美丽首都。

（二）牢牢把握科学发展主题，推动首都人口长期均衡发展

深入推进科学发展和加快转变经济发展方式，特别需要统筹好人口与发展的重大关系。要紧紧围绕主题主线，从推动首都科学发展、建设中国特色世界城市的战略高度，始终坚持计划生育基本国策不动摇，认真研究首都人口发展的总体趋势和变动规律，以人的全面发展统筹解决好人口问题，逐步完善人口发展政策，全面实施国家免费孕前优生健康检查等项目，筑牢提高出生人口素质第一道防线，统筹推进出生人口性别比综合治理，引导人口有序流动和合理分布，提升人口发展质量，促进人口长期均衡发展，努力开创人口计生事业科学发展的新局面。

（三）适应社会体制改革新要求，加快创新人口服务管理体制机制

牢固树立服务意识，寓管理于服务之中，完善“以人为本”的人口服务管理政策，建立与社会格局相适应的大人口服务管理体系。落实区县政府人口服务管理目标责任制。建立“市级统筹、部门分管、属地负责、四级联动”的人口服务管理工作机制。深化人口发展战略研究。强化人口基础管理，把人口信息化作为突破口和重要抓手，推进全员人口信息系统全面应

用。加强数据开发和应用，定期开展人口形势分析，及时发布人口信息变动情况。不断完善目标管理考核评估机制。创新流动人口计划生育服务管理模式，推进城乡人口计生基本公共服务均等化。完善计划生育政策法规体系，推进《北京市人口与计划生育条例》修订工作。

（四）以创建幸福家庭活动为抓手，切实增进人民福祉

党的十八大要求把保障和改善民生放在更加突出的位置，在改善民生和创新社会管理中加强社会建设。要适应新形势，不断推进计划生育工作理念、内容、形式、方法创新。以创建幸福家庭活动为工作主线，以“幸福家庭、和谐人口”为核心理念，将提高家庭发展能力和群众幸福指数作为工作出发点和着力点。坚持政府主导、坚持立足基层、坚持服务群众、坚持改革创新，深入推进创建幸福家庭六大工程，建立健全家庭发展政策。要将人口计生利益导向政策作为保障和改善民生的重要组成部分，全面落实法定奖励优惠政策，促进经济社会相关政策与人口计生政策的有机衔接，让计划生育家庭优先分享改革发展的成果。

三、以好的作风抓好党的十八大精神落实，推动各项工作

党的十八大掀开了新的历史篇章，我们要站在新的起点上，在更新、更广的领域满足百姓的新期待、新要求。人民对美好生活的向往，就是我们的奋斗目标。目标既定，蓝图绘就，重在落实。党的十八大已对人口计生工作作出明确部署，当前最重要的工作就是按照中央要求，扎实工作，以良好的作风和饱满的精神状态抓紧贯彻落实，奋力推动首都人口长期均衡发展。

一是坚持科学发展。认真贯彻落实十八大精神，关键就是以科学发展观为指导，统筹推动人口计生各项工作。必须始终坚持发展第一要义，坚持以人为本的核心立场，坚持全面协调可持续发展的基本要求，坚持统筹兼顾的方法，牢牢把握科学发展观中解放思想、实事求是、与时俱进、求真务实的精神实质，将科学发展观的要求体现到各项工作。

二是坚持注重民生。人口计生工作与百姓密切相关，与百姓幸福指数、满意度密切相关。要多谋民生之利，多解民生之忧，解决好人民最关心最直接最现实的利益问题。要转变领导方式，拿出更多时间和精力到人民群众中去。要正确处理改革发展稳定的关系，着力化解人民内部矛盾和不和谐因素，最大限度增加和谐因素，让人民群众生活得更加幸福安康。

三是坚持改革创新。总结过去五年、十年来人口计生工作取得的成就和进展，很大程度上就是依靠改革创新。虽然我们的很多指标都走在全国前列，但是与党的十八大提出的新要求、人民群众的新期待相比，还有较大的差距，必须通过改革创新，用新的作为贯彻落实好十八大精神。

四是坚持转变工作作风。贯彻落实党的十八大精神，对广大党员干部提出了更高的要求，关键是要转变作风，求真务实。广大党员干部要讲实情、出实招、办实事、求实效，力戒空谈，力戒做表面文章。必须切实转变工作作风，开拓进取、敢于担当、以身作则，以只争朝夕的精神主动工作，扎扎实实地推动首都人口计生工作不断取得新的业绩。

北京市人口规模调控问题与对策[①]

——特大城市人口规模调控研究（以北京为例）课题总报告

北京市人口规模调控联合课题组

（2012 年 11 月）

改革开放以来，中国城镇化经历了一个起点低、速度快的历程。北京作为首都，在我国城镇化快速发展进程中，面临更加突出的人口资源环境矛盾、更加凸显的特大城市建设和运行管理压力、更加迫切的城乡区域协调发展等许多新的问题和挑战。“十二五”时期，北京已进入转变经济发展方式的攻坚期、优化城市发展形态的机遇期，必须认真贯彻落实中央关于特大城市要合理控制人口规模和加强改进人口服务管理等要求，准确把握首都市情和发展的阶段性特征，科学谋划城市建设发展，稳妥推进人口规模调控。

一、人口发展的现状与考验

新世纪以来，北京经济社会发展取得了很大成就，人口发展进入了一个新阶段，人口规模调控也面临许多新课题。

（一）人口发展的现状

1. 人口持续快速增长。2011 年北京市常住人口突破 2 000 万人，达到 2 018. 6 万人。进入新世纪的 10 年，全市常住人口平均每年增加 60. 4 万人，年平均增长率为 3. 8%。从增长结构看，户籍人口增速相对稳定，流动人口规模加速膨胀。2010 年，全市常住人口中，流动人口为 704. 5 万人，占常住人口的 35. 9%。与 2000 年相比，10 年共增加 447. 7 万人，年均增长率为 10. 6%，远高于户籍人口 1. 34% 的年均增速，占常住人口增量的 74. 1%。2011 年，流动人口增至 742. 2 万人、占常住人口比重达 36. 8%。流动人口规模膨胀是导致常住人口快速增长的主要因素。

2. 人口分布不均衡。近年来，人口分布总体上朝着分散化、合理化方向发展，

① 刊出略有改动。

但是中心过密、外围过重、整体失衡的空间格局并没有发生变化。从变动情况看，2000～2011 年，首都功能核心区常住人口稳步下降，从 15.58% 降至 10.65%；城市功能拓展区常住人口最多，占比小幅上升，从 47.08% 升至 48.87%；城市发展新区明显上升，从 27.10% 升至 31.20%；生态涵养发展区缓慢下降，从 10.23% 降至 9.28%。从分布现状看，城六区集中了 60% 的常住人口，每平方公里为 8 780 人，高于大伦敦（5 437 人）和东京都（5 948 人），其中首都核心功能区高达 23 271 人。

3. 户籍人口老龄化趋势明显。2011 年全市 60 岁及以上的人口为 270.37 万人，占常住人口的 13.3%，与 2000 年相比上升了 0.7%。但是，户籍人口老龄化趋势明显。据市老龄办统计数据显示，2011 年 60 岁及以上的户籍老年人口为 247.9 万人、占户籍人口的 19.4%，与 2006 年相比平均每年增加 9.1 万人，年均增长率为 4.1%，增幅高于同期户籍人口 2.8%。据预测，到 2030 年全市户籍老年人口将达到 480 万人，约占户籍人口的 30%。

4. 低生育水平持续稳定。“十五”期间，全市常住人口自然增长率除 2005 年略高于 1‰，其他年份均低于 1‰，其中 2003 年为 -0.09‰。“十一五”期间，恰逢上一波生育小高峰出生人口陆续进入婚育期，加之符合“双独”生育政策家庭逐渐增多、新生儿随父入户比重增大和在京流动人口生育数量逐年增多等共同作用，北京进入新一轮生育小高峰，常住人口自然增长率有所上升但仍低于 4‰，户籍人口计划生育政策符合率为 97%、流动人口为 87%，低生育水平仍保持稳定。“十五”以来，全市总和生育率持续稳定在 1.3 以下，2010 年降至 1.02 左右，其中农业人口为 1.24、非农人口为 0.96，远低于 2.1 的更替水平。

5. 人口城镇化水平较高。2011 年，全市常住人口中，居住在城镇地区的人口为 1 740.7万人，居住在乡村地区的人口 277.9 万人，城镇化率达到 86.2%。城镇化率远超《北京城市总体规划（2004 年 - 2020 年）》预期，与 2004 年相比，7 年增长 6.7%，年均增长约 1%，超过了每年 0.6% 的规划目标。城镇化水平，同期低于伦敦（90%，2009 年），高于纽约（82%，2009 年）、巴黎（78%，2009 年）和东京（67%，2009 年）。

（二）人口快速增长带来的考验

人口快速增长，在满足北京市经济增长及社会服务需求的同时，也使城市发展面临诸多考验，主要是以下四个方面。

1. 资源环境能源负载压力过重。按现有的水资源量和人均水资源标准，在现有的经济技术水平下，北京水资源极限承载规模为 1 440 万～2 180 万人。按现代城市每人至少需要拥有 200 平方米的绿地标准，北京湾内的 3 500 平方千米绿地至多可容纳 1 750万人。综合考虑人均综合污染物排放量及大气环境吸纳能力，与大气环境相适宜的人口规模为 1 660 万人左右。能源消耗方面，全市能源消耗总量持续攀升，生活用能所占比重逐步提高，建筑能耗占总能耗的50%左右。由于人口规模过大带来的大量生产生活活动，给市域水体环境也造成了极大污染，主要水系水质不够合格、污染超标问题普遍存在，给改善人居环境带来较大困难。

2. 产业结构优化升级效能受限。2011年，北京三次产业结构比例从2000年的2.5∶32.7∶64.8调整到0.8∶23.1∶76.1。而同期，三次产业的就业结构也从2000年的11.8∶33.6∶54.6调整到5.5∶20.5∶74.0，新增75%的流动人口被第三产业吸纳。当前，本市经济发展对人口依赖程度相对还比较高。一方面，本市高技能人才的总量、结构和素质还不能适应首都经济社会快速发展的需求，特别是先进制造业、现代服务业等重点发展行业中，高技能人才更为短缺，未来两年全市需要补充技能人才60万人，其中急需补充的技师和高级技师13万人；另一方面，许多产业仍然还停留在粗放式、高能耗、以廉价劳动力换取经济增长的发展水平，仍在继续吸引和聚集大量流动人口。

3. 城市发展布局调整难度加大。从空间看，北京城镇体系呈现“中心大、周边小，中心强、周边弱”的特征，整体发展不协调。在全市6 300多平方千米的平原上，占1 300平方千米的城六区，创造了全市经济总量的70%，聚集了全市60%的人口。从区域看，城六区发展呈现“中间高、外围低，北部高、南部低”的形态，区域发展不均衡。其中，城乡结合地区人口导入最多，矛盾和问题也较为突出。流动人口大量聚集在城乡结合部，不仅引发和加重“城市病”，也加快城市规模无序扩张、影响和改变中心城“分散集团式布局”结构，增大中心城区功能疏解和城市功能布局调整的难度。

4. 公共服务设施供需矛盾凸显。流动人口大量流入，带来交通、教育、医疗等公共设施短缺的压力。六环路以内日出行总量已达3 500多万人次，新增交通供给能力很快被人口增量所抵消。2011年，全市非户籍在园幼儿和义务教育阶段在校生人数占比分别达到25.4%和37.6%，其中小学生占比42.5%、初中生占比26.7%，学前及义务教育资源总量供给不足与区域供需矛盾并存。2010年，全市医疗机构6 377个、诊疗人次1.4亿，和2000年相比，医疗机构增加6.2%、诊疗人次增加109.1%，其中三级医院中外地患者比例达3成以上。2010年，在京外来农民工约为380万人，占全市流动人口的53.9%，其中以“80后”新生代农民工为主，16～30岁的占53.5%。这些新生代农民工已经成为产业工人的主体，由于北京城市教育、医疗、社会保障、保障性住房等公共服务供给能力有限，不能使他们及其家属完全融入城市生活，处于“半市民化”状态，长此下去，容易引发社会矛盾。

北京仍然是一个发展中的城市，在全

国城镇化加速、区域统筹加快的大背景下，统筹人口资源环境协调发展的任务依然艰巨。

一是人口增长的趋势短期内不会改变。从我国城市化进程特点、北京经济发展阶段特征及首都城市的吸引力等方面看，未来一段时期内北京人口持续增长的趋势不会改变。相关研究普遍认为，未来10～20年北京的人口规模仍将保持较高的增长速度，人口增长的拐点可能在2030年前后。有预判认为，2020年人口规模最多可达3 000万人。从全国的人口转移看，据测算，到2030年全国农村还有2亿富余劳动力需要转移到城市，如按全国每年新增流动人口1 000万人以及现在北京流动人口占全国流动人口总量4%的比重推算，如不采取有效的调控措施，北京流动人口仍会以年均40万人的速度增长。

二是人口规模调控是综合调控。人口发展是社会经济发展的综合体现，并不受单一因素左右。从宏观角度看，人口规模取决于资源承载、环境制约、产业布局、交通运输和人口流向等因素；从中观角度看，人口规模取决于城市布局、功能配置、土地开发、道路规划和人口集聚等因素；从微观角度看，人口规模取决于就业机会、福利水平、生活条件、社会秩序和人口管理等因素。对人口规模的调控，应是对上述多层面因素的综合调控。

三是人口有序适度调控进入新的发展阶段。世界城市是国际城市的高端形态，北京建设世界城市，必须首先理顺人口与资源环境承受能力之间的关系，抑制人口无序过快增长，保障人口资源环境的可持续发展。世界城市空间布局优化经验表明，人均GDP达到5 000美元后，大多进入加快新城建设发展阶段，以缓解中心城区压力；人均GDP达到1万美元后，则加快完善新城功能，解决新城“业城不均”问题，并进一步优化中心城区的空间布局。北京人均GDP已超过1.2万美元，应加快城市发展战略的结构性调整，建设“紧凑型”、宜居型都市，满足市民对改善人居环境的新要求，提升城市居民幸福指数。近两年，随着北京不断加大转方式、调结构的力度，人口增长速度有所放缓，人口规模调控相关措施应尽早完善、顺势推进。

二、人口规模调控的总体思路与框架体系

（一）总体思路

以科学发展观为指导，遵循特大城市发展规律，顺应人口转移城镇化、人口权益市民化、人口发展均衡化的时代发展要求，按照建设美丽首都和中国特色世界城市的总体要求，全面贯彻落实中央和北京市关于特大城市要合理控制人口规模和统筹解决北京人口问题的指示精神和新要求，坚持人口资源环境相均衡、经济社会生态效益相统一，准确把握首都城市性质功能、首都人口资源环境和首都经济特征，以合理控制人口规模为基础，以优化人口空间布局为重点，以改善人口发展环境为目标，

大力推进产业结构优化升级，进一步改善城市功能布局，不断创新服务管理体制机制，更好地履行首都“四个服务”职责，探索走出一条社会主义市场经济条件下、农村人口城市化背景下的特大城市人口规模调控的新路子。

（二）框架体系

人口持续快速增长使人口数量、素质、结构、分布等问题相互交织，并与经济社会发展、资源环境约束、城市功能布局、城市运行管理等问题聚集叠加，长期积累的人口压力将愈加凸显，人口规模调控应立足综合调控，搞好顶层设计，基本框架主要包括以下三个体系。

一是与首都资源环境相适应的产业调控人口规模体系。合理控制人口规模，不是“控制人口”，是对人口流量进行合理的调控，防止和避免人口无序过快增长，加剧人口资源环境矛盾，影响北京首都功能的实现。人口规模的调控从根本上是劳动力市场调控，是经济发展的调控问题。实现人口规模的合理调控，首先必须摒弃轻视资源环境承载能力而盲目扩大产业规模的做法，充分发挥首都科技、智力资源优势，坚持走创新驱动、高端发展之路，严格控制能耗大、附加值低的劳动密集型产业。因此，应科学制定与首都资源环境相适应的产业政策，发挥产业对人口流动的引导和配置效应。

二是与首都城市性质功能相协调的规划引导人口分布体系。北京传统的单中心、超常规的城市发展模式，吸附了外围新城及周边地区的发展机会，并导致人口过度集中、交通拥堵、环境污染等大城市问题日益凸显，将城市发展中的更多矛盾“聚焦”在中心城区，使中心城区的政治中心功能受到不同程度干扰。北京建设世界城市，在空间上必须处理好国际功能的区域聚集问题，尤其要优先处理好与首都核心功能的关系，不应再延续“中心聚集”的传统思路。因此，应科学规划与首都城市性质功能相协调的城市发展方略，从战略层面破解中心“堵”局、谋划世界城市建设新局。

三是与首善标准相匹配的人口融入服务促进体系。流动人口大量流入，不仅要关注人口规模持续膨胀、中心城区过度拥挤等城市管理问题，更要关注流动人口最直接、最现实、最迫切的民生问题。在全国有17%的人口处于流动状态的大环境下，作为流动人口占37%的首都，保护流动人口权益，不仅关乎这一个群体的福祉，更事关首都乃至整个国家的和谐稳定。因此，应坚持“建首善，创一流”的工作标准，统筹解决好流动人口在就业、交通、教育、医疗、住房、社会保障等方面的新期待，积极构建包容共享的发展机制，促进公共服务均等化，引导和促进人口有序融入北京。

三、人口规模调控的基本原则和主要目标

（一）基本原则

坚持以人为本。更加注重保障和改善

民生，加快公共服务体系建设，为各类发展主体创造公平的发展环境，切实把北京的发展与一些人想到北京发展协调起来、融入首都发展大局，共享首都经济社会发展成果。

坚持刚柔并济。增强刚性管理，加大对低端服务业的执法力度，规范传统服务业的用工行为，使之在更加有序的基础上运行；提供柔性服务，以便捷的民生服务引导、推动人口结构转型升级，持续完善基本公共服务均等化，实现包容吸纳人才和规避低端集聚的动态均衡。

坚持统筹协调。强化人口的基础地位，注意把握人口各要素之间、人口与经济社会及资源环境之间的互动关系，把人口问题作为发展问题来研究解决，在促进人口规划与城市规划、土地利用规划、经济规划有效衔接中，实现对人口规模的合理调控。

坚持有序管理。让未进城的农村人口有序进入城市，让已进城的流动人口有序融入城市，必须解决社会管理与公共服务对接的问题，进一步做好制度设计，给部分流动人口一个上升的空间，让流动人口对于融入北京有一个制度预期，引导人口有序流动。

（二）主要目标

到2020年，要逐步形成规模适度、结构优化、多元和谐、分布合理、服务有效、管理有序、与城市可持续发展和城市功能相适应的人口发展格局。

增长目标。立足四类功能区发展定位和资源环境条件，加快转变经济发展方式，提高劳动生产率，加快低端业态的调整退出，控制人口过快增长，确保常住人口增长速度下降。

布局目标。促进首都功能核心区人口疏解，人口比重有所下降；积极调控城市功能拓展区人口结构，人口比重趋于合理；提高城市发展新区人口承载力，人口比重适度增加；引导生态涵养发展区人口聚集，人口聚集水平显著提高。

结构目标。适应首都创新发展要求，大力引进高科技和高技能人才；积极应对首都人口老龄化挑战，适度扩大社区服务、社会保障和社会福利事业的人口规模，稳妥调整生育政策；限制不符合首都城市性质功能和首都经济特征的低端经济业态的无序发展，实现人口发展与经济社会发展的良性互动。

四、人口规模调控的主要任务和政策措施

人口规模调控是一项系统性、长期性的战略任务，必须统筹好当前与长远，综合谋划，综合施治。当前，应重点做好以下几方面工作。

（一）完善利于人口规模调控的产业发展政策

积极落实产业调控政策，坚持走高端、高效、高辐射力的产业发展之路，加强低端业态的规范管理，改造提升传统服务业和生活服务业，努力通过调整产业结构控制人口无序增长。

1. 加强产业发展的政府引导，完善产业准入和退出机制

坚持政府引导与市场调节相结合，加强对产业结构调整和布局的指导，促进各功能区域主导产业错位发展、协调发展。一是修订产业发展指导目录。进一步明确不同功能区域鼓励、限制和禁止的产业，形成市和区县两级联动的产业筛选和扶持机制，引导产业合理布局。二是严格市场准入制度。适时修订形成更加严格的项目准入占地、耗能、耗水、废物处置利用率、资源产出率、“三废”排放等全市统一的强制性标准，并鼓励各区县在项目引进中实行严于国家和市级标准的准入条件。三是完善市场退出机制。对不符合区域发展方向的产业，通过设备折旧补贴、设备贷款担保、迁移补贴、土地置换、提高投资强度等手段，推进产业转移和退出。

2. 推进自主创新，提升生产性服务业整体发展实力

建立健全技术创新机制，鼓励生产性服务业企业建设各类研究开发机构和增加科技投入，使企业成为研究开发投入的主体。支持企业组建各种形式的战略联盟，在关键领域形成具有自主知识产权的核心专利和技术标准。增强企业技术集成与产业化能力，促进各种形式的知识流动与技术转移。广泛普及和应用先进技术，加快电子化、自动化进程，用信息化改造传统服务业。引导制造业向城市周边集中布局，依托制造业集聚扩大生产性服务业的有效需求，形成支撑产业发展的规模经济和范围经济效应。按照集聚发展、强化辐射的要求，考虑城市建设、交通、居住、环境以及社会经济发展趋势等因素，科学合理地划分生产性服务业不同的功能区域，以功能区、集聚区建设为载体，实现园区化管理、专业化服务和社会化、市场化运作新机制。

3. 加强市场监管力度，促进生活性服务业业态升级

应制定鼓励连锁经营政策，重点在家政、再生资源回收、餐饮、便利店、维修、社区菜店等领域推进连锁经营，进一步优化经营业态。制定并细化生活服务业各行业的准入标准，以规范、标准、品牌化为方向，提高准入门槛。将生活服务领域经营准入管理与房屋管理结合起来，通过严厉打击违法建设、违法经营，遏制生活服务业的小、散、乱现象蔓延。要对现有批发市场实施升级改造，全部实施发票经营管理，减少零售业务，或者规范零售业务，适度提高经营成本。把业与房结合起来，实施综合调控，落实出租房屋管理细则，从安全管理入手，禁止群租行为，提高生活经营从业人员成本。

4. 统筹城乡公共资源配置，加快社会性服务业均衡分布

按照公共服务均等化要求，将教育、医疗、文化、体育设施在城乡各区域均衡布局。一是加快新城基本公共服务能力建设，提升城乡结合部等人口新增地区的公

共服务设施建设水平。探索与外省市合作建设大型养老基地，通过医疗、养老等公共服务的全面对接，缓解老龄人口不断增加的压力。二是鼓励部分大学的本科教育外迁到新城的做法，支持通州国际新城吸引一批著名高校入住，相关市级部门应该在人事、工资、户口等领域给予特殊优惠政策，引导中心城功能和人口疏解。三是继续探索本科教育外迁到市外周边地区发展的路径，与周边省市合作建设高教园区，减少就学人口压力。

5. 提升旅游业发展水平，减少人口流动带来的压力

2011 年，北京国内旅游总人数突破 2 亿人次，入境游跨越 500 万人次大关，旅游业增加值达到 1 190.4 亿元，占 GDP 的 7.4%。旅游业为北京创造了大量 GDP 的同时，也给城市带来很大的人口压力。按每人平均逗留 3 天，每天在京游客约为 170 万人。作为第三产业的消费者，旅游人员对第三产业的需求量远远大于北京本地市民。按照旅游人员出行率是本地市民的 1.6 倍作为系数（每一名旅游人员需要的第三产业服务相当于本地市民的 1.6 倍），170 万游客就相当于 270 万本地市民对第三产业服务的需求量。如何把提高旅游业产值与减少人口压力有机结合起来，是城市管理的战略问题。未来发展取向是适度调整旅游景点门票价格，大力发展高端商务、会展、休闲旅游，提高旅游业的附加值。

（二）落实人口疏解优化的规划部署

科学规划城市空间布局，加快中心城区功能疏解，集中力量打造“业城均衡”的综合新城，加快交通平衡体系建设，构建大范围人口疏解体系，从整体上优化人口空间布局。

1. 制定中心城功能疏解规划，加大城区人口疏解力度

应抓紧制定中心城区功能疏解的战略规划，统筹谋划功能、产业、人口转移的去向、去处和时序。坚持总体规划“多中心发展”的要求，彻底摒弃“摊大饼”的发展模式。核心功能区，要严格控制建设规模和人口总量，必要时可采取冻结立项和规划审批等行政手段，严格控制新建住宅开发项目，严格控制大型公建项目，严格限制医疗、行政办公、商业等大型服务设施的新建和扩建，尤其应加快大型小商品批发市场的“退出”进度。核心区外的中心城区，要严格控制建设规模无序扩张和人口无序聚集，严格控制不符合区域发展定位的无序建设，严肃查处各种违法违章建筑，强化城乡结合部治理，防止城中村、城边村外来人口的过度聚集。

2. 高标准规划建设新城，强化人口与产业聚集功能

新城建设应重点处理好“建城”、“兴业”与“引人”的关系，必须坚持高标准规划建设，重点打造相对独立、功能完备、城乡一体、宜居宜业的城市组团。应做到“五个坚持”：一是坚持功能定位。以有效

承接中心城职能和产业的疏解以及聚集首都发展其他必要的新增职能为核心任务，推动新城功能和产业发展的分工合作与优势互补，避免同位同质竞争和重复建设。二是坚持产业优化。加强全市性重大功能性项目和产业项目的引入，促进多种产业和各类公共服务相互支撑，实现产业、居住与公共服务功能的整体优化。三是坚持城乡一体。按照新城与村庄规划、建设和改造一体化的思路，加大新城城中村、棚户区和城乡结合部地区改造力度，防止新的“城中村”产生。四是坚持生态宜居。大力支持新城教育、科技、文化、体育、卫生等公共服务和生态环境建设，努力实现新城人性化、精细化、集约化、生态化发展。五是坚持稳妥有序。合理确定新城建设时序，加强新城土地储备、开发与供给的计划性，保证新城集中成片、稳步有序的滚动发展，防止新城由于过快、无序和低水平扩张，而成为新的外来人口与低端产业的聚集区。

3. 加快职住交通平衡体系建设，缓解城区人口通勤压力

在市场力量主导的城市空间结构中，“职住平衡”难以实现。应实施快速交通体系联结就业中心和高密度居住区策略，减少职住分离带来拥堵和环境污染。一是在进行城市空间规划和土地供给时，应当促进产业用地的充分集聚，鼓励产业向“六大高端产业功能区——四大高端产业新区——专业集聚区”集中。二是加强交通规划和城市规划的衔接，在从就业中心延伸到城市外围的轨道交通周边提供居住用地，或者在就业中心和相应的居住密集区之间提供便捷的快速交通设施，尽可能减少对交通的刚性需求。三是加强交通弹性需求管理，可以通过提高停车费、征收高峰时段拥堵费等经济手段引导市民出行。

4. 完善大北京区域规划，构建区域疏解人口体系

加快推进京津冀区域在基础设施、产业发展、生态建设、环境保护、城镇体系等方面的协作，从区域的角度平衡资源和产业，带动周边区域发展，引导人口在大区域空间上的合理流动。一是加快推进京津冀区域在基础设施布局、产业发展、城镇建设等方面开展实质性的合作，以产业就业引导人口转移疏解，减缓北京的人口涌入压力。在企业外迁的同时，按照就近居住的原则，在工厂、企业等工作用地附近开辟新居住区，建设生活服务设施，实现人口分布与服务设施分布之间的协调发展。二是应注重与廊坊等周边中小城市的合作，提高其承载力，通过经济适用房、老年公寓、高校转移等方面的合作，引导人口向外疏解。三是加强人口异地疏导政策研究，探索异地养老的医疗、社会保障政策，鼓励人口跨区域流动。

（三）建立促进人口长期均衡发展的政策体系

深化“以业控人、以房管人、以证管人”模式，规范房屋租赁市场，加强劳动

力市场管理，稳步推进户籍制度改革，优化人口发展结构，促进人口长期均衡发展。

1. 实施许可证制度，规范房屋租赁市场

一是建立出租房屋许可证制度，设定住房出租的人均面积和设施标准，治理群租、地下空间、非正式房屋、城中村及农村住房租赁市场，禁止不合格的房屋进入租赁市场，提高入住人口的居住面积和设施质量，改善租户的居住环境，间接提高租户的生活成本。二是严格按照有关规定开展房屋租赁服务业务，把房屋中介机构的出租房信息纳入治安管理范畴，依法处罚不履行治安责任行为的房屋中介机构。三是本着“谁用工、谁负责”的原则，增加招工企业为外来务工人员提供适当居住保障的社会责任，对不能提供居住保障的新增劳动密集型企业应扩大本地人员的就业比重。

2. 加强劳动力市场管理，提高本地人就业率

强化劳动保护政策，加强就业引导和管理，严厉查处非法或违规用工行为，加快低端业态的转型或退出。积极探索提高本地人就业率的政策措施。一是在市、区两级政府机关、事业单位的后勤服务人员中，应重点招用一定比例的本地人员。二是新注册企业成立时，必须有一定数量的本市户籍人口，具体数量视企业规模而定。实际上，成立服务企业必须招用本地人员是国际上许多国家通行的做法。三是对现行的城市公交、城铁、出租等行业继续实行就业限制外，通过改善从业人员待遇等方式，提高本地人就业积极性，并积极探索逐步在更多市属公共服务企业招用更多本地人员。这样虽然在某种程度上提高了企业经营成本，但是却大大降低了社会管理成本。

3. 稳步推进户籍制度改革，探索建立居住证制度

现行户籍管理政策改革应着眼精细化，户籍引入政策重点由过去只关注高端产业放宽到所有行业，只要是首都发展急需的人才都应该引进。户籍政策调整应纳入居住证制度设计之中，稳定流动人口对融入首都的预期。在居住证制度设计和安排方面建议如下：一是突出居住证作为户口管理过渡性证件的登记及信息收集功能，强化其是来京人员享受北京市基本公共服务的基本凭证，淡化有关公民权利和福利待遇的预设或期许，规避制度风险；二是把引进人才的服务管理纳入居住证制度设计之中，并在户籍对接方面给予优先考虑，化解既有矛盾，减少社会质疑；三是把来京投靠子女的非户籍老年人群纳入居住证制度覆盖人群，通过一定的优待政策，摸清底数，做好服务。

4. 健全人口和家庭发展政策，积极应对少子化和老龄化

“少子化”、“老龄化”以及“未富先老”、“未备先老”是北京经济社会发展将长期面对的重大课题。尽管目前北京仍处于“人口红利”期，但是在我国老龄化不

断加快的大趋势下，北京的“人口红利”也是有期限的，应尽早谋划应对之策。一是加快培养适应产业结构变化的劳动力队伍。北京市外来流动人口众多与熟练技术工人缺少长期并存。解决问题的重要途径是建立针对流动人口长效的职业培训机制，开展多层次、多专业、多元化的职业教育培训，促进人口负担向“人口红利”的有效转化，实现从“人口红利”红在“数量”转向红在“质量”。二是引导长期性资金投资养老社区建设。投资养老社区存在着投资规模大、回收周期长的特点。建议政府出台相关政策，在国家财政拨出部分资金的同时，引导社会资金特别是长期性资金投资养老产业，一方面创新养老产业发展的融资手段，另一方面开辟社会长期资金的有效投资渠道。三是完善促进家庭发展政策措施。开展一方为独生子女的夫妻可申请生育第二个孩子的专题调研，完善一方婚前无子女、另一方有两个子女的再婚夫妻可再生育一个子女的政策，拟取消一方为北京市户籍人口违法生育子女进京的限定，建议提高独生子女父母奖励标准并增设农村集体经济产权、林权制度改革的奖励股和征地、拆迁补偿的优惠奖励。

（四）创新人口规模调控的体制机制

建立人口规模调控统筹机制，完善人口信息统筹和人口发展规划体系，探索建立人口评估和属地管理目标考核工作机制，创新人口规模调控的体制机制。

1. 建立人口发展市级统筹协调工作机制

建议以市人口和计划生育工作领导小组为组织架构，成立人口发展工作领导小组，建立年度人口发展形势分析会议制度，组织相关部门对人口规模调控、集约土地利用、产业结构调整、节能减排、资源环境保护等政策的执行情况进行综合评估，加大政策和执行的统筹力度，逐步完善人口规模调控顶层设计、高层统筹、部门协力、属地落实的工作格局。加强政策统筹，做好与中央政策的对接，争取中央支持北京实施有差别的随迁子女高考及人口管理政策和有限度的房屋限购政策，支持并推进北京城市中心功能疏解的规划落实。

2. 建立和完善人口信息统筹机制和人口发展白皮书发布制度

一是转变信息采集思路，从依靠政府办证采集信息转变为依托市场交换提供信息，在政府履行公共服务职能、提供公共服务和公共产品的过程中，实行实名制等其他合理手段，获取流动人口基本信息，并通过实名制将服务和管理有效连接，实现寓管理于服务之中。二是提高信息集成效率，建立以居住证制度为基础、以公安人口管理系统为支撑、相关部门共建共享的实有人口服务管理信息系统；建立以村（居）人口信息采集为基础、以市人口计生全员人口信息系统为平台、以人口流动及区域动态分布为主要功能的人口规模调控辅助决策系统，为人口服务管理提供多方参与、多元支撑、多维服务的工作机制。

三是建立北京人口发展白皮书发布制度，主要是向社会公布年度人口发展的主要动态，国家及市、区县人口服务管理政策措施及工作成效，人口、资源、环境与经济、社会协调发展评估报告，社会各界对北京人口发展政策建议及最新理论研究动态和成果。

3. 编制首都人口发展功能区规划

按照国家人口发展功能区划确立的原则、方法与技术路线，以区县为基本单元，在系统分析和综合评价北京市不同地区人口发展的资源环境基础和社会经济条件的基础上，根据北京市人居环境自然适宜性、水土资源承载力、物质积累基础与人类发展水平等指标，结合北京城市功能区定位和《北京市主体功能区规划》，拟将北京市人口发展划分为四大功能区：人口疏解区（东城、西城）、人口稳定区（朝阳、海淀、石景山、丰台）、人口聚集区（通州、顺义、大兴、房山、昌平的平原）和人口收缩区（门头沟、平谷、怀柔、密云、延庆、房山、昌平的山区），并逐步完善各功能区域人口发展的目标和要求，作为编制北京人口中长期发展规划的基本单元要素，进一步强化人口规划在人口布局调整及规模调控的基础地位。

4. 建立重大政策、重大规划、重大项目的人口评估机制

发展与人口资源环境相协调，是首都科学发展必须坚持的重要原则。这一原则要求首都的发展，必须按照人口资源环境相协调，制定重大规划，研究重大政策，布局重大项目。建立人口评估机制，就是在出台涉及公共服务资源配置的重大规划、重大政策、重大项目前均应进行人口评估，最大限度地减少和降低对人口规模调控目标可能造成的不利影响，进一步完善人口管理和人口调控的决策机制。重点围绕人口发展与经济发展、资源承载、环境影响、公共服务之间的互动关系，构建一套相对比较全面、综合、可评的指标体系，用于指导和帮助相关部门和区县在研究重大规划、政策和项目时，开展针对性的人口评估工作，形成专题人口评估报告并作为上报市政府决策参考的要件之一。人口评估分市、区县两个层级，市级评估由市政府牵头，从列入市政府会议重要议题中选定，交由相关部门负责协调有关单位，组织开展多领域、多层次、多部门的调研认证，并形成人口评估的专项报告，供市政府决策参考。

5. 明确人口调控属地管理责任制

把人口规模总量调控分解到区县，并明确区县在人口规模调控工作中的职责和目标。将人口资源环境协调发展纳入区县政府绩效管理考评指标体系，重点加强对中心城区、开发新区和规划新区等重点区域人口调控工作的考评督导。将流动人口有序管理、均等化服务等有关内容纳入到市政府综合目标管理考评指标体系，围绕促进人口资源环境综合平衡，激发和鼓励区县完善管理、做实服务，实现经济社会协调发展。

北京市人口老龄化发展趋势与应对策略

北京市人口和计划生育委员会规划协调处
首都经济贸易大学人口经济研究所

20 世纪 90 年代初，北京市已在全国各省市中率先进入老龄化社会。第四次人口普查资料显示，1990 年北京市 1 082 万常住人口中，60 岁及以上老年人口超过 109 万人，比重达到 10.1%，相比全国 2000 年达到 10.6%，提前 10 年进入老龄化社会。2010 年第六次全国人口普查数据显示，北京常住人口中 60 岁及以上老年人口比重达到 12.54%，其中户籍人口中 60 岁及以上老年人口比重均达到 17.68%。从当前和今后相当长时间看，北京市面临的人口老龄化压力，不仅来自于户籍人口，而且随着户籍制度的进一步改革，流动人口的家庭化常态化，北京市也将会有越来越多外来人口在京养老，老年人口养老压力将会持续不断增大，需要提前引起各方面的高度重视。

本研究以第六次全国人口普查资料和《北京市统计年鉴 2012》为基础，对北京市常住和户籍人口老龄化发展趋势进行了包括流动人口留京因素在内的全面动态预测，寻求北京市老龄化发展的拐点和转折点，为未来应对北京市人口老龄化提供战略决策依据，同时针对未来人口老龄化发展的趋势预测，提出了未来应对人口老龄化的战略对策。

一、北京市人口老龄化发展的进程与现状特点

（一）北京市人口老龄化开始早，规模递增快

从四次人口普查的数据来看，北京市 60 岁及以上常住老年人口比例呈现不断上升的趋势，从 1982 年的 8.56% 上升到 1990 年的 10.13%，然后攀升到 2000 年的 12.53%，在 2010 年达到 12.54%。早在 20 世纪的 90 年代就已经进入老年型社会。

（二）受外来流动人口年龄结构的影响，常住人口老龄化程度和进程明显减缓，但户籍老龄化程度依然较快，程度较深

纵观新中国成立以来的几次人口普查，可以发现北京常住人口老龄化的比例在全国的排名出现一定的波动。1953 年的第一次人口普查，北京在全国排名第 20 位，第二次到第五次人口普查北京的排名一直在全国前六，但是，到了 2010 年的第六次全国人口普查，北京常住人口的老龄化在全国排名 13，与前面四次人口普查的排名相比，排名退步非常明显。出现这种现象的原因，主要与北京市从 20 世纪 90 年代以来的以青年人为主的大量外来人口迁入及其年龄结构有关系。外来人口数最多的三个

年龄组为20～24岁、25～29岁和30～34岁，恰好是常住人口中人口比例最高的三个组，同时也是人口中外来人口比例最高的三个年龄组。由此可见，外来人口年龄结构左右了2000年到2010年的人口年龄结构的变动过程，从而延缓了北京市常住人口的老龄化程度。

（三）北京市人口老龄化伴随着快速的高龄化过程

北京市80岁以上老年人口数量的增长速度一直快于总人口和老年人口的增长速度。老年人口的高龄化趋势非常明显，而且高龄化趋势在近十年有非常明显的加剧，这一趋势将形成巨大的健康和照料服务需求。但是，由于其数量比较小，这种人口增长很难在人口结构的变动中所体现。但高龄老人数量强势增长对于老年人口的年龄结构变动的影响却不容忽视。

（四）户籍老年人口和高龄老人的规模和老化程度都远远高于外来人口

2010年第六次全国人口普查数据显示，北京市户籍65岁及以上老年人口高达158.32万人，而外来人口这一数量只有12.57万人，占户籍老年人口的7.35%。从高龄老年人口的数量来看，北京户籍80岁及以上老年人口的数量为29.07万人，而外来人口中这一数量只有1.14万人，外来高龄老年人口占户籍高龄老年人口的比例只有3.77%。不管是65岁及以上还是80岁及以上老年人口的数量户籍人口都远远高于外来人口。

（五）老年人口在空间上主要集中在城区，且以首都功能拓展区最集中

从各功能区来看，65岁及以上老年人口规模最大的是城市功能拓展区，高达86.9万人，规模最小的是生态涵养发展区，仅有19.7万人，城市发展新区和首都功能核心区老年人口分别为45.8万人和29.3万人，但是从老年人口比重来看，65岁及以上老年人口所占比重依次为首都功能核心区13.6%、生态涵养发展区10.5%、城市功能拓展区8.8%、城市发展新区7.3%，以上数据表明北京4个功能区均已进入老龄社会；进一步观察各区县的老年人口比重可以看到全市16个区县中仅有大兴和昌平两个区低于7%，其余14个区县均远高于7%，其中最高的为西城区，达14%。

（六）老年人口健康概况不容乐观，生活不能自理老人的比例较高

第六次全国人口普查资料的数据显示，北京市老年人口中有82.74%的老年人处于健康或者基本健康状态。北京市老年人口中老年人口处于健康状态的老年人口比例略低于全国水平，处于不健康状态的老年人口比例略高于全国水平，基本健康的老年人口比例高于全国水平。比较突出的是北京市生活不能自理的老年人口比例明显高于全国水平，且年龄越高，差异越大。

二、北京市人口老龄化发展趋势与拐点分析

（一）模型的选择及其方案的设定

本文采用的方法是人口学的年龄移算

法，采用的是 spctrum 软件。同时，预测的基础数据是 2010 年北京市第六次全国人口普查常住人口百岁表和户籍人口百岁表。

需要说明的是，本研究中关于未来的老年人口和相关的老龄化指数的输出结果，都是在各种不同这个政策参数方案下所输出的结果，任何一种预测结果都是有条件的，取决于所选的方案。

表 1　北京常住人口预测模型的参数设定

参　数	方案设定	具　体　指　标
总和生育率	高生育率	假定总和生育率从 2010 年的 0.707 线性递增至 2020 年的 1.2,之后又线性递增至 2030 年的 1.4,以后保持这一生育水平
	中生育率	假定总和生育率从 2010 年的 0.707 线性递增至 2020 年的 1.2,以后保持这一生育水平
	低生育率	假定 2011 ~ 2070 年始终保持 2010 年的 0.707 不变
外来人口净迁入量	高迁移	假定净迁移人口在 2010 ~ 2020 年为每年 60 万人,2020 ~ 2030 年每年 40 万人,2030 ~ 2070 年每年 30 万人
	中迁移	假定净迁移人口在 2010 ~ 2020 年每年为 50 万人,2020 ~ 2030 年每年为 35 万人,2030 ~ 2070 年每年为 20 万人
	低迁移	假定净迁移人口在 2010 ~ 2020 年每年为 40 万人,2020 ~ 2030 年每年为 30 万人,2030 ~ 2070 年每年为 10 万人
预期寿命	男性	根据联合国不同水平出生平均预期寿命的平均年增长步长的经验值给定。从 2010 年的 78.28 岁,增加到 2020 年达到 79.08 岁,以此类推,2050 年达到 81.48 岁
	女性	方法如上,从 2010 年的 82.21 岁,到 2050 年增加到 85.51 岁
出生性别比	2010 年北京市常住人口出生性别比为 109.5,以此为基数,按线性递减的方法降至 2050 年的 105.5, 之后保持这一水平不变	
外来老年人口留京比例	按照国内相关调研,假定 10%、30%、50% 三种方案,以 30% 为基准	

表 2　北京户籍人口预测模型的参数设定

参　数	方案设定	具　体　指　标
总和生育率	高生育率	假定总和生育率从 2011 年的 0.72 线性递增至 2020 年的 1.4,以后保持这一生育水平
	中生育率	假定总和生育率从 2011 年的 0.72 线性递增至 2020 年的 1.2,以后保持这一生育水平
	低生育率	假定 2011 ~ 2070 年始终保持 2011 年的 0.72 不变

续表

参数	方案设定	具体指标
外来人口净迁入量	高迁移	假定2011～2070年每年户籍净迁入人口为14万人
	中迁移	假定2011～2070年每年户籍净迁入人口为12万人
	低迁移	假定2011～2070年每年户籍净迁入人口为10万人
预期寿命	男性	根据联合国不同水平出生平均预期寿命的平均年增长步长的经验值给定。从2010年的79.1岁，增加到2020年达到79.9岁，以此类推，2050年达到82.3岁
	女性	方法如上，从2010年的82.6岁，到2050年增加到85.8岁
出生性别比	北京市户籍人口出生性别比在2010为109.5，以此为基数，按线性递减的方法降至2050年的107，之后保持不变	

（二）北京市人口老龄化的多方案预测结果及拐点分析

1. 60岁及以上老年人口规模及比重将呈现长期的上升趋势，他们均在2050年后才出现转折点，常住老年人口比户籍老年人口的峰值出现时间总体上晚2～3年

老年人口规模增长及转折点。多方案模拟发现，无论哪种方案，未来60岁及以上常住和户籍老年人口规模的变化均呈现持续上升的趋势，而且均在2050年以后至2060年期间达到转折点。不同生育水平下老年人口规模基本没有变化，但不同迁移规模下老年人口规模略有不同，而且转折点出现时间也略有差异。

以中迁移和中生育预测方案，外来人口老年后留京比例按照30%作为基准，结果显示如表3。可见就常住人口来说，老年人口的规模增长在2025年将翻一倍，2053年达到峰值为785万人。户籍人口规模增长比常住人口稍慢，大约在2030年增长一倍，2052年达到峰值为570万人左右。

表3　2010～2070年中迁移中生育方案下常住和户籍60岁及以上老年人口数量

年份	常住老年人口（万人）	户籍老年人口（万人）
2010	229.2	222.1
2015	293.9	280.6
2020	363.4	342.6
2025	440.4	406.7
2030	498.3	443.6
2035	546.4	465.0
2040	590.7	477.3
2045	667.9	512.5
2050	767.1	566.4
2055	784.3	569.4
2060	759.6	550.3
2065	715.2	521.4
2070	674.5	503.2

常住和户籍人口老龄化系数的变化及其转折点。从常住和户籍60岁及以上老年人口比例来看，同样呈现持续的上升趋势，并且从达到峰值的年份来看，在不同的迁移和不同的生育方案下，均有一定的差别，但差别不大。在高、中、低迁移方案下，选取中生育水平，同时外来人口留京比例

取 30% 的方案下，常住老年人口系数达到转折点的年份分别在 2055 年、2056 年和 2057 年；户籍老年人口比例系数的转折点则均出现在 2053 年。常住老年人口比重转折点比户籍老年人口比重转折点晚 2～4 年出现。

表 4　2010～2070 年中迁移中生育方案下常住和户籍 60 岁及以上老年人口比重

年份	常住老年人口（%）	户籍老年人口（%）
2010	11.79	17.68
2015	13.26	21.43
2020	14.59	25.22
2025	16.53	29.15
2030	17.98	31.28
2035	19.66	32.56
2040	21.57	33.43
2045	25.17	36.08
2050	30.24	40.17
2055	31.80	40.74
2060	31.46	39.82
2065	30.31	38.34
2070	29.30	37.77

为了具体说明北京市人口老龄化系数的未来变化值，我们选择中迁移和中生育方案同时外来人口留京比例 30% 的方案组合来看北京市 60 岁及以上老年人口比重值的具体变化（见表 4）。可以看到，按照选择的方案，常住人口到 2040 年老龄化比重达到 20% 以上，最大峰值为 32%。户籍老龄化程度深得多，2015 年即达到深度老龄化，老龄化系数峰值达到 41% 才停止上升。

高龄老年人口预测期内未出现转折点，呈现持续快速的上升，且增速超过 60 岁及以上老年人口增速。选择迁移中生育方案，结果显示，常住 80 岁及以上老年人口规模从 2010 年的 29.4 万人增加到 2070 年的 227.2 万人，2011 年突破 30 万人，2030 年突破 60 万人，随后每增加 10 万人的时间越来越快，2038 年突破 100 万人，2057 年突破 150 万人。户籍高龄老年人口的数量 2011 年突破 30 万人，2023 年突破 50 万人，2040 年突破 100 万人，2067 年突破 150 万人（见表 5）。

表 5　2010～2070 年中迁移中生育方案下高龄老年人口数量

年份	常住老年人口（万人）	户籍老年人口（万人）
2010	29.4	29.1
2015	41.4	40.8
2020	49.7	48.7
2025	52.2	50.7
2030	62.9	60.3
2035	87.7	83.3
2040	108.4	102.2
2045	128.6	118.1
2050	137.4	119.3
2055	146.7	119.8
2060	159.6	122.7
2065	192.1	141.3
2070	227.2	214.5

从 2010 年到 2070 年整体的增速来看，常住 80 岁及以上老年人口和户籍 80 岁及以上老年人口在 2010～2070 年间分别增加了 6.72 倍和 4.60 倍，而常住 60 岁及以上老年人口和户籍 60 岁及以上老年人口在 2010～2070 年间分别增加了 1.94 倍和 1.27 倍。

2. 虽然北京市老年人口规模增长在2050年前不会出现转折点，但是在此之前却会出现若干拐点，需要引起关注

通过对多种预测方案的对比分析发现，无论哪种方案组合，拐点的出现时间大体相同，而且户籍老年人口和常住老年人口出现的拐点大体相同。我们选择中迁移中生育方案为例，来看户籍老年人口规模增长的拐点情况。北京市户籍60岁及以上老年人口规模至2070年将出现5次拐点。根据拐点的出现，把2010～2070年分为6个时期：2010～2013年为加速增长期，老年人口规模的年增长率逐年递增；2014年开始越过第一个拐点，老年人口规模也在不断增加，但是年增长率开始呈现下降趋势，该趋势一直持续到2037年；此后，2038年开始越过第二个拐点，老年人口规模的年增速度开始由递减转为递增，进入又一个不断加速的增长期，这一过程将持续10年。第三个拐点出现在2048年，老年人口规模的年增速又一次进入递减状态，并持续了5年。第四个拐点出现在2054年，年增速再次开始加速增长，并持续到2065年。最后一个拐点出现在2065年，老年人口规模年增速再次出现递减。

比较常住60岁及以上老年人口与户籍60岁及以上老年人口的拐点可以发现，二者除了常住人口在2020年和2022年出现两个小的拐点，其他的拐点常住和户籍基本一致，差别不大，不再赘述。

（三）生育率的调整，不会影响未来老年人口的规模，短期内对人口老龄化程度下降作用也不明显，但长期内将会显著降低老年人口系数

预测证实，生育政策调整没有影响未来60年常住和户籍老年人口数量。但是生育政策调整却对人口老龄化的程度产生影响。在假定迁移方案不变的情况下，随着生育水平的提高，短期内影响不明显，但是随着时间推移，无论是户籍还是常住老年人口比重均呈现降低趋势，且随时间差距不断拉大（见图1）。

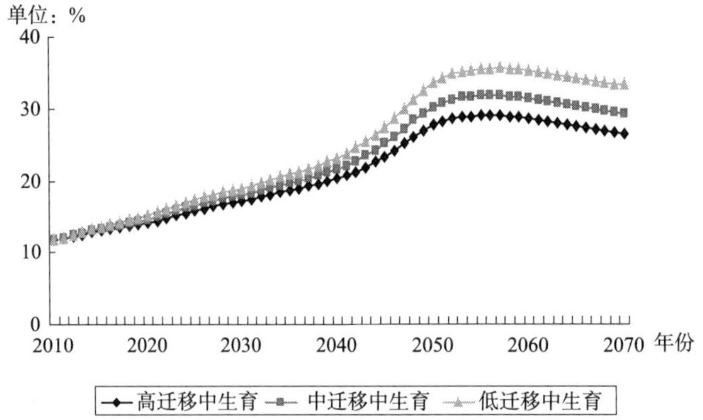

图1　2010～2070年不同方案下常住60岁及以上老年人口比例

（四）外来人口的增加，虽然会增加未来北京市老年人口规模，但却会持续降低人口老龄化系数

随着外来人口规模的增加，会加大未来常住和户籍老年人口的规模。从预测结果上看，2040 年以后，高迁移方案下的老年人口规模远远高于中迁移和低迁移方案，且差值随着时间的推移差距不断拉大（见图2）。

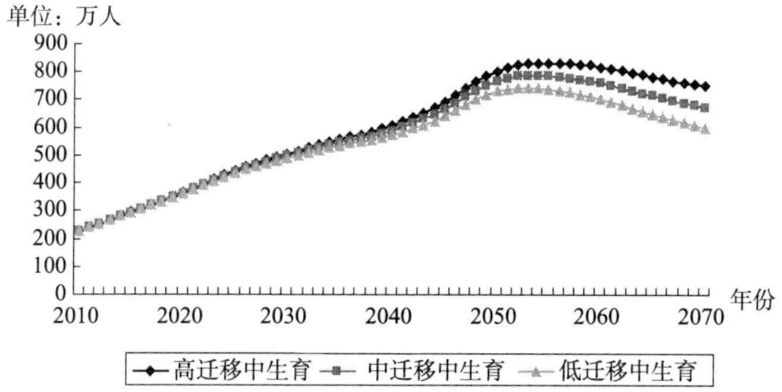

图 2　2010～2070 年不同方案常住 60 岁及以上老年人口数量

迁移对常住人口老龄化系数的影响更加明显。按照目前 30% 的外来人口留京比例，在中生育方案下，高迁移下的常住人口老龄化明显低于低迁移下的人口老龄化，且随着时间的推移降低的程度也更加显著。主要原因是外来人口和户籍迁移人口年龄结构上以年轻人为主，因此人口流入或迁移的规模增加对未来老龄化系数中的分母效应（增大了总人口）大于分子效应（增加未来老年人口规模），外来人口净迁入越多，该影响越显著。即便是我们假定外来人口进入老年后 100% 都留在北京，情况也大体如此（见图 3），相对于低迁移率，高的迁移率依然会降低人口老龄化系数。原因是虽然外来人口或迁入人口老年后即便都留在北京，但因为外来人口年龄队列推移中的存活率的缘故，其分子效应依然大不过分母效应。

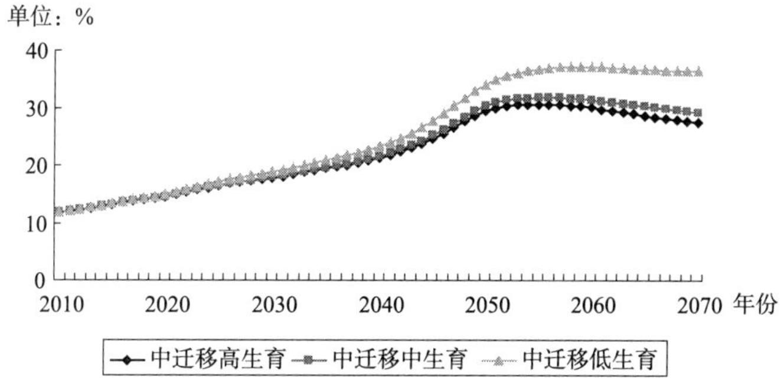

图 3　2010～2070 年不同方案常住 60 岁及以上老年人口比例（30% 方案）

（五）外来人口留京比例下降不仅明显地降低常住人口的老龄化程度，而且对北京市总人口规模控制也有着十分重要的影响

分别设定外来人口留京比例分别为10%、30%、50%和100%四种情况下，常住老年人口规模（假定迁移和生育均取中方案）将有很大不同。在100%方案下，老年人口在2055年达到峰值，为1285.6万人。但是，在10%、30%和50%方案下老年人口的峰值分别为644.3万人、786.0万人和928.7万人。100%方案下老年人口峰值规模几乎是10%方案的2倍。

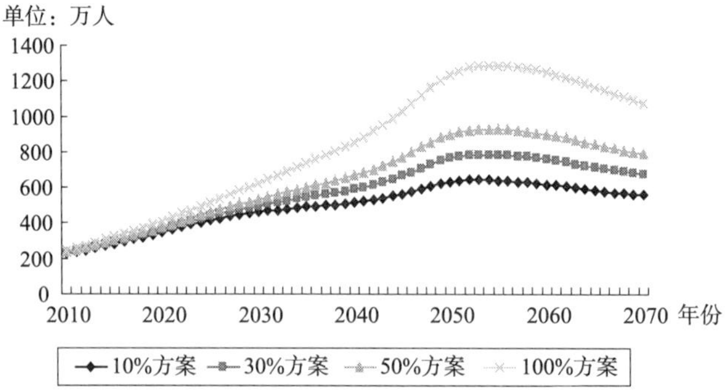

图4　2010～2070年不同方案下60岁及以上常住老年人口数量

从老年人口的比例来看，不同方案下60岁及以上常住老年人口比例差别也非常明显，100%方案与10%方案差值最大高达15.78个百分点。在100%方案下60岁及以上老年人口比例峰值为43.38%，也就是说5个人中有两个老人。但是，在10%方案下，老年人口比例峰值只有27.62%；30%方案下，老年人口比例峰值为31.85%，比100%方案低11.53个百分点。

外来人口年老后留京比例的变化，还对北京市未来总人口的变化有很大的影响。在总人口规模中扣除了北京市外来人口中的离京回家乡人员，因此无论哪种留京比例，其总人口规模均要比100%留在北京的总人口规模小。留京比例越小，总人口也越小。这个结论的政策含义是，如果外来人口按照低于100%的比例留京，则北京市未来的人口规模并没有如一般预测中所得出的那么大，而且人口规模的转折点也会提前到来，例如30%的留京比例下，总人口规模将在2035年达到2 779万人的峰值，比100%比例预测的总人口规模峰值早10年左右达到，峰值也会减少近240万人。

三、应对人口老龄化的战略对策与建议

本文认为，制定应对首都人口老龄化战略，应在遵循前瞻性、主动性和包容性的基本原则下，主要从以下方面着手：

（一）要充分重视人口老龄化的发展形势，各项政策制定要体现老龄化视角

未来20年不到的时间里，北京市人口老龄化问题将日渐取代人口规模过快增长而成为最突出的人口问题。因此，在制定政策的理念上要充分体现老龄化视野，在各项政策的制定要充分体现北京人口老龄化视角。

（二）紧抓有利时机，采取有力措施积极应对老龄化

在未来若干年里，老年人口规模增速和老龄化指数的增长速度会出现若干次拐点。尤其是从2014～2038年，老龄化增长速度将放缓，我们需要抓住这样的有利时机，通过完善制度，加快产业发展，提高社会化养老保障能力建设，以及开发老年资源，促进健康的老龄化等多种措施，来全方位应对人口老龄化。

（三）逐步调整人口政策，适度放宽生育政策，从长期看对缓解北京市人口老龄化压力有着深远的意义

虽然目前和未来60年内北京市的老年人口都是已经出生的人口，与当前的生育政策中关于出生数量的制定并无直接关系，但是总人口的年龄结构将在很大程度上影响着整个社会的供养比例，或者说抚养比，我们的预测证明了这些。因此，适度放开生育政策，双独父母的二孩生育政策逐步扩大到单独父母，将对缓解未来北京市人口老龄化有着积极和重要的意义。

（四）在对首都人口规模进行有效调控的同时，一定要注重改善外来人口素质并增强他们未来的养老能力

北京市外来人口的增加，不仅大大增加了北京市的总人口规模，而且会增大未来北京市老年人口的规模，已经得到我们研究的证实。我们必须要坚持人口规模调控不动摇。但是控制外来人口增加对于人口老龄化来说，一方面可以减少未来的老年人口规模，另一方面可能会相应地提高人口老龄化程度，是一把双刃剑。为了既能控制总人口以及老年人口规模的增加，同时又能应对人口老龄化，比较可行的办法就是从现在开始，将调整外来人口的素质结构作为一项长期而重要的人口政策来抓。

（五）积极鼓励和引导外来人口回家乡养老的政策，同时应给予一定的经济补偿

适当鼓励外来人口年老后回家乡，并给予相应的经济补偿。外来人口绝大多数并不出生在北京，对自己的家乡有着很深的眷恋之情，因此政府应当因势利导，积极引导外地人回归家乡养老。鉴于他们年轻的时候对于北京的社会经济发展做出的贡献，需要政府对他们在家乡的养老给予一定的补贴。

北京家庭人口文化建设战略框架

北京大学人口所课题组[①]

“十二五”时期，人口计生宣教工作的中心任务是统筹解决人口问题，建设人口均衡型、资源节约型、环境友好型社会，结合人口发展和家庭发展，以先进文化引领家庭人口文化建设。《中共中央关于制定国民经济和社会发展第十二个五年规划的建议》在阐述“全面做好人口工作”时，特别要求“注意发挥家庭和社区功能”。国家人口计生委把“提高家庭发展能力，促进家庭幸福和谐”列为统筹解决人口问题，构建人口均衡型社会的重要内容，并明确“家庭人口文化”建设是“十二五”时期婚育新风进万家活动的主要任务。

一、重新认识“人口文化”

1. 人口文化的内涵与外延

英国著名的人类学家泰勒说过：“人是文化的生物”，人口发展与文化发展息息相关。在某种意义上，人口发展是文化发展的投影。有什么样的文化自觉和文化环境，就会有什么样的发展动力和发展远景。过去、现在和将来的人口发展都离不开文化的促进，但这其中有一个极其重要的文化重建和文化自觉的问题，就是在新型人口文化创新活动的引领下将塑造未来的人口发展过程和格局。

(1) 人口文化建设的内涵。

文化其大无外、其小无内，内涵丰富，是指人类生存和发展的观念和方式。在中国，“文化”一词初现于西汉，本意是指“文治教化”，并常与“文明”一词并称。《尚书》曰：经天纬地为文，光照四方为明。《易・贲卦》的《彖传》中有“文明以止，人文也。观乎天文，以察时变；观乎人文，以化成天下”之句。

国学大师钱穆曾经指出：文化关涉如何做人、如何生活两大主题。人口文化是指有关人口发展的一整套观念习俗、组织、器物和政策制度，具体包括思想文化、习俗文化、婚姻文化、生育文化、迁徙文化、老年文化等。人口文化的提出意味着全面做好新时期人口工作需要注入人文内涵、提升文化品位、彰显核心价值。[②] 扼要说，人口文化是指关于人口发展的价值取向、政策取向和制度安排。家庭人口文化是指

---

① 本课题负责人和主笔者是北京大学人口所教授穆光宗，课题组成员包括北京大学人口所博士生张团、王朋岗、茆长宝、胡哲豪，硕士生张梦欣、常青松、吴金晶

② 穆光宗．论人口发展的文化促进．中国延安干部学院学报，2010（6）

关于家庭人口发展的社会规范和行为准则。家庭人口文化包括家庭的理想子女数、家庭性别构成、家庭人口规模和家庭成员关系等内容。

人口是什么？表象而言，人口是人类的数量特征；实质来看，人口是社会人的集合构成，是社会属性和自然属性的统一。人口是拥有一定数量规模和社会属性的人的集合，是一个统计总体，亦是社会群体。人体现的是人口的主体性和社会性，口体现的是人口的规模性和统计性。人口一人一口，“人”体现了人口的主体性、社会性和创造性，“口”体现的是人口的统计性、规模性和乘数性。人决定口，口影响人。

有关人口的三个公理性认识是：人口是社会生活的主体，人口是社会生存的基础，人口是社会发展的动力。“人口”不仅仅是“人数”，也包括了“人脑”、“人欲”、“人权”、“人性”、“人情”、“人文”、“人手”、“人寿”和“人位”等。1994 年开罗人发大会明确提出，一切人口与发展活动都应以人（Human beings）而不是人的数量（Human numbers）为中心。以人的自由和全面的发展为中心是科学人口发展的核心价值取向。[①] 人口发展包括了人的发展和口（数）的发展。积极的人口发展必须始终贯彻以人为本的原则，以人的权利—需要—发展为导向，以“人”的发展来解决“口”的问题，这是人本主义人口观的基本思想。正如联合国人口基金在 2002 年工作报告曾经指出的：人口问题的本质是人的发展问题。

人口文化建设的理论内涵和核心追求是实现人口的优化发展，即实现人口的积极、和谐、持续的发展。[②] 进一步地，从大处着眼话，人口文化建设则要实现四个有机的发展，即人的全面发展、家庭的幸福发展、人口的优化发展和社会的和谐发展，这四个方面的发展是相辅相成的。

第一，人的全面发展。“人的全面发展”，是指在确保人与自然、人与社会、人与人关系和谐的状态下，使最大多数的人终其一生都能得到自由表达、公正对待、充分保障和全面实现的过程。人的全面发展不是一个孤立的历史发展过程，而是始终处在如何处理好人与自然、人与社会、人与人的关系网络中，始终面临在冲突中寻求和谐、在困境中谋求发展的历史挑战中。[③] 人的全面发展，实质是生命潜能的充分开发，是人的素质和潜能的自由、全面的发展。

① 伟大思想家鲁迅先生的人本观点值得重视。正如鲁迅研究专家钱理群先生所说：所谓“现代化”、“现代文明”，还是鲁迅说的那句老话，“根柢在人”，这也是他一直倡导的“立人”的文明观——现代化目标的深意：“首在立人，人立而凡事举”，“必尊精神而张精神”，在鲁迅看来，“人的个体精神自由”才是现代文明之根、现代化的根本目标。参见钱理群．当下中国需要讲什么，我能讲什么．南方日报，2012－02－27

② 穆光宗．人口优化发展理论初探．北京大学学报（哲学社会科学版），2012（5）．

③ 郑晓瑛，穆光宗等．试论人的全面发展与中国人口问题的根本出路．人口与发展，2008（4）．

“人的全面发展”是一个宏大的主题，人口计生部门应该遵循以人为本，尊重权利，以服务对象为中心，从避孕节育到优生优育、性别平等和生殖健康，抓住“人口健康促进”这条主线，对象不仅仅是育龄妇女的生殖健康，而是全人口的健康咨询、健康教育、健康检查和健康建设，最终促进人的全面、健康和终生的发展。

第二，家庭的幸福发展。家庭的幸福建筑在生育质量、生命质量和生活质量的基础之上，建筑在全人口的健康促进的基础之上。家庭是社会的细胞，是人口再生产的基本单位，家庭的健康、和谐与发展是社会健康、和谐与发展的保证。

发展以人为本，人以健康为本。“健康”是民生之本，是发展之基，是幸福之源。“健康身心，健康生育，健康成长，健康人生，健康生活”是家庭健康促进的一条主线。家庭是社会的细胞，人是家庭中的人，以家庭为单位促进人的全面发展，使一个高深的理论命题变成了可操作的项目。“家庭健康”不仅仅是生殖健康和人口健康，也包括家庭结构的健全。生育关系到家庭的幸福感、安全感，突出是计划生育家庭的养老问题，生育和养老要联系起来看待，前后向统筹。

根据调研和思考，“家庭健康”的含义包括三个层面：

首先是家庭成员的身心健康。“优婚、优孕、优育、优生、优教”为具体内容的五优做法就是要促进人口的健康。但目标与措施要对应起来，每一个“优”都有相应的措施来保障。即便是生殖健康与优生优育这两个方面，也需要考虑计生与卫生如何联手，整合资源。

其次是家庭结构的功能健康。结构健康实际上也是结构安全，少生不等于独生。汶川大地震再次提醒我们，天有不测风云，人有旦夕祸福。独生子女家庭本质上是风险家庭。人口安全问题是客观存在的，需要通过生育的战略储备促进家庭的结构健康，确保人口安全。这个工作可以在现有的政策框架里解决，就是要不鼓励可以生育二胎的家庭放弃二胎生育计划，鼓励计划生育家庭用足政策性生育资源。

再次是家庭关系的互动健康。家庭关系包括了家庭内部的关系，如亲子关系、姻亲关系。家庭关系也包括了家庭与家庭之间的关系。家庭是社区中的家庭，所以存在着一个家庭和家庭之间的关系的健康。家庭健康促进包括了家庭健康服务，或者说健康服务进家庭；还有社区健康文化，或者说健康文化进社区。一些地方开展了“邻里节”活动，对于促进家庭健康和打造和谐社区做出了贡献。家庭健康促进是社会系统工程，不能由人口计生一家来担当。计生搭台，大家唱戏。全国妇联正在开展和谐家庭创建活动，所以这个活动可以和妇联联手来做。

第三，人口的优化发展。优化发展要求树立底线意识、生态意识和协调意识。

人口的优化发展是指以人口生态维护和建设为宗旨、促进人口结构和功能优化、实现人口均衡、协调和可持续发展的过程。人口生态是指人口的男女老幼或者说人口的性别年龄构成的生物多样性。人口的生态平衡是人口安全的根本保证，人口生态失衡是人口安全的根本威胁。

人口的安全发展主要是一个性别年龄结构问题。人口的安全发展是要消除人口发展的风险性。人口发展要从传统的增量控制转向风险控制，这就需要一个适度的低生育水平的保障。根据计划生育家庭四分类的观点，计划生育家庭包括了计划生育强势家庭、弱势家庭、风险家庭和残缺家庭。[①] 人口发展的风险控制就是要控制和减少风险家庭和残缺家庭的规模和比例，至于弱势家庭主要是一个性别平等问题，所以不是单一的生育调节可以解决的。为避免过高的人口老龄化所带来的养老困境，坚持以更替水平生育率作为人口安全发展的底线是战略性要求，从而提出了计划生育战略的底线伦理：政府主导的价值取向应该及早回归一对夫妻生育两个孩子的历史坐标上。

第四，社会的和谐发展。现在谈稳定低生育水平多，谈完善人口生育政策少。如果有完善，也是外围性、边缘性的完善，如打政策补丁，就是生育政策产生的弊端需要一些补偿性的社会政策来弥补。科学决策一定要倾听基层的声音和公民的声音。人性关爱、人文关怀的核心价值取向使人口计生综合改革融入了和谐社会建设的发展主流中。

北京需要稳定的是一个适度的生育水平。新一代“80后”、“90后”育龄人口的生育观念发生了很大的变化，出现了意愿性低生育现象，这是低生育水平稳定性的一个证据。适度生育（生育数量的适度、生育间隔的适度、生育时机的适度）和优化生育（生育的结构、素质、潜力、保障）是北京人口需要考虑的有关生育问题的两大命题。

新型的“统筹发展型人口文化”认为，人口数量、人口结构和人口素质是一个问题的几个方面，不能割裂，所以需要统筹和均衡。统筹是说要全面考量人口发展的所有方面以及彼此的关联，均衡是说要权衡几个方面人口发展的利弊得失、兴废长短。人口数量要适度，调控的说法比控制更有弹性。人口结构要健全，而且人口结构比人口数量更为深刻，因为结构决定功能。人口的性别年龄结构、社会经济结构。人口素质要提高，但人口素质的提高与人口数量的适度和人口结构的健全和均衡是分不开的。需要树立大优生观，包括了（人类）遗传优生、（生活）环境优生和（人口）生态优生。

---

① 穆光宗．中国人口转变的风险前瞻．浙江大学学报（人文社会科学版），2006（6）．

北京家庭人口文化建设的基本内容包括：①婚姻自重，科学择偶；②感情为先，理智并重；③彼此忠诚，宽容负责；④适龄婚配，适时孕育；⑤生殖健康，优化生育；⑥关爱女孩，性别平等；⑦教育有方，儿孙成才；⑧孝亲敬老，家庭团结；⑨仁爱为本，家国和谐；⑩健康生活，幸福人生。

（2）人口文化建设的外延。

下面，从两个角度来论述人口文化建设的外延和框架。

一方面，根据文化五要素的传统分类，即文化包括了观念、习俗、器物、组织和制度五个方面，人口文化建设需要从五个方面入手，如图1所示：

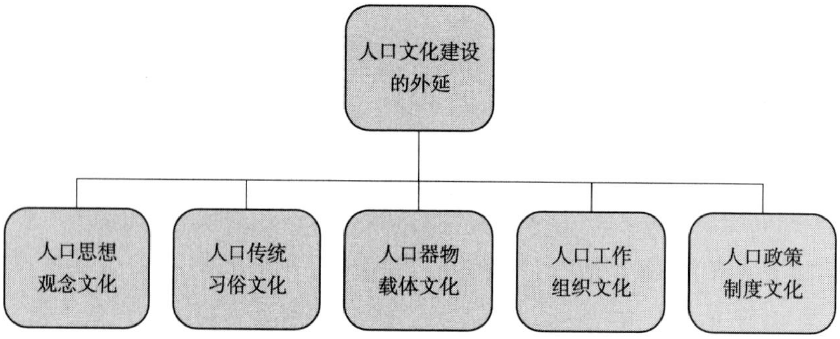

图1　人口文化建设的经典要素框图

首先，人口思想观念文化要正确前瞻。关键是要树立“人口正见”。天下之本在国，国之本在家，家之本在人，人之本在育！人乃天地之秀。

成功的定义是用正确的理念做正确的事情。没有科学的理论指导，实践是盲目的；没有实践的检验和支持，理论也是苍白的。

中华文化包含着极其珍贵的人口思想遗产，孔子的民贵君轻、安老怀少的民本思想，孟子的“老吾老以及人之老”的人文境界，孝经中“百善孝为先”的教导，马寅初避孕为主、反对人工流产的计生理念都值得发扬光大。

其次，人口传统习俗文化要发扬光大。传统往往是经过岁月的淘洗留下的珍贵历史遗存，所以传统需要尊重和保护。中国文字的“好”透露出生育的和谐价值观，男女平衡协调，人口持续发展，一阴一阳谓之道，乐天知命故不忧。积谷防饥、养儿防老，是值得弘扬的人口生育－养老文化。家庭养老的传统中包含着亲情养老的珍贵要素，是其他养老方式难以完全替代的。

传统是现代的母体，传统是现代的老师。《易经》被称为群经之首，大道之源。向后看不是倒退，而是一种回望历史、尊重传统、慎终追远的大智慧。《易经》包含着“和者生”、“和者进”的生生之道，是值得珍视的大智慧。易经的智慧是从天地、阴阳、男女、父母等概念出发，论述了万物的变化不是增加就是减少，演绎出宇宙、社会和人生的无穷变化。在社会演变过程中，人是发展的主体。

天人相应，天地人和，天地人三才，关键在人，在人的修为。人者，仁也。在复合的生态系统中，人的生态位最高，生态责任也最大。人可顺天而难胜天，我们要准确理解以人为本，以人为本要以生物圈的总体生态循环、平衡和发展为依托，生态的优化是更大的目标。在复合的自然社会生态中，一方面，社会进步要以人的尊严、权利和发展为本，所谓“天行健，君子以自强不息”；另一方面，生态进化要以人的道德、责任与建设为根本，所谓“地势坤，君子以厚德载物”。

易经中提出了“天行健”的宝贵思想。改革、创新、发展是永恒的主题。我们需要总结经验教训，居安思危，反思过去，展望将来，和谐发展，不断寻求人口发展进化之道。

第一是平衡之道。道分阴阳，生态平衡。社会和谐需要关注人的自我的和谐，人与社会的和谐，人与自然的和谐。人类需要人文主义和终极关怀，需要考虑：个体的安身立命，群体的健康互动，社会的持续和谐，天地的道法自然。

第二是变易之道。遵循规律，循道而行。道可道，非常道。变易的是象数，不变的是规律。万物变化有规律可循。德国哲学家康德说过：人类要敬畏的是内心的道德律和头上灿烂的星空。哲人智慧光耀千秋！

第三是和合之道。天地人和，万事兴旺。和合生气、和合生旺、和合生健。和合消融对立促成统一，自由包容有容乃大。大和大生，小和小生，不和不生。

第四是行健之道。天地行健，与时偕行。这是实践之道，行甚于言。“健”的姿态是积极的，进取的，一边是人，一边是建，人乃天地之秀，有所作为体现的是自强不息。有所不为体现的是遵循规律，道法自然，有自知之明。

再次，人口器物载体文化要美感实用。物化的人口文化既可以是精美的艺术作品，给生活带来赏心悦目的美感；也可以是实用的生活用品，给百姓的生活带来实际的便利和好处；也可以是负载人文教育的使命，在潜移默化中导引人心、影响行为。人口计生部门作为人口文化建设的行政主体比较关注如何用美感、寓意、实用三功能的器物和载体传播人口文化，入脑入心。显然，在体与用、形与神的结合中，传播正确的人口文化理念至关重要。

其四，人口工作组织文化要三个关爱。从行政组织角度看人口文化建设，就是要从“宣传”上升到“人文”。人口宣传要做到“去行政化”，避免强迫和灌输，要有人文色彩和人文关怀。换言之，人口文化需要“人文组织”去推动。为此，要培育有责任的行政组织和有爱心的社会组织（包括志愿者、爱心家庭等）两大方面力量。

符合人口优化发展需要的人口工作组织要树立“三关爱理念”。“三关爱”是指人性关爱、人情关爱和人文关爱。人性关爱是指对人的主体地位、对人性需求的充分重视和关注。在具体内容上，包括了从服务行为的规范上体现对人的尊重，从服务方式的转变上体现对人的理解，从服务内容的拓展上体现对人的关注。人情关爱是指在基本的人性关爱的基础上，升华到感情层次的关爱，也是一种心灵的抚慰。在具体内容上，包括要做到：一是以真心打动人，二是以亲情感染人。人文关爱是指一种理性层次的关爱，就是给予服务对象以知识、技能、文化，给予服务对象以人格的熏陶和人格的完善，实质是满足人的发展需求，促进人的全面发展。在具体内容上，要做到：一是建设新文化，二是传递新知识，三是塑造新人格。“三个关爱”是人口和计划生育社会组织尊重人权、维护人权、光大人权的一种社会实践，目的是通过“人文计生”实现人的自由、全面、优质的发展。

从计划生育工作的角度来看“以人为本”，就是要从人性、人情和人文三个层面或者说维度来思考工作的态度、方式和效果。“三关爱”凸显了20世纪90年代前期国家计划生育委员会提出的“既要抓紧，也要抓好”的要求。“三关爱”理念要转化成改革的力量和工作的动力，合民情、贴民心、重民权，继承了“急群众所急、想群众所想、求群众所求”为人民服务的优良传统。

其五，人口政策制度文化要人本配套。人口问题的本质是发展问题，发展问题的实质是人的自由、全面、有保障的发展，而人类发展问题的症结常常在制度和政策环境上。在合理的制度环境中，人口压力可以转化为人口推力和人口活力，其秘诀是优化人口的发展，培育人口的生产力、创造力、凝聚力和战斗力，这四种力量主要集聚在年轻人口身上。年轻型人口具备最强大的人口实力。发达国家的经济发展无不建立在提高人力资本存量、充分开发人力资源、持续收获人口红利的基础之上。

另一方面，从人口生命历程观点结合人口分类学观点，人口文化建设需要打造五大子文化体系（见图2）。

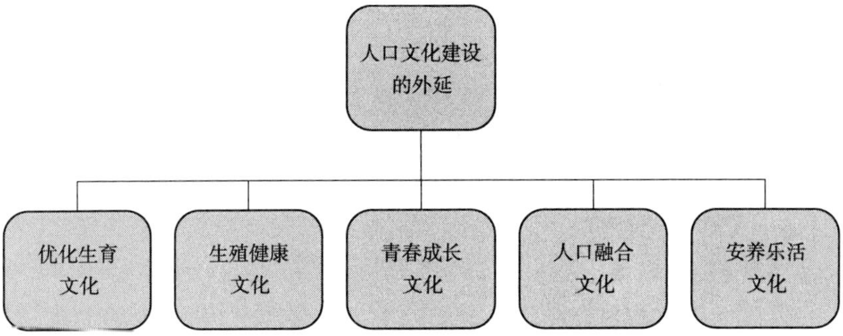

图 2　人口文化建设的类别框图

首先，优化生育文化要彰显价值。“优化生育”不仅仅是指优生优育优教，而且是指：首先在权利的界定上，是个人、夫妇和家庭自由自主自觉生育，也是对家庭、对孩子、对社会能够负起责任的生育；其次在决策的优化上，是适度的生育，是适量、适时、适龄的生育，崇尚自然生育和性别平等，不进行非医学需要的性别选择；再次在效用的预期上，是指低风险的生育、高品质的生育和有保障的生育，生育对家庭的核心价值是天伦之乐、传宗接代和养老送终，生育对国家的核心价值是能提供一代更比一代优、一代更比一代强的新增人口，传承文明，创新文化，繁荣民族。

其次，生殖健康文化要融合计生。发展以人为本，人以健康为本。从计划生育角度出发，人口发展必须彰显生殖健康追求，1994 年开罗人发大会以后，生殖健康成为全球计划生育的重要政策目标。自 1994 年开罗国际人口与发展大会以来，以人的全面发展为中心、生殖健康、优质服务、将人口政策纳入发展规划之中等重要理念逐渐被各国政府所接受。开罗人发大会明确提出，一切人口与发展活动都应以人（human beings）而不是人的数量（human numbers）为中心。

无论是生育的社会计划还是家庭计划，只能遵循而不能违背这一原则和目标。计划生育要融入生殖健康文化的建设之中。一切不利于生殖健康的计划生育都是需要被修正的。让生殖健康包融计划生育和引领计划生育对于体现计划生育的“以人为本”具有强烈的操作性意义。

再次，青春成长文化要着眼早期。国家人口计生委提出要服务全人口、服务全过程，体现了全生命历程和人的全面发展的思路。青春成长文化建设要着眼于人口的早期发展，0～3 岁婴幼儿的发展已经引起关注，但多数家长忙于工作和缺乏经验在孩子早期发展方面往往流于形式。由于多数家庭只有一个孩子，望子成龙心态普遍。在升学教育和社会竞争的巨大压力下，独生子女成才问题、健康成长问题成了普遍性的社会焦虑。性早熟、性开放导致性萌动和性罪错，青少年人口的性和生殖健康、身心健康和人格健康需要引起高度关注，各地积极探索，做了大量工作。青春成长教育的主体是父母长辈、同伴、师长和社会。所以，青春成长文化建设的关键在于师长素养的提升和成长环境的净化。

其四，人口融合文化要体现公平。党的十八大报告指出权利公平、机会公平、规则公平，是“社会公平保障体系的主要内容”。权利公平，是指在“尊重和保障人权”的过程中，取消基于性别、身份、出身、地位、职业、财产等各种附加条件的限制，对每个公民“不偏袒”“非歧视”，为其提供平等的生存权和发展权。任何公民不能被排除在法律赋予的权利之外，任何组织或者个人不得有超越宪法和法律的特权。①

北京和很多城市一样都属于开放度很高的人口，外来人口都市化过程中面临着社会排斥，也经历着社会融合。十八大报告指出：“科学规划城市群规模和布局，增强中小城市和小城镇产业发展、公共服务、吸纳就业、人口聚集功能。加快改革户籍制度，有序推进农业转移人口市民化，努力实现城镇基本公共服务常住人口全覆盖。”人口都市化之后如何推进市民化需要解决两个问题：一是待遇的市民化，二是身份的市民化。人口计生部门可以在公共服务均等化方面促进流入人口的“待遇市民化”，即“有限市民化”和“选择性市民化”，市民化程度是城市组织和潜在移民双向选择的结果。

最后，安养乐活文化要追求幸福。无论古今中外，“安养－乐活－善终”是幸福养老三步曲，这也是老年生活的三个核心追求。第一是“安养”，即老年人的养老安全，要努力做到内安其心、外安其身；第二是“乐活”，快乐生活，要提高自己的生活品质，给岁月以生命，活着同时要快乐，要有意义，要体面，要有尊严；第三是“善终”，老有善终，离开人世的时候他没有牵挂，能够微笑着告别人生，告别社会。

老年人口的高龄化、空巢化和失能化是普遍的趋势，对社区照料的需求日益增大。老年人在熟悉的社区环境里能找到安全感、归属感和亲切感。依托社区发展居家养老服务意义重大，是积极应对少子老龄化、老年空巢化、空巢失能化的正确选择。我国社区养老模式包括了居家式社区养老、公寓式社区养老和医护型社区养老三种。目前，我国已经提出建设老年友好型城市和老年宜居型社区的目标，还应该朝老年友好型社会、老年安养型社区和老年乐活型家庭目标做出努力，提升居家养老的社区支持能力、增加居家养老的社区资源供给是着力点。

---

① 社会公平正义的新起点．第一财经日报，2012－11－13.

2. 北京人口文化建设的核心价值观

北京人口文化建设在宏观层面上需要倡导爱人、护生、平衡、发展，在中观层面上需要倡导服务、管理、关怀、保障，在微观层面上需要倡导健康、和谐、进取、贡献。

首先，在社会层面上，人口思想文化建设的关键词是：爱人、护生、平衡、发展“四位一体”。党的爱人是指爱护人民、爱护人类、爱护弱小。护生是指保护生命、生活和生态的“三生和谐”，而生育的保护和优化则是“三生和谐”的根本。平衡是指实现人口生态平衡。保护和优化人口生态是深入贯彻落实科学发展观和优质人口建设的第一要义。发展是指实现人的自由发展、人口的优化发展、家庭的幸福发展和社会的和谐发展，实现全面、有机、协同的发展。

天地之大德曰生。《易经》所揭示的宇宙大道理是“天地人和，生生不息”，简称“和者生”。这里的“生”可以做广义的理解，包括了生生不息、繁荣昌盛、自强不息、永续发展等含义。进一步地，“和者生”才可能“和者进”，即天地人和谐共进的道理。

人口发展的潜力也在很大程度上取决于人口生态的差异性、多样性和复合性，这就是因地制宜、分类发展的重要性，这是人口发展的规律性表现之一。一方水土养一方人，生育首先是私权、是天赋人权，我们要尊重每一对夫妇和家庭自由而且负责地决定生育间隔和生育数量的权利。在确立这个大前提之后，政府和社会可以在文化和观念上倡导和追求适度生育和适度人口、优化生育和优化人口，同时在制度和行为上进行生育的风险干预（如安全分娩、预防出生缺陷、控制不安全生育的环境和行为）、提供优质公共服务、构造多层面的社会保障体系。

和者生的前提是强调生态平衡和生态进化或者说和谐共进。需要提出和强化三个主要概念，即人口适度、人口安全和人口优化。

人口安全是指人口生态平衡，男女老幼的人口规模和比例适度。在这个方面，中国面临着严峻的挑战，包括了性别失衡和少子高龄化两大问题。为此，我们需要倡导性别平等文化和社会孝养文化以及人口安全文化。无论是微观还是宏观层面，适当的生育储备和人口储备也是人口安全、人口适度的战略需要。

人口优化是指人口生态进化，人口要取得积极的成果，就要关注人口生态中不同性别和年龄的人的自由、全面、协调的发展，优先投资于人的发展，不断提高人口素质，不断优化人口的结构和功能。

其次，在社区层面上，人口思想文化建设的关键词是：服务、管理、关怀、保障“四位一体”。十八大报告明确提出要建立“服务型政府”。为人民服务是政府的永恒职责，包括“寓管理于服务”之中的提法和“寓关怀于服务”之中的体现。诺贝尔经济学奖得主、印度籍英国著名经济学家阿玛蒂亚·森提出“以自由寻求发展”，我们提出“以自由寻求幸福”，当然是有秩序的自由、有道德的自由、有理性的自由才可能导向我们真实的幸福，但前提是“还权于民”。

人口工作是最大的民心民生工程。在强调政府责任的时代，人口发展不是一个自发的过程，而是始终处在政府的关怀、服务和保障的视野之中。“三关爱”是服务型人口工作、人文化人口工作的核心价值和灵魂所在。人性关爱是说要围绕“需求”做工作，人情关爱是说要带着“感情”去工作，人文关爱是说建设“文化”好工作。如果说人性关爱以公民的权利、尊严和发展为根本，即以公民的权利为本，那么人情关爱则以温馨周到、贴心可亲、合情合理的服务为路径，即以优质的服务为本，而人文关爱以培育生育责任、传播科学知识、建设生育文明为己任，即以文化的建设为本。

再次，在家庭层面上，人口思想文化建设的关键词是：健康、和谐、进取、贡献“四位一体”。发展以人为本，人以健康为本。从公民个体角度看，身心的“全人健康”是一个理想追求。从家庭发展角度看，健康包括了成员健康、关系健康和结构健康。

1994年开罗会议就指出：“家庭易受社会和经济变动的压力，必须对处境困难的家庭提供援助……近年来许多家庭的处境有所恶化。脆弱的家庭越来越多……”① 家庭作为社会最基本和最可延续的单位，是个人成长获得支持的源泉，它对每个成员的幸福负有久远的责任，理应受到全面的保护与支持。在社会发展过程中，特别要注意新的“脆弱家庭”的出现，如独生子女伤病残亡家庭、独生子女不成才家庭、独生子女老年空巢家庭、独生子女经济困难家庭等，加强社会保护、减少家庭的脆弱性是一个国家社会经济发展的重要目标，也体现着社会的进步与文明。

首都人口文化建设要融入大局，首先要确立自己思想观念文化建设的原则：

（1）以人为本，以爱为魂。人数是人口之表，人心是人口之本，文化是人心之师，仁爱是人口之魂。人口问题根本上就是人的发展的问题。我们认为，人的问题归根结底是人心高下的问题。正如印度圣雄甘地所说的：“我们的地球可以满足让全世界的人都过上美好生活，但它无法满足人类的贪婪。”人心的贪、嗔、痴是构成人口压力的深层原因，所以要正人欲、清人心、明人道，建设好“心灵世界”。世界和谐，从心开始。正心、修身、齐家、治国、平天下是人口优化发展的人文之路。

（2）以德为首，以和为上。德为才帅，敬天礼地，孝亲爱人，乃立身之本。一个

① 国家计生委. 人口与发展国际文献汇编. 中国人口出版社，1995：194－195.

崇尚文明教化和文化自觉的人口才是有希望、有力量的人口。正人心、树道德是人口文化建设的重要内容。党的十八大报告指出："全面提高公民道德素质。这是社会主义道德建设的基本任务。要坚持依法治国和以德治国相结合，加强社会公德、职业道德、家庭美德、个人品德教育，弘扬中华传统美德，弘扬时代新风。"没有道德的指引与文化的浸染，人口发展内涵的优化无从谈起。和为贵，和者生，和合进，生命、生活、生态三和谐，人与自然和谐共生，人与天地相应合一，这样的人口发展不仅有内涵，而且有意义。

（3）以民为根，以生为贵。人民是国家的根本，为人民谋福是党和政府的根本使命。保护生育符合天人相应的"生生之道"。生乃天地之大德，天地自强不息、厚德载物，党和政府要顺应生生之道，身体力行天人合一，倡导并实践生命、生活和生态"三生和谐"，人口与资源环境、经济社会必然和谐、持续地发展。

（4）保护生育，优化生育。树立"科学生育观"，包括保护生育、优化生育和适度生育。保护生育就是尊重生命权利、保护生殖能力、促进母婴健康，优化生育就是自主自由生育、负责理性生育和保障生育条件，适度生育就是适龄、适时、适量的生育。我们与其说要去担心低生育水平的反弹问题，不如说要去防范低生育文化引领下的持续的低生育率所隐含的家庭发展风险和社会发展风险问题。生育优化是人口优化的基础，包括了遗传上的优化、生态上的优化和环境上的优化。

（5）平衡为要，发展为求。以人口生态平衡为根本，以四个有机发展为导向。人口具有自然属性和社会属性，带有不同的特征和标识的人口之间的相互关系及共生状态构成了"人口生态"。人口有性别年龄特征，男女性别比要平衡，老少人口比要适度；人口还有丰富的社会、经济、文化特征。人口生态具有多样性、互补性、演进性。此外，人类发展、人口优化、家庭幸福、社会和谐四个维度的发展是人口文化建设的根本目标。

二、北京人口文化建设的主要成绩

首先，人口调控理念深入人心。从 20 世纪 80 年代以来，北京严格实施计划生育政策，早已进入 TFR 小于 1.3 的超低生育率发展阶段。长期以来，控制人口出生增量一直是北京人口计生工作的主要目标，这一点和其他地方的差异度很小。在人口自然增长方面，北京已到人口控制的极限，实际生育率低于政策生育率。少生优生观念蔚然成风。通过多年来计划生育的宣传和婚育新风进万家活动的深入开展，北京人口的生育观念和生育行为迅速现代化，小家庭极为普遍。绝大多数家庭能够按政策生育，"少生优生、幸福一生"蔚然成风。在人口流迁增长方面，北京进入 21 世纪以来主要面临人口集聚、车辆增多、地理扩张导致城市超载的挑战。"北京人口需要调控发展"的社会共识深入人心。

其次，人口文化建设成绩斐然。“十一五”时期，制定出台了《北京市人口计生委关于加强和改进宣传教育工作的意见》(2007年，简称《意见》)。《意见》以“倡导婚育文明，构建和谐家庭”为主线，开展十大主题宣教活动，加强和完善四大体系建设，提出了六项保障措施，形成“11046”的新时期宣教工作的新思路。这一时期人口文化建设的一大亮点是，以人口文化公园为龙头，以人口文化大院、生育文化胡同、生育文化一条街、人口文化漫画墙、广告、橱窗等为辅助，组成了一道亮丽的人口文化宣传风景线。在16个区县建成16个具有不同区域人口文化特色的人口文化公园。

实际生育率低于政策生育率；服务管理体系进入“十二五”，开展幸福家庭创建工作成为北京市家庭人口文化建设的根本要求。北京市形成了836工作思路，即以“幸福家庭 和谐人口”这八个字为核心理念；以建设家庭人口文化为引领，以关注家庭成员和谐健康发展为基础，以关注民生为目的；构建“六大惠民工程”——即文明倡导工程、宝贝计划工程、青春健康工程、健康生育工程、生育关怀工程、心灵家园工程，创新社会服务管理，助推家庭和谐幸福。这一时期的标志性成就是建立北京市人口与家庭公共服务中心和16个区级人口与家庭公共服务中心。

再次，性别平等文化进步很大。2005年，世界妇女大会在北京召开，极大推动了北京人口性别平等文化的发展。关爱女孩行动的普遍开展弱化和改变了部分人群重男轻女的观念和非医学需要性别选择的行为，维护了人口性别构成的生态平衡。

第四，现代养老文化初露端倪。北京提出了居家养老、社区养老和机构养老“9064”三分天下的格局，机构养老得到长足发展，摆脱了传统主要在家养老和照料的模式。

第五，北京人口研究影响日广。北京人口与发展论坛是北京人口文化建设的重要平台，举办几年来在促进北京人口问题治理和人口调控发展方面起到了积极作用。

三、北京人口文化建设的思路与框架

1. 指导思想。

首先要坚持科学人口观，包括北京人口失衡的问题观和人口优化的治理观；

其次要坚持核心价值观，即健康、和谐、幸福、美好、发展；

最后要坚持人本建设观，走“人民”路线，为“人权”保障，用“人文”关爱，靠“人情”温暖，宏观统筹，中观服务，微观发展，将婚姻之福、避孕之福、优生之福、优才之福、和谐之福、养老之福送进千家万户，实现人的自由发展、人口的优化发展、家庭的幸福发展和社会的和谐发展。

2. 基本原则。

——以人为本，全程关爱；

——民需我为，我为民乐；

——为我应为，为我当为；

——整合资源，公共服务；

——政府帮助，社会保障；

——促进健康，护佑幸福；

——立体宣传，典型引路；

——学有目标，行有榜样；

——依托社区，面向家庭；

——一区一品，创新特色；

——立足区县，全市共享；

——分层建设，统筹发展。

北京人口文化建设的一大重点是从传统的计划生育转向家庭发展。

一是坚持需求优先原则。在工作中要关注关心计划生育家庭的普遍需求、特殊需求、迫切需求和帮扶需求，提出“为家庭幸福服务、为家庭发展加油”的主题口号，贯彻民需我为、民呼我应、民急我切。

二是坚持能力建设原则。不是金刚钻难揽瓷器活，老百姓能得到多少帮助，在很大程度上与主做部门的能力直接相关，这就是大能大为，小能小为，不能不为。所以针对计生家庭的各类需求，要坚持不懈地促进人口计生队伍的能力建设，为计生家庭有效提供公共服务和公共产品。

三是坚持资源整合原则。促进家庭发展是社会大工程，人口计生部门要善于整合政府资源、社会资源和家庭资源，扮演好牵头者、推动者和服务者三重角色。

四是坚持幸福发展原则。家庭是一个需要尊重的社会组织和基本单位，家庭的发展是否可持续、能否幸福和谐，内因是决定性的，外因是条件性的。促进家庭发展的重点在提升家庭发展的能力，就是通过适度生育政策、优化人口政策和家庭福利政策来努力提高计生家庭的发展能力。强大的家庭发展能力是保障家庭幸福的根本，而外部支持只起辅助作用。

3. 战略目标。

人口建设是社会建设的重要组成部分，文化建设是人口建设的灵魂和核心。建设健康人生、幸福家庭、和谐人口、美好社会，实现人的全面发展、家庭的幸福发展、人口的优化发展与社会的和谐发展是北京人口文化建设的根本目标。简单说，通过四个建设，实现四个发展。

北京人口文化有三个层面，即都市人口文化、社区人口文化和家庭人口文化，北京人口文化建设需要立足首都、依托社区、面向家庭、分层建设、统筹发展。

首先，都市人口文化建设的重点是“人口思想建设”和“人口政策建设”。

北京人口需要在全新的“首都人口观”的指引下实现和谐、优质、持续的发展之路。首都人口观包括人口问题观和人口治理观，分别指人口思想的建设和人口政策的完善。

一方面，人口思想建设要认识到首都已经掉入“超低生育率陷阱”，严重少子化的风险和代价日渐显现，人口集聚、过密、拥堵问题挑战城市承载力和居民忍耐力。首都人口文化建设不仅要树立“大人口观”，而且要树立“正人口观”。人口思想建设必须在权力人口中率先进行并取得成效（见图3）。

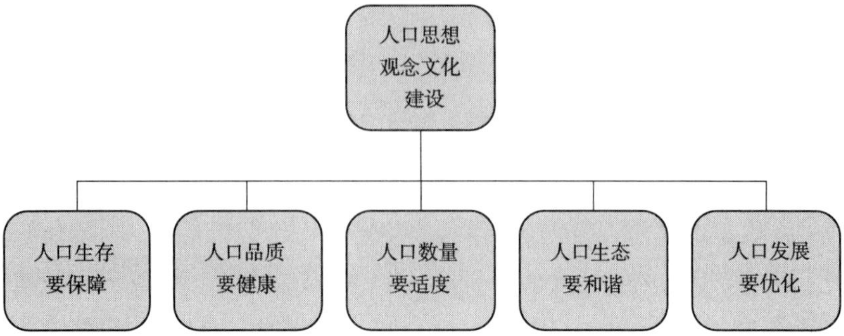

图3　人口思想建设五导向

另一方面，人口政策建设的关键在结合北京实际“逐步完善政策”。党的十八大报告指出：“坚持计划生育的基本国策，提高出生人口素质，逐步完善政策，促进人口长期均衡发展。”北京需要积极倡导和努力完善性别平等、城乡对等、人民满意、家庭幸福、民族团结、国防安全、人口优化、环境优化、社会和谐的全面、协调、可持续的人口生育政策。

家庭是社会的细胞和最基本的组织单位，家庭强则社会强，家庭优则社会优，家庭好则社会好。1994年开罗《国际人口与发展大会行动纲领》原则9指出：“家庭是社会的基本单元，因此应当予以加强。它有权得到全面保护和支持。”家庭的类型多样，困难不一，需要分类对待。①从人口结构－功能角度看，有两个孩子及以上的家庭结构是健康的。推而广之，“健康家庭”是我们追求的理想、幸福、美好之家，健康家庭是指代内代际结构健全，人际关系和谐，生育、养育和养老功能健全的计划生育家庭，包括了家庭成员的身心健康、家庭结构的功能健康和家庭关系的互动健康。②风险家庭指独生子女家庭，风险性就在于唯一性。③困难家庭含义很广，包含经济、照料等方面。④残缺家庭指孩子或者父母残缺的计生家庭（见图4）。

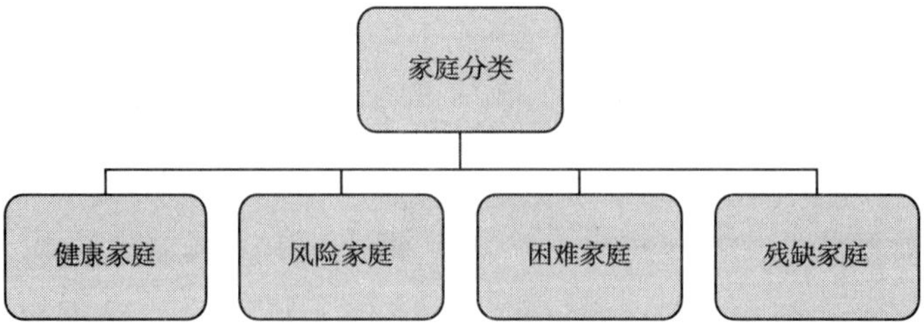

图4　家庭四分类理论框架

北京需要建构家庭友好、幸福导向、分类服务与关怀的政策-制度与文化体系，即发展健康家庭，控制风险家庭，帮扶困难家庭，关怀残缺家庭。

为此，我们提出“政府6让思路”：其一，让不幸的家庭得到温暖。修复家庭结构，温暖残缺心灵。其二，让痛苦的家庭得到关怀。践行人性关爱、人情关爱、人文关爱。其三，让困难的家庭得到扶助。开展帮扶活动，如助学、助医、助业、助养等。其四，让需要的家庭得到服务。提供优孕优生优育基本公共服务、人口健康服务、安养助老服务等。其五，让健康的家庭得到发展。发展健康家庭，提升发展能力。其六，让所有的家庭得到福祉。共建小康经济，共融和谐社会，共享发展成果。

建议一，成立北京人口科学院。可以在北京市人口与发展研究中心的基础上重建，吸纳首都高校人口学、老年学、社会学、经济学、统计学等专家资源，开展高端、前沿的都市人口发展研究，并提出决策建议。

建议二，成立北京人口政策委员会。首都人口政策委员会将成为统筹人口发展、综治人口问题的重要组织和平台，也是决策者和研究者对话、民主决策的团体。

建议三，成立北京人口和家庭发展委员会。整合资源，依托村社，服务家庭，优化人口。实现战略研究先导、文化建设先导、服务关怀先导。

其次，社区人口文化建设的重点是“服务能力建设”和“服务平台建设”。

人口计生系统在老年健康教育和促进方面具有一定的优势，可以有所作为。人口计生系统利用全员人口信息系统可以在一定程度上帮助各部门了解空巢老人的状况。例如，以居家养老服务为载体，打造生育关怀行动新平台，为计生空巢老人提供社交休闲娱乐的场所，及时开展家政、日间托管送餐到户、应急医疗、健康咨询、报刊阅读、棋牌娱乐、体育健身、法律咨询、代购物品、上门维修等系列服务活动。建立社区（街道）居家养老服务站并取得实际成效的做法证明了人口计生部门为积极应对人口老龄化、促进社会和谐可以也应该有所作为。

建议一，人口计生部门成立婚姻家庭咨询师、婴幼儿发展咨询师、青春健康咨询师、生殖健康咨询师、老年生活咨询师六支队伍。

建议二，加强社区人口和家庭服务室的建设，加强避孕节育、政策咨询、健康促进、人文关怀、生活扶助、数据采集六大功能的系统化设计和整合。

再次，家庭人口文化建设的重点是“家庭美德建设”和“发展能力建设”。

随着人口生育少子化、人口居住离散化、家庭发展空巢化，家庭功能受到很大挑战。建议北京提出家庭发展的五大主张：（1）安全主义——规避家庭发展的政策风险；（2）补偿主义——补偿政策性家庭发展代价；（3）能力主义——促进家庭健康强化发展力；（4）保护主义——对家庭发展给予保护支持；（5）福利主义——家庭共享发展成果和福利。

在战略层面上，首都人口文化建设需要重点发展家庭的五种能力：①健康发展能力：健康是发展之基、和谐之源、幸福之本。保护青少年的性和生殖健康，避免不孕不育；同时，提升他们的婚育责任，保护下一代的生殖生育能力。努力打造体育型家庭、学习型家庭、健康型家庭。②人口发展能力：人口发展是家庭发展的根本。“四二一”家庭能力最弱，避免独二代。适度生育，坚守底线。打造健康型家庭，提升风险抵御能力和生育发展能力。③学习发展能力：知识就是力量。提升学习工作创造贡献的能力，家庭是社会的活细胞。知识社会需要打造学习型、进取型、智慧型家庭。④爱心发展能力：有爱就有家，有爱就有福。倡导和培植个人私德、家庭美德和社会公德，加强道德自律。打造爱心型家庭、奉献型家庭。⑤和谐发展能力：关系和谐决定家庭幸福。建设好和谐的家庭关系。打造和谐型家庭、敬老型家庭、温馨型家庭。

建议一，开展北京特色的“美好家庭”创建活动。美好家庭是有家庭美德的家庭，一定是和谐、温馨、团结、幸福的家庭。美好家庭是和谐社会的基石。

建议二，开展“家庭发展能力社会建设（活动）工程”。

建议三，创建农村人口文化中心户制度。

4. 规划重点。

党的十八大报告指出：“要多谋民生之利，多解民生之忧，解决好人民最关心最直接最现实的利益问题，在学有所教、劳有所得、病有所医、老有所养、住有所居上持续取得新进展，努力让人民过上更好生活。”

人口文化建设有三步曲：即创新——传播——涵化，或者是宣传——同化——内化，完成从社会宣传倡导到文化自觉建立的转变。北京人口文化建设需要根据能力和需要，突出重点，分步推进：

重点一，“十二五”期间，建议实施北京人口文化精品战略，突出“健康人生、幸福家庭、和谐人口、美好社会”四大主题，体现共建、共融、共享的思想。

利用北京市委党校平台举办年度高端人口理论研讨班，掌握正确的人口问题观和人口治理观。

通过大众媒介向大众宣传科学发展观指导下的大人口观、正人口观、人口安全观、人口优化观。从实际出发，高瞻远瞩，检查和清理遍布城乡的人口宣传标语、口号，在“十二五”建立有特色、有正见、有前瞻的人口文化宣传语系。废除“稳定低生育水平”的陈旧提法，以“适度生育、优化生育、保护生育”为新的纲领。

集中人力、物力和财力打造和提升兼具吸引力和影响力的北京人口文化系列作品，包括学院派的“阳春白雪”和民间派的“下里巴人”。例如，撰写北京人口文化报告，开设北京人口文化论坛，开展北京人口发展研究，举办北京人口文化节，出版北京人口文化书系，评估北京人口文化活动，出品北京人口文化的电子作品，电影、电视、互联网等活动媒介的影响力要大于公园雕塑等静态宣传。再例如，打造人口文化（公园）阵地；营造人口文化氛围；创作人口文化精品；评选幸福（美好）家庭十佳；编撰家庭文化历书；举办人口文化展览；创办人口文化节庆，等等。

从分散的环境宣传到集中的主导宣传。具体措施：①建北京人口文化博览馆，市与区县共建，成为集大成的人口文化高端产品和最大平台。②开放各区县的人口文化教育场所，实现资源共享。

重点二，“十二五”期间，培育婚姻咨询师等职业化队伍，打造人口服务文化，全方位服务全人口。

通过打造职业化队伍肩负人口文化建设的四大促进——人口的计生促进、健康促进、知识促进以及和谐促进的使命。①人口的计生促进就是通过人口的文化活动树立少生优生的婚育观念，促进了妇女的解放和地位的提高。②人口的健康促进就是通过生殖健康的知识传播来达到身心和谐、人人健康的目的。③人口的知识促进就是通过计划生育政策和生殖健康的知识传播来促进优婚优孕优生优育优教。④人口的和谐促进就是要改善家庭关系、邻里关系、村民关系和干群关系等。

重点三，“十二五”期间，开展北京“爱心暖巢行动”，发挥政府组织、社团组织、慈善组织和自助组织4个积极性，深度关怀特殊困难计生家庭，发展人口关怀文化。具体措施：①建立特殊困难计生家庭数据信息库；②培育北京有特色的失独家庭自助组织，如“爱之家”，让他们有自己的精神家园，实现组织社团化和活动社会化；③建立爱心小组，对口帮扶特殊困难计生家庭；④探索失独老年父母社会化养老新模式，从政策和经济上予以保障，实现失独者的老有所养、老有所依、老有善终。

八、区县工作篇

东城区

【概况】2012年是党的十八大召开之年，也是实施“十二五”规划的关键之年。东城区人口计生工作按照“打基础、转职能、抓宏观、重实效”的要求，着力转变工作理念，将人口计生建在“网格”上，紧紧围绕“稳定低生育水平、统筹解决人口问题、促进人的全面发展”这一中心任务，以加快转型创新为契机，以深化综合改革为动力，以统筹人口宏观调控和服务管理为重点，以提高家庭幸福指数为目标，将人口计生工作纳入全区经济与社会事业发展全局。年内，区委常委会、区政府常务会和区长办公会先后研究人口和计划生育工作，完成区长与市长签订的人口和计划生育目标管理责任书的各项指标。截至年底，2012年统计年度共出生上报8 237人，计划内出生8 130人，计划生育率98.7%，圆满完成了市政府下达的各项指标。

统筹人口宏观调控和服务管理，提升行政管理水平。区委常委会、区政府常务会和区长办公会专题研究部署新时期人口和计划生育工作。一是将人口问题纳入区域经济与社会发展的总体规划和战略布局中，在行政区域规划、城市建设、古都风貌保护、产业升级调整等全区中心工作中，充分考虑“人口”因素，制定有利于人口发展的利益导向政策，努力实现区域人口与经济、社会、资源环境的协调和可持续发展。二是将人口问题纳入以改善民生为重点的社会建设总体部署中，全面实施创业同奔小康工程、社会矛盾排查调处、政府行政执行力建设、解危排险和修缮整治等系统工程，有效改善了民生，促进了社会和谐发展。三是将人口问题研究工作纳入政府《折子工程》和《任务书》，重点做好人口规模承载力等重大人口问题课题研究，深化调研成果的“政策性”转化，为区委、区政府主要领导决策提供必要的理论依据和数据支持。四是将人口规划纳入全区中远期战略规划，做到“两个统筹”，即统筹人口数量、素质、结构、分布各要素之间的关系，实现人口长期均衡发展；统筹人口与经济、社会、资源、环境的关系，实现全面协调可持续发展。

促进家庭和谐幸福，提升公共服务水平。以打造“家和行动”品牌为抓手，以幸福家庭惠民工程为载体，推进公共服务体系建设。东城区以“幸福家庭 和谐人口”为工作主线，以计划生育服务和计划生育利益导向为重点，完善人口和计划生育服务体系，健全宣传教育、计生服务、优生指导、药具发放、信息咨询、随访服务、生殖保健、人员培训功能，提升服务质量，保障育龄群众身心健康，促进人口长期均衡发展。延伸“生命蓝岛”载体效应，开展免费孕前优生健康体检惠民项目。落实折子工程，深化“生命蓝岛”品牌服务。以统一名称，统一形象、统一宣传、统一服务标准、统一物品配送、统一考核标准“六统一”的连锁管理模式，与社区卫生服务网络建设同步延伸至全区，在社区卫生服务中心建立不少于10平方米的计划生育咨询室，定制带有生命蓝岛标识的办公设备，完成了6个社区卫生服务中心和56个社区卫生服务站蓝岛的标准化配置，建成率达100%。7月，在全市率先建成“人口和家庭健康服务中心”，市人口计生委刘志主任亲临现场揭牌并召开全市经验交流会。

加强基层基础工作。以深化“阳光计生”为契机，以推进“诚信计生”为主题，夯实基层基础工作。将诚信计生工作融入网格化管理新模式，利用本区独有的7+X社区组织管理优势，按照“管理网格化、服务零距离”的理念，以格长、网助、责任区主任为单位组成诚信计生工作小组，每个工作小组发动积极分子、楼门小组长，通过多种形式动员群众参与到诚信计生工作中来，形成了诚信小组—网格—社区—街道的四级服务平台，构建起人口计生工作横向到边、纵向到底，覆盖全面的管理服务网络，促进人口计生管理与服务工作进一步规范化和精细化。

健全统筹流动人口服务管理工作机制，推进计划生育基本公共服务均等化。健全东城区流动人口专门工作组联席制度，加强统筹解决流动人口问题的工作力度。将流动人口计划生育工作所需经费纳入本级财政预算予以保障，流动人口基本公共服务财政投入优先用于保障流动人口计生基本公共服务体系建设、流动人口基本技术服务项目的免费服务等方面。建立流动人口信息共享机制。依托网格工作，开展流动人口基础信息核查，做到了流管和计生信息同步采集、同步录入、同步变更。依托综治、公安、民政、卫生等部门的信息管理平台，建立信息通报制度。推进流动人口计划生育公共服务均等化。成立流动人口计划生育公共服务均等化领导小组，印发《东城区流动人口计划生育基本公共服务均等化调研方案》，建立健全流动人口计划生育基本公共服务运行机制。全区全面实施“三个免费”，按国家规定免费参加生殖健康知识普及活动；免费获得避孕药具；免费计划生育技术服务。

【区人口计生委慰问离退休老干部】 2012年1月6日新春佳节即将到来之际，东城区人口计生委领导前往离休老干部家中看望慰问，向他们致以节日的问候和祝福。区人口计生委主任鲍亚范一行来到离休老干部程岫华家中，向她拜年。程岫华老人现已87岁高龄，1939年抗日战争初期即参加革命，是实行计划生育基本国策后的第一批计划生育干部，曾任原崇文区计生办主任，为在艰难中起程的计划生育事业做出了贡献。鲍亚范主任详细询问了程老的身体状况、生活情况，并表示，离退休老干部为计划生育事业做出了突出贡献，奉献了毕生精力，是党和国家的宝贵财富。我们一定要照顾好老干部们的生活，及时解决老干部们生活中遇到的困难和问题，让老干部们安度晚年。

【市人口计生委主任刘志亲切慰问东城区人口计生系统特困工作者】1月20日下午，市人口和计划生育委员会主任刘志一行亲切慰问了多年来战斗在本区人口计生工作一线、近期身患重大疾病的特困工作者代表，感谢她们克服困难、为人口计生工作做出的贡献，并为她们颁发了慰问金。刘志主任关切地询问了基层计生工作的实际情况和面临问题，肯定了东城区计划生育网格化工作、“0～3岁早期教育宝贝计划工程”、流动人口管理与服务工作等。并表示，人口计生工作要改变传统的工作内容与工作方式，要为更多地体现关爱与关怀，而注入新活力与新内涵。

【区人口计生系统在北京规划馆的多媒体大厅举办“家书系情思”表彰，并启动“走中轴路 传计生情”主题活动】活动作为对一直以来热心支持和积极参与人口和计划生育工作的来京工作者的鼓励，以及对两节期间留京不能返乡的来京工作者的慰问。参加活动的有北京市人口计生委流管处副处长李乐华、区人口计生委主任鲍亚范、区人口计生委党组书记王建华、区流管办副主任刘宝军及全区17个街道流动人口代表100多人出席了活动。区人口计生委主任鲍亚范致辞、区人口计生委党组书记王建华通报家书表彰人员、市人口计生委流管处副处长李乐华做了讲话，仪式之后观看了多媒体电影《未来北京》，参观了北京规划馆、永外街道政务大厅、东城区生育文化园及国家大剧院。“走中轴路传计生情”主题宣传活动旨在沟通感情，宣传人口和计划生育政策在东城区域文化和人文服务中的和谐融入。活动以参观北京规划馆，感受在老北京、现代北京和未来北京中穿梭的超时空旅行；以参观永外街道政务大厅，感受街道“一站式服务”的政务便捷办理方式；以参观东城区生育文化园，感受独具东城区域特色的人口文化；以参观国家大剧院，感受后现代的风格与中国传统文化和谐共荣的恢宏。自2008年起，东城区开展流动人口计划生育“关怀关爱”专项行动，每年一个主题。相继开展了“传递一份真情 同享一片蓝天”为主题的优秀流动人口创业事迹宣传；以“我眼中的第二故乡”为主题的摄影比赛；以“大千世界‘读’领风骚”为主题的征文演讲比赛等系列活动，营造了关怀关爱流动人口计划生育的政策环境，培育流动人口关心、支持计划生育的和谐氛围，进一步引导大家树立科学、文明、进步的人生观、婚恋观、生育观，丰富生育文化知识，提高健康意识和水平。

【确定全区2012年人口计生工作思路】 2012年2月9日，东城区人口计生委主任鲍亚范主持召开全委会。会上，全委干部进行了2011年度个人述职、述德、述廉汇报。鲍主任表示，个人工作总结有利于领导班子全面了解和掌握科室工作情况与动态，有利于每位干部相互学习与沟通，是全年人口计生业务工作交流和共享的平台。鲍主任强调，2012年区人口计生委加强干部队伍作风建设，突出抓班子、带队伍、树精神、正风气。班子成员要着眼大局，开拓创新，在思想、作风、事业上做群众的带头人；中层干部要保证政令畅通，尽职尽责，公道正直；全体干部要强化岗位意识、责任意识、纪律意识，服从指挥，言行一致。进一步推进干部职业化建设，提升管理与服务水平。最终打造一支满足新时期工作要求的人口计生队伍，从而进一步提高工作水平、提高服务效能、提高群众的满意度、参与率和知晓率。并确定了2012年东城区人口与计划生育工作思路：以胡锦涛同志“四个加强”的总体要求为引领，紧紧围绕“稳定低生育水平、统筹解决人口问题、促进人的全面发展”这一中心任务，科学把握“大人口”与“小人口”两条工作主线，积极深化体制机制机构综合改革，有效关注和改善民生，充分发挥“统筹、协调、整合、汇集”的职能作用，努力解决区域人口面临的热点难点问题，为全面推动东城区社会服务管理创新工作和构建“首都文化中心区、世界城市窗口区”建设创造良好的人口环境。

【新东城首届人口发展论坛圆满召开】 2月16日，“新东城首届人口发展论坛——历史文化名城保护与中心城区人口疏解”隆重举行。北京市人口计生委党组副书记、副主任徐捷，东城区人民政府副区长颜华莅临论坛现场，中国人民大学社会与人口学院院长主持会议，北京大学城市与环境学院城市与区域规划系主任吕斌教授到会点评，市人口计生委综合处处长朱秀娟和规划处处长张金霞，各区县人口计生委主任和东城区相关职能部门及街道办事处领导出席了会议。新东城首届人口发展论坛的召开，是加强“大人口”的宏观倡导的重要举措，将人口发展与城市可持续发展作为一个综合课题，上升到理论层面进行研讨，为全区相关部门搭建了理论与实际有机结合的人口问题研究平台，使人口问题研究工作更加贴近领导层和决策层，为东城区人口工作提供科学依据，为实现“两新四化”发展战略和经济社会各项事业健康发展奠定人口理论基础，具有重要的现实意义和历史影响。此次论坛是宏观与微观相结合，扎实与创新相结合，思想闪光、精彩纷呈的论坛。

【颜华副区长到人口计生委调研指导工作】 3月31日，东城区人民政府副区长颜华同志莅临人口计生委调研指导，听取了人口计生委主要领导及班子成员的工作汇报。在听取汇报后，颜华副区长充分肯定了人口计生工作取得的显著成绩，并指出：一是人口计生委领导班子团结、务实、向上，带出了一支朝气蓬勃的干部队伍。二是“区、街、居”三级人口计生系统各项基础工作扎实牢固。三是创新意识和能力都很强，各项工作有声、有色、有成效，特别是区域人口问题研究、0～3岁婴幼儿早期教育等重点工作走在了全市前列。2012年的工作思路有思想、有创意，希望全体人口计生工作者继续以一流的工作标准，争创一流的工作业绩，特别要加强区域人口文化建设，重点探索人口精细化管理和均等化服务工作新机制，为东城区构建“首都文化中心区、世界城市窗口区”构建良好的人口环境。

【东城区委常委会专题研究人口和计划生育工作议题】2012年5月2日，东城区委常委会研究人口和计划生育工作议题。区人口计生委主任鲍亚范汇报了2011年人口和计划生育工作及2012年工作思路。牛青山区长听取汇报后指出，构建“大人口”工作格局，统筹解决人口问题是东城区特色，对长远发展非常重要，早抓效果会好。东城区要继续坚持“大人口”格局，以产业结构调整升级、以改善民生为目的的危改拆迁工作促进人口疏解。杨柳荫书记强调：第一，人口问题是大问题，对东城区科学可持续发展至关重要。要想方设法、攻坚克难，确保《北京市东城区总体发展规划（2011年－2030年）》的落实。大力推进老旧小区改造和对接安置房建设工作，积极争取市政府支持，推动中心城区人口疏解。第二，加强“网格化”人口管理，做好重点人员、流动人口、实有人口服务管理工作。第三，积极参与全市人口和计划生育工作，确保各项指标和任务的落实。

【深化“阳光计生”行动，推进“诚信计生”】6月初，全区各级人口计生部门全面启动诚信计生工作。东城区人口计生委印发了《北京市东城区人口和计划委员会关于印发〈关于全面推进诚信计生工作实施方案〉的通知》，要求全区各级人口计生部门把诚信计生工作作为新时期完善群众自治机制、创新基层计生服务管理方式、加强基层人口计生工作的重要措施。提高认识、加强领导；认真组织，务求实效；广泛宣传，营造氛围；明确分工，落实责任；依靠协会，协调推进；加强指导，督促检查。在实际工作中做到四个结合：即诚信计生与开展群众自治工作相结合；诚信计生与计划生育优质服务相结合；诚信计生与动态管理相结合；诚信计生与“阳光计生”相结合。

【召开社区卫生计划生育“生命蓝岛”工作培训会】2012年7月13日上午，东城区人口计生委召开社区卫生计划生育“生命蓝岛”工作培训会。“生命蓝岛”是东城区在贯彻落实国家和市相关文件精神下，计卫联手，按照“六统一”原则，即统一名称、统一形象、统一宣传、统一服务标准、统一物品配送、统一考核标准，建立的社区计划生育技术服务阵地。主要提供以提供免费的群体健康教育，个性化的避孕节育、优生优育、生殖保健等方面的咨询指导，免费避孕药具的发放以及紧急避孕药具的发放和指导等服务。网点分布在各社区卫生服务中心和社区卫生服务站。

【市人口计生委副主任耿玉田到东城区视察社区计划生育技术服务工作】2012年7月19日，北京市人口计生委副主任耿玉田一行到东城区视察社区计划生育技术服务工作，先后参观了区统一打造的体育馆社区卫生服务中心的“生命蓝岛”及准备开展的北京市紧急避孕药免费发放的试点项目和东城区在崇文妇幼保健院开展的人工流产术后关爱服务试点项目工作。东城区在贯彻落实国家和市相关文件精神下，计卫联手，按照“六统一”原则，建立了社区计划生育技术服务阵地——“生命蓝岛”，网点分布在各社区卫生服务中心和社区卫生服务站。为育龄家庭提供妇科诊疗、计划生育免费药具发放和咨询、优生优育指导和生殖保健健康教育等公共服务。耿玉田副主任对于东城区计卫联手工作，充分依托辖区丰富的卫生资源，在社区卫生服务机构打造“生命蓝岛”，共同为育龄群众提供计划生育技术服务的理念和做法进行了充分的肯定。同时，提出依托东城区“生命蓝岛”服务网络，开展北京市紧急避孕药免费发放试点工作，为有需求的人群提供服务，使育龄妇女能够做到安全避孕，为人口和家庭的健康提供优质、便捷、高效的服务。

【举办“幸福家庭·和谐人口”主题文艺汇演】7月10日，东城区人口计生委举办“幸福家庭·和谐人口”主题文艺汇演，迎接第23个“7·11”世界人口日的到来。歌舞、相声、小品等10余个精彩节目，以赏心悦目的艺术形式诠释“家庭幸福·和谐人口”的价值理念，传播“科学、文明、进步”的婚育观念和家庭伦理。北京市人口计生委副主任彭彧华等领导同志与东城区人口计生系统干部、各界群众代表500余人一同观看了演出。

【流动人口计划生育基本公共服务均等化座谈会举办】2012年7月19日，东城区人口计生委主任鲍亚范主持召开了“东城区2012年流动人口计划生育基本公共服务均等化座谈会”，综治办、公安局、教委、卫生局、人保局、房管局、工商局、财政局、司法局等9个职能部门的主管领导参加了座谈。通过座谈，各部门在创新流动人口服务管理体制、推进流动人口计划生育基本公共服务均等化方面取得了一致意见。

【区人口计生委全员户籍人口信息系统培训圆满结束】为确保社区换届后，新的社区主任能快速了解和掌握户籍人口计划生育相关业务工作，东城区人口计生委于2012年7月23～27日进行了为期一周的“北京市全员户籍人口信息系统”培训，全区17个街道182个社区的计生工作人员全部参加了培训。此次培训采取分街道培训的方式，分为讲解、案例练习、问题答疑三个步骤进行，使社区计生干部在录入中遇到问题及时得到解决。同时保证每人一台计算机，以保证培训质量，确保在今后实际工作中，全区人口信息录入的准确性、及时性。培训结束后，街道、社区计生干部基本掌握了系统操作，培训效果显著。

【市人口计生委副巡视员高小俊到东城区调研指导工作】8月2日，市人口计生委副巡视员高小俊、机关党委书记邹建荣到东城区调研人口与计划生育维稳工作，听取了人口计生委主要领导及班子成员的情况介绍和工作汇报。在听取汇报后，高小俊副巡视员对东城区的人口计生工作给予了高度的评价，并指出：在东城区区委、区政府的高度重视下，东城区的人口计生工作在全市取得了显著的成绩；区人口计生委领导班子团结、务实、向上，带出了一支朝气蓬勃的干部队伍。对下一阶段的工作提出了以下要求：一是全系统认真贯彻落实全国人口和计划生育半年工作会议精神，认真学习领会国家人口计生委主任王侠同志讲话精神。按照国家、市工作要求，做好人口信息化建设工作、进一步完善法制法规体系、谋划促进人口计生事业发展的大项目、大投入。二是全系统干部学习、宣传和贯彻党的十八大精神，做好各项安全稳定工作，为党的十八大营造安全稳定的社会环境。三是加大计划生育政策的宣传力度，加强各级人口计生部门的沟通。四是在全系统开展“向姚明河同志学习”活动，发现身边典型、学习身边典型，树立人口计生工作者的新形象。

【北京东城和浙江台州加强流动人口计划生育服务管理双向协作】2012年9月3日，北京东城和浙江台州流动人口计划生育服务管理双向协作座谈会在东城举行，东城区人口计生委主任鲍亚范、副主任安虹接见了浙江省台州市人口计生委主任章维青等一行六人。双方互相介绍了流动人口计划生育服务管理的基本情况，就双向管理信息沟通、属地计划生育政策、流动人口孕检工作、流动人口协会建设等流动人口服务管理方面进行了座谈。双方将加强双向联系，进一步完善流动人口计划生育“两地互动、群众受惠”区域协作机制，认真做好对流动人口计划生育的协作管理工作，把流动人口信息采集和重点人群服务管理结合起来，建立和完善协作制度，并签订了双向协作协议书。

【市人口计生委党组成员、纪检组组长刘晓军到东城区检查评估“阳光计生”行动暨全员人口信息管理系统效能监察工作】9月17日，市人口计生委党组成员、纪检组组长刘晓军一行6人到东城区体育馆路街道检查评估“阳光计生行动”暨全员人口信息管理系统效能监察工作，体育馆路街道工委书记毕博闻、区人口计生委副主任冯巧云、体育馆路街道办事处副主任郝键、驻市人口计生委纪检组监察处副处级纪检监察员邱建明、行风监督员李雷鸣等13人参加，评估会由区人口计生委主任鲍亚范主持。

【英国救助儿童会与北京市计生协视察东城区 0～3 岁早教工作】9 月 6 日上午，北京市计生协秘书长严进携英国救助儿童会中国项目经理高翰远一行六人参观东城区“0～3 岁市级早教示范基地”，考察 0～3 岁婴幼儿早期教育工作。英国儿童救助会中国项目经理高翰对东城 0～3 岁早期发展促进项目取得的成绩赞叹不已，称项目的系统性、全面性处于领先水平，早教阵地打造深入社区，普及率高、效果好。他表示将于近期继续带领该机构驻华各项目中心点的人员来本区参观学习，并希望中英双方加强 0～3 岁儿童早期发展领域的合作。严进秘书长表示：东城区的 0～3 岁早期教育工作走在了全市的前列；在肯定东城 0～3 岁早教成绩的同时，提出下一步与东城区一起共同谋划，推动项目可持续发展；并希望中英双方在 0～3 岁早教领域的国际交流上能有进一步的拓展和深入的合作。

【全面推广身份证式计划生育药具发放机】为进一步拓展免费计生药具的服务范围，让更多的群众享受便捷、高效的免费计生药具服务，东城区积极协调，在辖区人流量比较大的 17 个街道政务大厅、医院、社区卫生服务中心及部分较大的社区卫生服务站、药店、职介、市场等 55 家公共单位安装了刷身份证式计划生育药具免费发放机。该发放机设计新颖、功能齐全、操作简单、保密性强，融宣传、免费发放、信息采集、知情选择于一体，市民只需拿出第二代身份证刷一下，就能领取适合自身需要的免费计生药具。同时，该发放机还有一个单独的触摸式显示屏，能够显示优生优育、避孕节育、生殖健康与保健、技术服务与指导等计生相关知识，很好地指导群众掌握有关避孕节育和生殖健康与保健知识，基本满足了实行计划生育的育龄群众避孕节育需求。该发放机的安放，为辖区常住和流动人口能够便捷地自主选择和免费领取避孕药具提供了平台，极大地方便和满足了他们对避孕节育的需求，尤其是对流动人口、外来务工群体提供更贴心、更周到的服务，为他们的生殖健康、避孕节育提供了有效的保障。同时也为东城区实现数字化药具发放提供了平台与数据支持。

【区药具发放服务与药具管理信息网络平台升级工作完成】随着避孕药具优质服务知情选择工作的深入开展，国家及北京市计划生育药具管理站均对避孕药具的科学、现代化管理提出了更高的要求。东城区从 2007 年开始，按照“科学化、规范化”的工作要求，开发引入了“避孕药具信息管理系统”。2012 年，东城区计划生育药具管理与发放服务平台升级工作完成，并在全区安装调试完成，前期药具工作人员系统培训已完成，系统将于 6 月初开始正式使用。

【社区流动人口计划生育业务培训圆满结束】社区换届后，一批新社区主任走上计生工作岗位，为保证新的计生主任快速了解社区流动人口计划生育业务，保质开展工作，2012 年 7 月 2～6 日，东城区人口计生委在区党校举办了“东城区社区流动人口计划生育业务培训”。全区 182 个社区居委会和服务站负责计生工作人员，共 364 人参加了培训。

【温州市人口计生委考察东城区人口计生社会管理创新工作】2012 年 11 月 16 日，温州市人口计生委主任朱云华一行 7 人到东城区建国门街道考察人口计生社会管理创新、城市社区人口计生服务管理等工作，北京市人口计生委办公室主任胥德琪陪同。

【区 2012 年度人口和计划生育领导小组会议召开】市人口计生委主任刘志，区领导牛青山、颜华参加。颜华同志解读《“十二五”时期东城区统筹解决人口问题的工作意见》，成员单位代表做经验交流，牛青山、颜华同志与成员单位签订责任书，刘志同志对全区对人口工作给予肯定。牛青山同志要求：①要以新的视野认识人口和计划生育工作。要克服重物轻人的落后观念，将人口问题作为经济、社会、文化、生态及政治文明建设的核心问题，确立以人为本为核心的执政理念，开创人口和计划生育工作的新局面。②要以系统的思维研究部署人口和计划生育综合治理工作。全区人口计生工作的现阶段基本任务为“一减五优”，即减少数量、优质生育、优良素质、优化结构、优质服务和优秀工作；要在加强人口疏解和城市功能转移方面重点做好历史文化名城保护、产业结构调整升级及禁止违法建设等工作；在培养优良素质上，针对不同人群、不同阶段做好教育工作。③区委、区政府统筹协调，各部门要各负其职、协调配合，用求真务实的作风抓好“十二五”规划的落实工作。

【切实推进依法行政工作】2012 年 11 月 29 日，区人口计生委圆满完成了区法制办依法行政检查验收工作。区人口计生委围绕“提高依法行政能力、转变政府职能、健全行政决策机制、履行执法职责、化解社会矛盾、强化社会监督、创新依法行政、完善计生利益导向机制、开展综合执法”九大方面内容系统汇报了推进依法行政、落实行政执法责任制的工作情况。区法制办依据考核内容对区人口计生委的各项考核指标完成情况进行了现场检查和评估。会上，区人口计生委副主任冯巧云就工作做法、思路和建议与区法制办交换了意见，得到了区法制办的高度认可和肯定。

【东城区贯彻落实市人口计生委出台的八项便民措施方便群众办理计划生育事项】12 月 7 日起，东城区贯彻落实北京市贯彻落实《国家人口计生委〈关于方便群众办证的通知〉的实施办法》，方便群众办理计划生育事项。东城区人口计生委举办街道业务工作培训班，对《实施办法》进行详细解释和培训，并要求各街道计生办以最快速度将文件精神传达到街道、社区计生干部。东城区本着以人为本、依法合规、方便群众、简化办事程序的原则，贯彻落实市人口计生委出台的八项便民措施，以群众满意为目标，切实改进工作作风，提高服务水平。《实施办法》施行半个月以来，东城区17个街道各项事务办理工作均有条不紊地进行，截至12月25日，未接到群众投诉举报电话。

【召开2012年度免费孕前健康体检项目总结交流会】 2012年12月26日，东城区人口计生委召开2012年度“免费孕前优生健康体检项目”总结和经验交流会。此项目由2012年6月开始，截止到2012年11月结束，在短短的半年时间共免费为全区510对育龄夫妇进行了孕前筛查体检，超额完成了市里500对体检指标。会上17个街道主管主任对本街道项目完成情况进行总结发言，项目承接医院崇文妇幼保健院也针对本年度此项目的进展情况进行了总结和分析。区人口计生委主任鲍亚范做了大会总结发言，明确提出免费孕前优生健康体检项目是国家为准备怀孕的家庭开展的惠民项目，是公共服务的重要内容。本区作为北京市的试点区县，一定要按照国家和市里的要求，总结经验，改正不足，按照十八大提出的关注民生、关注需求的服务理念，为老百姓提供安全、适宜、优质的计划生育技术服务。同时，2013年为了满足不同区域不同人群的需求，此项目又新增加隆福医院作为体检医院，充分发挥计卫联手优势，为辖区内育龄夫妇提供优质服务。

（王承岩）

西 城 区

【概况】 北京市西城区人口和计划生育委员会是区政府的职能部门，依法负责全区人口和计划生育（简称人口计生）工作。按照“小人口重服务，大人口抓统筹”的思路，加强调查研究，完善工作机制，创新工作思路，在加大统筹、科学管理、深化服务上下功夫，各项工作成绩显著。区统计局第三方调查显示，全区户籍人口和流动人口对西城区人口计划生育工作的满意率为95.17%。在2012年区政府督查考核中，区人口计生委获优秀单位“第一名”。

加强目标管理责任制。年初，制发《北京市西城区2012年人口和计划生育目标管理考核评估方案》（西政办发〔2012〕5号）。全年工作考核评估分为日常工作检查、随机抽查、现场检查与集中汇报相结合。全区签订目标管理责任书1 223份。11月22～23日，区人口和计划生育领导小组办公室牵头，组织区社会办、西城公安分局、区流管办、区卫生局等成员单位，听取街道关于特色工作的总结，对15个街道人口计生工作进行考核评估。根据《北京市人口计生委目标管理考核总结表彰工作的通知》的要求，对照北京市红旗单位、先进集体和个人资格条件、分配名额，结合综合考核评估结果，推荐西长安街、展览路、新街口、德胜、金融街、什刹海6个街道为北京市人口和计划生育工作红旗单位。

加大综合治理。年内，建立了“1+8+N”人口工作调度会机制，制定《西城区人口和计划生育领导小组1+8+N人口调度会制度》，“1”是人口和计划生育领导小组办公室牵头，“8”是由领导小组8个主要成员单位，“N”是按工作需求邀请相关部门研究落实人口相关工作。根据《西城区2012年1+8+N人口工作调度会安排》，围绕全员人口库建设、人口结构研究、人口信息报备制度等，召开3次“1+8+N”的人口调度会，及时协调、督办各项人口工作任务实施情况，及时解决问题。年内，成立了由区人口计生委、西城公安分局、区卫生局、区统计局、西城药监分局、区妇联等部门组成的西城区综合治理出生人口性别比工作领导小组，联合印发文件。8月15日，召开专项工作启动会，加强对综合治理工作的组织领导和“出生人口性别比重点治理年”的工作推进，印发宣传海报3 000份，在社区及医院产科张贴。与公安分局密切配合，继续推进人户分离人口废弃地址户口的清理和死亡人口户口的核销工作，全区共清理废弃地址户口2 234人。

深化人口问题研究。年内，完成国家人口计生委、北京市人口计生委重点调研课题《特大城市人口规模调控研究》子课题——《特大城市中心城区人口疏解的思路与对策》的数据分析及报告撰写工作。此课题获西城区调研报告一等奖。开展西城区人口结构研究，分为工作人口、旅游人口、交通人口3个子课题，通过抽样调查、数据分析等完成3篇课题报告。开展西城区多元家庭政策保障可行性研究，通过问卷调查、深入访谈、数据分析等对辖区特扶家庭的情况进行全面的摸底，并提出操作性政策建议。

加强基层基础工作。年内，经过主任办公会研究决定，批准街道开展28项特色工作，涉及0~3岁儿童早期发展、流动人口服务管理、特扶家庭帮扶、幸福家庭促进、免费孕前优生检查、青春健康教育等多项与人口计生工作密切相关的内容，共拨付经费95万元。投入12.97万元，开展2012年孕情普查工作，通过对全区32.89万育龄妇女的孕育状况调查，落实全年出生计划1.3万人，对全区育龄妇女怀孕、生育、避孕措施情况及育龄妇女人户分离情况进行了摸底。

依法行政。开展行政权力公开透明运行工作，梳理出行政处罚权6项，审批、备案、登记等其他具体行政权力8项，部门内部人员录用、调动、任免、奖惩权、财务支配、物资采购分配等内部管理权3项及行政班子和成员5人33项行政权力，绘制50张权力运行流程图。规范街道各项审批、审核和核准工作，严格执行审批政策。全年批准再生育一个子女 1 073 例。参与西城区街道社区办事“全区通办”、“三级联动”工作，确定 19 件事项在部分街道首批试点，并制作相应的流程图和具体操作规范。12 月 4 日，举办社区计生工作者法制知识竞赛。

开展幸福家庭工作。为落实《西城区“十二五”时期人口发展和计划生育事业规划》，区人口计生委以“六大工程”为载体，推进“1 + 8 + N”家庭生命全周期公共服务体系建设，指导帮助街道打造人口和家庭公共服务平台，提高人口计生管理服务水平。7 月 3 日，西长安街街道举行长安幸福家园启动仪式。长安幸福家园内设多功能厅、儿童活动区、中老年人活动区、便民服务区 4 个功能区。9 月 24 日，大栅栏街道举办人口家庭服务中心揭牌仪式，中心占地面积 240 平方米，具备“生殖健康服务、儿童早期发展促进、特扶家庭关爱养老、幸福工程培训”四大功能。流动人口计划生育服务与管理。制定《调整西城区流动人口已婚育龄夫妻“四术”报销标准及结算方式》、《利用科技手段推进流动人口计划生育信息采集工作方案》、《西城区流动人口计划生育信息采集移动终端使用管理办法》，健全工作机制。投入 125 万元，为 255 个社区和街道优先配备移动终端信息采集器，实现社区信息采集移动终端全应用，采集信息并成功入库 7 335 条。为流动人口育龄妇女提供 1.2 万人次免费的孕情环情监测服务。组织 808 名流动人口夫妇参加健康生育快乐园讲座，为 300 对流动人口夫妇提供免费孕前优生健康检查，为育龄流动人口提供免费的生殖健康体检 500 人次。通过各种活动和渠道，发放避孕药具 39.84 万支。跨省与安徽巢湖市、广西崇左市天等县、福建南安市等地区建立区域合作关系。通过签订协议书的方式，保证流动人口婚姻、生育、孕情、违法生育等信息互通，使违法生育行为得到有效抑制，流动人口合法权益得到有效保障。

信息化建设。年内，首次编制了《西城区人口信息资源规划》，围绕全员人口信息、人口信息动态发布、人口影响评估、信息交换与共享、流动人口服务与管理等主要任务，确定了重点工程，包括人口专题库、信息资源整合与分析系统等。利用已有基础、资源和网络，以扩展、补充的方式建立全员人口信息库，建立数据更新和比对机制，制定《西城区人口专题库管理办法》、《西城区人口信息报备制度》，有 137 万人口的信息入库。建立人口动态监测系统，实现对区域人口趋势预测及主要人口指标预警，实现部门间信息多元共享，链接“区情系统”，为区委、区政府提供决策支撑。初步建立区情电子档案系统数据报备制度，实现数据库的定期更新与数据共享。法制工作信息系统和“西城幸福 e 家”系统正在招标建设。

加强协会组织建设。5 月 24 日，西城区计划生育协会第一次会员代表大会召开，选举产生第一届理事会成员 65 名，监事会成员3名，同时选举产生会长、常务副会长、副会长，聘任了秘书长。区委常委、副区长梁昌新被推选为会长，区人口计生委主任彭秀颖被推选为常务副会长，纪彩秀聘为秘书长。

【人口和计划生育数据】年内，西城区共有户籍人口137.76万人，户籍育龄妇女29.99万人，户籍已婚育龄妇女17.44万人，外埠婚嫁育龄妇女2.98万人；流动人口29.23万人，其中育龄妇女6.56万人，已婚育龄妇女4.76万人。2012年统计年度户籍人口共出生12 481人，完成了市政府下达的2012年户籍人口出生控制在13 000人和户籍人口计划生育政策符合率不低于97%的指标。全区2012年人口出生率9.12‰，人口死亡率3.87‰，自然增长率5.25‰。

【加强计划生育利益导向】申请设立了150万元专项经费，修订《西城区计划生育困难家庭救助专项经费管理使用办法（试行)》及《细则》，完善救助机制。为体现对死亡特扶人员的关怀，为具有本市户籍、65周岁以上的死亡特扶对象办理移动“小帮手”电子服务器，为有需求的60～64岁的死亡特扶对象新办、续办公园年票。4月12日，区计生协与中国人寿保险股份有限公司北京分公司联合举办幸福家庭安康保险工作启动仪式，全区共有526户871人参保。区计生协为他们缴纳了一年保费。发放市计生协“暖心卡”1 131张，为776名志愿者与特扶家庭牵线“亲情牵手”结对。

【举办首届家庭人口文化节】6～9月，举办以“幸福家庭·和谐人口”为主题的西城区首届家庭人口文化节。组织西城家庭才艺大赛，评选出22户获奖家庭；举办“西城幸福宝宝秀”活动，416名家庭提交了1 200多张宝宝照片，通过2.78万张网络投票，评选出西城十佳幸福宝宝家庭；制作《孕前优生》、《儿童早期发展》等5部系列动漫短片，“7·11”、“9·25”等纪念活动中，在1.2万条公交线路近400辆公交车上每天滚动播出15遍，连续14天，宣传创建幸福家庭“六大工程”；举办西城区百户幸福家庭表彰暨人口文化节闭幕式，为救助家庭代表发祝福金。

【开展青春健康教育】与区教委联合举办青春健康教师说课比赛，有18位教师参与活动，教师在说课结束后还与专家进行了交流。举办第十三届西城区青春健康家长大讲堂活动，全年共组织16场讲座，近1.3万名中小学生家长到场听课。

【儿童早期发展促进工作】以西城区人口和计划生育领导小组名义，制发《西城区“儿童早期发展促进行动——幸福宝贝计划”实施方案》，明确全区儿童早期发展促进工作思路和任务。建立西长安街、什刹海、大栅栏、新街口街道4个儿童早期发展基地。制作儿童早教大礼包1万个，内含《0～3岁科学育儿》图书、《0～5岁儿童成长测评图》、《生命头三年》早教光盘，投入经费达34万元。成立西城区儿童早教讲师团，聘请5位专业的早教师资，制定早教课程表，利用周末时间，深入社区、单位开展儿童早期发展讲座。与科委联合开展儿童早期发展可持续项目研究，探索社区儿童早期发展工作模式，举办“新手父母”培训班，500余名家长参加；全年共组织开展儿童早期教育讲座156场，6 347人参与；各街道组织亲子互动活动61期，有2 414个家庭参与活动；家长（或看护人）儿童早期教育普及率达到80%以上。

【积极落实免费孕前优生健康检查项目】年内，西城区作为国家免费孕前优生健康检查项目北京市项目试点区，与区卫生局联合制定《西城区免费孕前优生健康检查项目实施方案》，举办“助您好孕——从孕前优生检查开始”免费孕前优生检查项目启动仪式，投入49万元，为749对有计划怀孕的困难家庭准孕夫妇提供了免费孕前优生健康检查，并进行了随访服务。结合“社区家庭健康生命全程服务工程”，为新婚夫妇发放“健康生育服务包”9 646个，发放再版《孕前保健指南——孕育健康宝宝》宣传册1万本，组织“健康生育快乐园”讲座161期，有生育意愿的年轻夫妇6 407人受益。

【促进社区家庭生殖健康干预工程】继续探索计划生育困难家庭基本生殖健康服务模式，深化计划生育优质服务工作。与区卫生局联手，分别依托北京市健宫医院、西城妇幼保健院，为2 016名男性、2 050名女性开展了生殖健康普查活动，取得良好的效果，受到群众的欢迎。并对重点人群启动街道综合救助机制进行干预治疗及追访，充分体现了计划生育公共服务的公益性和均等化。

【加大避孕药具工作力度】3月，根据《国家人口计生委药具管理中心关于对国家免费提供宫内节育器使用和管理情况进行调查的通知》（国计生药字〔2012〕16号）以及“国家免费提供宫内节育器使用管理情况调查方案”，对辖区医院、街道卫生服务中心等免费使用IUD的单位开展问卷调查。组织全区单位计生干部和街道计生办药管员参观免费药具生产线。5月，为街道社区、辖区单位安装计生药具智能发放机共计30台，凭第二代身份证可自取，使得药具发放工作变被动为主动。年内，全区共发放避孕套3 620箱，外用药1.06万支、本和口服药4 883板。

【关怀计划生育困难家庭】两节期间，计生协继续深入开展“生育关怀”活动，对全区计生困难家庭进行走访慰问，把独生子女死亡、伤残家庭，开展“亲情牵手”活动作为重点，给她们送去物质帮助与心理慰藉。共投入17.28万元，为216户计生特困、特扶、基层计生干部及流动人口家庭送去新春的关怀。“9·25”期间，继续对全区的计生困难家庭进行救助。此次救助活动有487户居民受益，其中计生专干9户、特困计生家庭409户、流动人口5户，紧急救助6户，累计发放救助款58万元。11月8日，区计生协组织“关爱健康 幸福共享”主题摄影采风活动，15个街道30人参加。

【考察接待工作】8月16日，市人口计生委主任刘志来区调研人口计生工作，认为西城区人口计生工作在“新希望家园”建设、人口信息化建设及目标管理考核指标体系等方面在全市起到引领作用。10月18日，代表北京市人口计生委接待国家人口计生委主任王侠考察西城区幸福家庭创建工作，对西长安街街道长安幸福家园基地建设、流动人口服务与管理、0～3岁儿童早期发展、计划生育特殊困难家庭帮扶等工作给予充分肯定，并为长安幸福家园亲笔题字。副市长丁向阳、市人口计生委主任刘志、区长王少峰、副区长梁昌陪同调研。12月6日，区人口计生委接受了区纪委关于党风廉政建设责任制的检查。区委王宁书记、区纪委书记王力军听取了区人口计生委党风廉政建设工作汇报，对区人口计生委开展“阳光计生行动”，加强监督体系建设给予充分肯定。年内，接待国家人口计生委党校、中国计生协、农工党中央等单位，重庆、山西、兰州、北京丰台等27批300多人次考察“新希望家园”工作。5月，代表市人口计生委接待联合国人口基金代表、国际移民组织及德国联邦经济合作与发展部一行20余人来区考察流动人口均等化服务与老龄服务工作。英、法、德等国人口与家庭、卫生、社会保障领域的政府部门专家考察团一行10余人到幸福泉幼儿园、区银龄老年中心，就0～3岁儿童早期发展，政府在公共服务中发挥的作用等问题进行交流。

【加大“阳光计生行动”规范化建设力度】制定《西城区人口计生系统“阳光计生行动”实施方案》和《规范》、《示范单位标准》、《检查评估办法》，以“阳光管理”、“阳光服务”、“阳光维权”，推进本系统政风行风建设。在全区人口计生系统开展评选市级“阳光计生行动”示范单位、工作标兵活动，经过层层推荐、实地检查评估，区人口计生委、展览路街道、新街口街道、白纸坊街道、西长安街街道、陶然亭街道被评为北京市“阳光计生行动”示范单位；王建新、樊月宏、师志彬、马越、武春红、夏文革被评为北京市“阳光计生行动”工作标兵，示范单位和工作标兵的事迹材料被收录《普撒阳光的人们》一书。在北京市“阳光计生行动”规范化建设检查中，西城区获99分。在全区党风廉政责任制专项检查中，区人口计生委工作获得好评，并代表区政府部门接受北京市政府绩效考核检查。

【学习型机关建设成效明显】年初，制定《深化学习型机关建设实施方案》，与中国传媒大学合作，开展学习型机关课题研究，通过全委干部参与、专家的梳理提炼，形成了“1个愿景7个理念”的人口计生事业文化体系。启动“青年干部导师计划”，通过参与课题研究与专家拜师结对，举办“西城人口讲坛”6次，邀请专家、学者讲授学习型组织理论和人口计生工作新理念、新思路，机关干部交流学习考察体会，开展机关干部“荐书荐言”征集交流活动，组织机关干部分批培训基层计生干部 3 000 余人次。区人口计生委“创建学习型党组织 11344 工作法”被评为区级项目，并收编到有关刊物中；区人口计生委党支部被评为创建学习型党组织示范点。

【开展科级干部竞争上岗】年内，根据《中华人民共和国公务员法》、《党政领导干部选拔任用工作条例》、《党政机关竞争上岗工作暂行规定》、《北京市西城区科级干部选拔任用工作办法（试行）》等有关法律、法规、规定，制定科级干部选拔任用工作方案，采取竞争上岗的方式，经过笔试、面试、民主测评和组织考察，最终由党组会议决定任用名单的程序任用科级领导干部。通过 4 轮公开选拔，新任用正科级领导干部 2 人、副科级领导干部 3 人，主任科员 2 人、副主任科员 1 人。

（蔡　辉）

朝阳区

【综述】2012 年，是实施“十二五”规划承上启下的重要一年，也是新一届区委、区政府的届首之年。朝阳区人口计生委坚持以科学发展观为指导，按照北京市全面做好人口工作的“一二三四”总体要求，加大统筹协调力度，加快体制机制创新，在深化服务、促进转型、提升能力上下功夫，切实维护社会和谐稳定，为迎接党的十八大胜利召开，推进本区科学发展、民生幸福，营造良好的人口环境。区人口计生委被人力资源和社会保障部、国家人口和计划生育委员会授予“全国人口和计划生育系统先进集体”荣誉称号。

基础建设。区委、区政府高度重视人口和计划生育工作，2 月 27 日和 3 月 19 日，分别召开区人口和计划生育领导小组会、人口和计划生育工作会，重点强调了人口计生委在全区人口工作中的统筹协调作用，程连元书记要求全区各单位要进一步增强做好人口工作的责任感，促进人口长期均衡发展，保障各项人口工作任务全面完成。区政府将“加强实有人口库建设，把人口总量控制、结构调整与服务管理有机结合，引导人口有序流动”纳入折子工程，强化督促落实。年内，程连元书记、吴桂英区长先后就加大人口规模调控力度、加快推进区域人口有序管理提出具体要求，吴桂英区长、张立新副区长多次主持召开部门专题调度会，对推进人口调控工作进行详细部署。在各相关部门的积极配合下，牵头制定了加强人口服务管理工作的一系列相关文件，区长办公会、区委常委会分别听取了相关汇报，并进行了认真审议。区委、区政府的高度重视、加强领导，为推动全面做好人口工作、促进人口有序管理提供了坚实的组织保障。10 月 18 日，在市、区领导的陪同下，国家人口计生委主任王侠深入到建外街道 SOHO 商务楼宇服务站调研本区人口计生工作。王侠主任充分肯定朝阳区赋予人口计生委在人口领域统筹协调的综合职能，全面推进人口工作的做法，认为朝阳区人口工作具有区委区政府主要领导人口意识强、人口规划意识强、人口工作信息化建设水平高三个明显特点。将诚信计生工作与深化阳光计生相结合，与推进依法行政相结合，与提高优质服务相结合，制定下发了阳光计生行动规范实施办法，制定完善《行政执法检查监督制度》等 15 项工作制度，规范、公开工作流程，全面梳理本委廉政风险点，与干部签订廉政风险书，强化风险防范意识，进一步改善政风行风，提高群众满意度。

法制建设。在已有的 9 项制度的基础上，结合实际，先后制定并完善了《朝阳区人口计生委行政执法过错追究制度》、《朝阳区人口计生委行政执法检查监督制度》和《朝阳区人口计生委信访突发问题工作预案》等 15 项工作制度。按照国家和北京市的要求，建立重大事项及时上报制度；坚持处级领导专门负责信访接待制度，全委各科室、全系统通力配合，认真做好来信、来电、来访的接待和回复工作，切实畅通群众诉求渠道；建立历史遗留问题排查机制，在全区开展拉网式排查，对摸查出的 61 例问题隐患进行梳理分类，及时制定工作预案，落实责任部门和人员；建立疑难个案协商解决机制，利用联席会议平台，先后与区公安分局、信访办等部门召开 12 次协调会，深入街乡现场办公，妥善解决疑难个案。坚持区域协作机制，积极协助外省市妥善处理流动人口信访、计划外生育行政执法等工作。系统内无集体访及重大越级访事件、无行政败诉案件。年内，共办理《北京市生育服务证》2.18 万个，《独生子女父母光荣证》9 231 个。积极维护计划生育家庭利益，增加“半边户”农村部分计生家庭奖扶项目，严格依法办理各项奖励扶助，及时、准确发放各项奖励扶助金 1 957 万元，惠及群众 6 万余人。全年本委行政诉讼 1 件，应诉行政复议 6 件，无败诉案件。

流动人口管理与服务。深入贯彻落实国家和北京市方便群众办证文件精神，制发了《流动人口在京办理一孩生育服务登记》和《流动人口在京办理生育服务联系单》事项的告知书，明确服务内容，压缩办事时限。加大法规政策宣传，印制了《朝阳区流动人口计生指南》政策篇和服务篇宣传折页 24 万份，切实维护流动人口合法权益。为方便群众就近接受服务，新增了安贞社区卫生服务中心、北京武警医院两个流动人口孕检点，启动“孕检单机版信息联网工程”，在全市率先实现孕检系统联网。组织开展了全国流动人口动态监测工作，完成国家人口计生委对“在华滞留毗邻国家妇女专项排查工作”。认真落实《综合治理出生人口性别比工作实施方案》，积极协调卫生、公安等部门依法打击“两非”行为，确保人口性别结构平衡发展。全年持续开展流动已婚育龄妇女免费生殖健康体检工作，为5 002名流动已婚育龄妇女提供了生殖健康体检、跟踪服务。

生殖健康促进工作。全面开展免费孕前优生筛查项目。多部门联合出台《朝阳区关于开展免费孕前优生健康检查项目的实施方案（试行）》，在国家标准的基础上进一步提标扩面，按照每对夫妇900元的标准，为1 034对农村、城市无业居民及流动人口待孕夫妇，免费提供优生健康体检、风险评估等19项孕前优生健康检查服务；深化创新自有品牌项目——“生育后期关爱行动”。进一步规范服务流程，严格参检人员筛选，加强术后跟踪回访、指导，完成退出育龄期妇女体检1 860人次，更年期取环手术300例。

调研工作。开展重点专项课题研究，主动启动功能区建设与人口发展课题研究，并被纳入定福庄文化创意产业功能区“四规合一”试点工作；积极配合区委组织部，开展从人口学角度看朝阳区人才工作专项课题研究；开展在京流动人口生存状况与未来预期抽样调查，完成问卷2 600份，形成了专题报告，为各级政府加强流动人口服务管理提供依据。启动朝阳区人口发展监测实验基地建设，制定了监测点建设方案，深入大屯里、武圣农光社区等监测点进行实地走访调研，为加强和创新本区基层人口工作奠定基础。完成了《2011年朝阳区流动人口专题分析报告》、《2011年朝阳区人口出生情况分析》、《朝阳区流动人口发展情况分析报告》三项专题分析报告。积极与区财政局等部门对接、研究《朝阳区人口有序管理奖惩办法》。完成人口发展考核评价指标体系课题研究，并作为《特大城市人口调控——以北京为例》重要子课题上报市人口计生委。加快研究成果转化，建立人口发展考核评价指标体系，形成了《朝阳区人口发展综合评价考核实施办法（初稿)》。

信息化建设。加强与人民大学的协作，推动理论研究成果与实有人口库建设对接，推进区级实有人口库转型的理论设计。做好流管、民政、市经信委等部门人口数据与区级实有人口库的比对、更新，初步实现公共服务资源在人口电子地图的匹配；依托监测点实地走访，积极探索基层人口信息采集新机制，开展区级实有人口库社区平台建设调研。配合新婚夫妇免费孕前优生健康检查工作，增开婚姻登记时间查询功能。推进全员人口管理信息系统规范运行，加强对全员人口信息系统的督促、检查，制定并下发《全员人口管理信息系统运行管理规范》。对街乡系统录入、变更等情况进行综合分析和情况通报，提高网上提交服务管理信息的有效率。与公安朝阳分局召开人口会商会，就全员人口信息系统户籍数据比对问题达成共识，促进数据质量的提高。

宣传教育。紧紧围绕“幸福家庭、和谐人口”的主题，抓好典型引导，会同文明办、教委、工商联、残联等部门开展市、区两级“百家幸福家庭”评选活动；结合“7·11”世界人口日宣传，在朝阳报开设专版，开展迎接党的十八大胜利召开有奖答题活动；与区摄影协会合作，举行了“践行北京精神，创建幸福家庭，构建和谐人口”纪念中国计生协成立32周年暨第二届“五月朝阳”摄影展；在各街乡统筹推进“关爱女孩行动”、青少年青春期健康教育；与团区委、三间房乡、视友网联合举办朝阳区“幸福家庭、和谐人口”首届动漫大赛；以联合区文化委开展的人口文化演出和文艺作品征集活动为基础，隆重举办了纪念“9·25”《公开信》发表32周年暨朝阳区百家幸福家庭表彰大会，充分展示朝阳区广大群众参与人口文化建设的热情和在创建幸福家庭活动中的主人翁精神。坚持优化宣传环境，建成了首都机场街道人口文化园、奥林匹克森林公园“阳光计生苑”、垡头翠城人口文化园等一批人口文化阵地；整合现有文化广场资源，在5个街乡启动了人口文化长廊建设工作；为35个街乡定制安装了人口文化媒体信息发布机（LCD电子屏），并专题制作了“创建幸福家庭、构建和谐人口”动漫片，更加形象生动地宣传新型家庭人口文化。依托“新风锦园”、“阳光计生苑”等固定宣传阵地，长期举办“十二五”人口发展规划展、婚育新风进万家活动展、儿童书画和手工艺作品展；充分利用区、街乡两级人口文化学校和教学基地的宣传教育功能，将人口知识、人口理论、人口形势纳入教学内容，开展各类教育培训。进一步加强项目点管理。召开全区0～3岁儿童早期教育工作推进会，完善政府主导、社会参与、家庭受益的工作模式，新增项目点20个；与奥运村街道联合举办了“朝阳沐春芽”0～3岁健康宝贝大赛。加强早期教育的社会宣传，与阳光童馨早教机构共同编写《朝阳沐春芽》婴幼儿早期家庭教育指导手册，在全区免费发放2万册；在朝阳有线《人口视窗》，增设“杨老师谈早教”栏目，针对儿童家庭教育指导存在的普遍问题进行辅导，为孩子多元智能和健康人格的培养打下良好基础。

药具工作。优化、调整免费发放网点，上报北京市免费药具发放综合服务平台发放网点785个，首批安装二代身份证药具自取机72台，不断完善“一刻钟药具服务便民圈”；投入资金68万元，在全市率先推进计划生育避孕药具库房智能化建设，已完成区、街乡两级43个智能化药具库房改造，使本区药具管理水平实现了质的提升。继续开展“农村长效避孕措施免费体检”，完成体检8 008人。在全区46个单位和机构，开展2009～2011年免费发放宫内节育器专项调查，对发现的问题加以整改，促进免费发放工作进一步规范化。

协会工作。发挥计生协会组织作用，继续开展生育关怀行动，投入资金77万元，慰问计生空巢、困难家庭1 543户。持续开展“生育关怀，慈善献爱”一元捐活动，募集善款39万元，用于帮助计生空巢家庭。全面开展“30元保5万”的计生家庭安康计划保险工作，切实增强计生家庭应对意外伤害能力。区财政免费为全区4 235户计生困难家庭投保，保费12.7万元；1.83万户计生家庭自费参保，保费54.06万元。

【召开2011年全区人口计生工作总结会】 1月5~6日，朝阳区人口计生委召开2011年全区人口计生工作总结会。24个街道办事处、19个地区办事处的计生工作主管领导、计生办主任参加了会议。会上，区人口计生委主任史素珍分别从坚持统筹协调、强化服务管理、建设新型人口文化、深化创先争优等四方面对2011年全区人口计生工作进行了总结，并对2012年工作进行了部署。明确2012年朝阳区人口计生委的三项重点工作：一是以人口有序管理为重点，统筹推进人口发展；二是以创建幸福家庭为重点，全力保障改善民生；三是以提升工作能力为重点，加强系统队伍建设。

【人口和计划生育领导小组会】 2月27日，召开了朝阳区人口和计划生育领导小组会，会议由张立新副区长主持，24家领导小组成员单位主要领导参加了会议。会议讨论了朝阳区2012年人口计生工作会议报告，审议并原则通过了2012年婚育新风进万家活动折子工程、2011年朝阳区人口和计划生育工作目标管理考核评估结果、2012年朝阳区人口和计划生育工作目标管理考核评估方案、2012年街乡及综合治理部门人口和计划生育责任书，以及关于召开2012年全区人口和计划生育工作会的建议。区委常委、组织部部长张革强调要强化全面做好人口工作的意识，强化部门统筹，巩固调控成果，提升人口和计划生育公共服务能力。

【人口计生工作会】 3月19日，召开了2012年人口和计划生育工作会，会议由区委常委、组织部长张革主持，市人口计生委主任刘志，朝阳区区长程连元、副区长张立新，区人口计生领导小组成员、区婚育新风进万家活动领导小组成员，街道、地区办事处主要领导、主管领导、计划生育干部及社会单位代表参加了此次会议。会上，副区长张立新做2012年全区人口计生工作报告，朝阳区人口计生委主任史素珍同志宣读了2011年度人口和计划生育目标管理考核评估结果，区长与街乡及综合治理部门代表签订了2012年人口计生工作责任书。区长程连元从做好人口工作的责任感、促进区域人口长期均衡发展、保障工作任务全面完成三方面发表重要讲话，重点强调了人口计生委在全区人口工作中的统筹协调作用，全区人口计生工作要强化人口综合调控，促进人口有序流动；强化人口服务管理，维护社会和谐稳定；强化基层基础建设，提高工作整体水平；强化管理机制创新意识四项任务，为推进朝阳科学发展、民生幸福，做出应有的贡献。

【启动安康计划保险】 5月7日，朝阳区全面启动了“一张保单保全家”——创建幸福家庭生育关怀安康计划保障项目，通过“三十元保五万”，为全区计生家庭提供贴心服务。安康计划保险是专门为计划生育家庭设计开发的新险种，是计划生育家庭成员发生意外伤害时的一种保障。凡本区符合计划生育政策的家庭，其夫妇及子女年龄在70岁以下及1周岁以上者，均可作为被保险人参加保险。保险费为每年每个家庭30元/份，保险金额为50 000元/份，符合条件居住在本市的流动人口计划生育家庭，也可自愿报名参加投保。

【避孕药具库房智能化管理】7月4日，朝阳区人口计生委以落实区委、区政府“科学发展，民生幸福”为目标，投入资金58万元，率先在全市将物联网技术引入药具基础工作。按照“安全储存、科学养护、保证质量、降低损耗”的工作原则，药具库房智能化以物联网技术为支撑，以计算机信息技术为依托，实现对库房温度、湿度的自动监控、自主调节、超限报警及数据的动态记录。全区41个药具库房实现智能化统一管理，确保药具质量安全，符合国家药具管理要求；科学合理按需配送药具，及时供应、调补，减少浪费；减轻基层药管员的烦琐劳动，提高工作效率；彻底解决以往药具库房打游击、不固定、不独立的被动局面。

【纪念“9·25”《公开信》发表32周年】9月20日，在望京八十中学举办“幸福家庭、和谐人口”为主题的纪念“9·25”《公开信》发表32周年暨朝阳区慰问计划生育干部文艺汇演。朝阳区副区长张立新发表致辞，市人口计生委正局级委员王晓光对全区人口计生干部进行慰问。会上还宣读了“百家幸福家庭”表彰决定，并在《朝阳报》设立《加强人口文化建设，促进家庭和谐幸福》专版，在全区范围内宣扬先进典型，倡导和谐文明的新风尚。

【人口调控工作专题会】11月9日，副区长张立新主持召开了人口调控工作专题调度会。区人口计生委、区发改委、区商务委、区社会办、区农委、区流管办、区民防局、区房管局、区工商分局等9个职能部门主管领导参加了会议。会上，区人口计生委主任史素珍对全区人口调控工作方案及各部门子方案的制定情况进行了专题汇报。与会部门从不同角度对人口调控工作方案及子方案提出了修改意见和建议。张立新副区要求，一是进一步完善人口调控“1+X”方案，落实程连元书记提出的人口调控“三年行动计划”，发挥现有工作基础，进一步强化措施，为北京市特大城市人口调控创造经验；二是提高人口调控方案的可操作性，为全区人口调控工作考核提供量化标准；三是强化投入保障措施，进一步细化政策需求；充分利用好信息化手段，强化信息资源整合；加强部门联动，为街乡落实人口调控任务提供支持。

【农工党中央人口资源委员会调研朝阳区流动人口服务管理工作】11月16日，农工党中央人口资源委员会委员毓星、彭彧华率队调研了朝阳区流动人口服务管理工作。国家人口计生委流管司、北京市人口计生委流管处的负责同志陪同调研。领导们先后听取了北京市、朝阳区针对流动人口的新服务和新方法，对此项工作给予的充分肯定，并对朝阳区以“大人口”为核心推出的新服务和实施的新举措给予了高度评价，希望朝阳区进行深入探索不断深化流动人口计生服务管理工作。

【人口工作会商会】12月6日，和朝阳公安分局召开人口工作会商会。会上，双方分别介绍了朝阳区实有人口体系建设现状，朝阳区实有人口库建设情况，通报了近年来联席会情况，并传达了近期市人口计生委与市公安局会商指导意见。随后，双方就数据比对情况进行会商，明确在数据安全的前提下，保证双方数据准确、一致的要求；通过对疑难个案问题逐一分析讨论，拟定了解决方案，形成了统一意见。

【人口工作专题会】12月12日，区长吴桂英主持召开了人口工作专题会。副区长张立新及区政府办、发改委、教委、社会办、农委等21家相关单位主要领导参加了会议。会上，区人口计生委主任史素珍汇报了近年来朝阳区“大人口”工作开展情况和人口服务管理工作方案编制情况。其他参会部门汇报了子方案相关情况，并从法律保障、政策支撑、部门联动、统一数据口径、量化考核、体制机制创新等不同方面对方案和具体工作措施进行了发言并提出建设性意见和建议。副区长张立新要求各单位一把手亲自审核把关，对方案作进一步梳理和完善；加强部门联动，加大对街乡的政策支持；建立动态监测和考核机制，同时要求各部门列出明年的具体工作计划，充分落实现有工作措施，并注意在工作实施过程中对宣传舆论的正确引导和把握。区长吴桂英强调要通过“1+X”方案研究，深化认识，挖掘做法，创新手段，推动日常工作落实。

【区委常委会研究人口服务管理工作】12月20日，中共朝阳区委第30次常委会听取了人口工作情况汇报。区人口计生委主任史素珍，从贯彻落实十八大精神，创新社会管理、促进人口长期均衡发展的角度，汇报了全区人口发展状况、人口基础工作开展情况以及加强人口服务管理工作的基本思路。区人大主任佟克克、区政协主席辛燕琴及各位常委分别就如何进一步加强人口服务管理，积极寓管理于服务之中，促进区域持续、健康发展提出了意见。区委书记程连元强调要认真落实“十二五”人口发展及服务管理规划目标，以属地统筹为龙头，相关部门密切配合，双问责，完善人口目标管理责任制。会议决定成立区委书记、区长为双组长的领导小组，进一步加强对全区人口服务管理工作的领导。

【计卫联手加强合作】12月21日，召开卫生合作单位领导工作座谈会，9家合作医院领导及区人口计生委相关领导、科室负责人参加了此次会议。与会人员就如何做好全区计划生育技术服务、提高服务质量等方面提出三点建议：一是加强医院与部门的合作力度，建立和完善沟通协作机制，共同做好计划生育技术服务工作；二是严格执行《计划生育技术服务规范》，制定相关的工作制度、急救预案，完善服务流程，降低并发症发生概率；三是提高服务质量，务必严把术前、手术、术后三关，让居民享受到安心服务。

【大力推进各项民生工作的开展】年内，全面开展免费孕前优生健康检查项目，对本辖区农村待孕夫妇、城市无业居民及流动人口待孕夫妇免费提供优生健康教育、健康体检、风险评估、咨询指导、早孕及妊娠结局追踪随访等19项孕前优生健康检查服务。继续深化“生育后期关爱行动”，不断规范服务流程，加强参检人员筛选，确保目标人群切实受益。不断加强术后回访，对体检时发现有疾病的患者，继续观察疾病进展情况，并给予进一步咨询、指导。积极推进流动已婚育龄妇女生殖健康体检工作。新增了安贞社区卫生服务中心、北京武警医院两个流动人口孕检点，不断扩大服务覆盖面。

【大力加强人口文化阵地建设】年内，建成了首都机场街道人口文化园、奥林匹克森林公园“阳光计生苑”、垡头翠城人口文化园等一批人口文化阵地；整合现有文化广场资源，在5个街乡启动了人口文化长廊建设工作；为35个街乡定制安装了人口文化媒体信息发布机（LCD电子屏），并专题制作了“创建幸福家庭、构建和谐人口”动漫片。

（马金玲）

海淀区

【概述】2012年，海淀区人口计生工作围绕“统筹解决人口问题、稳定适度低生育水平、促进人口长期均衡发展”的工作思路，主动融入核心区建设大局，全面开展幸福家庭创建工作，圆满完成全年各项工作任务。海淀区被市人口计生委确定为“北京市幸福家庭创建示范区”，区人口计生委被评为“全国阳光计生行动示范单位”。

统筹解决人口问题。本年，立足综合协调，科学谋划区域人口发展。年初，组织召开区人口计生领导小组会及“加强人口计生工作 统筹解决人口问题”工作会，区长与各综合治理部门、街镇签订目标管理责任书，首次将人口规模调控任务纳入责任书之中，明确各街镇、各综合治理部门的“大人口”任务。主管区长带领人口计生、发改委等部门领导，专题赴顺义学习考察人口服务管理及规模调控工作。发布《海淀区“十二五”时期人口发展与管理规划》，在此基础上，将《规划》中的34项重点任务分解落实到24个职能部门，积极推进各项工作落实。强化分析研究。继续巩固“计生牵头、专家指导、部门参与”的人口问题研究格局，召开2012年统筹解决人口问题专家座谈会，邀请翟振武等知名专家围绕区域人口规模调控、重大项目人口评估、家庭人口文化建设等议题开展研讨。结合全区工作重点，确立并推进《海淀区北部发展与人口问题研究》等课题。启动人口调控工作评估调研，研究制定《海淀区人口调控工作评估方案》。不断完善以“人口分析”和“政策研究”为抓手的统筹解决人口问题决策支持系统。推进信息化建设。积极参与全区“四个实有”基础信息平台建设。按照要求，全面落实市、区、街（镇）、社区（村）四级全员人口信息系统建设。完善“北京市全员人口信息系统”并实时更新数据，不断提高人口信息的完整性和准确性，该系统对户籍人口覆盖率达94%。加强制度建设和运维管理，建立全员户籍人口信息系统数据质量督查制度，编制户籍PIS系统部分信息项检索操作说明及工作要求，进一步规范全员户籍系统录入情况反馈流程，委托专业部门开展社区（村）网络和终端PC设备运行维护工作，网络连通率达到92%以上。加强人口信息资源的交换和共享，整合提升人口信息对社会管理和公共服务的应用水平，完成两万余条公安与人口计生出生上报数据比对工作，进一步规范结婚信息分发流程。

幸福家庭创建工作。以“幸福家庭 和谐人口”为宗旨，制定《海淀区幸福家庭创建工作方案（草案）》，全面启动幸福家庭创建工作，积极推进“海淀区人口和家庭宣传服务中心”建设，深入开展六大惠民工程。7月11日，在世界人口日纪念活动大会上，本区代表北京市做创建幸福家庭六大惠民工程工作的典型发言。开展“文明倡导”工程。组织开展海淀区“家庭人口文化宣传周”系列活动，开展“幸福家庭活力大赛”、“聪慧儿快成长”宝宝大赛、“我的青春谁做主”大学生演讲比赛等系列活动，共吸引2万余户家庭的参与。开展海淀区“百户幸福家庭”和“百名好计生干部”评比表彰活动，并举办“喜迎十八大、真心献国策”事迹宣讲。继续利用七个人口文化园、两个健康教育基地，发挥“家庭人口文化一日游”的品牌作用，全年接待参观3万人次。加大正面宣传力度，围绕全年重点工作，制作刊播电视、报纸专题栏目60期。“宝贝计划”工程。科学规划0～3岁婴幼儿早期教育网络，打造海淀特色的“1＋3”早教工作模式，即建设一个区级婴幼儿早期发展中心，构建与医疗卫生、基础教育、社会机构联合的三类街镇级早教活动站。花园路地区人口家庭健康公共服务中心早教基地建成运行，被中国人口宣传教育中心挂牌为“全国科学育儿示范基地”，全年各类街镇级早教站共开展早教活动300余场。开展“青春健康”工程。坚持项目引路，注重资源培育和工作载体创新，打造课内课外两个平台。课内教育完成从小学高年级到大学教育的全程推进：小学高年级青春健康教育在试点校持续开展，并推进学生用书编写；中学教育纳入常规教学；大学生性与生殖健康教育已纳入部分高校学分课程，“大学生生殖健康快车进校园”活动走进10所高校开展24次讲座，培训大学生项目骨干35名，直接受益学生数万人。在课外平台建设中，海淀区“青少年性健康教育”数字展馆升级挂牌为“首都青少年性健康教育基地”，接待参观上万人次。“健康生育”工程。启动海淀区“国家免费孕前优生健康检查项目”试点工作，共为500对农村夫妇开展检查。继续与民政局合作，向新婚夫妇发放1.7万余个“婚育健康服务包”。全年完成4 000名农村育龄妇女健康检查和783名计生专干免费体检，开展流动人口避孕节育检查2.8万余人次。“海淀区预防意外妊娠宣传指导中心”共为1.5万人次提供服务和指导。全面推进“药具现代化发放网络”，打造“15分钟药具易得圈”，科学布局100台新型二代身份证自助药具发放机，逐步实现药具服务全覆盖。全区3 000余个免费药具发放点全年共发放避孕药具1 000余万支。开展“生育关怀”工程。进一步加强计划生育家庭利益导向力度，与区财政局、民政局、农委、社会办、残联等五部门联合印发《关于进一步完善海淀区人口和计划生育利益导向政策体系的通知》，新增执行三项计划生育利益导向政策。本年，共为年满65周岁的特扶家庭父母发放帮扶金147.4万元。继续推进计划生育家庭意外伤害保险工作，投保家庭达4.2万余户，惠及群众12万人。全面落实“暖心计划”，为独生子女死亡家庭父母提供养老、医疗等5种保险。落实独生子女伤残、死亡家庭特别扶助和农村奖励扶助，85位志愿者与特扶家庭亲情牵手。开展“心灵家园”工程。积极推进区级和街镇级“心灵家园”基地建设，在学院路街道二里庄社区建设区级“心灵家园”基地，在西三旗街道建设街道级“心灵家园”基地。探索通过公共资源整合、政府购买服务和培育志愿公益服务等方式，为特殊空巢家庭提供医疗、家政等日常服务，并开展阳光心灵咨询。

行政执法。进一步规范和完善生育第二个子女审批、社会抚养费征收等各类计划生育行政执法行为。全年无行政复议和诉讼案件。妥善解决“中国青年政治学院职工杨某某违法生育第二个子女”等重点、难点案件。完成人大代表建议案答复5件。畅通信访渠道，加强对重大不稳定问题的摸排化解。全面做好十八大期间维护社会稳定工作，化解重点难点积案。深化“阳光计生行动”，全面开展阳光计生行动示范创建，强化社会监督力度，区人口计生委、学院路街道等九个单位被评为“北京市阳光计生行动示范单位”，高东升等9名干部被评为“北京市阳光计生行动规范化建设标兵”。顺利迎接北京市人口计生委“诚信计生”验收工作。迅速落实国家、市人口计生委方便群众办证新规，制定措施，平稳推进。

社会服务管理创新。积极将人口计生工作融入网格化社会管理，并鼓励服务管理创新，全面完成13个区级服务管理创新项目。继续开展国家级人口计生基层群众自治万村（居）示范创建工作，上地街道八一社区居委会等4个示范村（居）顺利通过验收。加强计卫联手，开展社区卫生服务站服务现状调研，并统一配备药具自取架，提升社区卫生服务站服务能力。全新改版升级区人口计生委外网门户网站，新增“场景式服务大厅”和“网上人口学校”版块，进一步加强政务公开和政府信息公开力度。

流动人口计生服务管理。总结提升流动人口服务管理“一盘棋”工作，积极开展区域合作，召开4省、11个地市参加的区域协作工作交流会，并与安徽芜湖市、山东德州市签订双向服务管理协议书。截至年底，共与26个地市县开展双向协作。全年交流出生信息1 600余条，与流入地合作开展联合执法23例，协助征收社会抚养费120余万元。全面开展流动人口示范创建“回头看”工作，其中81个单位保持了创建标准，16个单位被取消了创建资格。提升流动人口基本公共服务水平，启动八里庄街道流动人口基本公共服务均等化试点工作，新增上地医院和北京胸科医院两家流动人口孕检点，流动服务车继续下基层服务，共为上万人次提供了流动人口避孕节育检查。与英国救助会合作开展流动人口母婴健康项目。

干部队伍建设。及时组织系统干部学习党的十八大精神，通过中心组学习、座谈会、专题报告会、主题活动等形式，引导干部深刻领会党的十八大主题，用党的十八大精神统领人口计生工作。增强各级领导干部人口工作意识，在区委党校领导培训班和理论中心组开设人口理论课程，培训各级领导干部200余人次。在系统内开展综合业务培训及培训超市，培训课程56学时。加强干部思想作风建设，严格落实党风廉政建设责任制。

协会工作。截至年底，全区共有计生协会组织1 166个，会员16万人。针对计生管理薄弱问题，创新计生协会组织形式，在高新企业、高档小区、高等院校和流动人口聚集地开展新型协会组织建设，并召开经验交流会。重新启动并推进计划生育家庭意外伤害保险工作，年度共为4.22万户计划生育家庭的12.01万人进行投保，投保费用总计130.79万元，其中区级财政投入66.343万元。全面落实“暖心计划”，联合中国人保寿险北京市分公司召开关爱计划生育特殊困难家庭“暖心计划”工作培训会，为独生子女死亡家庭父母提供养老、意外伤害身故等5种保险责任和健康关爱服务。与欧盟合作开展流动人口母婴健康项目，召开中国计生协、英国救助儿童会、北京市计生协等相关领导参加的“流动人口社区母婴健康项目多部门工作协调会”。落实保障经费，积极开展活动，圆满完成项目目标。与中国计生协合作推进大学生性与生殖健康同伴教育项目，组织青春健康骨干主持人培训班，培训驻地12所高校主持人40名，并组织参加中国计生协青春健康项目青年营培训班。

【人口和计划生育数据】2012年，全区户籍人口229.5万人，居区县第一；流动人口132.4万人。户籍人口出生2.1万人。流动人口在海淀出生1.9万人。各项计划生育事业经费投入得到较好保证。

【发布海淀区“十二五”时期人口发展和管理规划】1月6日，海淀区人民政府办公室发布《海淀区“十二五”时期人口发展和管理规划》。《规划》由规划背景、指导思想原则与目标、主要任务和保障措施四部分构成，全面总结了“十一五”时期海淀区人口发展规划的实施情况，在科学判断“十二五”时期人口发展形势基础上，明确提出了“十二五”时期全面加强人口工作，统筹解决人口问题的目标和任务，即围绕加快中关村核心区建设、促进人的全面发展的总目标，在调控人口规模过快增长、服务人口发展决策，引导人口合理分布、加大引才育才、应对人口老龄化、加强流动人口服务管理、稳定适度低生育水平、增强家庭发展能力等方面开展工作，积极构建“规模适度、人才聚集、结构优化、分布合理、管理有序、活力彰显”的良好人口格局。

【召开全区人口计生领导小组会】2月17日，区人口计生领导小组副组长、副区长徐永全主持召开海淀区2012年人口和计划生育领导小组会。副区长徐永全传达了胡锦涛同志在2011年中共中央政治局第二十八次集体学习时对人口工作的讲话精神，通报了全区2011年人口形势及总体工作情况。会议审议并原则通过了《海淀区2011年度人口和计划生育目标管理评估及先进评比结果》、《海淀区2012年人口和计划生育工作要点》和《海淀区2012年度人口和计划生育目标管理评估方案》。全区23个成员单位的主要领导参加了会议。

【召开加强人口计生工作统筹解决人口问题工作会】3月20日，副区长徐永全主持召开海淀区2012年加强人口计生工作统筹解决人口问题工作会，区长隋振江、市人口计生委副主任耿玉田、区政协副主席刘恪等领导出席会议。区人口计生领导小组成员单位、综合治理部门领导以及街镇领导、计生办干部220余人参会。会议总结了2011年全区人口计生工作，表彰了人口计生工作先进集体和先进个人，区长隋振江与部门代表签订2012年度目标管理责任书，同时全面部署了2012年工作。

【首次将人口规模调控任务纳入责任书之中】本年，人口规模调控任务纳入区长与街镇、综合治理部门签订的《加强人口计生工作 统筹解决人口问题目标管理责任书》中。对街镇明确提出要“加强有关人口问题的调研，通过综合措施，落实加强人口服务管理、合理调控人口规模的任务，按照户籍政策严格控制户籍人口准入，流动人口规模不高于上一年同期水平（区级以上重点项目引进人员不计算在内）”等内容，对人口计生综合治理部门提出要“进一步提高对统筹解决人口问题的认识”。根据《海淀区“十二五”时期人口发展和管理规划任务分解方案》制定实施方案，确保年度工作按期完成。按照区委、区政府有关要求，加强人口问题的调研，结合全区实际，积极落实并研究制定有利于人口规模调控、提高人口素质的政策措施等内容。

【进一步完善计划生育利益导向政策体系】经第209次政府常务会审议通过，3月8日，区人口计生委与区财政局、民政局等六部门联合印发《关于进一步完善海淀区人口和计划生育利益导向政策体系的通知》，新增执行三项计划生育利益导向政策，一是在2008年启动对计划生育困难家庭帮困工作的基础上，将帮困范围从低保家庭扩展到城乡低收入家庭，帮困标准由每户1 000元提高至5 000元；二是每年为社区（村）计生干部进行一次体检，2013年起该项经费纳入财政预算；三是在对北京市独生子女家庭特扶提高标准的基础上，建立独生子女特扶家庭养老帮扶制度，为年满65周岁的特扶家庭父母每年增发养老补贴金（65～74周岁每人每年2 000元，75周岁以上每人每年5 000元），并与民政局形成合作联动机制，提供多种养老服务。

【确立并推进调研课题】3月，确定《海淀区北部发展与人口问题研究》课题，开展1 700余人次问卷调查，结合产业发展规划，对北部地区人口规模开展预测研究。7月，启动人口调控工作评估调研，深入六个街镇等多部门开展走访调查。12月制定《海淀区人口调控工作评估方案》，明确了结果评估与过程评估、自评估与外评估相结合等五项原则，初步建立了由基础指标、统计分析、房屋管理、就业引导、组织保障及工作创新组成的“5＋1”一级评估指标体系，由基础信息采集等6个约束性指标及就业促进与权益保障等11个导向性指标的“6＋11”二级评估指标体系。

【国际生殖健康供应联盟秘书处主任到海淀区参观考察】3月9日，国际生殖健康供应联盟秘书处主任约翰·斯基比埃克先生，在国家人口计生委药具管理中心领导的陪同下，参观考察海淀区中关村东里南社区服务站和婚姻登记处的避孕药具管理服务情况。工作人员向考察团详细介绍了免费避孕药具发放渠道及服务情况，现场演示了第二代身份证避孕药具自助发放机的使用，展示了“北京市免费避孕药具综合服务平台”，并介绍了东里南社区开展的早教、居民活动、婚姻登记处的“生殖健康服务包”发放等情况。通过参观考察，约翰·斯基比埃克先生了解了我国避孕药具供应过程，对海淀区药具发放模式给予了高度评价。

【召开海淀区推进“宝贝计划”工程座谈会】3月27日，召开海淀区推进“宝贝计划”工程座谈会，中国人口宣教中心儿童发展部主任程万军等领导出席并参加座谈。

“十二五”期间，海淀区将科学规划0～3岁婴幼儿早期教育网络，打造海淀特色的“1+3”早教工作模式，即建设一个区级婴幼儿早期发展中心，构建与医疗卫生、基础教育、社会机构联合的三类街镇级早教活动站，全面推进“宝贝计划”工程。

【举办全区创建幸福家庭工作启动暨人口计生系统业务培训会】4月10～12日，举办2012年创建幸福家庭工作启动暨综合业务培训会，人口计生综合治理部门和29个街镇主管领导及工作人员近200人参会。会议启动了海淀区创建幸福家庭工作，对年度重点工作进行了解读与部署。国家人口计生委政法司司长赵延配就人口计生依法行政工作、北京市人口计生委副主任彭彧华就幸福家庭创建等内容进行了专题培训。

【召开海淀区2012年统筹解决人口问题专家座谈会】4月25日，组织召开海淀区2012年统筹解决人口问题专家座谈会，副区长徐永全，国家、市人口计生委相关领导出席会议。中国人民大学社会与人口学院院长翟振武，区域与城市经济研究所所长孙久文，北京大学社会学系教授陆杰华等与会专家，围绕海淀北部发展与人口问题、区域人口规模调控、重大项目人口评估、家庭人口文化建设等四个议题，对本区人口计生课题思路进行研讨。

【海淀区青少年性健康教育基地升级挂牌为“首都青少年性健康教育基地”】5月30日，“庆祝北京市计划生育协会成立30周年暨首都青少年性健康教育基地挂牌仪式”在海淀区科技中心举行。市人口计生委党组书记、主任刘志与副区长徐永全为基地揭牌。各区县人口计生委领导、市青春健康教育专家、学者，高校师生代表200余人参加活动。该基地以“生命的春天”为主题，采用图文、标本、模型、多媒体等高科技传媒信息技术诠释青春期知识，利用现代科技手段弥补传统教育不足。该基地自2011年12月启动以来，共接待参观近万人，其中包括5批国外访问团，受到学生、家长及社会各界的广泛欢迎。

【圆满完成“国家免费孕前优生健康检查项目”试点工作】

自5月起在7个镇启动“国家免费孕前优生健康检查项目”试点工作。采取委托医疗机构承担查体工作的方式，将北京市上地医院作为项目定点医疗服务机构。一是及时营造宣传氛围，保证医院设施、人员、服务到位。二是提高质量，进行日常督导。与上地医院签订《协议书》，强化职责。制定“国家免费孕前优生健康检查项目”信息安全管理制度等。三是周密安排，多次召开体检医院及街镇计生办主任协调会、工作推进会，增加周末检查日服务，方便了群众，提高了参检人数。截至11月，共为500对农村夫妇开展检查，对出生缺陷高风险的人群进行了及时筛查。

【区人口计生委被评为“全国阳光计生行动示范单位”】海淀区不断深化阳光计生行动示范创建，印发了《海淀区人口计生系统阳光计生行动规范》、《海淀区人口计生系统基层阳光计生行动示范单位标准》、《海淀区人口计生系统阳光计生行动检查评估办法（试行）》等文件，将阳光计生示范创建与幸福家庭创建、社会服务管理创新、信息公开、依法行政等工作有机结合，以“阳光计生行动”引领全区人口计生系统履行公共服务和社会管理职能，全面打造“阳光海淀”。先后创建了曙光街道的“曙光和谐号”、青龙桥街道的“阳光计生网站”、学院路街道的“阳光网格计生”、中关村街道的“幸福中关村”等阳光计生示范点，得到了群众的普遍认可。5 月，海淀区人口计生委被国家人口计生委评为“全国阳光计生行动示范单位”。11 月，区人口计生委荣获“北京市阳光计生行动规范化建设示范单位”。

【举办“家庭人口文化宣传周”系列活动】7 月 5～12 日，开展以“幸福家庭 和谐人口”为主题的海淀区“家庭人口文化宣传周”系列活动。“宣传周”以“幸福家庭活力大赛”拉开序幕，参赛家庭载歌载舞颂扬新型家庭人口文化。中国人口宣教中心主任张汉湘、北京市人口计生委副主任彭彧华等领导出席了开幕式。“家庭人口文化宣传周”包括“聪慧儿快成长”宝宝大赛、“我的青春谁做主”主题演讲、“好邻里互相帮”趣味运动会，“好婆媳赛母女”喜乐会和“夕阳红晒幸福”摄影作品展等五项主题活动，并开展了家庭人口文化访谈。系列活动得到了广大群众的热情欢迎和广泛支持，约有两万余户家庭参与，普及群众 10 万余人。

【开展全区半年人口形势并形成分析报告】积极开展半年人口形势分析，7 月 12 日，形成《关于全区人口形势及 2012 年上半年变化分析的报告》。《报告》总结了全区常住人口基本情况及全区人口发展的基本特征，分析了当前人口出生性别比、人口规模调控、引进人才中违法生育管理及独生子女伤残、死亡特扶等工作中存在的问题，并提出了多措调控人口规模、整合人才引进平台、加快人口统计顶层设计及资源共享、提升养老服务水平、重点关注特殊计生家庭等四项对策建议。区领导对《报告》给予了高度评价。

【开展流动人口计划生育示范单位创建“回头看”】为巩固流动人口计划生育示范单位创建成果，按照年度工作要点部署，7 月，在单位自查、街镇检查的基础上，区人口计生委对 2008～2010 年获得全区流动人口计生示范称号的 97 家单位进行“回头看”检查，其中 81 个单位保持了创建标准，16 个单位因农村土地腾退、企业改制、单位撤销等原因不再具备示范条件，经街镇计生办申请取消示范单位资格。

【深化综合治理出生人口性别比工作】8 月 14 日，联合公安海淀分局等六部门召开专项会，讨论修订《海淀区 2012 年综合治理出生人口性别比工作实施方案》并联合发文。9 月，联合卫生、公安、药监等部门，在全区开展打击“两非”综合执法行动两次。在全区150余家医疗机构张贴宣传标牌，制作综合治理出生人口性别比专题电视栏目2期，并利用大型户外广告和报刊电视大力宣传打击“两非”的重大意义。12月13日，召开海淀区2012年人口计生综合治理暨打击“两非”工作总结推进会，对此项工作进行了全面总结，徐永全副区长要求继续深化打击“两非”工作落实。

【召开流动人口区域协作工作交流会】 9月12～14日，组织召开流动人口计划生育区域协作工作交流会，国家人口计生委流管司副司长闫宏、北京市人口计生委副主任徐捷、海淀区副区长徐永全等领导出席会议，河北、河南、山东、安徽四省人口计生委及其11个地市（县）、北京市各区县人口计生委约150人参会。会上，区人口计生委介绍了全区流动人口服务管理工作的情况，并与安徽芜湖市、山东德州市续签了流动人口计生双向服务管理协议。各省市代表就区域协作工作中的经验及难点进行了交流。

【举办百名“身边的好计生干部”表彰暨事迹宣讲会】 通过多种形式深入基层挖掘人口计生干部典型事迹，在全区组织评选一百名“身边的好计生干部”，并推选了包括街镇、居村、地区单位计生干部代表进行事迹宣讲。9月20日，举行“喜迎十八大 真心献国策”——海淀区百名“身边的好计生干部”表彰暨事迹宣讲会，授予100名人口计生工作者“身边的好计生干部”称号。市人口计生委党组书记、主任刘志，区人大常务副主任王鲁豫，副区长徐永全，区政协副主席肖熙之等领导出席会议，全区400余名人口计生干部参加。市人口计生委党组书记、主任刘志充分肯定此次活动的重要性和深远意义，对宣讲人员生动、鲜活的事例宣讲给予了高度评价，要求人口计生干部继续围绕“幸福家庭 和谐人口”的工作主线，注重创新，加强服务，将工作扎根于基层，争做百姓的知心朋友，全心全意为百姓服务。

【花园路地区人口家庭健康公共服务中心成立】 10月16日，花园路地区人口家庭健康公共服务中心正式启动，中国人口宣教中心主任张汉湘、副区长徐永全、市人口计生委宣教中心主任王志洲及区社工委、卫生局等领导参加启动仪式。该中心的早教基地，作为海淀区0～3岁婴幼儿“1+3”早教网络中人口计生与医疗卫生合作建立的街镇级早教活动基地，被中国人口宣教中心挂牌为“全国科学育儿示范基地”。花园路地区人口家庭健康公共服务中心是区人口计生委落实创建幸福家庭工作要求，与花园路街道共同投入建成。在建设过程中，充分挖掘社区卫生服务中心的资源与特色，根据儿童期、青春期、育龄期、更年期和老年期五个不同时期，开展有针对性的人口早期发展指导、青少年人格养成心理指导、生殖健康技术服务、中老年养生健康服务等。本年，该中心在全区发挥了良好效用，被评为“北京市人口和计划生育工作优秀创新项目”。

【通过全国人口计生基层群众自治示范村（居）抽查评估】10月27日，中国计生协副秘书长洪苹带领中国计生协、国家人口计生委政法司评估小组人员对海淀区2012年第三批全国人口计生基层群众自治示范村（居）进行抽查评估。区人口计生委汇报了全区近三年推进基层群众自治示范村居工作情况；评估组围绕组织建设、制度规范、村（居）务公开、宣传服务、计生诚信、文明建设六个方面查阅审核了海淀区及四个创建村居出台的文件、制度及档案资料，并与参加评估单位进行座谈。评估组充分肯定了本区的工作成效，强调了开展该项活动的意义。上地街道八一社区居委会、上庄镇西马坊村委会、甘家口街道花园村社区居委会、万寿路街道翠微西里社区居委会四家示范单位均顺利通过验收。

【在全区开设人口计生业务培训超市】为不断提升人口计生干部业务水平，3～11月，在全区开设人口计生业务培训超市。为方便工作人员安排学习，街镇人口计生干部可根据时间及需要自行选择培训课程，极大地丰富了培训形式。本年培训共涉及政策法规、流动人口服务管理等九方面内容。

【成立“海淀区人口和家庭宣传服务中心”】区人口计生委原下辖“海淀区计划生育生殖健康技术服务中心”、“ 海淀区计划生育宣传服务中心”两个事业单位。11月，“海淀区计划生育生殖健康技术服务中心”并入“海淀区计划生育宣传服务中心”，同时更名为“北京市海淀区人口和家庭宣传服务中心”，为全额拨款事业单位，编制21名。主要职责为负责优生优育及生殖健康宣传教育，普及人口与计划生育知识；负责指导、检查、评估社区卫生（计生）服务机构的计划生育工作；负责计划生育避孕药具管理及发放工作。

【在全区打造人口计生服务管理创新项目】为创新社会服务管理，进一步推进人口计生转型发展，依据全年工作要点，在全区打造人口计生服务管理创新项目。经街镇申报、区人口计生委审批，最终确定“打造中关村西区人口计生工作一楼一品牌”等12个创新项目为区级创新项目。区人口计生委根据创新项目特色，对申报地区工作进行业务指导，并进行半年及全年工作总结交流，取得了良好的成效。

【打造计划生育便民服务全程代理代办创新项目】为进一步创新人口计生服务管理方式，甘家口地区试点开展计划生育便民服务全程代理代办。该项目是以当事人自愿委托为前提，承办单位无偿代理的方式，通过内部协调运作，由人口计生工作人员依法代理代办所办事项的一项新型工作方式。代理代办事项包括第一个子女《生育服务证》、新生儿入户登记等11项内容。凡群众需要办理的有关事项，只需向社区（村）委会提出申请并提供符合法定格式的相关资料，由社区（村）委会全程代理并在法律时限内办结。代理代办有效解决了群众办事难的实际困难，推动全区人口计生便民服务工作向纵深发展，受到群众的普遍欢迎和广泛认可。本年，该项目被评为“北京市人口和计划生育工作优秀创新项目”。

【全面落实方便群众办证的通知】 为切实转变工作作风，采取系列措施落实国家、市人口计生委关于方便群众办证的通知精神。12月11日，专题印发文件，在全区推进方便群众办证有关工作。12月14日，召开“海淀区人口计生系统宣贯十八大精神落实便民服务措施工作会”，进一步部署落实便民服务措施，确定海淀“3+2+2+3”便民服务模式，即在全区全面落实三项制度（一站式办公制度、一次性书面告知制度、流动人口一孩生育服务登记制度）、两项简化（简化婚育情况证明，简化证明盖章）、两个即时（材料齐全即时办理、即来即审）、三个好（做好首接责任制、用好特殊情况承诺制、试点好便民服务代理代办）。同时，组织专人对全区便民服务落实情况进行暗访，强化问题整改。系列措施得到了群众的普遍欢迎和广泛赞誉，在海淀区年度绩效第三方测评中，委员会群众满意度居“面向社会群众类”单位“第三名”。

【召开海淀区基层计划生育协会组织建设经验交流会】 为助推人口计生工作转型发展，本区不断加强基层计划生育协会组织建设，结合社会服务管理创新，探索打造计生协会新典型。12月14日，组织召开“海淀区基层计划生育协会组织建设经验交流会”。中国计生协国内部副部长王东风、北京市计生协严进秘书长出席会议并讲话。王东风副部长阐述了中国计生协关于基层组织建设的总体思路和目标，严进秘书长结合创建幸福家庭工作，介绍了全市计生协会重点要开展的工作任务。会议总结交流了海淀区计生协会新型组织建设经验，研究探讨了加强基层组织建设的思路和措施，来自基层组织的代表分别就高新企业协会联合会、楼宇式计生协会、高档小区、流动人口计生协等新型组织建设进行了典型经验交流。

（高巍巍）

丰台区

【概述】 2012年，丰台区人口计生工作以党的十八大精神和胡锦涛同志“4·26”关于人口工作的重要讲话精神为指导，深入贯彻落实科学发展观，紧紧围绕稳定低生育水平，统筹解决人口问题，促进人的全面发展这一主题，以幸福家庭工程为核心，推进人口文化建设，夯实基础管理工作，切实加强队伍建设，推动人口计生工作转型发展，为区域经济社会发展创造了良好的人口环境。

年内，区人口与计划生育工作领导小组会就全面做好新形势下全区人口计生工作进行了研究部署。提出了控制人口总量、优化人口结构、改进人口分布、改善人口服务、完善人口服务管理体制机制的总体要求。全区上下通过召开会议、制发贯彻意见、分解细化任务和加强宣传倡导等多种形式，贯彻落实领导小组会议精神。落实了市人口计生委布置的丰台区流动人口基本公共服务均等化这一重点课题的研究；围绕促进人口与经济社会、资源环境协调和可持续发展这一主题，在全区街乡（镇）和相关职能部门开展“人口计生工作拓展转型”调研活动；“深入推进幸福家庭工程，建设区人口与家庭公共服务中心”，被列为区人口计生委承担的区政府折子工程项目；“为全区有生育意愿的已婚育龄夫妇进行免费孕前优生健康检查”，被列为区人口计生委承担的区政府为民办实事项目。年内，为流动人口免费生殖健康体检 5 000 人；为全区农村长效节育户籍已婚育龄群众免费健康体检体检 7 004 人；开展生育关怀工作，出资 31.01 万元，为全区农村 1 ~ 18 岁 1.03 万户 3.1 万人投保“国寿计划生育家庭意外伤害保险”；开展纪念“5・29”和“幸福工程—救助贫困母亲”募捐活动，募集资金 8.96 万元；开展亲情牵手活动，全区 843 名志愿者与特殊的计划生育家庭结成亲情帮扶“对子”，开展“一对一”的服务；实施青春健康工程，为青少年提供青春期健康教育和服务，开展国际合作，实施流动儿童早期发展项目（由中国计生协和中国人口发展与研究中心统筹的促进流动儿童早期发展的国际合作项目），选定 10 余所流动儿童幼儿园进行调研，招募社区家长骨干 40 余人，招募大学生志愿者 20 余人；组织开展了 3 次流动儿童幼儿园园长培训，8 次流动儿童幼儿园教师培训，10 次流动儿童社区家长骨干培训；推进免费孕前优生健康检查工作，全年共有 1 697 对夫妇参加检查，其中城镇 1 465 对；实施区人口与家庭公共服务中心建设项目，年内已完成市级立项手续。

队伍建设。开展干部培训，提升人口计生干部的综合素质。邀请国家、北京市人口计生委领导和专家就推进流动人口基本公共服务均等化、优生优育、依法行政、国家免费孕前优生健康检查项目、宣传教育等内容做专题报告，对街乡（镇）人口计生干部进行培训；扎实开展阳光计生工作；推进机关党建工作，以创先争优为主线，以开展文明城区创建活动为主题，组织党员和支部开展创先争优评议活动、党员公开承诺践诺活动、窗口单位创先争优活动、“三进三服务”活动、微型党课活动等，增强了党员的凝聚力，推进了各项重点工作的落实。

依法行政。做好人口与计划生育现居住地为主管理工作，加大人在户不在育龄妇女的信息登记力度，进一步摸清人在户不在人员底数；完善并落实好《关于区县间联手做好人户分离人员计划生育管理服务工作协议书》，探索跨区人户分离人员计划生育管理的办法。聘请了新一届由区人大代表、区政协委员等人员组成的执法监督员队伍，推进执法工作。聘请常年法律顾问，解决实际工作出现的各种法律问题。从规范执法主体的行为入手，进一步规范街乡（镇）的执法行为，对街乡（镇）计生干部进行法制和信访培训。将征收社会抚养费的所有存档人员的征收记录存入本人档案。对于党员违法生育的，除征收社会抚养费外，还要督促落实党纪政纪处分。全年共审批二胎851例。

奖励扶助工作。年内新进入奖励扶助对象为886人，15人退出，年审复核677人，全区累计奖励扶助对象1 563人。

信访工作。做好日常接访工作，排查、梳理信访矛盾，解决重点问题，深入社区使特殊问题合理解决，为全区人口计生系统创造和谐稳定的工作环境。年内，处理来电1 666例，来信9封，来访115人次，电子邮件32件。

人口问题研究。年内，区人口计生委紧密结合推进丰台区城市化进程、产业结构调整和“一轴两带四区”建设的实际，借助首都高校和人口问题专家力量，积极开展人口问题研究。落实市人口计生委布置的丰台区流动人口基本公共服务均等化这一重点课题研究。围绕促进人口与经济社会、资源环境协调和可持续发展这一主题，在全区街乡（镇）和相关职能部门开展“人口计生工作拓展转型”调研活动。

宣传工作。利用科技、文化、卫生“三下乡”活动开展人口计生宣教工作。加强家庭人口文化、优生优育、生殖健康等方面知识的宣传，开展“送温暖、送知识、送健康”活动。区人口计生委组建了由“幸福家庭之星”优秀代表组成的宣讲团。并在21个街乡（镇）巡回宣讲，收到了较好效果。在丰台有线开设“人口与家庭”电视专栏。宣传报道全区人口计生系统统筹解决人口问题、稳定低生育水平、推进幸福家庭工程等方面的内容。开通“北京丰台人口计生”政务微博。举办了丰台区首届“人口文化周”系列宣传活动。开展了幸福宝宝大赛、文艺汇演等重点活动。与区法制宣传领导小组办公室联合开展《人口与计划生育法》宣传展示活动等。

流动人口管理工作。召开均等化试点工作领导小组会，总结试点工作开展情况，安排部署均等化试点绩效评估工作；协助国家和市人口计生委对本区开展均等化试点工作的调研。在全区商务楼宇中建立计划生育工作站，实现计划生育服务管理、药具发放全覆盖。依托元旦、春节为流动人口开展服务活动，增强流动人口的归属感、认同感和幸福感，促进了流动人口的社会融合。印制发放《丰台区流动人口计划生育基本公共均等化服务指南》5万份。完成国家流动人口动态监测800份调查任务及北京市流动人口生存状态及未来预期849份入户调查；成立流动人口宣传员队伍，逐级进行了培训；制定《流动人口计划生育宣传员管理细则》，印制下发《流动人口宣传员工作手册》，推进流动人口自我宣传、自我管理、自我服务工作。

药具服务工作。完善药具服务工作，提高药具获取易得性，消灭药具发放空白点，为新建社区居委会和社区卫生服务站补充38个药具自取架和34个药具展示柜，在全区安装了61台网络版药具自助发放机，方便育龄群众领取药具。

【综合治理汇报会】1月9日，丰台区人口计生委召开2011年度全区人口计生工作综合治理汇报会。会议总结了2011年区人口和计划生育工作的主要进展，研究部署了2012年的重点任务，重点讨论了2011年区人口和计划生育综合治理工作。副区长张婕出席会议并讲话。区人口计生委主任李小娟主持会议。区综治办、区文明办、区社会办、区教委、区民政局、区人力社保局、区住建委、区农委、区卫生局、区房管局、公安分局、工商分局、药监丰台分局等14家单位交流发言。

【科技、文化、卫生“三下乡”活动】1月9～13日，丰台区科技、文化、卫生“三下乡”活动在南苑乡新宫村文化大院启动。副区长张婕、区人口计生委、文委、卫生局、科委等部门的领导参加了启动仪式。在开展宣传服务的同时，区人口计生委重点对10户贫困计划生育家庭和5户计生专干进行了走访慰问。

【开展送温暖、送健康、送服务活动】1月18日，区人口计生委、北京南站管委会和右安门街道办事处的领导，带领计生志愿者、计生协会会员来到北京南站北广场，慰问在京工作即将返乡过年的农民工和流动人口育龄妇女，为他们开展送温暖、送健康、送服务活动。

【调研公共服务均等化试点工作】2月7日，为深入推进流动人口计划生育基本公共服务均等化试点工作，国家人口计生委流管司副巡视员苏荣掛、维权处处长胡强强等领导到丰台区调研试点工作，市人口计生委流管处处长刘凤婷等一同参加。区人口计生委主任李小娟、副主任于艳丽以及丰台街道、大红门街道、卢沟桥街道分别就试点工作进展，工作特色等进行了汇报。

【调研药具发放管理工作】2月21日，国家人口计生委药具发展中心处长张之华一行，对区“计生药具自助服务发放机”项目的管理和运行等情况进行调研。调研组听取了丰台区药具站对计生药具自助服务发放机系统应用情况的汇报，并深入到药具自助服务发放机安装点进行了实地调研。

【成立计生志愿者服务队】2月27日，区人口计生委全体党员组成计生志愿者服务队，到赵公口长途汽车站，开展以“丰台计生学雷锋 为民服务送温暖”为主题的宣传服务活动。大家以实际行动向雷锋同志学习，倡导和树立文明新风，为丰台创建首都文明城区做贡献。

【召开人口与计划生育领导小组会议】3月9日，丰台区人口与计划生育领导小组会召开。区委书记李超钢，区委副书记、区长冀岩出席会议。冀岩主持会议。会上，副区长张婕向领导小组汇报了全区2011年人口计生工作和2012年工作重点。李超钢在会上讲话，提出四点要求：一是统一思想，深刻认识人口和计划生育工作面临的形势和任务；二是提高人口计生工作水平；三是加强研究，保证各项目标任务落到实处；四是加强宣传动员。

【开展“农村户籍已婚育龄群众免费健康体检”】3月12日开始，区生殖健康技术服务中心开展“农村长效节育户籍已婚育龄群众免费健康体检项目”，为全区7 000名农村长效节育户籍已婚育龄群众进行免费健康体检。

【督查、调研“免费孕前优生健康检查”项目】3月13日，国家人口计生委科技司副司长许梅林、市人口计生委副主任耿玉田、科技处处长周新茹等一行4人，在区人口计生委书记张玲、主任李小娟及相关人员陪同下，对丰台区“免费孕前优生健康检查”项目进行了督查。

【开展流动人口动态监测调查问卷预调查】3月20日，为进一步做好流动人口动态监测工作，使问卷调查更贴近实际、更有针对性。中国人口与发展研究中心的8名专家来到丰台区卢沟桥街道的国润大厦，对即将在全国开展的2012年流动人口动态监测调查问卷进行预调查。

【召开丰台区人口和计划生育工作大会】3月27日，丰台区召开2012年人口和计划生育工作大会。会议总结2011年工作情况并对2012年工作进行部署，明确今年将进一步建立和完善人口工作体系，扎实做好计划生育服务管理工作，保持人口长期均衡发展，落实流动人口计划生育基本公共服务均等化项目，提升流动人口服务管理水平。要更加积极地服务区域科学发展、深入开展幸福家庭工程，推进计生工作融入民生工作大局。市人口计生委副主任彭彧华和区委、区人大、区政府领导出席了会议。

【组织计生系统干部培训会】4月10～12日，区人口计生委举办了为期三天的工作培训，全区21个街乡（镇）的主管领导和计生干部参会。培训主要内容是人口文化建设与发展、流动人口均等化服务工作以及进一步推进国家免费孕前优生健康检查项目、幸福家庭创建活动等。

【开展“送温暖 献爱心”社会捐助】4月23日，丰台区开展2012年“送温暖 献爱心”社会捐助及“春雨行动”专项募捐活动，全委党员积极参与，捐款人员32人，共计捐款1 140元。

【成立“幸福家庭之星”宣讲团】4月26日，从“幸福家庭”成员和基层社区干部中推选组成的丰台区“幸福家庭之星”宣讲团正式成立。宣讲团围绕人口计生中心工作，以“倡导幸福生活，传递健康理念，共建和谐家庭”为主题，开展进社区、进农村、进企事业单位、进党政机关、进军营、进学校巡回宣讲活动，分享参与幸福家庭工程创建的体会和经验，弘扬尊老爱幼等传统美德，传播健康生活、科学育儿知识理念，促进夫妻和睦与邻里团结。全年组织宣讲30余场。

【开展“岗区联创”活动】5月31日，为深化“巾帼建功”活动，积极践行“北京精神”，区人口计生委计划生育避孕药具管理站与长辛店镇赵辛店村结对开展“岗区联创”活动。岗区联创以“共创幸福家庭、共建健康生活、共创和谐社区（村）”为目标，本着“互帮互助、共同发展，共创和谐社区（村）”的原则，定期为长辛店镇赵辛店村开展宣传服务咨询，宣传妇女卫生保健、避孕节育、优生优育科学知识，提供宣传书籍资料，为基层计划生育困难家庭做好事，做实事，解决实际困难。

【查处非法胎儿性别鉴定场所】5月31日，丰台区查处三处非法胎儿性别鉴定场所。根据安徽省怀宁县、江西省瑞昌市所移送案件，丰台区组成由区人口计生委、区卫生局、市公安局丰台分局及案件移送市（县）人口计生委组成的联合执法小组，依法查处丰台区邓村、马村及石榴园三处非法胎儿性别鉴定场所，没收用于非法鉴定胎儿性别的B超机2台，吸引器1台，血液细胞分析仪1台，非法药品30余箱。当事人已被市公安局丰台分局刑事拘留。

【开展“党员就在身边”“微型党课”教育活动】6月26日，区人口计生委党支部开展了“党员就在身边”“微型党课”教育活动。活动以身边的普通党员为授课老师，以身边的热点话题为主要内容，以短小精悍、突出实效为主要特色，以打造“学习型、创新型、服务型、效能型”基层党组织为主要目的。区直机关工委书记徐鸣凤和机关科长以及区第三联合纪检检查组领导应邀参加了此次活动。

【开展流动女青工社会公平促进项目】7月23日，由国家人口与发展研究中心与德国罗莎卢森堡基金会合作项目——流动女青工社会公平促进项目在丰台区启动。此项目将流动女青工社会公平作为研究重点，通过探索提升流动女青工社会平等和自我保护意识的有效途径和方法，从社会公平角度出发，创造条件，帮助流动人口适应流入地生活，获得充分信息，维护自身权益，改善和提高流动女青工的工作和生活质量。

【慰问暴雨受灾计生家庭】7月26日，面对“7·21”强暴雨给河西地区群众带来的灾害，区人口计生委、计划生育协会积极行动，慰问一线受灾群众。一是根据一线群众需求，购买生活必需品；二是全委干部职工为灾区捐款4 650元；三是由区计生协牵头，与保险公司联系，做好农村独生子女家庭意外伤害保险的宣传和后续工作；四是继续进一步了解受灾地区的情况，特别是计划生育家庭，开展更进一步的帮扶活动。

【到北京航天城参观学习】7月31日，区人口计生委党支部组织全体党员及军转干部40余人到北京航天城参观学习，进行一次弘扬“航天精神”的爱国主义教育。市人口计生委党组成员、纪检组组长刘晓军，副巡视员高小俊等领导一同参加了活动。

【召开综合治理出生人口性别比工作会】8月3日，丰台区召开了全区综合治理出生人口性别比工作会。会议研究综合治理出生人口性别比相关事项，明确相关部门及街乡（镇）综合治理出生人口性别比工作职责，印发了《丰台区2012年综合治理出生人口性别比工作实施方案》。此次会议由区人口计生委、区公安分局、区卫生局、区统计局、区药监分局和区妇联联合组织召开。全区21个街乡（镇）的主管领导和计生科长、公安系统、卫生系统、妇联、社区村计生专干共400余人参加。

【为流动人口开展上门服务】9月3日开始，区人口计生委健康服务车来到新发地市场，为工作生活在市场的流动已婚育龄妇女进行免费生殖健康体检。体检项目包括TCT检查、乳腺检查、B超检查、常规化验、妇女内诊，并对体检者进行翔实的信息登记，以便实行动态跟踪服务。

【落实“暖心计划”工作】9月12日，丰台区计划生育协会联手中国人保寿险丰台分公司，举行关爱特殊困难计生家庭“暖心计划”项目培训会。“暖心计划”是今年北京市人口计生系统创新工作理念、帮扶特殊困难计划生育家庭的一种新模式，内容主要是政府出资，为全市特殊困难计生家庭的父母购买养老和医疗保险。全区保障对象将涵盖21个街、乡（镇），投保人数为853名。

【加纳共和国国家人口委员会主席到丰台区参观考察】9月19日，加纳共和国国家人口委员会主席安德鲁·阿库图率队赴丰台区参观考察。考察团参观了区青春期健康教育服务中心和计划生育技术服务中心，听取了丰台区人口情况、“幸福家庭工程”等方面的介绍，与区人口计生委就计划生育技术服务中心与医疗机构之间的关系、计生与卫生部门之间的联络、老龄人口服务的开展、对计生特殊困难家庭的帮扶政策等诸多问题进行交流。

【接受市阳光计生行动规范化建设考核评估】9月20日，丰台区迎接市人口计生委2012年阳光计生行动规范化建设考核评估；驻市人口计生委纪检组长刘晓军等对区“阳光计生行动”规范化建设及全员人口信息管理系统建设情况进行评估检查，听取了相关工作情况汇报。

【召开“幸福家庭之星”表彰、宣讲大会】9月21日，丰台区举办纪念“9·25”公开信发表32周年暨“幸福家庭之星”表彰、宣讲大会。会场摆放“幸福家庭工程特色工作集锦”展板42块，发放多种宣传资料。会上，人口计生委主任李小娟宣读了“幸福家庭之星”表彰决定，副区长李军会和市人口计生委副主任徐捷为“幸福家庭之星”代表颁发证书，徐捷发表了致辞；来自六个街（乡）的宣讲员围绕本次大会宣讲的主题——“幸福生活、健康理念、和谐美满”进行了宣讲，台下反响热烈。

【开展区第四届青春健康项目师资培训】11月23日，丰台区计划生育协会与丰台教育学会教育心理研究会联合举办了“丰台区第四届青春健康项目师资培训”，150余名中小学心理老师及教育学会心理研究会会员参加了培训。（宋新华）

石景山区

【概述】2012年，石景山区认真落实“全面做好人口工作”总要求和市人口计生工作部署，紧紧围绕区委、区政府“稳增长、惠民生、保稳定”的中心任务，本着“重统筹、抓重点、强基础、惠民生”的工作思路，一手抓“大人口”统筹推进，一手抓“小人口”创新发展。进一步加强综合治理、科学管理、优质服务、依法行政、流动人口、提质强基等经常性重点工作，统筹解决人口问题机制得到进一步落实，人口信息化建设取得新的进展，创建幸福家庭工作得到全面推进，人口计生维护稳定工作扎实有效，流动人口服务管理机制不断健全，街道和社区经常性工作深入扎实，为贯彻落实“稳中求进”总基调，为促进人口计生工作转型发展发挥了积极作用。

统筹机制。坚持人口计生工作责任制。召开区人口与计划生育领导小组（扩大）会，印发《统筹解决人口问题职责分解任务书》，与9个街道和40个成员单位签订责任书。加强人口数据统计分析。编印《石景山区第二期人口统计分析手册》，刊发《1～2月我区出生人数明显增多》、《行政审批征收人数持续走高》等信息，为区委、区政府及相关部门决策提供依据。定期召开人口形势分析会，推进“十二五”人口发展规划目标和统筹解决人口问题职责落实。

人口研究。结合区产业结构调整、城市功能转变、经济建设布局调整的实际，完成《关于推进产业结构调整升级促进人口结构优化的调研》、《石景山区人户分离人口公共服务成本投入问题研究》、《石景山区人口信息资源共享机制研究》等重点调研课题。其中《石景山区人口发展趋势及调控措施研究》确定为北京市《特大城市人口规模调控》课题的子课题，《关于推进产业结构调整升级促进人口结构优化的调研》和《关于石景山区人户分离人口基本公共服务成本研究》分获石景山区2012年度优秀调研报告一、二等奖。

信息管理。实施人口平台数据更新。为保证区人口信息库数据的准确鲜活，组织召开相关部门参加的信息工作联席会，协调各部门提供各自掌握的人口信息，及时进行全员人口库的数据更新。建立完善前台办公系统。该系统涵盖人口计生工作的全部23项基础业务，覆盖全区育龄群众，并安装二代身份证识别器，实现了相关证件的办理、打印、统计、分析及与人口库对接等功能，在全市领先并具有借鉴意义。申报国家人口信息化建设成果。区人口信息化建设得到国家和市人口计生委充分肯定，并正式申报国家人口信息化建设成果。

优质服务。开展以文明倡导、“宝贝计划”、青春健康、健康生育、生育关怀、“心灵家园”六大工程为载体的创建幸福家庭活动，把计划生育优质服务工作引向深入。在文明倡导工程方面，成功举办“石景山区首届家庭人口文化节”，各街道、社区围绕“幸福家庭·和谐人口”主题，举办形式多样、内容丰富的文化服务活动，对20个幸福家庭、9个优秀社区和9名优秀宣传员进行了表彰。在“宝贝计划”工程方面，为560对育龄夫妇提供免费孕检服务；启动区计划生育技术指导中心改扩建工程，在区妇幼保健院建立“非童凡响”婴幼儿早期发展指导中心，各街道也建立起各具特色的早教基地。在生育关怀工程方面，组织“温暖国策百里行”走访慰问活动，为全区100户计生低保家庭、计生干部困难家庭和特别扶助家庭送去3万元慰问金和慰问品；连续两年为特别扶助家庭投保计划生育家庭意外伤害险，兑现各项奖励、扶助款237万余元。在青春健康、健康生育、“心灵家园”工程方面，为民办、打工子弟学校男教师开展“关注男性健康·促进家庭和谐”拓展服务活动；举办“健康新生活·和谐新首钢”优质服务走进新首钢活动，探索区企共建优质服务模式；启用药具电子导航系统，拓宽药具发放渠道。

流动人口。抓好“四种模式”（楼宇模式、社区模式、市场模式、出租楼房地下室模式，以下简称“四种模式”）推广工作。制定项目建议书，明确工作目标和标准，加强工作指导。年内，“四种模式”在全区153家社区、单位中全面推开，实现年度覆盖40%的既定目标。构建“一盘棋”格局。与流动人口主要流出地分别签订《流动人口计划生育服务管理区域协作协议书》，修改完善区“一盘棋”工作评估标准，主动与流出地沟通座谈，互通信息，积极开展服务。3月在远洋沁山水工地举行“春风送暖·与法同行”流动人口法制宣传活动，9月在中关村石景山园区网站开展人口计生政策知识有奖问答活动。做好各项基础性工作。开展楼宇流动人口服务管理专题调研，完成在华滞留毗邻国家妇女专项排查，进行流动人口动态监测抽样调查，为5 014人次开展孕情、环情检查。

依法行政。规范行政行为。制作《人口和计划生育业务指导手册》，减少审批环节、优化审批手续、缩短审批时限；协调相关部门，制作《生命全周期公共服务办事指南》，内容涵盖从出生到死亡的39项公共服务事项，极大地方便了群众。开展诚信计生。开展“党风廉政建设宣传教育月”活动，深入推进“阳光计生行动”，积极开展乱收费、乱罚款专项治理，认真落实政务公开、群众评议等各项规定，在全市率先实现诚信计生。方便群众办事。传达学习国家和北京市关于方便群众办证、办事的规定和要求，加强对街道计生办及“窗口”工作人员的培训，端正服务态度，简化办事程序，提高工作效率，增强群众的满意度。

基层基础。注重对基层计生工作的组织指导，坚持每月街道办主任例会、半年工作总结会、重点工作交流会等制度。各街道年初召开人口计生工作会，并与各社区、单位、企业及部队签订《责任书》，明确任务，厘清思路；发挥人口文化活动中心、活动室和计生协作用，以“倡导婚育文明，构建和谐家庭”为核心，开展多种形式的人口文化主题宣教活动；认真落实“阳光计生”各项规定，坚持有奖举报、民生评议等制度，切实维护群众合法权益；居委会换届选举后，各街道普遍调整配齐计生专干，健全协会组织，采取多种形式加强对新专干的业务培训，提高了社区专干的整体素质和业务水平。

【人口和计划生育数据】年末，全区常住人口63.9万人，较2011年增加0.5万人，同比增长0.8%，增速在城六区中居第五位。常住人口占全市总人口（2 069.3万人）的3.1%，所占份额在城六区中最低。常住外来人口21.4万人，较2011年增加0.1万人，同比增长0.5%，较全市4.3%的增速低了3.8个百分点。常住外来人口占比33.5%，低于城市功能拓展区41.0%的平均水平6.5个百分点，在城六区中居第四位。人口性别结构均衡。老年人口比重持续上升。常住人口中，0～14岁人口5.8万人，15～64岁人口51.7万人，65岁及以上人口6.4万人，占全区常住人口的比例约为10.0%，较2011年的9.8%提高了0.2个百分点。人口自然增长态势基本稳定。全年出生人口6 118人，人口出生率为9.61‰；死亡人口2 884人，人口死亡率4.53‰；自然增长人口3 234人，自然增长率5.08‰。

【人口与计划生育领导小组（扩大）会】2月20日，召开石景山区2012年人口与计划生育领导小组（扩大）会，市人口计生委主任刘志，区领导荣华、夏林茂、富大鹏、付生柱、杨东起、刘建国出席会议。会议播放了电视片《2011年人口计生工作巡礼》和《2012年人口计生工作思路》，总结了2011年石景山区人口计生工作，部署了2012年工作重点。区发改委、人力社保局、住建委分别从规划、人才、住房角度汇报交流了统筹解决人口问题的经验。市人口计生委主任刘志充分肯定了近年来石景山区人口计生工作取得的成绩，并就进一步做好2012年工作提出三点意见：①做好人口服务管理工作，确保党的十八大和市第十一次党代会胜利召开；②抓住计划生育国策确立30周年和《人口与计划生育法》颁布10周年两件大事，做好人口宣传；③继续做好稳定低生育水平的工作，坚持计划生育基本国策不动摇。荣华书记就进一步做好区人口计生工作提出三点要求：①围绕主题主线，充分认识统筹解决人口问题的重要性和紧迫性。全区各部门、各单位必须进一步统一思想，切实把统筹解决人口问题与调整经济结构、转变发展方式结合起来，为区域经济社会转型发展提供持续动力。②围绕重点难点，进一步形成统筹解决人口问题的强大合力。抓住产业结构调整机遇，着力优化人口结构；进一步加强流动人口服务管理，引导人口有序流动与合理分布；积极应对人口老龄化，破解人口抚养比升高的难题。③围绕深化改革，进一步完善统筹解决人口问题的宏观决策、考核评估和利益导向机制。市人口计生委相关处室领导、区人口与计划生育领导小组成员单位领导、各街道办事处（鲁谷社区）相关领导参加会议。

【创建幸福家庭工作】年内，全面实施以“文明倡导、‘宝贝计划’、青春健康、健康生育、生育关怀、‘心灵家园’”为主要内容的六大工程。1月9日，在苹果园第三社区启动了2012年“温暖国策百里行”春节走访慰问活动，走访慰问100户计划生育低保家庭、计生干部困难家庭和特别扶助家庭；4月21～22日为民办学校、打工子弟学校100名男教师进行了生殖健康体检和咨询服务活动；7月12日至9月24日，举办了历时74天的“石景山区首届家庭人口文化节”；10月11日，区人口计生委与首钢计生办联合开展了“健康新生活·和谐新首钢”优质服务走进新首钢活动；11月7日，“石景山区‘非童凡响’婴幼儿早期发展指导中心”在区妇幼保健院揭牌成立；11月23日开展了以“关注男性健康·提高生活质量”为主题的“10·28”男性健康日活动；11月与中国人口宣教中心联合开展“蓝色关爱项目”，先后开展了3场关爱女性健康公益讲座，为200多名女职工、女检察官、女大学生上了心理、生理健康教育课。全年为560对育龄夫妇提供了免费孕前优生健康检查，兑现各项奖励、扶助款237万元。六大工程的实施，把计划生育优质服务工作进一步引向深入。

【免费避孕药具发放综合服务平台】4月起，正式启用“北京市免费避孕药具发放综合服务平台”。该平台以城市育龄群众避孕需求为出发点，在以人为本、关注民生的服务理念下，充分利用互联网和移动互联网等现代化技术，结合现代物流配送与管理手段，建设多元化药具发放服务体系，探索新型城市避孕药具发放服务模式。系统引入以“避孕药具物流配送—紧急避孕咨询救助—人工流产绿色通道”为核心的非意愿妊娠三级预防新理念，结合生殖健康自我评估和生殖保健网络视教等个性化的互动服务模式，向全社会推广集宣传教育、健康测评、药具配送、咨询服务、绿色通道等功能和服务于一体的现代化避孕药具发放综合服务网络体系，进一步方便了群众。

【人口计生前台办公系统】年内，为进一步方便群众，提高效率，加强基层信息化管理，建立了石景山区人口计生前台办公系统。5 月 10 日，在京燕饭店举行了人口计生前台办公系统上线启动仪式，各街道现场逐一登录上线；9 月，又对前台办公系统进行了优化升级，并安装了二代身份证识别器，进一步提升了系统操作的便捷性和数据采集的准确性。该系统主要由信息管理、信息查询、证件套打、迁入迁出、统计分析5 大板块组成，涵盖了人口计生工作的全部基础业务 23 项，覆盖了全区育龄群众，实现了相关证件的办理、打印、统计、分析及与石景山区人口库对接等功能，具有书写的规范性、工作的高效性、业务的全面性和强大的统计分析功能等优势。在证件办理时，工作人员只需输入育龄妇女证件号，系统从数据库里就会自动提取该人的信息制成围产保健单，在核查无误后，即可打印；在进行统计分析时，只要点几下鼠标就能实现各个时间段、各种信息的分类查询和导出，同时还能够以各种图表的形式生动呈现，极大地方便了数据的分析和应用。

【国家人口计生委调研信息化建设】 5 月 24 日，国家人口计生委发展规划与信息司信息处处长王瑾玲到石景山区人口计生委调研人口信息库建设情况。石景山区人口计生委宋平主任就人口信息库的建设背景、思路、目标和应用情况做了汇报。石景山区的人口信息库分两个阶段建设，第一阶段是建设个人身份证上六项信息的“人口核心基础信息库”；第二阶段是建设包含个人教育、婚姻、就业、医疗、计生服务等信息的“人口基础扩展信息库”。经过几年的运作，建立了协调配合、采集更新、共享使用、绩效评价等工作机制，保证人口数据的鲜活性，打造面向部门业务的人口服务模式。在以石景山区人口计生委、经信委为牵头单位，教委等7 个部门为共建单位的人口信息化建设小组的推动下，人口库涵盖的数据内容丰富，信息来源广泛，查询更为方便，定位比较准确，育龄妇女、残疾人、街道等多个专题辅助部门实现人口管理与服务的精细化。王瑾玲处长充分肯定石景山区人口信息库的建设成果，认为其建设思路体现了“大人口”工作职能，反映了石景山区在解决人口问题方面的统筹协调力度。有关专家还就人口库的建设模式等问题进行了深入交流。北京市人口计生委信息处处长臧萝茜、信息中心主任王进孝陪同调研。

【首届家庭人口文化节】 7 月 12 日至 9 月 24 日，举办了历时 74 天的“石景山区首届家庭人口文化节”。7 月 12 日，在苹果园街道西黄新村西里社区举行启动仪式，区人口计生委介绍了全区规范人口文化活动室、创建会员之家情况，与会人员共同观看了西黄新村西里家庭人口文化建设宣传片，市、区领导向第二批人口文化活动室、会员之家达标的20 个社区授牌、赠书。期间，各街道和社区围绕“幸福家庭・和谐人口”的主题，先后举办了30 余场健康讲座、知识竞赛、主题座谈等活动，社区居民、部队官兵、企业职工、在校学生、流动人口5 000余人次参与；同时还组织文艺活动20余场，包括国策演讲、摄影书画展、才艺展、婴幼儿早教、文化沙龙、社区服务等丰富多彩的文化服务活动，参加群众近万人。9月24日，石景山区首届家庭人口文化节闭幕式在万商花园酒店举行。闭幕式上，评选出的20个幸福家庭，9个优秀社区、9名优秀宣传员受到了表彰。

【0～3岁婴幼儿早教项目】为实现《石景山区“十二五”时期儿童发展规划》提出的“十二五”0～3岁婴幼儿的早期受教育率达到90%的目标，8月28日，举办了区婴幼儿早期发展促进项目启动仪式。仪式上，与北京抱抱熊文化创意有限公司就《石景山区婴幼儿早期发展促进项目》签署了合作协议。该公司向石景山区1万个0～3岁的户籍婴幼儿家庭免费提供价值492万元的早教产品和专家育儿咨询服务。11月7日，石景山区“非童凡响”婴幼儿早期发展指导中心在区妇幼保健院揭牌成立。中心以“打造智慧父母，培养聪明宝宝，建设幸福家庭”为理念，为全区0～3岁婴幼儿家庭提供早期发展综合服务。中心共设综合室、亲子教室、早期阅读室、艺术教室、测评室、游泳抚触室六大功能区，为全区0～3岁婴幼儿及家长（看护人）提供为期十二课时的标准化、系统化科学育儿专题培训，以及系列亲子课程，从而改善和提高0～3岁婴幼儿的健康和教育状况，提升家长的教养技能和素质。

【召开街道人口计生半年工作会】8月30日，召开石景山区2012年街道人口计生半年工作会。会上，各街道分别汇报了上半年特色工作，区人口计生委对上半年工作进行了总结，并对下半年工作进行了部署和重点解读，副区长杨东起传达了国家、北京市人口计生半年工作会精神，区委常委、区委办主任富大鹏充分肯定了区上半年人口计生工作，并就如何做好下半年工作提出三点要求。①统一思想，提高认识，进一步增强紧迫感和责任感。②突出重点，全面推进，高标准完成全年目标任务。一是抓大事，把十八大前稳定工作作为下半年重中之重；二是抓关键，把宣传和服务工作作为重要手段；三是抓重点，把流动人口和人户分离人员工作作为重点和难点。③加强领导，务求实效，以敢于攻坚克难的工作热情，以不断创新的工作实效，为区域经济社会发展营造良好的人口环境。

【优质服务走进新首钢】10月11日，石景山区人口计生委、首钢计生办“健康新生活·和谐新首钢”优质服务走进新首钢活动在首钢矿业公司举行。北京市人口计生委副主任耿玉田、石景山区人口计生委主任张帆，首钢总公司副总经理强伟等领导出席活动并讲话，首钢矿业公司、迁钢公司、总公司卫生处等单位领导，以及矿业公司、迁钢公司干部职工300多人参加了活动。活动中，石景山区人口计生委、首钢计生办领导向矿业公司和迁钢公司职工赠送了“爱心服务包”。清华大学玉泉医院性医学科主任杨大中教授、北京大学精神卫生博士汪冰分别进行了男性生殖健康讲座和健康快乐互动游戏。与会领导为荣获“钢城幸福家庭”代表颁奖后，矿业公司职工带来的配乐诗朗诵《惦念》，讲述了发生在矿区的真实感人故事，诠释了“幸福家庭”的深刻含义。北京市人口计生委副主任耿玉田充分肯定了石景山区人口计生工作，认为石景山区的计划生育优质服务工作始终坚持以人为本，特别在男性健康工作中不断推陈出新、亮点频现。他指出，石景山区作为全国的优质服务先进区，2008 年，在全市率先开展了“关爱男性生殖健康工程”；2010 年，又承接了国际计生联《促进出租车司机性与生殖健康项目》；2011 年，男性健康促进计划即 2011 ~ 2015 年健康火炬传递系列活动在高科技园区拉开了帷幕；2012 年，优质服务活动走进了新首钢，很好地体现了大健康的理念，在满足男性生殖健康需求，提高男性生活质量，促进家庭幸福方面起到积极的推动作用，越来越丰富了计划生育优质服务内涵。特别是与首钢携手共同探索了优质服务在企业的拓展和延伸，在全市起到率先作用。首钢搬迁调整，处于“多业多地”大发展的关键时期，“健康新生活 · 和谐新首钢”是首钢实现伟大转型的时代要求，健康与生活同行、同心、同源，家庭的和谐、企业的和谐、社会的和谐会使新首钢绽放新的光彩。

【召开计生协七届三次理事会】 10 月 18 日，石景山区召开计划生育协会七届三次理事会。会议审议通过了第七届理事会会长、常务副会长、副会长、秘书长、常务理事、理事及监事会成员的调整情况和第七届理事会工作报告。石景山区副区长杨东起出席会议并当选为区计生协第七届理事会新会长。报告对本届理事会 2011 ~ 2012 年任职期间，在完善利益导向机制、举办青春健康教育、实施生育关怀、创新协会组织形式、开展主题宣传活动、加强国际交流与合作等六个方面作了总结；提出今后几年的工作设想，要继续做好计划生育惠民工作、普及生命全周期性健康教育知识、扎实推进 0 ~ 3 岁早教工程、倡导新型家庭人口文化、加强组织和队伍建设五个方面工作。杨东起会长提出三点要求：①提高认识，发挥积极作用，增强做好各项工作的紧迫感和责任感；②突出重点，狠抓工作的落实，要在服务理念、服务重点、服务方式和服务效果上有新的突破；③依靠群众，做好基层工作，充分发挥协会在基层人口计生工作中的生力军作用，为群众办好事、解难事，以优异的工作业绩迎接党的十八大召开。

【推进“蓝色关爱项目”】 11 月，由中国人口宣教中心与石景山区人口计生委联合推动的“蓝色关爱项目”在石景山区开展了 3 场关爱女性健康公益讲座，分别在中铁建 22 局、区检察院和北方工业大学，为 200 多名职工、检察官、大学生上了心理、生理健康教育课。女性健康专家封锦平老师和青少年教育专家温方老师用通俗易懂的语言，解析生活中常见的问题，针对不同年龄段的女性朋友和大学生深入浅出地讲解了生殖健康、自我保健知识和营造和谐家庭的生活方式，传授了青春期自我保护、人际交往的方法，教育大家树立正确的人格与崇高的品德。授课过程中，区人口计生委向参加活动的职工、检察官、大学生发放了健康科普手册和计划生育知识宣传品。“蓝色关爱项目”是一项由企业资助，政府推动的社会公益事业，其宗旨是提高女性健康意识。本项目的实施，初步形成了企业与政府之间的良性互动、资源共享、服务群众的社会合作机制。

【流动人口服务管理“四种模式”经验交流会】12月28日，石景山区人口计生委举办“我们在一起”暨流动人口服务管理“四种模式”经验交流会。会议由区人口计生委主任张帆主持。会上首先播放了2012年流动人口“四种模式”推广成果展示片，老山街道详细介绍了全年工作开展情况，流动人口代表现身说法，畅谈服务感受。市人口计生委党组副书记、副主任徐捷，在肯定石景山区工作的同时，介绍了当前流动人口的发展趋势和存在问题。区政府副区长杨东起到会并提出四点要求：一要建立健全流动人口服务保障机制；二要不断扩大流动人口服务覆盖面；三要不断完善流动人口公共服务体系；四要打造服务阵地，为流动人口提供综合性、一站式、精细化服务的工作新品牌。区人大常务副主任付生柱、区政协副主席刘建国、市人口计生委流管处处长刘凤婷及全区有关部门的主管领导和各街道人口计生主管主任参加会议。

【生命全周期服务指南】年内，为进一步方便群众办理计划生育事项，提高计划生育优质服务水平，由石景山区人口计生委牵头，区卫生局、公安分局、民政局、教委、人力社保局6部门联合制作了《生命全周期公共服务办事指南》。12月4日，以法制宣传日为契机，在苹果园街道第三社区举办了以“关爱生命全周期·创新服务新模式”为主题的《生命全周期公共服务办事指南》（以下简称《指南》）推介活动，并开展了人口计生法制宣传和咨询，将《指南》发至居民手中。该《指南》涵盖了公民从出生到死亡，包括呱呱坠地、户口登记、幼儿园教育、义务教育、居民身份证、结婚、婚假、生育服务证等39项公共服务事项，明确了这些服务的办理依据、办理程序、必备材料、办理地点、联系电话和收费标准等，受到广大群众的好评。

【免费孕前优生健康检查项目】年内，根据《北京市人口计生委 北京市财政局关于全面开展国家免费孕前优生健康检查项目工作的通知》，石景山区被确定为国家免费孕前优生健康检查项目北京市项目区县。该项目具体服务内容是：为计划怀孕夫妇提供优生健康教育、体格检查、临床实验室检查、影像学检查、风险评估、咨询指导等孕前优生健康检查服务。进一步完善了区妇幼保健院硬件设施，添置了先进的精液分析仪、办公电脑等，投入40余万元作为孕前优生健康检查服务资金，有效保证了项目的顺利实施。全年，共为560对待孕夫妇免费提供了孕前优生健康检查。

【三个融合推进军民共建工作】年内，区人口计生委实行三个融合，进一步推进军民共建人口计生工作。①融合式管理。把军民共建工作融入人口计生的统筹协调、科学管理、利益法制、社区管理等各项机制建设之中，定期召开军民共建计划生育研讨会，把军民共建工作纳入人口计生年度目标考核体系。②融合式服务。深入开展健康、亲情、温暖、连心、爱心等“五大关怀行动”，把军民共建工作进一步延伸到关爱男性生殖健康、生育关怀亲情牵手和共建幸福家庭等重大活动中。③融合式宣传。结合纪念“7·11”世界人口日，以“幸福家庭·和谐人口”为主题，充分发挥区“三级”人口文化学校的网络优势，联合开展系列家庭人口文化主题宣传和咨询活动。

【三项措施治理出生人口性别比】年内，石景山区采取三项措施开展综合治理出生人口性别比工作：一是联合发文，由区人口计生委、公安分局、卫生局、统计局、药监分局、妇联共同发文制定工作实施方案，明确各部门职责，进行任务分解；二是齐抓共管，8月10日，区人口计生委、药监分局、卫生局、公安局对流动人口聚集地水泥厂地区进行联合检查，形成了齐抓共管、综合治理的良好格局；三是建立监督机制，利用政务公开、举报电话等多种形式，把部门监督和群众监督、社会监督结合起来，形成全面、系统的监督体系。

（叶光洲）

门头沟区

【概况】2012年，全区人口计生工作在市人口计生委的指导下，在区委、区政府的正确领导下，深入贯彻落实科学发展观，坚持“小人口”不放松、“大人口”抓统筹，围绕本区现代化生态新区发展战略，坚持以人的全面发展为核心，以创建“幸福家庭”深入开展“六大工程”为重点，以加强基础工作为保障，“更加注重宣传倡导、更加注重利益导向、更加注重服务关怀”，立足区情借势发展，不断探索新型区域人口计生事业发展新模式，努力为本区经济社会发展创造良好的人口环境。

生殖健康与优质服务。区人口计生委举办“生殖健康伴你行”大课堂。大课堂活动旨在普及生殖健康知识，提高出生人口素质，创建幸福家庭。健康专家深入机关单位、镇（街道）、村（社区），采取课上互动交流、课后健康咨询等形式，讲授了优生优育、生殖保健、更年期保健等科学知识。一年来，大课堂已举办知识讲座27场，惠及干部群众3 000多人。活动中发放优生优育、女性保健、知情选择、更年期保健等宣传材料2万余份。

流动人口计划生育管理。6月，区人口计生委四项措施加强流动人口服务管理。一是全力夯实基础工作。与各镇（街道）签订《流动人口和人户分离人员计划生育目标管理责任书》，明确任务指标；加强全区全员流动人口信息库和PADIS系统管理维护，摸清流动人口分布、数量和特点，及时报送相关数据；查验流动人口婚育证明，搞好出生信息检测，及时核实反馈情况。二是广泛开展区域协作。加强与签订区域协议书省地市计生部门联系，提高流动人口服务水平；加强与卫生、公安、流管等部门协作，搞好流动人口出生检测，及时比对、核实、反馈出生信息；加强与流动人口集中的矿区、农贸市场协作，开展集中性的孕检服务，为流动人口查环、查孕、查病。三是开展特色宣传服务。利用新建的3个爱心服务中心、15个爱心服务站，举办“幸福手牵手”主题活动，为流动人口提供爱心服务、爱心教辅、健康服务和技能培养；发挥流动人口计划生育协会组织作用，促进流动人口自我管理、自我服务。四是推进公共服务全覆盖。学习流动人口计划生育基本公共服务均等化试点经验，落实流动人口计划生育免费服务项目，兑现流动人口采取长效节育措施一次性奖励政策。

检查与评估。9月25日，市人口计生委领导检查本区阳光计生行动规范化建设。听取了区人口计生委阳光计生工作汇报，邀请了政风行风建设监督员进行座谈，查阅了相关材料，带队领导刘晓军同志对本委阳光计生工作给予充分肯定。10月23日，市人口计生委检查本区诚信计生工作。听取了区人口计生委、潭柘寺镇以及镇卫生院诚信工作汇报，查阅了区、镇相关材料，召开了育龄群众座谈会，进行了诚信计生问卷调查。10月25日，区人大检查人口计生工作。区人大常委会去年审议了区政府人口计生工作，今年对整改情况进行跟踪检查，听取了大峪街道中门花园社区和妙峰山镇涧沟村人口管理情况，实地查看了北京市全员人口管理信息系统的运行情况，了解人口构成及流动人口、人户分离人员的服务管理情况。区人大对人口计生工作给予充分肯定，对进一步加强和完善全员人口管理信息系统提出建议。12月6日，区直派组检查本委党风廉政、党务公开工作。听取了本委工作汇报，查阅了相关资料，区直派组组长李淑华同志对本单位党风廉政、党务工作给予高度评价，将进一步按照区里相关要求，继续做好党风廉政工作。

机关学习。7月13日，区人口计生委召开学习贯彻市第十一次党代会精神暨工作推进会，传达市第十一次党代会精神，总结上半年工作进展情况，部署下半年工作任务。一是把学习贯彻市党代会精神与解放思想大讨论相结合；二是把学习贯彻市党代会精神与开展主题党日活动相结合；三是把学习贯彻市党代会精神与落实全年重点工作相结合。11 月 8 日，区人口计生委组织收看十八大开幕式。区人口计生委组织全体人员收看中国共产党第十八次全国代表大会电视直播，聆听了胡锦涛同志代表十七届中央委员会所作的报告。11 月 29 日，区人口计生委举行人口计生系统学习贯彻十八大精神暨年终总结会，邀请市委党校周春明教授作十八大报告专题辅导讲座，总结今年工作情况，谋划明年工作计划。区人口计生委机关工作人员、离退休干部、各镇街主管领导、计生工作人员参加了会议。区人口计生委领导要求全区人口计生干部以高度的责任感和使命感，把学习宣传贯彻党的十八大精神作为当前头等大事和首要任务，丰富学习形式、加强宣传报道、认真抓好落实，切实把思想统一到会议精神上，落实到实际工作中，圆满完成好今年的各项目标，制定好 2013 年的工作计划。

机关创建活动。3 月份，区人口计生委多措并举推进“五型”机关创建。一是以提升干部职工道德、文化素养为目的，推进学习型机关创建。将贯彻落实十七届六中全会精神、学习践行“北京精神，做文明有礼门头沟人”、加强干部警示教育、开展三级（处、科、员）讲党课活动、举办“提升行政能力”主题演讲等纳入学习范畴，积极参与“向十大好人学习”各项活动，通过学习全面提升干部职工道德文化素养。二是以规范服务行为、完善服务机制为重点，推进服务型机关创建。将推进阳光政务为基础落脚点，聘请一支由人大代表、政协委员、法律工作者等 12 人为成员的社会监督员队伍；保障首问负责制、服务承诺制、限时办结制、一次性告知制、办事公开制的落实，确保机关服务科学化、规范化、效能化。三是以探索新的管理模式、服务方式为途径，推进创新型机关创建。围绕建立科学合理的工作机制抓创新，将升级改造葡山人口文化园、推进生命全周期服务进程、做好“十二类人群”的统筹服务管理等作为创新载体，积极筹办人口报告会，着力打造人口计生调研平台，为本区经济社会发展提供决策依据。四是以树立节约意识、提高机关效能为核心，推进节约型机关创建。注重宣传倡导低碳环保、垃圾分类、严禁浪费公家财务，将节约细节落到机关接待、公文、办公、车辆管理、用水、用电、用油、食堂用餐管理等各项工作实处，统一标准、明确限度，建立节约长效机制。五是以搞好内部团结、构建外部和谐为基础，推进和谐型机关创建。通过做好病困职工帮扶及定期慰问，开展机关文体活动、谈心活动，美化办公化境，组织全员健康体检，加强人文关怀，构建内部和谐；通过加强合作共进机制建设，以真诚互信努力构建目标同向、思想同心、工作同步的和谐型机关。

党建工作。4 月 20 日，区人口计生委召开党风廉政建设、党建工作会，紧紧围绕区委、区政府工作大局，总结 2011 年党建工作情况，部署机关 2012 年党建工作任务，层层签订了党风廉政建设责任书，明确了任务分工。2012 年是基层组织建设年，作为实现“十二五”规划的重要之年，区人口计生委将从以下四方面着手加强党建工作：一是以“创造发展新优势，提高制度执行力”为主题，统一思想，解决认识问题；二是以创建“五型”机关为有效载体，开展系列活动，努力实现强管理提素质促发展；三是以“五进农村”帮扶工作为提升服务质量的抓手，密切联系基层，检验工作成效；四是坚持突出重点、整体推进，深入做好践行北京精神、创先争优、廉政风险防范管理、做文明有礼北京人、阳光计生行动等重点工作。做好典型宣传、热点和舆论引导，借势提高服务质量和工作效率，提升党建工作整体水平和人口计生工作水平，为本区转型发展、创新发展、跨越式发展做出贡献。区直机关工委书记梁增霞、区纪委监察局直派组组长刘淑英应邀出席会议。

【人口和计划生育数据】年内，全区户籍人口出生 2 143 人。户籍人口出生率为 8.64‰，比 2011 年同期提高了 1.38 个千分点。户籍人口死亡率为 7.02‰，比 2011 年同期降低了 1.66 个千分点。户籍人口自然增长率为 1.62‰，比 2011 年同期提高了 3.04 个千分点。全区户籍育龄妇女总数为 5.67 万人，占总人口比重 22.85%；已婚育龄妇女总数为 4.05 万人，占总人口比重 16.34%。全区流动人口总数约 6.7 万人，其中育龄妇女为 1.68 万人，与 2011 年同期相比，流动人口总数增加了 4 005 人，育龄妇女增加了 322 人。

【市人口计生委领导慰问】1 月 17 日，市人口计生委副主任彭彧华来到本区，在区人口计生委主任王培兰的陪同下，走访慰问了生活困难的龙泉镇中北街社区计生干部张某某和军庄镇楼房社区计生干部高某某。彭彧华同志详细询问了她们的生活状况，感谢她们对人口和计划生育事业做出的贡献，为她们送上慰问金和慰问品，把党和政府的温暖带给她们，勉励她们克服困难，愉快地度过新春佳节。

【区领导慰问】1 月 10 日开始，区人口计生委以科室包镇街的方式进行走访慰问困难计生家庭和计生专干，共走访慰问困难计划生育家庭 10 户、村居计生专干 24 人、从事计生工作 15 年以上的离岗专干 3 人，每户发放慰问金 1 000 元，总共走访慰问 37 户。同时走访独生子女发生意外伤残或死亡家庭 11 人，每户给予 10 000 元的一次性家庭帮助；走访独生子女父母发生意外伤残或死亡家庭，每户给予 5 000 元的一次性家庭救助。

【区领导加大对人口计生工作调研力度】3 月 5 日，副区长李昕到人口计生委调研重点工作。听取了全员人口基本信息库、葡山人口文化园升级改造、网上综合管理系统建设等重点工作汇报，对各项工作进展情况给予了充分肯定，并就下一步工作提出了五项要求：一是积极应对职能转型期对人口工作的新要求；二是及时了解全区规划定位新动向，将人口调控调研课题作为一项掌握实际、发现问题、提升工作的切入点；三是进一步完善全员人口基本信息数据库建设；四是突出区域特色，积极扩大人口计生宣传影响力；五是重视人口计生文化环境建设。11 月 1 日，区长王洪钟到人口计生委调研。王洪钟与副区长洪家志听取了区人口计生委重点工作情况汇报。王洪钟同志指出：近年来，区人口计生委不断探索人口计生工作新模式，在全区大发展、大建设中做了大量工作，完成了市里下达的各项指标，为全区发展创造出良好的人口环境。下一步，区人口计生委要进一步加强人口研究，加大政策宣传力度，切实做好创新改革，为本区经济社会和环境建设快速发展助力。11 月 15 日，副区长李昕到人口计生委调研。李昕同志听取了人口和计划生育综合信息管理平台建设情况，实地查看了区人口文化园建设情况。要求人口计生委要进一步总结经验，加大工作力度，确保今年各项工作任务全面完成。

【奖励扶助和特别扶助】 4 月 25 日，市人口计生委检查指导本区奖扶特扶工作。市人口计生委检查人员听取了本区奖励扶助、特别扶助工作汇报，查看了相关资料，并到今年新增奖励扶助对象家中核实情况。检查人员对本区奖励扶助、特别扶助工作给予充分肯定。据统计，2012 年，全区有 467 人符合奖励扶助政策。

【京西人口文化节】 5 月 29 日，本区在葡山公园（区人口文化园）举行第七届京西人口文化节开幕式暨“歌华杯”门头沟 2012 幸福家庭摄影大赛启动仪式。市人口计生委副主任彭彧华，副区长李昕等领导参加活动。本届京西人口文化节计划历时半年，文化节以“幸福家庭 · 和谐人口”为主题，以创建幸福家庭为目标，以实施“文明倡导、宝贝计划、青春健康、健康生育、生育关怀、心灵家园”六大工程为重点，通过举办“歌华杯”幸福家庭摄影大赛、幸福家庭评选、开展人口文化发展研究、举行“人口文化一日游”、开展免费孕前优生健康检查等一系列具有浓郁特色的人口文化宣传服务活动，展示门头沟人的精神风貌，展示本区人口计生工作的丰硕成果。副区长李昕在讲话中对做好人口计生宣传工作提出要求。市人口计生委副主任彭彧华对门头沟区创建京西人口文化节这一宣传服务品牌给予充分肯定，对进一步做好人口计生工作提出建议。活动现场设立宣传咨询服务台，咨询服务数百人，义务为群众量血压、量身高、量体重数百余人，摆放宣传展板 16 块，发放宣传海报、宣传折页等材料 3 000 余份，发放避孕药具 200 余盒。11 月 28 日，举行第七届京西人口文化节闭幕式暨区人口文化园升级竣工开园典礼，市人口计生委党组书记、主任刘志，党组副书记、副主任徐捷，区委书记韩子荣，区委副书记、区长王洪钟，区委常委、组织部长丁勇，区委常委、区委办公室主任彭利锋等领导出席闭幕式和开园典礼。丁勇同志主持闭幕式暨开园典礼仪式。区人口计生委主任王培兰宣读《门头沟区幸福家庭表彰决定》。市、区领导为幸福家庭代表颁奖。幸福家庭代表宣读《共创和谐社会 共建幸福家庭倡议书》。王洪钟同志在致辞中强调了本区打造首都西部综合服务区、大力发展旅游文化休闲产业的工作思路，以及全区城市建设和经济发展情况，总结了第七届京西人口文化节工作。刘志同志代表市人口计生委向第七届京西人口文化节胜利闭幕和门头沟区人口文化园升级竣工表示热烈的祝贺！相关委办局、各镇街主管领导、计生办主任、区人口计生委相关人员、幸福家庭代表参加活动。

【北京市“国家免费孕前优生健康检查项目全覆盖”启动仪式】7月27日，北京市“国家免费孕前优生健康检查项目全覆盖”启动仪式在本区举行。国家人口计生委科技司副司长王巧梅、财务司副司长吴士勇，市人口计生委党组书记、主任刘志，市财政局教科文处处长于爱晶，区领导韩子荣、丁勇、彭利锋、李昕等出席启动仪式。国家免费孕前优生健康检查项目是经国务院批准，由国家人口计生委、财政部共同组织实施的一项重大民生工程。启动仪式上，副区长李昕介绍了本区实施国家免费孕前优生健康检查项目方案。与会领导现场给计划怀孕夫妇代表发放了免费孕前优生健康检查项目服务卡。市人口计生委主任刘志指出，2011年北京市丰台区、昌平区、平谷区作为国家第二批试点，开始实施免费孕前优生健康检查项目。2012年北京市将全面实施国家免费孕前优生健康检查项目，在全国率先实现国家免费孕前优生健康检查项目工作全覆盖。区委书记韩子荣在致辞中说近年来，区委、区政府在落实区域功能定位、大力推进地区跨越式发展的进程中，始终将人口计生事业纳入经济社会发展总体目标，把产业结构调整、城市建设、社会保障、安居就业作为统筹解决人口问题的重要途径，树立了“幸福家庭，和谐人口”的理念，构建了以新型家庭人口文化建设为核心、以促进家庭成员和谐健康为基础、以关注民生为目的的公共服务体系，落实了各项惠民政策，市民及家庭的幸福指数不断提升。国家免费孕前优生健康检查项目组专家，各区县人口计生委主任、主管副主任，区人口计生委、区卫生局、区财政局有关领导，各镇街人口计生干部，以及本区部分计划怀孕夫妇代表共120多人参加了启动仪式。

【召开第三届京西人口与发展论坛】9月28日，区人口计生委召开第三届京西人口与发展论坛。会议由副区长李昕主持，区常委、常务副区长陈国才同志致辞。北京市人口计生委党组书记、主任刘志发表主旨演讲并提出了今后的四个工作方向：

①深化人口战略研究；②探索建立人口评估机制；③加强人口信息化建设；④加大流动人口管理和服务力度。区委书记韩子荣出席了会议。此次报告会，既是学术争鸣与推陈出新的研究过程，也是理性认识和感性认识碰撞与趋同的过程，通过广泛深入的交流、研讨，明确了本区人口发展思路，指出了当前本区人口发展过程中亟待解决的问题，提出了相应的政策措施与建议，并在诸多问题上形成了共识，为解决人口与经济社会发展发挥重要的借鉴作用，为区委区政府的科学决策提供依据。

【召开“免费孕前优生健康检查项目”总结表彰会】11月23日，全区“免费孕前优生健康检查项目”总结表彰会召开。市人口计生委副主任耿玉田出席表彰会并讲话。会议总结了“免费孕前优生健康检查项目”工作情况，宣读了表彰决定，对先进集体、先进个人进行了表彰。截至10月底，本区超额完成国家下达的全年指标，目标人群参检率达到86%（下达指标是80%），全区共有630对夫妇参加了免费孕前优生健康检查。耿玉田同志对本区提前超额完成全年指标表示祝贺，对本区高度重视、广泛宣传、全民动员、认真组织，圆满地完成这项惠民工作表示感谢。区人口计生委、区卫生局、区财政局、区民政局、区体检中心领导以及各镇街相关人员参加会议。

【区计生协会五届三次理事会暨计生贴息贷款十年总结会召开】区计生协会五届三次理事会暨计生贴息贷款十年总结会于1月17日召开。区委常委、组织部部长丁勇到会并讲话。区人口计生委主任、区计生协常务副会长王培兰总结了2011年计生协工作，通报了2012年计生协工作思路。会上播放了反映本区扶持计划生育低收入家庭增收致富工作的电视专题片《幸福千万家》，表彰了优秀项目户和优秀项目管理者。丁勇同志充分肯定了区计生协工作成绩，他就深入贯彻落实区第十一次党代会精神、进一步做好计生协工作提出要求：①要形成合力服务地区跨越式发展；②要下大力气服务计划生育群众；③要切实加强协会自身建设。区计生协理事、各镇街计生协秘书长、贴息贷款优秀项目户和优秀项目管理者共70余人参加会议。

（付延路　陈伟静）

房山区

【概述】2012年是实施“十二五”规划承上启下的关键之年。房山区人口计生工作紧紧围绕“一区一城”新房山的发展目标，坚持计划生育基本国策，稳定低生育水平，以创新人口服务管理体制机制为动力，以建立健全人口发展调控机制和人口服务管理体系为抓手，以合理调控人口规模为重点，大力弘扬“三敢精神”，扎实开展各项工作。稳步推进人口战略研究工作；统筹协调人口工作取得新进展；不断加强依法行政，着力维护社会和谐稳定；进一步完善利益导向政策体系；积极拓展人口计生公共服务平台；大力加强人口文化建设；不断推进流动人口服务管理力度，努力实现“均等化”服务，保证各项工作任务的顺利完成。

人口研究。为科学合理地解决好本区人口问题，促进房山区“一区一城”建设，实现房山区人口、资源、环境协调可持续发展，根据房山打造“首都高端制造业新区和现代生态休闲新城”的功能定位，开展了“房山区发展功能定位背景下人口承载力及人口优化研究”的调研课题，为引导人口合理分布，优化人口结构提供科学的决策依据。另外，还开展了“立足‘三化两区’，优化人口结构、服务区域经济社会发展”调研课题的研究。另一方面，加强了基层的调研工作。年初下发《关于进一步加强人口和计划生育调研工作的通知》和调研参考题目，成立基层调研队伍，明确调研工作目标和任务，制定工作措施以及考核办法，为区域协调发展奠定了基础。

宣传教育。坚持以“幸福家庭　和谐人口”为主线，继续深化“一个思路，十大宣传主题，四大宣传体系，六项保障措施”，进一步解放思想，推动本区宣传教育工作改革创新，开展好富有特色的宣传教育活动，做到“区级有统筹，乡镇有特色，村居有活动”。充分发挥媒体作用，大力宣传三十年来人口计生工作取得的巨大成绩。与房山电视台合作，完成了房山区近年来人口计生工作、流动人口、技术服务、“7・21”抢险救灾四个专题片，有效地扩大了宣传范围，提高了宣传效果。积极向市、区上报人口信息，取得领导的关注与支持。到目前为止，区内媒体采用60余条，区以上媒体采纳50余条。为充分展示新时期人口计生事业伟大实践和突出业绩，大力弘扬人口文化，促进人口长期均衡发展，联合区委宣传部等5个部门开展了以“幸福家庭，和谐人口”为主题的“首届家庭人口文化节”。文化节包括人口文化大讲堂、家庭人口文化艺术作品展演、“宝贝计划推进项目”、“青苹果乐园畅谈理想”和“房山区百家幸福家庭评选表彰”五项活动。尤其在两节、“7・11”、“9・25”等重要活动期间，充分发挥宣传教育的先导作用，在全区范围内开展人口和计划生育宣传活动，形成了领导重视、组织严密、活动纷呈、形式多样、特点突出、效果明显的新局面，收到了良好效果。

依法行政。紧密结合全区人口计生工作要点，认真贯彻落实人口与计划生育法律法规，建立和完善行政执法制度，进一步规范计划生育行政执法行为。按照北京市人口计生工作会议精神，及时召开会议，向各乡镇传达落实市人口计生工作会议精神，布置工作任务，重新制定《房山区2012年人口和计划生育目标管理责任书》，调整有关指标数据和相关内容，创新评估方法，以保证本区人口和计划生育目标管理任务的实现。全面推进诚信计生工作，制定了房山区全面推进诚信计生工作实施方案，结合诚信计生工作的开展，在全区开展了乱收费乱罚款专项治理工作，全区未发现乱收费乱罚款行为。依法做好北京市农村部分计划生育家庭奖励扶助、特别扶助工作。举办了全区奖励扶助、特别扶助工作培训班，对奖扶、特扶人员的认定标准、工作程序等业务进行了细致的讲解，为做好此项工作打下了基础。规范审批制度。对病残儿专家进行了调整，召开了房山区病残儿医学鉴定专家座谈会，邀请房山第一医院、良乡医院等五家医院的 22 名专家就病残儿医学鉴定工作进行探讨和交流，同时对病残儿医学鉴定工作的程序和工作要求进行了培训。做好《条例》规定的各项奖励政策的落实工作，保证各项奖励政策全部落实到位。及时做好一次性经济帮助人员资料审核工作，今年共兑现一次性经济帮助 16 例。加强对社会抚养费征收政策的宣传力度，严格依法行政，正确执法、文明执法，利用多种形式向群众大力宣传计划生育政策，增强育龄妇女及家庭的法制意识，消除传统观念，自觉实行计划生育。

优质服务。积极开展免费孕前优生健康检查，将此项目纳入区委、区政府为民办实事之一，召开专题会议，制定并下发房山区国家免费孕前优生健康检查实施方案，确保符合生育政策待孕夫妇享受到计划生育方面的惠民服务，为本区降低出生缺陷的发生，提高出生人口素质筑牢了第一道防线。继续开展“农村长效节育户籍已婚育龄群众免费健康体检项目”。及时制定并下发年度项目实施方案，组织各乡镇计生办、体检单位座谈会和培训会。与区民政局合作开展的免费领取“婚育健康服务包”项目，已经成为常规化工作内容，今年已发放“婚育健康服务包”3 120 个。门诊生殖健康咨询服务 2 000 多人次。流动人口健康服务 3 059 人，各项检查 6 089 人次，发放宣传品 3 000 多份，免费提供避孕药具 1 800 多盒，为外省市计生部门提供孕检信息 380 余次。每半月为流动人口科提供体检人员信息 22 次。继续坚持以“流动服务车”下乡服务为品牌，开展“计划生育生殖健康伴你行”系列活动。

信息化建设。积极构建人口基础信息共享平台。为了贯彻落实科学发展观，为“一区一城”新房山建设提供及时准确的人口数据，2012 年积极筹建了以区人口计生系统为依托的综合人口管理和服务系统平台，以统筹全区人口信息资源，实现部门间人口信息资源共享，提高社会事务管理和人口与发展综合决策水平。完善了全员人口数据。加强培训与指导，不断完善全员人口数据，平均户籍人口入库率达到 95% 以上。发挥信息引导作用，为领导决策提供参考。根据 2011 年人口计生统计数据，完成了房山区 2011 年人口和计划生育形势分析和数据汇总工作，撰写了《加强人口计生工作，稳定低生育水平，为“三化两区”建设创造良好人口环境》专题报告，充分发挥了信息的引导作用。

避孕药具。避孕药具管理工作结合实际，围绕区人口和计划生育委员会的中心工作，巩固基础，继续深化药具优质服务工作，实行签订区、乡两级目标管理责任书的管理。严格监督乡镇执行年度计划，不折不扣地按照管理制度做好避孕药具的调入与调出，保证对已婚育龄群众避孕节育的需求与使用。充分利用“药具发放日”开展各类宣传活动，不断深化对药具的宣传及避孕节育知识的普及，增强育龄群众的健康自律意识，降低了非意愿妊娠的发生率。采取实地查看、走访已婚育龄群众的方式，定期和不定期地对服务网点抽查，以加强对现有服务网点的管理与监督，保证服务网点的服务质量。为了督促、指导乡村两级管理业务，增强药具管理干部的责任意识，区人口计生委开展了药具“十百千”工程，以求全力满足已婚育龄群众对避孕药具的需求。积极开展国家宫内节育器调查，完成了16个乡镇国家免费提供宫内节育器使用和管理情况调查任务，为更好地服务提供了数据支持。不断更新业务知识，加强业务培训，针对药管员队伍情况撰写了《关于房山区计划生育药管员调查情况分析》。为不断适应新形势的需要，各乡镇积极组织村居级管理人员持证上岗培训，提高了整体工作水平。

协会工作。紧紧围绕人口计生工作大局，以创建幸福家庭为目标，以六大工程为抓手，以服务群众为主线，以基层工作为重点，以深化“生育关怀行动”为核心，把计生协会工作和全区计生整体工作相结合，为促进全区人口与经济、社会协调发展，发挥了协会的重要作用。稳步运作幸福工程项目，对青龙湖镇北车营村拨付项目资金10万元，发展药材种植项目，青龙湖镇水峪村养鸭项目、周口店镇娄子水村果园种植项目和燕山东风街道蛋鸡养殖项目签署新一轮扶持协议，新增受助对象10人。向区财政申请生育关怀专项资金45万元，用于帮助生活困难的计生家庭。两节期间为56户困难计生家庭和计生干部送去米面油等慰问品和慰问金。对因家庭成员遭遇意外或大病导致生活贫困的计生家庭，分别给予3 000～5 000元临时救助金，共为4户家庭送去救助金1.6万元。为城乡低保户和低收入的计划生育家庭，独生子女死亡和伤残的计划生育家庭，符合计生政策的区、镇、村计生干部五类人员共计3 819户购买了意外伤害保险，体现了政府和协会组织对困难计生家庭和计生干部的关爱。继续做好生育关怀品牌项目——暖心工程。2012年5月29日是中国计生协会成立32周年纪念日，也是全国第十四个“会员活动日”，全区各级协会组织以“为党旗增辉，为国策添彩，以优异成绩迎接党的十八大胜利召开”为主题，深入开展“我为国策添光彩，我为事业做贡献，我为协会尽责任”宣传服务活动。

流动人口。加强信息化建设，完善全员流动人口数据，与区流管部门协调配合，借助市流管处及信息中心的技术支持，组织数据导入工作，健全流动人口全员个案信息，在本区两个乡镇的五个村开展全员流动人口信息比对试点工作，围绕北京市全员流动人口信息系统，及时进行数据比对，准确进行核实反馈，保证了辖区内育龄妇女信息的准确性。继续做好流动人口出生监测工作，及时、准确地掌握流动人口在京生育状况。围绕流动人口计划生育、生殖健康、权益保护等主题，在全区范围内开展“生殖健康大课堂”活动。邀请北京天坛医院专家为流动育龄妇女现场授课。活动服务内容涉及知识宣传和义诊服务、问卷调查、免费发放安全套和宣传品等。大力推行“一册一卡一信”免费服务制度，对采取长效避孕措施的流动育龄群众给予一次性奖励200元。在流动人口聚集地成立流动人口协会，聘请流动人口担任计划生育小组长，协助做好办（验）证、体检、药具发放等工作，充分发挥自治组织、自我管理作用。目前，已建立流动人口计划生育协会32个。

队伍建设。为全面提升机关干部职工的政治素质和业务素质，进一步培养干部职工“讲学习、爱学习、会学习”的良好行为品质，积极搭建学习交流平台，使机关学习成为常态，积极开展“半月大讲堂”学习活动。重新修订学习制度，对学习内容、学习方法进行完善。建立调研工作制度，创新工作机制，建立考核制度，大兴调查研究之风，在全委逐步形成领导干部带头，人人积极参与，成果及时转化的良好局面。开展“四好科室、五好标兵”评比活动，通过开展“大局意识好、工作机制好、工作业绩好、群众评价好”四好科室和“争当自觉学习的标兵、争当模范带头的标兵、争当服务优良的标兵、争当爱岗敬业的标兵、争当活动先进的标兵”五好标兵活动，提高集体凝聚力和自身能力建设。不断加强培训力度，提高基层服务管理水平。由于新形势对干部队伍素质要求不断提高，本委各职能科室对基层计生干部有针对性地开展了业务培训。统计信息科针对街乡在全员人口个案信息系统录入工作中存在的问题和疑问，进行了重点培训，进一步提高了人口个案的覆盖率和准确率；生殖健康技术服务中心针对各乡镇计生专干及技术中心人员进行免费孕前优生健康检查基本信息填写培训，保证了这个项目的顺利开展；法制科举办了全区奖励扶助、特别扶助工作培训班，为全面落实奖扶、特扶政策打下基础；流动人口管理科为提高流动人口计划生育管理干部业务能力，举办两期流动人口计划生育干部培训班，全区各乡镇（街道）计生办主任、流动人口工作人员及村（居）计生专干共计635人参加了培训，使流动人口管理得到加强。各项培训的开展，有效地提高了基层计生干部队伍素质，促进了人口计生工作的顺利开展。

【人口和计划生育数据】2012年上报出生人口7 991人，人口出生上报较上年同期增加830人，计划生育率同比增长0.57个百分点。全区户籍育龄妇女19.5万人，已婚育龄妇女13.8万人。

【召开全区人口计生工作会】1月17日，区人口计生委召开2012年人口和计划生育工作会。区人口计生委主任张广华全面总结了2011年房山区人口和计划生育工作，部署了2012年重点工作，并与乡镇计生办主任签订2012年人口计生职责责任书。北京市人口计生委副主任耿玉田、房山区副区长曹蕾出席会议并作了重要讲话。

【开展科技文化卫生“三下乡”活动】1月11日，2012年房山区人口和计划生育系统科技文化卫生“三下乡”活动在城关街道洪寺村正式启动。以“关爱计生家庭、共建和谐幸福”为主题，开展了为计生幸福家庭颁发慰问品、为计生特扶家庭颁发960元养老保险补贴金、为育龄群众和流动人口免费义诊等活动，并邀请解放军309医院营养科主任、养生堂专家张晔老师为育龄群众讲授关于生殖保健方面的知识。最后，走访慰问了计划生育贫困家庭和计划生育专干家庭，为他们送去了慰问金和慰问品。市人口计生委副主任耿玉田、区人大常委会副主任刘顺林、区政府副区长曹蕾出席此次活动。

【区领导到房山区人口计生委调研】2月13日，区政府副区长曹蕾到区人口计生委调研，认真听取了区人口计生委2011年工作总结以及2012年的工作计划，深入了解了人口与计划生育工作在“十二五”期间的重点工作。最后，到区计划生育生殖健康技术服务中心进行了检查和指导。

【开展宣传月活动】为充分发挥宣传教育的先导作用，更好服务于本区“一区一城”建设，围绕“创建和谐家庭，构建和谐计生”主题，于3月15日至4月15日，在全区范围内开展了人口和计划生育宣传月活动。其间计划生育文艺演出和健康知识讲座50余场、发放宣传品7万份、走访入户1.5万户、健康体检3 000余人。

【发放设备提供技术支持】4月23日，房山区人口计生委召开了“做健康北京人，创和谐新计生”设备发放仪式。为了进一步拓展人口计生公共服务范围，提高优质服务水平，全力打造集健康教育、技术服务、信息咨询为一体的计生生殖健康综合优质服务体系，特筹资100余万元，为所有乡镇计生办购置了全自动血压测量仪、全自动身高体重测量仪，实现了人口计生服务与公共服务的有机融合。区政府副区长曹蕾、区人口计生委班子成员、25个乡镇（街道）主管领导、计生办主任、区人口计生委全体机关干部共计百余人参加活动。

【宝贝计划推进项目】4月28日，房山区人口计生委特别邀请幸福泉儿童早期发展与教育科学研究院程淮教授，为本区25个乡镇街道的0～3岁婴幼儿家庭代表，专门讲解中国婴幼儿学前教育、个性化潜能发展教育等课题。

【推进生育关怀项目】5月22日，房山区计生协“生育关怀—计生家庭意外伤害保险”启动。争取专项经费，为城乡低保和低收入的计划生育家庭、独生子女死亡和伤残的计划生育家庭及符合计划生育政策的镇、村计生干部购买了意外伤害保险，共有8万余户家庭参保。截至12月底，共有242例计生家庭出险，得到赔偿60.675万元。死亡出险13例，赔付32.25万元，其中因水灾死亡8例，赔付15万元，其他意外死亡5例，赔付17.25万元。发生意外医疗229例，赔付28.425万元，并已办理赔付36万元。

【国家免费孕前优生健康检查项目在全区铺开】5月31日，在区人口计生委二楼会议室召开“国家免费孕前优生健康检查项目”工作启动会。此次活动将从6月初开始，免费优生健康检查任务1 500对，凡是本区符合生育政策并准备怀孕的农村夫妇或流动人口夫妇（本地居住在半年以上），持相关证件到所在乡镇计生办进行信息登记后到房山区妇幼保健院进行免费孕前优生健康检查。截至年底，发放孕前优生健康检查相关宣传材料6万多份，填写待孕夫妇服务记录册2 115份，参加健康检查1 645对，完成风险评估1 602对，进行普遍性及个性化咨询指导3 204人，完成早孕随访20例，超额完成优生健康检查任务。

【积极构建人口信息资源共享平台】5月31日，为了统筹全区人口信息资源，实现部门间人口信息资源共享，提高社会事务管理和人口与发展综合决策水平。房山区人口计生委召开了区发改委、区人力社保局等13个部门领导参加的“人口信息共享”座谈会。各部门领导提出了切实可行的建议，主管副区长曹蕾提出了具体要求。7月，印发了《房山区人口信息资源共享平台初步建设方案》和《房山区人口信息资源调查表》，正式启动了房山区人口信息资源共享平台的建设工作。

【召开区域人口承载力座谈会】为科学合理地解决好本区人口问题，促进房山区“一区一城”建设，实现本区人口、资源、环境协调可持续发展。7月2日，房山区人口计生委召开了由16个部门参加的关于“发展功能定位背景下人口承载力及人口优化研究”座谈会。中国人民大学人口与发展研究中心张耀军副教授对课题进行了深入的讲解。副区长曹蕾和房山区16个相关部门的主管领导参加了会议。

【首届家庭人口文化节开幕】7月10日，房山区人口计生委联合区委宣传部等五个部门以“幸福家庭·和谐人口”为主题的“首届家庭人口文化节”开幕式在区会议中心隆重举行。市人口计生委党组书记、主任刘志，区委书记刘伟，区人大主任史全富，区政协主席唐淑荣，区委常委、常务副区长李江，区委常委、宣传部长赵佳琛，区委常委、区委办主任赵军，区人大副主任刘顺林，区政府副区长曹蕾，区政协副主席李惠英出席活动。此次文化节包括人口文化大讲堂、家庭人口文化艺术作品展演、宝贝计划推进项目、青苹果乐园畅谈理想和房山区百家幸福家庭评选表彰等五项活动，活动的开展为建设“一区一城”新房山营造了良好的人口文化氛围。

【市人口计生委到房山调研全员流动人口信息化服务管理工作】7月20日，市人口计生委流管处、信息中心、信息处一行17人到房山区人口计生委就北京市全员流动人口信息库的使用情况开展调研。调研中，与会领导认真听取了本区全员流动人口信息化管理工作汇报，详细了解了全员流动人口信息库的开展情况。同时，到西潞街道安庄村、詹庄村现场将区人口计生委与区流管委两部门掌握的信息进行比对、分析和对接，从技术层面给予指导，提高数据的完整性、时效性，改善全员流动人口基础数据底数不清、情况不明的现状，探索流动人口信息管理的有效途径，提高全员流动人口信息化服务管理水平。

【积极开展灾后爱心捐款活动】7月25日，房山区人口计生委在“7·21”特大自然灾害后，开展了“众志成城·风雨同舟”抢险救灾捐款活动。区人口计生委党组书记张广华、主任高海军带头捐款，全体干部职工纷纷伸出援助之手，积极参加抢险救灾捐款活动，为本区生产自救和灾后重建贡献力量，共计捐款2.16万元。

【情系连心共建村】7月30日，房山区人口计生委党组书记张广华、主任高海军在“7·21”特大自然灾害发生后，带领班子成员到连心共建村琉璃河镇福兴村进行慰问，支持福兴村救灾款5万元及价值17 300余元的救灾物资，鼓励村干部在“7·21”特大暴雨灾害面前，团结一心、不畏艰难带领群众积极开展自救，尽快恢复正常生产生活秩序，重建家园。

【快速开通理赔通道】在“7·21”房山区遭遇特大暴雨灾害后，区计生协高度重视，协调中国人寿保险公司北京房山分公司立即启动大灾应急预案，为投保的计生家庭开通快速理赔绿色通道，组织工作人员到投保家庭家中了解情况，进行定损，简化理赔手续，以最快速度将理赔款发放到受灾人群家中，确保被保险人的利益得到有效保障。

【加大综合治理出生人口性别比工作】9月12日，房山区人口计生委开展“综合治理出生人口性别比”联合执法检查活动，房山区副区长曹蕾带领区人口计生委、区公安分局、区卫生局、区统计局、区药监分局、区妇联等部门的主管领导、工作人员及专家分别到拱辰街道、城关街道的五家医院就“非医学需要的胎儿性别鉴定和选择性别的人工终止妊娠行为”采取听汇报、查资料、看现场的形式进行联合执法检查。

【开展纪念“9·25”公开信发表活动】9月25日，房山区人口计生委在阎村镇文化广场召开“首届家庭人口文化节”闭幕式暨纪念“9·25”《公开信》发表32周年大型宣传活动。对从事人口计生工作30年以上的计生专干、“百家幸福家庭”、“首届家庭人口文化节”文艺作品创作展演活动组织奖（10名）、三等奖（9名）、二等奖（6名）、一等奖（3名）的个人及单位进行表彰。房山区区委常委、宣传部部长赵佳琛，区人大副主任刘顺林，区文明办副主任孙桂华及区人口计生委领导班子成员，阎村镇主要领导参加此次活动。

【阳光计生规范化建设检查评估】 9月26日，驻北京市人口计生委纪检组组长刘晓军一行6人到本区检查指导“阳光计生行动规范化建设”工作。检查组一行分别到拱辰街道渔儿沟村、拱辰街道办事处就“阳光计生行动”工作听取主要领导的汇报，并检查档案资料，与育龄群众座谈交流。随后，到区人口计生委就“阳光计生行动”开展情况进行检查评估，区人口计生委主任高海军就全区“阳光计生规范化建设”情况进行了汇报。

【开展药具“十百千”工程】 为了督促、指导乡村两级管理业务，增强药具管理干部的责任意识，10月16日，房山区人口计生委开展了药具“十百千”工程，即选取确定本区十个人口规模较大、居住密集、就业分散、流动人口多、商贸集中繁华的乡、镇、街道，深入到一百个村居委会，服务千名已婚育龄群众，进行发放调查问卷、宣传教育、培训讲课、发放药具、药具随访等活动，以求全力满足已婚育龄群众对避孕药具的需求。积极开展国家宫内节育器调查，完成了16个乡镇国家免费提供宫内节育器使用和管理情况调查任务，为更好地服务提供了数据支持。在流动人口聚集地安装了15台避孕药具自动发放机，进一步满足了群众对避孕药具的需求。

【开展艾滋病日宣传活动】 房山区人口计生委联合区卫生局、区疾控中心，在拱辰街道昊天广场开展艾滋病日宣传活动。区卫生局副局长李景春、区疾控中心副主任李爱民、区人口计生委副主任郑红蕾以及拱辰街道计生主管曹玉清参加。活动现场通过宣传展板、悬挂横幅、发放宣传材料、避孕药具、有奖问答、咨询服务等形式开展，以“向‘零’艾滋迈进 全面参与 全面投入 全面预防”为主题，宣传艾滋病相关知识，进一步提高群众预防艾滋病的意识。据统计，此次宣传咨询活动共免费发放宣传材料1.5万余份，接待现场咨询20余人次，参与有奖问答30余人，免费发放避孕套1 000盒、避孕栓600支。

【召开《关于方便群众办证的通知》精神培训会】 12月12日，房山区人口计生委组织全委干部职工、乡镇（街道）主管领导、计生办主任紧急召开了贯彻落实国家、市人口计生委《关于方便群众办证的通知》精神培训会，传达贯彻落实《国家人口计生委关于方便群众办证的通知》和《北京市贯彻落实〈通知〉的实施办法》两个文件精神，对其主要内容进行了详细解读和培训。区政府副区长曹蕾参加会议。

【农村育龄群众免费健康体检项目进展顺利】 按照市人口计生委文件精神和本区深化医药卫生体制改革工作任务责任书要

求，重点完成2.2万人“农村长效节育户籍已婚育龄群众免费健康体检”任务。项目开展以来，及时制定并下发年度项目实施方案，组织各乡镇计生办、体检单位座谈会和培训会，保证了项目顺利进行。历经7个月的时间，圆满完成2.2万农村育龄群众免费健康体检和入机工作任务，建立电子健康档案。

【落实奖励扶助制度】 农村部分计划生育家庭奖励扶助、特别扶助工作有序开展。截至12月底，全区享受奖扶人员2 562人。一次性经济帮助16人，发放金额8万元。独生子女父母奖励费兑现率达到100%。

【加强依法行政管理】 坚持规范审批，维护群众合法权益。根据工作需要，调整了再生育审批领导小组成员和病残儿鉴定专家，规范了回访工作、婚育证明内容等项具体工作，使再生育审批工作及时规范运行。全年共组织病残儿专家鉴定3次，对35名病残儿和2名成人进行了病残医学鉴定，通过再生育子女申请645例。坚持文明执法，依法征收社会抚养费，对违法生育起到有效的警示作用。

【计生协会暖民心】 区计划生育协会以创建幸福家庭为目标，稳步运作幸福工程项目，对青龙湖镇北车营村拨付项目资金10万元，发展药材种植项目，青龙湖镇水峪村养鸭项目、周口店镇娄子水村果园种植项目和燕山东风街道蛋鸡养殖项目签署新一轮扶持协议，新增受助对象10人。继续做好本区生育关怀品牌项目—暖心工程。此项工作实施五年来，已经累计补贴资金近23万元，受到群众欢迎。

【开展优生优育知识讲座】 利用村级人口文化活动室，开展生殖健康讲座。聘请妇科专家，在10多个乡镇开展生殖健康大课堂100余场，参与群众1万多人，有效地提高了生殖健康知识的普及率。每周日在区人口文化学校开展优生优育知识讲座，面对面辅导新婚夫妇如何生育一个健康聪明宝宝，全年共开展讲座46期，听课人员达4 300人。免费为新婚夫妇发放“婚育健康服务包”工作，2012年发放“婚育健康服务包”3 120个。从源头上降低出生缺陷发生率，进一步提高出生人口素质，促进人的全面发展。

【广泛开展流动人口均等化服务】 深入开展流动人口均等化服务，切实维护了流动人口计划生育、生殖健康合法权益，建立起以居住地为主的均等化服务长效工作机制和制度保障。在流动人口聚集地开展“生殖健康大课堂”活动，邀请知名医院专家授课。常年坚持为流动人口进行孕检、计划生育手术、计划生育咨询等免费的技术服务。截至12月底，免费孕检692人，孕检率为90%。免费计划生育手术8例。

【推进跨区域信息共享】 加强跨区域合作，已经与14个省、市、自治区，55个市、县建立了联系。将全员流动人口信息平台纳入全年考核重点，严格落实信息通报、信息协查反馈制度，实现流动人口出生、孕检、一孩生育服务登记等重要信息网上通报，促进协作双方管理互动，服务互补。截至12月底，全员流动人口信息平台录入3.66万条、流出341条、育龄妇女6 386条、孕检信息1 828条、出生834条，加强待办事宜的反馈和接受工作，已向户籍地反馈各类服务类信息8 795条，反馈率和接受率均达到100%。

【新措施加强机关作风建设】重新修订学习制度，对学习内容、学习方法进行完善。开展“四好科室、五好标兵”评比活动，通过开展“大局意识好、工作机制好、工作业绩好、群众评价好”四好科室和“争当自觉学习的标兵、争当模范带头的标兵、争当服务优良的标兵、争当爱岗敬业的标兵、争当活动先进的标兵”五好标兵活动，提高集体凝聚力和自身能力建设。开设“房山区人口计生委提升机关干部素质大讲堂”，每周一次讲解各科室的重点工作、工作流程和相关的业务知识，旨在使全体机关干部了解全区人口形势和本委工作动态，全面掌握业务技能，改进机关工作作风，提高干部队伍整体素质。建立调研工作制度，创新工作机制，建立考核制度，大兴调查研究之风，在全委逐步形成领导干部带头，人人积极参与，成果及时转化的良好局面。

【各项培训工作有序拉开】新时期、新形势对人口计生干部队伍素质要求不断提高，房山区人口计生委各职能科室对基层计生干部有针对性地开展了业务培训。统计信息科针对街乡在全员人口个案信息系统录入工作中存在的问题和疑问，进行了重点培训，进一步提高了人口个案的覆盖率和准确率；生殖健康技术服务中心针对各乡镇计生专干及技术中心人员进行免费孕前优生健康检查基本信息填写培训，保证了这个项目的顺利开展；法制科举办了全区奖励扶助、特别扶助工作培训班，为全面落实奖扶、特扶政策打下基础；流管科为提高流动人口计划生育管理干部业务能力，举办两期流动人口计划生育干部培训班，使流动人口管理得到加强。各项培训的开展，有效地提高了基层计生干部队伍素质，促进了人口计生工作的顺利开展。

（李　伟）

通州区

【概况】2012年是全面落实“十二五”规划的关键一年，也是争创优异成绩献礼十八大的重要一年。一年来，通州区人口计生委以科学发展观总揽全局，坚持“打基础、利长远、惠民生、促改革”的工作方针，在服务科学发展中深化思路、在推动重大改革中谋划举措、在保障和改善民生中协调政策、在加快创新发展中提升能力，较好地完成了上级下达的各项任务，全区人口计生工作呈现出转型发展的良好态势。

推动人口基础信息共享机制建设。区人口计生委完成了全员人口管理信息系统数据库信息的采集录入工作，提出通州区人口信息化平台建设初步设计方案，并纳入全区政务系统建设总体规划，为通州建设智慧城市奠定基础。建立多部门配合定期分析人口发展状况的工作机制，联合统计、公安、民政、卫生、教委、人力社保等部门对通州人口发展状况和人口形势进行分析，并形成内容全面、数据翔实、分析有力的《人口发展报告》。此报告为各级党委政府决策提供参考。

加大依法行政力度。简化办事手续、优化办事流程，提高工作效率。梨园、永顺、潞城、玉桥、中仓、北苑、新华等乡镇、街道积极开展服务窗口建设，努力营造便民利民服务环境。全区共办理再生育审批481例，下发执法文书145例，无一例错批、漏批。清理清查出587例历史遗留问题，逐一进行了相应处理。在国家及北京市方便群众办事相关规定下发后，各种媒体进行了全方位明察暗访，通州区计生系统广大干部及工作人员业务精通、办事周到，没有出现任何负面影响的新闻，经受住了包括央视新闻频道在内的各种媒体的监督。

加大均等化服务力度。坚持“属地化管理、市民化服务”原则，加大均等化服务力度。一是实施健康检查服务。全年为流动人口已婚育龄妇女提供健康体检服务6 259人，提供防癌筛查服务3 648人，并对病患及时提供就医帮助。二是实施意外妊娠干预服务。针对近年流动人口人流术呈上升的趋势，制作5万册意外妊娠干预宣传手册，连同避孕药具等一同送往全区25所医院和6个重点村居。一年来，育龄妇女妊娠终止术较同期下降14.56%。三是实施亲情服务，关心关爱流动人口。联合张家湾、新华等乡镇、街道深入农民工聚居地，开展宣传服务活动，与农民工座谈，并送去计生大礼包和生活慰问品。

加大计生宣传教育力度。以舆论宣传为重点，加强正面宣传。一是强化对内宣传。积极发挥区委、区政府两办信息及市人口计生委工作简报信息交流平台的作用，完善信息网络建设，向区委、区政府两办及市人口计生委上报稿件200余篇、被采用88篇，编发《人口与计划生育》内刊14期，及时全面报道了各项工作与转型发展动态，塑造了人口计生崭新形象。二是强化对外宣传。创建网站、手机短信、政务微博三位一体网络宣传平台，全面提升新闻报道实效性。与《中国人口报》、《京郊日报》、《通州时讯》等主体刊物互动，全年刊发计生稿件118篇。同通州电视台等本地主流媒体合作，录播电视专题节目《聚焦人口》24期，及时反映全系统服务民生、改革创新等重要举措与取得的成效，扩大了社会影响力。

推进“宝贝计划”工程。坚持“政府部门主导、专家支持、家庭参与”的原则先后选送20名婴幼儿教师参加“婴幼儿咨询师”培训，并取得职业资格，为深化早教工作奠定基础。开办早教大课堂，邀请专家每季度为婴幼儿家长、新婚夫妇进行早教理念、科学育儿培训。一年来，培训指导准父母及婴幼儿家长1.5万余名。制作早教软件和教材，与幸福泉合作，为婴幼儿家庭制作“e家通”软件及0～6岁儿童体格、智能发育监测图，为全区1.5万个婴幼儿家庭提供新生儿护理、婴幼儿养育、智力开发等多方面服务。与双鹿、红黄兰等多家幼儿园联手开展“快乐宝贝，健康成长”趣味亲子活动。在“六一”儿童节期间，投入50余万元走访慰问梨园、漷县等15所亲子园，为0～3岁小朋友送去积木、彩笔等节日礼物。

推进“青春健康”工程。针对青少年普遍需要正确的心理疏导、性与生殖健康教育等问题，重点开展以下几项工作。一是在全区16所中学开展“青春教育进校园”大课堂活动。帮助青少年掌握青春期必备知识，近万名学生接受了青春健康知识培训。二是依托区人口计生委政务公开网，将青少年成长各个阶段关心的问题、青春期保健知识、健康教育工作动态等内容上传到网站，为青少年提供宣传、教育、引导与服务平台。三是在中学生中开展读书交流活动，引导学生科学认识、悦纳自己，提高学生在性健康方面自我保护和防御能力。宋庄、马驹桥等乡镇积极开展青春健康教育调研工作，针对在校生、校外生、学生家长等不同群体开展问卷调查和分类指导，创建了家校联动的教育模式。

推进“生育关怀”工程。从经济扶助、精神慰藉、生活照料三个层面，对困难计生家庭实施全方位关怀。一是以“生育传承希望，关怀相伴和谐”为主题在全区广泛开展为困难计生家庭募捐活动，共募集资金18.52万元。在此基础上，与区红十字会联手创立生育关怀基金，为全区独生子女夭亡家庭每户发放一次性经济救助金。二是完善保险保障机制。实施“安康计划”，投入177.9万元为全区5.65万个计生家庭购买意外伤害保险，参险率达到40%；实施“暖心计划”，为320个特殊计生家庭发放暖心卡，提供养老、疾病身故、意外伤害身故和医疗保险等保障服务。三是依法落实各项奖励扶助政策。四是开展幸福结对行动。梨园、永乐店、马驹桥等乡镇成立由大学生志愿者、部队官兵组成的服务队，对独生子女特殊家庭定期进行帮扶照顾，让计生困难家庭感受到党和政府的关爱温暖。

推进“健康生育”工程。围绕打造优质服务链，开展了一系列优质服务项目。一是推进免费孕前优生健康检查项目，全年发放服务卡4 700张，为新婚夫妇进行健康检查1 114对。二是落实为民办实事工程，为农村已婚采取长效措施的育龄妇女免费体检2.1万人，为城市无业已婚育龄妇女免费体检1 300人。坚持举办“优生优育大课堂”和“生殖健康大课堂”系列讲座，为9 356名新婚夫妇提供优生优育知识培训，为8.7万人提供生殖健康知识培训。三是拓展药具发放服务网点，提高药具配备覆盖面。区级配备药具916件，各乡镇、街道分别为建筑工地、学校、大型单位及流动人口聚集地配送药具273件。

【人口和计划生育数据】2012年，全区总人口119万人，其中户籍人口68.3万人，流动人口50.7万人。全区出生人口7 416人，自然增长率4.81‰。

【惠民暖心行动】1月21日，为营造和谐人口计生氛围，通州区人口计生委以“新春佳节”为契机，启动了关怀关心关爱低保计生家庭的“惠民暖心行动”，组织区镇村三级计生干部，开展对困难计生家庭走访慰问送祝福送温暖活动。此次“惠民暖心行动”慰问的主要对象是经过村镇计生干部逐级上报审核，符合计划生育政策且独生子女或独生子女父母患有重大疾病、伤残的家庭，重点为困难计生家庭送温暖、送祝福、送慰问金、慰问品，帮助困难计生家庭解决生产、生活中遇到的实际困难。慰问组共走访慰问了11个乡镇、4个街道办事处90个村居的特困计生家庭共计90户。

【抓住宣传时机进行法制宣传】3月14日，由通州区司法局牵头，通州区人口计生委作为协作单位，在张家湾镇苍上村组织开展了“春风送暖 与法同行”流动人口主题法制宣传活动。以悬挂横幅、发放折页传单、解答咨询等多种形式广泛宣传人口与计划生育政策、法律法规，为群众解答法律咨询、提供法律服务。现场共接待计生政策咨询300人次、发放计生宣传折页近1 000份，使广大流动育龄群众更广泛、深入地了解计生政策、法律法规，做到依法生育，文明守法，自觉遵守人口与计划生育法律法规，进一步形成科学、文明、进步的婚育观念。

【召开2012年人口计生工作会议】4月13日，通州区人口计生委召开了全区2012年人口和计划生育工作会议。15个乡镇、街道主管人口计生工作的领导、计生办主任、计生干部等200余人参加了此次会议。市人口计生委副主任徐捷、通州区副区长李亚兰出席了会议。工作会由区人口计生委党组书记张湛军主持。会上，区人口计生委主任刘美俊首先做了工作报告，报告首先总结回顾了2011年人口计生工作，安排部署了2012年重点任务。

【召开人口药具管理、宣传、协会工作会】4月17日，通州区人口计生委召开了2012年人口药具管理、宣传、协会工作会。各乡镇、街道办事处计生办主任及干部30余人参加了此次会议。会上，药具管理站的站长首先和各乡镇、街道办事处签订了免费避孕药具、免费宫内节育器管理责任书，并对《国家免费提供宫内节育器使用管理情况调查方案》及表格填写说明作了详细讲解。宣传站就今年的创建幸福家庭和加大宣传力度等方面工作进行了安排布置。计划生育协会给乡镇、街道布置了

"5·29"母亲节的工作任务。区人口计生委副主任薛美利参加会议并提出具体要求。

【人口计生法规与流动人口管理培训】4月12日，通州区人口计生委举办了通州区2012年人口计生法规与流动人口管理培训班。主管法制、流动人口的干部和各乡、镇（街道）计生办主任等80余人参加了此次培训。市人口计生委政法处处长张瑞霞出席了培训班，并作重要讲话。

【"生殖健康伴你行"活动走进通州】4月26日，市人口计生委"生殖健康伴你行"活动走进通州。活动中，市人口计生委邀请了北京同仁医院、北京积水潭医院、北京协和医院、北京妇产医院的专家，为通州区的育龄妇女进行乳腺、B超等妇科检查和咨询，并对区人口计生委服务中心的工作人员进行了手把手的业务指导。市人口计生委科技处副处长李朝俊、通州区人口计生委主任刘美俊出席了该活动。

【首届"幸福宝贝"亲子活动】4月25日，通州区人口计生委、区教委、双鹿艺术幼儿园联合举办了以"大手牵小手、全家享幸福"为主题的首届"幸福宝贝"亲子活动，拉开了通州区早期教育的序幕。副区长李亚兰、区人口计生委主任刘美俊、委党组书记张湛军、区政府督导室副主任袁静华等相关部门领导出席了此次活动。

【"真情关怀 打造幸福"暨生育基金启动仪式】5月25日，通州区人口计生委隆重举行"真情关怀 打造幸福"暨生育基金启动仪式，以纪念中国计生协会成立32周年，共同庆祝中国计生协会第14个全国会员活动日。各乡镇、街道办事处人口计生工作主管领导、计生工作者，计生协会会员等400人参加此次活动。市计划生育协会秘书长严进、通州区副区长李亚兰、区直机关工委常务副书记陈秋平、区红十字会常务副会长安志江以及区政府教育督导室、区文明办、通州区人口计生委等相关领导出席了此次活动。

【纪念"7·11"世界人口日家庭才艺展示活动】7月10日，为纪念第23个世界人口日，通州区人口计生委、计生协隆重举行"和谐人口 幸福家庭"，纪念"7·11"世界人口日家庭才艺展示活动，呼吁全社会关注提高家庭发展能力，促进家庭幸福和谐。活动中，市人口计生委副主任彭彧华及区人口计生委主任刘美俊分别做了重要讲话。各乡镇、街道办事处主管领导、计生办主任、部分村居专干共500余人观看了家庭才艺展示。

【召开2012年人口形势分析会】8月10日，通州区人口计生委召开了2012年人口形势分析会。市人口计生委副主任李彦梅，区政府副区长李亚兰，各乡镇人口计生主管领导及计生办主任，区公安、统计、教委、卫生、流管、人力社保、民政等委办局的相关领导，以及区人口计生委特邀人口研究顾问、人口研究专家组参加了会议。会议由区人口计生委主任刘美俊主持。

【召开2012年上半年人口计生工作总结会】7月24日，通州区人口计生委召开

2012年上半年人口计生工作总结会。15个乡镇、街道办事处主管领导汇报了上半年工作完成情况，查找了问题和不足；区人口计生委主任刘美俊根据新时期新形势，确定了下半年工作重点。

【人口计生系统党风廉政教育】9月7日，为进一步加强党风廉政教育，强化对党员干部的监督力度，为新城建设打造一支“政治坚定，纪律严明，作风务实，勤廉高效”的人口计生干部队伍。区人口计生委在区委党校举办了主题为“人口计生系统党风廉政教育”专题讲座。参加此次培训的人员有：委科级以上干部，15个乡镇、街道办事处计生办主任以及人口计生系统主管财物的工作人员，共计50余人。区委党校党委书记、常务副校长王青春参加此次培训。

【纪念《人口与计划生育法》实施十周年】8月28日，为庆祝《中华人民共和国人口与计划生育法》实施十周年，通州区人口计生委隆重举办了“和谐通州 法治先行”纪念《人口与计划生育法》实施十周年知识竞赛活动。各乡镇、街道计生办主任及计生专干等160余人参加了此次活动。

【七夕节为新婚夫妇送服务】8月23日，农历七月初七是中国传统节日七夕节，被认为是“中国情人节”，很多年轻人赶在这个有纪念意义的日子领取到结婚证，当日，通州区人口计生委为198对夫妇发放了《免费孕前优生健康检查服务卡》。截至8月23日，2012年共为4 640对新婚夫妇发放了《免费孕前优生健康检查服务卡》，参加孕前优生健康检查的夫妇860对。

【举办纪念“9·25”《公开信》发表32周年活动】9月25日，通州区人口计生委举办纪念“9·25”《公开信》发表32周年暨“幸福家庭”表彰活动。各乡镇、街道办事处人口计生工作主管领导、计生办主任，部分村居人口计生专干、宣传员、志愿者共400余人参加了此次活动。市人口计生委正局级委员王晓光、区政协副主席王子江以及区相关部门领导出席了活动。

【市人口计生委验收通州区诚信计生工作】10月22日，市人口计生委副主任耿玉田、政法处处长张瑞霞等市诚信计生领导小组一行人到通州区验收诚信计生工作，分别听取区级、镇级、村级开展诚信计生工作情况汇报，并与15名群众进行了面对面座谈，讨论计划生育现行的政策，探讨群众在计划生育有何种需求。2012年，区人口计生委全力推进诚信计生工作，力推政务公开，强化依法行政，完善利益导向机制，拓展服务对象覆盖面。通过“健康运河人，幸福你我他”主题活动的开展，增强了群众健康意识，提高了群众健康水平，减少了意外妊娠，提高了出生人口素质，有效降低了出生缺陷发生，实现了流动人口均等化服务。

【召开“暖心计划”推广工作会】10月26日，通州区人口计生委召开“暖心计划”推广工作会。15个乡镇、街道办事处计生办主任、协会工作人员参加了此次会议。会上，区计划生育协会秘书长布置了“暖心计划”具体实施方案；区人口计生委副主任薛美利就如何推进“暖心计划”项目实施提出了具体要求。“暖心计划”项目投保对象为特殊困难计生家庭，涵盖了全区11个乡镇、4个办事处的320位投保人。此外，区人口计生委要求各单位计生协会要与中国人民人寿保险股份有限公司北京市分公司合作，加强对计生专干、特殊困难家庭的培训，保证各级工作人员熟练掌握保险方案、工作流程和理赔手续等。

【评估“阳光计生”工作】11月21日，市人口计生委“阳光计生”行动检查评估小组来到本区检查指导“阳光计生”行动工作情况。检查组一行到潞城镇贾后疃村委会，实地查看村级政务、村务公开情况，与育龄群众代表进行了面对面座谈与交流，并听取了区人口计生委纪检组长谭丽及潞城镇计生办主任殷文平关于全区及基层单位“阳光计生”行动工作的汇报，并与独生子女户代表、奖扶对象、计生服务对象进行亲切座谈。驻市人口计生委纪检组组长刘晓军对全区“阳光计生”行动工作给予充分肯定和高度评价。区人口计生委党组书记张湛军、主任刘美俊陪同检查评估。

【全面贯彻落实《国家人口计生委关于方便群众办证的通知》精神】12月10日，通州区人口计生委及时召开全体机关干部大会传达文件精神；并随之召开了全区人口计生系统方便群众办证工作部署会及乡镇、街道计生办主任专题会议，以此全面贯彻落实《国家人口计生委关于方便群众办证的通知》精神，区人口计生委要求全区人口计生系统干部要做到以下几点。一是不折不扣贯彻落实通知精神。全区人口计生系统要强化宗旨意识，简化办证程序，制定具体措施，对照国家、北京市具体要求进行全面排查，发现问题及时整改，确保无死角。二是提升服务意识，提高服务水平。进一步转变工作作风，提高办事效率，树立大局意识，强化责任意识，严禁推诿扯皮等现象，切实为群众服务。三是接受群众监督，加强窗口建设。公开服务事项与办公电话，勇于接受群众和媒体的监督，及时解决群众和媒体反应的问题，做到服务热情、行为规范、责任落实、措施到位，提高工作满意度。

（张　璘）

顺义区

【概述】2012年，顺义区坚持以深化综合改革为契机，积极创新，扎实工作，全区人口计生事业不断推进。荣获全国人口计生系统阳光统计示范区、全国阳光计生行动示范单位和北京市阳光计生行动示范单位称号，顺义区人口信息共享系统在国家人口计生委组织的中国信息化（人口计生领域）成果评选活动中荣获三等奖。6月16日上午，顺义区举办纪念建党91周年暨创先争优活动表彰大会，区人口计生委荣获创先争优先进单位。

优质服务工作。按照“幸福家庭、和谐人口”理念，努力打造“文明倡导、宝贝计划、青春健康、健康生育、生育关怀、心灵家园”六大惠民工程。一是投资400万元，分别在马坡镇和牛栏山一中建立早期教育示范基地和青少年健康人格教育基地，广泛开展面向学生、家长的教育培训和科普展览。举办0~3岁婴幼儿潜能开发与指导专题讲座和三场亲子游戏大赛。二是以“家庭和睦、身心健康、生育文明、安居乐业、乐于奉献”为标准，举办幸福家庭评选表彰活动，倡导幸福、和谐的家庭理念。三是为农村常住人口开展免费孕前优生筛查，从源头上降低出生缺陷发生风险，提高出生人口素质。四是提高药具服务质量。在机关、企事业单位、社会单位、镇街卫生院、社区卫生服务站、村（居）委会。制作安装360个计划生育药具自取箱、170个计划生育药具自取架、490个计划生育药具存储柜，在9个村居委会、4家医院和两家商场安装15个网络版计划生育药具自助发放机，群众凭身份证免费领取药具1 197盒，满足群众需求。

依法行政工作。年内，下发社会抚养费征收决定书88例。加强流动人口计划生育服务管理。区人口计生委依托与五省市的区域协作机制，每季度向协作单位通报流动人口生育监测情况，双方联合对违法生育行为进行处理。在办理生育服务证程序上坚持利民、便民原则，推行一站式全程服务，简化程序、缩短时限、提高效率，方便群众办理计划生育事项。六项措施做好信访维稳工作。一是坚持依法行政，依法依规、公开透明，杜绝乱罚款、乱收费行为，杜绝强行手术，杜绝违法审批；二是认真落实领导干部接待制度，主动接访，善处答访，适时回访；三是认真排查信访积案，早发现、早报告、早处理，积极化解矛盾，妥善处理典型案件；四是积极依靠党委、政府，主动协同相关部门处理案件；五是主动、定时关注网络舆情，发现辖区人口计生系统负面信息即时上报；六是加强值班与信息畅通，及时做好上情下达和下情上报工作。

宣传教育工作。依托“四大阵地”开展家庭人口文化建设。一是“图书室”和“益民书屋”阵地。在每个村的“图书室”和“益民书屋”中设立“人口计生专柜”。二是“人口学校”阵地。利用村级人口学校对育龄群众进行培训，将人口计生知识与婚育新风、生殖健康服务相连接。三是“人口文化大院”阵地。定期举办各种讲座，宣传优生优育、男女平等、致富信息、生殖保健等相关知识。四是“文艺宣传”阵地。通过群众自发组织的人口计生文艺演出活动，展现新型家庭人口文化。全年共规范创新292个村（居）人口计生宣传栏，272 个村级人口文化活动室。投入 80 万元新建8 个人口文化园，为每个镇街制作一套人口文化宣传牌。全年利用镇（街）、村（居）两级人口文化学校开展宣教活动共计 3 262 次，受教育群众达 12. 37 万人。元旦、春节期间，开展大规模、集中性的人口计生政策，优生优育、生殖健康知识宣教活动，受教育群众达 27 万余人。

计生家庭扶助工作。区镇两级加大奖励扶助、特别扶助资金投入，两级投入约 678 万元。村级计生家庭养老保障政策持续稳定。1. 49 万人享受村级计生家庭养老保障待遇，发放金额达到 1 800 万元。发放额度最高的村后沙峪镇枯柳树村每人每年 1. 2 万元。继续实行计生家庭劳动力全员就业工程。举办两场计生家庭劳动力专场招聘会，同时，采取技能培训和招聘会结合的方式，开设中式面点师、中式烹调师、家庭餐制作和母婴护理四个技能培训项目。培训合格后，由劳务派遣单位根据学员所学专业及专业技能水平派遣到企业，长期帮助有就业意愿、就业能力的计生家庭劳动力实现就业。6 100 人参加培训，近 5 000 人实现就业上岗。

人口信息工作。提升全员人口数据库质量。一是根据需求和操作规范，编写全员人口数据库培训教材，培训村居专干 1 538人次。二是定期对各镇数据库信息质量进行抽查，进行七期通报。三是定期从公安、卫生、民政等部门收集人口信息，通过比对，更正 3. 9 万条与公安户籍登记内容不符的信息，确保人口数据的完整性、时效性和准确性。全员人口数据库中的全员人口覆盖率、主要数据项完整率、逻辑关系正确率均达到 95% 以上，达到国家测评标准。

【人口数据】 截至 2012 年年底，全区常住人口 95. 3 万人，全年户籍人口出生 6 933人，自然增长率 5‰，出生人口性别比保持在正常值范围内。

【区镇两级加大奖励扶助、特别扶助投入】 区级奖励扶助金由 600 元（男孩家庭）、800 元（女孩家庭）提高到每人每年 900 元，特别扶助金由 1 200 元提高到 1 500 元。镇级最高的南法信镇奖扶达到 3 600 元，特扶（死亡）4 800 元。全区共有奖励扶助对象 3 275 人。区财政累计为奖励扶助和特别扶助对象发放 361. 35 万元。区镇两级共投入资金约 678 万元。

【举办“关爱流动人口 共创幸福家庭”春节团拜会】 1 月 11 日上午，区人口计生委、石园街道办事处联合举办“关爱流动人口 共创幸福家庭”春节团拜会。活动中，流动人口自编自演了文艺节目，开展了流动人口计生知识有奖问答。人口计生干部为 30 户流动人口家庭代表发放了“北京精神春联”、“福”字和春节慰问品。

【召开 2012 年人口工作大会】 2 月 15 日，顺义区 2012 年人口工作大会在顺义宾馆会议中心召开。北京市人口计生委党组书记、主任刘志，顺义区区委副书记、区长王刚，区委副书记周颖博，区人大副主任冯庆森，区政府副区长燕瑛，区政协副主席闫志广出席会议。顺义区人口计生工作领导小组成员、各单位行政正职、主管副职、计生专干等420余人参加会议。会上，区人力社保局局长张尚强、牛栏山镇镇长郝蔚泉和胜利街道办事处主任梁心愿分别作了典型发言。燕瑛副区长作题为《加强人口服务管理、全面提升工作水平，推动区域人口长期均衡发展》的报告。王刚分别与仁和镇、杨镇、卫生局签订《2012年度人口和计划生育目标管理责任书》，并在会上做重要讲话，他强调，一是要从推动区域经济社会又好又快发展的高度，充分认识做好人口工作的重要性和紧迫性。各部门、各单位要准确把握新时期人口工作的客观形势，切实增强做好人口工作的责任感和紧迫感，努力为全区经济社会发展提供稳定的人口环境；二是要明确重点，完善机制，努力营造良好的人口环境，各部门、各单位要进一步明确工作重点，深化战略研究，加强服务管理，强化任务落实，努力开创全区人口工作的新局面；三是要统筹协调，狠抓落实，确保全年人口各项工作落到实处。各级党委、政府要坚持党政一把手亲自抓，严格落实目标责任制，切实加强部门协调，扎实做好人口各项工作，努力营造更加良好的人口发展环境，为加快实现“打造临空经济区、建设世界空港城”的目标做出更大贡献！刘志在会上作重要讲话，肯定了顺义区人口计生工作取得的成绩。

【顺义区开通计生微博】3月27日，顺义区人口计生委正式开通政务微博，通过此项工作，进一步保障群众对人口计生工作的知情权、参与权、表达权和监督权。

【顺义区、海淀区共同研讨人口调控工作】3月28日上午，在顺义区人口计生委会议室举办顺义区、海淀区人口调控工作研讨会。顺义区副区长燕瑛、人口计生委主任秦士友，流管中心主任王晓东；海淀区副区长徐永全及海淀区发改委、住建委、人口计生委、流管办、相关镇街负责人参加。会上，顺义区介绍了人口调控工作经验，双方就各自在人口调控工作中存在的难点和问题进行交流。随后，研讨会成员考察了南彩镇河北村的人口服务管理工作。

【举办计划生育技术服务工作会】4月17日，区人口计生委、区卫生局在区卫生局大会议室联合召开了顺义区计划生育技术服务工作大会。各镇街计生办主任、区各医疗保健机构主管院长、负责计划生育技术服务的相关人员共100余人参加会议。会上学习了《北京市卫生局北京市人口和计划生育委员会关于进一步加强社区卫生服务机构计划生育技术服务工作的通知》，并对下一步计卫联手计划生育技术服务工作进行了布置。卫生局表示将把计划生育药具管理、咨询指导等工作纳入社区卫生绩效考核，以此督促工作的进一步落实。

【举办2012年法制工作培训班】4月17日，顺义区人口计生委在生殖健康技术服务中心会议室举办了2012年法制工作培训班，全区25个镇街计生办主任及主管法制和再生育子女审批工作人员参加培训，区人口计生委副主任黄建柏就全区人口计生工作形势做简要介绍，强调基层要夯实基础，提高水平，确保工作扎实有序开展。人口计生委业务科科长冯殿玉主要就社会抚养费征收、生育服务证办理和独生子女父母光荣证办理工作进行了培训。

【开展“流动人口知识健康进企业、进社区、进农村”活动】4月24日下午，“流动人口知识健康进企业、进社区、进农村”活动拉开帷幕。区人口计生委联合杨镇政府在北京正大大发鸡场举办了“流动人口健康知识大讲堂”活动，大发鸡场200多名女职工参加活动。活动现场，从事妇产科临床与教学三十余年的李秋华教授针对育龄妇女常见病、多发病的预防、筛查、治疗进行讲解。区人口计生委现场发放“流动人口计划生育服务指南”、“五期教育”等宣传资料。

【召开2012年人口计生业务工作会】5月5日，区人口计生委召开2012年人口和计划生育业务工作会。各镇街主管镇长、计生办主任和区人口计生委科以上干部参加。会上，北京大学社会学系教授、博士生导师陆杰华围绕“建设人口均衡型社会的挑战与对策”做专题讲座，人口计生委统计科科长刘希明讲解了《2012年人口和计划生育目标管理考核评估方案》，区计生协会秘书长李莉针对计生家庭意外伤害保险相关工作进行了安排。最后，区人口计生委主任秦士友传达市人口计生工作大会精神，并部署了下一步工作。

【举办依法行政与党风廉政教育讲座】6月1日上午，顺义区人口计生委在生殖健康技术服务中心会议室举办依法行政与党风廉政教育讲座，邀请顺义区人民检察院职务犯罪预防处副处长张霞授课。张霞从当前职务犯罪的形势和特点、危害、相关法律规定和如何预防职务犯罪的发生四个方面以及具体案例对腐败的原因、后果和教训进行了分析，警示所有干部职工要增强法制观念，强化廉洁自律的意识，全面提升职业素质。

【举办全员人口数据库培训班】6月12日，区人口计生委在人口学校举办全员人口数据库培训班。培训聘请专业教师重点讲解了全员人口数据库逻辑审核与分类查询功能，并将查询结果与WIS报表进行实际比对。主管主任黄建柏作开班讲话。

【举办计划生育家庭劳动力全员就业工程专场招聘会】6月19日上午，区人口计生委与区大方职业技能培训学校、北京多宝力劳务服务中心、北京真理想社区服务有限公司联合，在顺义区天竺劳动就业服务中心院内举办顺义区计生家庭劳动力全员就业工程专场招聘会，继续推进顺义区计生家庭劳动力全员就业工程。北京市人口计生委副主任徐捷，顺义区人口计生委主任秦士友、副主任张丽君等领导出席了招聘会仪式。招聘会上，大新华物业、顺丰速运等55家企业设展招聘，共提供了

1 000余个岗位需求，截至招聘会结束，共有575名应聘者登记，达成初步就业意向295人。来自全区25个镇街的700余名计生家庭劳动力参加了现场招聘。

【举办0～3岁婴幼儿潜能开发与指导专题讲座】6月20日上午，区人口计生委邀请红黄蓝教育机构父母课程总监、中国劳动与社会保障部认证首批亲子咨询培训讲师王晶，做了一场以“做智慧父母把孩子培养成财富”为题的0～3岁婴幼儿潜能开发与指导专题讲座。讲座采取理论结合实际、语言结合视频的方式，从心理学、教育学和家庭教育培训实践的角度，讲解了先进的家庭教育理念和方法。

【北京市人口计生委领导慰问顺义区独生子女党员困难户】6月27日下午，北京市人口计生委书记、主任刘志一行来到顺义区张镇良山村，慰问了王怀清、朱士军两个独生子女党员困难户，为每户送上慰问金1 000元和米、面、油。

【召开人口计生系统行风监督员聘请会议】7月6日下午，区人口计生系统行风监督员聘请会议在东竹园宾馆会议室召开。北京市人口计生委党组成员、市纪委驻市人口计生委纪检组组长刘晓军，顺义区副区长燕瑛，市监察局驻市人口计生委纪检组副组长、监察处处长刘学文，副处级纪检监察员邱建明，顺义区纪委常委、监察局副局长隗和春出席会议。会上，区人口计生委主任秦士友向新聘请的人口计生系统行风监督员皮志杰等10位同志颁发聘书。行风监督员代表作了发言，25个镇（街）、14个经济功能区主管人口计生工作的副镇长、副主任参加会议。刘晓军肯定了顺义区人口计生委的政风、行风建设工作。燕瑛强调三点意见：一是要充分认识行风监督员的重要性；二是行风监督员要积极履职，用认真负责的履职行动关心参与人口计生工作；三是各单位要积极主动接受监督，切实做好人口计生工作。

【开展避孕药具联合检查】7月中旬，区人口计生委与市药监局顺义分局利用一周时间联合开展针对药店的现场检查。检查以城乡结合部、外来人口聚集的天竺、后沙峪、仁和、李桥、南彩、马坡6个镇和城区（胜利、光明、石园、旺泉街道）的药店、群众举报过的药店以及2011年度药品经营企业分级评定为C级的药店作为重点，将妇女儿童用药，尤其是避孕药品的购、销、存情况作为重点检查内容。检查时结合快筛技术，在每个被查药店中抽取一个避孕类药品进行现场筛查，结果60家药店，未发现购进渠道或外观可疑药品。检查共出动360人次。

【行风监督员参与计划生育审批工作】7月19日上午，区人口计生委邀请人口计生系统行风监督员列席参加再生育子女和违法生育人员社会抚养费征收审批会议。区人口计生委主任秦士友介绍了2012年顺义区人口计生工作情况以及审批程序流程。6名监督员全程参与41例再生育审批和7例社会抚养费征收审批工作。

【召开人口问题研讨会】8月23日，区人口计生委与区公安局、人力社保局、流管办、经信委、6个镇街召开人口问题研讨会，讨论如何加强合作，形成制度化措施，做好人口服务管理，提高人口素质。一是加大人力资源开发，加强政策引导，努力促进本地劳动力充分就业。二是坚持规划先行，严格项目引进标准，促进人口结构与产业层次相适应。高度重视规划在流动人口中的基础性作用，产业发展与人口调控发展同步规划。三是做好高级人才引进工作，为经济发展提供智力保障。四是加强教育引导，提高流动人口素质。

【北京市人口计生委领导到良山村调研】9月7日下午，北京市人口计生委党组书记、主任刘志，副主任徐捷一行到顺义区张镇良山村调研。顺义区委书记张延昆、天竺综保区正局级巡视员李友生、副区长燕瑛、区政协副主席田建国陪同。刘志听取了镇村经济、社会工业发展情况的汇报，并与张镇及良山村领导座谈。在对良山村进行了实地考察后，刘志为良山村送去“帮扶共建款”5万元。

【召开2012年全员人口数据库质量测评会】9月19日上午，区人口计生委在龙湾屯镇政府会议室召开2012年全员人口数据库质量测评会。北京市人口计生委信息处处长臧萝茜、信息中心主任王进孝、顺义区人口计生委主任秦士友出席会议。会上，北务等三个镇介绍了提高全员人口数据库信息质量的做法和经验，区人口计生委统计科科长刘希明总结了全区数据库质量测评活动情况，通报全员人口信息质量测评结果，部署了下一阶段重点工作任务。

【国家人口计生委政法司赴顺义区调查独生子女父母养老状况】9月20日，国家人口计生委政法司、北京市人口计生委政法处相关工作人员赴顺义区北务镇调查独生子女和非独生子女父母养老状况。工作人员与区镇领导、群众座谈，了解独生子女家庭和特别扶助家庭在养老方面与非独生子女家庭的差别以及人口计生部门在资源整合、帮扶计生困难家庭方面的优势和不足。

【召开经济功能区人口统筹管理会议】9月20日上午，副区长燕瑛、盛德利主持召开顺义区部分经济功能区主要领导参加的人口统筹管理会议。区人口计生委主任秦士友介绍了全区人口计生工作情况，部署了经济功能区承担的相应工作。与会人员表示要保质保量完成任务，全力支持做好全区的人口管理工作。盛德利要求各单位要做到一个目标和六个到位。一个目标即按照区政府和各单位签订的人口计生工作责任书内容落实好各项工作任务。六个到位即思想认识到位、工作人员到位、经费到位、信息采集到位、横向和纵向沟通到位、具体措施到位。燕瑛提出两点希望：一是统一思想，明确任务，认真抓好贯彻落实；二是加强信息交流与沟通，人口计生部门要加大对经济功能区人口计生工作经验的宣传报道，主动营造全区人口计生工作一盘棋的工作氛围。

【召开综合治理出生人口性别比工作联席会】9月26日，区人口计生委、公安局、卫生局、统计局、药监局和妇联6家单位主管领导参加会议。会上主要听取相关单位此项工作的进展情况，并对前段工作进行了总结。各单位表示要加大出生人口性别比综合治理力度。一是继续把打击“两非”、治理出生人口性别比偏高工作列入今年各单位的工作重点。强化信息沟通，陆续组织联合执法检查，对违反规定的单位和个人依法严肃处理。二是加强宣传，营造良好的舆论氛围。利用区电视台、广播电台定期播出打击“两非”举报公告，在区人口计生委网站开辟专栏，同时各镇街在村居人口宣传栏内张贴举报公告。三是开展形式多样的关爱女孩行动。

【召开全员人口数据库信息比对工作汇报会】10月31日，区人口计生委组织25个镇（街）统计人员召开全员人口数据库信息比对工作阶段性汇报会。各镇街汇报了各自的比对方法、比对进度、比对结果及错误信息的修改情况。

【召开全员流动人口数据库建设工作汇报会】11月2日上午，区人口计生委召开全员流动人口数据库建设工作汇报会，各镇（街）计生办主任、流管员参加会议。会上，各镇（街）汇报了辖区内流动人口规模、结构及录入情况，并对信息库应用中出现的问题提出了建议。会议要求，各镇街要高度重视流动人口全员信息库建设，努力建设一支由村居计生专干宣传员、楼门长等人员构成的信息员队伍，加强流动人口信息的采集、变更、核对，不断提高信息库建设质量，同时坚持以信息库的建设为引领，进一步推进流动人口计划生育“一盘棋”和均等化服务等工作。

【首都经济贸易大学人口经济研究所赴顺义区调研】10月16日，首都经济贸易大学人口经济研究所所长童玉芬教授等7人到顺义区马坡镇调研综合治理出生人口性别比和流动人口计划生育管理工作，区人口计生委副主任黄建柏、马坡镇工会主席于海英等10余人参加座谈。童玉芬介绍了多年来的调研成果与经验，表示希望双方继续保持交流合作关系。

【市人口计生委评估验收顺义区诚信计生工作】10月17日，北京市人口计生委副主任耿玉田率领北京市诚信计生工作评估验收组对顺义区创建诚信计生工作进行评估验收。评估采取听取汇报、调查问卷、座谈、查阅资料等形式。会上，验收组分别听取了区人口计生委、北务镇、北务卫生院关于诚信计生工作开展情况的汇报，并邀请道口村15名育龄群众进行了问卷调查和座谈。检查组成员还查阅了区镇两级诚信计生工作的相关文件和存档资料。耿玉田对顺义区诚信计生工作取得的成绩给予充分肯定。

【国家人口计生委主任王侠赴顺义区调研】10月18日上午，国家人口计生委主任王侠一行8人到顺义区调研人口规模调控中的流动人口服务管理和基层计生服务工作，北京市政府副市长丁向阳、北京市人口计生委主任刘志、顺义区委书记张延昆等陪同调研。王侠一行听取了张延昆关于全区基本情况和人口计生工作情况的介绍，随后实地查看了南彩镇河北村人口管理服务站、人口文化学校和计划生育服务室等，并向村专干询问了人口计生政策在基层农村的落实情况。她对顺义区的各项工作给予了肯定。

【辽宁省人口计生委领导到顺义区考察工作】10月26日，辽宁省人口计生委主任车竞、党委书记蒋斌一行6人到顺义区考察人口计生工作，北京市人口计生委主任刘志，顺义区委副书记周颖博、副区长燕瑛陪同考察。考察组参观了南彩镇河北村的人口服务管理站。辽宁省和北京市人口计生委领导就如何加强区域协作交换了意见。

【开展男性健康日宣传咨询服务活动】10月28日，区人口计生委与胜利街道办事处联合开展男性健康日宣传咨询服务活动。现场发放《细节成就健康男人》、《夜问36》、《健康驿站—男性健康特别节目》等男性健康书籍、光盘等宣传品300余份，避孕药具200余盒。社区大夫为群众提供简易体检、咨询服务46人次。

【北京市人口计生委检查验收顺义区“阳光计生”工作】11月27日，北京市人口计生委党组成员、驻北京市人口计生委纪检组长刘晓军带领“阳光计生”行动规范化建设检查评估组到顺义区检查验收“阳光计生”规范化建设情况，区人口计生委主任秦士友等领导陪同检查。评估组听取了区人口计生委和南彩镇关于“阳光计生”行动规范化建设情况的汇报，实地查看了南彩镇河北村工作。通过听取汇报、测评座谈、查阅资料等形式，全面了解顺义区人口计生委实施“三项公开”、开展“四项评议”、强化“五项监督”的具体情况。评估组对顺义区人口计生委“阳光计生”规范化建设给予了充分肯定。

【举办2012年第二场计生家庭劳动力全员就业工程专场招聘会】12月4日上午，顺义区2012年第二场计生家庭劳动力全员就业工程专场招聘会在天竺劳动就业服务中心院内举办。32家用工单位参加招聘，提供工作岗位600余个，包含物流、仓储、客服、服务员等。两个小时的招聘会中，求职人员达到350人，现场面试121人。

【举办计生家庭母婴护理培训班】为适应社会发展趋势，促进计生家庭劳动力在紧缺的母婴护理行业就业，区人口计生委联合大方职业技能培训学校在天竺镇培训基地举办了“计生家庭职业技能培训”家政（母婴护理）班，40名学员参加了此次培训。培训从7月26日开始到8月15日结束，共计15天课程。培训班上，护理专家李秀英、张国兰等10名教师通过理论和实际操作对学员进行详细指导。培训结束后，安排进店实习和考试，考试通过者将获得母婴护理资格证书，大方职业技能培训学校将为其安排就业岗位，预计月工资将达到4 000元以上。

【举办十八大报告专题讲座】 12月20日，区人口计生委举办十八大报告专题讲座，邀请区委党校赵红霞老师对十八大报告进行解读，全体干部职工和到挂职锻炼的贵州省毕节市人口计生系统干部聆听了讲座。区人口计生委副主任张丽君要求全体干部职工要熟悉和掌握十八大报告的精神实质，尤其是要深刻理解报告中对人口计生工作提出的四项要求，结合自身岗位和工作实际，做好本职工作。

【顺义区对口支援贵州毕节大方县人口计生工作】 5月，北京市人口计生委与贵州省人口计生委签订了《北京市人口计生委对口支援贵州毕节试验区人口计生工作协议书》。区人口计生委根据北京市人口计生委安排，与大方县结成对口支援县，重点帮助大方县制订人口发展规划、加强基层基础设施建设、实施幸福家庭项目、提高人员服务管理能力等。6月9日，大方县委书记卢林带队到顺义与区人口计生委确定了对口支援方案，包括支援干部队伍建设、援助乡镇计划生育妇幼保健服务站设备、计生科普书籍支援等。11月，区人口计生委向大方县捐赠B超等14件计划生育技术服务设备，价值40多万元；捐赠生殖健康科普图书2万余册，价值8万元。在大方县人口计生干部队伍建设上，采取到顺义区人口计生委挂职锻炼的方式，主要学习工作理念、工作方法、优质服务等。12月11日，首批到顺义区挂职锻炼的毕节市人口计生系统的28名干部到达顺义，在区人口计生委业务科、流管科、宣传站、技术服务中心、药具站、牛栏山镇、南彩镇、李桥镇和马坡镇开展为期两周的挂职和交流工作。

【开展“百家幸福家庭”评选表彰活动】 年内，区人口计生委以“幸福家庭，和谐人口”为主题，在全区基层广泛开展了“幸福家庭”评选活动。活动自4月开始，经过各镇（街），村（居）认真准备，精心组织，真实推荐，全区共评选出100个幸福家庭。9月21日，区人口计生委在仁和镇礼堂召开了“顺义区纪念《公开信》发表三十二周年暨幸福家庭表彰大会”。会上对100个幸福家庭进行了表彰和奖励，共投入奖励费10万元。会上邀请李金斗、李国盛等演出了精彩的相声、快板和化妆相声；“幸福家庭”代表现场表演了书法、合唱等节目。

【开展2012年免费孕前优生健康检查项目】 项目包括对准父母提供优生健康教育、病史询问、体格检查、临床实验室检查、影像学检查、风险评估、咨询指导、孕情监测及跟踪随访等共8个大项19个小项的服务。为确保工作效果，区人口计生委印制海报1.2万份、宣传折页2万份，通过村居、民政局婚登科、镇村服务大厅等多种渠道向群众发放。为了更好地推进免费孕前优生健康检查工作，一是工作衔接到位，确保优质服务。镇村计生专干入户登记，简化办理手续。对有需求的夫妇进行代办，同时帮助预约检查时间，对已经参加检查过的夫妇随时进行随访，服务由被动变为主动。二是考核奖励到位，确保项目顺利实施。为充分调动基层计生专干的工作积极性，制定了针对村（居）专干的奖励制度。全年共检查1 600对，早孕随访51人。

【顺利完成流动人口重点地区动态监测工作】年内，区人口计生委在对4镇8村调查员培训的基础上，组织调查员对调查问卷进行了集中交换审核，确保监测数据的真实性。3～5月，顺义区对160名流动人口进行了重点监测。

【开展宫内节育器发放管理情况调查】上半年，顺义区计卫联手组织人员对28家医疗机构进行调查。针对工作中存在的记账不规范、过期浪费等问题，区人口计生委下发了《国家免费提供宫内节育器使用的管理规定（试行）》、《国家免费提供宫内节育器使用登记册》、《国家免费提供宫内节育器过期处理登记单》，全区医疗机构使用国家免费提供宫内节育器的行为得到规范。

【各镇投入277万元发放独生子女考学奖励金】各镇共投入277万元对考入大学的独生子女学生进行奖励，1 100余人受益。南法信镇对考入清华北大本科学生一次性奖励10 000元、考入一类本科的学生一次性奖励5 000元、考入二三类本科学生奖励3 000元。在此基础上，对独生子增加奖励20%，独生女增加30%。天竺镇对考入本科的一次性发放6 000元奖学金，独生子女家庭另行奖励5 000元，达到11 000元，和谐家庭再增加5 000元，最高达到1.6万元。

【为低保独生子女大学生发放救助金】顺义区通过民政局对低保独生子女大学生发放教育救助金。考入一二类本科的给予当年全额学费救助，三类本给予6 000元补助。大二、大三、大四学生分别给予3 600元、2 400元、1 800元救助。大一新生还获得2 000元的一次性生活救助。

【圆满完成计生家庭意外伤害保险工作】顺义区投入200万元，为6万余户年龄在65周岁以下、子女1周岁以上的顺义区户籍计生家庭缴纳意外伤害保险。

（张红蕊）

昌平区

【概况】2012年，在市人口计生委指导和区委、区政府领导下，昌平区人口计生工作以稳定低生育水平、提高出生人口素质、完善落实计生惠民利益导向政策、促进人口长期均衡发展为目标，以“幸福家庭，和谐人口”为主线，以创新为动力，以为大局、为群众服务为原则，以开展计生惠民工程为载体，凝心聚力、开拓创新、扎实推进人口计生工作。年度户籍出生6 808人，符合政策生育6 688 人，符合政策生育率 98.24%，户籍出生人口性别比为106.18。

综合治理。面对新时期人口计生工作出现新情况、新问题，以及稳定低生育水平的诸多压力与挑战，区委、区政府始终坚持人口和经济社会发展综合决策，统筹考虑；坚持党政一把手亲自抓、负总责；坚持与23 个职能部门和18 个镇（街）签订综合治理职责责任书和目标管理责任书；纳入镇（街）绩效考核评价体系，纳入评定干部、基层选举、精神文明、社会综合治理等考核中，严格“一票否决制”。

依法行政。坚持稳定低生育水平，严格再生育审批，依法查处违法生育、征收社会抚养费。全年再生育审批606 例，处理违法生育 146 例。坚持维护社会和谐稳定。加强对20 名计划生育信访重点人的台账管理，建立信访包案和接待制度，协同镇（街）加大调处和稳控力度，及时化解信访矛盾。妥善处理来电来访459 件。全年未出现重大的群访、重访、越级访问题。

文明倡导。以“幸福家庭、和谐人口”为主题，深入开展家庭人口文化系列活动。一是统一制定《人口计生宣传阵地建设规范标准》。二是改版《昌平人口》；在《昌平周刊》、《企业天地》杂志设“人口文化”专栏；定期在昌平电视台播放《人口·文化·生活》专题片，宣传人口文化。三是投资 300 余万元新建 6 个镇（街）人口文化园和 100 条村（居）人口文化街，在昌平城区 13 条大街设置 163 个灯箱式人口文化宣传橱窗，营造良好的人口文化气氛。四是投资 30 万元改善 100 个村居和 11家企业人口文化书屋，赠送图书、光盘 1.7万余册（张）。五是推出“昌平特色人口文化一日游”品牌；创作演唱“人口计生之歌”——《用爱点燃万家的灯》；评选表彰100 个“幸福家庭”；举办“人口文化书法、绘画笔会”等，宣传新型家庭人口文化。

利益导向。认真落实为民办实事项目和计生惠民政策。一是落实计划生育奖励扶助政策，为 2 880 人发放奖励扶助金450.5 万元；为386 人兑现一次性独生子女父母奖励费 38.6 万元。二是帮扶救助计生家庭，为21 人发放一次性经济帮助金21 万元；为 125 名考上大学的独生女孩发放“阳光助学金”36 万元；为9.56 万户计生家庭办理意外伤害保险，财政补贴 195 万元，全市第一。

优生促进。全年共举办 50 余期“优生优育优教”培训班，受益群众达4 800 余人次。为2 600 余人进行免费孕前优生健康检查。为122 个不孕不育和病残儿家庭提供优生优育咨询指导和诊疗服务。开展生殖健康检查6.5 万余人，长效避孕措施检查1 万余人，流动人口孕检 1.2 万余人。

青春健康服务。关爱青少年特殊人群，为青春健康护航。开展青春健康知识进校园活动44 场次，涵盖 13 个镇街 33 所大中小学，培训学生7 000余人，青春健康心理咨询热线接听电话、来访500余人次。在大学校园推进七项服务，关爱大学生。一是建立大学生青春健康教育志愿服务队伍。二是举办30余场大学生青春健康知识讲座。三是加强高校青春健康宣传阵地建设，制作宣传展板110块，发放宣传资料9万册，开办“青春健康论坛”大学校园网站。四是举办“大学生青春健康知识辩论赛”和“青春健康小品展演”系列活动。五是在10所高校学生公寓安装72台避孕套发放机。六是与英国玛丽斯特普国际组织合作开展“青春健康、同伴护航”项目，参与大学生达3 700余人次。七是设立青少年门诊，为大学生提供性与生殖健康咨询、生殖道疾病诊治、意外怀孕终止妊娠手术等免费服务。

人口调控。建立起党政领导、部门配合、社会参与、齐抓共管的统筹解决人口问题的工作格局。加强与公安、综治、卫生、药监、歌华等部门的资源和信息共享，推进全员人口信息化建设、流动人口“一盘棋”服务管理和出生人口性别比综合治理。完成了“科学调控人口规模”和“人户分离人口服务管理”两个调研报告。

【市人口计生系统文化科技卫生“三下乡”活动启动】1月6日，北京市2012年人口计生系统文化科技卫生“三下乡”活动启动仪式在沙河镇举办。国家人口计生委宣教司副司长施春景，北京市人口计生委党组书记、主任刘志，副主任彭彧华，昌平区人大副主任、区人口计生委党组书记、主任李春菊，副区长刘淑华等领导出席启动仪式。仪式上，市人口计生委向昌平区18个镇（街）计生办赠送了笔记本电脑等办公设备，向沙河镇人口文化学校赠送摄像机以及价值一万元的DVD光盘和图书。活动期间，还举办了一次“生殖健康大课堂”，由北京电视台《养生堂》栏目的专家、解放军309医院营养科主任刘晔为大家讲解生殖健康保健知识。

【“流动人口计生优秀小组长”表彰会】1月9日，区人口计生委召开“流动人口计划生育优秀小组长”总结表彰会。各镇（街）计生办主任、流动人口协管员、流动人口小组长60余人参加。区人口计生委副主任董亚卿总结了2011年流动人口计划生育工作，副主任沈茂成宣读了2011年度流动人口计划生育优秀小组长名单，为25名流动人口优秀小组长颁发了证书和奖金。3名流动人口优秀小组长作典型性发言，介绍流动人口计生工作经验。

【“幸福家庭－亲情牵手志愿者”座谈会召开】1月13日，区人口计生委、计生协举办“幸福家庭－亲情牵手志愿者”座谈会。区人口计生委、计生协领导和各镇街计生办主任、志愿者代表、亲情牵手家庭代表50余人参加座谈。会上，与会人员观看了“情暖人间”亲情牵手工作汇报片。区计生协秘书长刘永钢作了区生育关怀、亲情牵手工作总结。来自阳坊镇、北七家镇的志愿者代表和沙河镇亲情牵手家庭代表分别作了发言。

【市领导慰问基层计生工作者】1月19日，市人口计生委副主任徐捷在区人大副主任、区人口计生委党组书记、主任李春菊、副区长刘淑华的陪同下，走访慰问马池口镇和南口镇困难计生专干，送去新春祝福和慰问金。

【部署年度人口计生工作】2月9日，区人口计生委召开中层以上干部会议，学习传达区社会管理暨政法工作和区2012年重点工作部署会精神，结合会议精神，研究部署2012年人口计生工作。区政府提出2012年人口计生重点做好四方面工作：一是稳定低生育水平；二是积极开展人口问题研究；三是加强全人口管理信息系统建设；四是加强流动人口计划生育服务管理。区人口计生委副主任邱少强围绕四方面工作做出具体部署，并提出要努力做到“四个坚持”：一是坚持计划生育基本国策不动摇，稳定低生育水平不放松；二是坚持计划生育利益导向，帮助计生家庭脱贫致富；三是坚持为计生家庭服务，促进家庭和谐幸福；四是坚持围绕大局，为维护昌平和谐稳定做工作。

【国家人口计生委科技司到昌平调研】3月13日，国家人口计生委科技司许梅林，市人口计生委副主任耿玉田、科技处处长周新茹到区调研指导免费孕前优生健康检查项目进展情况工作，区人口计生委副主任沈茂成从昌平开展孕前优生项目的保障措施、特色服务、取得成效、存在问题及改进措施等方面作了汇报。市领导充分肯定区免费孕前优生健康检查工作并指出要在病史咨询、资料分析、风险评估等细节上进一步改进，提升其科研价值。

【召开计生家庭意外伤害保险工作会】3月15日，召开全区计划育家庭意外伤害保险工作会，总结了2011年工作，表彰了先进单位，对2012年的工作进行了部署和安排。各镇街计生办和相关工作人员40人参加会议。2011年的保险工作体现了以下明显特色和成果，即全市参保人员最多，保险费用最多，保险理赔最多，政府出资多，享受低保的计生家庭、独生子女夭折家庭、计生工作人员的保费全部由政府财政支出，实现了城乡全覆盖。2012年，区计生协与中国人寿保险昌平分公司的工作人员将继续深入到各个镇街、村居进行业务培训，加大宣传力度，使每个投保家庭感受到关爱。

【“幸福工程”为企业职工免费体检】4月5日，区人口计生委开展“幸福工程——免费为企业职工体检”活动，为佰仁医疗科技有限公司的81名职工进行免费体检服务。体检项目有身高、体重、血压等一般检查；血、尿生化常规检查；肝、胆、脾等妇科B超检查，共六大类20小项。实施“幸福工程”，免费为企业职工体检活动，为企业提供政策法规咨询、计划生育协会组建、企业计生干部培训等一系列活动，让健康、知识、文化走进每个驻昌企业职工身边，为推进计划生育工作的创新发展，营造良好的人口环境打下坚实的基础。

【走访慰问计生困难特殊家庭】 4月9～20日，由区人口计生委主任石彩红带头，各分管主任带队、各科室共同参与集中走访慰问计生专干和计生困难特殊家庭。把党和政府的关爱与温暖送到特殊家庭之中。

【举办人口计生业务培训会】 4月11日、12日，区人口计生委围绕行政法规、信息化建设、流动人口服务与管理、技术服务、药具发放、宣传教育等方面内容进行为期两天的培训。区、镇人口计生干部共200多人参加培训。会上，区人口计生委党组书记、副主任邱少强对2011年任务指标完成情况进行通报，分析了人口计生工作当前面临的形势，困难和挑战，并对2012年的重点工作进行强调。区人口计生委主任石彩红，就当前任务形势提出四点要求：一是全区人口计生干部要认清形势，统一思想，树立大局意识、责任意识、创新意识，为全区中心工作做好服务；二是要加强学习，不断提高业务水平，坚持依法行政，稳定低生育水平；三是要落实惠民政策，拓展服务职能，突出亮点和特色工作；四是要抓住重点和关键，落实责任，多措并举，共同努力，开拓创新，为创建京北创新中心、国际科教新城创造良好的人口环境。

【广东、昌平开展依法行政工作交流】 4月23日，广东省人口计生委政法处处长卢璐率领湛江、珠海、惠州等市的12名计生局长，在市人口计生委政法处处长张瑞霞陪同下到本区学习交流依法行政工作。会上，区人口计生委党组书记、副主任邱少强介绍了昌平区人口计生工作各项指标任务完成情况，并从依法行政制度建设、执法队伍建设、行政审批和行政征收情况、信访工作情况、开展跨地区合作和利益导向机制建设情况。双方就依法行政工作中的热点、难点进行了交流探讨，广东省人口计生委对本区计划生育综合治理的经验和向计生家庭经济倾斜、帮扶等做法给予称赞，并表示，学习到昌平区的先进管理做法，收获颇多，对做好今后广东省人口计生工作具有指导意义。

【80台避孕药具发放机“落户”大社区】 4月下旬，区人口计生委在辖区内的天通苑、回龙观、昌平城北市场、水电批发市场和北七家建材城等大型社区和流动人口高密度聚集地新增80台用二代身份证刷卡免费领取的避孕药具自助机，覆盖人群达50余万人。满足了当地群众对避孕药具的现实需求，打造“十五分钟药具服务圈”。截至目前，昌平区人群密集区设立避孕药具发放点共1 200个，免费避孕药具可及率达到95%以上。

【新增两家免费孕前优生健康检查定点医院】 为方便群众就近体检，区人口计生委在原有的2个定点医院和体检中心的基础上，又增加了南口医院、华一医院两家免费孕前优生健康检查定点医院，极大地方便昌平西部和南部地区群众就近参加体检。5月4日，区人口计生委向两家医院颁发了

"免费孕前优生健康检查定点医院"铜牌。

【市人口计生委调研流动人口工作】 5月29日，市人口计生委流管处处长刘凤婷、副处长李乐华一行调研考察区流动人口计划生育工作。区人口计生委副主任董亚卿参加会议，并从构建统筹流动人口问题的工作机制、推进计划生育公共服务均等化、深化流动人口计划生育跨地区协作等方面汇报了昌平区流动人口计划生育服务管理工作。流管处一行充分肯定区在跨区域协作和均等化服务方面的积极探索，对昌平区下一步工作提出三点要求：一是要发挥流动人口信息化建设特长，提高流动人口数据质量，为创新社会管理提供服务和支持；二是要加强流动人口服务管理机制建设，为流动人口提供更有针对性的服务；三是要认真总结区域协作中的好做法，多举办"家乡情"系列活动，让流动人口感受到来自异地更多的关爱。

【区人大领导听取人口调控工作汇报】 6月7日，区人大常委会副主任李春菊、郑国柱等领导携区人大代表一行11人到区人口计生委听取人口规模调控工作汇报。会上听取区人口计生委代表区政府作的《关于昌平区科学调控人口规模的情况报告》报告从8个方面提出了昌平区人口规模调控的工作思路和措施：一是加强统筹协调，实行人口问题综合治理；二是重视"规划引导"，发挥规划对人口发展的龙头作用；三是强化"产业控人"，发挥产业对人口的配置效应；四是严格"以房管人"，规范出租房屋管理秩序；五是完善政策体系，扩大本地居民就业空间；六是落实现行计划生育政策，有效控制人口自然增长；七是加强人口信息动态监测，建立人口信息发布机制；八是加强人口调控目标考评，落实属地管理责任制。本次座谈会是昌平区积极应对"区域人口规模快速增长"的形势和挑战，就人口规模调控问题召开的专题研讨会，是落实昌平区"十二五"人口工作目标的重要步骤，对促进昌平区人口与经济、社会、资源、环境协调可持续发展起到推动作用。

【人户分离人口调研工作座谈会召开】 7月11~12日，北京大学社会学系教授、博士生导师、国家人口计生委专家委员陆杰华等相关人员到区调研人户分离人员较为集中的东小口镇、回龙观镇并进行座谈。座谈会听取两个镇8名居委会书记（主任）在人户分离服务管理方面的成功经验、突出问题及机制创新等相关情况报告和8名人户分离人员对现居住地小区的基础设施、公共服务满意度等相关方面的建议、意见。形成人户分离人员的主要原因体现在六个方面：一是学前教育至高中阶段，教育资源极度紧张，子女入园难，入学难；二是看病难，综合性大型医院、社区卫生服务中心（站）与地区人口不匹配；三是老人和幼儿活动场所少而小，不能满足休闲娱乐需求；四是交通拥挤出行难；五是因地区差异部分服务不能与核心区同步发展，群众不理解；六是公共环境卫生有待改善。

【昌平避孕药具管理信息系统正式运行】 8月1日，由区人口计生委药具站自行研发“药具信息管理系统”软件，依托区政府网，正式投入运行，大大提升了区、镇、村三级药具发放的信息化管理水平，有力推动药具改革，有效提高了避孕药具的发放效率。

【召开治理出生人口性别比工作联席会】 8月10日，区召开综合治理出生人口性别比偏离问题的工作领导小组成员单位联席会，研究部署2012年区综合治理出生人口性别比工作。会议由人口计生委牵头，卫生局、公安分局、药监分局、妇联等7个部门参加。会议传达了国家关于“将2012年确定为出生人口性别比重点治理年”的通知精神和北京市综合治理出生人口性别比工作会的有关精神。成员单位结合本职工作范畴，提出本部门2012年综合治理出生人口性别比工作计划和设想，就综合治理出生人口性别比工作的统筹协调、联合执法、信息沟通等进行交流讨论，厘清了工作思路和办法；讨论、研究并会签通过了《昌平区2012年综合治理出生人口性别比工作实施方案》。区综合治理出生人口性别比工作领导小组常务副组长、区人口计生委主任石彩红强调：一要统一思想，研判形势，充分认识综合治理出生人口性别比问题的重大意义，充分认清出生人口性别比的严峻形势，充分认清出生人口性别比失衡的不利影响，增强使命感和责任感；二要高度重视，履职尽责，确实做好2012年综合治理出生人口性别比工作。要加强宣传引导，营造氛围；强化组织领导，落实责任；加强协调配合，确保昌平区综合治理出生人口性别比问题的各项工作落实到实处。

【“关爱女孩－阳光助学”行动】 8月22日，举办“2012年关爱女孩—阳光助学金发放仪式”，为125名考上大学的农村困难独生女孩发放“阳光助学金”36.05万元。昌平区作为全国“关爱女孩行动”试点区，自2005年启动以来，全区共投入284.75万元为982名女学子圆求学梦。在“关爱女孩－阳光助学”活动的带动下，全区形成助学气氛，各镇街纷纷出台考学奖励政策，最高奖励金达1万元。区人口计生委不断总结经验，创新救助模式，建立长效救助帮扶机制，以多种方式开展救助帮扶活动，让独生女孩在同一片蓝天下沐浴计生阳光，健康快乐成长。

【开展计划生育特殊困难家庭跨区县联谊活动】 8月30日，昌平区人口计生委和延庆县人口计生委联合举办计划生育特殊困难家庭亲情牵手“珍珠山水幸福之旅”联谊活动。10月17日，昌平区人口计生委和顺义区人口计生委联合举办计划生育特殊困难家庭亲情牵手“顺义菊花节·幸福之旅”联谊活动。区人口计生委不断加大对特殊困难计生家庭的关爱力度，目前全区亲情牵手志愿者已达216名，牵手家庭108户。2012年又采取五项措施关爱计划生育特殊困难家庭：一是设立10万元计划生育特殊困难家庭专项基金，用于培训志愿者、组织失独家庭联谊活动、对困难家庭进行经济救助等；二是筹建心灵家园，为失独家庭提供专门的交流和活动场所；三是开展志愿者培训，讲授心理学、中老年保健知识、紧急救助方法、与计划生育特殊困难家庭成员交流沟通技巧等；四是组织计划生育特殊困难家庭健康讲座，传授养生健身知识；五是继续组织亲情牵手幸福之旅，帮助计划生育特殊困难家庭走出阴霾，建立阳光心态，维护家庭、社会和谐稳定。

【市人口计生委领导调研信访维稳工作】9月6日，市人口计生委副主任彭彧华带队到区调研人口和计划生育信访维稳及宣传教育工作。区人口计生委主任石彩红及党组成员参加汇报。区人口计生委党组书记邱少强汇报了区人口计生委信访维稳工作及五方面措施，一是成立信访矛盾排查化解工作领导小组，加强组织领导，健全信访维稳网络；二是完善信访维稳制度，确保工作到位；三是加强宣传教育工作，把握正确舆论导向；四是全面推进依法行政，严禁违法行政行为的发生，努力做到群众所办事宜应办尽办、应简尽简、应快尽快；五是关注计划生育家庭利益，开展社会关怀服务活动，做到应补尽补、应帮尽帮、应慰尽慰，不漏人、不漏户。市人口计生委副主任彭彧华对昌平工作给予充分肯定并指出，一是信访工作要有措施、有办法，把矛盾化解在萌芽状态；二是要对重点人、重点家庭建立台账管理，从源头上加强预防，消除矛盾。

【市孕前优生健康检查项目督导会召开】9月21日，由市人口计生委党组书记、主任刘志主持召开的北京市免费孕前优生健康检查项目督导会在昌平举办。昌平区作典型发言，介绍工作经验。刘志对昌平免费孕前优生健康检查工作给予充分肯定，要求各区县向昌平学习，并对全市开展免费孕前优生健康检查工作提出三点要求：一是各区县要充分重视，这项工作是人口计生委系统转变工作职能和思路的一项创新服务，要为群众办实事、办好事、添福祉；二是国家、北京市下达的目标任务，要保质保量完成；三是在技术服务上要确保优质，在项目推进上要确保规范，在项目监管上要确保安全。

【区计生协第四次代表大会召开】10月26日，昌平区计划生育协会召开第四次会员代表大会。市人口计生委副主任、市计生协第一副会长彭彧华、区副区长刘淑华、区人口计生委主任石彩红等领导出席大会。会上选举产生了区计生协新一届领导班子。副区长刘淑华当选为区计生协第四届理事会会长，区人口计生委主任石彩红当选为常务副会长，区人口计生委沈茂成当选为副会长，区计生协上届秘书长刘永钢继续担任秘书长职务，本次大会选出常务理事23名。市人口计生委副主任彭彧华对昌平区新一届计生协领导班子表示祝贺并充分肯定昌平的计生协工作，她希望昌平今后的工作能继续以改革创新、职能拓展为动力，创新公共服务管理模式，为全市人口计生工作创新发展提供典范。新当选的理事会会长刘淑华强调，今后区计生协继续坚持科学发展观，以关注家庭和谐健康为基础，以关注民生为目标，以“六大惠民工程”为平台，在区委、区政府领导下，在市计生协的领导下，开拓创新，扎实工作，努力把各项工作提高到新水平，不辜负全体代表的希望。

【区政协领导视察人口计生工作】10月29日，区政协主席王书合带领政协领导一行15人到区人口计生委视察指导工作。区人口计生委主任石彩红汇报了2012年人口计生工作情况。王书合主席充分肯定了区人口计生委2012年的工作成绩，希望区人口计生委要围绕中心、服务大局，在人口计生重点难点工作中实现新突破，切实维护社会和谐稳定，确保各项目标的顺利完成，确保党的十八大召开期间人口计生系统安全稳定。

【举办幸福家庭志愿者培训】11月2日，区人口计生委举办“创建幸福家庭亲情牵手志愿者”培训班，80余名来自各镇街的志愿者参加。区人口计生委青少年中心心理咨询专家王宝珍老师和区卫生服务中心老年人健康教育专家吴朝俊医生，分别就计划生育特殊困难家庭成员的心理特征、沟通技巧、老年人常见病的症状等方面进行培训。区人口计生委副主任沈茂成、区社会建设办公室副主任徐湘涛参加开班仪式。本次培训的对象是为计划生育特殊困难家庭进行亲情牵手服务的志愿者们，目的是全面提高其面向计划生育特殊困难家庭老年人的服务能力，提升创建幸福家庭亲情牵手志愿者队伍服务质量。区人口计生委沈茂成对志愿者队伍提出六点意见：一是普及志愿理念；二是拓宽招募渠道；三是整合社会资源；四是强化培训机制；五是健全激励机制；六是弘扬奉献精神。

【市人口计生委领导检查阳光计生工作】11月28日，驻市人口计生委纪检组组长刘晓军带领检查组一行6人到本区检查“阳光计生”工作情况。区人口计生委主任石彩红、副主任董亚卿参加会议。副主任董亚卿做了“昌平区深化阳光计生行动，提升服务管理水平”的工作汇报。阳光计生行动规范化建设工作取得实质性成效，提高了人口计生公共服务管理水平。一是强化领导责任，加强阳光计生行动的组织领导；二是完善制度规定，确保阳光计生行动有序开展；三是加强作风建设，打造过硬的阳光计生队伍；四是强化工作效能，提升阳光计生行动实效；五是严格标准要求，认真开展“双百”评选活动。驻市人口计生委纪检组组长刘晓军对昌平工作给予高度评价。一是昌平人口计生委工作扎实、有效。在全员人口信息化建设中攻坚克难，下大力气、大投入在短时间内完成，完成速度在全市首屈一指。二是工作有思路、有落实。各方面制度经得起检查和考验，尤其是全程办事代理，把服务群众与按原则办事很好地结合，兼顾了高效性和原则性。

【举办“人口计生杯”大学生辩论赛】为拓展和创新大学生的青春健康服务工作，进一步普及大学生青春健康知识，从11月17日开始，昌平人口计生委与中国政法大学联合举办了“人口计生杯”大学生青春健康辩论赛。12月9日，由区人口计生委和中国政法大学共同举办的“人口计生杯”大学生青春健康辩论决赛在中国政法大学昌平校区举行。市人口计生委副主任彭彧华、中国政法大学副校长张柳华、区人大副主任李春菊、区人口计生委主任石彩红等领导出席。市人口计生委副主任彭彧华充分肯定“人口计生杯”大学生青春健康辩论赛和昌平人口计生委开展的青春健康服务进校园工作。通过各项活动的开展，帮助青少年树立正确的婚恋观，进一步了解当代大学生的思想活动，为人口计生部门继续深化和创新青春健康服务提供了思路，为青少年健康成长保驾护航，为构建幸福家庭奠定基础。

【开展关爱计划生育特殊困难家庭健康体检】12月11～12日，区人口计生委为全区200余名计划生育特殊困难老人开展免费健康体检。包括血常规、尿常规、B超、乳透、宫颈细胞学等20余项检查，共投资3万余元。这是区人口计生委开展“心灵家园健康关爱行动”系列活动之一。为使老人们切实体会到党和政府的关怀，区人口计生委精心组织，合理安排体检项目和时间，各镇街统一安排车辆接送，体检过程中由医护人员全程陪同导检，为老人们耐心讲解检查流程和结果等做好每一个细节工作，从精神上给予老人们更多关爱。区人口计生委还将每年组织一至两次文体健身比赛，不定期组织知识讲座和心理咨询活动，医护人员上门服务进行面对面咨询。为失计划生育特殊困难庭成员提供全面的服务，真正实现老有所依、老有所养、老有所乐。

（张金华　王佩锋）

大兴区

【概述】2012年，大兴区人口计生工作紧紧围绕区委、区政府的中心工作，务实创新，以家庭人口文化建设为抓手，统筹协调各职能部门，整合社会资源，大力加强干部队伍建设，创建幸福家庭，稳步推进优质服务项目化管理，积极促进人口计生职能拓展转型，为实现“一体化、高端化、国际化”战略，建设宜居宜业和谐新大兴营造了良好的人口环境。全年人口计生经费投入3 894.29万元，人均计生经费达到34.11元；流动人口经费总投入374.60万元，较好地完成了各项工作任务。

基层基础建设。2012年，大兴区人口计生委积极探索干部队伍素质提升的方法和手段，通过全面实施竞聘上岗、培训考核和分级分类管理三项制度，使得全区人口计生干部素质明显提升。一是采取竞聘上岗制度。根据大兴区《关于加强人口计生干部队伍教育培训与管理工作的指导意见》，对村居专干、宣传员等制定了任职资格、选聘机制，尤其是基层专干须经公开竞聘，通过笔试、面试合格才能使用。二是建立培训考核制度。区人口计生委统一制发了区、镇街、村居三级《计生干部培训登记手册》，作为各级计生干部参加各类培训情况的记载。年内，组织基层重点进行了信息化业务、政策法规、避孕节育知识、药具发放管理等方面的培训，并在培训结束后及时进行考核。三是实行分级分类管理制度。根据药具服务需求，全区药管员、药具发放志愿者首先实施了药具服务“等级考试、持证上岗、分级分类管理”的制度，全区药具服务人员统一参加等级考试，持证上岗，获得一级证书者可获得相应奖励。获得二级证书以下的，镇街要加强指导，三个月后参加一次升级考试，给予晋级机会。连续两次考级在三级以下的，镇街计生办与村居两委协调更换或重新选聘人员。机关干部注重素质提升，上半年，由大兴区人口计生委和大兴区委党校联合办学，区委党校负责教学计划的制定、实施及学员管理考核工作。邀请了国防大学、国家行政学院、中华女子学院等相关单位的知名专家、教授共安排13讲进行授课。年内，全区共举办各类型培训班130余期，参训达6 000余人次。全区逐渐形成一支适应新时期、新要求的高素质、专业化的人口计生行政管理队伍、技术服务队伍和群众工作队伍。

依法行政。深化依法行政、执政为民、便民维权的观念，加大计划生育行政执法的公开、透明度，全面梳理涉权事项，编制职权目录39条、自由裁量权目录24条。依据大兴区政务公开实施方案和依托电子政务平台加强政务公开和政务服务工作手册，认真梳理依法行政公开事项5项（社会抚育费征收、再生育审批、独生子女父母光荣证、生育服务证等），调整、增加区、镇两级政务公开事项。重新梳理了办事程序、工作流程，使计生政策公开透明。针对群众反映强烈及历史遗留问题，根据各镇、街道具体情况，在充分调研的基础上，本着“以人为本、尊重历史、特殊问题、区别对待”的原则，研究制定工作方案，最大限度予以解决。年内，共解决历史遗留问题34件。逐步建立完善执法监督员队伍体系建设，新聘38名由党代表、人大代表、政协委员、育龄群众代表、协会会员等各阶层人员组成的计划生育监督员，收集和反映群众意见和信息，监督各级计划生育行政部门的行政执法和群众的生育行为，促进政风行风建设。在中国市场学会品牌与质量专业委员会依据国家公务员管理和老百姓的实际需要，对大兴区15个政府部门进行抽查暗访公布的结果显示，大兴区人口计生委名列政府部门排名的前列，受到群众好评。

宣传教育。一是以大力建设新时期家庭人口文化为抓手，以“生命全周期 家庭全成员 服务全方位”为宗旨，统筹协调教育、卫生、体育、妇联等相关单位以构建幸福家庭为目标，充分利用社会资源、实施了以“幸福家庭 和谐人口”为核心理念的六大惠民工程。二是创建新阵地深入推进。为了不断丰富宣传阵地建设，区人口计生委创办了《大兴人》杂志，全年印发四期共计32万册，全部免费发放到辖区家庭中。区人力社保局、区妇幼保健院、区教委、妇联等部门纷纷在杂志中开辟栏目，登载劳动就业、母婴保健、婴幼儿早期发展、青少年健康教育等相关知识和资讯，收到了良好的宣传效果和社会反响。《大兴人》现已成为区人口计生工作领导小组成员单位协调配合、统筹解决人口问题的一个工作平台。年内，抓住青云店镇东辛屯村打造民俗旅游品牌的有利时机，将人口文化宣传阵地建立在名为“幸福港湾”的家庭接待户中，通过展示人口计生工作发展历程，传播科学、文明、进步的婚育观念，传扬健康、和谐、幸福的新时期家庭人口文化，使游客在赏民俗、品美食的同时，还能够了解到人口文化和计生政策知识。三是开展宣传活动突出人口主题。大兴区人口计生委在组织基层单位开展“7·11”、“9·25”等纪念宣传活动的同时，协调各职能部门，企事业单位等共同开展主题宣传活动。9月，举办了“健康宝宝 幸福家庭”人口文化宣传月活动。

生殖健康技术服务。2012年，生殖健康优质服务工作以生命全周期服务为主线，以项目服务为契机，不断完善生殖健康优质服务。落实“农村长效节育户籍已婚育龄群众免费健康体检”。为了逐步探索农村计划生育长效节育措施奖励制度，促进长效措施的实施，3月份组织召开相关人员工作会，全面部署工作，做好体检前期筛查、宣传与动员工作，制定各镇的具体实施方案和体检流程，确定体检定点医疗机构。全年共为1.9万余名采取长效措施的育龄群众进行了多项目的健康体检，将体检结果录入了健康档案。此项工作在广大育龄群众受益的同时，有效促进了长效节育措施的实施。开展以全区已婚育龄群众为主的“生殖健康伴你行”活动。全年共为6万余人次进行了B超、乳腺、妇检、TCT等多种项目的生殖健康检查，建立了生殖健康档案。全年开展健康讲座438期；咨询宣传近1.3万余人次，免费发放避孕药具近1万盒，其中男性参与健康服务5 000余人次。落实“健康生育工程”，完善出生缺陷一级预防工作。为了降低出生缺陷的发生率，提高出生人口素质，将出生缺陷干预做在最前沿，充分利用三级人口学校对新婚夫妇进行优生优育、出生缺陷知识培训，同时免费发放叶酸；强化新婚关口宣教，利用新婚登记平台向新婚夫妇免费发放“新婚健康服务包”，宣传新婚保健知识及优生优育知识。启动“大兴区免费孕前优生健康检查项目”。此项目依托大兴区妇幼保健院为新婚待孕夫妇免费提供宣传教育、健康检查、风险评估、咨询指导等优生服务，并制定了具体的实施方案。截至11月底已经超额完成全年工作任务共为600余对新婚夫妇进行了健康体检，评估为高位风险的进行了个性化指导。

流动人口服务与管理。加强政策宣传，通过上街宣传、动态监测入户调查、知识竞赛以及人口学校课堂等方式，有条不紊地开展了一系列宣传学习活动。举办全员人口信息系统及日常工作培训班。对全区19个镇、街道办事处计生办的共计39名工作人员进行业务知识、统计报表以及全员人口信息系统应用等方面的培训，通过学习使镇、街道计生办的工作人员们能够有效梳理流动人口管理工作，确定工作发展方向，从而进一步提高了工作规范化程度。加强区域协作，建立流出地和流入地协作工作机制。一是通过摸底核实，统计出流出育龄妇女相对集中的省，通过电话或邮寄等方式与其取得联系，并先后与30个市、区（县）签订《流动人口计划生育双向管理协议书》，建立信息交换制度；二是建立居住地与户籍地共同管理的协作机制，充分利用流动人口信息平台，实现动态管理，全年，利用流动人口信息平台，共发送协查信息3.66万条，接收户籍地反馈信息2.47万条；三是针对流动人口违法生育，社会抚养费征收难、非法胎儿性别鉴定、服务管理难到位等问题，我们多次邀请山东省德州市、乐陵市、禹城市、牡丹区、浙江省乐清市、安徽省桐城市等人口计生部门的相关工作人员来京，共同研究、商讨解决办法。加强流动人口管理，随着瀛海镇和旧宫镇的拆迁，大量流动人口涌入青云店镇北部六环沿线的八个村，为了管理好激增的流动人口，区人口计生委先后邀请市人口计生委副主任徐捷、大兴区党校李玲博士等到青云店镇，对“北八村”流动人口情况进行调研并提出合理化建议。通过采纳领导和专家的建议，青云店镇结合自身实际情况，创建“以房管人、以静制动”的工作机制，做到市场流入抓雇主、单位流入抓法人、房屋租赁抓房东，充分发挥村（居）民自治的作用，建立电子和文本档案，做到“来有登记，走有注销”。坚持“五个一”制度。查验已婚流动育龄妇女一本《流动人口婚育证明》，签订一份流动人口计划生育协议书，免费进行一次健康检查，留下一个联系方式，进行一次计生法律法规培训。做到“五清”。即流出地清、流入时间清、从事职业清、婚育状况清、节育措施清。从而达到流动人口自觉遵守和实行计划生育的目的。

药具工作。推广药具现代化发放模式。2012年市药具站为大兴区配备了74台避孕药具自助机。为推进自助机的发放使用，制作了1万把自助机使用宣传扇，按照74台机器网点发放到各镇、街，大力宣传避孕药具发放自助机的易得性、快捷性、人性化，从而将受益人群扩大化。7～8月，试运行阶段共刷取 2 763 盒；9～12 月，正式运行阶段共刷取 7 581 盒，受益群众达到 1 万余人。制定发放计划，规范药具市场。根据基层需求制定科学的免费药具发放计划，确保免费药具的供应。对随访登记本及时进行改进，使之更加贴近育龄群众需求。同时，为了规范市场，区药具站还定期到镇街性用品店进行抽查，确保免费计生药具发放渠道畅通，努力提高免费药具发放公共服务效能。实施药具服务“三项”制度。对计生工作者、药具发放志愿者实施药具服务“等级考试、持证上岗、分级分类管理”三项制度，制度规定，全区药具服务人员一律参加等级考试，全年，19 个镇街共 1 350 人参加考试，符合一级标准的 519 人，二级标准的 476 人，三级标准的 325 人。

协会工作。对会员队伍进行动态监测。利用 WIS 系统建立计划生育协会会员信息档案，将全区 6.4 万名协会会员个人信息全部录入微机系统，实现了信息资源共享，数据统计准确、时效性强的现代化工作模式，上半年各镇、街重新对协会会员进行核实，新加入的会员及时录入、退出会员的个人信息及时删除，保证了会员人数的准确性。把活动月作为开展协会工作的助推器。5 月已成为各级协会组织集中活动月，母亲节和“5·29”成为广大会员的重大节日。活动月期间，各级协会组织积极开展文艺汇演、独生子女才艺展示、志愿者亲情牵手、为贫困母亲捐款奉献爱心等各种活动，年内，共捐款 2.17 万元，发放宣传材料 4 万余份，宣传覆盖面达到 96%。优质服务项目稳步推进。创建“人口计生优质服务项目”申报制，项目由协会牵头，相关业务科室配合对项目全年进行业务指导和跟踪，通过实地考察、电话随访和召开项目相关人员座谈会等方式，严格监管项目运行及资金的使用情况。不断鼓励各镇、街计生协因地制宜创造性地设计开发特色项目。开展计划生育家庭意外保险工作。2012 年，在区委、区政府的支持下，由区财政出资 7.62 万元，为全区独生子女特殊家庭、独生子女伤残家庭、独生子女低保家庭、奖扶家庭、镇村两级计生专干五类家庭，办理计生家庭意外伤害保险 6 513份。为更好地宣传计划生育保险这项惠民工作，提高群众的知晓率，3 月 7 日，大兴区计生协与中国人保寿险大兴分公司签署了“计划生育家庭意外伤害保险”合同，并成功举办了由 14 个镇、5 个街道办事处秘书长 50 多名工作人员参加的“大兴区计划生育家庭意外伤害保险启动仪式及培训班”。培训班结束后各镇、街道计生协积极争取领导，请保险公司到基层进行培训，并为符合计划生育政策的家庭投资 104.16 万元，办理了 3.47 万份保险。

【人口和计划生育数据】2012 年，大兴区户籍人口为 61.22 万人，全年出生 8 186 人，人口出生率为 13.5‰，自然增长率 3.6‰。全区现有户籍育龄妇女 15.33 万人，已婚育龄妇女 11.52 万人，一孩育龄妇女 8.13 万人。2012 年独生子女父母领证率为74.06%。

【宝贝计划工程】以“五个一”的工作推进婴幼儿早期发展工作。一是开辟了一个专栏。借助《大兴人》杂志与北京幸福泉儿童发展研究中心、东方爱婴等专业单位特别约稿，将婴幼儿早期发展的相关知识在《大兴人》杂志上进行连载。制作发放育儿指南图书、“e家通”育儿指导软件等育儿资料。二是举办一场讲座。针对婴幼儿早期发展的重要性，特邀婴幼儿早期发展项目首席专家程淮教授进行了一次大型讲座，来自全区各镇、街道的基层干部400多人参加。三是建立一个基地。根据城乡发展进程，在大兴新城翡翠城幼儿园设置示范基地，作为城区早教发展示范基地，占地2 700平方米，设有婴幼儿发展测评室和亲子活动区以及大、中、小组合型玩具等活动设施。四是开展一个调研。采取分层抽样的方法，向19个镇、街道下发1 000余份问卷，收回有效问卷1 005份。通过对问卷的统计分析，形成《北京市大兴区0～3岁婴幼儿早期发展家庭需求调查分析报告》。五是举办一场大赛。9月8日，在体育局成功举办了主题为“健康宝宝 幸福家庭”的首届宝宝大赛。

【青春健康工程】主要围绕两个基地建设开展工作。一是区青少年健康教育基地建设。邀请中国人口宣教中心、社会工作事务所、北京军区总医院八一儿童医院等相关单位专家对青少年健康教育基地的软硬件配置、体验形式、课程设置、志愿者队伍建设等内容进行深入探讨，并就青少年健康教育基地的公益性、前瞻性、服务性问题提出不同建议。二是市级科研课题试点建设。在北京十四中安定分校关于初中阶段“青少年健康人格教育”的试验项目，区教委、人口计生委及校方联合成立专门项目组，制定针对教师培训的研修机制，在该校结合实际情况开展了集德育教育、情商教育及青少年性健康教育于一体的系列教育活动，采取讲座、座谈、互动沙龙、演讲、社会实践等多种形式，最终使之能够书本化、课堂化，形成一套适用于中学健康人格教育的完整教材。

【健康生育工程】区生殖健康技术服务中心及各社区计划生育服务站医护人员不仅为育龄人群提供了良好的技术服务，还宣传了计生政策、优生优育、生殖健康知识，指导了避孕节育知情选择，开展了生殖健康咨询服务等等，大力推进了健康生育工程。一是进行出生干预三级预防。在全区广泛开展普及预防出生缺陷知识，做好优生优育咨询和指导，倡导健康文明生活方式，提高育龄群众优生优育的知识水平和行为能力。开展婚前检查、婚育咨询、优生指导、叶酸增补、孕前检测、孕期保健、产前筛查及产后随访为主的综合干预服务，努力降低出生缺陷的发生风险。二是与民政局合作，为新婚夫妇发放健康大礼包。在新人领证后，将含有计生政策、生殖健康知识和避孕药具的大礼包发放到新人手中。三是在全区范围内开展免费孕前优生健康检查项目。全区符合生育政策的待孕夫妇可免费享受19项孕前优生健康检查。四是利用三级人口学校为新婚夫妇培训人口计生政策、优生优育、生殖健康等方面知识，免费发放叶酸。

【生育关怀工程】以加强利益导向为依托，注重加强部门间协作，积极争取各级政府支持，不断完善计划生育利益导向政策，充分保护独生子女家庭的合法权益。一是大力落实市人口计生委的有关奖励政策，严格执行三种扶助制度。二是通过对独生子女特殊家庭情况进行多次调研和座谈，形成了《关于对独生子女伤残死亡家庭进行救助的办法》。三是积极引导各镇、街根据各地实际情况出台对计划生育家庭倾斜的优惠政策。四是开展计划生育家庭意外保险工作。五是筹措生育关怀资金帮扶独生子女困难家庭。对因家庭困难，子女面临失学的独生子女家庭进行帮扶。

【文明倡导工程】以家庭全成员为服务对象，以生命全周期的服务为内容，大力倡导新时期家庭人口文化建设。首先，利用现有资源广泛宣传。充分发挥媒体、资源、环境、文化四大体系和三级人口文化学校、协会会员之家的网络优势，紧抓群众实际需求，广泛开展有特色的宣传教育活动和主题培训等，深受群众欢迎。同时，每年全区人口计生系统都被各报纸杂志、网站电台等采用稿件200篇以上。

【接待新疆和田进修班计划生育组学员培训工作】3月，区人口计生委接受了北京市委组织部分配给大兴区委组织部对口支援新疆和田地区的8名学员的实习任务。区人口计生委党组高度重视，将这项工作从讲政治、讲团结、促进民族和谐的高度加以完成，并指派专人负责学员管理。一是根据首都医科大学继续教育处制定的岗位实习目标及要求，安排责任心强，业务水平高的干部担任实习指导老师。注重所需所用，提高区级人口计生岗位综合技能。二是将学员管理融入全委日常工作，共同参加集体活动，促进相互交流。三是尊重民族风俗和情感，保障民族特色用餐需求，安排专人专车负责接送学员们到区政府清真食堂用餐，遇到重大民族节日时，领导更是专门慰问各位学员，使他们感受到了在家般的温暖。

【开展流动人口生存状况与未来预期调查】4月，北京市人口计生委、北京青年政治学院学生以及区人口计生委联合开展在京流动人口生存状况与未来预期入户调查，由于调查涉及在京流动人口就业和工作状况、居住和生活状况、社会参与和城市融入、未来预期等6大项、56小项，包含了在京流动人口的基本生活、工作、权益维护、融入城市等多方面问题，涉及黄村镇、西红门镇、青云店镇的779名流动人口，其中成人问卷663份，10～17岁学生问卷116份。调查员本着耐心、细心的原则将问卷中的问题逐一描述给流动人口，确保调查的圆满完成。

【创建“心灵家园”活动场地示范点】

区人口计生委将32.78万元的财政贴息贷款的结余资金全部用于“心灵家园”的建设，具体地点位于西红门镇月桂庄园内，总建筑面积800多平方米，集娱乐活动、生活服务、志愿者培训等于一体，设有排练室、活动大厅、休息室、谈心室、电子阅览室等多个功能房间。可定期为西红门镇及其周边镇、街特殊计划生育家庭开展家政服务、医疗保险、人文关怀、文化娱乐、应急咨询等20余项服务内容，给予特殊计划生育家庭提供精神上的慰藉和经济上的扶助，使这些计划生育特殊家庭能够老有所养、老有所医、老有所学、老有所乐。

【深入学习十八大报告】11月24日，区人口计生委全体党员深入学习了党的十八大报告。报告指出：“坚持计划生育的基本国策，提高出生人口素质，逐步完善政策，促进人口长期均衡发展。”让大家更加明晰了全面做好人口工作的方向与目标，坚定了统筹解决人口问题的坚强决心。在随后的讨论中，“五位一体”、“改善民生”等词引发党员干部的强烈共鸣，纷纷表示要深刻领会十八大报告精神内涵，贯彻落实到本职工作中去，进一步解放思想，求实创新，以更加饱满的精神面貌为新区人民提供更加优质的服务，讨论结束后，大家一同观看了历史文献纪录片《旗帜》。

【启动京安公益基金救助特困独生子女家庭】12月26日，举办北京京安公益基金救助因交通事故造成独生子女特困家庭项目启动仪式。区计划生育协会与北京京安基金会建立合作意向，由京安基金会给予因为交通事故造成独生子女死亡的特殊困难计划生育家庭、因交通事故造成独生子女父、母一方或双方死亡的独生子女家庭扶助金。双方签订了扶助协议，2013年1月起每月给予每个家庭1 400元补助，补助金额将根据北京市最低工资标准进行调整。

【魏善庄镇抓队伍搞创新提高工作水平】魏善庄镇坚持以科学发展观为统领，促进人的全面发展为目标，抓好队伍建设，开展工作创新，全面提升人口计生工作水平。①抓好队伍建设。一是科室加强对村计生专干的业务培训力度，强化业务、理论知识学习和应用。根据每月的工作重点，每月至少一次安排业务、理论学习培训，全年完成12次正式的学习培训活动，每次培训后暨进行考试，增强培训效果。将学习材料发送到网上，方便专干们及时复习掌握。二是实行专干小片会制度，提高工作精度。每月将村分为6片分别召开专干小片会，对网上录入信息逐村进行核对指导，使得专干的计算机业务操作能力明显提高。三是做好专干人员更替工作，保障工作质量。四是抓药具发放者的知识考试工作(坚持考试评级分级管理)。多次对药具发放人员进行培训，进行两次专门考试，使他们充分掌握药具使用发放知识，能够对育龄群众进行避孕节育指导，适度进行生殖健康咨询活动。药具发放者药具知识技能全部达到了一级水平。同时发挥他们信息员作用。五是引入专业人员传授知识，扩大专干知识面。邀请区妇幼保健院讲师举办一次“促进自然分娩及新生儿护理”专题讲座，丰富了专干的业务知识，传播育儿知识。邀请国家人口计生委宣教中心“青苹果”讲师进校园，在中学举办一期青春期健康知识讲座。发放0~3岁育儿丛书、光盘800套，传播育儿知识。②开展工作创新。一是工作机制创新。建立对村计生专干的培训制度，理论知识学习和应用；实行分片例会制度，提高工作精度；做好专干人员交接制度，保障工作连续性。二是工作内容创新。加强科室建设，规范人口计生工作。借助政府进行ISO9001认证工作，梳理科室各项工作，根据工作实际制定工作规范9项，明确人员分工责任和工作流程，使科室工作科学安排、有章可循，有据可查，工作实行痕迹管理，并且不断持续地改进相关工作。增强了科室人员的责任意识、大局意识，突出了服务意识，提高了工作效率；抓药具发放者的知识考试工作。多次对药具发放人员进行培训，进行两次专门考试，使他们充分掌握药具使用发放知识，能够对育龄群众进行避孕节育指导，适度进行生殖健康咨询活动，同时发挥他们信息员作用。③工作方法创新。计卫联手开展下村宣传讲课。做到了计生、卫生两个部门人员资源共享；利用镇《和城月报》入户优势，宣传人口计生工作；引入专业人员传授知识，举办讲座。邀请区妇幼保健院讲师、国家人口计生委宣教中心讲师、健康专题讲师举办讲座，邀请北大医院、区人民医院专家进行义诊等活动，提高人口健康水平。年内，魏善庄镇被评为北京市人口和计划生育工作红旗单位。

（杜　娟）

平谷区

【概述】2012年是攻坚克难、喜迎党的十八大胜利召开的喜庆年，更是迎难而上、促进人口计生工作转型发展的丰收年。一年来，全区人口计生委瞄准“加强人口管理、促进家庭发展”目标，开拓进取、埋头苦干，全面完成工作任务，优化了经济社会各项事业健康发展的人口环境。2012年度全区出生人口3 798人，低生育水平继续保持稳定。

综合治理。增强各级领导人口意识，加强制度保障。各乡镇（街道）切实把人口计生工作列入重要议事日程，坚持人口与发展综合决策。召开人口计生工作大会，总结经验、布置任务，“一把手”亲自与辖区单位签订目标管理考核责任书。并将人口计生工作内容列入村级“文明村”、“五好党支部”考核，实行“一票否决”；坚持村级领导班子人口计生工作议事、例会、重大事项专题研究会等制度，加强各级领导人口理念培训，提高了责任意识，做到重视支持到位、人员配备到位、经费投入到位。统筹协调，构筑人口管理工作合力。充分发挥人口计生工作领导小组作用，坚持联席会制度，形成工作合力，构筑部门整体优势。服务发展，加强人口战略问题研究。全区承接的市人口计生委“特大城市人口规模调控”子课题“优化人口结构、促进区域协调发展”顺利完成，各镇乡（街道）、委内各科室及区直单位确定的31个研究课题有序进行，研究成果报送区委、区人大、区政府、区政协，并刊登于区委政策研究室主办的《平谷调研》，为领导科学决策提供参考。

宣传教育。为提高各级领导人口意识，成功召开“平谷区创建幸福家庭报告会”，特邀中国人口福利基金会、国家人口计生委、中国计生协会、北京市人口计生委、北京大学、中国社会科学院等领导专家参会并发言。有序开展了“文明幸福家庭”评比表彰，为1 000多户幸福家庭赠送全家福，开展“留住幸福瞬间”首都记者走基层、“我眼中的幸福家庭”摄影比赛、“幸福家庭·奉献幸福”、“幸福家庭一帮一互助”等活动，内容丰富，形式新颖，广大群众踊跃参与，倡导营造了家庭和美、邻里和气、社区和睦、社会和谐的良好氛围。

利益导向。作为北京市第一批全国创建幸福家庭活动试点区县，将幸福家庭建设融入幸福平谷建设之中，为提高家庭幸福指数，深入群众开展调查研究，探索出提高家庭发展能力的新路子：深化平谷特色计生家庭优惠优待“三级承诺制”，形成了“区里有政策、镇里有制度、村里有规定”普惠计生家庭长效机制；创新推广地域特色居家养羊、公司＋农户托管养羊等特困计生家庭帮扶模式，发起为贫困计生家庭捐资助困活动，使400多户家庭走上致富路；梳理群众关心的突出问题，根据实际情况，反复斟酌研究解决方案。探索计生家庭养老新路径，建立规范了16家村级家庭服务中心，全区60%以上的村落实独生子女父母养老金发放制度，并在北京市率先出台了计生特殊困难家庭照顾政策。

优质服务。为加快推进健康平谷建设步伐，人口计生系统积极构建人口家庭公共服务体系，启动“幸福家庭通”健康服务项目，围绕生命全周期开展“幸福家庭通·健康通全家”活动，在全面完成“十八免”包含的免费孕前19项优生检测、农村育龄妇女免费体检、新婚夫妇免费发放资料等公共服务免费项目基础上，拓展孕前风险评估、中医孕前优生干预项目，实施“孕产妇免费产前筛查、符合计生政策孕产妇免费住院分娩”，试点开展孕期音乐胎教服务；建设10家0～3岁婴幼儿早教基地，举办亲子游戏、知识讲座200余场，全区自主培养的15名儿童智能测评师服务婴幼儿300余人次；落实育龄人群全程关爱随访服务“九到人”，加强社区计划生育服务站建设，探索建立药具管理协议和药具发放志愿者劳务补贴制度，构建一刻钟药具便民服务圈，市级相关部门对全区的做法进行专题调研并给予充分肯定。

队伍建设。全区以能力建设为主线，加强基层队伍建设。各级人口计生干部加强自身能力建设，实施强基提质工程，在落实公开招聘、述职述评等制度基础上，创新了“四步推动”、“五化”标准和“兼职政策”等管理新模式，开展了“三基五会”岗位培训练兵、“内强素质、外树形象”主题演讲等练兵比武活动，65 人通过全国生殖健康咨询师职称考试。

【人口和计划生育数据】 2012 年，全区人口总数 39.76 万人，比 2011 年同期增加 0.13 万人；育龄妇女 10.6 万人，其中已婚育龄妇女 7.13 万人。全年户籍出生人口 3 478人，比 2011 年增加 106 人；人口出生率为 8.76‰，比 2011 年增加 0.24 个千分点；死亡率 6.31‰，比 2011 年增加 0.55 个千分点；自然增长率 2.45‰，比 2011 年减少 0.31 个千分点。

【召开 2011 年人口计生业务工作总结会】 1 月 6 日，平谷区人口计生委召开 2011 年人口计生业务工作总结会，区人大副主任金国英、副区长王红艳、区政协副主席白长河出席会议。区人口计生委主任陈月莲对 2011 年工作情况做了全面总结，并结合全区“一区三化五谷”建设目标，部署了 2012 年重点工作，提出了具体要求。

【平谷区召开人口问题研讨会】 2 月 17 日，平谷区邀请原顺义区人口计生委主任史振启介绍顺义区流动人口调控的做法和经验，区发改委、住建委、工商分局、人力社保局、流管办等部门的主管同志应邀参加。各部门的同志结合本单位工作实际，阐述了对区内流动人口服务管理的工作情况，并提出根据全区的功能定位、区情等进行人口调控，具体情况，具体分析，然后制定适合全区区情发展的工作思路、工作措施、工作机制。

【平谷区召开 2012 年人口计生工作大会】 2 月 21 日，平谷区召开 2012 年人口计生工作大会。总结 2011 年人口计生工作情况，部署 2012 年重点工作。区委副书记、区长张吉福，区人大副主任金国英，副区长王红艳，区政府副主席白长河参加会议，市人口计生委纪检组长刘晓军出席会议并讲话。

【区政府领导调研人口问题研究工作】 2 月 28 日下午，区委常委、常务副区长姜帆，副区长王红艳到区人口计生委，就全区人口发展情况进行调研。姜帆同志对区人口计生委近年来在人口问题研究方面所做的工作给予了充分肯定，强调指出：控制外来流动人口无序增长是全区将要面临的一项重要课题，要站在人口与经济、社会、资源、环境协调发展的高度，加强人口发展趋势研究，未雨绸缪，提前布局。并提出了三点工作要求：一是要认真学习先进区县人口管理经验，借鉴好措施、好做法；二是积极开展人口发展课题研究，拿出一个工作方案，研究具体措施；三是与各相关单位加强沟通，携手联动，共同做好人口工作。

【平谷区开展群众计划生育需求调查】 2～3月，区人口计生委成立调查小组，抽取部分已婚育龄人群，采取问卷调查及访谈的方式，对全区4 543名育龄群众年龄、政治面貌、文化结构、从业状况、对区镇村三级计生部门的需求及建议等内容进行了调查，深入了解和掌握育龄群众对计划生育工作的需求以及潜在需求。从调查结果分析看，群众需求表现出多样化，内容涉及面较广，政策法规、社会生活等各个方面都有，其中需求最多的主要集中在独生子女家庭奖励与奖扶、养老保障、就业、优生优育优教和生殖健康等方面，为全区今后更好地按需服务群众提出了合理化建议。

【平谷区完成新一届计生协会换届选举】 3月23日上午，平谷区计划生育协会第二届第一次会员代表大会召开。会议选举产生了监事、理事、常务理事、会长、名誉会长等。同时对在计划生育协会工作中涌现出的先进单位进行了表彰。北京市人口计生委副主任彭彧华、市计划生育协会秘书长严进、平谷区政府副区长王红艳等区领导出席会议。副区长王红艳对今后的计生协工作提出三点要求。一是要在服务大局上下功夫。进一步密切同广大基层群众联系，积极协助党和政府解决群众普遍关心的民生和社会热点问题，为社会和谐稳定作贡献。二是要在增强工作实效上下功夫。着力推进“亮丽青春、致富发展、亲情相伴”等工程，完善横向联动机制，加强多部门沟通与协调，进一步打造和扩宽计划生育服务平台。三是要在加强自身建设上下功夫。建立健全协会组织网络，做好队伍建设，让更多热心人口计生事业的人士参与到协会组织中来。市人口计生委副主任彭彧华在讲话中充分肯定了全区计划生育协会工作，并希望“十二五”期间，新一届领导下的平谷区计生协工作要继续扩展职能，稳定低生育水平、改善人口结构、提高人口素质，开创出有平谷特色的计生工作。

【平谷区对孕期妇女开展四项免费服务】 3月26日，平谷区人口计生委为落实好全区“十二有”之“生有优生优育”，满足广大孕期妇女对优生的需求，在全区范围内积极开展四项免费服务：①免费开展优生优育知识培训。计划全年培训2 000余对新婚夫妇，使他们了解妊娠期各阶段的注意事项，医学检查内容和时间、地点等。②免费发放“孕事通”和“优孕通”上网卡。利用互联网平台为孕期妇女提供个性化孕期指导服务，目前已发放9 000张上网卡。③免费开展音乐胎教服务。与北京幸福泉儿童发展集团联合在大兴庄、马昌营、华山等镇乡开展音乐胎教活动，计划发放900张音乐胎教光盘，引导孕期妇女创设优美适宜的音乐意境。④免费开展早孕和妊娠结局追访。对参加19项孕前优生健康检查的群众，在符合政策怀孕12周内、分娩后6周内或其他妊娠结局结束后2周内的妇女进行免费随访服务，并提供必要的健康指导和咨询。

【平谷区召开文明幸福标兵家庭表彰会】4月12日，平谷区召开文明幸福标兵家庭表彰会。表彰了文明幸福家庭创建工作先进村、全国文明单位、全国文明镇、2011年度“中国好人榜”上榜代表等，部分代表作了典型发言。闫维洪同志强调：①从幸福平谷、首都生态第一区建设的高度，充分认识创建工作重要意义；②认真分析解决影响创建工作的具体问题；③广泛动员社会力量参与创建活动。首都文明办副主任卜秀均同志出席表彰会并到王辛庄镇莲花潭村调研农村精神文明建设工作，表示将通过多种途径大力支持全区农村精神文明建设。韦小玉、王红艳同志出席表彰会。

【开展“留住幸福瞬间”首都摄影记者走基层感受平谷文明幸福家庭创建活动】4月25～26日平谷区人口计生委在“桃花节”期间组织首都部分新闻媒体摄影记者，开展“留住幸福瞬间”首都记者走基层感受平谷文明幸福家庭创建活动。来自《人民日报》《中国妇女报》《中国青年报》《中国人口报》等近10家首都新闻摄影记者采访拍摄了在桃花海里举办的人口文化宣传活动、区妇幼保健院体检中心正在进行免费孕前优生检测的新婚夫妇、马昌营镇婴幼儿早期教育基地参加早教活动的孩子和家长们、熊儿寨乡因计生助困“居家养羊”工程受益的养羊户，实地了解了基层群众的生活状况。看着平谷人民的幸福生活，记者们纷纷拿起手中的相机记录下这美好的瞬间，来展现平谷区近年来倡导婚育文明，建立幸福家庭的成果。

【建立流动人口计划生育幸福驿站传递温情】5月底，平谷区人口计生委首个流动人口“幸福驿站”正式投入使用。流动人口“幸福驿站”根据具体服务职能分为文体活动区、避孕药具展示领取区、宣教服务区、图书阅览区和咨询办证区等五大区域，通过定期组织流动人口开展文体活动、计生知识培训、图书阅览等，为辖区内流动人口提供集宣传教育、技术服务、行政服务、信息管理、药具发放、人员培训等“六位一体”的优质计划生育服务与管理。经过试运行，受到辖区群众和流动人口的广泛欢迎。

【北京市人口计生委科技处调研全区国家免费孕前优生健康检查项目试点工作】5月24日，北京市人口计生委科技处处长周新茹及医学专家一行8人来全区调研免费孕前优生健康检查项目开展情况。专家们首先实地参观了负责免费孕前优生健康检查项目定点医疗机构平谷区妇幼保健院，随后听取了区人口计生委工作汇报，并与区妇幼保健院和区人口计生委服务中心项目负责人员进行了座谈。专家对全区孕前优生健康检查项目工作给予充分肯定，表示全区在项目工作中做到认识到位，领导有力，工作扎实，为全市全面推行孕前优生健康检查工作起到了典型示范作用。希望全区再接再厉，一定要把这项顺民意、得民心的项目做的更好。

【平谷区荣获2012年全国阳光计生行动示范单位】6月，平谷区被国家人口计生委评选为“2012年全国阳光计生行动示范单位”。区人口计生委自“阳光计生行动”开展以来，一是每年组织两次计生家庭、育龄群众需求调查。仅2011年，共收集社情民意12类260条，体现了计划生育家庭的主要情况和基本需求。二是引导各镇乡（街道）针对特困计生家庭，提供多种模式的帮扶服务。如：山东庄镇的养老保险补贴模式，熊儿寨乡、刘家店镇的居家养羊模式，南独乐河镇的公司+农户托管养羊模式等，现全区有养殖、种植基地和项目10个，扶贫帮困人群达200户。三是全区每年向计生家庭承诺并落实优惠优待政策1 000余件（次），总投入400余万元，使每个独生子女家庭享受的优惠政策年均不低于150元。

【区人大副主任金国英到区人口计生委调研】7月16日，平谷区人大副主任金国英到区人口计生委调研人口计生工作。区人大副主任金国英与调研组一行首先来到“人口与家庭公共服务中心”，查看了心灵家园活动室、温馨驿站等功能室的设置与使用，并详细询问了人员配备、仪器使用情况等。在随后的汇报会上，区人口计生委主任、党组书记陈月莲向调研组一行汇报了全区人口计生工作的整体情况，幸福家庭发展计划的实施与成果，以及开展利益导向、队伍建设、优生优育等亮点工作的内容与成效。金国英希望人口计生部门要加强各部门联合，加大降低出生缺陷发生率的工作力度，有效开展优生优育工作，做到0～3岁婴幼儿早期教育全覆盖，同时积极推动惠及计生家庭政策的落实，让更多的计生家庭享受到政府帮助与关爱。

【中国福利基金会调研平谷区人口计生工作】8月6日，中国人口福利基金会理事赵炳礼等人，调研平谷区人口计生工作。实地参观了熊儿寨乡老泉口村居家养羊工程及金海湖镇胡庄村家庭服务中心，领导们认真听取相关工作汇报，并与群众及工作人员进行了亲切交谈，对全区人口计生工作开展情况给予了充分肯定。赵炳礼理事指出，平谷区人口计生工作基础扎实，区委、区政府高度重视，各部门积极配合，创建活动已取得实际成效。希望继续认真总结试点经验，不断提升创建活动水平。

【举办创建幸福家庭报告会】8月8日“平谷区创建幸福家庭报告会”在晨阳酒店举办。中国人口福利基金会理事长赵炳礼、副理事长兼秘书长杨文庄、副秘书长蓝野，国家人口计生委宣教司司长张建，中国计生协国内工作部副巡视员刘秀萍，北京市人口计生委党组书记主任刘志，国家人口计生委科研所副所长俞华博士，中国社会科学院人口与劳动经济研究所研究员王广州博士等嘉宾出席会议。平谷区委副书记、区长张吉福，区人大常委会主任刘军，区政协主席王春辉，区委常委、常务副区长姜帆，区委常委、宣传部长韦小玉，副区长王红艳，区政协副主席白长河及部分委办局、各乡镇街道主要领导和主管领导共约160余人参加了报告会。

【召开综合治理出生人口性别比工作大会】8月17日，平谷区人口计生委、区公安分局、区卫生局、区统计局、区药监分局和区妇联联合组织、召开2012年综合治理出生人口性别比工作大会。区政府副区长王志勉出席会议，全区18个街乡（镇）的主管领导和计生科长、公安系统、卫生系统、妇联、社区村计生专干共200余人参加。会上，区综合治理出生人口性别比领导小组成员单位分别动员部署了综合治理出生人口性别工作。副区长王志勉提出要求：一要充分认识综合治理出生人口性别比工作的重要性和紧迫性，统一思想，加强领导，加大精力、物力、人力的投入；二要明确目标，加大监督检查力度，开展专项行动，严厉打击“两非”行为；三要深化宣传倡导，营造良好舆论氛围，认真做好“出生人口性别比重点治理年”的宣传倡导工作；四要充分明确综合治理出生人口性别比工作的内容和职责，统筹协调，形成合力，圆满完成工作任务。

【平谷区启动中医优生干预项目】8月31日，平谷区人口计生委举办中医优生干预项目启动仪式，中国中医药大学曾光教授出席。全区每年新生儿3 000多例，其中出生缺陷儿50～60例，已经给家庭和社会带来沉重经济和精神负担，因此全区人口计生委在实施19项免费孕前检测的同时，又启动了中医干预项目，在滨河街道等八个镇乡街道筛查目标人群，对待孕男女免费进行孕前体质评估，针对偏颇体质进行膳食调养、运动调理、起居调护等，改善他们偏颇体质，进而给胎儿优质的孕育环境，实现他们生育健康、聪明宝宝的意愿，有效降低出生缺陷发生风险。

【国家和市级人口计生委领导到平谷调研】9月6日，国家人口计生委人才交流中心副主任杨爱平，北京市人口计生委副主任徐捷，人事处、信息处主要领导及相关工作人员到平谷区调研《人口计生人才调研项目实施方案》。在调研中，各位领导听取了全区人口计生干部队伍建设情况及在人才选拔任用、培训使用方面的做法和经验、目前存在问题和建议。随后，徐捷副主任介绍了目前北京市人口计生人才总体状况，并就免费孕前19项优生健康检查及人口信息化管理人才紧缺等问题，与现场人员进行沟通探讨；国家人口计生委人才交流中心杨爱平副主任就有关人口计生人才队伍建设问题做了解释和交流。调研结束后，国家及市级领导参观了区生殖健康技术服务中心。

【市人口计生委到平谷区检查阳光计生行动】9月11日，北京市人口计生委纪检组组长刘晓军一行检查指导平谷区“阳光计生行动”工作。检查组一行深入金海湖镇实地调研，查看资料与育龄群众沟通交流，详细了解了全区阳光计生行动工作开展情况。刘晓军组长对全区“阳光计生行动”工作给予充分肯定，强调平谷区要继续以“幸福家庭发展计划”为载体，使“阳光计生行动”得到拓展和延伸，为广大育龄群众服好务，使计生家庭得实惠；要进一步深化“阳光管理”、“阳光服务”、“阳光维权”，不断提高依法管理和优质服务水平；要深入开展“双百评比”活动，挖掘基层计生人的先进典型，认真总结，加强宣传。

【平谷区实施健康促进工程取得实效】 一是扎实开展免费孕前优生健康检查项目。进一步加大工作力度，提升参检率：截止到9月12日，已有2 048对符合条件的夫妇到医院做了临床检查。二是开展生命全周期大课堂活动，聘请专家到乡镇、村居开展生殖健康知识讲座300余场，培训1万余人次，新婚夫妇讲座32期，培训2 060人次，发放“婚育健康服务包”7 000个。三是继续开展“生殖健康伴我行”活动，今年为采用长效避孕措施的1.2万位农村育龄群众进行免费体检。

【完成2012年计生家庭意外伤害保险工作】 平谷区计生协与中国人寿平谷支公司已经连续3年签署计划生育家庭意外伤害保险合作协议。每户每年保费30元，保额为2万元。投保对象为全区内城镇及农村计划生育家庭（含低保计划生育家庭、空巢家庭）。截至9月13日，平谷区2012年计生家庭意外伤害保险工作全部完成。全区共缴纳保费165.831万元，保险金额达33亿元，惠及5.53万个计生家庭15万余人。

【对独生子女优秀高考生进行奖励】 2012年，各乡镇（街道）、村（居）将独生子女高考升学奖励作为推进诚信计生的一项重要内容，对考上高等院校的独生子女分别给予500～2000元的奖励。截至9月14日，全区各乡镇（街道）、村（居）共向275名考上大专以上院校的独生子女发放奖励金达90多万元。

【实行三项举措规范避孕药具免费发放渠道】 一是要求避孕药具免费发放站点覆盖距离最远的育龄群众步行不超过15分钟、每200人建立1个站点，保证全区育龄群众能够及时得到免费避孕药具服务，截至9月25日，全区共有避孕药具免费发放点2 108个。二是充分发挥全区1 000余名计划生育宣传员的骨干作用，规定每一名宣传员负责100户的避孕药具知识宣传、发放、随访、需求调查等项工作。三是制作发放避孕药具免费发放服务联系卡。将药具服务内容、联系人、咨询电话制成名片，发到育龄群众手中。目前已发放药具服务联系卡8.5万张。

【为0～3岁婴幼儿期家庭开展四项免费服务】 平谷区人口计生委针对0～3岁婴幼儿家庭开展四项免费服务，促进婴幼儿健康发展。一是免费开展0～3岁婴幼儿家长及看护人培训。二是免费开展0～3岁婴幼儿体格－智能测评。三是免费开展0～3岁婴幼儿亲子活动。四是免费做好各种书、图、卡的发放，与幸福泉儿童发展研究中心合作。

【平谷区举办幸福家庭通启动仪式】10月23日，平谷区“幸福家庭通”健康服务项目启动仪式在财政局第一会议室隆重举行。平谷区副区长王红艳、北京市计划生育协会秘书长严进、卫生部手诊手疗中心主任刘剑峰教授、北京九喜生育健康医学研究院董事长楚新成出席活动，区人口计生委相关领导、各区直单位计生干部及群众代表参加了活动。启动仪式上，平谷区副区长王红艳、北京市计划生育协会秘书长严进、北京九喜生育健康医学研究院董事长楚新成、区人口计生委主任陈月莲共同启动“幸福家庭通”健康服务项目。随后，与会领导为规划委员会平谷分局、审计局、文委等7个单位代表发放了创建幸福家庭承诺书。卫生部手诊手疗中心主任刘剑峰教授为与会人员作了健康手诊手疗知识讲座。

【开展“塑造阳光心态引领豁达人生”读书演讲活动】10月24日，为进一步加强机关作风建设，深化创先争优活动，增强机关干部服务意识，提高服务水平，弘扬优良作风，保持机关干部职工良好的精神状态。平谷区人口计生委开展读书演讲活动。六位主任和各科站室推荐的12名机关干部进行了演讲，他们就学习《阳光心态》的感悟和工作、生活中的经历以及如何保持阳光心态谈了自身体会。通过这次读书演讲活动，锻炼了干部职工的写作能力、表达能力，展示了计生干部的风采和阳光乐观的精神状态，为提高干部职工综合素质、提升工作能力起到了积极的作用。

【召开贯彻落实十八大精神百场调研座谈会】11月12日开始，平谷区人口计生委将学习贯彻十八大精神与推进人口计生工作转型发展有机结合，以“贯彻十八大精神，科学谋划新任务、凝心聚力促跨越”为主题，开展调研走访活动。由党组书记、主任陈月莲带领委领导班子成员及工作人员，深入18个镇乡、街道和123家机关企事业单位，召开座谈会141场，与镇乡（街道）、机关企事业单位、村（居）委会领导、计生干部、基层百姓1 000余人交流座谈，征求5 000余名群众服务需求信息，并整理成册，作为科学制定2013年人口计生工作的思路任务；同时，收集整理当前人口计生工作热点难点问题20个，并责成有关科室专人负责，进行针对性的深入分析，研究对策。

【区人口计生委考核农口计生工作】11月12~16日将对18个乡镇、街道办事处进行2012年度人口和计划生育工作考核评估。考核采取听取镇乡（街道）汇报、与镇村领导座谈、检查镇村（居）基础资料的方法，对“幸福家庭发展计划”实施、全员人口信息采集与管理、“阳光计生”管理、流动人口服务与管理等情况进行评估。评估结果将作为年度目标管理考核和“五好”乡镇争创工作评比的依据。

【全面推广身份证式计划生育药具发放机】平谷区人口计生委于11月23日在滨河街道等四个镇乡街道社区卫生服务中心

及部分社区卫生服务站、药店、市场等地安装15台刷身份证式计划生育药具免费发放机。该发放机可存放近百个大中号避孕套和避孕栓三种药具，辖区居民只需拿出第二代身份证刷一下，就能快捷地领取到免费的计生药具。每张身份证每月可领取一次计生药具。该发放机的安放，为辖区常住和流动人口能够便捷自主地选择和领取免费避孕药具提供了安全、及时、优质、均等的平台，极大地方便和满足了他们对避孕节育的需求，并能同时降低意外妊娠、性病、艾滋病的发生率，保护了育龄群众的身心健康。今后，平谷区人口计生委将进一步拓展免费计生药具的服务范围，让更多的群众享受便捷、高效的免费计生药具服务。

【天津市蓟县人口计生委考察本区工作】 11月14日，天津市蓟县人口计生委考察团一行对本区人口计生工作进行考察和交流。他们先后参观了区家庭与人口公共服务中心、平谷镇卫生院、及平谷区人口文化园等地。区人口计生委主任、党组书记陈月莲向考察团一行介绍了本区正在实施的“幸福家庭发展计划”中七大工程的内容和成果，并详细地介绍了婴幼儿早期教育、新型人口文化建设、计划生育家庭三级承诺制以及其他方面的经验和做法，双方对两地的区域特点、人口形势以及人口计生工作经验进行了交流与学习。天津市蓟县人口计生委副主任郭立群表示：平谷区的人口计生工作思路清、工作实，计生工作队伍信心足，工作的主动性与区域经济大发展有效地融合了在一起，在统筹解决人口问题方面，平谷区人口计生委有很好的措施和经验，希望加强与平谷区计生工作的长期交流与学习，促进两地计生工作的共同进步。

【平谷区举办0～3岁早教知识讲座】 12月13日，平谷区人口计生委邀请北京幸福泉儿童发展研究中心主任程淮教授在区财政局举办0～3岁早教知识讲座。活动中，程淮教授经过深入浅出的讲解，并与家长们开展交流、互动活动，让大家掌握了婴幼儿饮食、如何塑造自信心、情商培养等育儿方法。此次讲座共计200余位群众接受亲子早期教育，家长们纷纷表示受益匪浅，并期待下次早教知识讲座的开展。

【平谷区独生子女父母养老金制度显优惠优待】 为体现对独生子女家庭的优惠优待，平谷区积极落实村级独生子女父母养老金发放制度，并将此项工作纳入各乡镇、街道目标管理责任制考核方案当中。方案中明确要求，“未发放养老金的村，先从独生子女父母发放；已发放养老金的村，要为独生子女父母提高发放标准或提前发放”。2012年，全区273个行政村中已有60%以上的村为独生子女父母发放养老金，养老金额度每年100～800元不等。养老金制度的实施，进一步完善了全区利益导向机制，使独生子女老年父母感受到实实在在的关怀关爱，体现了实行计划生育的优越性。

【为符合条件的独生子女父母发放一次性经济帮助】平谷区人口计生委近日完成2012年享受一次性经济帮助人员的审批和发放工作。截至2012年12月28日，全区因独生子女发生意外致使死亡，其父母不再生育或者收养子女的，女方年满55周岁，男方年满60周岁的独生子女父母17人，区政府为每人发放10 000元一次性经济帮助，共计发放金额17万元。

【平谷区在全市率先出台特殊困难计划生育家庭照顾方案】2012年12月，《平谷区“失独”家庭照顾方案》（京平政办发〔2012〕59号在正式出台。文件规定，自2013年1月1日起，凡具有平谷区户籍、1933年1月1日以后出生、女方年满49周岁、已领取了《独生子女父母光荣证》、现无存活子女的“失独”父母，每月将可参照本市城市低保标准领取不少于580元的生活补助金；同时，年满60周岁的“失独”父母，入住区内公办敬老院可享受全额补贴；每年可进行一次免费健康体检；患大病或遇特殊困难还可享受特殊困难补贴。此项政策的实施，使“失独”父母精神上得到慰藉，生活上受到照顾，年老时有了依靠，初步解决了他们养老、医疗等现实生活中的实际问题。区政府每年投入资金达150万元以上。

怀柔区

【概况】2012年，怀柔区人口计生工作紧紧围绕迎接党的十八大顺利召开和加快推进文化科技高端产业新区建设大局，以“稳定低生育水平，统筹解决人口问题，促进人的全面发展”为中心，加强人口调控，严格依法行政，深入推进计划生育公共服务、利益导向机制和创建幸福家庭等惠民工程建设，使事关计生家庭的民生问题得到进一步改善，为全面构建繁荣和谐的新怀柔创造了良好的人口环境。

组织领导。年初制定下发了《2012年人口和计划生育工作思路》、《关于加强基层基础工作稳定低生育水平的意见》和《关于深入推进阳光计生行动实施意见》等文件，督促基层严格落实。坚持党政一把手“亲自抓、负总责”，把年度符合政策生育率列为镇乡、街道年度重要考核指标，层层签订《人口和计划生育责任书》。加强部门联动，29个计划生育领导小组成员单位按照职责分工，围绕统筹解决人口问题，充分发挥部门职能作用，为人口计生工作提供人才、组织、资金、技术和信息保障。实行集体领导和个人分工负责相结合的工作机制，重大问题按照集体领导、民主集中、充分研讨、会议决定的原则决策部署。建立健全了党务公开、党组重大决策和行政问责办法实施细则等制度，对“三重一大”事件的研究、管理、决策进行规范。

低生育水平继续保持稳定。不断完善“政府带动、部门联动、社会互动、群众参与”的综合治理工作机制，坚持把人口和计划生育工作纳入经济社会发展的总体规划，纳入社会主义新农村建设的总体布局，实现人口与社会发展统筹考虑、综合决策、协调推进。年内，全区户籍人口出生2 891人，符合政策生育率97.27%，低生育水平持续稳定。

依法行政。严格落实人口计生各项法律法规，加强违法生育立案和历史案卷清理工作，加大社会抚养费收缴力度；规范审批程序，依据《北京市生育服务证管理办法》通知精神，规范、完善再生育审批程序、责任追究、公示监督等各项制度，落实再生育审批申请材料三核实、三把关制度，年内，再生育审批共384例；加大法制干部的培训力度，邀请市人口计生委政法处和怀柔区法制办针对计划生育政策法规和行政复议相关问题进行了专题讲座；结合《北京市生育服务证管理办法实施细则》的实施，对村级计生专干进行计划生育政策法规、办事程序的培训，受训人员300余名；加大信访排查力度，建立健全了信访事项办理、定期排查和群众监督违法生育有奖实名举报等制度，畅通群众咨询、投诉和反映意见的渠道，信访总量与2011年同期相比降低了18.6个百分点；联合卫生、药监等部门开展打击“两非”活动，使全区出生人口性别比保持106的自然平衡状态；加强对基层计生干部工作日志使用的指导和督促，促进执法工作的逐级落实；严格实行行政执法人员持证上岗制度，根据乡镇的人员变动，及时办理、查验《执法证》，严禁无执法资格人员从事行政执法工作。

奖励扶助工作。年内，兑现区级独生子女家庭奖励扶助、特别扶助等各项资金120余万元。全区共兑现农村计生家庭独生子女父母奖励股金2 116万元。共收缴计划生育家庭意外伤害保险保费131.72万元，惠及3.53万个计生家庭9.2万人。发生意外伤害案件1 040件，获得保险赔偿211.11万元。利用幸福工程项目，为贫困母亲家庭提供发展生产资金，共累计发放项目资金156.5万元，使577个贫困母亲在幸福工程的资助下摆脱贫困，户均增收达到1.2万元。为163人发放“暖心卡”，政府出资为这些独生子女特殊家庭成员入疾病保险和意外伤害医疗保险等6项，每人发放三年养老金8700元，提高了独生子女特殊家庭抵御风险的能力。

诚信计生工作。区、镇、村不断深化诚信计生工作，完善、落实相关制度，营造诚信环境，培育诚信文化。并将诚信计生工作作为幸福家庭创建和新型人口文化建设的重要内容，培育、宣传诚信计生典型经验，营造良好氛围。

全员人口信息管理系统建设。全员人口管理信息系统共有17.7万户，36.08万人。年内，对库内的个案信息进行了修改和补充，重点督促村（居）专干对建库以来的结婚（1.03 万条）、出生（8 300 人）、人口变动（2.5 万条）及报告单等日常变更进行了修改。编写了全员人口管理信息系统日常操作流程，重点完成了《录入口径》《日常变更操作说明》《数据查询》等日常操作规范，并下发到各村（居）。

积极构建人口文化传播网络。充分利用区、镇（乡）街道、村（居）三级人口文化学校，开设新婚、准爸爸妈妈、育儿、婆媳、幸福家庭和中老年保健“六大”计生流动课堂，进行健康知识“零距离”传递服务，全年累计举办 124 期次，惠及 5 000余人次。完善人口文化阵地建设，继续推进宣传环境“十百千”工程，扩大人口文化阵地覆盖面，在渤海镇、喇叭沟门等乡镇新建人口文化园 3 座，怀柔区现已建成人口文化园 13 座、人口文化街（胡同）135 条、宣传牌 1 151 块，建成市级新家庭人口文化屋 22 个，区镇村三级人口学校 317 家。广泛开展社会宣传活动，深入开展婚育新风进万家活动，着力打造“婚育文明耀明珠”特色品牌。年内，怀柔区在《中国人口报》《北京晨报》《京郊日报》等市级以上主流媒体刊播人口计生工作信息 56 篇。

开展创建幸福家庭活动。年内，区人口计生委着力加强“2011 ~ 2015 年全国婚育新风进万家活动示范区”建设，在全社会积极倡导科学文明进步的婚育观念和健康向上的生活方式。区委宣传部、文明办、妇联、人口计生委等 14 家单位联合开展了创建幸福家庭活动，打造了“幸福怀柔人”特色品牌。幸福家庭、幸福怀柔人“双百双千”评选表彰活动和电视纪录片“幸福怀柔人”在社会引起强烈反响，营造了人人追求幸福、创造幸福、传递幸福的良好氛围。着力构建以生殖健康技术服务中心为龙头，以社区卫生服务中心（站）为主体，以村（居）卫生室为依托，以计生流动服务车为纽带的生殖健康技术服务网，为全区群众提供优质、温馨、人性化的服务。年内，全区为 4.8 万名已婚育龄妇女体检。其中区人口计生委生殖健康技术服务中心为 7 350 名农村已婚育龄群众进行了免费长效健康体检，对 1 716 人进行了重点随访。共查出各类妇科疾病 2 654 人次；乳腺疾病 1 577 人次；B 超检查出各类疾病 6 420 人次；血常规 + 生化检查异常 3 138 人次。累计实施手术 16 例，其中妇科 13 例，包括子宫颈癌前病变 9 例、子宫肌瘤 2 例、卵巢囊肿 2 例、乳腺癌 1 例、肾癌 1 例、肝癌各 1 例。

【人口和计划生育数据】年内，全区户籍人口总数为 27.9 万人，农业户籍 15.4 万人，非农业户籍 12.5 万人，流动人口 13.1 万人。全区户籍人口出生数为 2 891 人，出生率为 10.41‰；死亡人口数为 2 055 人，死亡率为 7.4‰；自然增长率为 3.01‰。全区户籍育龄妇女总数为 7.6 万人，已婚育龄妇女为 5.7 万人。全区结婚总对数为 2 972对。

【全面启动免费孕前优生健康检查工作】1 月 1 日起，免费孕前优生健康检查项目在全区推开。年内，共为957对夫妇进行了免费孕前健康检查并发放评估建议告知书，为具有高风险因素的601人提供了个性化咨询和指导。

【青少年健康教育工作】 年内，为青少年、家长、师资开展免费心理测试疏导、参观体验、亲子教育、师资培训等服务，共开展活动120余批服务1万余人次。为近500名青少年进行了心理健康状况评估，解答青少年和家长咨询1 648人次。共组织各类早教培训50期次共2 600人次。并成功培训认证26人成为全国儿童健康指导师、婴幼儿教育、育婴师等，为怀柔区早教工作提供了专业师资保障。

【协会工作】 加强协会组织建设，在龙山街道商业街社区富商市场成立了计划生育协会，吸收协会会员120名。结合母亲节、“5·29”会员集中活动日开展纪念活动，组织怀柔星光艺术团走进看守所举办“警民携手 共度母亲节”联谊活动，为公安干警及在押犯人表演节目。举办“关爱母亲健康 创建幸福家庭”的主题活动，评选出在教育子女成才、孝顺老人和爱岗敬业等不同领域做出贡献的7位优秀母亲。成立生育关怀志愿服务队，组织计生协会会员、大学生村官、社会志愿者和部队官兵130余人，与计划生育特殊空巢家庭结“国策亲戚”，并定期走访慰问。争取国家级生育关怀项目资金20万元，承办“生育关怀-计划生育特殊家庭养老服务探索项目”，了解计划生育特殊家庭目前的养老现状及需求，探索计划生育协会开展计划生育特殊家庭的养老服务新途径。

【药具工作】 年内，在全区范围内逐级开展药具免费发放网点责任书签订工作，明确各网点工作职责，对网点内的药具发放、储存、保管等工作提出具体要求，确保了发放避孕药具的质量。继续在全区范围内打造“免费药具发放十分钟服务圈”，通过“村居发放为主、卫生部门配合、其余网点补充”的综合服务模式，在镇（乡）街道、村（居）委会、社区卫生服务中心、机关、企事业单位、宾馆、大专院校、旅游景点、民俗接待户和流动人口较密集的市场等地设立了484个避孕药具免费发放点。

【开展宫内节育器（IUD）调研工作】 对辖区内2009年1月1日至2011年12月31日免费IUD的发放情况、使用情况、产品质量状况、使用效果以及影响使用因素等进行了调研，并将调研结果制成光盘上报市人口计生委药具站。

【开展流动人口区域合作】 与河北、河南、山东、四川等所辖市区（县）签订双向管理协议书63份，强化双向管理责任机制建设，进一步深化京冀“怀丰滦”流动人口服务管理区域协作机制，着力打造全市流动人口“一盘棋”格局。

【加快推进流动人口计划生育公共服务均等化建设】 为泉河街道、龙山街道、庙城镇的部分流动已婚育龄妇女进行了免费健康体检。依托“人户分离人口计划生育工作站”，为近3万名人户分离育龄妇女提供高效、便捷的“一站式”计划生育服务。

【干部队伍建设】开设精品党课，主任杨振富和党组书记王宗岭分别上了题为《重温感动中国，践行北京精神，推动全区人口计生工作再上新台阶》、《提高个人修养，构建和谐团队》的党课；举办“我为讲堂献一课”活动，每季度邀请一名领导或机关干部为全体机关干部上党课，并将历年党课材料和机关发展历程编印成《雨润青山》和《一路花开》两本书，发放给机关干部进行学习。开展以“抓学习、提素质、聚合力、促发展”为主题的“大学习、大讨论、大提高”活动，通过组织机关干部学习相关文件精神和领导重要讲话，并撰写学习体会，提高干部队伍综合素质。开展“读讲一本书”活动，通过个人学习、党小组推荐、党支部选拔等方式，评选出7名同志进行读书心得体会交流，畅谈读书和人生感悟。

【开展基层党组织分类定级工作】在区直机关工委的统一部署下，召开由支部成员参加的党组扩大会和党员代表座谈会，组织机关39名党员群众进行测评，对党员群众提出的意见和建议进行梳理汇总。在自评和测评的基础上，对照评分标准将区人口计生委机关党支部确定为“好”这一等级。在整改提高阶段，针对党员综合素质需进一步提升、服务基层方式需进一步创新等不足，举办了“学典型、找差距、见行动”先进事迹报告会、深化在职党员进社区等活动，促进党员干部积极创先争优，并认真填写了《基层党组织晋位升级台账》。

【五级联创工作】与国家人口计生委直属机关党委，北京市人口计生委机关党委，怀柔区杨宋镇、桥梓镇、汤河口镇及花园、北宅、卜营等村党组织共同开展了“五级联创共进步 城乡共建同发展”主题活动。五级党组织共同开展了“传承雷锋精神一助一入村便民服务”、“真情济困送温暖”党员关爱“三个一”、“党员群众心连心 服务基层建新村”等系列活动，提升了党员干部的服务能力。国家、市、区三级党组织与基层共建单位建立联谊机制，充分发挥自身资源优势，为基层组织提供信息、项目和资金支持，帮助解决致富项目和产品销售渠道等问题。年内，共为共建镇村提供项目发展资金15万元，用于组织建设、花卉种植、节水灌溉等项目建设。

【深化“阳光计生行动”】加大政务公开，在16个镇（乡）街道、315个村（居）设立人口计生政务公开栏，利用人口计生网站、区两台一报等媒体向外公开政策法规知识300余次，更换陈旧破损的政务公开栏60余块。广泛开展“请村（居）民评计生”、“请流动人口评计生”、“请镇（乡）街道评计生”活动，共下发调查问卷2 300余份，调查显示群众满意率为97%以上。畅通怀柔区人口计生举报咨询电话（69 622 738）和举报邮箱（jsw_js@126.com），方便群众咨询、投诉和反映意见。内年，评选出北京市阳光计生行动示范单位6个，工作标兵6名。

【人口问题研究】围绕“文化科技高端产业新区”的功能定位，重点开展了《怀柔区域产业发展与人才队伍建设》调研，为领导科学决策提供参考。

【筹建空巢家庭老人活动场所】为给特殊空巢家庭老人提供一个咨询、帮扶、慰藉的固定场所，年内，区人口计生委积极筹建一座使用面积600平方米的区级“心灵家园”活动室，并指导镇（乡）街道、村（居）根据自身实际情况建立“心灵家园”活动场所，推进空巢家庭关爱帮扶服务全覆盖。

【召开2012年人口计生工作会】2月21日，召开2012年人口和计划生育工作会。副区长王玉山做工作报告，区长齐静、市人口计生委副主任耿玉田作重要讲话。会议总结回顾了2011年全区人口计生工作，并对2012年工作进行安排部署。会上，区长齐静与镇乡、单位代表签订了人口计生工作责任书，并对2011年先进集体和先进计生工作者进行表彰。

【黑龙江省人口计生系统领导来怀参观考察】4月12日，黑龙江省人口计生系统考察团200余人到怀柔区考察人口计生工作，实地参观了生殖健康技术服务中心、青少年健康教育中心和区人口文化园，详细了解了全区在计划生育公共服务管理、青少年健康教育、人口文化阵地建设等方面的工作。考察团对怀柔区人口计生工作的开展情况给予高度评价，对全区积极推进计划生育面向全社会、面向全人群、面向生命全周期的优质服务转型拓展给予充分肯定，并希望今后与怀柔区展开进一步的交流活动。

【召开“五级联创共进步 城乡共建同发展”主题活动推进会】4月24日，怀柔区人口计生委召开“五级联创共进步 城乡共建同发展”主题活动推进会。国家人口计生委直属机关党委专职副书记张旭光，市人口计生委党组副书记、副主任徐捷，区委副书记萧有茂，副区长王玉山等出席会议。推进会上，五级党组织签订了《联创共建协议书》，国家、市、区人口计生委向三个共建村，即杨宋镇花园村、桥梓镇北宅村、汤河口镇卜营村各赠送了5万元党建项目资金和部分图书。

【举行“五级联创促发展 激情满怀再扬帆”大型文艺汇演】6月8日，国家人口计生委直属机关党委、北京市人口计生委机关党委、怀柔区人口计生委党组联合举办了“五级联创促发展 激情满怀再扬帆”大型文艺汇演暨怀柔区夏日文化广场首场演出。活动以歌曲、舞蹈、诗朗诵等艺术形式展现了国家、北京市、怀柔区人口计生系统在党建创新、城乡共建等方面取得的成绩。国家人口计生委党组成员、巡视组组长席小平等领导出席并观看文艺演出。

【中国计生协领导调研怀柔区人口计生工作】6月20日，国家人口计生委党组成员、中国计生协党组书记、常务副会长杨玉学到怀柔区调研人口计生工作。听取了怀柔区人口计生工作情况介绍，并实地参观了青少年健康教育中心，详细了解了有关仪器设施、师资配备以及业务开展情况，并对今后的工作提出意见和建议。

【怀柔区人口计生委党建工作再获佳绩】6月26日，怀柔区人口计生委机关党支部被区委授予创先争优先进基层党组织荣誉称号。

【召开产业发展与人才队伍建设问题研讨会】7月17日，举办怀柔区产业发展与人才队伍建设问题研讨会。区人口计生委就调研课题的相关情况做了详细汇报，中国人口与发展研究中心副主任刘鸿雁，区发改委、教委、统计局、人保局等相关部结合本部门相关情况，就如何进一步优化人口结构，提高人口素质工作，特别是产业发展与人才队伍方面进行了沟通和讨论。年内，完成《怀柔区域产业发展与人才队伍建设》调研报告。

【国家人口计生委副主任王培安到本区考察指导工作】10月12日，国家人口计生委副主任王培安，带领北京、上海、天津、重庆四大直辖市人口计生委主任，到我区考察指导人口计生工作。考察组一行对我区人口计生工作给予了高度评价，对未来人口计生事业发展提出了意见建议。随后，考察组到杨宋镇和渤海镇实地参观考察。

【区计生协召开第二次会员代表大会】10月25日，怀柔区计划生育协会召开第二次会员代表大会，大会审议并通过了区计划生育协会第一届常务副会长杨振富同志所作的《怀柔区计划生育协会第一届理事会工作报告》和《计划生育协会章程》，选举产生了新一届理事会、常务理事会、监事会。副区长王玉山同志当选为怀柔区计划生育协会第二届会长，杨振富同志当选为怀柔区计划生育协会第二届常务副会长。市人口计生委副主任、市计生协会第一副会长彭彧华发表讲话。

【辽宁省人口计生委领导来怀参观考察】10月26日，辽宁省人口计生委主任车竞、党组书记蒋斌来怀考察人口计生工作，市人口计生委副主任彭彧华、副区长王玉山陪同。考察团先后参观了怀柔区计划生育生殖健康技术服务中心、青少年健康教育中心和家庭发展指导中心，详细了解了怀柔区在宣传教育、公共服务、利益导向等方面的工作。考察组一行对怀柔区人口计生工作的开展情况给予高度评价，并希望与怀柔区不断加强沟通交流，共谋人口事业更好协调发展。

【区人口计生委获北京市儿童早期综合发展工作优秀组织奖】年内，区人口计生委荣获由北京市卫生局、市人口计生委、市体育局、市残联、市未成年人保护委员会联合颁发的“北京市儿童早期综合发展工作优秀组织奖”。

【区计生协会荣获生育关怀真情服务奖】年内，区计生协会荣获市计生协会和中国人民人寿保险股份有限公司颁发的“生育关怀真情服务奖”。

【怀柔区被评为北京市国家孕前优生项目示范区】年内，怀柔区荣获2012年北京市国家孕前优生项目示范区光荣称号。

（李得仁）

密云县

【概述】2012年，密云县人口计生工作以稳定低生育水平为前提，以促进人口均衡发展为目标，以创建幸福家庭为载体，深化“三抓三强化”建设，（抓机制、促长效；抓队伍，强基础；抓服务，提质量。强化属地主体责任意识；强化一把手自觉重视力度；强化人口计生委督察、督导服务力度），提升人口计生工作的服务管理水平。经过全县干部群众的共同努力，全面完成了年度人口和计划生育工作任务。

依法行政。坚持依法行政，全面履行法定职责。年内再生育审批612例，比去年同期增加101例。全县未发生行政复议、行政诉讼案件。全年征收社会抚养费975.58万元，征收率为79.44%。落实农村部分计划生育家庭奖励扶助制度、独生子女家庭特别扶助制度、独生子女伤残家庭特别扶助制度，三项扶助制度累计年审发放1 726人，此项工作代表北京市人口计生委接受市审计部门的延伸审计，完全符合要求。全年兑现一次性经济帮助12人次共12万元。献出二孩生育服务证176人。全年共受理信访573件次，信访案件比去年同期减少了127件次，所有信访案件做到事事有结果，件件有答复，信访结办率99.5%。结合《北京市生育服务证管理办法实施细则》的实施对乡镇负责生育服务证管理的干部进行专业系统培训，重点是落实新规定、针对存在问题统一要求、简化程序方便群众。对镇街法制干部进行了执法程序、执法文书及法律法规知识培训，提高了执法干部素质和执法水平。到镇街、企业单位对村、居计生专干、宣传员、兼职计生干部进行18场次2 300余人次的法规培训，让广大基层干部群众了解、掌握计生政策；采取多种形式全面公开计生政策，提高他们实行计划生育的主动性和自觉性；通过县合作医疗中心的咨询、镇街计生办的调查、部分干部群众的座谈，依托2010年农村合作医疗住院报销情况进行测算，起草《农村独生子女家庭成员大病扶助办法》，并予实施。组织16人参加了计划生育专业知识和行政处罚法考试，全部通过，原持有法制办核发执法证18人，现共有34人具备执法资格。

规划统计。顺利完成了《目标管理责任书》和《综合治理责任书》的签订工作。年内密云县委县政府与政府督查考核单位和重点的县直单位直接签订了《计划生育目标管理责任书》，签订单位由原来的66个增加到113个。共组织3期全员人口信息系统培训班。一是针对各镇街计生办更换的统计干部6人和村居调整的计划生育专干30多人进行业务培训；二是针对深山区的计划生育专干文化低，年龄大，不能熟练使用电脑的问题，进行了第二次业务培训；三是针对系统使用过程中存在的集中问题，对镇街统计干部进行的讲解和演示。全年共反馈出生监测信息3 613人，围产信息3 769人，结婚登记信息4 807对，录入WIS系统审批二孩信息593人。

流动人口管理与服务。截至9月底，外地来京成年育龄妇女2.52万人，已婚育龄妇女1.51万人，持原籍《流动人口婚育证明》1.11万人，查验注册婚育证1.07万人次，验证率95.59%；流出市域外成年育龄妇女405人。年内，利用密云人口计划生育网站、法制宣传长廊及乡镇计划生育公开栏、制作《密云县流动人口服务指南》、《密云县流动人口计划生育知识手册》等资料宣传流动人口计划生育法律法规。组织流动人口同户籍人口一起参加优生优育、生殖健康讲座，普及计生知识。利用流动人口协会开展内容丰富、形式多样的宣传活动。提高协会组织的凝聚力，实现以服务吸引群众，在服务中完善管理，目前全县共成立9个流动人口协会。在流动人口、农民工集聚的社区、企业和集贸市场安装避孕套自助发放机，设立生殖健康宣传资料、避孕药具免费发放点等随时满足流动人口计划生育避孕节育的需求。流动人口也可在用工单位、计划生育服务机构、村（居）委员会免费领取避孕药具，流动人口避孕药具可及时领取率达到90%以上。加强对镇、街流管干部进行政策培训，讲解相关政策，提升流动人口计划生育工作队伍的能力和水平，按照要求及相关规定为流动人口办理一孩生育服务登记、出具《北京市外地来京人员生育服务联系单》。落实流动已婚育龄妇女采取长效避孕节育措施享受一次性200元奖励，至12月底已有20名流动育龄妇女享受了该奖励。举办了“携手流动人口，共建金色密云”为主题的征文比赛，得到了广大流动人口的积极响应，踊跃参赛。来稿中倾诉了来密务工人员热爱密云、同荣共辱的主人翁情怀；赞扬了计生人员立足本职、爱岗敬业的服务态度；细数了党和政府关怀关爱流动人口的动人故事等。与外省市21个区县签订流动人口双向协作承诺书，定期交流信息、通报情况，建立并巩固现居住地与户籍地“信息互通、服务互补、管理互动、责任共担”的“一盘棋”格局。坚持“属地化管理，市民化服务”，切实维护好流动人口的计划生育权益，8月成立了流动人口户籍地驻密云县计划生育服务站，以“资源共享、信息互通”为手段，积极为流动人口提供优质、快捷的服务。截至12月底已为河北四县1 000余流动人口育龄妇女办理了流动人口婚育证明。做好流动人口全员系统的使用和指导工作。指导镇街、村居准确登记，变更流动人口信息，及时通报流动人口在密避孕节育、生育、实行四术等信息，使户籍地及时准确了解流出人员的婚育状况，实现双方沟通、共同管理。截至9月，共登记流动人口信息7.36万条。

宣传教育。年内，开展以“幸福家庭，和谐人口”为主题的宣传教育活动。全县共组织领导学习人口理论200余场次，召开各类座谈会450余场次，镇、村投入资金达到160余万元。各镇、街开展各类宣传咨询500余场次，文艺演出850场次，广播宣传累计3 700次，发放宣传品12万份。7月10日，县人口和计划生育委员会、县计划生育协会、县卫生局联合在县妇幼保健院举办了“密云县纪念‘7·11’世界人口日暨‘宝贝计划’工程（0~3岁）早教基地启动式”。活动现场，市、县领导向年轻夫妇赠送了《优质生命的诞生》系列丛书，并为宝贝计划工程市级教育基地揭牌。启动会后，北京市著名的早教专家付小青老师为孕妇及0~3岁宝宝家长100余人举办了题为“早期教育—让宝宝赢在起跑线上”的专题讲座。9月20日，在县文化馆举办了“纪念‘9·25’《公开信》发表32周年暨密云县‘百家幸福家庭’表彰大会”，会上演出了表现计划生育优生优育内容的小品《心事》、反映本县人口计生工作成绩的快板舞《人口计生密云赞》等节目，并对荣获“密云县百家幸福家庭”称号的家庭代表颁奖，300余名观众观看了演出。印制人口计生政策知识的人口计生挂历10万册，“和谐计生，幸福家庭”、“生态密云，和谐人口”等口号的宣传手提袋20万份，在《人口与计划生育法》实施10周年之际，投资500多万元，特别制作了精美的《致独生子女家庭慰问信》和实用“宣传奖品服务包”，发放到全县9万个独生子女家庭。年内，县人口计生委投资近10万元，制作了包含青春期知识的折扇两万把，发放至全县每一名中学生手中。投资34万元，在县人口文化学校建立大电子显示屏，宣传人口计生政策知识；投资30万元，为东邵渠、果园街道等9个镇（街）人口文化活动中心配齐投影仪、电脑等硬件设施，提升基层人口文化中心标准，丰富宣传教育手段。对全县人口计生宣传干部进行信息写作知识培训，提升基层宣传干部信息写作能力；编辑密云信息与调研10期；上报各类信息一百余篇，电视台播出新闻30余条；3月开通微博，截至12月底，累计发布信息400余条，粉丝量达到1.76万人，位居全系统第二；投资10万元，在县城主要路段设立大型广告牌1块，投资35万元，在县城主要大街、站牌更新广告牌32块。

计划生育优质服务深入开展。实施免费避孕药具普惠易得工程，建立以育龄群众需求为导向，以网络发放为重点，广泛布点，方便群众领取的药具管理新机制。依托现有计生服务网络，做到单位、社区、民俗户、校园、公共服务领域、流动人口聚集区“六个延伸”。年内在县开发区及县城私人医疗诊所增加了免费药具发放网点6个，在鼓楼、果园两个街道流动人口聚集区安装8台避孕药具智能发放机，全县免费药具发放网点累计达到670个。加强孕前型管理，深化避孕不失败促进工程，进一步完善了以长效避孕措施为主的避孕不失败奖励机制，20 个镇街全部制定了以长效避孕措施为主的避孕不失败奖励政策，进一步调动了育龄群众落实长效措施的积极性。计卫联手，资源共享，深化优质服务，全年共投入 200 余万元资金，为 7.41 万名已婚育龄妇女进行了 B 超、乳腺、妇检等多项生殖健康检查服务，体检率达到了 91.2%，同比提高 1%，治疗率为 82.2%，同比提高 1.5%。查出早孕 28 人，环位下移 773 人，环丢失 48 人，当场均给予了指导并进行了跟踪随访。根据市人口计生委关于《北京市"农村长效节育户籍已婚育龄群众免费健康体检项目"实施方案》的通知要求，对全县 1.51 万名农村采取长效节育措施已婚育龄妇女进行了免费体检，圆满完成了市级指标。落实"健康生育计划"，完善出生缺陷一级预防。与民政婚登处、妇幼保健院配合，在县民政局婚姻登记处免费向新婚夫妇发放健康服务包 2 460 份。提高出生人口素质，开展国家免费孕前优生健康检查项目工作，本县被列入北京市项目区县，12 月底完成目标人群 229 对夫妇的体检任务。综合治理出生人口性别比工作，成立了由县人口计生委、县公安局、县卫生局、县统计局、县药监局、县妇联等部门组成的"县综合治理出生人口性别比工作领导小组"，与成员单位联合检查无一例非法行医和非医学需要的胎儿性别鉴定发生，出生性别比持续稳定在合理范围。充分发挥"生殖健康讲师团"作用，实施计划生育科普知识"十、百、千工程"，即 10 个镇（街）、100 个村（居）、1 000 个家庭。开展生殖保健知识讲座 123 场次，授课人数 7 166 人次，现场咨询 156 人次。门诊工作量流动人口孕检1 089人次，免费体检 126 人。B 超检查1 493人次，化验检查 1 195 人次，免费发放避孕工具 10 000 余盒，发放健康教育处方 3 000 余份。

计划生育协会工作。按照"政府推动、部门联动、社会参与、全民关怀"方针，着眼民生需求，探索解决特殊空巢家庭老龄人口实际困难，在果园街道果园西里居委会筹建了 80 平方米"心灵家园"场所，通过项目实施，提供特殊空巢家庭老人精神慰藉，实现困有所帮、孤有所依、老有所养、老有所乐目标。与中保人寿密云支公司深化合作，在全县范围内开展了计生家庭意外伤害保险工作，县人口计生委筹集资金，对当年参保的独生子女特扶家庭、独生子女伤残特扶家庭和独生子女低收入家庭，给予每户 29 元的一次性补贴。全县有 5.5 万户计生家庭参保，其中独生子女家庭参保户达到 3.9 万户。实施关爱计划生育特殊困难家庭"暖心计划"，以独生子女死亡家庭为目标人群，为我县在册特扶人员 152 人发放了"暖心卡"，为其提供养老保险、疾病身故保险、意外伤害身故保险、意外伤害医疗保险、残疾保险、烧伤保险以及女性重疾保险等，使计生特困家庭在享有经济帮扶同时，享有精神慰藉，营造和谐人口环境。

人口战略研究。完成了北京市“特大城市人口规模调控研究”子课题《密云县人口规模调控及对策研究》的结题工作。围绕稳定低生育水平目标任务，开展本县年度人口计生重点调研课题《密云县育龄人群长效避孕措施现状调查与分析》研究工作，完成了20个镇街2008～2011年四年数据追踪调查和1 000名育龄妇女的入户调查问卷任务和数据汇总工作并完成了9 000字的课题报告起草工作。

队伍建设。深化县、镇（街）、村（居）三级计生干部队伍能力建设，制定了密云县2012年人口和计划生育干部培训工作实施方案（密人口发〔2012〕2号）。加大各级计生干部业务知识培训，在日常培训及精简、效能、激励、规范、提高基础上，年内邀请市级以上专家，完成了16批次，共2290名镇（街）、村（居）计生专干、宣传员、县直专兼职计生干部的政策法规、药具管理、生殖健康等知识的大规模全员集中培训，为基层人口计生队伍依法履职，专业履职奠定了理论基础。县政府转发了《县人口计生委关于在人口和计划生育系统建立工作激励机制开展创先争优活动的实施方案》，对从事人口计生工作当年、连续3年、满10年、15年、20年及以上的441名县、镇（街）、村（居）优秀计生工作者实行了分级、分阶段表彰奖励。加强计生队伍能力建设，实施“换脑工程”，组织各镇（街）主管领导、计生办主任及县人口计生委副科级以上干部，到南京人口培训中心进行了高端人口业务知识培训，借鉴先进人口计生综合服务管理经验，拓宽了工作视野。组织开展了全县409名村（居）计生专干及100余名镇（街）计生干部免费体检工作。加强“政风行风”建设，推动“阳光计生”示范单位建设和“诚信计生”创建活动，开展了廉政风险防范管理工作“回头看”和委机关党员干部“讲党性、重品行、强素质、树形象”主题教育活动。完善了年度工作目标管理考核评估办法和责任制，创新了考核方式，做到工作重心下移，工作环节前移，把考核评估作为指导、服务、帮助、交流的过程。7月上旬，组织相关部门人员到广东中山市专门学习考察引进人才计生服务管理办法，帮助县果园街道建立服务管理机制，解决了引进人才计生属地管理难问题。实行科室联系镇（街）制度，加强对重点地区的针对性指导和服务力度，做到沉下心来了解基层，高水平指导基层，带着感情服务基层，真心实意关心基层。

【人口数据】全县总人口42.94万人，育龄妇女11.97万人，已婚育龄妇女8.82万人。2012年出生人口3 713人，政策符合率97.01%，人口出生率8.64‰，自然增长率2.07‰。政策符合率达100%的村326个，占81.91%。

【流动人口春节行动】1～2月，全县基层干部针对元旦、春节期间人员比较集中，人户分离人员大量返乡的有利契机，开展了大量的走访慰问活动，共走访计划生育家庭两万户，其中女孩户达到5 500户。开展知识答卷8 000余人次，利用板报橱窗宣传450期，张贴标语1.8万条。开展“流动人口计划生育春节行动”，建立流动人口图书角，关注流动人口的精神文化需求，为流动人口图书角配备文学、艺术、法律、百科类图书。全县有23个流动人口图书角，解决部分流动人口“买书难、借书难、看书难”的问题。

【召开全县人口和计划生育工作会议】 3月19日，召开2012年度人口和计划生育工作大会，县委常委、常务副县长王稳东同志总结了2011年人口计生工作情况，并对2012年人口计生工作进行了部署。县委副书记、县长王海臣同志出席会议并讲话。县人大副主任赵秦岭、县政协副主席张文伶等领导出席会议。县委副书记王玉江主持会议。县长王海臣强调：一是要加强领导，提高认识，自觉重视人口和计划生育工作。人口问题对个人而言，是生命问题，就家庭而言，是生活问题，对人类而言，是生存问题。计划生育作为我国的一项基本国策，是一项长期性、造福于人民的重要工作，各单位、镇街要加强领导，自觉重视，坚持人口与经济社会资源环境的全面协调可持续发展，从全面贯彻落实县第十二次党代会和县委十二届一次全会精神的高度，确实增强对人口计生工作重要性的认识，确保人口计生各项工作的顺利推进。二是打牢基础，统筹协调，抓基础、抓重点、抓住关键环节。采取切实有效的措施，保持全县低生育水平。加强流动人口管理和出租房屋管理，严格控制小散低劣产业，切实控制人口机械性增长。寓管理于服务之中，充分用好相关政策，做好各项服务工作。加强计生干部队伍建设，增强他们依法履职、用心履职意识，关心、重视、解决计生干部工作、生活中的实际问题，让他们全身心投入工作，确保年度人口指标任务如期完成，为推动经济社会更好更快发展创造良好人口环境。

【密云县组织开展村（居）计生专干、宣传员全员培训工作】 按照县人口计生委“三抓三强化”工作部署，自3月22日开始，经过近两个月的精心组织，总计16批次的培训会圆满结束，全县村（居）计生专干、宣传员、县直专兼职干部累计2 290人参加。此次培训是本县近年来首次开展的大规模人口计生基层干部队伍轮训工作，既包含政策法规知识、药具管理使用知识、生殖健康知识等，又有村（居）计生专干、宣传员代表做经验介绍。为人口计生干部进一步依法履职、专业履职、用心履职奠定了基础。

【召开人口计生专题汇报会】 5月28日，县委常委、常务副县长王稳东出席会议并讲话，县人口计生委党组书记、主任张艳生主持，各镇、街分管副职领导、计生办主任参加会议。会上，各镇、街分管领导依据本地区工作实际，汇报了人口出生情况、面临的重点、难点工作及下一步工作计划。县人口计生委领导对当前形势进行了分析，对下一步重点工作进行了部署。汇报后，王稳东同志对全县人口计生工作提出以下五点要求：一是要提高认识，进一步增强紧迫感、责任感；二是要进一步强化基础，在管理服务上下功夫；三是要广泛宣传，在全县上下形成支持、重视人口计生工作良好氛围；四是要稳定人口计生干部队伍，提升服务水平和能力；五是县人口计生委要进一步加大对镇、街的工作指导力度，努力提升镇、街人口计生工作水平。

【开展“讲党性、重品行、强素质、树形象”主题教育活动】7月2日，委员会党组书记、主任张艳生同志以“讲党性、重品行、强素质、树形象”为题，结合实际，重点围绕什么是党性、为什么讲党性、怎样增强党性、品行为何等方面内容，告诫全体党员要对党忠诚、光明磊落，要摆正心态、学会理解、懂得知足，做一名合格的共产党员。这讲党课标志着主题活动正式开始。

【密云县“宝贝计划”工程市级教育基地启动】7月10日，密云县人口和计划生育委员会、密云计划生育协会、密云县卫生局联合在县妇幼保健院举办了“密云县纪念‘7·11’世界人口日暨‘宝贝计划’工程（0~3岁）早教基地启动式”。市计划生育协会秘书长严进，县人口和计划生育委员会党组书记、主任张艳生，县卫生局局长任向宏同志参加启动仪式。活动现场，市、县各位领导向年轻夫妇赠送了《优质生命的诞生》系列丛书，并为宝贝计划工程市级教育基地揭牌。启动会后，北京市著名的早教专家付小青老师为孕妇及0~3岁宝宝家长100余人举办了题为“早期教育—让宝宝赢在起跑线上”的专题讲座。

【密云县召开纪念《人口与计划生育法》实施十周年暨依法行政工作座谈会】8月31日上午，由各镇街计生办主任和政法科干部参加的“密云县纪念《人口与计划生育法》实施十周年暨依法行政工作座谈会”召开，座谈会上大家围绕陕西引产事件对我们工作的启示及依法行政难题、特殊案例进行讨论，提出面对新形势开展工作的意见和对策；介绍镇村已执行效果好的计划生育利导政策及建议；再生育修改意见和如何简化审批材料等问题进行座谈。

【隆重纪念《人口与计划生育法》施行十周年】9月1日，《人口与计划生育法》的施行，标志着人口和计划生育工作全面纳入了法制轨道，为推动人口计生工作，实现人口与经济、社会、资源、环境的协调和可持续发展及统筹解决人口问题提供了坚实的法律保证。为隆重纪念《人口与计划生育法》施行十周年，县人口计生委印制了慰问信，并制作了有水杯、围裙、扇子、毛巾等实用宣传奖品服务包，发放至全县近8万个独生子女家庭，引导更多家庭为人口计生事业做出贡献，同时，让独生子女家庭有光荣感。

【市人口计生委领导检查指导阳光计生规范化建设】 9月13日，市人口计生委阳光计生工作检查组一行在驻市人口计生委纪检组组长刘晓军的带领下到东邵渠镇、果园街道检查指导阳光计生工作。检查组实地查阅、镇（街）两级档案材料。通过发放调查问卷召开育龄群众座谈会，了解阳光计生工作开展情况，并听取了县人口计生委阳光计生规范化建设工作汇报。刘晓军及检查组成员对本县阳光计生规范化建设给予了充分肯定。

【密云县召开引进人才计划生育服务管理协调会】 9月18日上午，密云县人口计生委组织召开了由人力资源和社会保障局、果园街道参加的密云县引进人才计划生育服务管理协调会，与人力社保局联合印发了《关于加强引进人才计划生育服务与管理工作的意见》，并对开发区入区较大企业的人事部门经理进行了相关培训。

【隆重召开纪念“9·25”《公开信》发表32周年暨密云县“百家幸福家庭”表彰大会】 9月20日，密云县人口计生委、密云计划生育协会联合在县文化馆召开纪念“9·25”《公开信》发表32周年暨密云县“百家幸福家庭”表彰大会。市人口和计划生育宣教中心主任王志洲，县人口计生委班子成员、各科室干部、各镇（街）主管副职领导、计生办主任、宣传干部、“百家幸福家庭”获奖代表等近300人参加了此次大会。县人口计生委党组书记、主任张艳生在会上谈到：多年来密云县的人口自然增长率始终保持在8‰左右，人口计生长效工作机制逐步完善，低生育水平保持稳定。下一步，县人口计生委将继续把人口计生工作的重心由过去单纯抓好计划生育工作，更多地转向重视家庭和谐幸福建设。市人口和计划生育宣教中心主任王志洲讲话，他希望县人口计生委在县委、县政府的领导下，在相关部门的相互协同下，继续落实和推进幸福家庭建设，促进人口和谐发展，在实际工作中创造出更多更好的工作经验，引导和培养出更多的幸福家庭，向市人口计生委提供生动的宣传素材和先进典型，为在全县更好地开展人口计划生育正面宣传报道提供很好的支持。

【首家“流动人口户籍地驻密计划生育服务站”揭牌】 9月24日，本县首家“流动人口户籍地驻密计划生育服务站”在鼓楼街道办事处檀城社区居委会正式揭牌。县人口计生委党组书记、主任张艳生，副主任李长旺，流管科负责人及河北省滦平县、丰宁县、兴隆县、承德县人口计生局主管局长、流管股股长和鼓楼街道相关负责人参加了此次活动。启动仪式上，县人口计生委党组书记、主任张艳生，丰宁县人口计生局局长赵广林为流动人口户籍地驻密计划生育服务站揭牌，并现场为参加活动的河北四县部分流动人口育龄妇女办理了流动人口婚育证明。

【市人口计生委领导检查验收密云县诚信计生工作】 10月15日，市人口计生委诚信计生工作检查组一行6人在市人口计生委副主任耿玉田的带领下到本县西田各庄镇检查验收诚信计生工作，县人口计生委、西田各庄镇党政主要负责人陪同检查。检查组首先听取了县、镇两级全面推进诚信计生工作落实情况汇报。两年来，本县积极围绕“三个更加”，即“更加注重利益导向，更加注重服务关怀，更加注重宣传倡导”要求，结合县域实际，全面开展了诚信计生创建活动。通过务实推动，群众的计划生育参与权、知情权和监督权得到了有效维护，有力促进了全县新时期人口计生工作的科学发展。随后，检查组查阅了县、镇两级有关诚信计生工作的文件、档案内容及相关资料；并通过组织基层群众问卷调查、召开育龄妇女座谈会等形式了解诚信计生工作开展情况及基层群众的需求。最后，耿玉田副主任进行总结，对密云县诚信计生工作的经验做法给予了充分肯定，认为全县的诚信计生工作得到了县、镇两级领导高度重视，工作扎实、指导到位、活动新颖、效果明显。

【县人口计生委组织全体干部职工认真学习“中国共产党第十八次全国代表大会”会议精神并举行座谈】11月12日，县人口计生委组织全体机关干部学习党的十八大报告，大家一致认为：报告总结了党的十六大以来党的工作，回顾了三十多年来我国改革开放的实践，阐明了科学发展观的重要意义，对全面建成小康社会提出了新的要求，一定要认真学习，深刻领会，全面贯彻。对于今后的工作，要做到：努力提高学习马克思主义、毛泽东思想、邓小平理论、“三个代表”重要思想和科学发展观理论的自觉性；要坚持理论联系实际，学以致用，端正自己的世界观、人生观、价值观；要进一步掌握做好人口计生工作的知识和本领，保持党员先进性，增强学习科学文化和业务知识的自觉性和紧迫感，努力成为人口和计划生育工作的内行、能手和专家。

【县人口计生委为社区安装免费避孕药具自助发放机】11月26日，县人口计生委在果园街道4个居委会、宾阳社区卫生服务中心及3个社区卫生服务站安装了免费避孕药具自助发放机8台。该发放机可凭借第二代居民身份证自助领取避孕套、避孕栓，操作简单，快捷方便，更好地满足了广大育龄群众对计划生育药具的需求，实现计划生育药具供应发放和优质服务提质提速。

【县人口计生系统召开全县人口计生系统落实工作激励机制表彰大会】12月13日，县人口计生系统落实工作激励机制表彰大会在密云县文化馆举行，县委常委、常务副县长王稳东，市人口计生委人事处处长李刚出席会议并讲话。密云县人口计生委大力度抓计生干部队伍建设，优化队伍、强化培训、提高能力，同时注重计生工作者激励机制建设，研究出台了《在人口计生系统建立工作激励机制开展创先争优活动的实施方案》，充分调动人口计生工作者的积极性，进一步促进新时期人口计生工作创新发展。会上，对从事计生工作不同年限的县、镇街优秀专职计生工作者、村（居）优秀计生专干、优秀计划生育宣传员进行了表彰奖励。优秀计生专职工作者、专干、宣传员代表进行了典型发言。市人口计生委李刚处长对密云县人口计生系统干部队伍建设工作给予了充分肯定，并对今后工作提出了希望。县委常委、常务副县长王稳东提出，全县人口计生工作者要认真落实十八大精神，提高思想认识，进一步坚定做好新时期人口计生工作的信心和决心。要牢牢把握工作重点，一是要始终坚持计划生育基本国策不动摇，切实把稳定低生育水平这一首要任务抓紧抓好；二是要积极探索和创新新时期人口计生服务管理的模式和途径，努力在提高出生人口素质上下功夫；三是要不断丰富和完善利益导向机制建设，让发展成果更多地惠及广大计生家庭；四是要进一步夯实基层基础工作，不断提高新时期人口计生服务管理水平。确保实现人口目标任务科学可持续发展。要切实加强干部队伍建设，进一步弘扬求真务实的作风，牢固树立为民服务、真抓实干、勤政高效的良好风气，为全县人口计生事业发展提供有力保证。

（代秋菊）

延庆县

【概况】2012年，延庆县人口计生工作坚持科学发展观，紧紧围绕稳定低生育水平、统筹解决人口问题这一工作核心，以“幸福家庭创建活动”为抓手，以“六大惠民工程”为平台，以深化民生服务、提高育龄群众对计划生育工作的满意度为目标，完善体制机制，创新工作内容，规范服务管理，夯实基层基础。经过全县上下的共同努力，较好地完成了各项任务指标，人口计生事业继续保持健康、稳定、协调发展的良好态势。

组织领导。年内，县委、县政府始终坚持把人口计生工作纳入全县经济社会发展全局，纳入县委、县政府重大事项督查范围；坚持亲自抓、负总责，召开年度全县人口计生工作大会、半年工作会；县委常委会、县长办公会几次专题听取工作汇报，研究和部署人口计生工作。主管县长多次召开各工委及重点部门工作协调会，并多次深入基层进行调研。县人大、政协继续坚持审议、视察督导人口计生工作。年内，进一步完善目标管理责任制，层层签订责任书，加强日常督导、考核力度，严格落实计生“一票否决”制度。领导小组各成员单位和相关部门切实把人口计生工作纳入部门职责，做到同部署、同检查、同考核，全县上下形成了综合治理人口问题的合力。

依法行政。年内，按照市人口计生委的要求，全县奖励扶助新进入对象共有88

人，有23人退出，809人享受每人每年1 200元奖励扶助金。年内，全县共392人发放了一次性奖励，6人发放了一次性经济帮助，为53对献出再生育指标的夫妻每对给予2 000元的奖励。共审批再生育一个子女290例；组织开展病残儿鉴定15例，处理违法生育97例，办理结案106例。修改完善了《延庆县关于规范社会抚养费征收的管理办法》。共接待受理群众来信、来电来访385件次。

宣传教育。年内，延庆县以“幸福家庭，和谐人口”为核心理念，以“国策妫川行”为年度主题，广泛开展丰富多彩的宣传教育活动，不断助推新型家庭人口文化建设。一是围绕主题开展品牌宣传。2012年先后开展了“国策关怀，情满妫川”新春两节“四送”（送政策、送温暖、送服务、送文化）活动，“幸福家庭 和谐人口”人口文化作品展览活动，“幸福家庭，妫川放歌”人口计生系统纪念“9・25”《公开信》发表32周年主题文艺汇演活动。二是贴近基层，自我宣传掀起高潮。各乡镇、街道、村居充分利用文化阵地，借助育龄群众求知的热情，层层开展各类丰富多彩的宣传活动。年内，各类宣传活动近1 000场，育龄群众的参与率达到80%以上，知识知晓率达到了90%以上，推进了新型人口文化建设。三是加强媒体宣传，营造良好舆论氛围。年内继续利用广播、电视、报刊、杂志、网络等媒体开展宣传，继续加强《中国人口报》、《京郊日报》、《人口与计划生育》杂志的投稿量，做好《人口直通车》征文活动，编辑出版《延庆人口报》6期30万份，面向全县乡镇、村居育龄群众开展覆盖式的宣传。四是加强阵地建设，营造良好环境。开展了第二批人口文化宣传示范阵地评选活动，评出了10个宣传示范单位。这些多层次、广角度、宽领域的宣传活动，丰富了群众的文化生活，营造了浓厚的计划生育光荣的宣传氛围。

健康生育。年内，以“健康促和谐，美满好家庭”为主线，积极开展各种服务，提高群众的生殖健康水平。一是扎实开展生殖健康服务工程，通过“计卫”联手，一年两次聘请有经验的专家、医师，深入乡村，为育龄群众提供妇科检查、乳透等四种以上的生殖健康技术服务。近10万人次育龄群众享受到了免费检查服务。二是举办“优婚、优孕、优生、优育”四优培训班，为新婚、待孕、正孕及产后人员进行生殖健康知识讲解，以增强育龄群众的优生优育保健意识，全年有2 000多人参加了培训。此外对6 000多户的新婚、孕产、术后、新入户等重点人群进行上门服务，为她们送去温馨的祝福和优生优育、避孕节育等生殖保健服务。三是认真做好出生缺陷一级预防工作，包括：落实免费孕前优生健康检查项目，年内共服务307对待孕夫妇，完成率达102%；免费发放装有免费婚检提示卡、保健手册、避孕药具等婚育健康服务包近2 000个，受到新婚夫妇的欢迎。四是做好北京市农村长效节育户籍已婚育龄群众免费健康体检工作，今年共完成了近1万人的长效体检。五是深入拓展药具工作，开展了基层药管员双月测试、“季点评”以及随访情景模拟比赛，提高了基层药管队伍服务能力与服务水平。六是加强流动人口服务。开展流动人口出生监测工作，通过信息平台积极向流动人口户籍地及时反馈；结合均等化服务，成立了3个流动人口计划生育协会，设立了9个流动人口图书角，并免费为流动人口开展相关健康检查。召开了延庆、赤城、怀来三县一把手区域协作研讨会，并积极与怀柔、昌平加强工作沟通，签订了流动人口服务管理双向协作协议书，通过落实“属地化管理、市民化待遇、亲情化服务”工作机制，提升流动人口的归属感和幸福感，提高流动人口的社会融合度。

生育关怀。严格落实人口计生法规、政策规定的各项生育、奖励、处罚、扶助措施，维护法律的尊严，维护群众的合法权益：一是100%落实农村和城镇散居民独生子女父母奖励费；落实1 000元一次性奖励392人，一次性经济帮助6例，给予53对放弃再生育计划的夫妻每对2 000元的奖励，奖励扶助新进88人，退出23人，共809人享受每人每年1 200元奖励扶助金。二是落实第四期幸福工程项目，向千家店、四海、张山营镇30户计划生育家庭发放了60万元帮扶项目款。三是完成计划生育家庭意外伤害保险投保工作，全县共参保户数1.57万户，参保份数1.76万份，投保金额52.65万元。四是坚持和完善计生利导政策。全县业已制定的人口计生利导政策得到了较好的坚持执行，部分乡镇又有所完善。

健康教育。年内，以“花样年华—你我同行”为主题，县人口计生委与教委联合，将《爱的启蒙教育》2万册配发到全县小学师生手中，通过开展系列主题活动，促进了青少年健康人格的塑造。积极开展青春健康教育活动，在北京人文大学举办了有300多名大学生参加的“花样年华 你我同行”青春健康教育讲座；在香水园街道组织开展了千名独生子女乒乓球比赛等。

宝贝计划。年内，在《延庆人口报》开设了0～3岁婴幼儿教育宣传专题，选定大榆树、沈家营、香水园和百泉街道设置了0～3岁婴幼儿教育基地，积极倡导开展0～3岁婴幼儿早期教育。

心灵关爱。年内，开展了“春风行动话计生—亲情牵手”活动。在儒林街道成立了“阳光计生志愿服务队”，发起了“共建幸福家庭，同创和谐社会”关爱空巢、困难家庭的倡议和活动；在香水园街道举办了“亲情牵手送温暖 志愿服务促和谐”志愿服务社区行活动；在刘斌堡乡组织协会会员为空巢老人打扫院子、表演节目等，在大榆树镇通过敬献康乃馨和慰问礼包、为计生家庭拍摄全家福等形式关爱计生家庭等。

【常委会工作汇报】1月4日，县人口计生委主任蒋秀芝向县委常委会汇报了

2011年人口计生重点工作完成情况、2011年度人口计生考评工作、工作中存在的主要问题、2012年的工作打算和将要召开的2012年人口计生工作会议事宜。

【全县2012年人口计生工作会】会议于3月5日召开。北京市人口计生委正局级委员王晓光，县领导孙文锴、李先忠、郭振清、赵双利、胡耀刚、甘靖中、魏怡出席会议。会上，副县长魏怡总结了2011年度人口和计划生育工作，部署了2012年工作。副县长甘靖中宣布了延庆县2011年人口和计划生育事业目标管理责任制考核评估结果，县委书记孙文锴、县长李先忠代表县委、县政府与基层党政一把手签订了《2012年度人口和计划生育目标管理责任书》。王晓光强调：要扎实做好人口计生的各项工作，以优异的成绩迎接党的十八大和市委十一次党代会的胜利召开；要在年度工作中抓住重大事件节点，大力宣传人口计生工作的新成就；要在现有的基础上继续稳定低生育水平。

【全县人口计生工作推进会】推进会于3月14日召开。县人口计生委主任蒋秀芝强调，2012年工作要以“稳定低生育水平、统筹解决人口问题”为核心，强化管理，突出创新，努力实现人口计生事业的新突破、新发展。蒋秀芝要求各乡镇要结合本次会议对《考核方案》的讲解，认真梳理、仔细研读、做到心中时刻有考核指标，手头时刻有工作部署，确保年度指标保质保量完成。

【市人口计生委领导慰问】1月12日，市人口计生委党组书记、主任刘志带领相关处室人员到延庆县，看望慰问了村级计生专干陈东兰和计生专干苏来所，并代表市人口计生委送上了慰问金和慰问品，向其致以节日的问候和新春的祝福，县委副书记胡耀刚陪同慰问。

【幸福家庭创建活动】2月3日，在大榆树镇启动。主任蒋秀芝致辞。延庆县相关领导向大榆树镇新婚夫妇捐赠了《新婚知识百问》、《胎教优生》、《儿童疾病防治实用手册》等计生图书500多册。大榆树镇发放计生宣传材料2 000余份，发放印有计生知识、宣传口号等内容的购物袋、围裙、台历、年画2 500余份。

【2012年党风廉政建设部署会】3月2日召开，驻委纪检组长高国忠就《延庆县人口和计划生育委员会2012年纪检监察工作要点》进行了详细解读，要求全机关要抓好廉政教育，开展好结合计生实际的“五个一”活动；抓好廉政文化建设，广泛开展群众性的文化建设活动；抓好制度建设，在计生奖扶特扶、风险防范、矛盾排查、个人重大事项报告等方面做出实效；抓好政风行风建设，在开展阳光计生、民主评议等方面创先争优。党组书记林永生、主任蒋秀芝分别和副职签订了《人口计生委党风廉政建设责任书》、副职和主管的科站签订了《人口计生委党风廉政建设责任书》。

【第四期幸福工程项目启动暨签字仪式】3月14日启动，常务副会长蒋秀芝与千家店镇签订了幸福工程项目款使用协议书。主管副会长焦付军要求：一是要加强规范管理；二是严格监督；三是搞好科技培训服务，切实把幸福工程资金用好，让受助户依靠勤劳致富，科学致富，尽快走上幸福小康家庭道路。此项目资金60万元，扶持千家店镇肉鸡养殖、四海镇民俗旅游、张山营镇民俗旅游等30户贫困独生子女家庭无偿使用3年。

【阳光计生行动推进会】 3月14日召开。高国忠要求2012年要深入推进“阳光计生”行动，让权力在阳光下运行，要以政务公开带动“阳光管理”、以民主评议推动“阳光服务”、以社会监督保障“阳光维权”。

【阳光计生诚信计生汇报会】 8月16日召开。会上，各计生办主任分别汇报了本乡镇、街道诚信计生和阳光计生工作的开展情况，并就工作中的经验和优秀做法进行了交流。党组书记林永生要求各乡镇、街道计生干部加强学习，深刻认识“诚信计生”的重要意义；将诚信计生与依法行政和优质服务等各项工作结合起来，切实把“诚信计生”的创建活动落到实处；各乡镇在开展诚信计生工作过程中，要做到以领导重视为前提，遵守承诺为基础，群众参与为主体，民主监督为保证，将诚信计生、阳光计生深入开展下去。

【阳光计生行动规范化建设检查】 9月21日接受市级检查。高国忠汇报了延庆县有关工作的落实情况。党组书记林永生做了补充发言，驻市人口计生委纪检组长刘晓军希望今后在树立典型上下功夫，加强宣传和推广，打出延庆县阳光计生行动规范化建设的品牌。

【区域流动人口服务管理座谈会】 5月24日召开，怀来县、赤城县人口计生局局长、分管局长、流管科长受邀参加。座谈会上，三家单位作了经验交流发言，签订了流动人口服务管理双向协作协议书。

【“效能建设与效能监察”座谈会】 5月24日召开，门头沟、平谷、怀柔、密云、延庆5个区县进行了交流发言。驻市人口计生委纪检组组长刘晓军要求，今后的人口计生工作首先要突出工作重点，找准行政效能监察工作要解决的突出问题，服从和服务于本地区、本部门的中心工作，强化创新意识、全局意识、主动意识等五种意识；其次要研究工作方法，增强行政效能监察的实效，既要组织专项监察，更不能放松平时的日常监督，切实提高监察的计划性、针对性和目的性；最后要拓宽监督渠道，要注重群众监督、社会监督、媒体监督和组织监督。

【人口计生工作半年和年终检查】 5月8～16日和10月9～17日进行，县人口计生委领导分别带领检查组，深入村居，对各乡镇、街道2012年度人口和计划生育目标管理责任书完成情况，进行检查指导。

【县纪委自律室检查指导工作】 6月5日，县纪委自律室主任祈春生对县人口计生工作进行检查指导并指出：第一，要进一步细化二胎审批、抚养费征收等工作审批流程，做到制度上墙、流程上墙，这样利于防控、利于监督；第二，要进一步将廉政风险防范工作融入人口计生整个业务中，做到公开、公正、透明，提高社会监督、内部监督、专项监督的有效程度；第三，进一步加大廉政风险信息化防控体系建设的探索和实践，最大限度地减少人为因素，加大“机”控范围，提高廉政风险的准确程度。

【人口计生半年工作会】6月21日召开。副县长魏怡在会上指出：一是要深化对当前及今后一段时间人口计生工作地位、内容、现状和形势的清醒认识，坚持计划生育基本国策不动摇；二是强化领导责任，坚持党政一把手亲自抓负总责不动摇；三是采取有效措施，把人口计生工作落到实处。

【“幸福家庭 和谐人口”人口文化作品展】6月26日举办，市人口计生委宣教中心副主任杨成参加。主任蒋秀芝致辞，焦付军宣读了《关于表彰“幸福家庭、和谐人口”人口文化作品征集展览活动获奖人员及单位的决定》，市县领导为人口文化作品展获奖人员和单位代表进行了颁奖。作品内容涉及计划生育、优生优育、男女平等、敬老养老、生殖健康、家庭幸福等。作品形式有书法、绘画、剪纸、手工艺品、十字绣类、诗歌散文等。

【区域联动创和谐人口环境暨城乡手拉手】7月6日启动，活动由县人口计生委、香水园街道和香营乡政府联合举办，市人口计生委流管处处长刘凤婷参加活动。蒋秀芝致辞。香水园街道工委书记聂书军、香营乡党委书记朱万富讲话并代表双方单位签订了《人户分离人员计划生育双向服务管理协议书》，各乡镇、街道主管领导上台领取了人户分离人员信息册和乡镇村居计划生育联系册。活动现场设立了生殖健康咨询、中医义诊、人口文化作品展览、计生灯谜有奖竞猜等服务区，共向群众发放宣传材料2 000余份，为100多名育龄群众提供了生殖健康咨询服务和健康检查。

【开展“健康促和谐、美满好家庭”主题培训活动】6月5日~7月19日，全县2 000余人参加了“健康促和谐、美满好家庭”新婚、待孕、正孕、及产后保健知识培训，发放调查问卷、宣传材料、宣传品1万多份。

【免费孕前优生健康检查项目动员会】7月13日召开。会上介绍了国家免费优生健康检查项目和工作具体要求，布置了2012年的长效体检工作，讲解了免费孕前优生检查健康项目跟踪随访的有关事宜。

【对外交往】7月16日，8月30日和10月26日，三批非洲英语、法语国家人口发展研修班的官员代表，参观考察计划生育生殖健康技术服务中心。国家人口计生委顾志强，中国家庭生殖健康保健中心赵巧娜，市人口计生委胥德琪、刘磊陪同。

【情系药具爱在岗位模拟随访服务情景展示】7月19日举行，全县乡镇、街道共

17 支代表队参加。市人口计生委药具站办公室主任马兰、业务科科长刘云梅观看了比赛，委班子成员参加。

【流动人口计划生育服务管理双向协议签订仪式】 8 月 8 日举行。四海镇和九渡河计生办共同举办了“五彩九渡”与“四季花海”牵手共建和谐人口家园座谈会，签订了《人户分离人员计划生育服务管理双向协作协议书》。

【科站工作汇报会】 8 月 15 日召开，各科站负责人汇报了近期工作并对下一阶段工作进行了安排。主任蒋秀芝强调：一要更加注重工作质量，按部就班地开展各项工作，力求稳中求进；二要坚持工作标准，对基层给予更加细致、全面的指导；三要进一步查漏补缺，各项工作不留死角、不出差错。

【政协领导视察工作】 9 月 12 日，县政协主席赵双利，副主席宋献坤、谷艳兰、李满、赵志萍及部分委室主任等领导参加。赵双利指出：人口计生工作基本国策地位不能动摇，要时刻关注人口老龄化，重点考虑全面提高出生人口素质，按要求扎实做好各项工作。会后，政协领导到儒林街道温泉东里社区居委会“人口文化宣传阵地”参观，指导工作。

【免费孕前优生健康检查项目启动仪式】 9 月 12 日启动。县人口计生委、县财政局和县卫生局联合主办。市人口计生委科技处副处长李朝俊、县中医院院长李怀震以及各乡镇、街道等 100 多人参加了活动。蒋秀芝宣读了《延庆县开展免费孕前优生健康检查项目工作实施方案》，县人口计生委和县中医院签订《延庆县关于开展免费孕前优生健康检查项目协议书》。李朝俊做了讲话。

【“9·25”纪念活动】 9 月 22 日举行，以此纪念“9·25”《公开信》发表 32 周年。主题为“幸福家庭，妫川放歌”。蒋秀芝致辞，林永生宣读了《关于表彰延庆县人口计生“幸福家庭”及第二批“十佳”宣传教育基地的决定》，市县领导为评出的幸福家庭、十佳宣传教育示范基地颁发了奖牌。

【县领导调研指导】 11 月 21 日，副县长谢文征到人口计生委调研指导工作。他指出，人口计生工作是基本国策，认真执行好国策是今后一个时期的重点工作，要踏踏实实完成指标。要对下一步工作早谋划、早部署，继续保持人口和计划生育工作的持续稳定发展。

【计生协会第四届会员代表大会】 12 月 21 日召开，蒋秀芝作了题为《适应形势抓住机遇推动计生协会工作上水平》的工作报告。会议审议通过了《延庆县计划生育协会第三届理事会工作报告》、《延庆县计划生育协会第三届理事会监事会工作报告》，并选举产生了延庆县计划生育协会第四届理事、常务理事、会长、常务副会长、副会长及秘书长。副县长谢文征当选新一届计划生育协会会长。

【计划生育家庭意外伤害保险】 年内，

完成计划生育家庭意外伤害保险投保工作，全县共参保户数1.57万户，参保份数1.76万份，投保金额52.65万元。

【暖心计划】 年内，由北京市计划生育协会和中国人保寿险北京分公司合作开展的“暖心计划”惠及我县，人均保费2 789元，连续投保3年，人均保费不变。“暖心计划”投保对象为当年通过独生子女死亡特别扶助资格审核的人员，个人无须申请，无须缴费。险种包括养老保险，疾病身故保险，意外伤害身故、残疾、烧伤保险，女性重疾保险、意外伤害医疗保险。

【2012年两节慰问】 共慰问基层两委干部，村居计生专干，贫困、特困、独生子女发生意外伤害的家庭，离退休老干部，基层计生责任人共计176人，发放慰问金7.41万元。

【诚信计生行动】 年内，制定了《延庆县全面开展双向承诺推进诚信计生工作实施方案》，进一步完善组织领导机制、考核评估机制、工作指导机制、群众自治机制。多数村（居）依托协会成立了诚信计生小组，在《计划生育自治章程》基础上，与育龄群众签订了《诚信计生协议书》，实行双向承诺，明确双方的职责。全县405个村居共签订五万余份协议书，签订率达80%以上。

【科级及以下干部教育培训】 年内，组织自主培训14次，合计学时56学时，共计392人次参加。党组书记林永生、支部书记高国忠及部分科长、支部成员分别做任课教师，就本单位的业务知识、县委第十三次党代会、十五次人代会，市第十一次党代会、中纪委六次全会以及十八大报告等精神进行学习辅导；单位参加市级组织培训15余次，参训人次80人次，累计学时400学时。

【全员人口管理信息系统培训】 年内，对全县405个村、社区计生专干进行了全员人口管理信息系统的操作培训。通过县、乡两级培训后，村级专干基本会登录全员系统，能录入、完善信息等基本操作，使全员系统在村级加强了应用。

【荣誉称号】 年内，延庆县人口和计划生育委员会、沈家营镇等四家单位荣获“北京市2012年人口和计划生育红旗单位”称号；香水园街道、张山营镇等10家单位荣获“北京市2012年人口和计划生育先进集体”称号；黄金龙等20人荣获“北京市2012年人口和计划生育先进个人”荣誉称号；“强基提质促发展，创新机制惠民生”、“深入开展文明倡导工程系列活动，积极推进延庆新型家庭人口文化建设”两个项目荣获“北京市2012年人口和计划生育创新项目”荣誉称号。

（张自禄）

九、北京市2012年国民经济、社会、人口发展统计公报（节选）

2012年，面对日趋严峻的国际经济形势，以及内部调整转型、自然灾害叠加等多重因素影响，全市人民在党中央、国务院和市委、市政府的坚强领导下，坚决贯彻落实党的十八大和市十一次党代会精神，紧密围绕主题主线，坚持“稳中求进”，积极推进各项宏观调控政策，全市经济持续健康发展，社会和谐稳定。

一、综合

经济增长：初步核算，全年实现地区生产总值17 801亿元，比上年增长7.7%。其中，第一产业增加值150.3亿元，增长3.2%；第二产业增加值4 058.3亿元，增长7.5%；第三产业增加值13 592.4亿元，增长7.8%。

按常住人口计算，全市人均地区生产总值达到87 091元（按年平均汇率折合13 797美元）。三次产业结构由上年的0.8∶23.1∶76.1变化为0.8∶22.8∶76.4。

财政：全市完成地方公共财政预算收入3 314.9亿元，比上年增长10.3%。其中，实现增值税和营业税314亿元和1152.7亿元，分别增长32.1%和7.6%；实现企业所得税和个人所得税752.5亿元和281.5亿元，分别增长10.1%和3.1%。地方公共财政预算支出（含中央追加支出）3685.3亿元，增长13.6%。其中，用于文化体育与传媒、交通运输、教育、社会保障和就业、农林水事务的支出分别增长61.7%、22.4%、20.9%、19.2%和18.9%。

全市完成国税、地税税收（费）收入9 220.3亿元，比2011年增长15.2%。其中，地税税收（费）收入2 865.2亿元，增长7.5%。

价格：全年居民消费价格比2011年上涨3.3%，涨幅比上年回落2.3个百分点。其中，食品价格上涨6.6%，非食品价格上涨2%；消费品价格上涨2.7%，服务项目价格上涨4.2%。

全市农产品生产价格比2011年上涨4.7%。工业生产者出厂价格下降1.6%；工业生产者购进价格下降1.3%。固定资产投资价格上涨1.3%。

全市新建商品住宅销售价格环比走势由降转升，12月份环比上涨1%。

就业：全年城镇新增就业43.89万人。年末全市城镇实有登记失业人员7.2万人，比2011年年末减少0.93万人。城镇登记失业率为1.27%，比2011年年末下降0.12个百分点。

二、人口、人民生活和社会保障

人口：年末全市常住人口 2 069. 3 万人，比 2011 年年末增加 50. 7 万人。其中，常住外来人口 773. 8 万人，占常住人口的比重为 37. 4%。常住人口中，城镇人口 1 783. 7万人，占常住人口的 86. 2%。全市常住人口出生率 9. 05‰，死亡率 4. 31‰，自然增长率 4. 74‰。全市常住人口密度为 1 261 人/平方千米，每平方千米比上年末增加 31 人。年末全市户籍人口 1 297. 5 万人，比 2011 年年末增加 19. 6 万人。

人民生活：全年城镇居民人均可支配收入达到 36 469 元，比 2011 年增长 10. 8%；扣除价格因素后，实际增长 7. 3%。农村居民人均纯收入 16 476 元，比 2011 年增长 11. 8%；扣除价格因素后，实际增长 8. 2%。城镇居民恩格尔系数为 31. 3%，比 2011 年下降 0. 1 个百分点；农村居民恩格尔系数为 33. 2%，比 2011 年提高 0. 8 个百分点。全市城镇居民人均住房建筑面积 29. 26 平方米，农村居民人均住房面积 49. 08 平方米。

社会保障：年末全市参加基本养老、基本医疗、失业、工伤保险人数分别为 1 206. 4万人、1 279. 7 万人、1 006. 7 万人和 897. 2 万人，比 2011 年年末增加 117 万人、91. 7 万人、125. 7 万人和 34. 7 万人。年末参加城乡居民养老保险的农村居民为 167 万人，比 2011 年年末增加 3. 3 万人。参加新型农村合作医疗的人数达到 267. 4 万人，参合率为 98. 1%，高于 2011 年年末 0. 4 个百分点。全市享受城市最低生活保障的居民为 11 万人，享受农村最低生活保障的农民为 6. 3 万人。

年末全市各类收养性社会福利单位 434 家，床位 7. 8 万张，收养各类人员 3. 2 万人。建立各种社区服务设施 1. 01 万个，其中社区服务中心 181 个。

三、教育、科学技术、文化、卫生和体育

教育：全市共有 56 所普通高校和 79 个科研机构培养研究生，全年研究生教育招生 8. 7 万人，在学研究生 25. 2 万人，毕业生 7. 1 万人。全市 91 所普通高等院校全年招收本专科学生 16. 2 万人，在校生 58. 2 万人，毕业生 15. 3 万人。成人本专科在校学生 26. 5 万人。

全市普通高中招生 6. 3 万人，在校生 19. 4 万人，毕业生 5. 6 万人；初中招生 10. 8 万人，在校生 30. 6 万人，毕业生 9. 6 万人；普通小学招生 14. 2 万人，在校生 71. 9 万人，毕业生 11 万人；幼儿园在园幼儿 33. 2 万人。各类中等职业教育（含技工学校）招生 8. 3 万人，在校生 23. 3 万人，毕业生 7. 4 万人。特殊教育招生 1 190 人，在校生 8 118 人，毕业生 1 747 人。

全市共有民办小学 40 所，在校学生 5. 1 万人；民办普通中学 72 所，在校学生 4. 5 万人；民办普通高校 15 所，在校学生 6. 8 万人；民办的其他高等教育机构 69 个，注册学生 11. 5 万人。

科学技术：全年研究与试验发展经费

支出1031.1亿元，比2011年增长10.1%；相当于地区生产总值的5.79%。

全市研究与试验发展活动人员31.8万人，比2011年增长7.2%。专利申请量与授权量分别为92 305件和50 511件，分别增长18.4%和23.5%；其中发明专利申请量与授权量分别为52 720件和20 140件，增长17%和26.8%。全年共签订各类技术合同59 969项，增长12%；技术合同成交总额2 458.5亿元，增长30.1%。

文化：年末全市共有公共图书馆25个，总藏量5 100万册。全市拥有全国重点文物保护单位98处，市级文物保护单位255处。全市拥有注册博物馆165座。全市共有国家综合档案馆17个，已开放档案88.4万卷。年末有线电视注册用户达到495.7万户，其中高清交互数字电视用户310.9万户。北京地区17条院线135家影院（726块屏幕）共放映电影119.9万场，观众3 752.6万人次，票房收入16.12亿元。北京地区出版报纸254种，出版期刊3 044种，出版图书18.2万种。

卫生：年末全市共有卫生机构9 964个，比2011年年末增加265个；其中医院593个。卫生机构中社会办医机构3 475个。卫生机构共有床位10万张，比2011年年末增加0.5万张；其中医院9.2万张。卫生机构中社会办医机构床位1.6万张。全市卫生技术人员达到19.4万人，比上年末增加1.3万人；其中执业（助理）医师7.4万人，注册护士8万人。全市医疗机构总诊疗17 873万人次，出院221.7万人次。全年报告甲乙类传染病发病率194.03/10万，死亡率0.89/10万。全市婴儿死亡率2.87‰。孕产妇死亡率6.05/10万。

体育：年末全市共有体育场馆6 163个。全市共有优秀体育运动员1 137人。获得国际性比赛奖牌36枚，其中金牌20枚，银牌9枚。获得全国性比赛奖牌138枚，其中金牌57枚，银牌36枚。

（赵艳侠　摘编）

十、荣誉篇

国家人社部、国家人口计生委联合表彰的
全国人口和计划生育系统先进单位和个人名单

先进集体：朝阳区人口计生委
昌平区人口计生委
平谷区人口计生委
先进工作者：大兴区人口计生委办公室主任　于淑华

全国人口计生系统阳光统计示范区

顺义区人口计生委

全国阳光计生行动示范单位

海淀区人口计生委
顺义区人口计生委
平谷区人口计生委

全国人口和计划生育依法行政示范乡镇（街道）（第一批）

海淀区东升乡　　东城区天坛街道办事处
丰台区丰台街道办事处　　昌平区阳坊镇
大兴区西红门镇　　顺义区北石槽镇

平谷区山东庄镇　　　　延庆县沈家营镇

中国信息化（人口计生领域）成果评选活动先进名单

三等奖：顺义区人口信息共享系统

国家人口计生委2012年度政务信息工作评选先进名单

先进单位：北京市人口计生委

优秀政务信息员：周宏宇　蒋新宁

2012年首都文明单位标兵

北京市人口计生委

北京市人口和计划生育宣教中心

“2012年北京市年鉴编校工作评选”二等奖

《北京市人口和计划生育年鉴2011卷》

西城区2012年度交通安全标兵单位

北京市人口计生委

十一、北京市人口和计划生育组织机构和名录篇

北京市人口和计划生育工作领导小组

北京市人口和计划生育领导小组是依照国家有关法规，经市机构编制委员会批准成立的研究部署人口计划生育工作的议事协调机构。领导小组组长由市长担任，主管人口工作的副市长任副组长，市委宣传部、市委社会工委、首都文明办、市流管办、市发展改革委、市教委、市公安局、市民政局、市财政局、市人力社保局、市农工委、市卫生局、市国资委、市统计局、市人口计生委等15个部门为成员单位，领导小组办公室设在市人口和计划生育委员会。主要职责是贯彻落实党中央、国务院和市委、市政府关于人口和计划生育工作的方针、政策；总体规划、统筹协调本市人口和计划生育工作；研究决定有关人口发展的重大问题；组织研究人口和计划生育工作重大事项；加强人口计划生育工作的综合协调和综合治理，促进人口与经济社会的协调可持续发展。

北京市人口和计划生育委员会组织机构

单 位 简 介

北京市计划生育委员会成立于1981年7月，2003年10月15日更名为北京市人口和计划生育委员会（简称市人口计生委），是负责本市人口和计划生育工作的市政府组成部门。内设机构：办公室、政策法规处、综合处、规划协调处、信息处、流动人口服务管理处、宣传教育处、科技服务管理处、财务处、人事处（离退休干部处）10个职能处室和机关党委（工会）。纪检、监察机构按有关规定派驻。直属事业单位：老干部活动站、信息中心、宣传教育中心、干部培训中心、药具管理站、连心服务中心。北京市计划生育协会挂靠在北京市人口计生委。

领导班子组成：

党组书记、主任：刘　志

党组副书记、副主任：徐　捷

委员（正局级）：王晓光

党组成员、副主任：耿玉田　李彦梅

副主任：彭彧华

纪检组长：刘晓军

副巡视员：高小俊

地址：北京市西城区枣林前街70号中环广场B座

邮编：100053

主要职责

（一）贯彻落实党和国家关于人口和计划生育的方针、政策和法律、法规、规章；起草地方性法规草案、政府规章草案和政策规定；会同有关部门提出促进出生人口性别平衡的政策措施；协助有关部门拟订相关的社会经济政策。

（二）拟订本市人口发展规划草案，加强人口规模、趋势、素质、结构等重大问题的战略性、前瞻性研究，提出统筹解决本市人口问题的目标和任务建议，提出人口与经济、社会、资源、环境协调可持续发展的政策建议。

（三）制定并组织实施本市人口和计划生育中长期规划、年度计划和事业发展规划，对人口和计划生育规划执行情况进行监督和评估，稳定低生育水平。

（四）负责本市人口和计划生育工作的综合协调和综合治理。协调推动统筹解决人口问题目标和任务的实施；负责协调推动有关部门、群众团体履行人口和计划生育工作相关职责，促进人口和计划生育方针政策在教育、卫生、文化、就业和社会保障等工作中的衔接配合。

（五）监测本市人口和计划生育发展动态，提出发布人口和计划生育安全预警预报建议，负责人口和计划生育的信息综合及信息化建设，参与北京市人口基础信息数据库建设。

（六）研究提出本市促进人口有序流动、合理分布的政策建议；拟订流动人口计划生育服务管理规划，负责推动建立流动人口计划生育信息共享和公共服务工作机制，负责流动人口计划生育服务与管理。

（七）制定本市计划生育技术服务发展规划并监督实施；依法管理计划生育技术服务工作，负责公布有关计划生育科学研究、技术服务重要信息；负责计划生育统计、信息分析工作；组织实施计划生育科学研究，指导避孕节育的技术推广和科学普及工作；监督、管理计划生育药具的发放。

（八）组织实施本市计划生育的生殖健康促进计划，提高人口素质，协同有关部门降低出生缺陷人口数量。

（九）制定本市人口和计划生育宣传教育工作规划，组织开展人口和计划生育宣传教育工作。

（十）制定本市人口和计划生育干部队伍建设规划及教育培训规划，并组织实施；指导人口和计划生育公共服务网络体系建设。

（十一）负责本市人口和计划生育工作的国际交流与合作，管理人口和计划生育国际援助合作项目。

（十二）承办市政府交办的其他事项。

根据北京市机构编制委员会办公室《关于同意调整市人口计生委职责内设机构和人员编制的函》（京编办行〔2011〕208号），北京市人口和计划生育委员会强化两项职责：即强化统筹本市人口政策，协调推动人口与经济、社会、资源、环境协调可持续发展的职责；强化指导开展面向家庭的人口和计划生育公共服务职责。

领导成员

党组书记、主任　刘志：男，汉族，1960年3月出生，中共党员，1984年8月参加工作。1984年7月毕业于北京大学国民经济管理专业，经济学学士。2001年5月毕业于北京市委党校国民经济管理专业，在职研究生学历。2006年6月毕业于北京工业大学管理科学与工程专业，管理学博士。2011年2月，任北京市人口和计划生育委员会党组书记、主任。

党组副书记、副主任　徐捷：男，汉族，1963年2月出生，中共党员，1985年8月参加工作。1985年8月毕业于北京工业大学第一分校机械制造专业，大学学历。2010年9月任北京市人口和计划生育委员会党组成员、副主任。2011年7月任北京市人口和计划生育委员会党组副书记、副主任。

委员（正局级）　王晓光：女，汉族，1954年5月出生，中共党员，1975年1月参加工作。1997年7月毕业于北京市委党校行政管理专业，大学学历。2002年7月毕业于北京市委党校经济管理专业，在职研究生学历。2011年8月任北京市人口和计划生育委员会党组成员、委员（正局级）。

党组成员、副主任　耿玉田：男，汉族，1957年4月出生，中共党员，1976年4月参加工作。1983年7月毕业于北京医学院医疗系，医学学士，副主任医师。2005年6月毕业于中国人民大学社会与人口学院，法学硕士。2000年9月任北京市计划生育委员会副主任。2003年9月11日任北京市人口和计划生育委员会党组成员、副主任。

副主任　彭彧华：女，满族，1964年5月出生，农工民主党党员，1987年7月参加工作。1987年7月毕业于首都师范大学文学院汉语言文学专业，文学学士；2003

年7月毕业于首都师范大学教科院教育管理专业，教育学硕士；2009年7月毕业于北京大学教育学院教育与经济管理专业，管理学博士。2006年8月任北京市人口和计划生育委员会副主任。

党组成员、副主任　李彦梅：女，汉族，1963年5月出生，中共党员，1980年11月参加工作。1994年7月毕业于北京市委党校马克思主义基础专业，大学学历；2007年7月毕业于北京市委党校行政管理专业，在职研究生学历。2012年5月任北京市人口和计划生育委员会党组成员、副主任。

党组成员、纪检组长　刘晓军：女，汉族，1957年12月出生，中共党员，1974年7月参加工作。1994年12月毕业于中央党校国民经济管理专业，大学学历。2007年7月毕业于中央党校法学专业，在职研究生学历。2011年8月任北京市人口和计划生育委员会党组成员、中共北京市纪律检查委员会驻市人口计生委纪检组长。

副巡视员　高小俊：男，汉族，1961年5月出生，中共党员，1977年1月参加工作。1998年12月毕业于中央党校经济管理专业，经济学学士；2004年5月毕业于解放军信息工程大学军队管理学专业，军事学硕士。2012年5月任北京市人口和计划生育委员会副巡视员。

处室职责

一、办公室

负责机关政务和行政工作；负责文电、机要、安全保密、档案和信访接待处理等工作；负责重点工作会议和有关活动的筹备与组织；负责全委基本建设、车辆、房屋、办公设备等固定资产的管理；承担全委后勤保障、行政事务性服务和安全保卫工作；负责服务中央、驻京部队工作和接待工作。

二、政策法规处

负责机关推进依法行政综合工作；起草本市人口和计划生育方面的地方性法规草案、政府规章草案；承担机关行政规范性文件的合法性审核和有关备案工作；协调、指导、监督、检查本市人口和计划生育行政执法工作；承担本市计划生育执法人员资格认证和培训；承担人口和计划生育行政复议、行政赔偿和行政诉讼案件的具体工作；组织行政处罚听证；推动完善计划生育利益导向机制。

三、综合处

负责业务工作综合；负责重要文稿的起草工作，承担《北京市人口和计划生育年鉴》和其他有关刊物编辑工作；负责有关工作信息的汇总、分析和报送；负责人口和计划生育综合改革；负责政府绩效考核；负责市委市政府及有关单位折子工程和实事办理；负责市人大代表政协委员建议提案的办理；负责本委对口支援相关工作；指导市属局总公司人口和计划生育工作。

四、规划协调处

负责拟订本市人口中长期发展战略和规划草案，提出统筹解决人口问题的目标和任务，并督促实施；推进人口评估体系建设，开展目标管理考评；研究人口发展重大问题，提出人口与经济、社会、资源、环境协调可持续发展以及促进人口有序流动、合理分布的政策建议；负责人口政策统筹以及人口和计划生育工作的综合协调、综合治理，协调推动有关部门、群众团体履行人口和计划生育相关职责，促进人口和计划生育方针政策在教育、卫生、文化、就业和社会保障等工作中的衔接配合；协调出生人口性别比治理工作；协助开展幸福家庭创建工作；协调落实人口老龄化相关工作；承担市人口和计划生育领导小组办公室日常工作。

五、信息处

负责本市人口和计划生育的信息综合和计划生育统计工作，分析人口发展动态，提出发布人口和计划生育安全预警预报的建议；负责政务公开（政府信息公开）有关工作；负责北京市全员人口统筹管理信息系统建设，参与北京市人口基础信息数据库建设；负责人口和计划生育系统信息化建设和管理工作；承担市人口计生委外网网站的建设和管理工作。

六、流动人口服务管理处

拟订本市流动人口计划生育服务管理办法和政策措施；制定流动人口计划生育服务管理工作制度，提出加强流动人口服务管理和权益保护的政策建议；制定流动人口计划生育服务管理工作规划；与有关部门协调建立并完善流动人口计划生育综合治理的服务管理机制；与相关省市协调推动流动人口区域“一盘棋”工作；加强流动人口数据库的数据分析与应用，指导区县建立流动人口计划生育信息共享和公共服务机制。

七、宣传教育处

拟订本市人口和计划生育人口文化宣传教育工作规划和年度计划，并组织实施；指导区县落实人口和计划生育宣传教育工作和宣传网络建设；开展对外舆论宣传教育工作；开展人口文化主题宣传教育活动，组织、联系部分新闻单位做好有关人口和计划生育宣传报道，承担新闻发布的组织协调和管理工作；负责推动家庭人口文化建设和生命全周期健康教育工作，协调开展新农村、新家庭人口文化宣传教育。

八、科技服务管理处

拟订本市计划生育技术服务发展规划，并监督实施；组织实施计划生育科学研究，负责公布有关计划生育科学研究、技术服务重要信息；指导避孕节育的技术推广和科学普及；依法承担管理计划生育技术服务工作，监督、管理计划生育药具的发放；推动实施计划生育生殖健康促进计划，协同有关部门降低出生缺陷人口数量，协调开展出生缺陷一级预防工作。

九、财务处

负责统筹安排和调度委员会资金和部门预决算工作，承担机关及所属单位财务管理、政府采购、内部审计和公务用车编制工作，指导和监督中央和市级拨付区县人口和计划生育专项经费管理和使用。

十、人事处（离退休干部处）

拟订本市人口和计划生育系统干部队伍建设规划及教育培训规划，并组织实施；指导人口和计划生育公共服务网络体系建设；负责机关及所属单位机构编制和干部的调配、考核、任免、奖惩、培养、交流、工资福利、辞（退）职、监督、退休审批和档案管理等工作；负责因公出国（境）培训考察，离退休干部服务与管理工作；承办市委组织部交办的干部组织工作。

十一、机关党委（工会）

负责机关及所属单位的党群工作；负责起草党建计划；拟订并协调实施年度工作计划；承办机关党委的组织、宣传、统战、群工工作和机关纪委工作；负责机关党委重要决议的督办工作；协助委党组开好民主生活会；配合干部人事部门对机关行政领导干部进行考核和民主评议；对机关行政干部的任免、调动和奖惩提出意见和建议。

纪检、监察机构按有关规定派驻。

北京市人口和计划生育委员会直属事业单位

【北京市人口和计划生育委员会老干部活动站】北京市人口和计划生育委员会老干部活动站成立于1997年3月，是北京市人口计生委直属正处级全额拨款事业单位，编制3人。主要职责：负责委内离退休干部的服务与管理；加强离退休干部思想政治建设和离退休干部党支部建设；落实对离退休干部的政治待遇和生活待遇等有关规定。

【北京市人口和计划生育委员会信息中心】北京市计划生育委员会中心计算机室，成立于1988年6月1日。2003年12月，中心计算机室更名为北京市人口和计划生育委员会信息中心，是北京市人口计生委直属正处级全额拨款事业单位，编制8人。主要职责：负责推进全市人口和计划生育工作信息化建设，建立、健全全市人口和计划生育信息系统和数据库基本标准、运行规则；协调和管理委员会政务信息网络建设；负责委员会信息安全管理工作，做好政务信息网络的系统维护及技术支持；做好“首都之窗”的运行维护；参与北京市人口基础信息库建设，负责全员人口个案管理信息系统建设和人口信息资源的日常管理。

【北京市人口和计划生育宣传教育中心】北京市计划生育宣传教育中心成立于1990年1月18日，2003年12月更名为北京市人口和计划生育宣传教育中心，是北京市人口计生委直属正处级全额拨款事业单位，编制25人。主要职责：负责区县宣传科（站）的业务指导；负责人口和计划生育宣传品制作、发放；负责人口和计划生育科普知识宣传、专题栏目制作；负责大型人口和计划生育宣传、咨询活动。

【北京市人口和计划生育干部培训中心】北京市计划生育干部培训中心成立于1990年3月20日，2003年12月，更名为北京市人口和计划生育干部培训中心，是北京市人口计生委直属正处级全额拨款事业单位，编制19人。2011年12月调剂12名编制到市计划生育协会。主要职责：负责北京市人口和计划生育系统干部教育、培训及相关业务交流工作。

【北京市计划生育药具管理站】北京市计划生育药具管理站成立于1986年12月，是北京市人口计生委直属正处级全额拨款事业单位，编制12人。主要职责：拟订药具管理规章制度和规范；负责编制全市药具需求计划；负责药具订购、仓储调拨、计划统计、质量监测；负责中央财政下拨的药具专项经费的管理及使用；编制申请市财政的药具工作项目经费年度预算；指导区县药具业务工作，组织实施药具业务培训和药具工作评估；开展免费避孕药具的宣传推广和避孕药具科普知识的宣传。

【北京市连心服务中心】北京市连心服务中心成立于1999年10月，是北京市人口计生委副处级自收自支事业单位，编制12人。主要职责：负责系统内各类培训的后勤服务工作；承担北京市人口计生委所属事业单位的物业管理和后勤服务工作；负责外省市人口和计划生育系统来京人员的接待工作。

【北京市计划生育协会】北京市计划生育协会成立于1982年7月，1991年9月核定全额拨款事业编制8人，挂靠在北京市计生委。2007年3月编制由8人增至9人。2011年4月列入参照《中华人民共和国公务员法》管理范围，12月从市人口和计划生育干部培训中心调剂增加全额拨款事业编制12名。北京市计划生育协会是协助党和政府动员广大群众自觉实行计划生育的全市性非营利群众团体。主要职责：指导区县计划生育协会依据有关法律法规和计生协《章程》开展具有自身特点的工作；开展群众性人口和计划生育的宣传工作，普及有关性与生殖健康、计划生育、避孕节育和预防艾滋病的科学知识；开展人口和计划生育利益导向服务，生育关怀行动和幸福工程工作；反映计生协会会员诉求，维护会员和育龄群众的合法权益；开展国际合作交流和对外宣传工作；开展本市人口计生领域的慈善公益活动。

北京市计划生育协会

会长：赵文芝
常务副会长：刘　志
电话：010－84633512
地址：北京市朝阳区北四环东路93号
邮编：100101

各区县人口和计划生育委员会

东城区人口和计划生育委员会

主任：鲍亚范
党组书记：李建华
副主任：冯巧云　赵玉英
　　　　郭庆琳　安　红
电话：010－84048378
地址：北京市东城区美术馆后街12号
邮编：100010

西城区人口和计划生育委员会

党组书记、主任：彭秀颖
副主任：郭燕葵　窦淑龄　王美玉
　　　　刘承光　李爱香
电话：010－66114957
地址：北京市西城区广安门南街68号
邮编：100054

朝阳区人口和计划生育委员会

党组书记、主任：史素珍
副主任：邢志新　肖志锋
副调研员：崔贵然　王晓岚
电话：010－65094604
地址：北京市朝阳区日坛北街33号
邮编：100020

海淀区人口和计划生育委员会

主任：刘　彦

副主任：曹玉明　张宇光

电话：010－82510615

地址：北京市海淀区长春桥路17号

邮编：100089

丰台区人口和计划生育委员会

党组书记：张　玲（1～5月）

　　　　　李小娟（5～12月）

主任：李小娟

副主任：于艳丽　都　义（3～12月）

电话：010－83812871

地址：北京市丰台区文体路2号

邮编：100071

石景山区人口和计划生育委员会

党组书记、主任：宋　平（1～6月）

　　　　　　　　张　帆（7～12月）

副主任：赵玉兰　杨晓红

电话：010－68878117

地址：北京市石景山区杨庄东路甲65号

邮编：100043

门头沟区人口和计划生育委员会

党组书记、主任：王培兰（1～11月）

　　　　　　　　谢春雪（12月）

副主任：齐桂平　王　辉

副调研员：宋有玲

电话：010－69844839

地址：北京市门头沟区新桥南大街46号

邮编：102300

房山区人口和计划生育委员会

主任：高海军

党组书记：程美生

副主任：刘玉霞　李书会

　　　　邱珍国　郑红蕾

纪检组长：石向红

电话：010－69384680

邮编：102488

地址：北京市房山区拱辰街道长虹东路4号

通州区人口和计划生育委员会

主任：刘美俊

党组书记：张湛军

副主任：金士兰　薛美利　梁　萍

电话：010－81587173

地址：北京市通州区玉桥东小区A1区

邮编：101100

顺义区人口和计划生育委员会

党组书记、主任：秦士友

副主任：张丽君 黄建柏

电话：010－89445425

地址：北京市顺义区顺通路AMB大厦三层309

邮编：101300

昌平区人口和计划生育委员会

主任：石彩红

党组书记：邱少强

副主任：沈茂成　董亚卿

电话：010－69710342

地址：北京市昌平区煤市口胡同2号

邮编：102200

大兴区人口和计划生育委员会

主任：甘连义

党组书记：陈照立

纪检组长：王秀兰

调研员：任会永

副主任：白剑波　郭　巍　王志敏

副调研员：洪福源

电话：010－69244788

地址：北京市大兴区黄村西大街80号

邮编：102600

平谷区人口和计划生育委员会

党组书记、主任：陈月莲

副主任：张玉国　雷卫东　孔祥增

纪检组长：张满仓

副调研员：秦久平

电话：010－69961337
邮编：101200
地址：北京市平谷区新开西街4号

怀柔区人口和计划生育委员会

主任：杨振富
党组书记：王宗岭
副主任：王月军　张俊峰
电话：010－69641455
地址：北京市怀柔区兴怀大街16号
邮编：101400

密云县人口和计划生育委员会

党组书记、主任：张艳生
副主任：李长旺
党组副书记：朱亚芬
副主任：郑艳菊
电话：010－69043413
地址：北京市密云县新西路60号院2号
邮编：101500

延庆县人口和计划生育委员会

主任：蒋秀芝
党组书记：林永生
调研员：张月英
副主任：焦付军
驻委纪检组长：吴名玫
电话：010－69101529
地址：北京市延庆县东外大街98号
邮编：102100

各区县计划生育协会

东城区计划生育协会

会长：颜华
常务副会长：李评修
电话：010－84043598
地址：北京市东城区美术馆后街12号
邮编：100010

西城区计划生育协会

会长：梁昌新
常务副会长：彭秀颖
电话：010－83976063
地址：北京市西城区广安门南街 68 号 1 号楼
邮编：100054

朝阳区计划生育协会

会长：张春秀
常务副会长：史素珍
电话：010－67302389
地址：北京市朝阳区平乐园小区 115 号楼
邮编：100022

海淀区计划生育协会

会长：陈　双
常务副会长：刘　彦
电话：010－62146653
地址：北京市海淀区大钟寺 14 号
邮编：100098

丰台区计划生育协会

会长：李丽萍
常务副会长：张　玲
电话：010－83656363
地址：北京市丰台区文体路 2 号
邮编：100071

石景山区计划生育协会

会长：付生柱
副会长：宋　平
电话：010－68845598
地址：北京市石景山区杨庄东路甲 65 号
邮编：100043

门头沟区计划生育协会

会长：贾文勤
常务副会长：姜淑琴
电话：010－69844797
地址：北京市门头沟区新桥南大街46号
邮编：102300

房山区计划生育协会

会长：马丽英
常务副会长：高海军
电话：010－69384686
地址：北京市房山区拱辰街道长虹东路4号
邮编：102488

大兴区计划生育协会

会长：于鲁明
常务副会长：帅淑敏
电话：010－69259060
地址：北京市大兴区黄村西大街80号
邮编：102600

通州区计划生育协会

会长：李亚兰
常务副会长：刘美俊
电话：010－81592141
地址：北京市通州区运河西大街85号
邮编：101100

顺义区计划生育协会

会长：杨培丽
副会长：秦士友
电话：010－ 89445405
地址：北京市顺义区顺通路AMB大厦三层309
邮编：101300

昌平区计划生育协会

会长：方炎
常务副会长：李春菊
电话：010－80102230
地址：北京市昌平区煤市口胡同2号
邮编：102200

平谷区计划生育协会

会长：刘汉勤
常务副会长：陈月莲
电话：010－69961337
地址：北京市平谷区新开西街4号
邮编：101200

怀柔区计划生育协会

会长：王玉山
常务副会长：杨振富
电话：010－69658775
地址：北京市怀柔区兴怀大街16号
邮编：101400

密云县计划生育协会

会长：王稳东
常务副会长：张艳生
电话：010－69061973
地址：北京市密云县新西路60号院2号
邮编：101500

延庆县计划生育协会

会长：赵志萍
常务副会长：王树勤
电话：010－69144703
地址：北京市延庆县东外大街98号
邮编：102100

十二、附　录

关于印发《西城区计划生育困难家庭救助专项经费管理使用办法（试行）》的通知

（西人口发〔2012〕23号）

各街道计生办：

为规范西城区计划生育困难家庭救助专项经费的管理和使用，提高经费使用效益，提高对计划生育困难家庭救助的制度化、科学化、规范化水平，区人口计生委制定了《西城区计划生育困难家庭救助专项经费管理使用办法（试行）》，现印发给你们，请认真贯彻执行。

西城区人口计生委

二〇一二年八月三十日

西城区计划生育困难家庭救助专项经费管理使用办法（试行）

第一条　为规范西城区计划生育困难家庭救助专项经费的管理和使用，提高经费使用效益，制定本办法。

第二条　西城区计划生育困难家庭救助专项经费（以下简称“救助专项经费”）由西城区人民政府财政拨款，专门用于西城区计划生育困难家庭救助。

第三条　本办法中的“西城区计划生育困难家庭”是指户籍在西城区的计划生育困难家庭和在西城区居住半年以上的流动人口计划生育困难家庭。

第四条　救助专项经费按照专款专用、统一管理、突出重点和公开、公平、公正的原则，科学安排、合理配置使用。

第五条　救助专项经费应当按照规定用途、支出范围和开支标准安排使用。救助专项经费的使用范围包括：

（一）对独生子女死亡、伤残特别扶助家庭中的困难家庭，自女方年满五十周岁起（因丧偶或离婚的单亲家庭，自男方年满五十周岁起），每年给予该家庭2 000元救助金；

（二）对于家庭遭受突发意外灾害或家庭成员受到意外伤害，造成自负损失或自付医疗费用达5万元以上的计划生育家庭，给予5 000 ~ 50 000元的一次性救助；

（三）对于家庭成员罹患重大疾病，医保范围内医保报销后自负金额达5万元以上的计划生育家庭，给予10 000 ~ 100 000元的一次性救助；

（四）对区属困难企业、改制企业、破产企业中，未领取独生子女父母年老时的一次性奖励的独生子女家庭职工，给予每人1 000元一次性扶助；

（五）对积极参与社区志愿工作的困难计划生育家庭、困难社区计生工作者，给予每年1 000 ~ 2 000元救助；

（六）为困难计划生育工作者提供一份家庭安康保险；

（七）为有需求的计划生育困难家庭育龄夫妇，每年提供一次免费生殖健康检查；

（八）为无单位的独生子女死亡、伤残家庭60岁以上的独生子女父母，每年提供一次免费体检；

（九）生产生活存在其他困难的计划生育家庭，视情况予以适当救助。

第六条　各专项救助的救助范围、救助条件、救助形式、救助程序等，按照《西城区计划生育困难家庭救助专项经费管理使用细则》规定执行。

第七条　区人口和计划生育委员会负责救助专项经费的管理和救助申请的审批、区计划生育协会负责救助专项经费的发放。

第八条　救助专项经费实行项目资金管理，专款专用，不得提取管理费或列支其他任何费用。

第九条　救助专项经费的使用，按照区财政项目资金管理的有关规定执行，年度救助专项经费如有结余，及时全额上交区财政局；经费不足部分，区财政局及时追加。

第十条　救助专项经费的使用，严格执行财经纪律，接受财政、审计、纪检等部门的检查与监督。

第十一条　救助专项经费全部用于西城区计划生育困难家庭救助，任何单位和个人不得截留、挤占、挪用。对违反本办法规定使用的单位和个人，依照有关法律法规规定严肃处理。

第十二条　本办法由区人口和计划生育委员会负责解释。

第十三条　本办法自二〇一二年十月一日起施行。有效期为三年。

附件（略）

关于建立石景山区人口信息联席会议制度的通知

（石人口领发〔2012〕2号）

区人口与计划生育领导小组各成员单位：

为推进全区人口信息化建设，进一步完善实有人口基础信息库，加强人口信息的综合利用，实现部门间信息互通和共享，按照人口与计划生育领导小组成员单位的职责分工，结合工作实际，建立石景山区人口信息联席会议制度（以下简称“联席会议”）。现将有关事项通知如下：

一、组成设置

联席会议由人口计生委、统计局、经信委、住建委、教委、科委园区、流管办、社会办、公安分局、卫生局、民政局、人力社保局、国土分局等单位组成。根据会议内容，可临时确定人口与计划生育领导小组其他成员单位参加。

联席会议成立以人口计生委主任为组长，统计局、经信委主管领导为副组长，其他成员单位主管领导为成员、相关科室负责人为联络员的工作小组，负责该项工作的组织协调和落实。工作小组在区人口计生委设立办公室，承担联席会议的日常工作。

二、主要职责

（一）强化部门间的沟通协作和信息共享，建立健全人口信息的收集、整理、更新和通报机制。

（二）加强人口信息的深层次开发和利用，推进实有人口基础信息库建设。

（三）实现人口信息的定期综合与分析，及时通报工作情况，发挥人口信息的基础性作用。

（四）总结人口信息工作经验，研究解决新情况和新问题，确保人口信息的准确性。

三、工作规则

（一）联席会议每季度召开一次，也可根据工作需要不定期召开。

（二）根据工作计划召开专题会议，部署工作任务，解决具体问题。

（三）根据工作进展情况，及时收集有关信息，向区政府及各成员单位反馈信息。

（四）各成员单位在各自的职责范围内开展工作，对涉及的有关重大问题，由联席会议研究解决。

四、职责分工

人口计生委：负责人口信息的综合协调和人口数据的汇总分析。

统计局：负责提供人口普查、经济普查、抽样调查中的相关人口数据；与人口计生委共同编制《人口统计分析》。

经信委：负责人口基础信息库的数据更新、运行保障和开发应用。

住建委：负责提供各类住房建设数据。

教委：负责提供学校、教师、学生及教育指标体系等相关数据。

科委园区：负责提供园区企业、人才等相关数据。

流管办：负责提供流动人口基础信息；掌握拆迁地区流动人口数据及流向。

社会办：负责提供人口与社会建设相关数据。

公安分局：负责提供户籍人口和暂住人口基础信息。

卫生局：负责提供医疗卫生机构的基本情况及出生、死亡、避孕节育、人口健康指标等相关数据。

民政局：负责提供低保、婚姻、优抚和老龄等民政综合数据。

人力社保局：负责提供人事、就业、社会保险等社会保障基础数据。

国土分局：负责提供人口与国土资源相关数据。

五、工作要求

各成员单位按照职责分工，积极参加联席会议，认真落实工作任务，及时准确提供人口信息，做到相互支持和配合，形成工作合力，充分发挥联席会议的作用。

二〇一二年二月二十日

关于印发《石景山区2012年统筹解决人口问题职责分解》的通知

（石人口领发〔2012〕1号）

区人口与计划生育领导小组各成员单位：

经区人口与计划生育领导小组研究决定，现将《石景山区2012年统筹解决人口问题职责分解》印发给你们，请结合实际，认真贯彻落实。

二〇一二年二月二十日

石景山区2012年统筹解决人口问题职责分解

为加强和改进人口服务管理，促进人口与经济、社会、资源、环境的协调和可持续发展，按照人口与计划生育领导小组成员单位的工作职能，结合我区实际，现将石景山区2012年统筹解决人口问题职责分解如下：

一、加强实有人口服务管理

1. 将人口发展纳入全区经济社会发展总体规划，完善人口服务管理体制，健全人口发展协调机制，形成齐抓共管的人口服务管理工作格局。

主要责任单位：**人口计生委、发改委**、区委办、政府办、组织部、宣传部、经信委、住建委、流管办、公安分局、人力社保局等有关单位。

2. 加强房地产业调控，优化住宅建设规模和结构，以着力解决本市人口和拆迁居民的住房需求为主，调控一般性房地产开发建设。

主要责任单位：**住建委、规划分局**、国土分局、发改委、市政市容委等有关单位。

3. 加大市场清理整顿力度，严格市场合法性审查，提高产业准入门槛，减少低端就业岗位对人口的过度需求。

主要责任单位：**工商分局、发改委**、市政市容委、科委园区、商务委、集体经济办、公安分局等有关单位。

4. 实施更加积极的就业政策，加强对就业岗位及劳动力就业情况的宏观调控，促进本地劳动力充分就业。

主要责任单位：**人力社保局**、发改委、经信委、商务委、教委、社会办、集体经济办、财政局、民政局、统计局等有关单位。

5. 规范出租房屋管理，整顿房屋出租市场秩序，开展地下空间清理和“群租房”整治工作，探索集中管理居民出租房屋的新模式。

主要责任单位：**住建委、流管办**、市政市容委、综治办、社会办、公安分局、工商分局、民防局等有关单位。

6. 加强规划引导和实施管理，促进人口发展与城市功能完善相协调，提升城市承载能力。

主要责任单位：**市政市容委**、发改委、住建委、经信委、国土分局、规划分局等有关单位。

7. 深化“以业控人、以房管人、以证管人”模式，突出我区“以站管人”特色，做好实行居住证的相关工作，提高流动人口服务管理的精细化水平。

主要责任单位：**流管办、发改委、公安分局、住建委**、市政市容委、商务委、经信委、人口计生委、社会办、集体经济办、综治办、人力社保局、工商分局、民防局等有关单位。

8. 加强楼宇、出租楼房地下室、市场、社区流动人口服务管理，维护流动人口合法权益，实现流动人口管理常态化、公共服务均等化。

主要责任单位：**流管办、人口计生委**、社会办、教委、住建委、市政市容委、法制办、信访办、综治办、人力社保局、卫生局、民政局、监察局、司法局、法院等有关单位。

9. 完善稳定适度低生育水平的长效机制，控制人口自然增长。

主要责任单位：**人口计生委**、社会办、宣传部、教委、文委、法制办、文明办、集体经济办、卫生局、司法局、监察局、法院、区委党校、总工会、团区委、妇联、科协、广电中心、石景山医院等有关单位。

二、优化人口结构

10. 优化产业结构，发展高端产业，加快实现由劳动密集型产业向资金密集型和技术密集型产业转变，促进人口结构优化。

主要责任单位：**发改委**、经信委、科委园区、商务委、人力社保局等有关单位。

11. 优化人才发展环境，实施“引育聚”工程，建立符合我区实际的人才保障体系，为高端企业入住和高层次人才就业提供支撑。

主要责任单位：**组织部、人力社保局**、住建委、科委园区、教委、商务委、公安分局、国土分局、规划分局、卫生局、民政局、财政局等有关单位。

12. 创新养老模式，强化养老服务，完善以家庭为主导、社区为依托、机构为支撑的养老服务体系，积极应对人口老龄化。

主要责任单位：**民政局**、人口计生委、社会办、发改委、人力社保局、财政局、卫生局等有关单位。

13. 创新培训模式，加强技能培训，提高劳动力人口的职业技能。

主要责任单位：**人力社保局**、科委园区、教委、文委、商务委、集体经济办等有关单位。

三、提高人口素质

14. 优化教育资源配置，全面推行全民教育和素质教育，提高人口文化素质。

主要责任单位：**教委**、发改委、人口计生委、财政局等有关单位。

15. 全面推进优生工程，建立健全出生缺陷监测评估体系，努力提高出生人口质量。

主要责任单位：**卫生局、人口计生委**、宣传部、民政局、药监分局、广电中心、石景山医院等有关单位。

16. 大力开展健康促进工程，完善卫生服务体系，加强疾病预防控制，提高人口健康素质。

主要责任单位：**卫生局**、宣传部、人口计生委、药监分局、广电中心、石景山医院、财政局等有关单位。

17. 加强青少年健康人格教育，积极引导青少年树立正确的价值观，促进青少年健康成长。

主要责任单位：**团区委**、教委、宣传部、广电中心、人口计生委等有关单位。

四、加强人口战略研究

18. 健全人口战略研究长效机制，加强重大人口问题研究，破解人口发展难题，为区域经济社会发展服务。

主要责任单位：**人口计生委、统计局、区委研究室**、发改委、住建委、科委园区、教委、经信委、流管办、公安分局、卫生局、民政局、人力社保局、国土分局、区委党校、团区委、妇联等有关单位。

19. 建立人口信息联席会议制度，实现部门间信息互通和资源共享，定期发布人口统计分析，发挥人口信息的基础性作用。

主要责任单位：**人口计生委、统计局**、经信委、住建委、科委园区、教委、流管办、社会办、公安分局、卫生局、民政局、人力社保局、国土分局等有关单位。

20. 加强区实有人口基础信息库建设和推广应用，完善人口信息应用管理体系，建立人口电子地图，研发地理信息辅助决策系统。

主要责任单位：**经信委、人口计生委**、统计局、住建委、科委园区、教委、流管办、社会办、公安分局、卫生局、民政局、人力社保局等有关单位。

21. 创新宣传模式，建立“大人口”宣传合作长效机制，营造全社会关注人口与经济社会资源环境协调和可持续发展的社会氛围。

主要责任单位：**宣传部、人口计生委**、文委、教委、经信委、文明办、法制办、社会办、区委党校、总工会、广电中心、团区委、妇联、科协等有关单位。

注：加重加黑字单位为牵头单位。

顺义区人口和计划生育委员会关于为工作突出且无固定经济来源的离任村级计生专干发放补贴的补充通知

（顺人口发〔2012〕16号）

顺义区人口计生委2007年10月8日下发了《顺义区人口和计划生育委员会关于为工作突出且无固定经济来源的离任村级计生专干发放补贴的通知》（顺人口发〔2007〕16号），5年来随着政策的出台和落实，促进了干部队伍的稳定和人口计生事业的健康可持续发展。随着社会的发展和生活水平的提高，经顺义区人口计生委党组研究决定，在原有基础上提高村专干补助标准，现就有关问题补充通知如下：

一、补贴条件及标准

1. 年满50周岁，曾在本村担任计生专干连续满20年以上，任期内本村连续10年无违法生育二孩或多孩，离任后每人每月补助300元。

2. 年满50周岁，曾在本村担任计生专干连续满20年以上，任期内本村连续5年无违法生育二孩或多孩，离任后每人每月补助200元。

3. 离任村级计生专干的补贴资金由区、镇两级各负担50%。

二、补贴范围

1. 村级计生专干离任后，不再担任本村其他职务且无任何固定经济来源。

2. 一村有多名离任计生专干，只补助负主要责任的一名计生专干。

3. 村级计生专干农转非，有固定养老保障金的，不再发放补贴。

各镇要高度重视，认真落实补充通知

的有关精神，积极做好调查摸底工作，严格把关，稳妥做好离任村级计生专干生活补贴发放工作。

二〇一二年九月十八日

北京市大兴区人民政府关于印发独生子女伤残死亡家庭特别扶助办法（试行）的通知

（京兴政发〔2012〕32号）

各镇人民政府，区政府各委、办、局（公司）、中心，各街道办事处：

《大兴区关于独生子女伤残死亡家庭特别扶助办法（试行）》已经2012年8月8日区政府第7次常务会议讨论通过，现印发给你们，请认真贯彻落实。

北京市大兴区人民政府

2012年12月13日

关于独生子女伤残死亡家庭特别扶助办法（试行）

第一条　为进一步减轻独生子女家庭由于子女伤残、死亡带来的生活困难和精神痛苦，体现政府对独生子女家庭的关怀，依据《北京市人口与计划生育条例》（2003年7月18日北京市第十二届人民代表大会常务委员会第五次会议通过）和北京市独生子女伤残死亡家庭特别扶助制度、《北京市独生子女伤残家庭特别扶助制度实施方案》、《北京市独生子女家庭特别扶助制度实施方案》，结合我区实际，制定本办法。

第二条　独生子女伤残经审核批准的，对其父母发放每人每月350元的特别扶助金，直至亡故或子女康复为止。独生子女伤残的，其父母应同时符合以下条件：

（1）本人具有大兴区户籍；

（2）合法生育（或收养）一个子女或合法生育（或收养）两个子女现存活一个；

（3）已领取了《独生子女父母光荣证》；

（4）现存活独生子女为三级以上残疾（含三级），且持有第二代《残疾人证》。

第三条　独生子女死亡的，在其死亡之后的次月开始，给予其父母每人每月350元的特别扶助金，直至亡故或再生育子女为止。独生子女死亡的，其父母应同时符合以下条件：

（1）本人具有大兴区户籍；

（2）只生育一个子女或合法收养一个子女；

（3）已领取了《独生子女父母光荣

证》；

（4）现无存活子女。

第四条　伤残、死亡的独生子女家庭特别扶助对象资格确认工作程序：

（1）本人提出申请；

（2）村（居）民委员会进行评议；

（3）街道办事处、镇人民政府审核；

（4）区人口和计划生育委员会审批；

（5）区监察、审计部门负责监察审计。

第五条　对已经领取《独生子女父母光荣证》的独生子女死亡的家庭，区、镇（街）两级政府在独生子女发生意外死亡之后的第一时间前往安抚与慰问，并给予3万元的一次性抚慰金。

第六条　对享受本《办法》特别扶助的对象，在一方死亡后的次月开始，另一方享受每月700元的特别扶助金待遇，直至亡故为止。

第七条　死亡的独生子女家庭扶助对象再生育或合法收养一个子女的，给予5万元的一次性再生育（收养）补偿金，同时停止发放特别扶助金。

第八条　区人口计生委负责组织对享受伤残、死亡家庭特别扶助对象的年审、摸底和动态管理工作。独生子女伤残、死亡家庭特别扶助对象的情况发生变化的，由村（居）民委员会及时上报至区人口计生委。

独生子女伤残、死亡特别扶助工作涉及的其他问题，参照《北京市独生子女伤残死亡家庭特别扶助制度》执行。

第九条　区人口计生委从人文关怀的角度、利用各种形式，对独生子女伤残和死亡家庭进行“精神救助”，帮助他们走出心理阴影、重振生活信心。

第十条　为保证伤残和死亡独生子女父母的养老质量，符合特别扶助条件的，在其达到退休年龄后，给予每人每月200元的养老补助。

第十一条　凡符合特别扶助条件的独生子女伤残、死亡家庭的父母，年满60周岁后，按照自愿的原则，优先免费进入民政部门指定的养老机构。

第十二条　死亡的独生子女父母抚慰金、伤残死亡独生子女父母的特别扶助金、养老补助金、再生育（收养）补偿金以及进入养老机构的费用，由区财政安排专项资金并纳入财政预算。

第十三条　本办法遇有国家、北京市相关政策调整或出台新的政策规定时，其中所涉及的有关内容或标准再予以补充或修订。

第十四条　各镇，各街道参照本办法，结合实际，依据属地化管理的原则，制定独生子女伤残、死亡家庭扶助帮扶制度。扶助帮扶制度须经区人口计生委审定后实施。

第一，各镇，各街道为独生子女伤残死亡家庭人员创造条件和提供机会，优先安排有劳动能力的人员就业，支持和鼓励独生子女伤残、死亡家庭就业自助。

第二，各镇，各街道根据实际情况，

对未享受特别扶助的独生子女特殊困难家庭，制定具体措施进行扶助。

第三，各镇在制定其他利益导向和补偿等方面的政策、制度时，要充分考虑独生子女家庭的实际利益，确保伤残、死亡的独生子女家庭的年经济收入不低于本镇的平均收入水平。

第十五条　独生子女伤残死亡家庭享受的各项特别扶助待遇不得与其他政策相抵消。

第十六条　本办法由区人口计生委负责解释。

第十七条　本办法自2013年1月1日起试行。

大兴区人口和计划生育委员会　大兴区计划生育协会 关于开展计划生育家庭意外伤害 保险工作的实施意见

京兴人口发〔2012〕2号

根据中国计划生育协会《关于开展计划生育家庭意外伤害保险的通知》（国计生协〔2008〕37号）和《关于计划生育家庭意外伤害保险的通知》（国计生协办〔2008〕43号）要求，自2012年起，将在全区普遍开展计划生育家庭意外伤害保险工作。为使此项工作顺利实施，特制定本实施意见。

一、开展计划生育家庭意外伤害保险的目的

计划生育家庭意外伤害保险作为生育关怀行动的一项具体措施，关怀积极响应政府号召自觉实行计划生育的家庭，增加他们应对意外伤害的能力，体现利益导向机制，促进低生育水平的稳定，积极推动构建社会主义和谐社会。

二、参保范围及对象

参保范围指全区常住人口计划生育家庭（含居住在大兴区半年以上的流动人口计划生育家庭）。

上述范围内凡符合计划生育政策的家庭，其夫妇及子女年龄在65周岁以下及1周岁以上者，均可作为被保险人参加本保险。

三、保险费及保险金额

保险费为每年每个家庭30元/份，保险金额为51 000元/份。其中意外身故或残疾保障额度45 000元（每个计划生育家庭成员人均分摊此保险金额），每个计划生育家庭的意外伤害医疗保险金额为6 000元（每次事故扣除100元免赔款，80%比例赔付，且家庭成员人均分摊此保险金额）。

四、保费筹集

独生子女低保家庭、独生子女奖励扶助家庭、独生子女伤残扶助家庭、独生子女特殊扶助家庭及区、镇、街道、村、居计划生育专职干部家庭意外伤害保险费用由区级人口计生委经费中列支。

农村计划生育家庭意外伤害保险费用，每份保险费30元，资金来源根据各镇、街实际，采取集体支付或由集体和家庭共同承担或全部由家庭自行支付；也可鼓励驻区单位、企业积极捐助，用于开展计划生育家庭意外伤害保险。

城市非低保户计划生育家庭和居住半年以上的流动人口计划生育家庭意外伤害保险费用，由家庭自行支付。

五、资金管理

在中国人寿保险大兴支公司设立计划生育家庭意外伤害保险专户，对财政支付的保险费和个人缴纳的保险费都要实行专户管理。对独生子女家庭意外伤害保险的投保、理赔及资金管理、运行，实行分账管理、独立核算。

六、业务工作流程

（一）承保流程

1. 符合投保资格的计划生育家庭提出申请并填写保险申请表。

2. 资格审核。

（1）计划生育家庭资格审核条件：

计划生育家庭：符合计划生育政策的夫妇双方及其子女构成的家庭（小家庭或核心家庭）。其中，女方为投保人，男方及其子女作为连带被保险人。

农村计划生育家庭：夫妇双方或其中一方，并且其子女也为大兴区农业户籍的计划生育家庭。

独生子女低保家庭：夫妇双方或其中一方，并且其子女具有大兴区户籍并持有大兴区签章的居民最低生活保障证书的计划生育家庭。

独生子女特殊家庭：夫妇双方或一方具有大兴户籍，只生育或收养一个子女并且已夭折的计划生育空巢家庭。

流动人口计划生育家庭：夫妇双方或其中一方居住在大兴区半年以上的符合北京市计划生育政策的计划生育家庭。

（2）资格审核程序：

村、居委会初审后上报镇、街道；

镇、街道审批确认投保家庭资格，并上报区计生协备案；

区计生协定期对投保家庭资格进行抽查和审核。

（3）投保家庭提交材料：

投保人及家庭成员的《身份证》原件、《户口本》原件、《结婚证》、《独生子女父母光荣证》及相关证明材料一并交初审单位。流动人口家庭还需提供有效的流动人口婚育证明及相关证明材料（所有原件经工作人员核对无误后退还本人）。

3. 交纳保费。

（1）区人口计生委经费支付的投保家庭数量及金额，经人口计生委审批后统一将保费拨付到保险公司，保险公司办理手续，发放保单，区计生协备案。

（2）集体或个人支付的投保家庭保费由保险公司代办人员直接到镇、街道或村、居委会统一收缴；代办人员代收保费后开具发票、发放保单。镇、街道将投保情况上报区计生协备案。

4. 保险公司进行承保业务管理服务工作。

（二）理赔流程

根据中国计划生育协会、中国人寿保险公司制定的《理赔流程》，由本人提出申请，镇、街道、村、居各级计生协给予协助，保险公司代办人员直接负责办理出险家庭的理赔业务；镇、街道按季将理赔业务情况上报区计生协备案，保险公司向区计生协按季回馈理赔业务情况，区计生协负责统计核对。

七、实施步骤

第一阶段（2012 年 1 ~2 月）：制定实施意见。根据国家、北京市关于开展计划生育家庭意外伤害保险的有关精神，研究制定本区开展计划生育家庭意外伤害保险工作的实施意见。

第二阶段（3 ~4 月）：组织发动和宣传培训。举办计划生育家庭意外伤害保险启动仪式，与保险公司签订合作方案。同时利用电视、广播、网络等新闻媒体宣传开展本保险的意义，做到家喻户晓；召开全区宣传培训会议，对此项工作进行动员和具体部署，并开展政策和业务培训工作。

第三阶段（5 ~6 月）：投保家庭资格确认、信息建档。严格按照投保条件和确认办法以及规定程序做好申报、审核、汇总工作。建立大兴区计划生育家庭意外伤害保险投保家庭信息管理系统。

第四阶段（7 月）：投保阶段。做好财政和个人支付保费工作，办理投保相关手续。

八、实施要求

（一）广泛宣传倡导。开展计划生育家庭意外伤害保险工作，是完善计划生育利益导向政策体系的新内容，是新型农村合作医疗保险、城镇居民医疗保险的有益补充，各级各有关部门要充分认识开展本保险的意义，加强领导，广泛宣传，增强保险意识，引导广大计划生育家庭积极自愿参加。

（二）加强组织领导。组织开展计划生育家庭意外伤害保险是一项政策性强、工作量大、直接涉及家庭及个人利益的工作。各镇、街按照各自职能分工，加强协调配合，创造性地开展工作，共同推动此项工作顺利进行。各镇、街道要做好计生家庭办理意外伤害保险的宣传培训、组织发动及相关工作。

（三）严格监督管理。区人口计生委、计生协发现问题，及时解决，适时对成绩突出的单位和个人进行表彰奖励。保险公司要及时落实保险责任，为参保家庭提供优质服务。

大兴区人口和计划生育委员会

二〇一二年三月六日

房山区人口和计划生育委员会关于全面推进诚信计生工作实施方案

（房人口发〔2012〕13号）

为全面贯彻落实国家、市人口计生委《关于全面推进诚信计生工作的通知》精神，深化人口计生综合改革，创新管理服务机制，切实维护广大计划生育家庭的合法权益，现就我区开展诚信计生工作，制定本实施方案。

一、开展诚信计生工作的重要意义

诚信计生工作是把诚信体系建设与人口计生工作结合起来，把行政管理和基层群众自治结合起来，紧紧围绕“更加注重利益引导，更加注重服务关怀，更加注重宣传倡导”，充分相信和依靠群众，以诚信承诺为基础，坚持政府率先讲诚信。

开展诚信计生工作，是新时期转变人口计生工作思路和机制，突破工作难点的有效途径；是实现群众自我管理、自我服务、自我教育和自我监督，发展基层民主的重要载体，有利于夯实群众基础，改善政风民风，促进社会和谐。它既是计划生育“三为主”工作的深化，又是计划生育优质服务的升华，更是阳光计生行动的拓展。要充分认识全面推进诚信计生工作的必要性和紧迫性，充分估计建立诚信计生服务管理机制可能遇到的困难和阻力，从实际出发，扎扎实实地推进诚信计生工作。

二、诚信计生工作的指导思想、目标任务和基本要求

（一）指导思想

以科学发展观为指导，以自觉实行计划生育的群众和家庭为中心，改革创新基层服务管理机制，强化诚信意识、服务意识和依法行政意识，扩大群众参与，增强社会自治功能，实现行政管理与基层群众自治的有效衔接和良性互动，切实维护广大群众的合法权益，促进低生育水平稳定，提升人口和计划生育工作整体水平。

（二）目标任务

到2012年8月15日，全区所有村（社区）基本实现诚信计生。要达到“四有”（有诚信计生小组、有村规民约、有诚信计生协议、有诚信计生规章制度）。通过开展诚信计生，实现“四个强化、四个提高”，即强化人口计生法律法规落实，提高符合政策生育率；强化奖励优惠政策落实，提高群众满意程度；强化民主监督，提高依法行政水平；强化村级组织作用，提高群众自治能力。

（三）基本要求

1. 坚持以人为本，广泛发动群众参与。深入了解群众的计划生育生殖健康需求，

广泛征求意见建议，帮助群众解决实际困难和问题。以各乡镇（街道）为牵引，在充分自愿、相互信任的基础上，采取组建诚信计生自治小组，签订诚信计生协议的形式，明确政府部门和村（社区）的职责及服务保障承诺，同时也明确签约群众的权利义务。动员群众主动参与诚信计生工作，宣传计划生育政策，保证基层群众及时了解人口与计划生育相关政策，自觉维护自身权利。

2. 坚持依法行政，切实维护群众合法权益。推进诚信计生工作首先是政府工作人员要讲诚信，关键是依法行政。各级人口计生部门要把依法行政作为全面推进诚信计生工作的首要任务，全面履行法定职责，加强对行政权力制约，增强管理服务透明度，大力推动以人口计生政策及其执行情况为重点的政务公开、村（社区）务公开，立信于民，方便群众办事，自觉接受群众监督。

3. 坚持统筹协调，突出重点亮点工作。要加强对新形势下人口计生工作重点、难点问题的研究，创新思路，整合资源，部门联动，综合治理，推动问题的统筹解决。要围绕群众反映突出的热点、难点问题，分阶段地确定工作目标和重点，积极稳妥推进。各乡镇（街道）要利用辖区资源，结合地区实际，把诚信计生工作与乡镇（街道）上报的特色工作、创新工作、年度重点工作相统一、相融合，全力抓好落实。

4. 坚持政策引导，增强诚信计生吸引力。要全面落实国家、市、区已出台的各项利益导向政策；推动建立诚信计生奖励制度，对自觉实行计划生育并采取长效措施的群众给予一次性或定期奖励；协调推动部门资源整合，研究制定有利于持续推进诚信计生工作的利益引导措施以及便民利民的具体措施；着力指导村（社区）在组织分配集体资产及收益、征地补偿款等关系计划生育家庭切身利益时，向独生子女户倾斜，充分调动群众参与诚信计生工作的积极性。

三、开展诚信计生工作的基本模式

诚信计生实行的是政府诚信、群众守信、村（居）民互信的“双向承诺、充分自愿、依法自治”的工作模式。

双向承诺：村、社区向已婚育龄妇女承诺依法兑现实行计划生育的相关权利。已婚育龄妇女承诺自愿按政策生育，按照知情选择要求落实避孕节育措施，不违反诚信协议。

充分自愿：已婚育龄妇女在互相信任的前提下，自愿组成诚信计生小组，民主选举产生诚信小组长，小组成员协商、签订《诚信计生协议书》，形成自我管理、自我教育、自我服务、自我监督的运行机制。

依法自治：在法律法规规定的范围内，诚信计生小组每个成员自觉履行《协议书》中规定的义务，参加诚信计生小组并守约的计划生育家庭优先享受有关奖励优惠政策及《协议书》中乡镇（街道）和村（社区）承诺的激励措施。

四、开展诚信计生工作的实施步骤

（一）6月10～20日，区人口计生委结合实际制定全面推进诚信计生工作实施方案，成立诚信计生工作领导小组，宣传诚信计生工作的目的和意义，发动各乡镇（街道）全面部署诚信计生工作。

（二）6月21日～7月5日，各乡镇（街道）指导村（社区）召开村（居）民会议或村（居）民代表会议，组织讨论制定《协议书》；组织育龄妇女通过选举，自愿组合成立诚信计生小组，民主选举诚信计生小组长。

（三）7月6～25日，各乡镇（街道）或村（社区）与诚信计生小组长及计生诚信小组全体成员共同签订《协议书》，明确乡镇（街道）及村（社区）和村（居）民的职责、权利、义务，使《协议书》成为共同遵守的行为规范；村（社区）健全《村（社区）务公开制度》、《民主监督制度》、《奖励惩罚制度》、《组织保障制度》等相关制度，监督政府是否履行承诺，监督群众是否履行《协议书》约定的承诺事项。

（四）7月26日～8月15日，各乡镇（街道）及村（社区）总结诚信计生工作开展情况，建立诚信计生档案，做到一组一卷、一户一档。

（五）8月16～31日，区诚信计生工作领导小组组织人员对各乡镇（街道）和村（社区）诚信计生工作开展情况进行评估验收。

（六）9月上旬，迎接市人口计生委达标验收。

（七）11～12月份，迎接国家人口计生委抽查。

五、开展诚信计生工作的具体要求

开展诚信计生工作，实现诚信计生，是今年一项重点任务，时间紧、任务重、要求高，各乡镇（街道）及村（社区）必须高度重视，强力推进。要将诚信计生工作贯穿到日常工作的各个环节，围绕年度目标任务开展诚信计生工作。切忌将诚信计生工作与计生经常性工作割离开来，在实现诚信计生与年度目标任务的最大结合上下功夫，创造性开展工作。

（一）加强领导，提高认识。积极稳妥地推进诚信计生工作的全面开展，落实工作责任制，层层抓好落实，防止走过场，确保诚信计生工作取得实效。为加强对诚信计生工作的领导，顺利推进诚信计生工作，如期实现诚信计生目标，各乡镇（街道）要成立诚信计生工作领导小组，要把诚信计生工作纳入重点工作范围，加强领导，结合实际科学制定措施，明确职责分工，分解目标任务，责任落实到人，确保诚信计生工作扎实稳步开展。

（二）强化宣传，营造氛围。采取多形式、多渠道，有针对性地开展宣传活动，大力宣传开展诚信计生工作的目的、意义和相关奖励扶助、优惠优先政策，使之家喻户晓，切实提高群众对诚信计生的知晓率，引导群众积极参加诚信计生活动。

（三）强化措施，创新思路。要依托计划生育协会组织，开展诚信计生工作。要把诚信计生与开展计划生育村（居）民自治结合起来，大力发挥村、社区计划生育协会的作用，促进诚信计生工作目标任务的如期实现。

（四）加强督查，组织评估。为顺利通过国家、市级的评估和验收，区人口计生委将采取调研与指导、检查与督促、考核与评估相结合的办法，定期对活动开展情况进行督促检查，及时发现并研究解决基层在开展诚信计生工作中遇到的困难和问题，确保诚信计生工作各项任务落到实处。2012 年将诚信计生工作纳入年度目标管理责任制，作为年终目标管理责任制考核内容之一。

附件（略）

二〇一二年六月十八日

平谷区人口和计划生育委员会、平谷区教育委员会、平谷区卫生局关于推进平谷区 0～3 岁儿童早期发展工作的实施意见（试行）

（平政计生发〔2012〕2 号）

为全面贯彻落实国家七部委《全国家庭教育指导大纲》精神，推进平谷区委《关于加强社会建设、创新社会管理、建设幸福平谷》以及平谷区人口计生委《平谷区幸福家庭发展计划——爱我宝贝行动》的顺利开展，大力推进 0～3 岁婴幼儿早期发展工作，加强对 0～3 岁婴幼儿早期潜能开发，全面提高家长和看护人员科学育儿水平，从而提高全区 0～3 岁婴幼儿早期发展整体水平。现就全区推进 0～3 岁婴幼儿早期发展工作提出如下意见：

一、指导思想

为深入贯彻科学发展观，构建和谐社会，建设幸福平谷，以“政府推动、部门联动、社会参与”等形式，整合各种资源优势，努力发挥儿童早期发展的社会教育功能，构建家庭、社区、早教机构三位一体的优质的 0～3 岁婴幼儿教育体系，努力为 0～3 岁婴幼儿及其家长看护人员提供有效的专业指导和服务，切实提高家长及看护人科学育儿水平，完善儿童早期发展公共服务体系，促进家庭幸福、社会和谐。

二、发展目标

（一）总体目标

到“十二五”末，全区基本建立起以镇（乡）街道办事处为依托、以优质早教机构为骨干、社会广泛参与的儿童早期发展服务网络，逐步形成“政府主导，媒体引导，专家指导，部门协作，家庭参与”五大要素综合运作为核心的工作机制，全面提高家长及看护人员的科学育儿水平。争取到 2015 年全区 0 ~ 3 岁婴幼儿接受早期教育的比例达到 80% 以上，指导 0 ~ 3 岁婴幼儿家长科学育儿率达 95%，逐步建立 0 ~ 6 岁一体化学前教育体系。

（二）阶段目标

2012 年为典型示范阶段。30% 的镇（乡）街道依托辖区内的中心幼儿园建立规范的 0 ~ 3 岁婴幼儿早期发展活动中心（或亲子活动室）；定期开展 0 ~ 3 岁婴幼儿家长及看护人早期发展知识培训课堂、亲子活动课；利用幸福泉《儿童成长发育测评》系统对 0 ~ 3 岁婴幼儿进行五项发展能力测评和指导等活动。0 ~ 3 岁婴幼儿入园受教育率 30% 以上，指导家长科学育儿率不低于 60%。

2013 年宣传拓展阶段。60% 的镇（乡）街道依托辖区内的中心幼儿园建立规范的 0 ~ 3岁婴幼儿早期发展活动中心（或亲子活动室），0 ~ 3 岁婴幼儿入园受教育率达 50% 以上，指导家长科学育儿率达到 80%。

2014 ~ 2015 年全面普及阶段：100% 的镇（乡）、街道依托辖区内的中心幼儿园建立规范的 0 ~ 3 岁婴幼儿早期发展活动中心（或亲子活动室），0 ~ 3 岁婴幼儿入园受教育率在 80% 以上，指导家长科学育儿率达到 95%。

全区从事 0 ~ 3 岁婴幼儿早期发展工作的人员都接受系统的专业培训，逐步实行持证上岗，形成一支面向社区、指导家庭科学育儿的专兼职相结合的专业人员队伍。

三、具体措施

（一）明确责任，保证儿童早期发展工作的顺利进行

坚持实行政府主导、分级管理和有关部门分工协作的管理体制。切实加强领导，成立区级领导小组、专家小组和师资组，各镇（乡）街道办事处及有关部门要加强对儿童早期发展工作的管理责任，切实做好对儿童早期发展工作的支持和服务，更好地解决儿童早期发展过程中存在的问题和困难，确保全区0 ~ 3 岁婴幼儿早期发展工作正常有序地发展。

区人口计生委：人口计生部门从提高人口素质的角度加强关注和支持 0 ~ 3 岁婴幼儿早期发展工作，发挥组织协调、宣传发动、资源补充作用。建立平谷区 0 ~ 3 岁婴幼儿早期发展指导中心，指导镇（乡）街道、社区利用社会资源，分期分批建立 0 ~ 3岁婴幼儿早期发展活动中心（或亲子活动室），成立专家指导组和早教讲师团，培训骨干师资和早教志愿者，举办“家长大课堂”，开展系列培训，提高婴幼儿家庭儿童早期发展认知水平和技能。引进和发挥符合条件的民营早期教育机构的教学场地和专业师资队伍，为广大婴幼儿和家长提供高质量的服务。

区教委：认真贯彻落实党和国家关于学前教育的方针、政策，开展早期教育研究，探索建立适应全区早期教育实际的工作模式，切实把 0 ~ 3 岁婴幼儿早期教育纳

入学前教育事业发展规划并组织实施，充分发挥在早期教育工作中的规划、管理、引领、示范和指导的作用。加强对各类早期教育机构的监督、指导和管理，充分发挥托幼机构、早教示范园、早教示范基地的引领、带动作用，大力开展亲子班培训，同时指导专业托幼机构向社区开放早教活动场所，指导托幼机构师资开展“送早教进社区”活动。加强0～3岁婴幼儿早期教育师资队伍建设，联合有关部门培养和培训早期教育师资队伍，建立早教师资的考核和资格审定制度，努力提高早期教育工作水平。在新建幼儿园及旧幼儿园改造中，设立0～3岁早期教育功能区不少于150平方米，配备相应的早教师资，开展相应的早教活动。

区卫生局：发挥社区卫生服务中心（站）的妇幼保健工作优势，指导社区卫生服务中心（站）为婴幼儿家庭提供母婴访视、体格发育检测、喂养指导、健康评估等方面的服务。对早期教育机构卫生保健工作进行管理、监督和指导。做好早期教育机构保健队伍的培训、考核、资格审定。对早期教育机构从业人员进行定期健康检查。

各镇（乡）街道办事处：切实履行0～3岁婴幼儿早期发展工作职责，制定本辖区发展计划，成立领导小组。发挥基层工作优势，开展社区家庭儿童早期发展的宣传、发动、组织工作。依托教育系统的幼教机构，建立0～3岁婴幼儿早期发展活动中心或亲子活动室，促进婴幼儿家庭的交流。定期组织辖区内0～3岁婴幼儿家庭参与亲子互动活动，对0～3岁婴幼儿家长及看护人开展早期发展知识培训，努力提高0～3岁婴幼儿的受教育率。大力挖掘社区资源，培育儿童早期发展志愿者队伍，为散居婴幼儿家庭提供早期发展指导服务。

（二）创新模式，构建形式多样的儿童早期发展服务形式

根据全区实际，采取“因地制宜，多形式发展”的方式，把0～3岁婴幼儿及家长纳入儿童早期发展的服务范畴。鼓励建立多种形式的早教模式，走民办园与公立园早期教育相结合、机构教育与社区及家庭教育相结合的路子，使更多的0～3岁婴幼儿获得更好的早期发展，为儿童的后继学习及终身发展奠定良好的基础。

1. 加强0～3岁婴幼儿家长及看护人儿童早期发展知识培训工作。各镇（乡）街道要通过摸底调查，摸清辖区内0～3岁各年龄段婴幼儿数量及家庭教育情况，建立0～3岁儿童档案，充分利用本辖区内的教育资源，聘请获得职业资格证书的指导老师，组织本辖区内0～3岁儿童家长及看护人员参加儿童早期发展培训课程，指导家长掌握科学的育儿理念与技能，促进0～3岁婴幼儿家长积极参加儿童早期发展活动，提高辖区内整体的育儿水平。

2. 开展免费的体格－智能测评。各镇（乡）街道结合自己实际建设综合智能测评室，为辖区内0～6岁儿童开展免费的体

格－智能测评，以便及时发现发育有差距的婴幼儿，及早进行干预。

3. 创办儿童早期发展活动中心或亲子活动室。

各镇（乡）街道要根据发展目标，积极与辖区内教育部门联合，在社区或幼儿园分期分批创办婴幼儿早期发展活动中心和一定数量的亲子活动室，配齐配足亲子活动设施设备，面向辖区内 0～3 岁婴幼儿及其看护人，有组织、有计划地开展亲子教育活动。儿童早期发展活动中心可按相应的月龄段以及所覆盖区域的婴幼儿数量情况，以每 75 分钟（含准备、放松活动时间）为一个时段，设置针对每个月龄段的服务时间。逐步做到每个月龄段在每月至少有 2 次服务。各镇（乡）街道加强入户宣传指导，对有特殊困难未能接受早教指导的家庭实行送教上门，帮助家长及看护人员掌握必要的早期启蒙训练知识和技巧。

4. 设立家教咨询电话。各镇（乡）街道可专门推荐一位有一定专业知识的教师为咨询员，家长可随时咨询育儿知识。

（三）加大投入，保障儿童早期发展事业健康发展

各镇（乡）街道应坚持优先投资于人的全面发展和政府投入为主的原则，将此项工作列入事业发展总体规划，根据当地每年新出生婴儿的数量，按照一定比例，设立儿童早期发展工作专项经费，形成经费投入的长效机制。同时，要用足用好有关政策，通过鼓励企业和社会捐赠、开展早教服务回收一定费用等途径，努力扩大经费来源，为儿童早期发展工作持续健康发展提供保障。

（四）加强管理，完善儿童早期发展长效管理机制

各镇（乡）街道要切实提高对 0～3 岁婴幼儿早期发展工作的认识，将此项工作列入重要议事日程，认真研究推进措施和实施办法，扎实有效地开展工作，做到早规划、早实施，让 0～3 岁婴幼儿早期发展走进千家万户，使全区儿童早期发展工作实现新的飞跃。

附件一：区级儿童早期发展工作领导小组及专家小组名单（略）

附件二：平谷区 0～3 岁婴幼儿早期发展活动中心建设指导意见（略）

附件三：平谷区 0～3 岁婴幼儿早期发展亲子活动室建设指导意见（略）

平谷区人口和计划生育委员会

平谷区教育委员会

平谷区卫生局

二〇一二年二月二十日

平谷区“幸福家庭发展计划——爱我宝贝工程”实施方案

（平政计生发〔2012〕3号）

优生优育是幸福家庭的希望所在。提高人口素质有利于千家万户的幸福与社会的进步，更有利于经济社会的持续、健康发展和综合国力的提升。按照平谷区委、区政府建设“幸福平谷”的工作要求，建立和谐社会、和谐家庭，落实好“十二有”之“生有优生优育”并积极开展各项服务工作，满足广大家庭对优生、优育、优教的需求，特制定平谷区“幸福家庭发展计划——爱我宝贝工程”实施方案。

一、指导思想

以政府推动为手段、以专家指导为依托，整合社会力量，面向孕前期、妊娠期和0～3岁婴幼儿家庭普及优生、优育、优教知识，改善儿童成长微环境质量，提高家庭育儿水平，使全区广大群众建立科学文明的婚育观念，自身的孕育保健意识大大增强，孕育风险防范意识大大提高，出生缺陷发生率明显下降，0～3岁婴幼儿智力水平明显提高。

二、工作思路

在做好总结推广的基础上，积极探索有利于“爱我宝贝工程”的保障体系，打造“一、二、三、四”工作格局。一即“一个理念”，让每一个家庭都树立优生优育的先进理念，做到有计划地生育。二即“两支队伍”，逐步建立起0～3岁婴幼儿家庭指导师队伍和0～3岁婴幼儿早期教育师资队伍。三即“三期服务”，对孕前期、妊娠期和0～3岁婴幼儿家庭开展特色服务活动。四即“四个平台”，以平谷区人口学校为平台，开展特色培训；以婚姻登记处为平台，开展特色宣传咨询服务活动；以孕前19项优生健康检查为平台，开展孕前风险评估指导；以互联网和现代通信系统为平台，开展科普知识普及活动。

三、工作目标

到“十二五”末，平谷区“爱我宝贝工程”实现“一、二、三、四”工作格局，达到“生有优生优育”的工作目标，出生缺陷率明显下降，形成“政府主导，媒体引导，专家指导，部门协作，家庭参与”五大要素综合运作为核心的工作机制，全面提高家长及看护人员的科学育儿水平。争取到2015年全区出生缺陷率下降到15‰以下，优生、优孕、优育、优教知识培训覆盖率达95%以上，孕前风险评估的参与率达85%以上，幸福家庭通上网卡使用率85%以上，孕前19项优生健康检查参与率80%以上，0～3岁婴幼儿接受早期教育的比例达到80%以上。

四、工作内容

按照“统筹发展、科学规划、规范管理、分步实施”的工作要求，采取“搞好试点、总结推广、全面普及”的工作方法，做好以下工作。

（一）打造“一个理念”

加大优生优育知识宣传和培训的力度，让每一个家庭都树立起优生优育的先进理念，做到有计划地生育。宣传和培训的对象主要是未婚青年的父母、新婚期夫妇、妊娠期夫妇以及0～3岁婴幼儿父母或看护人。宣传和培训的内容是“爱我宝贝工程”所提供各项服务的内容、目的、时间和地点，孕前期的准备，妊娠期应注意的事项以及0～3岁婴幼儿的教养常识、亲子活动等。重点向她们传播优生优育的理念，提高她们对优生优育的认知程度，使她们能够积极主动地参与到各项服务活动中来。

（二）建立“两支队伍”

要发挥组织协调、宣传发动、资源补充的作用，加大与教育和卫生的联系力度，逐步建立起0～3岁婴幼儿家庭指导师队伍和0～3岁婴幼儿早期教育师资队伍。成立区级专家指导组和早教讲师团，培训骨干师资和早教志愿者，先点后面，全面推广，让每一名计生干部都能成为0～3岁婴幼儿家庭指导师，每一个镇（乡）街道都成立0～3岁婴幼儿亲子活动中心（或活动室），并有获得早教职业资格的师资定期开展亲子活动。

（三）开展“三期服务”

1. 孕前期开展七项免费服务。

（1）免费开展孕前19项优生健康检查：区人口计生委要加大对妇幼保健院孕前19项优生健康检查工作的监督和指导力度。按照国家和市人口计生委的要求，开展出生缺陷的早期筛查和监测工作，做好优生咨询和高危人群指导。各镇（乡）街道要加大对孕前19项优生健康检查的宣传力度，逐步提高参与率，并做好检测后早期妊娠和妊娠结局的追访工作。

（2）免费培训优生优育知识：区人口文化活动中心及各镇（乡）街道人口文化活动室要针对不同人群开展特色培训活动，制定出详细的培训方案，对课程、师资进行重新确认。开展预约优生优育、婴幼儿科学喂养、儿童早教等特色培训。

（3）免费开展孕前风险评估：各镇（乡）街道、各村（居）要加大宣传服务力度，提高孕前风险评估的参与率。同时，区人口计生委将与北京中医药大学合作，探索中医优生优育宣传指导及孕前、孕期干预服务模式。

（4）免费发放“婚育健康服务包”：区人口计生委将在“婚育健康服务包”内配备“爱我宝贝工程”宣传品和体检告知单，在民政婚姻登记处设置“婚姻家庭健康咨询台”，设置免费19项优生健康检查告知牌。联系妇幼保健院配备一名技术咨询服务人员，负责告知“爱我宝贝工程”服务内容、时间、地点，为婚姻当事人提供科学化、人性化、规范化的指导服务，并发放“婚育健康服务包”。各镇（乡）街道要做好“婚育健康服务包”项目的宣传工作，确保发放到位。

（5）免费发放“优孕通”上网卡：与北京九喜生育健康研究院合作，利用互联网平台为准备妊娠的夫妇提供个性化的优生指导服务。各镇（乡）街道要做好“爱我宝贝工程”宣传品、“优孕通”上网卡的发放和使用工作，加大宣传和服务的力度，提高使用率。

（6）免费开展手机报服务业务：与北京九喜生育健康研究院合作，利用移动平台为适龄人群定期提供优生、优孕、优育、优教知识，先在部分镇（乡）街道进行服务试点，然后逐步全面推开。

（7）免费发放叶酸预防出生缺陷：各镇（乡）街道、村（居）计生部门要收集辖区内待孕妇女的信息，以确定目标人群，发放宣传材料，告知免费领取叶酸的时间、地点以及服用方法，督促其及时领取及服用，同时协助卫生部门做好对服用叶酸人员追访工作。

2. 妊娠期开展五项免费服务。

（1）免费开展妊娠期保健知识培训：各镇（乡）街道、村（居）要通过区人口文化活动中心、区医院孕妇学校、区妇幼保健院孕妇学校的生殖健康大课堂、平谷区生殖健康网站、优生优育知识宣传栏、宣传品、光盘、优生优育知识答卷，个性化的咨询等宣传服务平台和形式，加强孕期保健的宣传指导，对孕期、产后群众提供服务。使育龄群众了解妊娠期各阶段的发育状况、注意事项，医学检查内容和时间、地点等。

（2）免费发放“孕事通”上网卡：与北京九喜生育健康研究院合作，利用互联网平台为已经妊娠的夫妇提供个性化的孕期指导服务。各镇（乡）街道要做好宣传品、“孕事通”上网卡的发放和使用工作，加大宣传和服务的力度，提高使用率。

（3）免费开展音乐胎教服务：区人口计生委将与北京中医药大学联合开展音乐胎教服务活动，先在部分镇（乡）街道进行服务试点，然后逐步全面推开。

（4）免费开展住院分娩活动：推行为符合计生政策的孕产妇免费住院分娩制度，区医院和区妇幼保健院为承接单位。各镇（乡）街道要加大宣传的力度，确保每一名妊娠夫妇都能够享受到这一优惠政策，提高新生儿的生命质量。

（5）免费开展早孕和妊娠结局的追访：各镇（乡）街道、村（居）计生专干要对参加19项孕前优生健康检查的群众，在符合政策怀孕12周内、分娩后6周内或其他妊娠结局结束后2周内妇女进行随访服务。通过询问末次月经日期、尿妊娠试验、B超检查确定是否宫内妊娠，了解夫妇孕前优生健康检查各项干预措施开展情况，告知孕期注意事项和产前检查的时间，给予必要的健康指导和咨询，建议定期接受孕期保健。

3. 0～3岁婴幼儿期开展四项免费服务。

(1) 免费开展0～3岁婴幼儿家长及看护人培训：各镇（乡）街道要通过摸底调查，摸清辖区内0～3岁各年龄段婴幼儿数量及家庭教育情况，建立0～3岁儿童档案，充分利用本辖区内的教育资源，聘请获得职业资格证书的指导老师，组织本辖区内0～3岁儿童家长及看护人员参加儿童早期发展培训课程，指导家长掌握科学的育儿理念与技能，促进0～3岁婴幼儿家长积极参加儿童早期发展活动，提高辖区内整体的育儿水平。

(2) 免费开展0～3岁婴幼儿体格－智能测评：各镇（乡）街道结合自己实际建设综合智能测评室，为辖区内0～6岁儿童开展免费的体格－智能测评，以便及时发现发育有差距的婴幼儿，及早进行干预。

(3) 免费开展0～3岁婴幼儿亲子活动：各镇（乡）街道要根据发展目标，积极与辖区内教育部门联合，在社区或幼儿园分期分批创办婴幼儿早期发展活动中心和一定数量的亲子活动室，配齐配足亲子活动设施设备，面向辖区内0～3岁婴幼儿及其看护人，有组织有计划地开展亲子教育活动。

(4) 免费做好各种书、图、卡的发放：各镇（乡）街道要做好《0～3岁婴幼儿家庭育儿指南》、《0～6岁儿童体格智能发育监测图》和《0～3岁婴幼儿早期教育入户问卷》、《育婴通》、《育儿通》上网卡的发放和使用工作，加大宣传和服务的力度，提高发放率和使用率。

（四）依托“四个平台”

以平谷区人口学校为平台，有针对性地开展特色培训。以婚姻登记处为平台，做好婚育服务包的免费发放，开展特色宣传咨询服务活动。以妇幼保健院孕前优生健康检查为平台，开展孕前风险评估指导活动，提高服务质量。以互联网和现代通讯系统为平台，开展科普知识普及活动，提高人们的优生优育优教意识和理念，努力提高工作水平，进一步做好“爱我宝贝工程”。

五、主要措施

（一）加强组织领导

成立以区政府副区长为组长的“爱我宝贝工程”领导小组，统一领导全区工作，下设“爱我宝贝工程”领导办公室，办公室设在区人口计生委，具体指导全区开展工作。各镇（乡）街道办事处计生办也要分别成立“爱我宝贝工程”领导小组，负责本地区的工作规划制定、协调和具体工作的实施，并加强对各村（居）人口计生队伍责任心教育，提高对此项工作的认知度。

（二）加大社会宣传力度

要充分利用广播、电视、报刊、网络等各种新闻媒体，宣传“爱我宝贝工程”的重要性和必要性，通过举办专家讲座，开展爱我宝贝活动社区行等公益性活动，普及优生、优育、优教知识。根据工作要求，制作内容丰富、形式多样、生动形象的视、听、文、图宣传品，发放到群众手中，引导广大群众树立科学的孕育理念，有效提高全区出生人口素质。

（三）健全体制机制

要根据“爱我宝贝工程”工作特点和要求，建立健全相应的管理制度和工作规范，形成有利于全区此项工作健康发展的长效机制。加大经费投入，建立长效投入机制，逐步实现全区育龄夫妇在孕前期、妊娠期、0～3岁婴幼儿期普遍享受免费的相关咨询、检查和服务，要不断完善考核考评办法，加强对“爱我宝贝工程”的考核评估工作，并纳入人口目标管理责任制考核，确保全区“爱我宝贝工程”顺利健康发展。

（四）抓好早期教育试点

要改进和完善人口计生服务网络，建立适应早期教育工作需要的服务阵地。抓好社区及镇（乡）街道的试点，积极开展具有人口计生特色的早期教育工作。同时，探索政府和早期教育机构合作的模式，将社会优质早期教育资源纳入人口计生早期教育服务体系之中。

（五）统筹协调，部门联动

各镇（乡）街道要充分发挥职能优势，协调好各有关部门，完善共建机制，形成工作合力，切实做好“爱我宝贝工程”。

附件：平谷区“爱我宝贝工程”领导小组名单（略）

二〇一二年二月二十日

北京市平谷区人口和计划生育委员会关于2012年计生干部宣传员培训练兵计划的通知

（平政计生发〔2012〕04号）

各乡镇、街道办事处：

为适应新时期人口计生工作转型的需要，2012年队伍的培训练兵工作，以能力建设为主线，以提高综合素质为根本，以完善人口计生公共服务网络功能为重点，以生殖健康咨询员考试为突破口，教知识、教方法、练技能，打造一支观念新、素质高、能力强的职业化队伍，为全面实施幸福家庭发展计划，开创全区人口计生工作新局面，为建设“幸福平谷”创造良好的人口环境，特制定此计划。

望人口计生委各科室在明确现有练兵主题的基础上，结合各自工作重点，认真组织协调练兵活动；望各镇乡（街道）结合人口计生工作转型期队伍存在的问题和生殖健康咨询员考试要求，认真研究制定本镇乡、街道具体的培训、练兵方案，明确主题和重点，提出具体要求，注重培训、练兵效果，认真组织落实；各镇乡（街道）2012年3月15日前，将培训、练兵方案电子版传报区人口计生委研究室备案，并随时上报培训、练兵活动的信息及照片。

附件 1：平谷区 2012 年计生干部、宣传员培训计划表

附件 2：平谷区 2012 年各科室基层计生干部练兵计划表

二〇一二年二月二十三日

附件 1：

平谷区 2012 年计生干部、宣传员培训计划表

序号	培训内容	参加人员	人数	天数	授课人员	时间	负责科室
1	全区生殖健康咨询员全国统考考前培训	全区三级计生干部中，凡未参加国家统考取得资格认证的人员	200 人	4 天	外请	6 月	研究室
2	《全员人口管理信息系统》操作	乡镇（街道）、村（居）统计	223 人	1 天	闫淑芹、张德旺、各乡镇（街道）统计	随机	业务科
3	2012 年奖扶、特扶工作	乡镇（街道）法制干部、村级计生专干	200 人	3 天	法制科相关人员	2～3 月	法制科
4	人口和计划生育政策法规	乡镇（街道）计生干部、村级计生专干	350 人	半天	外请	5 月	
5	流动人口全员管理信息系统操作使用	镇、村计生干部	300 人	1	外请	5～6 月	流管科
6	流动人口均等化服务	镇、村计生干部	300 人	1	外请	7～8 月	
7	“婚育文明·幸福家庭”栏目宣传重点培训	各乡镇主管宣传及宣传报道员	50 人	半天	宣传站	3 月	宣传站

附件 2：

平谷区 2012 年各科室基层计生干部练兵计划表

序号	练兵主题	具体要求	参加人员	人数	时间	负责科室
1	“三基五会”主题练兵	依据各乡镇、街道具体情况，采取多种方式，组织“基本理论、基本知识、基本技能”和“会社会管理、会宣传倡导、会科技服务、会信息综合、会群众工作”的练兵活动，提高管理和服务能力	镇乡、街道和村、居计生干部	450 人	3～9 月	研究室 药具站
2	《全员人口管理信息系统》操作	镇、村两级计生干部能独立完成并熟练运用此系统进行日常全员人口信息的录入、变更、注销、查询、统计报表等工作，真正实现统计信息办公自动化，提高村（居）工作效率和利用系统信息提高信息引导服务的水平	乡镇、街道、村（居）统计	36 人	9 月	业务科
3	“婚育文明·幸福家庭”系列报道	每各乡镇提交 5 篇幸福家庭的典型事例，并拍摄成专题片	乡镇主管宣传人员	18 人	全年	宣传站
4	“幸福家庭·幸福平谷”摄影展	各基层单位上报四张幸福家庭创建中的内容的照片	乡镇主管宣传人员	18 人	5 月	宣传站
5	“希望之星”评选	各基层单位按要求组织开展评选活动	乡镇主管宣传人员	18 人	全年	宣传站
6	全员流动人口信息库	信息录入准确；项目填写全面；根据流动人口情况，及时更新数据；待办事宜项目无过期；依托全员信息系统进行本地区流动人口分析，管理	镇、村计生干部	40 人	9 月	流管科
7	“爱我宝贝工程”及免费 19 项孕前优生健康检查	1. 掌握“爱我宝贝工程”的目的、意义、孕前期、妊娠期、产后服务内容 2. 优生健康检查的服务原则、参加对象、时间、工作流程、注意事项等	主管优质服务人员、药管员、技术服务人员	50 人	3～5 月	服务中心
8	婴幼儿早期教育知识	掌握婴幼儿早期教育基本知识	计生专干、宣传员及 0～3 岁婴幼儿家长	800 人	2 月 9 月	服务中心
9	避孕药具不良反应监测	掌握避孕药具不良反应/不良事件报告和监测的原则、程序、规范、要求	计生办主任、主管优质服务人员、药管员、技术服务人员	80 人	3～4 月	服务中心

北京市怀柔区人口和计划生育委员会关于在机关干部中开展“大学习、大讨论、大提高”活动方案

（怀人口发〔2012〕8号）

各科（站）室、中心；各党小组：

为进一步深化创先争优工作成果，提升干部队伍的素质能力，推进人口计生工作健康发展，经区人口计生委党组研究决定，在全委干部职工中开展以“抓学习、提素质、调心态、促发展，建设繁荣和谐新怀柔”为主题的大学习、大讨论、大提高活动，具体安排如下：

一、指导思想

以科学发展观为指导，全面贯彻落实党的十七大、十七届六中全会，市委十届九次、十次全会及区第四次党代会精神，大力弘扬新时期雷锋精神、践行“北京精神”，引导全委广大党员干部以饱满的精神状态，推进“幸福家庭·幸福怀柔人”、“阳光计生”、“诚信计生”等活动，进一步强化广大党员干部的责任感和使命感。

二、任务目标

通过开展大学习、大讨论活动，力争在机关干部队伍建设上取得实效。通过学习市、区领导讲话、十八大精神和机关党课材料，拓展干部视野和思路，强化干部的大局意识和全局观念，提高干部的政治素质、业务素质和综合素质；通过干部调整自身不利于工作开展、不利于机关团结、不利于事业发展的心态，促进工作环境实现新优化、效率实现新提高、效能实现新突破，真正实现快乐学习、快乐工作、快乐生活的机关核心理念，着力构建共青团、妇联、工会等组织“党建带群建”、共同建设繁荣和谐新怀柔的良好局面。

三、主要内容及活动安排

此项活动自2012年1月开始，到2012年12月底，把学习贯穿整个活动的始终。具体分为三个时段进行：

第一时段：1～3月（学习实践）

（一）学习怀柔区第四次党代会工作报告

（二）学习区委书记张建东同志在区委党校的讲话

（三）学习市委十届九次、十届十次全会精神

（四）组织青年干部开展学习雷锋精神实践活动

第二时段：4～6月（研讨交流）

（一）学习机关开展文化建设以来的党课材料

（二）学习全国“两会”精神

（三）开展重温入党誓词、学习先进活动

（四）结合自身找差距、摆问题、定措施

第三时段：7～12月（整改提高）

（一）组织开展向身边先进典型学习交流活动

（二）组织党员干部感受新农村

（三）学习十八大精神

（四）学习机关开展文化建设以来的党课材料

（五）对照我委创先争优提出的“六个四”，结合自身查摆问题并制定落实整改措施

四、活动要求

（一）加强领导，组织落实

为加强对这次学习实践活动的领导，成立活动领导小组，下设办公室，具体负责活动的组织、督查、落实等日常工作。

（二）统一思想，提高认识

各科（站）室、中心要将“抓学习、提素质、调心态、促发展”活动与深化创先争优活动结合起来，与提升自身能力素质、推动工作结合起来，提高对活动开展的必要性及重要性的认识，确保活动落到实处，不走过场。

（三）联系实际，研讨交流

干部职工要将学习实践活动与自身思想实际及工作紧密结合，用机关核心价值观、核心理念等衡量自身存在的阻碍发展进步的问题和不足，深刻剖析思想根源和原因，制定切实可行的改进措施。在此基础上，定期组织以科室为单位的研讨交流活动，主管领导参加分管科室交流，要求人人发言，并推荐代表参加党小组和全委交流。

（四）落实整改，注重实效

根据个人制定的整改措施，从强化四个意识（学习意识、服务意识、大局意识、争先意识）、形成四种风气（求真务实、勤奋工作的风气，互相帮助、团结协作的风气，严守纪律、清正廉洁的风气，开拓创新、奋发向上的风气）认真加以落实，把“抓学习、提素质、调心态、促发展”作为整改是否到位、整改是否合格的衡量标准，把“提升素质能力、促进工作开展”作为学习实践活动的最高标准和落脚点。年中和年底通过干部互评活动，进一步检验活动效果。

附件：怀柔区人口和计划生育委员会大学习、大讨论、大提高活动领导小组（略）

二〇一二年二月二十九日

图书在版编目(CIP)数据

2013北京市人口和计划生育年鉴/刘志主编.—北京：中国人口出版社，2014.4
ISBN 978-7-5101-2414-3

Ⅰ.①2… Ⅱ.①刘… Ⅲ.①人口—工作—北京市—2013—年鉴②计划生育—工作—北京市—2013—年鉴
Ⅳ.①C924.251-54

中国版本图书馆CIP数据核字(2014)第059338号

2013北京市人口和计划生育年鉴

刘 志 主编

出版发行 中国人口出版社
印　　刷 北京朝阳印刷厂有限责任公司
开　　本 787毫米×1092毫米 1/16
印　　张 27.5 插12
字　　数 620千
版　　次 2014年4月第1版
印　　次 2014年4月第1次印刷
书　　号 ISBN 978-7-5101-2414-3
定　　价 188.00元

社　　长 陶庆军
网　　址 www.rkcbs.net
电子信箱 rkcbs@126.com
电　　话 (010)83519390
传　　真 (010)83519401
地　　址 北京市西城区广安门南街80号中加大厦
邮　　编 100054
